आचार्य देवेन्द्रनाथ शर्मा
समष्टिमय व्यक्तित्व

आचार्य देवेन्द्रनाथ शर्मा

समष्टिमय व्यक्तित्व

सम्पादक

डॉ. विद्यानिवास मिश्र

वाणी प्रकाशन

प्रकाशन के उत्कृष्टतम 63 वर्ष

सजिल्द पहला संस्करण : 1993
सजिल्द दूसरा संस्करण : 2026

vaniprakashan.com

वाणी प्रकाशन

4695, 21-ए, दरियागंज, नयी दिल्ली-110 002

फ़ोन : + 91 11 23273167, 23275710

शाखाएँ

अशोक राजपथ, पटना-800 004, बिहार

कॉफ़ी हाउस कैम्पस, महात्मा गांधी मार्ग, प्रयागराज-211 001, उत्तर प्रदेश

महात्मा गांधी अन्तरराष्ट्रीय हिन्दी विश्वविद्यालय, वर्धा-442 001, महाराष्ट्र

sales@vaniprakashan.in
vaniprakashan@gmail.com

Acharya Devendra Nath Sharma : Samastimaya vyaktitatva
Edited by Dr. Vidyaniwas Mishra

ISBN : 978-93-5229-380-3
Criticism

मूल्य : ₹800

जी.एस. ऑफ़सेट, दिल्ली-110 095 में मुद्रित

वाणी प्रकाशन का लोगो मक़बूल फ़िदा हुसैन की कूची से

पुरोवाक्

आचार्य देवेन्द्रनाथ शर्मा को स्मृति के रूप में ग्रहण करना सम्भव नहीं है क्योंकि उनका जीवन्त व्यक्तित्व एवं कृतित्व हमें उनकी उपस्थिति का निरन्तर बोध कराता रहता है। वे आज से दो वर्ष पहले भाषण देते-देते बिना कुछ कहे शरीर से चले गये, पर उन्हें अपने बीच न पाने की बात अविश्वसनीय लगती है। ऐसे व्यक्तित्व और कृतित्व वाले अत्यन्त आत्मीय जन के बारे में सहज ही लोगों का भाव व्यक्त होता है। उन्हें संकलित करने का काम उनके जाते ही शुरू हुआ, पाण्डुलिपि तो सालभर पहले ही पूरी हो गई थी पर किन्हीं कारणों से उसका छपना निलम्बित होता रहा। आज उसे पुस्तक रूप में प्रस्तुत करते समय एक ओर तो सन्तोष हो रहा है कि अपने अग्रज और हिन्दी जगत के सुप्रसिद्ध आचार्य श्री देवेन्द्रनाथ शर्मा के समग्र व्यक्तित्व और कृतित्व का पार्श्व-चित्रण दे रहे हैं पर दूसरी ओर ये चुभन भी होती है कि उनको अभिनन्दन ग्रन्थ के रूप में ऐसा ही ग्रन्थ अर्पित कर सके होते तो कितना अच्छा होता !

मैं तो इस कार्य का प्रधान पुरोधा ऐसे ही बन गया हूँ वस्तुतः ये काम जिन लोगों के कारण पूरा हुआ वे हैं बेटी दीप्ति त्रिपाठी, डॉ० जितेन्द्र सहाय, श्री शंकर दयाल सिंह और श्री शिववंश पाण्डेय। इन लोगों ने गहरी निष्ठा और आत्मीयता से लेख संग्रहीत किये और सम्पादन में योग दिया और दीप्ति ने आद्यन्त सावधानी से प्रूफ देखे। दीप्ति को ये पता है कि स्वर्गीय भाई साहब किसी कार्य में प्रमाद न करते थे न दूसरों का प्रमाद सहन करते थे। वे हर एक काम बड़े मुकम्मल ढंग से करते थे। कर्म में कुशलता को वे योग के रूप में साध चुके थे उनको दी जानेवाली अंजलि यदि सौष्ठवपूर्ण न हो तो उनके योग्य नहीं होगी। दीप्ति ने इन सब बातों की चिन्ता मुझ से अधिक की है। मैं खुद इतना मुकम्मल हूँ नहीं पर मुकम्मल लोगों का आदर करना जानता हूँ। मुझे इसी से छोटा-सा संकोच भी है कि हम इसे और सर्वांगपूर्ण क्यों न बना सके। इसके लिए मैं अपना ही दोष मानता हूँ, मुझे कुछ और समय देना चाहिए था। सहयोगियों ने जो किया उसके लिए मैं खुद से कृतज्ञ हूँ, उन्हें आशीर्वाद देता हूँ।

इस पुस्तक के प्रकाशन में भारत सरकार के मानव संसाधन विकास मंत्रालय ने केन्द्रीय हिन्दी निदेशालय के माध्यम से आर्थिक सहायता दी। इसके लिए मैं सरकार का, विशेष रूप से मानव संसाधन विकास मंत्रालय एवं केन्द्रीय हिन्दी निदेशालय का आभारी हूँ।

वाणी प्रकाशन के श्री अरुण कुमार ने ग्रंथ सुरुचि एवं तत्परता से प्रकाशित किया, उनको आशीर्वाद देता हूँ।

मुझे विश्वास है कि यह श्रद्धांजलि श्रद्धेय भाई साहब के प्रशंसकों, शिष्यों, मित्रों को प्रीतिकर लगेगी तथा सामान्य पाठक के लिए अत्यन्त संग्राह्य होगी।

नई दिल्ली
17 जनवरी 1993

विद्यानिवास मिश्र

आचार्य देवेन्द्रनाथ शर्मा के पूज्य पितृपाद सर्वतंत्रस्वतंत्र स्व. पं. शिवशरण शर्मा

आचार्य देवेन्द्रनाथ शर्मा

सत्यमेव जयते

प्रधान मंत्री

संदेश

मुझे यह जानकर प्रसन्नता हुई है कि आचार्य देवेन्द्रनाथ शर्मा की पुण्य स्मृति में एक स्मृति-ग्रंथ प्रकाशित किया जा रहा है । मुझे यकीन है कि यह ग्रन्थ हमारे एक सुप्रसिद्ध विद्वान के जीवन एवं कृतियों के विभिन्न पहलुओं पर प्रकाश डालेगा। मैं इस प्रकाशन की सफलता के लिए अपनी हार्दिक शुभकामनायें भेजता हूँ ।

(पी0वी0 नरसिंह राव)

नई दिल्ली

28 मई, 1992

डॉ० जगन्नाथ मिश्र
नेता, विरोधी दल,
बिहार विधान सभा

2—कौटिल्य मार्ग
पटना

संदेश

मुझे यह जानकर प्रसन्नता है कि आचार्य देवेन्द्रनाथ शर्मा की पुण्यतिथि पर स्मृति-ग्रन्थ प्रकाशित किया जा रहा है। शर्माजी देश के प्रख्यात विद्वानों में से थे और हिन्दी एवं संस्कृत भाषा के मर्मज्ञ थे।

प्राध्यापक के रूप में कीर्तिमान स्थापित करके उन्होंने कुलपति पद का गुरुतर भार सफलतापूर्वक सम्भाला। हिन्दी ग्रन्थ अकादमी के बिहार एकांश के अध्यक्ष के पद पर आसीन होकर उन्होंने गंभीर एवं उपयोगी ग्रन्थों का हिन्दी रूपान्तर कराया जिससे राज्य की गरिमा बढ़ी।

आचार्य शर्मा ने अन्तरविश्वविद्यालय-बोर्ड के अध्यक्ष के रूप में अपनी प्रशासनिक क्षमता का परिचय दिया।

देश और विदेश की अनेकानेक साहित्यिक और सांस्कृतिक संस्थाओं से जुड़कर उन्होंने राज्य और देश का नाम उजागर किया। वे एक स्थापित आलोचक और लेखक भी थे।

मैं उनकी विद्वत्ता, कार्यकुशलता और मानवीय गुणों से सदैव प्रभावित रहा हूँ।

आचार्य देवेन्द्रनाथ शर्मा का पार्थिव शरीर अस्तित्व में नहीं है किन्तु उनकी यश:काया सुधी जनों को सतत अनुप्राणित करती रहेगी।

स्मृति-ग्रन्थ के प्रकाशकों का प्रयास स्तुत्य है और मैं उन्हें धन्यवाद देता हूँ।

ह० जगन्नाथ मिश्र
6. 11. 1991

सचिव (वस्त्र)
वस्त्र मंत्रालय
भारत सरकार
नई दिल्ली

SECRETARY (TEXTILES)
MINISTRY OF TEXTILES
GOVERNMENT OF INDIA
NEW DELHI

Prof. Devendranath Sharma was known to me for a number of years. I used to consult him frequently when I was Commissioner of Patna Division and when Prof. Sharma was Vice-Chancellor of Patna University. He used to extend full cooperation to the district administration in the maintenance of law and order in the university campus and at the same time ensured that the legitimate interests of students were fully protected. He was positive in his attitude and approach and on account of his strenuous efforts the university examination schedule was brought upto date.

Later, when I became the Education Commissioner in Government of Bihar, I had opportunities to work with Prof. Sharma, who had become the Chairman of the Hindi Granth Academy by that time. Prof. Sharma was instrumental in bringing about qualitative improvements in the working of the Academy during his tenure. He brought out a number of publications and his work as Chairman of the Hindi Granth Academy was highly appreciated.

During my association with Prof. Sharma, I was impressed by his sincerity, dedication to duty and commitment to established values. I have nothing but pleasant memories of my association with Prof. Sharma.

Sd. K. N. ARDHANAREESWARAN
6.11.91

A TRIBUTE TO PROFESSOR DEVENDRANATH SHARMA

My acquaintance with Acharya Devendranath Sharma began in an inauspicious manner. In the 60s, when I was teaching at the Rajasthan University, I was invited to a lecture on a topic encompassing Hindi and Sanskrit. Being interested in both, since I was a graduate in Sanskrit, and my wife taught Hindi in a college affiliated to the Rajasthan University, I decided to attend the lecture. To my surprise, the speaker was not the traditional pandit dressed in a dhoti, but a modern person, dressed in a three-piece suit. I remarked on this discrepancy to my companion, also a teacher, and then settled down to the lecture. To my surprise, I received a brief note from Professor Sharma that he had been informed that I had reacted negatively to his lecture, and would I mind discussing the matter with him. We met, clarified the matter, and this episode ripened into a friendship.

During the following years, i. e. the 70s, when I moved from Jaipur to Delhi, and then from the Jawaharlal Nehru University to the University Grants Commission, I had many opportunities of meeting Devendranathji, in academic as well in administrative spheres. I found that he had in himself a unique combination of tradition and modernity. He was well versed in Sanskrit traditions and Hindi philosophy, and was equally at home in western literary criticism and philosophical thought. The UGC was engaged in those days in revising and upgrading syllabi. It was found that in many branches of social sciences and humanities, such as Hindi, and even English, the syllabi had hardly changed in a number of wellknown universities during the previous forty years. Devendranathji played a leading role in helping to draft, a new syllabus for Hindi. He successfully interacted with other members of the Panel. To what extent the new syllabus was found acceptable in the universities is, of course, a different matter. Since the universities are rightly zealous of their autonomy, especially their academic autonomy, they cannot and, in my opinion, should not be dictated to by the UGC. Experience shows that the process of syllabus reform in the universities is a slow process. But they are not impervious to change, especially if the UGC can initiate a process of interaction, with the help of those who are themselves leaders in the field in their own right.

Even when Professor Devendranath Sharma was called upon to be Vice-Chancellor of one of the leading universities in the country, viz. the Patna University, and subsequently became Chairman of the Inter-University Committee of Bihar, he did not allow his academic activities to suffer. His published works and academic contributions are a standing proof of this.

Both as an administrator, Dr. Devendranath Sharma displayed, in a high degree, the quality of rectitude, something which, unfortunately, in an era of politicization of academia is becoming increasingly rare. He had the courage to say no to politicians, and in consequence, had to face setbacks in his career. But he could not be kept down for long because of the wide-respect he enjoyed as a person and as an academic.

Looking back upon the life of Professor Devendranath Sharma, he presents the picture of one who, without ever being flashy, lived a whole life, and showed that a life of simplicity, integrity and academic honesty had not lost its rewards in the hoary land of India in terms both of public esteem and position.

Satish Chandra
Former Chairman
University Grants Commission

निबंध-सूची

खण्ड : 1 (व्यक्तित्व)

खण्ड : 2 (कृतित्व)

खण्ड : 3 (स्वतन्त्र शोध-निबंध)

खण्ड : एक

व्यक्तित्व

प्रियवर देवेन्द्रनाथ शर्मा

नगेन्द्र

बिहार के साहित्यकारों से मेरा परिचय आज से पचास वर्ष—या उससे एक-दो वर्ष पूर्व हो चुका था, किन्तु देवेन्द्रनाथजी के साथ सम्पर्क 1955 के आस-पास हुआ। व्यावहारिक दृष्टि से सम्पर्क का यह प्रसंग अधिक रुचिकर नहीं था—सांस्कृतिक विनिमय-योजना के अन्तर्गत मॉस्को के लिए एक हिन्दी-प्राध्यापक का चयन होना था। इस चयन समिति का सदस्य मैं भी था। युवा देवेन्द्रनाथजी मॉस्को जाना चाहते थे पर एक अन्य सज्जन के नाम की सिफ़ारिश कर दी गई। मैंने देवेन्द्रनाथजी को पहली बार देखा था, इसलिए उनसे कोई वास्ता नहीं पड़ा था। बाद में निकट सम्पर्क में आने पर यह अनायास ही स्पष्ट हो गया कि वह चयन कितना ग़लत था।

इस घटना के कई वर्ष बाद जब उन्होंने पटना विश्वविद्यालय में हिन्दी विभाग का कार्य-भार सम्भाला, तो सम्पर्क-सहयोग के अवसर अधिक सुलभ हो गये, विभिन्न समितियों में—सभा-संगोष्ठियों में भाग लेने पर यह समझने में देर नहीं लगी कि हिन्दी शिक्षा-जगत् में एक नये नक्षत्र का उदय हो रहा है।

देवेन्द्रनाथजी की प्रतिभा बहुमुखी थी। हिन्दी-संस्कृत के तो वे प्रकाण्ड पण्डित थे ही, अंग्रेजी और बांग्ला भाषा पर भी—विशेष रूप से अंग्रेजी पर उनका पूरा अधिकार था। भाषाविज्ञान और काव्यशास्त्र के वे विशेषज्ञ थे। भाषाविज्ञान पर प्रकाशित उनके ग्रन्थ का हिन्दी-शिक्षा जगत् में काफ़ी आदर है। काव्यशास्त्र में उनकी पैठ गहरी थी। भामह के काव्यालंकार का हिन्दी-भाष्य अपने विषय का मानक ग्रन्थ है। अभी कुछ वर्ष पहले उन्होंने पाश्चात्य काव्यशास्त्र का गहन अध्ययन कर एक प्रामाणिक ग्रन्थ प्रस्तुत किया था। सैद्धान्तिक आलोचना के अतिरिक्त उन्होंने सर्जनात्मक साहित्य के क्षेत्र में भी ललित निबन्धों और नाटकों की रचना की थी।

प्रो० देवेन्द्रनाथ यशस्वी प्राध्यापक और वक्ता थे। प्रशासन के क्षेत्र में उनकी

उपलब्धियाँ अनेक सहकर्मियों की ईर्ष्या का विषय रही हैं। वे पटना जैसे प्रसिद्ध विश्वविद्यालय के कुलपति रहे—आरंभ में कुछ समय तक दरभंगा संस्कृत विश्वविद्यालय का भी पदभार सँभाला था। बाद में 'बिहार अन्तर विश्वविद्यालय मण्डल' के अध्यक्ष और अंत में बिहार संस्कृत अकादमी के अध्यक्ष पदों पर भी उन्होंने सराहनीय कार्य किया। भारतीय हिन्दी परिषद् के अध्यक्ष पद का गौरव भी उन्हें प्राप्त हुआ—और अनेक राजकीय समितियों के संयोजन के दायित्व का निर्वाह भी अंत तक अत्यंत कुशलता से करते रहे। वास्तव में शिक्षा के क्षेत्र में हिन्दी के किसी अध्यापक को इतना मान-सम्मान नहीं मिला।

ऐसे कर्मण्य व्यक्ति की मृत्यु भी उसकी जीवनचर्या के अनुरूप ही हुई। हिन्दी-दिवस पर आयोजित एक गोष्ठी में हिन्दी के गौरव पर बोलते हुए अचानक ही वे गिर गये और मस्तिष्क के रक्तस्राव से कुछ ही घंटों में उनका प्राणांत हो गया। इस प्रसंग में मुझे एक घटना याद आती है। एक बड़े राष्ट्रनेता के अप्रत्याशित निधन पर जब उनके आत्मीय जन शोक-प्रलाप करने लगे तो एक वृद्ध महिला ने गंभीर स्वर में कहा—"क्या आप चाहते थे कि किसी उपचार-गृह में इनकी मृत्यु होती? इनका निधन तो कर्मक्षेत्र में ही होना था।"—बात काफ़ी ठीक है, फिर भी प्रियजन-परिजन तो उनकी अपूरणीय क्षति का अनुभव करते ही रहेंगे :

पर यह ज्ञान-तत्त्व समझे कब स्नेह परम अज्ञानी !

भाई साहब

विद्यानिवास मिश्र

जब से स्व० भाई साहब से परिचय हुआ, उन्हें भाई साहब ही कहना आया। उन्होंने प्रथम परिचय में इस पारिवारिक रिश्ते में बाँध लिया। कई मानों में वे समानधर्मा थे, अध्यापन-लेखन और भाषा-व्यवहार इन सब में उनसे गहरी साझीदारी थी और इसीलिए उनका जाना साझेदारी का पूरा पारिश्र्व सूना हो जाना है। उनका पटने का घर ही वहाँ जाने पर मेरा नीड़ था। वे कई बार मेरे घर आये हैं, ठहरे हैं। बातचीत के मुद्दे गाँव से लेकर विश्व तक फैले रहे हैं। आज उन सबको सहेजना चाहता हूँ तो लगता है मुट्ठी में आयी हुई यह राशि बिखर गई है कहीं अतल जल में, वापिस नहीं मिलेगी।

वैसे उनसे वैषम्य भी कम नहीं। वे बड़े करीने से रहने के आदी, मैं अस्त-व्यस्त, वे अपने जीवन में बहुत व्यवस्थित, मैं सदा अव्यवस्थित, वे टिपटाप, आधुनिक-वेशभूषा खानपान सबमें, मैं नितान्त इन मामलों में पुरातनपंथी। पर इनके बावजूद स्व० भाई साहब में ऐसा कुछ था, जो निर्व्याजभाव से न्योतना था, बतरस के लिए। उनके साथ बतरस में मनोविनोद के साथ गंभीर से गंभीर विषयों में उतरने और फिर तिरकर निकलने का सुख मिलता था। वे जितने ही व्यंग्य के सटीक बाण छोड़ने में कुशल थे, उतने ही भाषाविज्ञान, साहित्य, दर्शन और इतिहास के क्षेत्रों में नई उपपत्तियाँ, नये निष्कर्ष निकालने और निकलवाने में माहिर थे।

जहाँ लोगों को सहमति की बिन्दु पर वे लाने का अधिक-से-अधिक प्रयत्न करते थे, वहाँ अपनी कुछ मूल्यपरक मान्यताओं के बारे में कभी भी झुकने को तैयार नहीं होते थे, इसका कारण उनका संस्कार तो था ही, उनकी अपनी जीवन-निष्ठा भी थी। वे स्वभाव से बड़े स्वाभिमानी थे, पर स्वाभिमान अपने देश, अपनी संस्कृति, अपनी भाषा और अपने जीवन मूल्यों पर था। कभी-कभी लोगों को भ्रम भले हो जाता हो कि शर्माजी अहंकारी हैं, पर वे अहंकारी नहीं थे। अहंकार और

स्वाभिमान के बीच दीवाल बड़ी सूक्ष्म है, जहाँ छोटे निजत्व में घुसा अहंकार, जहाँ उससे बाहर निकले और बड़े अहं ('होमी') के साथ एकाकार हुए तो स्वाभिमान। स्वाभिमान का अर्थ है मैं अमुक-अमुक नहीं, मैं पूरा देश, पूरी संस्कृति, भाषा की पूरी सम्पन्नता हूँ। अहंकार अंधा होता है और स्वाभिमान दृष्टिसम्पन्न। भाई साहब का स्वाभिमान उसी को आहत करता था, जो अहंकारी स्वयं रहे होंगे। मेरे तो हर तरह से बड़े थे, वय, विद्या, सब कुछ में, पर ऐसा व्यवहार करते थे जैसे बड़े भाई न हों साथ के खिलाड़ी हों, बराबरी की साझेदारी की बात ही करते थे। इसलिए उनके साथ समय बिताना अपने आप में एक ऐसा अनुभव था, जिसमें गृहस्थ परिवार की कोमल आत्मीयता, सहृदय का हृदय संवाद और सत्यान्वेषी का संक्रामक तीखा प्रकाश, तीनों एक में एक ओतप्रोत होकर मिलते थे और लौटने पर लगता था, जैसे अपने चिदंश से मिलकर कुछ पूरा होकर लौटा हूँ।

इनके व्यक्तित्व की उल्लेखनीय विलक्षणता थी मर्यादा और उन्मुक्तता के बीच संतुलन बनाये रखना। वे निर्भीक होकर किसी भी चर्चा में शरीक होते थे। किसी भी मत का प्रतिपादन सुनने को प्रस्तुत रहते थे, पर कहीं भी मर्यादा का अतिक्रमण होते ही वे तिलमिला उठते थे। यह ज़रूर था कि तिलमिलाहट केवल लहज़े तक या वक्रोक्ति तक ही सीमित रहती थी, कभी मुखर नहीं हो पाती थी। इसीलिए वे साहित्यिक गोष्ठियों की अध्यक्षता के सर्वमान्य अलंकार थे, उनसे अधिक मँजा, स्वयं संयत और दूसरों को संयत रखनेवाला अध्यक्ष सोचा नहीं जा सकता। अनेक गोष्ठियों में सहभागी रहा हूँ और मैंने पाया है कि तीव्र मतभेद रखनेवाले लोग भी उनकी अध्यक्षता में अति संतुष्ट रहे हैं।

इसी विलक्षणता के कारण वे बड़े ही सफल प्रशासक रहे, नियमों के पालन पर बल देते हुए भी वे नियमों को अमानवीय और प्रतिगामी होने की छूट नहीं देते थे। नियमों को वे बड़ी मर्यादा से नियमित करके रखते थे। देखने में कभी-क़भी वे सामंजस्यवादी लगते थे, पर थे वे वस्तुतः कौशलवादी। वे प्रत्येक कार्य को कुशलता से सम्पन्न करना चाहते थे, प्रत्येक दायित्व का निर्वाह कुशलता से करना चाहते थे, इसके लिए सबको उस कुशलता की प्रक्रिया में साथ ले लेते थे।

स्व० भाई साहब जिस प्रकार जीवन में व्यवहार और सिद्धान्त दोनों को साधे हुए थे उसी प्रकार अपनी साहित्यिक और कलात्मक सुरुचि में भी वे जितने आदर्शवादी थे, उतने ही व्यवहारवादी। वे संस्कृत की परंपरा से आये थे, इसीलिए उनका शास्त्राभ्यास बहुत गहरा था, अपने शास्त्रों की समझ बड़ी गहरी थी, पर साथ ही वे भोजपुरिया भी तो थे, भोजपुरी का सहज सलोनापन भी तो उनकी चित्तवृत्ति की भीतरी सलवटों में था, वे अनगढ़ सौंदर्य भी निरख सकते थे उसे सराह सकते थे, अमूर्त्त अंकन की बारीकी भी पहचान सकते थे। इसी गंगा-जमुनी विरासत के कारण उनकी भाषा इतनी समर्थ थी। वे उक्ति-क्षेत्रों का स्पष्ट विभाजन रखते थे,

आपस की बातचीत में खाँटी भोजपुरी, व्यापक सामाजिक परिवेश में परिनिष्ठित हिन्दी, अंग्रेजी-भाषी समाज में साहबी अंग्रेजी और पंडितों के बीच बहुत मुहाविरेदार संस्कृत का व्यवहार करते थे। बहुत कम उनके क्षेत्र के लोग ऐसी हिन्दी बोलनेवाले मुझे मिले हैं और उनकी जैसी शुद्ध अनाविल हिन्दी बोलनेवाले तो मुझे बस उनके अलावा स्व० नलिनविलोचन शर्मा ही दिखे हैं।

वैसे तो असंख्य पार्श्वच्छवियाँ मन में भागती जा रही हैं और स्मृतिलेख का कार्य जटिल करती जा रही हैं (क्योंकि ऐसे सगे व्यक्ति का स्मरण एक सैलाब होता है। आदमी खुद नहीं ठहर पाता, क्या-क्या सँभालेगा) परन्तु एक बात नहीं भूलती, वे थकना नहीं जानते थे। तबियत खराब हुई, दवा भर लेंगे और सावधानी से दवा करेंगे। मेरी तरह असावधान व्यक्ति नहीं थे, पर बीमारी से हारेंगे नहीं, बींमारी को अवरोध या बहाना नहीं बनने देंगे। वे इसीलिए ऐसे भाग्यशाली थे कभी अवकाश ग्रहण करने का उन्हें अवसर ही नहीं मिला, एक के बाद एक नये-नये दायित्व उन्हें मिलते गये और उन्हें हर दायित्व फूल की तरह हलका लगा, कोई दायित्व या कोई कुर्सी उन पर सवार नहीं हुई। पर उनका यही गुण स्वजनों को धोखा दे गया। वे ऐसे यकायक चले जायेंगे, इस पर किसी को विश्वास ही नहीं हुआ। मैं उसी रात उनके साथ रुकनेवाला था, अस्वस्थतावश नहीं जा सका, जिसका आज तक परिताप है। मुझे नसीहत देते थे कि थोड़ा विश्राम किया कीजिए। इतनी भागदौड़ न कीजिए, मैंने सहज विनोद में कहा था, कौन किसको उपदेश दे रहा है। वे कर्तव्य की विद्युल्लेखा थे, और ऐसे ही दिपते हुए चले गये। उस विद्युल्लेख के साथ जुड़ी हुए स्नेहदृष्टि चली गई, अंधकार को चीरनेवाली आशावादी दृष्टि चली गई। लिखने को बहुत पर अभी भी मन उनसे इतना भरा कि शब्द नहीं आते। उन्हें प्रणाम करता हूँ, उनकी सहज स्मितिलेखा को प्रणाम करता हूँ।

वैदुष्य-तीर्थ

कृष्णदेव प्रसाद शर्मा 'भिक्खु'

वैदुष्य का वह तीर्थ अब नहीं रहा ! शायद मेरे इस कथन में कुछ त्रुटि है । तीर्थ कहाँ मिटता है । जो स्थान किसी साधक का साधनापीठ होता है, वह साधक के न रहने पर भी श्रद्धालुओं का प्रणम्य तो रहता ही है ।

वैसे मगध सदा से तीर्थों की ही नहीं तीर्थंकरों की भी भूमि रहा है । पटना में आकाशवाणी केन्द्र पर निदेशक के रूप में मैं पदस्थापित हुआ तो एक आधुनिक तीर्थंकर की स्नेह-सन्निधि का लाभ अयाचित ही मिल गया । वह नाम नया नहीं था आचार्य की उपाधि के साथ चर्चित था । पर आचार्यत्व आजकल कुछ सस्ता हो चला है । उपाधि रूप में कोई भी इस अलंकार को धारण कर लेता है । पर इस आचार्य के सम्पर्क में आया तो इस उपाधि का केवल अर्थ ही नहीं समझ पाया; अपितु आचार्य-तत्त्व को प्रत्यक्ष देखा भी । हमारे पूर्वजों ने जब 'आचार्यदेवो भव' का उपदेश दिया था, तो इस आर्ष-वचन से यह भी ध्वनित किया था कि जो ज्ञान का प्रकाश दे वह वन्दनीय है, देवतुल्य है ।

ऐसा ही वन्दनीय था हमारा आचार्य और वाणी तथा रूपाकार में भी देवतुल्य !

कोई व्यक्ति अपने कृतित्व से भी बड़ा हो सकता है, यह बात कदाचित् सुनने में बेतुकी लगे । पर मैं जिस दिवंगत आचार्य के संबंध में यह लिख रहा हूँ उसके संदर्भ में यह बात किसी काव्य-छन्द के तुक-सी सटीक बैठती है । अब मैं इस तुक को कुछ स्पष्ट भी कर दूँ ।

वह आचार्य मूलतः संस्कृत का पण्डित था । संस्कृतज्ञों के साथ अपनी संस्कृति का ज्ञान, उसके प्रचार-प्रसार का संकल्प और अर्थ-विपन्न होने पर भी स्वाभिमान का भाव जुड़ जाता है । पर वह व्यक्ति इस परिभाषा से ही परिसीमित होकर नहीं रह गया । संस्कृत की ज्ञान-निधि को संस्कृत भाषा की अपेक्षा जनभाषा के माध्यम से ही जन-जन में प्रसारित किया जा सकता है । स्वयं भगवान बुद्ध ने

'पालि' का आश्रय ले इस सत्य को उद्भासित किया था। इस आचार्य ने भी फलतः हिन्दी को अपनी अभिव्यक्ति का माध्यम बनाया। यह उस व्यक्ति के आचार्य रूप को विराट् करने की ही प्रक्रिया थी।

पर हमारी आज की स्थिति का यह व्यंग्य ही है कि हिन्दी-संस्कृत का पाण्डित्य होने पर भी अंग्रेजी के ज्ञान के बिना गति नहीं। यह आचार्य मात्र सामान्य शिक्षक ही रह जाता, यदि उसने अपनी वाग्मिता के साथ-साथ अंग्रेजी पर अपने अधिकार को भी प्रकाशित नहीं किया होता। फलतः शिक्षक पद से भी आगे बढ़ना पड़ा हमारे इस आचार्य को। उसने पटना विश्वविद्यालय के कुलपति पद को स्वीकार कर गौरव दिया। और तब सबने जाना, अरे यह हिन्दी-संस्कृत का पण्डित अंग्रेजी का भी पण्डित है।

सेवा-निवृत्त होकर भी यह आचार्य स्थाणुवत् नहीं रह सका। जाने कितनी राज्यस्तरीय और केन्द्रस्तरीय समितियों का सदस्य अथवा अध्यक्ष रहा। बिहार प्रदेश के समस्त विश्वविद्यालयों की समिति के अध्यक्ष रूप में प्रदेश की उच्च-शिक्षा को नये आयाम दिये। पटना से स्थानान्तरित होने पर भी उस आचार्य से मेरी मुलाकात अनेक अप्रत्याशित स्थानों पर हो जाती थी। जाने कितनी बार इस या उस एअरपोर्ट पर भेंट होती और हम अपने-अपने गन्तव्यों की ओर उड़ चलते।

आकाशवाणी से तो इस आचार्य का अभिन्न संबंध हो ही चला था। वार्ता हो या परिचर्चा उसका ध्यान सर्वप्रथम आता। आकाशवाणी के लिए नाटक भी लिखे और विचारोत्तेजक लेख भी।

आकाशवाणी के कारण हमारा संबंध प्रगाढ़तर होता गया और इस प्रक्रिया में मैंने जाना कि पटना की कोई विचार-गोष्ठी, कोई सामाजिक-सांस्कृतिक अनुष्ठान उस एक व्यक्ति के सहयोग के बिना संभव नहीं लगता। मैं सुनता एक निर्मल, निर्भीक और सात्विक वाणी को, जैसे कोई मन्त्रद्रष्टा ऋषि बोल रहा हो। श्रोता मुग्धभाव से सुनते और बार-बार सुनते रहने पर भी उस वाणी का अमृतपान करने से अघाते नहीं।

यह था चमत्कार उस व्यक्तित्व का जो विराट् से विराट्तर होता रहा। यह सब लिखकर आतंक के भाव का भ्रम भी मैं शायद पैदा कर गया हूँ। पर जो आचार्य के अंतरंग थे वे यह भी जानते थे कि वह व्यक्ति कितना सहज और विनोदप्रिय है। तब किसी को यह आभास भी नहीं हो पाता था कि मुक्त हास में बहनेवाला वह व्यक्ति क्या वही है जो अपने वैदुष्य के वैशिष्ट्य के कारण आम आदमी से अलग है।

नहीं, वह मूलतः आम आदमी ही था। जब लिखने बैठता तो पत्र-व्यवहार में प्राप्त लिफाफों को खोलकर उन पर लिखता। "नहीं, कोई भी वस्तु 'वेस्ट' नहीं

करनी चाहिए।" मुझे गाँधीजी याद आ जाते। मुझे गाँधीजी की कथनी-करनी का साम्य भी याद आता और मैं अनुभव करता कि इस कठिन मार्ग पर चलना क्या किसी लघु-मानव के लिए संभव है?

इस आम आदमी का वट-वृक्ष रूप भी मैंने देखा है। प्रायशः बड़े लोग सर्वाधिक निन्दित और उपेक्षित अपने ही लोगों से होते हैं। पर हमारे इस आचार्य की यह भी एक उपलब्धि थी कि वह अपने परिवार का भी आदर्श रहा। अनुगामिनी पत्नी बोलती या कि लाडली बेटी अथवा कोई पुत्र तो यही लगता कि जैसे स्वयं हमारा आचार्य बोल रहा है। वैसा ही स्वर, वैसी ही शब्द-योजना, वैसे ही स्पष्ट विचार। ऐसा प्रभाव कितने लोग छोड़ पाते हैं अपने स्वजनों पर?

तीर्थ का एक अर्थ मार्ग भी है। हमारा आचार्य एक मार्ग हमारे लिए भी बना कर छोड़ गया है। फिर भी मेरे लिए तो एक गहरा अभाव ही छोड़ गया है। वह दिल्ली आता तो संभव होने पर मुझे बुलाता या स्वयं आता। अब सहज अधिकार से मुझे बुलाने या मिलनेवाला वह व्यक्ति नहीं रह गया है और अभाव की शून्यता छोड़ गया है मेरे लिए। यदि वह आज भी जीवित होता तो मैं यह कहता कि आचार्य आप भी इस अर्थ में अपूर्ण हैं क्योंकि मुझे अपूर्ण छोड़कर चले गये हैं।

मैं उसे माँ और ईश्वर की तरह अधिकार भाव से 'तू' कहना चाहता हूँ। पर कह नहीं पा रहा हूँ। मैं भी उस आचार्य के अभाव से आक्रान्त हो उठा हूँ। अतः उसे उन्हें कह कर संबोधित करने को विवश हूँ। जो पूर्ण है वही तू है। जो कहीं अपूर्ण और असमर्थ है वह 'तू' नहीं। मृत्यु से परास्त होकर वह आचार्य अपनी असमर्थता सिद्ध कर गया।

तो प्रिय बंधु, यों हमें छोड़कर चले जाने से तुम आप हो गये हो। अतः मैं उसी आप अर्थात् आचार्य देवेन्द्रनाथ शर्मा, स्वर्गीय आचार्य को उपालम्भपूर्वक प्रणाम करता हूँ। आप तो तीर्थ बन गये, पर मैं या कि आपके अपने···?

इस प्रश्नचिह्न का समाधान हमारे दिवंगत आचार्य के पास है क्या?

'सच्चा मित्र कहाँ मिलता है, दुःखी हृदय की छाया-सा'

कल्याणमल लोढ़ा

पत्र आया है आचार्य देवेन्द्रनाथ शर्मा के स्मृतिग्रंथ के लिए संस्मरण भेजने को मन उद्विग्न हो गया है और प्रसाद के शब्दों में :

मानस सागर के तट पर क्यों लोल लहर की घातें
कल कल ध्वनि से हैं कहतीं, कुछ विस्मृत, बीती बातें

हाँ, विस्मृति कहाँ ? बीती बातें अवश्य हैं। शंकराचार्य ने कहा था 'प्रत्यायान्ति गताः पुनर्न दिवसाः कालो जगद्‌भक्षकः' सोचता हूँ क्या काल की निर्ममता ने आचार्य देवेन्द्रनाथजी का भी भक्षण कर लिया, पर यही सत्य है। पत्र पुनः-पुनः पढ़ता हूँ। संस्मरण लिखना है। इधर मन घनीभूत स्मृतियों के प्रवाह में बह रहा है—सावनी बादलों की भाँति, वे उमड़-घुमड़ रही हैं। स्व० भाई की सौम्य मूर्ति जैसे मन-दर्पण में स्पष्ट है। सोचता हूँ कहाँ से प्रारम्भ करूँ—वहाँ से 'पहले जब देखा तुमको'! या उस समय जब 'बरसने को गरजते थे, वे न जाने किस हवा में उड़ गए हैं गगन में घन रह गए हैं नयन प्यासे।'—एक आदि और दूसरा अंत। इन दोनों के मध्य में है एक गहरी आत्मीयता, जो आज की विसंगतियों में दुर्लभ है—वह आंतरिकता, जिसकी लय अपनी स्वर्णिम आभा में ज्योति-सम्पन्न हो अमिट रेखा बन गई है, जिसे काल नहीं मिटा सकता, मिटाना तो दूर धुँधली भी नहीं कर सकता। कैसा था आचार्य शर्मा का व्यक्तित्व! मनुष्यत्व की साक्षात् प्रतिमा—'मत्वा कर्माणि सीव्यति इति मनुष्यः'—ज्ञान और बुद्धि के द्वारा जो अपने कर्मों का ताना-बाना बुनता है—वही मनुष्य है। वैदिक ऋषि का कथन है, 'हे मनुष्य तू कर्म करता हुआ, प्रकाश के पीछे चल, बुद्धि से परिष्कृत होकर प्रकाश की रक्षा कर। निरंतर ज्ञान एवं कर्म का विस्तार कर तथा अपने पीछे गुण-सम्पन्न उत्तराधिकारी को जन्म दे।' भारतीय मनीषा ने उत्तम मनुष्य के पाँच

साधन बताए हैं—कर्म, कर्मों का समन्वय, व्यक्तित्व की अखंडता, प्रकाशयुक्त मार्ग का अनुसरण एवं जीवन का विस्तार। आचार्य शर्माजी कर्म, ज्ञान, प्रकाश से गुणसम्पन्न होकर, उत्तम मनुष्य थे—उनमें मनुष्यत्व की सभी विशेषताएँ विद्यमान थीं। कोई भी व्यक्ति उनके सम्पर्क में आकर उनका सहज स्नेह प्राप्त करता था, वे 'पुमान् पुमांसं परिपातु विश्वतः' इसी आदर्श का पालन करते थे। उत्तम मनुष्य के साथ-साथ वे उत्तम पंडित भी थे। पोथी पढ़-पढ़ कर पंडित नहीं हुआ जाता, पंडित होने के लिए श्रेष्ठ संस्कार, महनीय विचार, उत्कृष्ट आचार और लोकसिद्ध व्यवहार अनिवार्य है। जो व्यक्ति महत् प्रयोजनों पर ध्यान देता है, छोटी-छोटी बातों पर नहीं, वही पंडित है।

प्रयोजनेषु ये सक्ताः न विशेषेषु भारत।
तानहं पंडितान् मन्ये। (महाभारत)

पंडित वह है, जिसका संकल्प दृढ़ है, जो प्रभावहीन और सत्य साधक है—वही ज्ञान, दर्शन व चरित्र का धनी है। जिसमें विनय है, वही विद्यावान् है। आचार्य शर्मा पंडित के इन मापदण्डों पर खरे उतरते हैं। उनका वैदुष्य उनके व्यक्तित्व से एकात्म होकर पीयूषधारा के सदृश प्रवहमान था। चार दशकों के सान्निध्य में, जिन विरल व्यक्तियों की मनीषा ने मुझे प्रभावित किया, शर्माजी उनमें हैं। कहा गया है :

यथा चतुर्भिः कनकं परीक्ष्यते निघर्षणच्छेदनतापताडनैः।
तथा चतुर्भि पुरुषः परीक्ष्यते श्रुतेन, शीलेन, कुलेन, कर्मणा॥

वे बहुश्रुत थे, शीलवान्, कुलीन और कर्मयोगी। उत्तम मनुष्य व दृढ़ संकल्प युक्त पंडित होने के साथ-साथ उनकी मित्रता भी विलक्षण थी। मित्र का सुख-दुःख उनका अपना होता था। जीवन में अनेक बार मैंने यह अनुभव किया। एक बार मैं अस्वस्थ हो गया। सूचना पाते ही फोन। फिर तो प्रत्येक दिन, मेरी पत्नी से स्वास्थ्य के संबंध में पूछते रहते थे।

सन् 1964 में प्रो० ए० चन्द्रहासन ने आचार्य देवेन्द्रनाथ शर्मा, मुझे और पं० विष्णुकांत शास्त्री को एक अखिल भारतीय संगोष्ठी में आमंत्रित किया था। समापनोपरांत हम लोग त्रिवेन्द्रम होकर कन्याकुमारी की यात्रा पर जा रहे थे। हठात् त्रिवेन्द्रम में मुझे अप्रत्याशित भीषण शिरःशूल व वमन होने लगे। भाई श्री शर्माजी ने जो देखभाल की वह आज भी नहीं भूला। चिकित्सक, दवा, खान-पान आदि। मुझे छोड़कर कहीं गए नहीं। दूसरे-तीसरे दिन मैं स्वस्थ हुआ और हम कन्याकुमारी की ओर चले। उस समय तक परिचय भी इतना प्रगाढ़ नहीं था, पर वह उनकी मित्रता थी, उनकी सुजनता व कर्तव्यनिष्ठा। मैं आज भी उसे

स्मरण कर गद्गद हो जाता हूँ। कलकत्ता पहुँचकर उन्होंने अपनी भाभी से कहा —सँभालें ! जैसा ले गया था वैसा ही ले आया हूँ। ऐसे थे देवेन्द्रनाथजी !

वाल्मीकि के कथनानुसार संसार में दो ही प्रकार के मनुष्य हैं : एक अल्पसत्व या हीन पराक्रमवाले साधारण मनुष्य और दूसरे धीर व चरित्रवान्, जो अपने जीवन में कुछ कर दिखाने की क्षमता रखते हैं। प्रथम प्राकृत नर है। दूसरा समाज के लिए बहुमूल्य। चरित्र से युक्त मनुष्य ही जीवन को मूल्यवान् और आकर्षण की वस्तु बनाता है—उसमें अयस्कान्त मणि की भाँति सबको अपनी ओर आकृष्ट करने की क्षमता और सामर्थ्य होती है। आचार्य शर्मा की यह क्षमता थी और इसीसे वे चरित्र से युक्त मनुष्य थे। उनमें नैतिक अवधारणाएँ प्रत्यक्ष थीं। सरलता और सदाचार उनमें कूट-कूट कर भरे थे। जीवन की मर्यादाओं का उन्होंने सदैव पालन किया। ऐसे अनेक प्रसंग हैं, जब मैंने उनमें आत्म-चैतन्य की पूर्णता और स्वस्थ मानसिकता पायी। जब वे पटना विश्वविद्यालय के कुलपति थे तब एक दिन मैंने देखा कि अनेक व्यक्ति—विद्यार्थी, नेता आदि उनके पास उत्तेजित होकर अपनी माँगें लेकर आए थे—कुलपति शर्माजी ने दृढ़ता से उन्हें अस्वीकार किया—उनकी तर्कपुष्ट, विवेकसंगति का लोहा मानकर सभी हँसते-हँसते लौट गए। विपरीत परिस्थितियों में भी सिद्धांतों पर दृढ़ रहना, मनुष्य के चरित्र की सही कसौटी है। एक नहीं, ऐसे कई प्रसंग हैं। कितने दोहराऊँ ? मेरी प्रकृति भावावेश की है, एक प्रकार से उसे संवेग-प्रधान कह सकते हैं। शर्माजी धैर्यवान्, सहनशील और सहिष्णु थे। एक बार यात्रा करते समय एक व्यक्ति बिना आरक्षण के हमारी सीट पर बैठ गया, कहने पर भी उठने का नाम नहीं, समझाने का कोई फल नहीं, अनुरोध का कोई परिणाम नहीं। मैं अकुला उठा। सामने की शायिका पर बैठे शर्माजी मौन भाव से देख रहे थे। मैं झुँझलाकर आरक्षण अधिकारी को बुलाना चाहता था। शर्माजी ने उठकर उस व्यक्ति को अपनी शायिका पर आने का अनुरोध किया। फलत: बात सुलझ गयी। इस सौम्य व्यवहार से वह अभिभूत होकर अगले स्टेशन पर पूर्ण मैत्री भाव से उतर गया। उस समय मैंने समझा कि आवेग और आवेश से अधिक सौहार्द और सौमनस्य फलप्रसू होते हैं। आज भी जब कभी ऐसा प्रसंग आता है—मेरे अवचेतन से वह घटना चेतन पर आकर मुझे सावधान करती है। विवेक और संयम से, धैर्य और शान्ति से हल करो—उत्ताप, उत्तेजना और उद्वेग से नहीं। अंग्रेजी की एक कहावत है, "A man in earnest finds means, or if he cannot find, creates them" (चैनिंग) किसी भी कठिनाई में हतप्रभ न होकर, उसके निराकरण के साधन को खोजना मनुष्य की सर्जनात्मक शक्ति है, इस शक्ति के बिना वह सदैव उलझनों से घिरा रहता है। आचार्य शर्मा में साधन संधान की अद्भुत क्षमता थी। गेटे ने एक स्थान पर कहा है The things which our friends do with and for us form a portion of our lives. For they strengthen and advance our personality. पंचतंत्र में कहा गया है :

इक्षोरग्रात्क्रमशः पर्वणि यथा रसो विशेष :।
तद्वत्सज्जनमैत्री विपरीतानान्तु विपरीता ॥

सज्जन की मैत्री इक्षुरस क्रमानुसार और दुर्जन की इसके विपरीत होती है। उनकी मैत्री इक्षुरस सदृश्या थी। सबके साथ ऐसी ही थी। देवेन्द्रनाथजी ने मेरे व्यक्तित्व को कई सूत्रों से प्रभावित किया। हमारी मैत्री उत्तरोत्तर सदैव बढ़ती गई। एक बार एक मित्र आर्थिक कठिनाई में आ गए। सहायता की आवश्यकता थी। शर्माजी को पता चला तब बिना सूचना दिए राशि भेज दी। किसी से कहा तक नहीं। पीछे उन्हीं सज्जन ने मुझे बताया और गद्गद होकर शर्माजी के सौजन्य की सराहना करते रहे।

वे उत्तम मनुष्य, पंडित, मित्र व विवेकनिष्ठ होने के साथ-साथ एक अत्यन्त मेधावी शिक्षक थे। वे भारतीय संस्कृति में अडिग विश्वास रखते थे। किसी भी शिक्षक का प्रथम कर्तव्य है स्वाध्याय में अनवरत लगन। स्वाध्याय तप है और इस दृष्टि से शिक्षक तपस्वी। आत्मचैतन्य और ज्ञान की निरन्तर वृद्धि उसे सदैव माँजती-सँवारती रहती है। आचार्य की स्वाध्याय प्रवृत्ति दर्शनीय थी। उनका अपना पुस्तकालय इसका प्रमाण है—वह केवल ग्रंथों का संग्रह मात्र नहीं है—उसमें वे ग्रंथ हैं, जिनसे ज्ञान की वृद्धि होती है। जब भी वे कलकत्ता आते पुस्तक विक्रेताओं के यहां से ग्रंथ अवश्य खरीदते—उनका ग्रंथालोक विचित्र था—अनेक भाषाओं, कलाओं आदि के ग्रंथ वे चाहते थे, खरीदते थे। उन्हें एक श्लोक बहुत प्रिय था—ऐतरेय ब्राह्मण के शुनःशेप उपाख्यान का वैदिक गीत—'चरैवेति चरैवेति'। उनकी मान्यता थी कि गति ही जीवन है। प्रवहमान जल ही 'जीवन' है—वायु और सूर्य की ऊर्जा से अपने को प्राणवान् बनाता है। जीवन में क्लांत होकर ठहर जाना, मूर्च्छा है। जागरण ही जीवन है वही गति है। शिक्षक का कर्तव्य है, सदैव शिक्षार्थी बन कर रहना। विद्या का अर्थ है जीवन को जागरित रखना, आलोक-सम्पन्न करना। 'आत्मसंस्कृतिर्वाव शिल्पानि, छंदोमय वा एतैर्यजमान आत्मानं संस्कुरुते' आत्मा को सुसंस्कृत करना कराना ही—शिक्षक का प्रथम कर्तव्य है—यही दिशा बोध भी। यही समस्त नैतिक अवधारणाओं और मूल्यों का उपक्रम भी। जो इस कर्तव्य से च्युत हो जाता है, वह शिक्षक के आदर्श को नहीं निभा पाता। उनकी लोकप्रियता और प्रसिद्धि को देखकर मुझे कालिदास का यह कथन याद आता है :

शिलष्टा क्रिया कस्यचिदात्मसंस्था संक्रान्तिरन्यस्य विशेषयुक्ता।
यस्योभयं साधु स शिक्षकाणां धुरि प्रतिष्ठापयितव्य एव ॥
(मालविकाग्निमित्र-1-16)

उनके विद्यार्थी उन्हें ऋषिकल्प गुरु समझते थे और गुरु से अधिक महत्वपूर्ण पद कहाँ है ! अपने को सदा कर्तव्यनिष्ठ रखकर, गुरु के आदर्श का परिपालन ही अनुगतों को मिथ्यात्व से सत्य की ओर, तमिस्रा से आलोक की ओर, मृण्मय से अमृत की ओर ले जाता है, जहाँ मोहान्धकार नष्ट कर जीवन निर्मलता प्राप्त करता है । गुरु के प्रति ऐसी श्रद्धा आचार्य शर्मा ने प्राप्त की थी ।

मेरी यह धारणा है कि लोकसिद्धि के निमित्त मनुष्य के लिए पाँच वकार आवश्यक हैं— वपु, वेश, वाणी, विद्या व वैभव । संस्कृत का प्रसिद्ध सुभाषित यही कहता है । शर्माजी में ये पाँचों वकार स्वतः सिद्ध थे । आकर्षक वपु, सुन्दर वेश, प्रातिभ वाणी, व्यापक विद्या और आंतरिक वैभव—सभी विद्यमान थे । इन सबके साथ उनमें स्वाभिमान भी कूट-कूट कर भरा था । विनयशील होकर भी अपने 'स्व' का बोध, अपनी अस्मिता की परख, अपनी सत्ता की सजगता उनमें थी । वे निरहंकारी थे पर अपने होने का संज्ञान उनमें था । कोई भी हो—उच्च पदस्थ सरकारी अफसर, लक्ष्मीपति, राजनेता उनकी यह प्रकृत मान्यता थी :

राजा त्वं वयमप्युपासित-गुरु-प्रज्ञाभिमानोन्नताः ।
ख्यातस्त्वंविभवैर्यशांसि कवयो दिक्षु प्रतन्वन्ति नः ।।
(भर्तृहरि—वैराग्यशतक)

प्रज्ञावान् की यही शक्ति-सम्पन्नता है—कीर्ति की अक्षय मंजूषा । वे सर्वथा और सर्वदा निडर रहे—यही कारण है कि उन्होंने कहीं अपने सिद्धांतों से समझौता नहीं किया—न झुके—न डरे । सरकार के विरुद्ध भी लड़े—और जीते ।

जीवनपर्यंत वे सदैव कार्यरत रहे—शिक्षक, कुलपति (दो-दो विश्वविद्यालयों के) यू० जी० सी० के फेलो, विजिटिंग आचार्य, अकादमियों के अध्यक्ष, केन्द्रीय हिंदी संस्थान के उपाध्यक्ष—न जाने कहाँ-कहाँ । पर जहाँ भी रहे अपनी ऊर्जस्विता प्रमाणित करते रहे । न जाने कितनी समितियों की अध्यक्षता की—न जाने कितने व्याख्यान दिए । कितने विषयों पर अपने अधिकार से वर्चस्व सिद्ध किया—कौन गिने-गिनाए । ऐसा व्यक्ति, जो इतना बहुश्रुत हो, जिसकी गति और मति इतनी उदग्र हो—मैंने कम देखा । उनकी वाणी सारस्वत प्रतिभा से सदा सिद्ध रही । उनकी प्रशासनिक दक्षता के भी अनेक संस्मरण हैं । अभी गत मास ही एक समीक्षा समिति का मैं अध्यक्ष था । आज से लगभग दस वर्ष पूर्व आचार्य शर्मा भी उसी संस्थान की एक समिति के अध्यक्ष थे । उनका प्रतिवेदन मैंने देखा । उसका संबंध शिक्षण पद्धति, व्यवस्था व पाठ्यक्रम के नवीकरण से था । शर्माजी ने जिस प्रवणता व दूरदर्शिता से वह प्रतिवेदन प्रस्तुत किया, संस्तुतियाँ कीं, मैं उन्हें देखकर मुग्ध हो गया । आज भाषा-शिक्षण पद्धति में अनेक गवेषणाएँ हो रही हैं । 'एजुकेशनल साइबरनेटिक्स' का प्रचलन हो रहा है ।

आचार्य शर्मा ने उन सबको अपने प्रतिवेदन में समाहित किया। यों भी कुलपति रहकर अनेक संदर्भों में उन्होंने अपनी प्रशासनिक निपुणता व कुशलता का प्रमाण दिया था, जिसका विश्वविद्यालय अनुदान आयोग के तत्कालीन अध्यक्ष, प्रो० सतीशचन्द्र आज भी उल्लेख करते हैं।

जैसा मैंने अन्यत्र कहा है वे बहुश्रुत और स्वाध्यायी थे। उनकी गहरी पैठ साहित्य, भाषाविज्ञान, काव्यशास्त्र, संस्कृति, दर्शन व विभिन्न कलाओं में थी। जब वे अभिभाषण देते, तो पता चलता कि वे कितने गहरे और ज्ञान गम्भीर हैं। यह सब होते हुए भी तुलसी बाबा के शब्दों में 'सबहि मान प्रद आपु अमानी'—वे सचमुच अमानी थे पर सबको यथोचित मान-मर्यादा देते थे।

मेरा आचार्य शर्मा के परिवार से भी घनिष्ठ सम्बन्ध रहा। एक प्रकार से मैं उनका परिजन ही था। सबसे आत्मीयता। भाभी में गृहिणी के समस्त गुण—'दक्षा, तुष्टा, प्रियालापा, पतिचित्तानुर्वतिनी'। जिस प्रकार आचार्य शर्मा पंच 'वकार' युक्त थे, उसी प्रकार भाभी पंच 'सकार' युक्त अनुकूल, विमल, कुलीन, कुशल, सुशील—इन सबसे सम्पन्न। आत्मज विनयशील भी वैदुष्य प्रबुद्ध, गुणी व विद्वान, विजयशील दीप्तिमान् चिकित्सक, दीप्ति अपने नाम को सार्थक करने वाली आत्मजा। अपने परिवार का यह उत्कर्ष देखकर मैं मन ही मन भाई साहब व भाभी को धन्यवाद देता था। यह सब तभी होता है जब सभी स्वजन संस्कार युक्त हों—चरित्रवान्, मर्यादा और आचरण के धनी। इसीसे मनीषियों ने सुखी परिवार को प्रारम्भिक स्वर्ग कहा है। यत्र-तत्र अध्यापकों पर ताने कसे जाते हैं, उनका उपहास किया जाता है, उन्हें श्रद्धा तो दूर, सम्मान भी नहीं मिलता। शर्माजी इसके अपवाद थे। उन्हें सर्वथा और सर्वदा सम्मान, आदर, अभिवादन सभी घटकों से मिला। विद्यार्थियों के लिए वे आदर्श थे, सहयोगियों के लिए अनुकरणीय, सहकर्मियों के लिए श्रद्धास्पद—ऐसा विलक्षण व्यक्तित्व व कर्तृत्व उनका था। मनुष्य की चेतना की उत्कृष्ट रूपान्तरित दशा ही आन्तरिक क्रियाशीलता है, जो लोक व्यवहार में सबको अपने सदाचार से अभिभूत करती है।

इस वर्ष के प्रारम्भ में आचार्य शर्मा का पत्र नव वर्ष की शुभकामनाएँ लेकर आया था, मैं यात्रा पर था। लौटकर पत्रोत्तर देने ही वाला था कि भाई गोपाल राय ने यह दुःखद समाचार दिया कि एक सभा में राष्ट्रवाद पर भाषण देते समय वे मूर्च्छित हो गए—मस्तिष्क में रक्तस्राव हो रहा था और सारे उपचार व्यर्थ हुए। मैं स्तब्ध ! यह क्या, यह कैसा वज्रपात ! थोड़े दिनों पूर्व ही हम दोनों ने निश्चय किया था कि मिले काफी दिन हो गए—अब मिलना चाहिए—कुछ दिनों तक सपरिवार साथ रहें और यह दुर्योग ! अनायास ही प्रसाद के आँसू का यह छंद मुख से निकला :

निर्मोह काल के काले पट पर कुछ अस्फुट लेखा।
सब लिखी पड़ी रह जाती, सुख दुखमय जीवन रेखा।।

मानता हूँ जीवन नश्वर है,—जानता हूँ आत्मा अमर है, विश्वास रखता हूँ कि भस्मान्तं शरीरं—कीर्ति और गुण स्थायी होते हैं, पर इस मृणमयता का क्या करें ? एक के बाद एक संगी साथी छूट रहे हैं, काल कलन कर रहा है—सूर्याश्व बन कर वह अनवरत बढ़ता रहता है—अब वे दिन कहाँ हैं, वे बंधु-बांधव कहाँ हैं, जिनसे जीवन यात्रा का संबल मिलता था, अब तो थके पथिक के पंथा के लिए उनकी स्मृति ही पाथेय है। जगन्नाथ कविराज ने अपने अभिन्न मित्र की मृत्यु पर कहा था :

दैवे पराग्वदनशालिनि हन्त जाते।
याते च सम्प्रति दिवं प्रति बन्धुरत्ने।।
कस्मै मनः कथयितासि निजामवस्थां।
कः शीतलैः शमयिता वचनैस्तवाधिम्।।

यह मेरा अभाव है, बहुतों का है। पर आचार्य शर्मा के लिए तो यही कह सकता हूँ :

'Pulchara Pulchrior in Sereni Tatem Mortis'
(सुन्दर, मरणोपरान्त अनिन्द्य और शाश्वत सौन्दर्य युक्त हो)

वाग्मी विद्वत्ता की साकार मूर्ति : आचार्य देवेन्द्रनाथ शर्मा

विष्णुकान्त शास्त्री

हमारी संस्कृति की मान्यता है कि युद्ध करते-करते मृत्यु का वरण करनेवाले योद्धा को वीरगति प्राप्त होती है। इसी न्याय से व्याख्यान देते-देते 'ब्रेन हैमरेज' के घातक वार को झेलकर संज्ञाशून्य हुए एवं कुछ घंटों बाद ही दिवंगत हो गए आचार्य देवेन्द्रनाथ शर्मा की मृत्यु को भी विद्वद्वीरगति से मिलती-जुलती किसी संज्ञा से संबोधित करना मैं उपयुक्त मानता हूँ। भले वे ईशावास्योपनिषद् की मंगल-कामना के अनुसार सौ वर्षों तक जीवित न रह पाये हों किन्तु आजीवन सारस्वत कर्म करते हुए ही वे जिये और मरे। एक-एक मिनट का सदुपयोग करने की उनकी कला का मैं कायल रहा हूँ। मैंने देखा है कि भुवनेश्वर स्टेशन के वेटिंग रूम में बैठे-बैठे भी वे अपनी पुस्तक का प्रूफ देख रहे थे। ऐसी ही थी उनकी कर्मनिष्ठा और इसी की प्रेरणा वे अपने स्नेहभाजनों को भी देते रहते थे। 5 या 6 जनवरी को मुझे उनका 1-1-91 का पत्र मिला था जिसमें उन्होंने लिखा था—"अभी शैक्षिक, राजनैतिक क्या सक्रियता है? आप तो कर्मठ तथा कार्यनिरत रहने वाले व्यक्ति हैं। सारस्वत साधना चलती रहनी चाहिए क्योंकि 'अहरहः विद्यामुपासीत'।" उनके तेजस्वी जीवन का शीघ्र ही पटाक्षेप होने वाला है, इसका अनुमान मैं उस समय कैसे कर सकता था, खासकर तब जबकि उन्होंने उसी पत्र में इस वर्ष तुलसी जयन्ती पर कलकत्ते आने का आश्वासन भी दिया हो। 18 जनवरी को जब मैंने उनकी आकस्मिक मृत्यु का पीड़ादायक समाचार सुना तो उसी पत्र में लिखी उनकी यह पंक्ति कौंधकर मुझे और कातर बना गयी, "जीवन में जिन लोगों से स्नेह मिला उनमें आप अन्यतम हैं।" दाता होते हुए भी छोटों का मान रखने के लिए वे ग्रहीता की भूमिका में जा जाते थे, यह पंक्ति इसी सत्य की निर्देशिका है। मेरी आँखों के सामने उमड़ते जा रहे हैं वे प्रसंग जिनके कारण मैं उनका अधिकाधिक स्नेहभाजन बनता चला गया था।

विद्वत्ता के साथ वाग्मिता का योग दुर्लभ है। प्रचलित धारणा है कि प्राध्यापकगण अच्छे वक्ता भी होते हैं। सच्चाई यह है कि जिस तरह अधिकांश व्यक्ति स्नानागार में गुनगुना लेते हैं उसी तरह अधिकांश प्राध्यापक अपनी कक्षाओं में तैयार किये हुए विषयों पर बोल लेते हैं। सामान्य प्राध्यापकों की ही नहीं, बहुत से विद्वानों की भी घिग्घी बँध जाती है विद्वद्-गोष्ठियों में बोलते समय। इसके विपरीत बहुत से ऐसे सभा चतुर भी होते हैं जो धड़ल्ले से बोलने की अपनी क्षमता के कारण अपनी साधारण जानकारी को भी सामान्य श्रोताओं से भुनाने में सफल होते हैं, भले ही विद्वज्जन उनकी शब्द भरी वाग्वैखरी से प्रभावित न होते हों। अपने वैदुष्य और वक्तृत्व दोनों से विज्ञ श्रोताओं को भी तृप्त करनेवाले प्राध्यापक बिरले ही होते हैं। आचार्य देवेन्द्रनाथ शर्मा के इसी वैशिष्ट्य ने अपनी पहली ही छाप मुझ पर इतनी गहरी छोड़ी कि मैं उनका वशंवद हो गया। एक से दस अक्टूबर 1961 तक दिल्ली में अखिल भारतीय हिन्दी प्राध्यापक संगोष्ठी हुई थी। उसमें शर्माजी विद्यापति पर बोले थे। हिन्दी के शीर्षस्थ विद्वानों के बीच पूर्ण अधिकार और मर्यादा के साथ शर्माजी ने अपना वक्तव्य प्रस्तुत किया था। उन दिनों वे बिहार विश्वविद्यालय के हिन्दी विभागाध्यक्ष थे। यह असन्दिग्ध रूप से कहा जा सकता है कि उस गोष्ठी में बिहार के गौरव को शर्माजी ने ही प्रतिष्ठित किया था। हम लोगों को एक ही आवास में ठहराया गया था अतः उनसे मेरा परिचय तो हो गया था किन्तु अन्तरंगता होने में अभी देर थी।

उसी वर्ष दिसम्बर के अन्तिम सप्ताह में कलकत्ते में भारतीय हिन्दी परिषद् का अधिवेशन हुआ। कलकत्ता विश्वविद्यालय के हिन्दी विभागाध्यक्ष श्रद्धेय कल्याणमलजी लोढ़ा ने मुझे उसकी स्वागत समिति का प्रबन्ध-मंत्री मनोनीत किया था। उस अधिवेशन में शर्माजी सपत्नीक पधारे थे। हम लोगों ने उन्हें अच्छी जगह ठहराया था। अधिवेशन की प्रबन्ध-व्यवस्था से शर्माजी तथा अन्य विद्वान भी सन्तुष्ट होकर लौटे। लोढ़ाजी तो शर्माजी के अभिन्नहृदय सुहृद् बन ही गये, मेरे प्रति भी शर्माजी का सद्भाव बढ़ा। उस अधिवेशन की कई गोष्ठियों में भी शर्माजी के प्रभावशाली व्याख्यान हुए। उनके प्रति मेरा आदर भाव और बढ़ा किन्तु उस रेल-पेल में इतना समय ही नहीं था कि जमकर उनसे बातचीत कर पाता।

हम लोगों में वास्तविक हृदयता हुई अगस्त 1964 की केरल-यात्रा में। चन्द्रहासनजी ने एरणाकुलम में सप्ताहव्यापी अखिल भारतीय हिन्दी संगोष्ठी का आयोजन किया था। शर्माजी, लोढ़ाजी और मैं, हम तीनों कलकत्ते से साथ-साथ ही वहाँ गये थे। उसी यात्रा में वे मेरे बड़े भाई बन गये। इस संबंध को बंगला का स्पर्श देकर मैं उन्हें 'दादा' पुकारने लगा और वे स्नेहपूर्वक मुझे भैयाजी कहने लगे। असल में लोढ़ाजी मुझे प्रेम से भैयाजी कहा करते हैं अतः मैं शर्माजी के लिए

भी भैयाजी हो गया। यह पूरी यात्रा रसमयी रही। एरणाकुलम की गोष्ठी में हम तीनों के व्याख्यानों को सुयश मिला। चन्द्रहासनजी और विश्वनाथ अय्यरजी ने हम लोगों को बहुत स्नेह-सम्मान दिया। तिरुअनन्तपुरम और कन्याकुमारी के मन्दिरों में दर्शन करने के लिए केवल धोती पहनकर ही भीतर जाया जा सकता है। मुझे तो इसमें कोई असुविधा नहीं हुई किन्तु लोढ़ाजी और शर्माजी दोनों को यह प्रथा थोड़ी अटपटी लगी थी। असल में लोढ़ाजी की तरह शर्माजी भी राजसी रुचि के थे। आवास-व्यवस्था, वेशभूषा, भोजन, यात्रा इन सब में एक विशिष्ट स्तर का निर्वाह लोढ़ाजी के सदृश उनके लिए अनिवार्य था। हिन्दी के प्राध्यापकों में इतने सजे-धजे, चुस्त-दुरुस्त, व्यवस्थापटु और व्यवस्थाप्रिय व्यक्ति कम ही पाये जाते हैं। स्वभावतः लोढ़ाजी और शर्माजी में गहरा सौहार्द था। मुझे दोनों का आन्तरिक स्नेह मिला, यह मेरा परम सौभाग्य है।

उस यात्रा से लौटकर मैंने कृतज्ञता ज्ञापित करते हुए उन्हें पत्र लिखा था। तुरन्त उनका उत्तर आया, "वस्तुतः केरल की यात्रा के आनन्द का श्रेय बहुत कुछ आपको ही है। आप ऐसे आनन्दमूर्ति हैं कि जहाँ रहेंगे, वहीं आनन्द बिखेरते रहेंगे।" छोटों को श्रेय देकर ही आगे बढ़ाया जाता है शर्माजी का वही बड़प्पन इन पंक्तियों में झलक रहा है।

शर्माजी की प्रबल इच्छा थी कि मैं शीघ्रातिशीघ्र शोधकार्य पूरा कर डॉक्टर बन जाऊँ। मेरा स्वभाव ऐसा विचित्र है कि एक छोटा-सा लेख लिखने के लिए भी मैं पुस्तक लिखने जैसी तैयारी करता हूँ। अतः शोध-प्रबन्ध को 'परिपूर्ण' बनाने के फेर में मैं सामग्री-संकलन, टिप्पण-लेखन आदि में ही कई वर्ष बिता चुका था। शर्माजी मेरी इस प्रवृत्ति से अप्रसन्न थे। उन्हें लगता था कि आज की प्रतिस्पर्धा के युग में पहले डॉक्टरेट पा लेनी चाहिए और फिर शोध-प्रबन्ध को 'परिपूर्ण' बनाते रहना चाहिए। उन्होंने मुझसे तगादे पर तगादे किये, लोढ़ाजी को भी लिखा। 23-10-64 का पत्रांश उद्धृत करने का लोभ-संवरण नहीं कर पा रहा हूँ, "हाँ, मैंने भाई लोढ़ाजी के पत्र में आपके शोध की जिज्ञासा की थी। 1965 में आपको डॉक्टर होना ही है। काली पूजा की धूमधाम तो बीत गयी, अब आप सरस्वती पूजा में सर्वात्मना लग जाएँ और जैसा मैंने कहा था, प्रत्येक पक्ष की प्रगति की सूचना मुझे भेज दिया करें। मैं बड़ी उत्सुकता से उसकी प्रतीक्षा करूँगा। लगन से ही कोई काम होता है और इसे कर लेना ही नहीं, अविलम्ब कर लेना आवश्यक है।" पर 1965 बीत गया और मेरा शोध कार्य पूरा नहीं हुआ। 1-1-66 को नववर्ष की मंगल-कामनाएँ भेजते हुए उन्होंने लिखा, "आपको डॉक्टर कहकर संबोधन करने की मेरी कामना कब पूरी होगी?" 65 तो निकल गया। इस नव वर्ष में तो उसे पूरी कीजिए।" 1966, 67 भी निकल गये और मेरा शोध कार्य जहाँ का तहाँ ही रह गया। अपार धैर्य के साथ शर्माजी ने 68 की मंगल-कामना

देते हुए लिखा, "आप इस वर्ष पी-एच० डी० कर लें। थोड़े संकल्प की आवश्यकता है। 'दादा' की बात न टालिये।" 68, 69, 70 भी निकल गये। शर्माजी ने अब भी हार नहीं मानी। 1971 के लिए फिर लिखा उन्होंने "आप स्वस्थ, प्रसन्न रहकर इस वर्ष डॉक्टरेट कर लें, इसकी प्रेरणा परमात्मा आपके हृदय में भर दें। और प्रपंचों के बीच एक यह कार्य भी सिद्ध हो जाता तो आपके 'दादा' की इच्छा पूरी हो जाती !" लेकिन मैं ऐसा निकम्मा निकला कि दादा की इच्छा पूरी नहीं कर सका।

उनकी स्नेह भरी आँखों में मैं बहुत से डॉक्टरों से अधिक योग्य था लेकिन उन्हें यह भी लगता था कि प्रोन्नति आदि के प्रश्न पर योग्यता की जाँच उपाधियों के आधार पर भी की जाती है। उसके चलते मेरा अनिष्ट न हो, इसकी उन्हें आन्तरिक चिन्ता थी। एक बार वे कलकत्ते आये हुए थे। गपशप के दौरान उन्होंने मुझसे कहा, "भैयाजी आपने राम साहित्य पर इतना काम किया है तो सीताजी वाली वह कहानी भी पढ़ी होगी।" मैंने ठीक समझा नहीं, मैंने पूछा, "कौन-सी कहानी दादा ?" वे बोले, सीताजी जब किष्किन्धा गयीं तो उनकी सुन्दरता की धूम मच गयी बन्दरियों के बीच। कोई उनके कमल मुख की प्रशंसा करती, कोई उनकी नासिका की; कोई उनके पतले विम्बाफल के सदृश अरुण अधरों के गुण गाती, कोई उनके कमल सदृश नेत्रों के ! एक वृद्धा वानरी आयी, वह उन लोगों की बातें सुनकर तन गयी, बोली हाँ, हाँ, ये सब अंग होंगे ऐसे किन्तु बताओ उनके पूँछ भी है ? सब को स्वीकार करना पड़ा कि हाँ, उनके पूँछ तो नहीं है, इस पर वह तमककर बोली पुच्छ के बिना ये सब अंग तुच्छ हैं ! जबर्दस्त कहकहों के बीच दादा ने यह श्लोक सुनाया :

> अहो सुरम्यं वदनारविन्दं, सुनासिका बिम्बफलाधरोष्ठम्।
> प्रफुल्लपद्मायतलोचनायाः पुच्छं विना तुच्छमिदं हि सर्वम्॥

और फिर कहा, भैयाजी समझ लीजिए, आप जितने भी विद्वान हों, जितना अच्छा बोलते हों लेकिन यदि पी-एच० डी०, डी० लिट् की पूँछ नहीं लगी है तो वह सब तुच्छ है। उनकी यह हार्दिक हितेच्छा केवल मेरे प्रति थी, ऐसा भी नहीं था। जिसको वे अपना मान लेते थे उसके अभ्युदय के प्रति वे सचेष्ट रहा करते थे। उन्होंने ही मुझे बताया था कि उन्होंने अपने तमाम सहयोगियों और योग्य शिष्यों को डॉक्टर बनवा दिया, केवल मेरे ही क्षेत्र में वे सफल मनोरथ नहीं हो सके। ऐसा भी नहीं है कि मैंने प्रयास न किया हो, पर जो नहीं होना होता है, वह नहीं ही होता है।

प्रभु कृपा से मेरे निबन्ध श्रेष्ठ पत्र-पत्रिकाओं में प्रकाशित होते रहे, तीन ग्रन्थ पुरस्कृत भी हुए। दादा इनसे प्रसन्न तो होते थे और मुझे शाबाशी भी देते थे किन्तु

शोध कार्य न करने के कारण क्षुब्ध भी होते थे। जब मैं रीडर बना तो वे कुछ आश्वस्त हुए। उनका स्नेह भरा पत्र आया, "यह जानकर प्रसन्नता हुई कि आपका नाम रीडर के पद के लिए अनुशंसित हुआ है। आशा है, अब तक नियुक्ति भी हो गई होगी। मेरी हार्दिक बधाई। यह तो पहले ही हो जाना चाहिए था। हमारे यहाँ प्राप्य भी विलम्ब से मिलता है। ऐसे ही मौकों के लिए फारसी की कहावत सही उतरती है, देर आयद दुरुस्त आयद।" पटना विश्वविद्यालय के कुलपति का कठिन उत्तरदायित्व झेलते हुए भी वे मेरे प्रति अपने अनुराग को आत्मीयता भरी भाषा में व्यक्त करने से नहीं चूके थे। किन्तु चिन्तामुक्त वे तभी हो पाये थे जब मेरी प्रोन्नति प्रोफ़ेसर पद पर हो गई। अपने हृदय का स्नेह उँड़ेलते हुए उन्होंने लिखा, "प्रोफ़ेसर पद पर आपके अभिषिक्त होने के समाचार से कितना आह्लाद हुआ, नहीं कह सकता। मेरी बहुत दिनों की इच्छा पूरी हुई। मुझे विश्वास है कि आपके सुयोग्य निर्देशन में कलकत्ता विश्वविद्यालय का हिन्दी विभाग अपनी अस्मिता को आगे बढ़ाएगा। मेरी हार्दिक बधाइयाँ और आपकी सफलता, यशस्विता के लिए अमित आशीर्वाद तथा शुभकामनाएँ।"

कलकत्ते से शर्माजी का घनिष्ठ सम्बन्ध रहा है। कलकत्ता विश्वविद्यालय के हिन्दी विभाग से तो वे कई हैसियतों से जुड़े हुए थे ही, भारतीय संस्कृति संसद, भारतीय भाषा परिषद आदि संस्थाओं के द्वारा भी वे आमंत्रित होते रहते थे। वे जब भी कलकत्ते आते मुझे बुलवाते और विविध विषयों पर गपशप करते। वे प्रायः लोढ़ाजी के घर ठहरते थे, एक बार अनुग्रहपूर्वक मेरे यहाँ भी ठहरे थे। उन्होंने अपने एक पत्र में लिखा था, "कलकत्ते ने स्नेहपाश में बाँध लिया है। आपको पाकर वह 'मोह-फाँस' हो गया है।" मैं भी पटना जाता तो जरूर उनसे मिलने जाता। भाभीजी भी मेरे ऊपर बहुत सदय रही हैं। एक बार पटना एक ही दिन के लिए गया था, काम-काज में ऐसा उलझा रहा कि शर्माजी के दर्शनार्थ नहीं जा सका। शर्माजी को पता लगा तो उन्होंने उलाहना भरा पत्र लिखा, "आप पिछली बार यहाँ आये और मेरे घर नहीं आ पाये, इसका मुझे तो खेद रहा ही, मुझसे अधिक आपकी भाभीजी को रहा। ऐसी आपाधापी रही?" सौ प्रशंसाएँ एक तरफ और यह उलाहना एक तरफ। इसके बाद मैंने उन्हें कभी उलाहने का मौका नहीं दिया। देवेन्द्रनाथजी का स्नेह मुझे बड़े भाई के रूप में मिला, यह तो मेरा सौभाग्य है ही, उससे भी बड़ा सौभाग्य मैं इसे मानता हूँ कि भाभीजी ने भी मुझे प्रीतिभाजन स्वजन के रूप में स्वीकार कर लिया। हर बार जब भी वे मिलतीं—चाहे पटने में या कलकत्ते में—सहज आत्मीयता से वे मेरे पूरे परिवार की कुशलवार्ता पूछतीं—और मंगलकामना करतीं। वे ही देवेन्द्रनाथजी की शक्ति का स्रोत थीं। घर की सारी जिम्मेदारी उन पर सौंप कर दादा साहित्य और देश की समस्याओं को सुलझाने में लगे रहते। आज उनके एकाकी मन की व्यथा की कल्पना कर ही मन

सिहर उठता है।

शर्माजी अत्यन्त व्यवहारकुशल भी थे। अधिकांश विद्वान व्यवहार के क्षेत्र में प्रायः गड़बड़ा जाते हैं। शर्माजी इसके प्रभावी अपवाद थे। परस्पर विरोधी व्यक्तियों से भी निभा लेना और व्यवस्था बनाये रखना उनका बहुत बड़ा गुण था। पटना विश्वविद्यालय के अन्तर्द्वन्द्वों को झेलते हुए जिस कुशलता से उन्होंने उसका कुलपति पद सम्हाला था, उससे बहुतों को आश्चर्य हुआ था। शायद ही किसी व्यक्ति को एक साथ दो-दो विश्वविद्यालयों का कुलपति पद सम्हालना पड़ा हो। शर्माजी ने पटना विश्वविद्यालय के कुलपति पद पर रहते हुए दरभंगा संस्कृत विश्वविद्यालय के कुलपतित्व के उत्तरदायित्व का निर्वाह कर चमत्कार ही कर दिखाया था। उनके इस रूप के बारे में मैं अधिक कहने का अधिकारी नहीं हूँ किन्तु भारतीय हिन्दी परिषद का संचालन उसके अध्यक्ष पद पर रहकर अत्यन्त योग्यता से उन्होंने किया था, इसकी गवाही दे सकता हूँ। विभिन्न गुटों में बँटे हिन्दी के प्राध्यापकों को एकसूत्रता में आबद्ध कर रचनात्मक दिशा में उस अखिल भारतीय संस्था को उन्मुख करना निश्चय ही अत्यन्त दुरूह कार्य था। बिहार हिन्दी ग्रन्थ एकेडेमी को भी उन्होंने सक्रिय बनाने का प्रयास किया था किन्तु प्रकाशित पुस्तकों की बिक्री की समस्या का समाधान कर पाना बड़ी टेढ़ी खीर है। वे बिहार के विविध विश्व-विद्यालयों में तालमेल बैठाने के लिए गठित 'इंटर युनिवर्सिटी बोर्ड' के अध्यक्ष भी रहे। एक के बाद एक अधिकाधिक उत्तरदायी पदों को सम्हालना (केवल अलंकार के रूप में पदासीन मात्र न होना) इस बात का प्रमाण है कि उनकी योग्यता और सफलता को व्यापक सामाजिक स्वीकृति प्राप्त हुई थी।

इस समय मेरी मनःस्थिति स्मरण की है आकलन की नहीं। आचार्य शर्मा के बहुमुखी कृतित्व को मूल्यांकन के लिए तटस्थ बौद्धिकता की अपेक्षा है जो इस भावविह्वल स्थिति में संभव नहीं। फिर भी इतना अवश्य कहूँगा कि आचार्य भामह के व्याख्याता और पाश्चात्त्य काव्यशास्त्र के सुसंगत प्रस्तोता के रूप में उनका कृतित्व अत्यंत उच्चस्तरीय है। उनकी छात्र-वत्सल-विद्वत्ता भाषा-विज्ञान, अलंकार, छंद आदि पर लिखित उनकी पुस्तकों में निहित है। उनका दान केवल ग्रंथों तक ही सीमित नहीं माना जाना चाहिए। उनकी विशाल शिष्य-मण्डली उनसे प्रेरणा प्राप्त कर जो कार्य कर चुकी है और अभी भी कर रही है उसका श्रेय भी उन्हें मिलना चाहिए। वस्तुतः कृती प्राध्यापक अपनी शिष्य परंपरा में ही अमर रहता है। और निश्चय ही आचार्य देवेन्द्रनाथ शर्मा अपनी कृतियों और शिष्य परंपरा के माध्यम से अमर रहेंगे। उनके यशः शरीर को जरा और मरण का कोई भय नहीं है।

आचार्य पं० देवेन्द्रनाथ शर्मा : एक संपूर्ण व्यक्तित्व

प्रेमशंकर

पहले उपनिवेशवाद का, फिर पश्चिमी तथाकथित आधुनिकतावाद का ऐसा चक्र चला कि अंग्रेजी भाषा से बाहर के व्यक्ति को 'पिछड़ा हुआ' मान लिया गया। संस्कृत-हिन्दी को लेकर तो विभिन्न प्रकार के विशेषण ही बना दिए गए और यह सब स्वतंत्र भारत में भी होता रहा। आत्मपरीक्षण करने पर कहीं भूल भी हो सकती है, पर वास्तविकता यह है कि देसी भाषा और व्यक्तित्व की अवमानना इस निरादर का प्रमुख कारण है। अंग्रेजी को सफलता का मुक्ति-मार्ग मान लेने पर जो कठिनाइयाँ हुईं, वे हमारे सामने हैं। गाँधी ने भारतीय संस्कृति के उदार पक्ष को आचरित किया था और सर्वधर्म समन्वय का स्वप्न देखा था। उनके लिए हिन्दी भारतीय समाज को जोड़ने-गूँथने का महत्त्वपूर्ण साधन रूप थी जिससे वे राष्ट्रीय चेतना को नयी गति और दिशा दे सके। भारतीय भाषाओं में पिछड़ापन देखना अंग्रेजियत की स्वामिभक्ति भी है।

इस भूमिका की आवश्यकता इसलिए क्योंकि आचार्य पं० देवेन्द्रनाथ शर्मा संस्कृत-हिन्दी के विद्वानों की उस यशस्वी पीढ़ी का प्रतिनिधित्व करते हैं जिसने अपने आत्मविश्वासी व्यक्तित्व से हिन्दी को हर प्रकार की हीन भावना से उबारने का सक्षम प्रयत्न किया। सुदर्शन, प्रीतिकर व्यक्तित्व से सम्पन्न आचार्य शर्मा प्रथम बार में ही हमारा ध्यान आकृष्ट करते थे। सुरुचि-सम्पन्न, सुसंस्कृत, शालीन व्यवहार में कई बार आभिजात्य का भ्रम हो सकता था, पर आचार्यश्री बातचीत करते हुए, धीरे-धीरे इतना सहज हो जाते थे कि उनके भीतर का मनुष्य स्पष्ट रूप से उभर कर आता था। हम जैसे व्यक्ति जो विद्या, वय सभी में उनसे बहुत छोटे थे, उनका स्नेह पा सके, यह उनकी उस उदारता के कारण जो अब विरल होती जाती है। पहली बार आचार्य शर्मा को भारतीय हिन्दी परिषद के किसी अधिवेशन में देखा था, यों उनका यश हम युवा अध्यापकों तक काफी पहले पहुँच

चुका था। शांत, संयत पर सहज भाव से हँसते हुए आचार्यश्री को देखा तो प्रथमतः एक ऐसे अकुंठित व्यक्ति का प्रभाव पड़ा जो अहंकार को स्वयं पर हावी नहीं होने देता। मेरे आदरणीय आचार्य पं० नन्ददुलारे वाजपेयी कहा करते थे कि हिन्दी जगत् में आचार्य पं० देवेन्द्रनाथ शर्मा बहुत सुसंस्कृत व्यक्ति हैं। इस दृष्टि से दोनों आचार्य एक दूसरे के समीपी थे और यह संयोग भी कि आचार्य वाजपेयी की शिक्षा पर्याप्त समय तक हजारीबाग, बिहार में हुई थी।

जब हम पदासीन हो जाते हैं तो पद हम पर छा जाता है, एक विचित्र प्रकार का मद जो अनजाने भी आ सकता है, और दूसरे को आतंकित करने के कुभाव से भी। यह ज्वर उनमें शीघ्रता से चढ़ता है जो किसी हीन-भावना से ग्रस्त होते हैं और क्षतिपूर्ति के लिए तानाशाही का सहारा लेते हैं। आचार्य शर्मा को वैदुष्य परम्परा से प्राप्त हुआ था। वे यशस्वी विद्वान की सन्तान थे। विद्या विनयी बनाती है—ऐसा सहज ग्रहणशील भाव जो उन मुखौटेवाले चेहरों से बिल्कुल अलग जहाँ शब्द अपने मूल आशय से इतना भिन्न होते हैं कि कई बार मुस्कान की कुटिलता भी तब समझ में आती है, जब पीछे से आक्रमण हो चुका हो। आचार्यश्री ने पैतृक परम्परा से संस्कृत वाङ्मय का सर्वोत्तम प्राप्त किया था, पर उसे अपने श्रम से एक नयी अर्थदीप्ति देने का प्रयत्न किया। इसीलिए वे रचना की कई दिशाओं में अग्रसर हो सके। उनके वैयक्तिक निबन्धों का खुलापन इस दृष्टि से उल्लेखनीय है। भाषाविज्ञान की नवीनतम सरणियों से वे परिचित थे और भारतीय तथा पाश्चात्य काव्यशास्त्र पर समान अधिकार से लिखते रहे। सच्ची मानवीय विनयभावना जो हमारे व्यक्तित्व का एक अविभाज्य अंश बन जाती है, हमारी कई जड़ताओं को तोड़ती है। हम दूसरों से जुड़ते हैं और हम में निरंतर समझने-सीखने का भाव भी बना रहता है। हम जानते हैं कि ज्ञान की अथाह जलराशि में आचार्य भी एक जलकण के समान हैं। अकारण नहीं कि आचार्यश्री ने अपने बड़े बेटे का नामकरण ही विनयशील गौतम किया। विनय मनुष्यत्व का भाव है और शील से मर्यादाएँ बनती है, गौतम ऋषि-परम्परा का वाचक शब्द है।

आचार्य पं० देवेन्द्रनाथ शर्मा की वैयक्तिक गुण-राशि को लेकर मतभेद हो सकते हैं, हुए भी हैं, पर सब स्वीकार करते हैं कि आचार्यश्री के पास शालीनता का एक स्तर था। इसका उल्लेख इसलिए भी आवश्यक है; क्योंकि स्वार्थ के पैसावादी युग में कई बार सामान्य व्यवहार की माँग भी कठिन हो जाती है। अनायास ही स्नेहभाव का घृणा में परिवर्तन और सौजन्य का उपेक्षा की ओर मुड़ जाना; जैसे घटिया राजनीति जीवन के हर कोने में प्रवेश कर गई है और सरस्वती-मंदिर भी इस प्रभाव से अपनी रक्षा नहीं कर सके। ऐसा लगता है जैसे वहाँ मल्लयुद्ध का दृश्य हो और सब आक्रमण पीठ पीछे। एक बार दुखी होकर

आचार्यश्री ने कहा था : कैसा विचित्र समय आ गया है कि ईमानदार ही बेईमान प्रमाणित किए जा रहे हैं। आचार्य शर्मा ने विद्यार्थियों की कई पीढ़ियाँ बनाने का प्रयत्न किया; क्योंकि वे उस परम्परा की उपज थे जहाँ ज्ञान की अजस्र धारा पीढ़ी-दर-पीढ़ी प्रवाहित होती रहती है। यदि फल से वृक्ष जाना जाता है तो आचार्यश्री ने ऐसे विद्यार्थियों को दीक्षित किया जिन्होंने अपने आचार्य के यश में सारस्वत वृद्धि करने का प्रयत्न किया। इस संदर्भ में कीर्तिशेष आचार्य पं० नलिन विलोचन शर्मा का सादर स्मरण हो आता है जिनकी शिष्य-परम्परा ने पाटलिपुत्र के उस अंचल में शिक्षा प्राप्त कर स्वयं को नयी दिशाओं की ओर अग्रसर किया।

आभिजात्य और जनवादिता प्राय: विरोधी शब्द के रूप में स्वीकारे गए हैं और माना गया है कि शालीनता में एक ऐसा संयत आचरण होता है कि जो व्यक्ति को दूसरों से अलग करता है। सुरुचिसम्पन्न आचार्य शर्मा का रहन-सहन, खान-पान, लगभग पूरी दिनचर्या से जिस आभिजात्य का बोध होता था उसमें आत्मविश्वास से भरा एक गर्वीलापन था। सबसे उन्मुक्त भाव से जुड़ जाना उनके लिए सरल न था। पर महाकवि की वज्र और कुसुम की द्वन्द्व-आधारित परिकल्पना आंशिक रूप से ही सही, आचार्य शर्मा में देखी जा सकती थी। संकल्प के निर्णयात्मक क्षणों में वे अडिग थे, पर यदि द्रवीभूत हो जायँ तो फिर कुछ भी करने को तत्पर। यों निस्संकोच भाव से कहूँ तो आचार्यश्री को पिघलाना इतना आसान न था; क्योंकि उनके पास अपनी समझ-बूझ थी। संभवत: इसीलिए कई बार कुछ लोगों में उनके प्रति निराशा-भाव भी आया। पर जरा यह भी देखें कि जो व्यक्ति अनेक पदों पर रहा हो, कई प्रकार का सत्ता-स्वामी भी, क्या वह सबको संतोष दे सकता है? पता नहीं तुलसी बाबा ने किस आदर्श कल्पना में कह दिया : सब कहँ सब विधि करि परितोषू ?

भारतीय शिक्षा की ओर ध्यान दें तो भारत में भाषा और साहित्य का प्रशिक्षण पर्याप्त समय तक परम्परागत ढंग से होता रहा। उपनिवेशवादी नीति में अंग्रेजी भाषा के सामान्यज्ञान से कार्यालयों का साधारण काम-काज चलाना ही तथाकथित आधुनिक शिक्षा का लक्ष्य था। जब पाठशाला-मदरसा से निकलकर भारतीय भाषाएँ उच्च शिक्षा में आईं तब भी अरसे तक उन्हें द्वितीय श्रेणी की नागरिकता के सदस्य रूप में ही रखा गया। विश्वविद्यालयों में हिन्दी शिक्षण का प्रवेश पर्याप्त विलंब से हुआ और कुछ समय तक उसे संस्कृत विभाग से सम्बद्ध रखा गया। कठिनाई यह कि विश्वविद्यालयों के अन्य विद्या अनुशासनों की तुलना में संस्कृत, हिन्दी को न्यूनतम सुविधाएँ ही दी गईं। दूसरी ओर महात्मा गाँधी गैरहिन्दी प्रदेशों में हिन्दी का प्रचार-प्रसार राष्ट्रीय स्वतंत्रता आन्दोलन के साथ कर रहे थे क्योंकि इसे वे बहु भाषा-भाषी समाज को जोड़ने-गूँथने वाले महत्त्वपूर्ण

भाषा-माध्यम के रूप में स्वीकारते थे। सराहना करनी होगी हिन्दी के आदि-आचार्यों की उस निष्ठावान समर्पित पीढ़ी की जिसने विश्वविद्यालयों के सीमित साधनों में हिन्दी के उच्च अध्ययन-अध्यापन की व्यवस्था की। महामना पं० मदनमोहन मालवीय ने, आचार्य रामचन्द्र शुक्ल और आचार्य केशवप्रसाद मिश्र जैसी प्रतिभाओं को काशी हिन्दू विश्वविद्यालय के लिए प्राप्त किया था। पर यह भी सचाई है कि अरसे तक हिन्दी अध्यापकों का वेतन हमारे विश्वविद्यालयों में अन्य समानधर्माओं के समतुल्य नहीं था। कहा जाता है कि श्री श्यामसुन्दरदास ने इसके लिए संघर्ष भी किया कि समान कार्य के लिए समान पुरस्कार हो।

हिन्दी के प्रति इस असमान व्यवहार के साथ, अन्य सामाजिक कारण भी रहे हैं जिनकी ओर आज प्रायः हमारी दृष्टि नहीं जाती; क्योंकि हमें उन संघर्षों से नहीं गुजरना पड़ा जो हमारे पूर्वज आचार्यों ने झेले थे। उनके तप-त्याग का लाभ हमें प्राप्त हुआ है। पर सामाजिक स्थितियों की ओर ज़रा ध्यान दें, जब तथाकथित आधुनिकतावाद का दौर आया, पहले उपनिवेशवादी प्रभाव में, फिर पश्चिम की उपभोक्तावादी सभ्यता के दबावों में; उस समय भारतीय भाषाओं को, कुछ आयातित आचार-विचारों पर जीवित रहनेवाले व्यक्तियों ने, 'पिछड़ेपन' से जोड़कर देखने की भूल की। हम स्वीकार करते हैं कि रूढ़िबद्ध होना घातक जड़ता है, पर जीवंत समृद्ध परम्परा से जुड़े बिना कोई समाज वास्तविक सांस्कृतिक प्रगति नहीं कर सकता। इसके लिए इतिहास-रिक्थ की पुनर्व्याख्या पूरी शक्ति और सामर्थ्य से करनी होती है, तब हमें नयी ऊर्जा मिलती है, हम सही मार्ग पर अग्रसर होते हैं। हिन्दी आचार्यों की पहली पीढ़ी नींव का पत्थर बनी और अगली पीढ़ियों पर यह गहन दायित्व आया कि वे बौद्धिक स्तर पर संघर्ष करें। आचार्यश्री हजारी प्रसाद द्विवेदी, नन्ददुलारे वाजपेयी, धीरेन्द्र वर्मा आदि से लेकर नगेन्द्र और देवेन्द्रनाथ शर्मा तक को यह श्रेय देना होगा कि इस पीढ़ी ने हिन्दी उच्च शिक्षा को एक तार्किक व्यवस्था दी, उसे अन्य विद्या निकायों के समक्ष लाने में श्रम किया। प्रकारान्तर से यह हिन्दी शिक्षा को किसी भी ऐसी हीनभावना से पूर्ण मुक्ति दिलाने का व्यावहारिक प्रयत्न था, जो दूसरों के मिथ्या आरोपण से उपजी थी।

अपनी भाषा में पारंगत होना किसी व्यक्तित्व के लिए पर्याप्त होना चाहिए और विश्व की रचनाशीलता इसका प्रमाण है कि कई यशस्वी रचनाकारों का गौरव अनुवाद के माध्यम से हम तक पहुँचा है। पर औपनिवेशिक दासता में अंग्रेजी को मुक्ति-द्वार माननेवाले जो विद्वान भारतीय भाषाओं को हेय दृष्टि से देखते थे, उनके लिए हिन्दी आचार्यों के यशस्वी व्यक्तित्व ने सही उत्तर दिया। हिन्दी ने स्वयं को अन्य विद्या-अनुशासनों से सम्बद्ध किया और इस प्रकार एक नया विस्तार पाया। ज्ञान के नये क्षितिजों से जुड़कर हिन्दी शिक्षण ने इस भावना

से मुक्ति पाने का समर्थ प्रयत्न किया कि वह केवल स्वयं तक सीमित है अथवा आत्मकेन्द्रित है। भारतीय साहित्यशास्त्र, भाषाविज्ञान से लेकर साहित्य के समाज शास्त्र, सौन्दर्यशास्त्र तक आते हुए हिन्दी अध्यापकों ने जो विकासशील यात्रा की, उसमें पुराने हिन्दी आचार्यों की कर्मठता का ऐतिहासिक योगदान है। बाबू श्यामसुन्दर दास अथवा धीरेन्द्र वर्मा आदि ने भाषाविज्ञान की जो आरम्भिक रूपरेखा दी थी, उसमें आचार्य पं० देवेन्द्रनाथ शर्मा जैसे विद्वानों ने गुणात्मक विकास किया, उसे नवीनतम भाषिक प्रगति से सम्बद्ध किया। इसी प्रकार रूपक रहस्य और साहित्यालोचन की जो आरम्भिक जानकारी थी, उसे अद्यतन बनाने का कार्य भी इस पीढ़ी द्वारा किया गया। हिन्दी को आधुनिक ज्ञान-विज्ञान से जोड़ कर उसे एक सशक्त भाषा एवं रचना-माध्यम के रूप में विकसित करने का प्रयत्न हिन्दी आचार्यों का महत्वपूर्ण प्रदेय है, इसे स्वीकारना होगा।

हिन्दी आचार्यों ने हिन्दी पाठ्यक्रम को अधुनातन बनाया, उसे अन्य अनुशासनों के समकक्ष लाकर खड़ा किया ताकि हिन्दी का विद्यार्थी किसी भी प्रकार की हीन-भावना महसूस न करे और जीवन की प्रतियोगिता में वह पूरे आत्मविश्वास से दौड़ सके। जहाँ तक हिन्दी भाषा का प्रश्न है, भाषाविज्ञान-सम्बन्धी सामग्री के लिए भी अरसे तक अंग्रेजी पुस्तकों का सहारा लेना पड़ता था। पर डॉ० उदय नारायण तिवारी, डॉ० भोलानाथ तिवारी, आचार्य विद्यानिवास मिश्र, आचार्य देवेन्द्रनाथ शर्मा, डॉ० रवीन्द्र श्रीवास्तव आदि विद्वानों ने इस सामग्री को हिन्दी में सुलभ बनाया। आचार्य शर्मा की पुस्तक 'भाषा-विज्ञान की भूमिका' इस दृष्टि से महत्वपूर्ण है कि विद्यार्थी नई जानकारी प्राप्त करता है। भाषाशास्त्र का विकास आज अन्य निकायों से मिलकर जिस रूप में हुआ है, उससे परिचित होकर हम भाषा और साहित्य को एक-दूसरे के अधिक समीप रखकर देखते हैं। भाषाशास्त्र के अध्ययन को उसकी नीरस, मात्र पुस्तकीय पद्धति से बाहर निकालकर उसे नये विज्ञान के रूप में स्वीकारना, हिन्दी शिक्षण की एक उपलब्धि है। इस बीच विश्वविद्यालयों में भाषाविज्ञान के स्वतन्त्र विभागों की स्थापना हुई जिनसे हिन्दी ने भी लाभ उठाया। पर यह भाषाविज्ञान के अध्ययन का एक पक्ष है जहाँ उसे अन्य अनुशासनों से जोड़कर देखा जाता है। भाषा एक सामाजिक प्रयत्न है, इस ओर विद्वानों ने विशेष ध्यान दिया है और उसके समाजशास्त्रीय अध्ययन की दिशा में पहल हुई है। डॉ० रामविलास शर्मा ने अपनी पुस्तक 'भाषा और समाज' में रेखांकित किया है कि "भाषा हमारी संस्कृति का अंग है!"

भाषा की सामाजिक स्वीकृति से आगे बढ़कर उसका एक संवेदन पक्ष है जो सर्जनशीलता के लिए परम उपयोगी है। यहाँ भाषा नई अर्थध्वनियों से सम्पन्न होती है जिससे रचना में नया सौन्दर्य आता है और इस प्रकार सौन्दर्यशास्त्र के निर्माण में भी भाषा की भूमिका है। भाषा और संवेदना जैसे संश्लिष्ट प्रश्न पर

आधुनिक विद्वानों ने गम्भीरता से विचार किया है । यहाँ भाषाशास्त्र, साहित्य-शास्त्र और सौन्दर्यशास्त्र अपनी अकादमिक सीमाओं का अतिक्रमण कर वृहत्तर समाजशास्त्र से संवाद करते हैं और एक ऐसा अभिनव विद्यानुशासन निर्मित होता है जिसे हम अन्तरविलम्बन अथवा समवेत सहयोगी प्रयास के रूप में देखते हैं । इस दृष्टि से यह विचारणीय है कि संस्कृत के विद्वान आचार्य देवेन्द्रनाथ शर्मा ने पश्चिम में भाषाविज्ञान की नवीनतम जानकारी प्राप्त की और वहाँ के भाषा-शास्त्रियों के सम्पर्क में आए । भाषाविज्ञान की भूमिका, राष्ट्रभाषा हिन्दी समस्याएँ और समाधान जैसी भाषा-विषयक पुस्तकों के प्रणयन के साथ आचार्य शर्मा ने काव्यशास्त्र के क्षेत्र में भी प्रमाणिक कार्य किया । अलंकार-मुक्तावली, भामहकृत काव्यालंकार का हिन्दी भाष्य, काव्य के तत्व, पाश्चात्य काव्यशास्त्र आदि उनके ग्रन्थ प्रमाणित करते हैं कि उन्होंने भारतीय काव्यशास्त्र के साथ पाश्चात्य काव्य-शास्त्र का भी गहन अध्ययन किया । मेरा विचार है कि इस अध्ययन का आशय तुलनात्मक रेखाओं की तलाश करना है । समाज और स्थितियाँ ज्ञान-विज्ञान को दिशा देती हैं, पर यह भी सच है कि उच्चतम धरातल पर जाकर, यह पार्थक्य काफी कम हो जाता है । अरस्तू की त्रासदी की परिकल्पना यूनानी परिवेश की उपज है जिसका प्रसार शेक्सपियर के नाटकों तक देखा जा सकता है । पर भवभूति में करुण रस की प्रतिष्ठा भी इस संदर्भ में विचारणीय है । पाश्चात्य काव्यशास्त्र पर लिखते हुए आचार्य देवेन्द्रनाथ शर्मा में तुलनात्मक दृष्टि विद्यमान रही है ।

आचार्य शर्मा की पुस्तक 'पाश्चात्य काव्यशास्त्र' कई दृष्टियों से उल्लेखनीय कही जा सकती है । 'भूमिका' में आचार्यजी ने हिन्दी पर अंग्रेजी के अतिरिक्त प्रभाव को लेकर चिन्ता व्यक्त की है और इसे एक प्रकार की 'दासता' कहा है, जो कई बार अज्ञान तथा फैशन के कारण भी होती है । उनके शब्द हैं "भाषा की प्रकृति का अभिज्ञान श्रमसाध्य भी है, समयसाध्य भी और इन दोनों से बढ़कर निष्ठासाध्य । यह निष्ठा भाषा के प्रति आत्मीयता और गौरवबोध से उत्पन्न होती है । कैसी विडम्बना है कि बहुतों के मन में यह निष्ठा अंग्रेजी के प्रति तो है परन्तु हिन्दी के प्रति नहीं है ।" ध्यान दें कि यह वक्तव्य उस आचार्य का है जिसे संस्कृत, हिन्दी, अंग्रेजी पर समान अधिकार है और जो कुछ अन्य विदेशी भाषाएँ भी जानता है । इसके मूल में है, आचार्यश्री की सजग राष्ट्रीय चेतना, अपनी भाषा के प्रति समर्पित राग-भाव और किसी भी प्रकार की हीन भावना से मुक्त आत्म-विश्वासी व्यक्तित्व । भूमिका में ही उन्होंने रूपवादी तथा समाजवादी आलोचना-पद्धतियों के संश्लेष का उल्लेख भी किया है ।

प्लेटो से लेकर रिचर्ड्स तक के पाश्चात्य साहित्यशास्त्रियों पर विचार करते हुए आचार्य शर्मा सर्वप्रथम उस परिवेश का उल्लेख करते हैं जिसमें इन्होंने कार्य

किया। मसलन प्लेटो पर विचार करते हुए एथेन्स और स्पार्टा के दो विरोधी आदर्शों विचारधाराओं और जीवनमार्गों का संकेत। ऐतिहासिक पृष्ठभूमि का उल्लेख इन आचार्यों के सही आकलन में हमारी सहायता करता है। वास्तव में आचार्य शर्मा शास्त्र की निरपेक्ष स्थिति इस रूप में स्वीकार नहीं करते कि वह कोई ऐसा बौद्धिक प्रयत्न है जिसमें सामाजिक संलग्नता की कोई भूमिका ही न हो। अरस्तू को इस पुस्तक में सर्वाधिक पृष्ठ मिले हैं। आचार्य शर्मा की टिप्पणी महत्त्वपूर्ण है कि अरस्तू में अनुसंधान की ही नहीं, अध्यापन की भी पिपासा थी। इसके लिए मकदुनिया का छल-छंदपूर्ण दरबारी वातावरण उपयुक्त नहीं था। इसलिए अरस्तू फिर एथेन्स चले आये, क्योंकि एथेन्स को अपने युग का सर्वश्रेष्ठ बौद्धिक-शैक्षिक केन्द्र होने का गौरव प्राप्त था। वहाँ उन्होंने अपना स्वतंत्र विद्या-पीठ स्थापित किया। यहाँ ज्ञान और राजसत्ता में मतभेद का जो स्वर है, वह विचारणीय है क्योंकि यह समस्या आज और भी जटिल है।

काव्यशास्त्र हो, अथवा कोई अन्य विषय आचार्य शर्मा की निर्भ्रान्त दृष्टि की सराहना करनी पड़ेगी। एक सतेज मेधा विषय को सही ढंग से समझती-बूझती है और स्पष्टता के साथ उसे व्यक्त करना चाहती है। व्याख्या-विवेचन को लेकर मतभेद हो सकते हैं, होने भी चाहिए, विशेषकर कई स्थलों पर आचार्यश्री के मौलिक विश्लेषण को लेकर। पर वे संग्रथित किन्तु पठनीय भाषा में अपनी बात सफाई के साथ कहते हैं। क्रोचे विवादास्पद विचारकों में हैं और आचार्य रामचन्द्र शुक्ल जैसी प्रखर मेधा ने उन्हें अपने ढंग से देखा है। इस दृष्टि से आचार्य शर्मा का विचारणीय विवेचन है, अभिव्यंजनावाद और वक्रोक्तिवाद-सम्बन्धी तुलनात्मक अध्ययन। इस प्रसंग का आरंभ ही उन्होंने आचार्य शुक्ल से किया है और पर्याप्त विस्तार से अभिव्यंजनावाद और वक्रोक्तिवाद की पृथक्ता स्पष्ट की है। आरंभ है : "आचार्य रामचन्द्र शुक्ल ने अभिव्यंजनावाद को वक्रोक्तिवाद का विलायती उत्थान क्या कह दिया कि सिद्धांतवाक्य की तरह उसकी उद्धरणी होने लगी। वक्रोक्तिकार (कुंतक) का यह दुर्दैव-विलास ही कहेंगे कि उनके मत को लेकर आचार्य शुक्ल जैसे सूक्ष्मदर्शी और विवेकी आलोचक को भ्रम हो गया।" प्रसंग का समापन है : "विवेचन से स्पष्ट है कि किसी भी महत्वपूर्ण पक्ष पर क्रोचे और कंतक में ऐकमत्य नहीं है, बल्कि यों कहें कि वैमत्य ही अधिक है। इसलिए एक को दूसरे का उत्थान कहना स्थिति-विरुद्ध है।" स्पष्ट है कि आचार्य शर्मा काव्यशास्त्र की गहराई में उतरकर मूल्यांकन करते हैं। इलियट के विषय में उनकी टिप्पणी है : "इलियट की आलोचना मुख्यतः सर्जक की दृष्टि से लिखी गई है, पाठक की दृष्टि से नहीं।" आचार्य शर्मा के विषय में भी कहा जा सकता है कि सिद्धान्त विवेचन करते हुए कहीं-न-कहीं उनका अध्यापक-रचनाकार भी सक्रिय है।

आचार्य देवेन्द्रनाथ शर्मा के जीवन का पर्याप्त समय प्रशासन ने ले लिया।

कहा जा सकता है कि व्यवस्था ने उनकी प्रशासनिक क्षमताओं का भरपूर उपयोग किया। पटना एवं बिहार विश्वविद्यालय हिन्दी विभाग के अध्यक्ष, पटना तथा दरभंगा संस्कृत विश्वविद्यालय के कुलपति, बिहार हिन्दी ग्रंथ अकादमी तथा प्रादेशिक विश्वविद्यालय आयोग के अध्यक्ष के अतिरिक्त वे अनेक संस्थाओं से सम्बद्ध थे और सभी को उनकी सूझ-बूझ का लाभ मिला वे जहाँ भी रहे उन्होंने अपने व्यक्तित्व की एक छाप छोड़ी, सफल हुए। पर इस विचित्र व्यवस्था में इस प्रकार के कार्य पर्याप्त ऊर्जा ले लेते हैं। आचार्य शर्मा के व्यक्तित्व की कई दिशाएँ हैं और लगता है कि मूलतः वे अध्यापक थे जो अध्यापन में सुख मानते थे। वे अध्यापकों की उस पीढ़ी के प्रतिनिधि थे, जो कक्षा में अपना सर्वोत्तम देते थे, क्योंकि तब शब्दों के क्रय-विक्रय का व्यापार इतना घनघोर नहीं था। निष्णात शिक्षक समाज में सब प्रकार से आदर का पात्र था। अब तो कंडे थापने को कहा जाता है —डिगरी और प्रकाशन के नाम पर। कई बार पंडित सोई जो गाल बजावा भी।

आचार्य शर्मा के भीतर कोई रचनाकार है जिसे हम उनके नाटकों और ललित निबन्धों में देख सकते हैं। यदि उन्हें समय मिला होता तो वे रचना के और भी शिखर पार कर सकते थे। पर आज जो कुछ भी हमारे सामने है उसे एक बहुमुखी प्रतिभा का संकेत मिलता है। ऐसा इसलिए संभव हुआ कि उन्होंने अध्यापन, शास्त्र, रचना को किसी मिलनबिंदु पर पहुँचाने का प्रयत्न किया। आईना बोल उठा, खट्टा-मीठा, प्रणाम की प्रदर्शनी में, निबन्ध-संकलन इसके प्रमाण हैं। 'शाहजहाँ के आँसू' जैसी नाट्य-रचना करते हुए आचार्य शर्मा किस मानवीय संवेदना से परिचालित हैं, इसका अनुमान किया जा सकता है।

आचार्य देवेन्द्रनाथ शर्मा हिन्दी आचार्यों की उस पीढ़ी का स्मरण दिलाते हैं जिनके पास भारतीय अस्मिता को स्थापित करने की ललक थी। विदेश में भी उन्होंने अपने देश का सही सम्मानित प्रतिनिधित्व किया और अन्य विद्यानुशासनों के आचार्यों के बीच अपनी अलग पहचान बनाई। कई बार वे हिन्दी के छोटे-मोटे प्रवादों को लेकर क्षुब्ध होते थे और कहते थे कि कलियुग में संघशक्ति की आवश्यकता है। उनके पास प्रवाहमयी वाणी थी और नपे-तुले सधे शब्दों में अपनी बात कहते हुए वे श्रोता पर अद्भुत प्रभाव डालते थे। उनमें आचार्य का स्वाभिमान तो था, पर अहंकार नहीं। इसीलिए वे अपने से छोटों को भी अपना सकते थे, विचार-विभेद के होते हुए भी। एक विश्वविद्यालय के साक्षात्कार में आचार्य शर्मा विशेषज्ञ के रूप में उपस्थित थे। कुलपति ने प्रत्याशी की उपस्थिति में ही आचार्यश्री से पूछा कि क्या आप इन्हें जानते हैं? आचार्यजी ने मुस्कराकर उत्तर दिया, "इन्हें कौन नहीं जानता? इनकी कृतियाँ सर्वत्र विद्यामान हैं।" और कुलपति निरुत्तर थे। ऐसे उदार थे, आचार्य पं० देवेन्द्रनाथ शर्मा। उनमें एक

अध्यापक की ऊष्मा थी और जिन्होंने देखा-भोगा है वे स्वीकार करेंगे कि उनमें एक गर्मजोशी भी थी जो अन्तरंग मित्रों के बीच बहुत उन्मुक्त भाव से देखी जा सकती थी। प्रशासन में रहकर भी उन्होंने अपने मानवीय संवेदन की रक्षा की। आचार्य शर्मा की शालीनता स्मरणीय है और उनका सौजन्य सराहनायोग्य! जब-जब हिन्दी आचार्यों का उल्लेख किया जायगा, वे अग्रिम पंक्ति में होंगे।

सत्य के सिपाही को एक विनम्र प्रणाम !

सी० एल० प्रभात

आचार्य देवेन्द्रनाथ शर्मा मात्र आचार्य नहीं थे। वे सत्य के एक समर्पित सिपाही थे। कभी-कभी तो निहत्थे भी जूझ जाते थे। 'लाभालाभौ' या 'जयाजयौ' की चिन्ता से वे कभी तटस्थ नहीं रहते थे। कहा करते थे कि सही और गलत के बीच तटस्थता का अर्थ है 'गलत' का साथ देना। और, यह कहते-कहते एक हल्की-सी मुसकान उनके चेहरे पर आ जाती थी, हेमन्त की कोमल धूप की तरह, जिसके सामने समझदारी (?) के सारे तर्क चुप हो जाते थे। फेंस-सिटिंग को वे अपराध मानते थे। उन्हें पता भर लग जाय कि अमुक संदर्भ में अन्याय हो रहा है, तो प्राय: अनकहे ही आगे आ जाते थे। भलाई के काम के लिए उन्होंने आमंत्रण की प्रतीक्षा कभी नहीं की। एक तरह से वे शिवं के वॉलिंटियर थे—बिना मोल को चेरो। और, सबसे बड़ी बात यह थी कि यह सब बड़े सहज भाव से करते थे। सहजता उनके जीवन और चरित्र का एक बहुत महत्त्वपूर्ण आयाम था। जीवन में ही नहीं, मृत्यु में भी इस सहजता को उन्होंने नहीं छोड़ा। स्वर्ग भी इस सहज भाव से चले गए जैसे दिनभर काम करने के पश्चात् शाम को बिना कहे-सुने घर चले गए हों। (पिता ने न जाने क्या सोचकर नाम देवेन्द्र रखा था, जिसका घर और राज्य स्वर्ग में ही है)। हंस कुमार तिवारी एक गीत बहुत भाव-विभोर होकर सुनाया करते थे : 'अभी-अभी सरकार खड़े थे, अब तो ध्यान बने जाते हो।' सोचता हूँ कि आचार्यजी भी सचमुच 'ध्यान' बन गए, पर मेरा मन आज भी यह स्वीकार नहीं कर पाता कि 'श्रद्धेय' शर्माजी 'श्रद्धांजलि' के विषय बन गए हैं। एक दीप्ति, एक आभा, आस्था का एक सहज आलोक अभी भी मेरे सामने मुस्कुरा रहा है। मैं देख रहा हूँ···बम्बई विश्वविद्यालय का सेनेट हॉल,श्रोताओं से भरा है। आचार्यजी को हार पहनाया जा रहा है।···अभिनंदन के उस हार के फूल अभी मुरझाए नहीं हैं, उनके धारा-प्रवाह व्याख्यान की गूँज अभी मिटी नहीं है, उनके चेहरे की आभा अभी भी ज्यों की त्यों है। यही जीवन्त आभा है, जिसने उन्हें

कभी वृद्ध नहीं होने दिया। परिपक्व तो वे निरन्तर होते गए, पर बूढ़े कभी नहीं हुए। फिर आज मेरा मन यह कैसे मान ले कि वे 'व्यतीत' हो गए? शायद कभी होंगे भी नहीं। उनका प्रदेश उन्हें बहुत दिनों तक 'वर्तमान' रखेगा।

उज्ज्वल गौर वर्ण, सुनहरी सिल्क का कुर्त्ता और स्फटिक-सी धवल धोती—एक अजीब गरिमामय सादगी थी आचार्यजी के व्यक्तित्व में। कोई अलंकृति नहीं। कोई 'परसोना' नहीं। कोई मुखौटा नहीं। बस एक आश्वस्त करती कोमल आत्मीयता। आधी से अधिक अष्टाध्यायी उन्हें मुखाग्र था। पाणिनि और प्लेटो दोनों से गहरा परिचय था। यह बात नहीं कि आचार्यत्व की तेजस्विता उनमें नहीं थी। थी, पूरी तरह थी, पर उसकी ऊष्मा से उनका भीतरी मनुष्य, उनकी मनुष्यता जरा भी झुलसी नहीं थी। ज्ञान उनके लिए बोझ नहीं था। यूनीवर्सिटी-लाइब्रेरी में आए नये टाइटिल्स के बारे में वे ऐसे पूछते थे, मानों सगे-संबंधियों का कुशल-समाचार जानना चाहते हों। मैंने कई प्रकांड पंडितों की झुलसी हुई आत्माओं को देखा है। उनकी कुंठा उन्हें एकाकी और अजनबी बना देती है। वे अपने शिष्य-प्रशिष्यों के लिए ही नहीं, अपने लिए भी केवल 'डॉक्टर साहब' बनकर रह जाते हैं। नितांत अकेले। अपनी बनाई जड़ मर्यादाओं में बँधे। देवेन्द्रनाथजी उन सबसे अलग थे। उनकी मानवीयता ने उनके ज्ञान, उनकी गरिमा, उनकी तेजस्विता को प्रिय बना दिया था।

सत्ताधारी प्रायः प्रच्छन्न आतंकवादी होते हैं। उनकी कुर्सी उनसे ज्यादा बोलती है और वह भी मौन रहकर, पर अभय आचार्यजी के जीवन का स्थायी भाव था। 'भय' शब्द उनके कोश में था ही नहीं न पैसे का, न पद का, न कुर्सी का। संकट के क्षण में उनका तेज और जागरित हो जाता था। याद आ रही है, पाक युद्ध की वह शाम जब चारों ओर भीषण तनाव था। पाकिस्तानी बममारों की हिटलिस्ट में बंबई सबसे ऊपर था। इसलिए अंधेरे के साथ एक आतंकपूर्ण सन्नाटा भी उतर रहा था। हलचल थी, पर शंकाओं से भरी। एक अजीब चौकन्नापन माहौल में फैला था। हवाई-आक्रमण के इशारे के साथ अचानक साइरन बजता और खामोशी में डूब जाता। सागर-तटों से ऐक-ऐक तोपें निरंतर आकाश में आग की लपलपाती लपटें छोड़ रही थीं कि पाकिस्तानी हवाई जहाज नगर तक न आ सकें। आचार्यजी संयोग से बंबई में ही थे। उनके चेहरे पर पटने से दूर होने का कोई चिन्ताजन्य भाव नहीं था। यही नहीं, रात को सुरक्षा-व्यवस्था में वे तरुणों के साथ खड़े रहे। उस समय डरा हुआ कोई नहीं था, पर भीतर से पाक-समर्थक गुटों द्वारा तोड़-फोड़ करने या आतंक फैलाने की आशंका थी। मुझे याद है, आचार्यजी उस रात युद्ध की संभावनाओं और आन्तरिक सुरक्षा में सामान्य जनता की भूमिका पर इस तरह उत्साहित होकर बातें करते रहे और जगते रहे जैसे स्वयं एक सिपाही हों और अपने जनरल के बुलावे की प्रतीक्षा ही

कर रहे हों। उस दिन उन्होंने कहा कि 'जब-जब मेरे सामने कोई संकट आता है तो मैं भगवान् कृष्ण के इस वाक्य को याद करता हूँ—'क्षुद्रं हृदयदौर्बल्यं त्यक्त्वोत्तिष्ठ परंतप !' युद्ध सदैव देश की सीमाओं पर ही नहीं होता, हमारे अस्तित्व के आसपास भी होता है। कभी-कभी हमारे भीतर भी। गीता की ये पंक्तियाँ सदैव मुझे बल देती हैं। उस दिन उनके अकेले और कभी-कभी बिना अस्त्र-शस्त्रों के ही खड़े होने के रहस्य का मुझे पता लगा। उनकी आस्तिकता ने उन्हें शक्ति के महत्तम अक्षय स्रोत से जोड़ दिया था।

आचार्यजी निष्ठावान् व्यक्ति थे। मित्रों और अपने वचनों से वे कभी मुँह नहीं मोड़ते थे। उनका मित्र-स्नेह दुर्बलता की सीमा तक पहुँच जाता था। कीट्स ने अपनी प्रेयसी को लिखे एक प्रेम पत्र में कहा है : "मैं अपने धर्म के लिए प्राण भी दे सकता हूँ प्रिये···और प्रणय ही मेरा धर्म है।" यदि देवेन्द्रनाथजी उसकी जगह होते तो शायद लिखते : "मैं अपने धर्म के लिए प्राण दे सकता हूँ, मित्र ! और मित्रता ही मेरा धर्म है।" मित्रों के लिए वे सब कुछ त्याग सकते थे। उनकी यह मित्रता किसी जाति, धर्म, वर्ग से जुड़ी नहीं थी। साम्यवादी नामवरजी भी उनके घनिष्ठ मित्र थे और रसवादी नगेन्द्रजी भी। एक बार मैंने मजाक में पूछा भी कि आप दो अस्वीकृतियों में सामंजस्य कैसे बैठाते हैं। बोले, "मैं वैचारिक विरोध को सामाजिक जीवन में प्रवेश नहीं करने देता, और दूसरी बात यह है कि मैं मित्रता के लिए योग्यता का बलिदान नहीं करता। शेख सादी ने गुलिस्ताँ में कहा है कि "एक अरबी घोड़ा चाहे कितना ही दुबला हो, अस्तबल के सारे गधों से अच्छा होता है।"—मैं इस बात को मानता हूँ।" कुछ भी हो, वे मित्र-वत्सल थे। बढ़ती उम्र के साथ उनमें वात्सल्य भाव जागरित हो गया था, पर उनके वात्सल्य ने सख्य का साथ नहीं छोड़ा। पुत्रों को भी वे मित्रवत् मानते थे। असल में स्वभाव से ही मित्रधर्मी थे। इस क्षेत्र में द्वन्द्वहीन, शुद्ध अद्वैतवादी। यही कारण है कि उनके सामाजिक और पारिवारिक जीवन में एक लय थी, मधुर-कोमल लय, जो कभी टूटी नहीं और जिसने उनके जीवन के गीत को बेसुरा नहीं होने दिया।

आचार्यजी के चरित्र की यह विशेषता मुझे बहुत भाती है कि वे 'अखबारी' और 'दरबारी' कभी नहीं रहे। बंबई जैसे नगर में आते ही कुछ साहित्यकारों की डायरी में से संपादकों और रेडियो-टेलीविजन वालों के फोन नंबर निकलने के लिए आकुल हो उठते हैं। कुछ मित्र फिल्मी हस्तियों के घरबार (दरबार ?) के पते भी जानना चाहते हैं। आचार्यजी को ज्ञात था कि मेरा फिल्म सेंसर बोर्ड (फिल्म सर्टिफिकेशन बोर्ड) से संबंध है। 'महाभारत' के सीरियल के परामर्शदाता होने की बात भी छिपी नहीं थी। पर, ग्लैमर की इस दुनिया के प्रति कभी कोई आकर्षण उनमें दिखाई नहीं पड़ा और न उन्होंने कभी अप्रत्यक्षतः भी यह कहा कि

'मेरी मारीशस या इंगलैंड यात्रा' या 'ज्ञानपीठ पुरस्कार की प्रवर समिति' के सदस्य या 'भारतीय हिन्दी परिषद्' के अध्यक्ष होने की खबर किसी समाचार पत्र को दे दो। 'रामायण' और 'महाभारत' सीरियल उन्हें पसन्द थे। वे इन्हें भारत के सांस्कृतिक इतिहास की दो अविस्मरणीय झाँकियाँ मानते थे और कहते थे कि इनकी प्रस्तुति वस्तुतः राष्ट्र के शैक्षणिक कार्यक्रम का अंश है। जिन दिनों वे बंबई आए रामायण की शूटिंग चल रही थी। उसकी कथा, कथ्य और पात्रों के अभिनय पर चर्चा करते हुए भी उन्होंने यह नहीं कहा कि शूटिंग दिखाने की व्यवस्था करूँ। यही नहीं, उन्हीं दिनों वे कन्हेरी गुफा के उस 'चैत्य' को देखने गए, जहाँ से निकला एक शिलालेख उसके प्रथम शती ईसा पूर्व होने का प्रमाण प्रस्तुत कर चुका है। 'कन्हेरी' कभी 'कृष्णगिरि' था, जो लम्बी यात्रा में घिसते-घिसते 'कान्हागिरि' और फिर 'कन्हेरी' हो गया। इस 'कृष्णगिरि' में बने 'चैत्य' इस बात का संकेत देते हैं कि बौद्धों का केन्द्र बनने के पूर्व यह वैष्णवों का तीर्थ था। पश्चिमी तट के द्वारका, कन्हेरी (कृष्णगिरि) और मदुरा (मथुरा) महाभारत युग के बाद अपने प्रसार की अज्ञात कथा के जो संकेत हमें देते हैं, वे भारत के सांस्कृतिक इतिहास के कई महत्वपूर्ण मोड़ों को उजागर करते हैं। आचार्यजी का आग्रह था कि एलोरा और ऐलीफैंटा की मूर्तियों (जो शैव साधना के महान् स्मारक हैं) तथा कन्हेरी के 'चैत्यों और स्तूपों' को बुद्धपूर्व 'कृष्णगिरि' के साथ रखकर वैष्णव, बौद्ध और शैवों के संघर्ष के इतिहास की अनकही कथा को अज्ञातवास से निकालूं। यह अब मुझसे संभव होगा या नहीं, यह मैं स्वयं नहीं जानता। शायद अब मैं अपने लेख (गुफाएँ बोलती हैं) की मूल स्थापना को आगे नहीं बढ़ा पाऊँगा। पर, मैं आचार्यजी की इस सांस्कृतिक दृष्टि और चिन्ता को प्रणम्य मानता हूँ। बंबई का दुर्भाग्य यह है कि प्रायः लोग इसकी ऊपरी चमक-दमक ही देखते हैं। इसके प्राकृतिक सौन्दर्य और सांस्कृतिक वैभव को नहीं देख पाते। आचार्यजी ने इसे फिल्मी नगरी नहीं कहा। वे इसे 'आधुनिकता का अग्रदूत' कहते थे और मानते थे कि यह अंचल प्राचीन भारतीय संस्कृति के इतिहास का एक जीवन्त अभिलेखागार है। कितने विद्वान हैं जो सच्चाई के भीतर की सच्चाई को देख पाते हैं, और जो देख पाते हैं, वे सचमुच कवि, मनीषी या द्रष्टा हैं। आचार्यजी मनीषी और द्रष्टा दोनों थे। उन्हें प्रणाम करना गौरव की बात है। मैं ही नहीं, बंबई नगर भी उन्हें बहुत दिनों तक आदर के साथ याद करेगा।

आचार्य देवेंन्द्रनाथ शर्मा : एक प्रात:स्मरणीय व्यक्तित्व

राजेन्द्र प्रसाद शर्मा

विभिन्न विश्वविद्यालयों के हिन्दी विभागों के कार्य से मुझे कश्मीर से सुदूर दक्षिण तक यात्रा करने का अवसर मिला है । मैं जहाँ कहीं भी गया वहाँ अपनी अनुपस्थिति में भी श्रद्धेय आचार्य देवेन्द्रनाथजी सभी जगह उपस्थित मिले । मैंने अनुभव किया कि विभिन्न हिन्दी विभागाध्यक्ष आचार्यजी के नाम की चर्चा होते ही श्रद्धावनत हो उठते थे । आचार्यजी का स्थान लोगों के मन में बहुत गहरा पैठा हुआ था । मेरा विश्वास है कि भारत के विभिन्न विश्वविद्यालयों के हिन्दी विभागों से आचार्य देवेन्द्रनाथजी जितने अधिक सम्बद्ध रहे उतना शायद ही कोई अन्य आचार्य रहा हो । थोड़ा-सा अवसर मिलते ही लोग उन्हें आमंत्रित करने के लिए उत्सुक रहते थे और प्राय: सभी जगह उनका सम्मान बड़े भाई के रूप में ही था ।

मुझे याद आता है, संभवत: सन् 1963 की बात है । स्व० आचार्यजी राजस्थान विश्वविद्यालय के हिन्दी विभाग में आमंत्रित थे । तब तक मेरा उनसे नाम-रूपात्मक सम्बन्ध नहीं था । मैंने उनका नाम भर एक यशस्वी हिन्दी आचार्य के रूप में सुन रखा था । भाषाविज्ञान के किसी विषय पर उनका भाषण था । हाल खचाखच भरा हुआ था । आचार्यजी ने बोलना प्रारम्भ किया, सभी श्रोता हठात् उनकी ओर उन्मुख हुए और फिर एक घंटे तक सभी मंत्रमुग्ध से सुनते रहे और जब उन्होंने भाषण समाप्त करने की सूचना दी तभी जैसे श्रोताओं की चेतना लौटी । मैं यह स्वीकार करूँ कि ऐसी प्रांजल और धाराप्रवाह कर्णसुखद हिन्दी में मैंने ऐसा भाषण पहले कभी नहीं सुना था । यहीं उनसे मेरा प्रथम परिचय हुआ और समय के साथ वह असीम प्रगाढ़ता में बदल गया । उन्होंने मुझे सगे छोटे भाई के रूप में स्वीकृति दी । मैं अपने जीवन की सफलताओं का जब विश्लेषण करता हूँ तो मुझे उनके इस नैकट्य-प्राप्ति से बड़ी और कोई सफलता याद नहीं आती । वे कहते थे :

"राजेन्द्र तुझ से मेरे पूर्वजन्म का सम्बन्ध है।"

आचार्यजी फिर तो राजस्थान विश्वविद्यालय के हिन्दी विभाग के इतने निकट हो गए कि हम सभी उन्हें विभाग का वरिष्ठतम सदस्य ही मानते थे। वे जब तक जीवित रहे प्रत्येक वर्ष में एकाधिक बार किसी न किसी संदर्भ में जयपुर पधारते रहे।

राजस्थान विश्वविद्यालय की विद्वत् परिषद् में एक बाह्य प्रख्यात विद्वान् का सहवरण करना था। मैंने श्रद्धेय आचार्यजी का नाम अंत में प्रस्तावित किया तो पहले के सभी प्रस्तावकों ने अपने-अपने नाम वापस कर लिए और आचार्यजी निर्विरोध सहवरित हुए। उन वर्षों में विद्वत् परिषद् का जो मार्गदर्शन आचार्यजी ने किया उसे सभी लोग यहाँ आज भी याद करते हैं।

उनका व्यक्तित्व भुवनविजयी था। जहाँ वे होते थे वहाँ आकर्षण के एकमात्र केन्द्र बन जाते थे। मुझे अच्छी तरह याद है कि ग्वालियर में भारतीय हिन्दी परिषद् का अधिवेशन था और नया अध्यक्ष चुने जाने का प्रस्ताव था। अधिकतर लोग श्रद्धेय आचार्यजी को ही पुनः अध्यक्ष चुनना चाहते थे पर पहले ऐसा उदाहरण था नहीं। एक स्थानीय विश्रुत व्यक्तित्व का नाम लोग प्रस्तावित करना चाहते थे। मैंने श्रद्धेय आचार्यजी से कहा कि स्थिति ऐसी है कि आपका नाम प्रस्तावित करने को लोग अधीर हैं और स्थानीय लोग अमुक महोदय को चाहते हैं। आचार्यजी बड़े आत्मविश्वास के साथ बोले कि 'राजेन्द्र देखें तो सही दूसरे नाम का प्रस्ताव कौन करता है?' और मैंने देखा कि दूसरा नाम प्रस्तावित ही नहीं हुआ और आचार्यजी पुनः सर्वसम्मति से अध्यक्ष चुने गए। आचार्यजी के व्यक्तित्व में ऐसा अद्‌भुत वशीकरण था! उनके अध्यक्षता-काल में जितने लोग परिषद् के आजीवन सदस्य बने उतने पहले कभी नहीं बने थे।

हिन्दी प्राध्यापक संसार में श्रद्धेय आचार्यजी के प्रति इतनी व्यापक श्रद्धा अकारण नहीं थी। हिन्दी भाषा और साहित्य दोनों पर ऐसा युगपत् अधिकार इस काल में इस सम्पूर्ण देश में और किसी का नहीं था। विश्व के प्रसिद्ध भाषा वैज्ञानिकों के सान्निध्य में भाषाविज्ञान की विशेष शिक्षा उन्होंने लंदन में प्राप्त की और भारत में रहते उन्होंने बाल्यकाल से ही संस्कृत भाषा का प्रगाढ़ अध्ययन किया और सर्वोच्च ज्ञान प्राप्त किया। कुछ समय तक वे संस्कृत के प्राध्यापक रहे और फिर हिन्दी साहित्य संसार के सौभाग्य से वे हिन्दी भाषा और साहित्य के क्षेत्र में आ गए। दीर्घकाल तक पटना जैसे प्रख्यात विश्वविद्यालय के हिन्दी विभाग के आचार्य और अध्यक्ष रहे और फिर उसी विश्वविद्यालय में कुलपति पद पर आसीन हुए। इस सफलता का कठिन मार्ग उन्होंने तपस्या और सतत् अध्यवसाय के द्वारा पार किया।

भारत सरकार के ग्रामीण विकास मंत्रालय की हिन्दी सलाहकार समिति में

संयोगात् हम दोनों ही एक साथ सदस्य थे। मैंने देखा कि किसी भी विचार-विमर्श में आचार्य देवेन्द्रनाथजी के वक्तव्य के पश्चात् और वाद-विवाद होता ही नहीं था। उनका सुझाव ही अंतिम निर्णय बन जाता था।

उनके सहसा निधन के पश्चात् अनेक गण्यमान्य हिन्दी आचार्यों और विभागाध्यक्षों के पत्र मेरे पास आए हैं। श्रद्धेय आचार्यजी का विछोह सभी को अंदर तक झकझोर गया है। लगता है जैसे हमारे घर का ही एक बुजुर्ग और मार्गदर्शक इस संसार से असमय उठ गया हो।

साहित्य और भाषा के विविध पक्षों पर उन्होंने जहाँ भी लेखनी चलाई है वह सब कुछ लिखा गया आज हिन्दी के विद्यार्थियों के लिए आप्त वाक्य है। वे जो कुछ भी लिखते थे वहाँ अस्पष्टता रहती ही नहीं थी। लेखन और भाषण उनकी अंतिम श्वास तक उनके साथी रहे। उनके लेखन और भाषण के प्रति पाठकों—दर्शकों और श्रोताओं के मन में सदैव औत्सुक्य बना रहता था। हिन्दी भाषा और साहित्य के वे युगपूजित व्यक्तित्व थे, ऐसे जिसकी समानता कहीं ढूँढ़े नहीं मिलती। पता नहीं कितने लोगों के कान उस मधुर और हृदयग्राही वाणी के सुनने को आज भी उतने ही समुत्सुक हैं :

बड़े शौक से सुन रहा था जमाना।
तुम्हीं सो गए दासताँ कहते-कहते ॥

सर्वतोमुखी प्रतिभा के धनी
अ ाचार्य देवेन्द्रनाथजी शर्मा

विजयपाल सिंह

बहुमुखी प्रतिभा-सम्पन्न, लब्ध-प्रतिष्ठ साहित्यकार एवं अनेक भाषाओं के मर्मज्ञ आचार्य देवेन्द्रनाथ शर्मा के नाम से पूर्व स्वर्गीय विशेषण लगाकर भी आज मुझे विश्वास नहीं होता कि वे इस दुनिया में नहीं रहे। 'बिधना के विधान' में किसी का हाथ नहीं। आज से लगभग अट्ठाईस वर्ष पूर्व डॉ० कुमार विमल की डी० लिट्० की मौखिक परीक्षा के लिए डॉ० नगेन्द्र दिल्ली से, डॉ० हरवंश लाल शर्मा अलीगढ़ से तथा मैं तिरुपति से पटना आया था। उसी समय मेरी प्रथम भेंट आचार्य देवेन्द्रनाथजी शर्मा से हुई थी। डा० कुमार विमल आगे चलकर बिहार पब्लिक सर्विस कमीशन के अध्यक्ष रहे और आज मुक्त विश्वविद्यालय के कुलपति हैं। आचार्य शर्मा की विद्वत्ता तथा सौहार्द से मैं उस समय अत्यधिक प्रभावित हुआ। सन् 1969 में मैं श्री वेंकेटेश्वर विश्वविद्यालय तिरुपति (आन्ध्रप्रदेश) से काशी हिन्दू विश्वविद्यालय, वाराणसी, के हिन्दी विभाग में प्रोफेसर एवं अध्यक्ष बनकर आ गया। पटना वाराणसी के समीप होने के कारण हम लोग एक-दूसरे के और समीप आये। इस समय प्रोफेसर के पद विरल थे। अतः डॉ० नगेन्द्र, डॉ० हरवंशलाल शर्मा, आचार्य देवेन्द्रनाथ शर्मा तथा मैं वर्षों तक हिन्दी जगत में प्रमुख भूमिका निभाते रहे। भारतीय हिन्दी परिषद् के हम चारों ही वर्षों तक अध्यक्ष रहे। चयन समितियों, गोष्ठियों, साहित्यकारों के शताब्दी समारोहों, विश्वविद्यालय अनुदान आयोग की समितियों, लोक सेवा आयोग की बैठकों तथा केन्द्रीय सरकार की सलाहकार समितियों की बैठकों में अनेक बार आचार्यजी के साथ रहा। वे मुझसे बड़े थे और मुझे छोटे भाई के समान मानते थे। जितना प्यार एवं स्नेह बड़े भाई के नाते उन्होंने मुझे दिया उतना मुझे अन्यत्र नहीं मिला। अतः जब मैं उनके साथ रहता था तो मेरा कार्य अत्यन्त सहज हो जाता था।

हिन्दी जगत् ने 1983 में मुझे अभिनन्दन ग्रन्थ समर्पित किया। आचार्य

देवेन्द्रनाथ शर्मा ने उसमें केवल लिखा ही नहीं अपितु अभिनन्दन ग्रंथ समर्पण समारोह में वे दिल्ली भी पहुँचे। समारोह में वियोगी हरि, प्रोफेसर नूरुल हसन, डॉ० नगेन्द्र, डॉ० हरवंशलाल शर्मा, डॉ० विजयेन्द्र स्नातक, डॉ० ओमप्रकाश, डॉ० प्रेमस्वरूप गुप्ता, डॉ० रावत तथा डॉ० वोरा आदि अनेक आचार्यों ने भाग लिया था। आचार्य देवेन्द्रनाथ शर्मा ने उस समय आत्मीयता से भरे जो शब्द कहे, वे कभी भुलाये नहीं जा सकते। वे सम्बन्धों का निर्वाह करने में अद्वितीय थे। विद्वत्ता एवं सज्जनता का ऐसा मणि-कांचन संयोग मैंने बहुत कम लोगों में देखा है।

आचार्य शर्मा का हिन्दी, संस्कृत तथा अंग्रेजी तीनों भाषाओं पर समान अधिकार था। हिन्दी जगत् के आचार्यों में यह गुण असंभव नहीं तो विरल अवश्य है। वे अद्वितीय वक्ता थे। उनकी वक्तृत्व कला से श्रोतागण मंत्र-मुग्ध हो जाते थे। उनकी भाषण शैली अनुकरणीय थी। वे हिन्दी के अनन्य उपासक ही नहीं अपितु उसके प्रति एकनिष्ठ भाव से समर्पित थे। हिन्दी की समस्याओं को लेकर उन्होंने ग्रंथ लिखे। बिहार सरकार ने जब उर्दू को द्वितीय भाषा के रूप में स्वीकार किया तो उस समय उन्होंने उसका घोर विरोध किया। बड़े-बड़े दिग्गज राजनीतिज्ञों से उन्हें टक्कर लेनी पड़ी। इससे उन्हें मानसिक पीड़ा के साथ-साथ आर्थिक क्षति भी हुई परन्तु 'न दैन्यं न पलायनम्' के सिद्धान्त पर वे अड़े रहे।

आचार्य शर्मा कुशल प्रशासक थे। संस्कृत विश्वविद्यालय दरभंगा तथा पटना विश्वविद्यालय के वे कुलपति रहे। बिहार अन्तरविश्वविद्यालय बोर्ड तथा बिहार हिन्दी ग्रंथ अकादमी के अध्यक्ष तथा बिहार राष्ट्रभाषा परिषद् से सम्बद्ध रहे। भाषाविज्ञान तथा काव्यशास्त्र पर उन्होंने स्तरीय ग्रंथ लिखे। उनके ललित निबंध अत्यन्त मौलिक एवं उपयोगी हैं। शोध और समीक्षा के क्षेत्र में उनका महत्त्वपूर्ण योगदान है। उनके निर्देशन में अनेक शोधछात्र एवं छात्राओं ने पी-एच० डी० तथा डी०लिट्० की उपाधियाँ प्राप्त कीं।

आचार्य शर्मा एक सफल अध्यापक थे। उनमें विषय की ज्ञान गरिमा तथा उसकी सफल अभिव्यक्ति को देखकर मुझे महाकवि कालिदास का स्मरण हो आता है। उन्होंने अपने मालविकाग्निमित्र नाटक में श्रेष्ठ अध्यापक का लक्षण इस प्रकार प्रस्तुत किया है :

श्लिष्टा क्रिया कस्यचिदात्मसंस्था
संक्रान्तिरन्यस्य विशेषयुक्ता।
यस्योभयं साधु स शिक्षकाणां
धुरि प्रतिष्ठापयितव्य एव॥

अर्थात् कतिपय अध्यापक अन्तर्मुखी होते हैं और कतिपय बहिर्मुखी। अन्तर्मुखी को

विषय का गंभीर ज्ञान होता है परन्तु उसकी अभिव्यक्ति करने में वे असमर्थ रहते हैं। बहिर्मुखी अध्यापक को विषय का विशेष ज्ञान नहीं होता परन्तु उसकी अभिव्यक्ति सुन्दर होती है। अत: श्रेष्ठ अध्यापक वही होता है जिसमें दोनों गुणों का सुन्दर समन्वय होता है। आचार्य शर्मा एक अत्यन्त सफल अध्यापक थे क्योंकि उनमें दोनों गुणों का सुन्दर समन्वय था। वे उच्च से उच्च पद पर रहे परन्तु उन्होंने अध्यापन कार्य नहीं छोड़ा। जीवन के अन्तिम दिन तक वे उससे जुड़े रहे।

आचार्य शर्मा स्वावलम्बी, स्वाभिमानी तथा अपने जीवन के स्वयं निर्माता थे। अपनी विद्वत्ता एवं गुणों के कारण वे सामान्य स्थिति से उच्च से उच्च पदों पर पहुँचे। शर्माजी के सम्पर्क में आनेवाला व्यक्ति उनसे बिना प्रभावित हुए नहीं रह सकता था। वे इतने संवेदनशील थे कि अपने शिष्यों, मित्रों तथा प्रियजनों की छोटी-छोटी बातों का ध्यान रखते थे और उनकी भरपूर सहायता करते थे। विनम्र एवं तीव्र प्रज्ञा-सम्पन्न आचार्य शर्मा का शीलवान् व्यक्तित्व विसंगतियों के शमन तथा रचनात्मक कार्यों के दिशा-निर्देशन में सदैव समर्थ रहा। उनका व्यक्तित्व महान् था। वे व्यक्ति नहीं संस्था थे।

आचार्य देवेन्द्रनाथ शर्मा के आकस्मिक निधन से बिहार ने ही नहीं अपितु समस्त हिन्दी जगत् ने अत्यन्त मेधावी साहित्यकार तथा मैंने एक बड़ा भाई खो दिया, अपना पथ-प्रदर्शक खो दिया। इस रिक्तता को मैं आज तक भुला नहीं पाया हूँ और संभवत: जीवन भर इसे भुला नहीं सकूँगा। हिन्दी जगत् ने एक साहित्य मनीषी के साथ-साथ हिन्दी का एक प्रबल समर्थक खो दिया। हिन्दी के लिए यह अपूरणीय क्षति है।

आज भारतवर्ष में आचार्य शर्मा से अधिक विद्वान् मिल सकते हैं। उनसे अधिक मानवीय गुणों से समन्वित लोग भी मिल सकते हैं, उनसे अधिक अध्यात्म के क्षेत्र में भी प्रतिबद्ध लोग मिल सकते हैं, परन्तु विद्वत्ता को सज्जनता से, अध्यात्म को साधुता से तथा प्रशासन को सहजता एवं मानवीय गुणों से मिलाकर चलनेवाला हिन्दी जगत् में आचार्य शर्मा जैसा व्यक्तित्व यदि असम्भव नहीं तो दुर्लभ अवश्य है।

आचार्य देवेन्द्रनाथ शर्मा : स्मृति-बिम्ब

निर्मला जैन

आचार्य देवेन्द्रनाथ शर्मा अब हमारे बीच नहीं हैं—-विश्वास नहीं होता। शायद यह कहना ज्यादा सही होगा कि इस कटु सत्य पर विश्वास कर लेने का मन नहीं होता। पिछले कई वर्षों से जब वे दिल्ली होकर निकलते, तो प्रायः फोन से कुशल-क्षेम जान लेते। अक्सर भोर-बेला में दूरभाषा की दूरी को पार करता उनका सधा हुआ स्वर गूँजता "मैं···देवेन्द्रनाथ शर्मा।" संक्षिप्त-सी बातचीत के दौरान वे बताते कि आना एक दिन पहले संध्या-समय हुआ और कुछ ही देर में वे प्रस्थान करने वाले हैं। पर उसी बीच इतना जान लेना उन्हें आवश्यक लगता था कि "घर में सब कैसे हैं ?"

दिल्ली बेढब शहर है। अपनों से बेगाना होने के लिए बेहतरीन जगह। भौगोलिक दूरियाँ, असुविधाजनक यातायात, भागदौड़ और व्यस्तताओं से घिरा जीवन। न किसी के पास जाने का सुख न किसी को बुलाने का। बात कड़वी, पर सच है। ऐसे में यदि कोई परदेसी आत्मीय संबंध की निरन्तरता को बनाए रखे तो यह मानना ही चाहिए कि उस व्यक्तित्व में मानवीयता और मूल्यनिष्ठा का स्तर असामान्य होगा।

स्मृतियों की दीर्घा में लौटती हूँ तो लगभग तीस वर्ष पहले की एक रेल-यात्रा का बिम्ब आकार लेने लगता है। शायद संदर्भ भारतीय हिन्दी परिषद् के किसी अधिवेशन का था। दिल्ली से जानेवालों में डॉ० नगेन्द्र, स्वर्गीया सावित्री सिन्हा, डॉ० विजयेन्द्र स्नातक के साथ कुछ और लोग थे। मैं जिन मित्रों के साथ थी उनमें जहाँ तक स्मरण है कवि अजित कुमार, कवि-पत्नी स्नेहमयी चौधरी, भारत भूषण अग्रवाल की पत्नी बिन्दूजी थीं। यात्रा के दौरान एक बार उस केबिन में जाना हुआ जिसमें नगेन्द्रजी थे। वे जिस सधे-सुधरे शालीन व्यक्ति से संवाद में व्यस्त थे, उनमें कुछ ऐसा था जो सहसा आकर्षित करता था। बातचीत के संदर्भ से स्पष्ट था कि उनका संबंध देश के किसी हिन्दी विभाग से है। शब्दों के चुनाव की सतर्कता,

उच्चारण में बलाघात की खास शैली, और बोलने का ऐसा ढंग जिसकी लय औरों से पर्याप्त भिन्न थी, यह अनुमान कर लेने के लिए काफ़ी थी कि उनका संबंध पछाँह से तो नहीं ही है।

उन दिनों अपने से आयु और रुतबे में छोटे लोगों की उपेक्षा करना डॉ० नगेन्द्र के व्यवहार का सहज रूप था। हम लोगों की उपस्थिति के प्रति उदासीनता बरतते हुए उन्होंने मुझ नाचीज़ का परिचय यदि उन विद्वान से कराने की आवश्यकता नहीं समझी तो इसमें आश्चर्य नहीं। बाद में मैंने किसी और से जाना कि वे पटना विश्वविद्यालय के अध्यक्ष आचार्य देवेन्द्रनाथ शर्मा थे।

बात आयी गई हो गई। आनेवाले वर्षों में भारतीय हिन्दी परिषद् के एकाध अधिवेशन में देवेन्द्रनाथजी को सक्रिय सदस्य के रूप में देखा, शायद परिचय भी हुआ। पर एक वरिष्ठ आचार्य के प्रति अपेक्षाकृत युवा प्राध्यापिका के औपचारिक आदर भाव के अतिरिक्त संबंधों में अनौपचारिकता या आत्मीयता उत्पन्न होने का न कोई प्रसंग उत्पन्न हुआ न मैंने या उन्होंने इसकी आवश्यकता ही समझी।

कई वर्ष बाद 1970 में, डॉ० नगेन्द्र दिल्ली विश्वविद्यालय में अपने प्रशासनिक अधिकार को लेकर विवाद की गिरफ्त में आ गए। निर्णयों में उनके साथ शरीक लोगों में डॉ० रामकुमार वर्मा के साथ आ० देवेन्द्रनाथ शर्मा का नाम लिया जाने लगा। पूरे प्रसंग का अंत अध्यक्ष-पद से डॉ० नगेन्द्र के त्यागपत्र से हुआ। विभाग भयंकर उथल-पुथल की स्थिति में था। अखिल भारतीय स्तर पर यह घटना हिन्दी जगत को सकते में डाल देने वाली थी।

इसी बीच दिल्ली विश्वविद्यालय के दक्षिण-परिसर में नियुक्तियों का मसला सामने आया। चयन समिति के सदस्य विशेषज्ञों की किसी को कानोकान खबर नहीं थी। उपकुलपति डॉ० के०एन० राज ने इस प्रसंग में अतिरिक्त सतर्कता बरती थी। फिर भी जाने कैसे साक्षात्कार से पहले दिन यह खबर फूट निकली कि आ० देवेन्द्रनाथ शर्मा दिल्ली पहुँच गए हैं और अपने सुपुत्र डॉ० विनयशील गौतम के पास अज्ञातवास कर रहे हैं। साथ ही यह भी कि विभाग के एक तथाकथित हितैषी वयोवृद्ध सदस्य ने उन्हें भलीभाँति समझा दिया है कि मेरी नियुक्ति किसी हालत में नहीं होनी चाहिए। इन खबरों ने अन्यथा शान्त, निस्पन्द वातावरण को आन्दोलित कर दिया। कहाँ क्या और कैसे हुआ, इसकी सही जानकारी तो हममें से आज तक किसी को नहीं है, पर मेरी नियुक्ति हो गई। चयन-प्रक्रिया के बारे में जो प्रवाद प्रचारित हुआ उसे लेकर न जाने क्यों मुझे लगा कि मुझे कम से कम आचार्य देवेन्द्रनाथ शर्मा से मन के सन्देह का निराकरण कर लेना चाहिए। यही भविष्य के सम्भावित संबंधों की दृष्टि से उचित होगा।

उनसे पूछताछ करने का साहस यदि मैंने जुटाया, तो इसका श्रेय भी कहीं-न-कहीं उनके धीर-गंभीर व्यक्तित्व को ही देना होगा, जिसके कारण मैंने उनसे बिना

किसी पूर्व-परिचय के दो-टूक बात करने का हौसला किया । उन्हें भी शायद मेरी यह साहसी मुद्रा पसन्द आई होगी तभी आपसी संबंधों का यह सिलसिला एक अत्यन्त मधुर पारिवारिक संबंध में विकसित होता गया ।

वे भारतीय काव्यशास्त्र और भाषा-विज्ञान के गम्भीर अध्येता और विश्लेषक थे । पाण्डित्य उन्होंने विरासत में पाया था । इस ज्ञान-गरिमा को उन्होंने अपनी सर्जनात्मक ऊर्जा से निखारा था । इसीलिए उनकी सैद्धान्तिक कृतियों में ऊब पैदा करनेवाली शास्त्रीय नीरसता कहीं नहीं दिखाई पड़ती । आधार-सामग्री की प्रामाणिकता शास्त्रज्ञ विद्वान की प्रमुख चिन्ता होती है । शर्माजी ने इस दायित्व को कितनी गम्भीरता से वहन किया इसका प्रमाण उनका ग्रंथ 'पाश्चात्य काव्यशास्त्र' है । वे उसके रचना-काल में जवाहरलाल नेहरू विश्वविद्यालय में विजिटिंग आचार्य के रूप में रहे । मैंने अपनी रचनाओं में जिन ग्रंथों का हवाला दिया था, उन्होंने उनका उपयोग निजी जाँच-पड़ताल के बिना नहीं किया । उन्हें मुझ पर विश्वास न रहा हो, ऐसा नहीं था फिर भी सच्चे अन्वेषक की तरह उन्होंने दुष्प्राप्य मूल-ग्रंथों को प्रयत्न करके उपलब्ध किया । यही कारण है कि विषय पर तो वह श्रेष्ठ रचना है ही, साथ ही उन विरली कृतियों में है जिनमें विवेचन की मौलिकता के साथ विश्वसनीयता और प्रामाणिकता भी होती है । जिनके रचनाकार 'कागद की लेखी' को 'आँखिन देखी' किए बगैर स्वीकार नहीं करते ।

उनके समीक्षात्मक और सर्जनात्मक लेखन के फलक का विस्तार देखकर विस्मय होता है । 1948 में अलंकार-विवेचन से आरम्भ करके वे सर्जनात्मक साहित्य की रचना में समानान्तर रूप से प्रवृत्त हुए । 1949 में ही 'पारिजात-मंजरी' शीर्षक से उनका पहला एकांकी-संग्रह प्रकाशित हुआ । और उसके अगले ही वर्ष ललित निबंधों का संग्रह 'खट्टा मीठा' । रचनाओं का यह क्रम अनवरत चलता रहा—समालोचना, नाटक, ललित-निबंध, अनुवाद, और अनेक महत्वपूर्ण ग्रंथों और पत्रिकाओं का सम्पादन । अनेक सरणियों में होकर उनकी विश्लेषणात्मक और रचनात्मक प्रतिभा प्रवाहित होती रही ।

कुछ वर्ष पटना विश्वविद्यालय के कुलपति के प्रशासनिक दायित्व के नीरस मरुस्थल की लपेट में यह धारा क्षीण भले ही हो गई हो निःशेष कभी नहीं हुई । प्रशासनिक अधिकार को भी वे अत्यन्त विनम्रता और आत्मविश्वास से वहन करते थे । मैंने उनमें आत्माभिमान तो देखा, मिथ्या दंभ और अहंकार कभी नहीं । समय के प्रवाह में दोनों परिवार निकट आते गए । लाड़ली बेटी दीप्ति का विवाह हुआ तो उन्होंने मेरे पटना होने का संयोग जुटाया । पहुँची तो देखा वे केसरिया धोती और उत्तरीय पहने खड़े हैं । अलगनी पर पंक्ति में कई और केसरिया धोतियाँ सूख रही थीं । स्पष्ट था कि वे विभिन्न अनुष्ठानों के क्रम में से कुछ समय के लिए उठे थे । जीवन में पर्याप्त आधुनिक और उदार शर्माजी अपनी संस्कृति और परम्परा

के प्रति कितने निष्ठावान हैं, इस बोध ने उनके प्रति मेरे आदर भाव को और पुष्ट किया।

वे कितने संस्कारी हैं इसका एहसास विवाह के दौरान बराबर होता रहा। वे न कभी उत्तेजित होते दिखाई पड़े न विचलित। इसी संदर्भ में मैंने उनके धीर और संतुलित व्यक्तित्व की कुंजी उनकी पत्नी के रूप में पहचानी। अद्भुत रूप से कर्मठ, स्नेही और समर्पित महिला। अपना पूरा जीवन उन्होंने पति और बच्चों के प्रति इतने सुख-सौमनस्य से अर्पित कर दिया था, मानों अपने जीवन की चरम सार्थकता पा ली हो। देवेन्द्रनाथजी दिल्ली यात्रा के अवसरों पर बराबर उनकी चर्चा बड़े स्नेह और कृतज्ञता के भाव से करते थे। श्रीमती शर्मा से मिलने से बहुत पहले से मेरे मन में उनकी छवि बन चुकी थी। जब मिलना हुआ तो दोनों को ऐसा लगा जैसे हम लोगों के बीच वर्षों का परिचय रहा हो। मैंने अनुमान लगाया कि शर्माजी ने उधर भी मेरा शब्द-चित्र ऐसे अंकित किया होगा कि कहने-सुनने को कुछ शेष नहीं रह गया था। चित्र भी शर्माजी समग्रता में अंकित करते थे—उनके लिए व्यक्ति की सत्ता परिवार की सापेक्षता में थी। वे स्वयं कर्त्तव्यनिष्ठ पति और अत्यन्त स्नेही पिता थे। इसी भाव से वे मित्रों के परिवारों को महत्व देते थे।

सारी पारस्परिकता और पारिवारिक मित्रता के बावजूद, दायित्व-बोध, सत्यनिष्ठा और अद्भुत गाम्भीर्य उनमें था। 1980 में एक बार फिर वे दिल्ली विश्वविद्यालय में प्रोफेसर पद की चयन-समिति के सदस्य हुए। इस बार कुछ गोपनीय नहीं था। मुझे ठीक सूचना थी कि किसने उनके पास किस रूप में पैरवी करायी है। बैठक के कुछ दिन पूर्व वे दिल्ली से होकर गुज़रे। संक्षिप्त-सी भेंट हुई। मुझे लगा कि उनसे सुनी-सुनाई बातों का सत्यापन करना उन्हें असमंजस में डालना होगा। न मैंने कुछ पूछा न उन्होंने बताया। विशेषज्ञों के भरपूर समर्थन के बावजूद मेरा चयन नहीं हुआ। यह बात अलग है कि उस बार चयन किया ही नहीं जा सका। काफ़ी समय बाद उनसे भेंट हुई तो मैंने सबब जानना चाहा। जो ब्यौरा मुझे ज्ञात हुआ था उन्होंने न उसका समर्थन किया न खण्डन। मेरी समझ में आ गया कि वे गोपनीयता की शपथ भंग नहीं करना चाहते। बहुत जोर देने पर उन्होंने नपे-तुले शब्दों में कहा : "मेरी समझ में आपकी समस्या योग्यता नहीं राजनीति है। उसे सम्हालिये।" वाक्य कुछ ऐसे लहजे में कहा गया था जैसे कह रहे हों—इसके आगे कुछ और न पूछिये। उस समय तो उनकी यह सावधानी मुझे अखर गई पर बाद में लगातार स्वयं वैसी स्थितियों का सामना करने पर उनका स्मरण बड़े आदर से किया मैंने।

कुछ वर्ष पहले मेरे ज्येष्ठ पुत्र शशांक की बदली पटना हो गई। उन्होंने श्रीकृष्णपुरी में मकान लिया। मकान के ठीक सामने बिहार इन्टर यूनिवर्सिटी बोर्ड का कार्यालय था। मेरे पहुँचने पर पुत्रवधू ने सूचना दी कि अध्यक्ष के नाते शर्माजी

वहाँ प्राय: प्रतिदिन आते हैं पर संकोचवश उन्होंने अभी तक अपने यहाँ पहुँचने की सूचना उन्हें नहीं दी है। अगले दिन मैंने लिखित संदेश भेजकर उनकी सुविधा जाननी चाही ताकि मैं उनसे मिल सकूँ। उत्तर में वे खुद आए, आश्चर्य-मिश्रित उल्लास के भाव से, साथ भोजन किया और अगले दिन बच्चों सहित घर ले गए। श्रीमती शर्मा का स्वास्थ्य शिथिल चल रहा था, पर स्नेह की ऊष्मा में कहीं कोई कमी नहीं थी। मैं तो कुछ दिन बाद लौट आई पर जब भी वे दिखाई पड़ते, मेरी चार वर्षीया पौत्री अपनी माँ से कहती "मम्मी देखो, अम्मा के 'फ्रेंड अंकल' जा रहे हैं।"

न जाने कितने ऐसे प्रकरण मेरे स्मृति-पटल पर अंकित हैं। जैन साहब का स्वर्गवास हुआ तो बड़ा मार्मिक पत्र लिखा उन्होंने। पर बाद में जब मिले तो जानबूझकर कोई चर्चा नहीं की उस प्रसंग की। मेरी पीड़ा को कुरेदकर जैसे वे एक बार फिर उस दु:ख को जीने की स्थिति नहीं उत्पन्न करना चाहते थे। सहानुभूति के औपचारिक प्रदर्शन की तुलना में समझदारी से भरा उनका यह बड़प्पन मुझे बहुत भला लगा था। बाद में इसी संवेदनशीलता के कारण कम-से-कम फोन से मेरी कुशल-क्षेम जानते रहना शायद वे अपना कर्त्तव्य समझते रहे।

शिक्षा, प्रशासन, साहित्य-चिन्तन के व्यापक क्षेत्र में एक अत्यन्त सुसस्कृत, शालीन और सहृदय व्यक्तित्व की क्षति से जो शून्य सहसा उत्पन्न हो गया है, उसकी पूर्ति सहज सम्भव होगी, इसमें सन्देह है। पर इस सबसे अधिक उनका अभाव परिवारजनों, मित्रों, निकट-परिवार के उन सदस्यों को सालता रहेगा जिनके वे सुहृदय मित्र थे, अभिभावक और हितैषी थे।

उनकी स्मृति को सादर नमन।

आचार्य ! आपको अभी नहीं जाना चाहिए था

शंकर दयाल सिंह

जिस किसी ने उन्हें देखा होगा, उसे जब यह सहसा सुनने को मिला होगा कि आचार्य देवेन्द्रनाथ शर्मा नहीं रहे, तो निश्चय ही उसे इस संवाद पर विश्वास नहीं हुआ होगा। संयमित जीवन, यौगिक देहयष्टि, मनु के समान पौरुषमय व्यक्तित्व, आँखों में तेजोमय आभा, संस्कारशील भाषा और बौद्धिक अनुराग से लिप्त उनकी वाणी उनको औरों से भिन्न बनाती थी। उनकी पहचान कभी भी पद के साथ नहीं रही, वे सदा जाने-माने गए अपने विवेकपूर्ण कर्मों द्वारा।

जीवन की गति विचित्र है। ऐसा लगता है मानो चित्रगुप्त की कलम कभी-कभी फिसल जाती है। जिन्हें रहना चाहिए वे सहसा चले जाते हैं और जिन्हें जाने में ही अधिक सुख संतोष हो वैसे लोग वर्षों तक अपने को घसीटते चलते हैं।

आचार्य देवेन्द्रनाथ शर्मा ने मुझे कभी पढ़ाया नहीं था लेकिन उन्हें जब भी मैंने देखा तो आचार्य और गुरु भाव से ही। उनके अन्दर एक वैविध्य था। न तो उनका जीवन कंटकाकीर्ण था और न ही उनकी कार्य-पद्धति। राफ-साफ जीवन। दूसरे भले उनकी राह में काँटे बिछा दें, उनको क्षत-विक्षत करने की कोशिश करें, लेकिन शर्माजी कभी भी किसी को आहत करने की चेष्टा नहीं करते थे।

शर्माजी को पहली बार कब और कहाँ देखा था याद करने की चेष्टा करता हूँ तो स्मृतियाँ साथ नहीं दे पातीं। लेकिन इतना अवश्य याद है कि जिस दिन से उनकी मेरी मुलाकात हुई अन्तिम दिनों तक उनका स्नेह अजस्र रूप से मुझे मिलता रहा। बदले में मैंने श्रद्धा में कभी कमी न आने दी।

बिहार में साहित्यकारों और बुद्धिजीवियों की लम्बी पाँत रही है, लेकिन रह-रहकर एक ही दुःख सालता रहा है कि उनमें बहुत कम ऐसे हुए हैं जो बिहार की सीमा से आगे बढ़कर पूरे देश में जाने-माने-पहचाने जाते हों। हाल के दिनों में साहित्यिक, सांस्कृतिक धरातल पर गंगा बाबू, दिनकरजी, रेणुजी और नागार्जुनजी का नामोल्लेख हम इस परिधि में कर सकते हैं। आचार्य देवेन्द्रनाथ शर्मा इस पंक्ति

में होते हुए भी इससे कुछ अलग थे; कारण वे केवल साहित्यकार या हिन्दीसेवी के रूप में ही नहीं एक विद्वान् के रूप में पहचाने जाते थे ।

दिल्ली दरबार में लोग घुसपैठ भले कर लें, प्रवेश बहुत कम लोग कर पाते हैं । आचार्य देवेन्द्रनाथ शर्मा ने अपनी अस्मिता के बल पर देश की राजधानी में अपनी पहचान बना ली थी । भारतीय ज्ञानपीठ पुरस्कार समिति हो या विदेशों में हिन्दी प्रचार-प्रसार का कोई माध्यम, हर जगह लोग उन्हें आदर के साथ स्थान देते थे । लता की तरह वे किसी डाल का आश्रय लेने में विश्वास नहीं करते थे, वरन् स्वयं अपने नीड़ का निर्माण उनकी प्रतिभामयी क्षमता थी ।

उस दिन मैं और डॉ० शैलेन्द्रनाथ श्रीवास्तव बोकारो में संसदीय राजभाषा समिति के दौरे पर थे । शाम को सहसा आकाशवाणी से आचार्यजी के स्वर्गवास का समाचार सुनकर हम दोनों को ऐसा लगा मानो बिजली गिर गई । उनका हँसता, मुस्कुराता और अपनापन से भरा चेहरा हमें बींधने लगा । हम तड़पकर रह गए कि कैसे उनके पार्थिव शरीर तक पहुँच जाएँ और अपनी अन्तिम श्रद्धांजलि अर्पित करें । लेकिन यह सम्भव न हो सका । उस दाह को न जाने कब तक हमें ढोना पड़ेगा ?

आचार्य देवेन्द्रनाथ शर्मा के साथ साहित्य तथा भाषा-सम्बन्धी कई मंचों पर मैंने काम किया । बिहार हिन्दी साहित्य सम्मेलन, बिहार हिन्दी प्रगति समिति, अनेक सलाहकार समिति तथा पुरस्कार समितियों में हम साथ-साथ रहे । मेरे विचार को वे गहराई से लेते थे तथा उसे मान्यता भी देते थे । मुझसे मिलने तथा मुझसे भरपूर बातें करने को वे प्रतीक्षारत रहते थे । जब कभी मेरी उनकी मुलाकात हो, उलाहना दिए बिना नहीं रहते थे—आप तो दूज के चाँद हैं, आपको पकड़ना मुश्किल है ।

वे केवल साहित्यकार और बुद्धिजीवी होते तो पारिवारिक सतह तक कभी नहीं पहुँचते, लेकिन शायद ही कभी ऐसा हुआ हो कि वे मिलें और पूरे परिवार का हालचाल न पूछें ।

वे कायदे और करीने से रहना जानते थे । पंक से उत्पन्न कमल की तरह वर्तमान समाज में रहकर वे बेदाग जीना जानते थे । जिस कुर्सी पर वे बैठे उसकी गरिमा का वे सदा खयाल रखते थे । उन्होंने वर्तमान पीढ़ी को बहुत कुछ सिखाया । वे निर्भीक वक्ता, सजग पाठक तथा स्वच्छ समीक्षक थे । भाषा और साहित्य दोनों की पकड़ उनमें अद्भुत थी । जहाँ एक ओर वे कई भाषाओं के ज्ञाता थे, वहीं दूसरी ओर संस्कृत तथा हिन्दी दोनों के ऐसे प्रकांड पंडित, जिन्होंने भाषा को केवल प्राध्यापक के समान पढ़ाया ही नहीं, उसे गढ़ा भी ।

जैसा मैंने ऊपर कहा आचार्य देवेन्द्रनाथ शर्मा को भूलने का प्रश्न ही पैदा नहीं होता । विद्वत्ता की अकड़ उनमें न थी । लेकिन उनकी पहचान विद्वानों की उस

मंडली में होती थी जिसका अब सर्वथा अभाव होता जा रहा है। अनेक विश्वविद्यालयों के विभागाध्यक्ष के रूप में, दो-दो विश्वविद्यालयों के कुलपति के रूप में, बिहार की अन्तरविश्वविद्यालय परिषद् के अध्यक्ष के रूप में, केन्द्रीय तथा बिहार सरकार की अनेक समितियों के अध्यक्ष एवं सदस्य के रूप में, बिहार हिन्दी ग्रंथ अकादमी के अध्यक्ष के रूप में, केन्द्रीय हिन्दी संस्थान के उपाध्यक्ष के रूप में तथा भारतीय ज्ञानपीठ पुरस्कार समिति की प्रवर समिति के सदस्य के रूप में उन्होंने जो ख्याति अर्जित की वह कोई सपना नहीं, वरन् उनकी विद्वत्ता का अभिषेक कहा जाएगा।

प्राय: लोग जीवन में ताने-बाने बुनते हैं, घर बनाते और बसाते हैं। कोई-कोई दूसरे का घर उजाड़ते भी हैं; लेकिन वे सबसे बेखबर आत्मीय अनुभूतियों में लीन रहते थे। उनके ज्ञान की गरिमा नारियल के अंदर छिपे जल के समान थी, जिसका पता बाहर के रेशों से नहीं चलता है।

अपने देहावसान के 15-20 दिनों पहले वे दिल्ली आए थे, तो मुझे खुशी है कि मैंने उन्हें रात्रि-भोज पर अपने घर आमंत्रित किया था। मेरी पत्नी कानन उनकी शिष्या रही हैं, अत: उन्होंने अपने गुरु का चरण-स्पर्श किया। मैंने उनके सम्मान में 5-7 अन्य लोगों को भी बुलाया था। वे जब जाने को हुए तो मैंने अपने समधी डॉ० शिवनारायण सिंह के हाथ में एक माला देते हुए कहा, "आप आचार्यजी को माला पहनाएँ, आज उन्हें एक बड़े पुरस्कार से सम्मानित किया गया है, जिसकी सूचना उन्हें भी नहीं है।"—शिवनारायण बाबू ने उन्हें माला पहनायी, वे गुमसुम से आश्चर्यचकित होकर बोले, "यह क्या माजरा है, मैं तो कुछ समझ नहीं पा रहा हूँ।"

मैंने हँस कर कहा, शीघ्र ही आपको जानकारी मिल जायेगी। इस बुझौवल के साथ मैंने उन्हें विदा किया। यही मेरी उनसे अंतिम मुलाकात थी। मैं समझता हूँ कि यही उनकी दिल्ली की आखिरी यात्रा भी रही होगी।

उनकी मृत्यु के एक माह बाद केन्द्रीय हिन्दी संस्थान द्वारा उन्हें 'बाबू गंगाशरण सिंह पुरस्कार' से सम्मानित किया गया, जिसे उपराष्ट्रपति डॉ० शंकर दयाल शर्माजी से उनकी जगह उनके सुपुत्र डॉ० विनयशील गौतम ने ग्रहण किया। मेरी आँखों में उस दिन अनायास आँसू आ गए—काश ! वे आज होते।

रह-रहकर मैं बस एक ही वाक्य दुहराता हूँ—आचार्यजी, आपको अभी जाना नहीं चाहिए था !

हिन्दी की शोभा, शक्ति और संपदा : आचार्य देवेन्द्रनाथ शर्मा

जितेन्द्र सहाय

जब आचार्य देवेन्द्रनाथ शर्मा का देहांत मस्तिष्क में रक्तस्राव के कारण हुआ तब मेरे मन में एक शंका पैदा हुई कि कहीं कोई चूक तो मुझ से नहीं हुई और यह दुर्घटना रोकी नहीं जा सकी। ऐसा अपराध-भाव मेरे मन में एक बार पहले भी आया था जब डॉ० दिवाकर प्रसाद विद्यार्थी मेरे हाथों का सहारा लेकर उठना चाहते थे और मेरी बाँहों में ही उनके प्राण छूट गए। इन दोनों सरस्वती-पुत्रों का मैं चिकित्सक था। दिवाकर बाबू के मामले में जब संकट की घंटी बजी, तब किसी को कोई आश्चर्य नहीं हुआ, क्योंकि वह बहुत दिनों से बीमार थे, किंतु शर्माजी तो भले-चंगे हिन्दी का उद्घोष करने एक सभा में प्रसन्नचित्त गए और राष्ट्र-भारती के चरणों में अपने को अर्पित कर निर्जीव ही घर लौट पाए। उस समय एक समर्थ को असमर्थ देखते हुए मेरी आँखें जरूर बार-बार प्लावित हो उठती थीं, किंतु मन में एक सवाल पैदा होता ही रहता था कि क्या उनके रक्तचाप की सही परीक्षा मैं नहीं कर सका, जिससे एक मूल्यवान जीवन की इहलीला समाप्त हो गई ? इसी उलझन में फँसा जब देर तक उनके दीप्तिमान मुखमंडल को देखता रहा तो शर्माजी के मुख से निकला एक बहुत पुराना शेर याद आया :

> 'मिल गई राहत हमेशा के लिए नींद आ गई
> चारागर रुख़सत हुए, बीमार अच्छा हो गया।'

सचमुच चारागर वहाँ से रुख़स्त होकर घर लौट आया, और जब परिवार को यह शोक समाचार उसने दिया तो सभी सिर पीटने लगे। 'यह कैसी अनहोनी घटी ?'—मेरी पत्नी ने प्रश्न किया। 'उनका ब्लडप्रेशर तो आप हर हफ्ते देखते थे, तो 'हैमरेज' कैसे हो गया ?'—मेरे पुत्र ने दूसरा प्रश्न दागा। तीसरा सवाल मेरी बेटी उठाना ही चाहती थी कि मैं धौंसकर बैठ गया, मेरी व्यथा बेकाबू हो

गई। थोड़ी-थोड़ी देर पर उस रात शर्माजी के क्षेम-कुशल के विषय में कई टेलीफोन आए, जिसका जवाब मैं देता गया, पर जब एक समाचार एजेंसी ने रूखे शब्दों में पूछा—क्या देवेन्द्रनाथ शर्मा मर गए ? मेरा उत्तर तत्काल हुआ—राम सनेही ना मरे। उसी समय एक मित्र अपनी माँ की टाँग टूटने के इलाज के लिए पहुँचे और मुझे मुँह लटकाए देख उन्होंने जरा मज़ाकिए अन्दाज़ में पूछा, 'ऐसे चुप तो कभी न थे तुम दोस्त, सच बताओ ये माजरा क्या है ?' मैंने जैसे ही कहा आचार्य देवेन्द्रनाथ शर्मा के देवोपम व्यक्तित्व के अब दर्शन न होंगे, वे उल्टे पैर लौट गए।

शर्माजी की मृत्यु की खबर आग की तरह फैली और सुबह मित्रों और शुभ-चिंतकों का ताँता मेरे यहाँ लग गया। विभिन्न मुख से विभिन्न बातें निकलने लगीं। किसी ने कहा हिन्दी साहित्य का प्रकाश-स्तंभ तिरोहित हो गया, किसी ने कहा अध्यापन का एक महान युग समाप्त हो गया, किसी ने कहा मंच का जादूगर चला गया, किंतु किसी ने यह भी कहा कि कुर्सीवाद के शिकार होने के कारण शर्माजी हिन्दी को वह नहीं दे पाए जिसकी उनसे अपेक्षा थी। अंत में प्रोफेसर अरविंद की उक्ति सबके निचोड़ के रूप में आई—शर्माजी शान से जिए और शान से मरे। इस कथन का तथ्य तो तब सामने आया जब उनकी अन्त्येष्टि में उनके शिष्य, मित्र, सहयोगी, विश्वविद्यालय के छात्र, राजनीतिक तथा उच्च पदाधिकारी बड़ी संख्या में सम्मिलित हुए। डॉ० जगन्नाथ मिश्र, श्री भागवत झा आजाद, बिहार के दोनों पूर्व मुख्यमंत्री पुष्पांजलि देने के बाद उनके गुण गाते रहे। उस समय जो चित्र सामने खिंच आया वह कुछ ऐसा ही था जैसे कोई बरगद का हरा-भरा वृक्ष आँधी के कारण असमय धराशायी हो गया हो और उस पर रहनेवाले हजारों पंछी बेघर हो गए हों। इस हाहाकार का अहसास हिंदी प्रेमियों को त्रस्त कर रहा था।

विद्याव्यसनी देवेन्द्रनाथ शर्मा शिक्षाजगत् में आचार्य देवेन्द्रनाथ शर्मा के रूप में लोकप्रिय रहे। यह उपाधि उनके नाम के साथ बड़ी स्वाभाविकता से चिपक गई थी। 'आचार्यजी' कहने पर पटना के सभी विद्यानुरागियों के सम्मुख आचार्य देवेन्द्रनाथ शर्मा का ही स्वरूप खड़ा हो जाता था। यह उपाधि सरकार द्वारा दी गई उपाधियों से भिन्न उन जनोपाधियों की तरह है जिसके आधार पर साहित्यिकों में मैथिलीशरण गुप्त और रामधारी सिंह 'दिनकर' राष्ट्रकवि कहलाये और पुरुषोत्तमदास टंडन राजर्षि। यह बात भिन्न है कि कालांतर में टंडनजी सरकारी पदवी पाकर भारतरत्न भी हो गए। शर्माजी के साथ आचार्य की पदवी अधिक उजागर और सटीक बैठती है क्योंकि कुशल शिक्षक होने के अलावा हिन्दी भाषा और साहित्य के वे सजग प्रहरी रहे। उनकी पुस्तक 'राष्ट्रभाषा हिन्दी : समस्याएँ और समाधान' तथा हिन्दी के पक्ष में लिखे अनेक लेख हिन्दी के प्रति

उनकी निष्ठा और विद्वता के परिचायक हैं। अकेले आचार्य शर्मा ने राष्ट्र-भाषा हिन्दी के पक्ष में जितने तर्कपूर्ण प्रस्ताव दिए, उतने शायद भारत के सारे विद्वान् भी आज तक नहीं दे पाए। 'संसार के इतिहास में भारत ही एक मात्र देश है, जो राजनीतिक पराधीनता से मुक्त होकर भी भाषिक पराधीनता में जकड़ा हुआ है और मुक्त होने में संकोच का अनुभव कर रहा है, वस्तुतः बेड़ी में आभूषण का भ्रम हो गया है। जब तक यह भ्रम नहीं मिटता तब तक न हिन्दी का भविष्य उज्ज्वल है न हिंद का।' शर्माजी के ये विचार इमरजेंसी के समय कुछ राजनीतिज्ञों को सरकार-विरोधी लगे, किंतु सत्ता में अपनी आत्मा की सूक्ष्म आवाज सुननेवाले लोग भी थे जिन्हें ये बातें आपत्तिजनक नहीं लगीं और बात तूल न पकड़ सकी। शर्माजी हिन्दी को एकमात्र राजभाषा बनाने के पक्ष में माला पहनकर, साहित्य-सम्मेलन के बरामदे पर धरने पर भी बैठे। शिवपूजन बाबू की मृत्यु के बाद बिहार में शर्माजी ही एकमात्र भाषा के शीर्ष-मर्मज्ञ माने जाने लगे थे इसलिए भाषाविद् तथा भाषाशास्त्री के रूप में उन्हें बड़ा सम्मान मिला।

शर्माजी अप्रतिम शिक्षक थे जिनकी भाषा की रमणीयता छात्रों को मोह लेती थी। भाषा-विज्ञान जैसे कठिन और नीरस विषय को वह जल की तरह तरल और सरल बनाकर छात्रों के हृदय में उतार देते थे। 'अध्यापक के रूप में मैंने संप्रेषण की सहजता तथा सरलता को सर्वाधिक महत्व दिया है। मेरी मान्यता है कि विषय कठिन नहीं होता, यदि कठिन प्रतीत होता है तो उसका अर्थ है कि संप्रेषण सदोष है।'—आचार्य शर्मा का ऐसा था विश्वास अपनी अभिव्यक्ति तथा उसकी संप्रेषणीयता पर जो चुनौती बना उन अध्यापकों के लिए जिनके वर्ग में जूते-चप्पल रगड़े जाते थे या सीटियाँ बजाई जाती थीं। पढ़ाने के समय कौन-सा देवता उनके अंगों में उतर आता था इसका ज्ञान उन्हें पढ़ाते देखकर भी मुझे न हो सका।

शर्माजी के लिए शिष्यों के साथ स्नेह-संबंध की गाँठ जीवनपर्यंत के नाते का आधार बन जाती थी, जिसके कारण पुराने छात्रों से मिलकर वे इस तरह पुलकित होते थे जैसे अपने परिवार के पुराने फोटोग्राफों के अलबम उलट रहे हों। यही कारण था कि आचार्य के पैर छूने में ऊँचे ओहदे पर पहुँचे पुराने छात्र भी अपना गौरव मानते थे। शर्माजी ने हिन्दी को कितने शोधकर्त्ता, अध्यापक, रचनाकार दिए इसकी सूची बड़ी लम्बी होगी। आचार्य देवेन्द्रनाथ शर्मा सही माने में आचार्य थे जो हिन्दी के गौरववर्द्धक, ज्ञान-साधक-विद्वान् और अनेक के जीवन-निर्माता-अध्यापक के रूप में प्रतिष्ठित हुए। शर्माजी के ही प्रयास से राजभाषा विभाग द्वारा एक लाख रुपये के राजेन्द्र शिखर पुरस्कार की घोषणा मुख्यमंत्री ने की। बाद में पुरस्कार की राशि बढ़ भी गई। सुनता हूँ इधर घट भी गई है।

शर्माजी सुरुचिपूर्ण व्यक्ति थे। राजेन्द्रनगर के उनके दोमंजिले भवन का

स्थापत्य हो या केवल पाँच सौ वर्ग फीट में लगी वाटिका हो या फिर करीने से सजी उनकी किताबों की आलमारी हो, सभी जगह उनका व्यक्तित्व झाँकता नजर आता । अगर थोड़ा विस्तार करें तो कह सकते हैं कि मकान छोटा होते हुए भी प्राध्यापकीय गरिमा की नाप-तौल के मुताबिक बना हुआ है, वाटिका अपने संकुचन में भी गुलाब के सुंदर फूल और नागफनी के जीवंत काँटों को समेटे हुई है, ऐसा लगता है जैसे काँटे कह रहे हों—'काँटों से दिल लगाओ, जो ताउम्र साथ दें फूलों का क्या जो साँस की गर्मी न सह सकें ।' जहाँ तक किताबों का संदर्भ है, चुनिन्दा अनमोल पुस्तकों से ज्ञान की किरणें फूटती नजर आती हैं ।

शर्माजी के सुदर्शन व्यक्तित्व पर धोती-कुर्त्ता, टाई-सूट, पेंट-बुश्शर्ट सब एक तरह से खिलते थे। वे दर्शन मात्र से प्रभावित करते थे। परम्परा और आधुनिकता उनमें 'एकाकार' हो जाती थी। उनका आभिजात्यपूर्ण आचरण, उनकी विजित करनेवाली हँसी, उनकी लुभावनी बाँहें, उनकी ऊर्जा, उनके व्यक्तित्व में चार चाँद लगाते थे। वह एक व्यक्ति था यदि कहता मुझे आपके प्राण चाहिए, तो लोग शरीर में प्राण ढूँढ़ने लगते, उसे इन्कार करके शायद उन्हें रात-भर नींद नहीं आती। उनका व्यक्तित्व व्यापक और गम्भीर था, जिसके पास धन, पद, यश, सम्मान, सब डोर में बँधे आते गए। इन सबके पीछे वह चरित्र था जिसके दर्शन इन पंक्तियों में होते हैं :

'जहाँ व्यष्टि स्वाधीन बहुत है, नाश वहाँ छाएगा
अनुशासन के बिना व्यक्ति कुछ प्राप्त न कर पाएगा।'

संस्कृत एक अनुशासित भाषा है । शर्माजी संस्कृत के सिंहद्वार से प्रवेश कर हिन्दी की राजगद्दी पर बैठे, अतः उनके स्वभाव में अनुशासन घुला-मिला था। उनके बरामदे पर चढ़ते ही आज भी उसका अहसास होने लगता है । चप्पल, जूते आप घर के भीतर नहीं ले जा सकते, खाली पैर अंदर जाना है, अतः 'कोराइडर' में पदत्राणों की कतार रहती है । अपवाद के रूप में ड्राइंग-रूम है, जहाँ पादुकाएँ बड़े लोगों के पैरों में लटककर जा सकती हैं, जरा भीतर घुसिए तो टेलीफोन अपने काले स्वरूप में गोरे मनवाले मालिक का संदेशवाहक बनकर रहा है। बड़े-बड़े महत्वपूर्ण कार्यक्रम इसके द्वारा संपादित होते रहे। बिना टेलीफोन से समय लिए कोई आ जाए यह शर्माजी को कभी प्रिय नहीं लगा। घर का कोना-कोना व्यवस्थित एवं कलात्मक ! सरस्वती की प्रतिमा, बुद्ध की मूर्ति, पिता का तैल-चित्र सब अपनी जगह पूर्ववत् हैं । शर्माजी का उठना-बैठना, बोलना-बतियाना, आचरण-व्यवहार, कुर्सी-दीवान, सब में तौल-माप था। उनकी दिनचर्या इतनी अनुशासित थी कि बिरले किसी साहित्यकार की होगी । सुबह चार बजे उठना, मुँह-हाथ धोकर अध्ययन कक्ष में कैद हो जाना, जहाँ स्वाध्याय चिंतन और लेखन तब

तक चलता रहता जब तक नाश्ते की बुलाहट न आ जाती। यदि कोई अनजान इस समय पहुँच जाता तो एक ही आवाज आती—समय लेकर आइए। यदि शर्माजी किसी तरह बाहर आ भी जाते तो उनकी खीझ और झुँझलाहट स्पष्ट झलकती थी। अतिथि देवता संक्षेप में ही अपनी बात कहकर विदा लेने पर मजबूर हो जाते, लेकिन उनके मन में एक भाव जरूर रहता जिसे मिर्जा ग़ालिब ने एक मौके पर कहा था—'सब कुछ मिला मुझे जो तेरा नक्शे पा मिला।' मुझे भी एक-दो बार कुछ ऐसी स्थिति का सामना करना पड़ा था, चूँकि मैं उनके परिवार के सदस्य जैसा था, शर्माजी अपनी पत्नी से हँसकर यह कहते हुए पुनः अध्ययन कक्ष में घुस जाते थे—'डाक्टर साहब को सुस्वादु कुछ खिलाइए, मेरे लिए भी रखिएगा, मैं काम समाप्त कर निकल रहा हूँ।' श्रीमती शर्मा पाक-क्रिया में छिपे-रुस्तम हैं, मैं जानता था। अत: सुस्वादु भोजन के लालच में कभी घंटा भी बीत जाता था। समय खिसकने के साथ शर्माजी अपने कार्य में व्यस्त हो जाते। किंतु डेढ़ दो बजे दिन में अवश्य भोजन के टेबुल पर रहते, और परिवार के साथ भोजन करते। काँटे-चम्मच के सहारे कौर को मुँह में डालने की तकनीक उनकी अपनी थी, जो साथ खानेवालों की नज़र को खींचती थी। शाम को गपशप, पर रात को दस बजे तक बिछावन पर चले जाना उनका नियम था।

शर्माजी ने श्रम और समय पर कठोरता से पहरा दिया। ज़िंदगी में कहीं देर से नहीं पहुँचे। क्लासरूम हो या कार्यालय, संगोष्ठी हो या शादी, सभा हो या सांस्कृतिक आयोजन शर्माजी घड़ी की सुइयों से भी ज्यादा पक्के थे। आचार्य देवेन्द्रनाथ शर्मा बिहार तथा पटना विश्वविद्यालयों के हिन्दी विभागाध्यक्ष रहे, कामेश्वर सिंह संस्कृत विश्वविद्यालय और पटना विश्वविद्यालय के कुलपति रहे, बिहार हिन्दी ग्रंथ अकादमी के अध्यक्ष रहे, बिहार-राज्य-अंतरविश्वविद्यालय बोर्ड के अध्यक्ष रहे, भोजपुरी तथा संस्कृत अकादमी के अध्यक्ष रहे, जहाँ भी रहे उन्होंने अनुशासन बरता। वह स्वयं साढ़े दस बजे तक आफिस पहुँच जाते थे और पाँच बजे तक रहते थे, बीच में थोड़े समय के लिए भोजन-अवकाश पर जाते थे। उनका कहना था कि जीवन में समय का माप, कार्य है, दिन-रात नहीं। वे न कभी खुद थकते, न अपने सहकर्मियों को थकने का अवसर देते। वे निरन्तर योजनाबद्ध क्रियाशीलता के पक्षधर थे और दिशा-निर्देश करने के लिए जागरूक रहते थे। शर्माजी की प्रशासनिक क्षमता विलक्षण थी। नियम-कानून के ऐसे पाबन्द कि बिना जाँचे-परखे उन्होंने कोई आदेश नहीं दिया। बड़े-बड़े संकट के अवसरों पर भी वे अडिग रहे।

नियम के समक्ष उनके लिए कुलाधिपति और साधारणजन में कोई अन्तर नहीं था। अस्तु, यदि कुलाधिपति भी कोई कार्य कहते तो वे उसे नियम की कसौटी पर जाँचकर ही करते थे। विश्वविद्यालय में अनुशासन की रक्षा के लिए भी उन्हें

अनेक कठोर कदम उठाने पड़े। प्राध्यापकों के ऐसे वर्ग को, जो क्लास न लेकर, अपने आचरण से अराजकता एवं भय का वातावरण बना रहा था, उन्होंने अनुशासनात्मक कार्रवाई के द्वारा, पुनः व्यवस्थित रूप से कार्य करने के लिए बाध्य किया। हालाँकि इस प्रकार के निर्णय स्वयं शर्माजी पर भारी पड़े। उनकी इस बेलौस अनुशासनपरकता और सबों के प्रति समभाव के कारण उन्हें कुलपति के रूप में दूसरा टर्म नहीं मिला। यह बात अलग है कि इन्हीं कारणों से पिछले बीस-बाईस वर्षों में कुलपति का तीन वर्षीय कार्यकाल पूरा करनेवाले वे एकमात्र व्यक्ति रहे।

शर्माजी विश्वविद्यालय की स्वायत्तता के सजग प्रहरी थे। शिक्षकों और छात्रों के प्रति उनमें अनन्य सहृदयता थी। इसलिए उनके कार्यकाल में किसी भी शिक्षक अथवा छात्र को राजनीतिक अन्याय का शिकार नहीं होना पड़ा। इमरजेंसी का काल था। ऐसे लोगों की संख्या पर्याप्त थी जो सत्ता के आक्रोश का शिकार हो रहे थे। पर आचार्यजी की छत्रछाया में विश्वविद्यालय-परिवार में कोई किसी का बाल भी बाँका नहीं कर सका। कभी युक्ति और नीति से, तो कभी अपने व्यक्तित्व के प्रभाव से, उन्होंने सभी शिक्षकों, छात्रों एवं कर्मचारियों की रक्षा की।

आचार्यजी की प्रशासनिक निपुणता अन्य पदों पर भी दिखलाई पड़ती रही। बिहार हिन्दी ग्रन्थ अकादमी का अध्यक्ष बनने पर अकादमी को विशिष्टता प्रदान करने का प्रयास उन्होंने किया। पटना में एक बड़ा भूखंड, अकादमी के भवन-निर्माण के निमित्त सरकार से आवंटित कराया। लेकिन तत्कालीन शिक्षामंत्री से सैद्धांतिक मतभेद के कारण उन्हें अकादमी छोड़नी पड़ी। यदि वे अध्यक्ष-पद पर रहते तो अकादमी का संस्था के रूप में और उसके माध्यम से हिन्दी का जो विकास होता, वह नहीं हो पाया।

शर्माजी बिहार में शैक्षणिक समस्याओं के सबसे बड़े विशेषज्ञ थे। विश्वविद्यालयों के वित्तीय संकट सुधारने की जो समिति बनी उसके वे ही अध्यक्ष बनाए गए जबकि वित्त-सचिव और शिक्षा-सचिव उसके सदस्य रहे। उन्हें इस बात का बहुत क्लेश रहता था कि स्वतंत्र भारत में शिक्षा को जो स्थान एवं महत्व मिलना चाहिए था वह नहीं मिला। शिक्षा को महत्वहीन और गौण विषय मानने के कारण ही न तो शिक्षा का विकास हो पाया और न ही हम देश की युवा-पीढ़ी का सही दिशा-निर्देश कर सके। देश एवं समाज पर इस उपेक्षा के दूरगामी प्रभाव को वे स्पष्ट रूप से देखते थे और राजनीतिज्ञों की दृष्टि में परिवर्तन का कोई उपाय न पाकर खिन्न हो जाते थे।

शर्माजी का जीवट विपरीत परिस्थितियों को बराबर पराजित करता रहा और एक जीते हुए योद्धा के रूप में उनको व्यापक रूप में स्वीकार किया गया।

उनके पास वह दृढ़ संकल्प था जो चिंतन को निर्भीक बनाता और कर्म को तेज से मण्डित करता। आलस्य को उन्होंने अपने पास फटकने नहीं दिया और मलीनों को बराबर ललकारते रहे। भारत के हिन्दी शैक्षिक जगत में नगेन्द्र, विजयेन्द्र और देवेन्द्र की त्रिमूर्त्ति की कई वर्षों तक बड़ी चर्चा रही, जो अपनी प्रतिभा और प्रभाव से हिन्दी जगत् को नियंत्रित करते रहे। शर्माजी के कोश में विलंबित शब्द कहीं था ही नहीं, वे बराबर द्रुत की महिमा के गायक रहे। वे निर्णय तुरंत लेते थे और उसका कार्यान्वियन भी तुरत चाहते थे। शर्माजी के पास शिक्षा संबंधी कई सुंदर योजनाएँ थीं पर किससे कहते वे अपनी व्यथा-कथा?

शिक्षा में सुधार का नारा देना जितना सरल है वस्तुतः सुधार के कार्य करना उतना ही कठिन। उनकी सुविचारित योजनाओं का यदि कार्यान्वियन हो पाता तो शिक्षा-जगत् की अनेक समस्याओं का अब तक अन्त हो जाता।

शर्माजी के संपर्क-संबंध देश-विदेश के साहित्य-मनीषियों तथा भाषाशास्त्रियों से बने रहे, जिससे परस्पर विचारों के आदान-प्रदान होते रहते थे। उनकी यह चिंता थी कि सूचनाएँ आज ज्ञान का पर्याय बन गई हैं और विद्यानुरागी उसे ही ज्ञान समझ बैठे हैं। उनका कथन बड़ा मार्मिक होता था, "कल्पना से नहीं, अनुभव से लिखो। कल्पना उड़ जाएगी, पर धरातल पर तो स्वयं ही चलना पड़ता है।" शर्माजी की निष्ठा पारंपरिक साहित्य की ओर अटूट थी किंतु साहित्य की नवीनतम गतिविधियों के प्रति भी वे अत्यंत जागरूक थे।

आचार्य शर्मा ने कई प्रमुख लोगों के वैयक्तिक निर्माण में अपना अंशदान किया। मेरे मित्र पद्मश्री रामेश्वर सिंह कश्यप ने मुझसे स्वीकार किया है कि नाटक के क्षेत्र में मेरे प्रथम प्रेरक आचार्य देवेन्द्रनाथ शर्मा रहे, जिन्होंने मुझे पटना रेडियो में प्रवेश दिलवाया और निरंतर लिखने को प्रेरित किया। गणेश प्रसाद सिन्हा, गजानन प्रसाद, शिवेन्द्र सिन्हा ये सारे मंच-पुरुष शर्माजी द्वारा ही प्रारंभ में चुने गए थे। शिवेन्द्रजी ने तो फिल्मजगत् में भी आगे खूब नाम कमाया।

आचार्य देवेन्द्रनाथ शर्मा में व्यक्तित्व, कर्तृत्व और वक्तृत्व का मणिकांचन संयोग था। वे सर्जनात्मक तथा आलोचनात्मक दोनों ही प्रकार की प्रतिभा के धनी थे। उन्होंने नाटक, ललित निबंध तथा काव्यशास्त्र पर अच्छी पुस्तकें लिखीं, पर इनके अलावा जिन दो उपयोगी और विलक्षण पुस्तकों के ये प्रणेता रहे वे हैं— भाषाविज्ञान की भूमिका तथा पाश्चात्य काव्य-शास्त्र। ये उनके सुयश का स्थायी आधार बनीं। शर्माजी की प्रांजल और पारदर्शी भाषा उनके लेखन और भाषण दोनों में दृष्टिगत होती थी। भाषा में वे बहुत कठोर कभी नहीं हुए, उर्दू की खानगी, बंगला का ललित टोन तथा अंग्रेजी के 'पन' सबको वे स्वीकार करते थे। उनकी मेधाशक्ति अद्वितीय थी, अनुत्तर विमर्शमयी थी।

शर्माजी की, वाग्मिता की चर्चा बहुत हुई है। यह सही है कि उनके भाषण

में ज्ञान की परतें खुलती दीख पड़ती थीं, बस पाँच मिनट में वह सबको निष्प्रभ बना देते थे। कभी माधुर्य, कभी ओज, दोनों से आते-आते उनकी वाणी ऐसे सूत्रवाक्य विकीर्ण करती थी कि श्रोता मंत्र-मुग्ध हो जाते थे। एक अवसर पर धर्मनिरपेक्षता पर बोलते हुए उन्होंने ललकारा, "धर्मनिरपेक्ष क्या कोई हो सकता है? धर्मनिरपेक्षता की अवधारणा असिद्ध है, असंभव है, जिसकी केवल राजनीतिज्ञ ही कल्पना कर सकते हैं।" दूसरे मौके पर हिंसा की आवश्यकता को स्वीकार करते हुए उन्होंने कहा, "हिंसा सहज है, अहिंसा तो नकारात्मक शब्द है, अतः हिंसा उपयुक्त अवसरों के लिए अनिवार्य है।" महाभारत की उक्ति है—"आततायिन-मायान्तं, हन्यादेवाविचारयन्, यानी आते हुए आततायियों की हत्या कर देनी चाहिए उसमें कोई विचार भी नहीं करना चाहिए।" इस भाषण के फलस्वरूप शर्माजी अखबारों में छा गए और उनके कई साक्षात्कार हुए। अहिंसा के इस देश में हिंसा का उद्घोष राजनेताओं को अच्छा न लगा। पर उनका कहना उचित ही था कि हिंसा की अनिवार्यता होने पर भी अहिंसा का जप करते रहना ग़लत है।

शर्माजी भाषण के क्रम में व्यंग्य बहुत करते थे और अपने मन का गुबार छोटी-छोटी कहानियाँ कहकर निकालते थे। वे साधारणतया भाषण में पुरमज़ाक थे किंतु कभी जब वाणी ओज के अश्व पर सवार हो जाती तो ताल-वाद्यों पर करारी चोट पड़ने का आभास होता था। कभी वाणी से चिनगारियाँ भी छिटकतीं। इमरजेंसी में इंदिराजी ने बुद्धिजीवियों को नृत्यकलामंदिर में आमंत्रित कर उनके विचार जानना चाहा। शर्माजी ने बेलौस होकर कहा, "सत्ता जब संकट में पड़ती है तब बुद्धिजीवी याद आते हैं, अन्यथा बुद्धिजीवियों को कब याद किया जाता है।" इंदिराजी अपने भाषण में शर्माजी के विचारों को ही मथती रहीं। शर्माजी के पास वक्तृता की ऐसी विलक्षण शक्ति थी कि वे यदि संसद में जाते तो हिन्दी-विरोधियों के मन जीत लेते। किंतु उन्हें राजनीति के बाजार की लकदक कभी नहीं आकृष्ट कर पाई। एकबार उन्हें द्वारकानाथ तिवारी के स्थान पर गोपालगंज से चुनाव लड़ने के लिए उकसाया गया, फिर भी राजनीति में जाने की वासना उनमें उदय नहीं हुई, क्योंकि वे जानते थे कि राजनीति के सरोवर में साहित्य का कमल नहीं खिल पाएगा।

शर्माजी का साहित्यिक मूल्यांकन विद्वान लोग करें किंतु उनके मनुष्य रूप के दर्शन मुझे निकट से हुए हैं। मैं शर्माजी को उस समय से जानता हूँ जब मेरी आँखें साहित्य में खुली भी नहीं थीं, और उन्होंने जैसा बर्ताव मुझसे किया उससे यह स्पष्ट था कि मानवीय मूल्यों में निश्छलता, सत्यवादिता और सरलता को वह सर्वश्रेष्ठ समझते थे। उनका एक रूप शरणागतवत्सल का भी था—जो व्यक्ति उनकी शरण में चला गया, उसको स्नेह भी देते, उसका विश्वास भी करते, और

उसकी सहायता में डटे रहते। उन्होंने जिसकी मदद की जमकर की और ज़िद में आ गए तो विरोध भी उसी तरह किया। सजग और चुस्त ऐसे कि बड़े-बड़े अपने जाल में नहीं फँसा सके और विशाल हृदय ऐसे कि बेटा बनकर जिसने चाहा उन्हें ठग लिया। वह जबान के पक्के, निर्णय में कठोर, लेकिन कालज्ञ पुरुष थे। वे जानते थे कि किसके साथ कैसा व्यवहार करना चाहिए। अनुशासनप्रिय होने के कारण जहाँ उनके प्रशंसकों की संख्या अनेक थी वहीं आलोचकों की एक जमात भी उभर कर आई। मेरे प्रति उनके प्रेमभाव की सीमा नहीं थी। पटना विश्वविद्यालय सिंडिकेट में मेरी जीत में उनका बहुत हाथ रहता था।

लेखकों को प्रोत्साहित करने की उनकी शैली आकर्षक थी। मेरी रचना पढ़कर वे कह उठते, "मैं भी ऐसा नहीं लिख सकता।" कई बार उनके मुख से जो ज्ञान-स्फुलिंग निकले, उन्हें मैंने मंजूषा में सजाकर उन्हीं के सामने रख दिया और वे गद्‌गद हो गए। मैंने विद्वानों के सामने मंच से कहा—कविता ऐसी कला है जिसमें आंतरिक लयात्मकता अनिवार्य है। उस सभा में शर्माजी ही एकमात्र व्यक्ति थे जिन्होंने मेरा समर्थन किया, अन्य लोग तो मुझ पर बरस पड़े।

शर्माजी को प्रसन्न, उदास, उत्तेजित सभी अवस्थाओं में मैंने देखा है। ये विकार ऐसे हैं कि प्रायः सभी व्यक्तियों के जीवन में आते हैं, किंतु कुछ घटनाएँ शर्माजी के संदर्भ में उल्लेखनीय हैं। एक बार बिहार हिन्दी साहित्य सम्मेलन के अध्यक्ष के रूप में उन्होंने कार्यकारिणी की बैठक में कुछ व्यक्तियों का मनोनयन अपने अधिकार के तहत किया। सम्मेलन के प्रधानमंत्री ने इसका विरोध करते हुए यह कहा कि स्थायी सदस्यों की सूची से ही कार्यकारिणी में मनोनयन हो सकता है। शर्माजी नियम कानून के माहिर थे, उन्होंने तुरंत कहा कि "यदि यह मनोनयन सभा को मान्य नहीं, तो मैं अध्यक्षपद से त्यागपत्र देता हूँ और सभा का बहिष्कार करता हूँ।" सब सकते में आ गए। वहाँ उपस्थित सुप्रतिष्ठ साहित्यिक शर्माजी की आरजू-मिन्नत करते रहे पर उनको हिला-डुला नहीं सके, और शर्माजी घर लौट आए। यह एक अभूतपूर्व घटना थी, जिससे सभी सदस्य दुःखी हुए और प्रधानमंत्री घबरा गए। तुरंत मेरे साथ, वे और कतिपय वरिष्ठ साहित्यिक शर्माजी के घर पहुँचे। मैंने घर के भीतर जाकर शर्माजी से कहा, "एक अनुरोध लेकर कुछ लोग आए हैं, बातें कर लीजिए।" वे गुस्से में थे और कतई बाहर निकलने को तैयार नहीं थे। मैंने फिर कहा, "सम्मेलन के प्रधानमंत्री स्वयं आए हैं, आप ऐसे संयमी, विनयशील और सुसंस्कृत व्यक्ति को गुस्सा नहीं करना चाहिए।" वे कुछ क्षण सोच में पड़ गए, और यह कहते हुए मेरे साथ बाहर आए, "आपठीक ही कहते हैं, गुस्सा करना प्रकृति है और गुस्से को नियंत्रित करना संस्कृति है।" प्रधानमंत्री ने जब विनयभाव से कहा—"हमलोग हमउम्र हैं, साथ काम करते रहे हैं, तो जीना-मरना भी साथ ही होगा।" शर्माजी द्रवित हो गए, और हँसने-हँसाने का दौर चल

पड़ा जिसमें सारा क्लेश बह गया।

शर्माजी जब अपने प्रारंभिक दिनों की भूली-बिसरी यादों को सुनाते तो मैं ध्यान से सुनता। पहली हताशा उन्हें तब मिली जब हरिप्रसाद जैन कालेज आरा में संस्कृत में प्रथम श्रेणी में प्रथम होकर साक्षात्कार के लिए गए और शासी-निकाय ने कह दिया यह पद तो नलिन विलोचन शर्मा के लिए है। बाद में तुरंत प्रसन्नता भी हाथ लगी जब पटना कालेज के प्राचार्य श्री आरमर ने उनके परीक्षाफल और संभाषण-कुशलता से प्रभावित होकर उनकी नियुक्ति पटना कालेज में ही कर दी। उस समय के पंडित संस्कृत शिक्षक कैसे अंग्रेज प्रोफेसरों से हाथ मिलाने के बाद गंगाजल से अपनी शुद्धि करते थे, इसकी जानकारी उन्होंने ही मुझे दी। रोचक घटनाओं का खजाना उनके पास था जिनका उपयोग यदि हम करें तो अनेक लघुकथाएँ बन जायेंगी। देश-विदेश घूमने के कारण उनके पास यात्रा संस्मरण बहुत थे, जिनकी प्रस्तुति वह बहुत सुंदर ढंग से करते थे। दो-चार छोटे-छोटे छपे भी, किंतु यदि वे पुस्तकाकार रूप में आ जाते तो निर्मल वर्मा की 'चीड़ों पर चाँदनी' या शिवानी की 'यात्रिकाएँ' के टक्कर के होते। किंतु शर्माजी को छपास का व्यसन नहीं था वे मेहनत और काम में विश्वास करते थे :

'श्रम है केवल सार, काम करना अच्छा है,
चिंता है दुःभार, सोचना पागलपन है।'

डाक्टर मरीज का रिश्ता भी मेरा उनका था। ऐसे अनुशासित मरीज विरले मिलते हैं। जो दवा दे दी नियमपूर्वक खाते रहे, जो संयम कहा पूरी तरह बरतते रहे। विश्वास मुझ पर ऐसा कि बिना मेरी अनुमति के ख्यातिप्राप्त डाक्टरों के नुस्खे भी अमल में नहीं लाए। मैंने दो बार 'लोकल एनेसथिसिया' में उनपर आपरेशन किया, आतमबल ऐसा कि जो सोए तो आपरेशन के बाद ही उठे, बीच में कभी उफ़ आह नहीं। वे विश्वास के साथ कहते थे बड़े से बड़ा आपरेशन मैं बिना बेहोश हुए करा सकता हूँ, मेरे ध्यान में इतनी शक्ति है। लोकमान्य तिलक का हवाला वे बराबर इस संबंध में देते थे। उनकी पत्नी श्रीमती कुसुम शर्मा उनके आतमबल और विश्वास को दृढ़ बनाने में सदा सहायक रहीं।

आचार्य देवेन्द्रनाथ शर्मा हिंदी की शोभा, शक्ति और संपदा थे। जब वे जीवित थे बिहार में उनके समकालीनों के साथ कोई बराबरी नहीं थी। उनकी चमक केवल साहित्यकार के नाते नहीं थी, बल्कि उन पदों के कारण भी थी जिनके दाएँ-बाएँ प्रतिष्ठा घूमती है। अब शर्माजी नहीं हैं, बिहार में उनका उत्तराधिकार किसी को प्राप्त होगा, इसमें मुझे संदेह है। प्रोफेसर अरविंद के कथन को याद करते हुए कि "शर्माजी शान से जिये और शान से मरे," मैं श्रीमद्भागवत के उस प्रसंग की याद

दिलाना चाहता हूँ, जहाँ अंतर्धान होने के पूर्व भगवान् नृसिंह ने प्रह्लाद को ये आदेश दिया था, ''भोग से पुण्य को, कुशल कार्य से पाप को, एवं काल के वेग से कलेवर को समाप्त कर, लोक में विशुद्ध कीर्ति का विस्तार करते हुए, तुम बंधनमुक्त होकर मेरे पास आ जाना'' आचार्य शर्मा ने वही पथ चुन लिया।

भोगेन पुण्यं कुशलेन पापं
कलेवरं कालजवेन हित्वा।
कीर्तिं विशुद्धां सुरलोकभीतां
वितीर्य मामेष्यसि मुक्तबंधः ॥

आचार्य देवेन्द्रनाथ शर्मा : एक कुशल प्रशासक

कृष्ण कुमार श्रीवास्तव

दिनांक 17-9-1973 की बात है। छात्र-संघ के चुनाव को लेकर पटना विश्वविद्यालय के छात्र काफी उद्वेलित थे। रात लगभग नौ बजे आचार्य देवेन्द्रनाथ शर्मा के निवास के टेलीफोन की घंटी बजने पर श्रीमती शर्मा ने टेलीफोन उठाया। दूसरी ओर से आवाज आई :

"शर्माजी हैं ?"

"आप···?"

"मैं शिक्षा मंत्री बोल रहा हूँ।"

सशंकित हृदय से श्रीमती शर्मा ने उत्तर दिया, "जी, हैं तो। मैं बुला रही हूँ।"

जब आचार्य देवेन्द्रनाथ शर्माजी फोन पर आए तो प्रारम्भिक अभिवादन के आदान-प्रदान के बाद शिक्षा मंत्री ने कहा :

"पटना विश्वविद्यालय की कुलपति श्रीमती रमोला नन्दी काफी घबराई हैं और अपने पद का भार त्यागने के लिए बहुत व्यग्र हैं। मैं चाहता हूँ कि आप इस भार को ग्रहण करें।"

"आप जानते हैं कि दो पदों का भार मैं पहले ही से वहन कर रहा हूँ।" आचार्य शर्माजी ने कहा। उस समय वे पटना विश्वविद्यालय के हिन्दी विभाग के अध्यक्ष पद के अतिरिक्त कामेश्वर सिंह संस्कृत विश्वविद्यालय, दरभंगा के कुलपति का पदभार भी सँभाल रहे थे। अतएव उन्होंने निवेदन किया, "मेरे कंधे इतना बोझ नहीं सँभाल पायेंगे।"

शिक्षा मंत्री ने कहा, "इसके बारे में मैंने और सरकार ने सोच लिया है। विस्तृत व्यवस्था बाद में देखी जायेगी। मैंने श्रीमती नन्दी को फोन पर सूचित भी कर दिया है। वे तथा विश्वविद्यालय के रजिस्ट्रार शीघ्र ही आप से सम्पर्क करेंगे। हम चाहते हैं कि आज ही आप चार्ज ले लें।" आचार्य शर्मा कुछ हिचकिचाए। इस पर मंत्रीजी ने कहा, "हिचकिचाने या संकोच करने की

बात नहीं है। हमें आप पर पूरा भरोसा और विश्वास है।"

इसके बाद तो आचार्य शर्मा कुछ कह न सके और इच्छा न रहते हुए भी गम्भीर मुद्रा में 'अच्छा' कह कर उन्होंने टेलीफोन रख दिया। उस समय उनके सामने कोई दूसरा विकल्प नहीं था।

पत्नी ने बात भाँप ली। फिर भी उन्होंने पूछा, "क्या फोन आया था।" आचार्य शर्माजी ने पूरी बात बता दी। श्रीमती शर्मा ने तुरंत अपनी शंका व्यक्त की, "पहले से ही इतना काम है। नया भार सुचारु रूप में कैसे सम्पादित हो सकेगा, और विशेष कर इस नयी परिस्थिति में। घर की शांति बिखर जायेगी। हमेशा हंगामा रहेगा। आपके नये पदभार के कारण बच्चों को भी कठिनाई होगी। वे स्वतंत्र भाव से बाहर निकल भी नहीं सकेंगे।"

श्रीमती शर्मा ने अनेक आशंकाएँ प्रकट कीं। पर जिनके साथ उन्होंने इतने वर्ष व्यतीत किए थे उनके स्वभाव से वे पूर्ण परिचित थीं और जानती थीं कि आचार्य देवेन्द्रनाथजी को उनके निर्णय से कोई जल्दी डिगा नहीं सकता। उस समय आचार्यजी ने कहा था :

"वह तो ठीक है, पर जब शिक्षा मंत्री फैसला लेकर कुछ कहें तो उसे स्वीकार न करना अशिष्टता होगी। मैंने इसे चुनौती के रूप में लिया है। मुझे अपने ऊपर विश्वास है। मैंने संस्कृत पढ़ी है, चाणक्य-नीति पढ़ी है, विद्यार्थियों के स्वभाव को जाना है, वे मुझे सम्मान की दृष्टि से देखते हैं। भगवान चाहेगा तो सब ठीक रहेगा।"

स्थिति को समझते हुए श्रीमती शर्मा ने भी, जो स्वयं एक सुविख्यात स्वतंत्रता सेनानी की पुत्री हैं, अपने पति के इस चुनौती भरे निर्णय को शिरोधार्य किया। थोड़ी ही देर बाद श्रीमती रमोला नन्दी का भी फोन आया और विश्वविद्यालय के रजिस्ट्रार भी चार्ज रिपोर्ट हस्ताक्षरित कराने आचार्य शर्मा के निवास पर पहुँच गये। दस बजे रात्रि में आचार्य श्री शर्मा ने पटना विश्वविद्यालय के कुलपति का पदभार सँभाल लिया। उस संध्या घटनायें कुछ ऐसी तेजी से घट रही थीं और उन दिनों नया कार्यभार सँभालना इतना जटिल था कि कोई अन्य व्यक्ति ऐसी स्थिति में निर्णय लेने में घबरा सकता था। परन्तु आचार्यजी ने तत्परता से निर्णय लेकर पूर्ण आत्म-विश्वास के साथ इस कठिन उत्तरदायित्व को सँभाला।

दूसरे दिन भोर होते-होते छात्रों का एक समूह शर्माजी के निवास-स्थान पर आ जुटा और छात्र संघ के शीघ्र चुनाव के नारों से राजेन्द्र नगर का वह शांत स्थल गूँज उठा जहाँ नये कुलपति का निवास था। आचार्यजी फौरन घर से बाहर निकले और छात्रों को संबोधित करने की कोशिश करने लगे। पर छात्रों ने यह निर्णय कर लिया था कि वे कुलपति को सम्बोधित करने का अवसर नहीं देंगे क्योंकि उन्हें भय था कि आचार्य शर्मा की जादुई वाणी की शक्ति उनको प्रभावित

कर उन्हें संघर्ष के पथ से विचलित कर सकती है। शर्माजी ने भी उद्बोधन करने की चेष्टा छोड़ दी एवं छात्रों का कुशल मंगल पूछ कर उन्हें शांत करने की कोशिश करने लगे और इसमें वे सफल भी हो गये। यह था उनका पहला प्रशासकीय रूप।

पटना विश्वविद्यालय के छात्र संघ के चुनाव को लेकर विद्यार्थियों के बीच तरह-तरह के द्वन्द्व, तनाव और खींच-तान थी। एक आतंक-सा छाया हुआ था। चुनाव उसी सप्ताह में होनेवाला था और तनाव के कारण उपद्रव होने की आशंका अधिकारियों को चिंतित कर रही थी। आचार्य शर्मा ने एक सप्ताह के भीतर अपने निश्चित समय पर ही चुनाव कराने की व्यवस्था की और इस काम को बहुत ही दृढ़ता और कुशलता से सम्पादित किया।

उनका कार्यकाल राजनैतिक-सामाजिक आंदोलनों से परिपूर्ण था। सन् 1974 के अप्रैल में लोकनायक जयप्रकाश नारायण के आह्वान पर केन्द्रीय एवं राज्य की सत्ता के विरोध में जन-संघर्ष जोरों पर था और इसमें पटना विश्वविद्यालय के छात्र अग्रणी थे। लोकनायक का मुख्यालय पटना में था। अतएव पटना देश भर में व्याप्त सत्ता-विरोधी अभियान का केन्द्र बिन्दु बन गया था। उसी समय का एक नारा था कि शिक्षा-प्रणाली में आमूल परिवर्तन हो। नारा तो था, पर परिवर्तन की रूपरेखा स्पष्ट नहीं थी। उस परिस्थिति में विश्वविद्यालय को सँभालना बहुत ही कठिन था। इसके बावजूद आचार्य देवेन्द्रनाथ शर्मा ने अपने आत्मबल, दूरदर्शिता, निष्पक्षता, अप्रतिम निर्णय-शक्ति, प्रत्युत्पन्नमतित्व, दृढ़ निश्चय, निर्भीकता, मनोवैज्ञानिक सूझ, विलक्षण वाग्मिता एवं मधुरवाणी की प्रभावकारिता, समयबद्धता एवं अनुशासित कार्यप्रणाली के आधार पर उस कठिन विश्वविद्यालय का संचालन किया। किसी भी उत्तेजित माहौल में सबसे आगे रहना जैसे उनका धर्म था। वे कहा करते थे कि "सभी छात्र मेरे बच्चों के समान हैं। फिर डर कैसा ? इनको तो मैं चालीस वर्षों से देख रहा हूँ। भला गुरु की उपेक्षा संभव है ?" उनका आत्म-विश्वास उनका सबसे बड़ा संबल था और वाणी पर तो जैसे सरस्वती का वास था।

उन्हीं दिनों की एक घटना है कि हिन्देशिया के एक विद्यार्थी को, जो पटना विश्वविद्यालय में पढ़ रहा था, कुछ छात्रों ने मिलकर पीटा क्योंकि उसने अपनी कक्षा का बहिष्कार नहीं किया था। उस विद्यार्थी ने आकर आचार्यजी को अपनी पीठ पर के दाग दिखाये। वे अत्यन्त दुःखी और भाव-विभोर हो गये। तुरंत पीटने वाले का पता लगा कर उसके विरुद्ध कड़ी कार्रवाई की।

पटना विश्वविद्यालय के तत्कालीन कुलपतियों की लम्बी श्रृंखला को देखने से सरलता से एहसास होगा कि वहाँ किसी भी कुलपति के लिए बहुत दिनों तक प्रशासन सँभाल सकना कठिन हो रहा था। पर प्रतिकूल परिस्थिति के बावजूद

आचार्य शर्मा ने अपने प्रशासनिक गुणों, मधुर वाणी एवं आकर्षक व्यक्तित्व के द्वारा एक लम्बे समय तक विश्वविद्यालय का मार्ग-दर्शन किया। किसी भी समस्या को लेकर उद्विग्न नहीं होना, उनके धैर्य एवं गम्भीर व्यक्तित्व का प्रतीक था। वे कठिन से कठिन परिस्थिति में भी शान्ति और स्थिरता से काम करते थे। उनमें एक और बड़ी बात थी। नियम उनकी दृष्टि में नियम थे, सबके अनुपालन के लिए। वे गलत माँग अथवा गलत दबाव के आगे कभी नहीं झुके। निष्ठापूर्ण कर्तव्य-पालन एवं न्यायोचित निर्णय उनका हमेशा लक्ष्य रहा। इसके लिए कभी-कभी सरकार के कोपभाजन भी बने। लेकिन वे अपने पथ से नहीं हटे। सुविख्यात एवं विद्वान कुलपति डा० जार्ज जैकब, आई० ए० एस० ने बहुत पहले पटना विश्वविद्यालय की सिनेट में उनके इन गुणों की प्रशंसा की थी। उनकी प्रशासनिक क्षमता की सराहना अनेक प्रशासक-विद्वानों ने भी की है। टाले जा रहे छात्र संघ के चुनाव का आदेश एवं सफलतापूर्वक उसे सम्पन्न कराना, परीक्षाओं की अनियमितताओं को यथासंभव दूर करना, समस्याओं से व्याप्त विश्वविद्यालय परिसर में असामाजिक तत्वों का दृढ़तापूर्वक विरोध, सभी समस्याओं को विवेकपूर्ण एवं शांतिपूर्ण समाधान का यथाशक्ति प्रयास, अध्यापन की उपेक्षा करनेवालों के प्रति दृढ़ व्यवहार एवं अनुशासित वातावरण की पुनःस्थापना, ये सब कुलपति के रूप में आचार्य श्री देवेन्द्रनाथ शर्मा की कुछ उपलब्धियाँ थीं। मुझे पटना के तत्कालीन जिला मजिस्ट्रेट श्री वी० एस० दूबे से ज्ञात हुआ कि आचार्य शर्माजी की व्यवहारिक क्षमता एवं छात्रों के प्रति दृढ़ पर सहानुभूतिपूर्ण दृष्टिकोण एवं संवेदनशील तथा प्रशासनिक सूझ-बूझ के कारण ही उनके समय में विश्वविद्यालय परिसर में कभी लाठी चार्ज या फायरिंग की नौबत नहीं आई। वे दूसरे के विचारों को पूरे आदर से सुनते थे, पर निर्णय उनका अपना होता था।

पटना विश्वविद्यालय को उसकी खोई हुई गरिमा प्रदान करने के साथ ही आचार्य शर्मा ने उसके शैक्षणिक क्षेत्रों का विस्तार कर विश्वविद्यालय को स्थाई अवदान भी दिया। उन्होंने पत्राचार शिक्षण संस्थान का आरम्भ किया। समाज में वाणिज्य शास्त्र के बढ़ते हुए महत्व का अनुभव कर वाणिज्य महाविद्यालय की स्थापना भी की। उनके कार्यकाल के पूर्व पटना कालेज में वाणिज्य शास्त्र की पढ़ाई होती थी, पर उसे वह महत्व प्राप्त नहीं था जो स्वतंत्र शास्त्र को होना चाहिए था। पटना विश्वविद्यालय जैसे प्राचीन विश्वविद्यालय में जहाँ चिकित्सा शास्त्र, विज्ञान, विधि, कला एवं अभियांत्रिकी के अध्यापन की व्यवस्था थी वहाँ वाणिज्य शास्त्र की स्वतंत्र व्यवस्था का अभाव खटकने की बात थी। आचार्यजी ने वाणिज्य महाविद्यालय की स्थापना कर इस कमी को पूरा किया।

जीवन में ललित कलाओं के प्रति आचार्यजी का सहज आकर्षण था। संगीत, नृत्य, चित्रकला आदि का मानव संवेदनाओं की सूक्ष्म अभिव्यक्ति में महत्वपूर्ण

स्थान है, इसे वे स्वीकार करते थे। नाट्यकला में तो उनका विशेष अभिनिवेश था। सफल नाटककार होने के साथ वे एक कुशल निर्देशक भी थे। अस्तु, ललित कलाओं के विकास के लिये उन्होंने पटना विश्वविद्यालय में स्वतंत्र ललित कला संकाय की भी स्थापना की जिसके अन्तर्गत संगीत, तथा चित्रकला जैसी ललित-कलाओं के शिक्षण की व्यवस्था की।

भारतीय संस्कृति में सराबोर एवं भारतीय गरिमा की भावना से ओतप्रोत आचार्य शर्मा की वाणी में वह ओजस्विता थी जिसके कारण सभा एवं सम्मेलनों में इनका विशेष सम्मान था और एक ऐसी भी स्थिति आई जब किसी भी महत्वपूर्ण सभा-सम्मेलन में इनका उपस्थित न रहना श्रोताओं को खलने लगा। अपनी विद्वत्ता एवं प्रशासकीय क्षमता के कारण ही उन्होंने केन्द्रीय हिन्दी संस्थान, आगरा के उपाध्यक्ष के रूप में सफलतापूर्वक कार्य किया एवं भारतीय हिन्दी परिषद के अध्यक्ष के रूप में अखिल भारतीय स्तर पर हिन्दी के विकास का मार्ग प्रशस्त किया। वे बिहार हिन्दी साहित्य सम्मेलन, बिहार हिन्दी ग्रंथ अकादमी, बिहार भोजपुरी अकादमी एवं बिहार अन्तरविश्वविद्यालय बोर्ड के अध्यक्ष के पदों पर भी सुशोभित हुए और बिहार संस्कृत अकादमी के अध्यक्ष के रूप में जनवरी, 1989 से अपने जीवन के अंतिम दिन तक कार्यरत रहे।

आचार्य देवेन्द्रनाथ शर्माजी से मेरा सम्पर्क बहुत पुराना रहा। उनके सुपुत्र प्रोफेसर विनयशील गौतम दिल्ली आई० आई० टी० में 'प्रबंधन' के प्रोफेसर हैं। उनके साथ कई अवसरों पर आचार्यजी ने मेरे दिल्ली के सरकारी निवास पर पधारने की कृपा की और ऐसे अवसरों पर बराबर ऐसे विचार-विमर्श हुए जिससे यह स्पष्ट झलकता था कि बिहार के शैक्षणिक वातावरण के बारे में उन्हें गहरी चिन्ता है। इसे दूर करने के सम्बन्ध में जो उनके विचार थे उससे उनकी प्रशासकीय कुशलता एवं सूक्ष्मदर्शिता का बोध होता था। मुख्य सचिव के रूप में जब मैं बिहार में दिसम्बर, 1983 में आया तो उसके बाद मेरा उनसे सम्पर्क और सघन हो गया। बिहार की शैक्षणिक स्थिति एवं बिहार के सामान्य विकास की स्थिति के बारे में बहुधा हम लोगों में विचार विनिमय होता था और अपने विचारों से आचार्य देवेन्द्रनाथ शर्माजी मुझे तथा सभी उपस्थित व्यक्तियों को हमेशा प्रभावित करते रहे। सेवा निवृत्ति के बाद जब मैं बिहार सरकार की हिन्दी प्रगति समिति का अध्यक्ष बना तो आचार्यजी भी उस समिति में सम्मिलित थे। हिन्दी साहित्य में उनका जो योगदान रहा वह तो सुविख्यात है, परन्तु साथ-साथ राजभाषा हिन्दी की प्रगति में भी उनका अमूल्य योगदान रहा। किसी भी समस्या के सभी पहलुओं को वे समिति के समक्ष इतने सुसज्जित एवं प्रभावकारी रूप में रखते थे कि उनके विचारों को स्वीकार करने के अतिरिक्त कोई विकल्प नहीं रहता था।

यह संयोग ही था कि ऐसे ओजस्वी एवं विद्वान वक्ता एवं विलक्षण वाग्मिता

आचार्य का आचार्यत्व

शिववंश पाण्डेय

परम श्रद्धेय आचार्यजी से मेरा बहुत पुराना संबंध नहीं था। मात्र कुछ वर्षों तक ही मुझे उनके स्नेहसिक्त सामीप्य का सुअवसर मिला। मैं उस महान व्यक्तित्व की स्नेह-छाया से अपने तप्त हृदय को संवातित करने के क्रम में ही था कि काल के कठोर थपेड़े ने हमें पुनः अपनी विगत स्थिति में प्रत्यावर्तित कर दिया। हम विपत्ति के आतप में झुलसने के लिए पूर्व की भाँति संकटाच्छन्न हो गये। हमारे जैसे अन्य असंख्य लोग आचार्यजी के अचानक लोकान्तरण से ऐसी ही हताशा की स्थिति में पहुँच गये हैं। जिसके सिर से अभिभावक की छाया उठ जाती है वह किंकर्त्तव्यविमूढ़ हो येन केन प्रकारेण कर्मसंकुल संसार में व्यावहारिक धरातल पर शनैः-शनैः पग बढ़ाता है और बीच-बीच में जब-जब उसे अभिभावकीय निर्देश की अपेक्षा होती है तो हतभाग्य जीवन को कोसते हुए गुरुकल्प उस महामना का मन ही मन स्मरण करता है।

आचार्यजी जैसी विभूति के विरल प्रादुर्भाव ने साहित्य जगत् को सनाथ करने के साथ-साथ मानवता का भी एक मसीहा हमें उपलब्ध कराया था। मानवीय सद्वृत्तियों की ही उदात्त अभिव्यक्ति दैवी सम्पदा के रूप में होती है जिन्हें समंगीकृत करना ही दैवी विभूतिग्राही की अनिवार्य पहचान है। पुण्यश्लोक आचार्यजी ऐसी ही दैवी विभूतिग्राही पुरुषर्षभ थे।

दिवंगतात्मा के प्रति अतिशयोक्तिपूर्ण वर्णन की प्रचलित लोक पद्धति है। परन्तु आचार्यजी के विराट् व्यक्तित्व का आयाम इतना विस्तृत और गुरु-गंभीर रहा है कि मेरे जैसे अतिसामान्य व्यक्ति के लिए उसका यथार्थगत निरूपण भी संभव नहीं। एतदर्थ भी गोस्वामीजी द्वारा निर्देशित मार्ग का सहारा ही मेरा सम्बल बना है।

श्री गुरु पद नख मणिगन जोती।
सुमिरत दिव्य दृष्टि हिय होती॥

के धनी महापुरुष का ईश्वर के यहाँ से बुलावा भी उसी समय हुआ जब वे दिनांक 17-1-1991 को स्टील आथोरिटी संस्था द्वारा आयोजित राजभाषा हिन्दी संबंधी सेमिनार में भाषण दे रहे थे। सम्पूर्ण विद्वत्-समाज स्तम्भित रह गया।

ऐसे प्रकाण्ड विद्वान, कुशल प्रशासक, मधुर एवं ओजस्वी वाणी के धनी एवं विलक्षण व्यक्तित्वसंपन्न आचार्य श्री देवेन्द्रनाथ शर्मा को उनकी प्रथम पुण्य तिथि पर मैं श्रद्धांजलि अर्पित करता हूँ।

जहाँ तक मेरी जानकारी है बिहार में 'आचार्यजी' कहने से केवल एक ही व्यक्ति का बोध होता था और वे थे परमश्रद्धेय शर्माजी। आखिर इनकी आचार्य रूप में प्रतिष्ठा का कारण क्या था ? कारण ढूँढ़ने के लिए हमें प्रथमत: आचार्य शब्द का मूलार्थ जानना होगा।

'आचार्य' के तीन अर्थ हैं—आचिनोति (जो ज्ञान का संग्रह करता है) आचरति (जो संचित ज्ञान को अपने जीवन में उतारता है), आचारयति (जो दूसरे से तदनुरूप आचरण कराता है)। 'आचार्य' शब्द के इन गुणों के परिप्रेक्ष्य में ज्ञान तथा गुण का भी तत्वार्थ जानना होगा। गुणी उसे कहते हैं :

नागुणी गुणिनं वेत्ति गुणीगुणिषु मत्सरी।
गुणी गुणानुरागी च विरल: सरलो जन: ॥

आचार्यत्व का सर्वाधिक महत्वपूर्ण गुण ज्ञान-संग्रह तो जीवनपर्यन्त उनका अटूट व्रत ही रहा। सान्निध्य प्राप्त सभी व्यक्तियों को उनके ज्ञानग्रहण की सात्त्विक वृत्ति का पता है। ज्ञान अवाप्त कर उसे मस्तिष्क की झोली में डालना ही उनका उद्देश्य नहीं रहा। वे अर्जित ज्ञान को मुक्तहस्त ज्ञानार्थियों के बीच लुटाते रहे। ज्ञान और ज्ञान-स्रोत-विद्या के वितरण एवं दान में कदर्य को उन्होंने कभी प्रश्रय नहीं दिया। इसी कारण उनके यहाँ ज्ञानार्थियों एवं जिज्ञासुओं का ताँता लगा रहा। गूढ़ से गूढ़तर समस्याओं की तह में जाकर परत-दर-परत उघाड़कर वे जिज्ञासुओं के लिए हस्तामलकवत् बना देते थे। वे समस्याओं के भंजक, उनके उपचार के आविष्कारक थे। गुणों का प्रादुर्भाव ज्ञान से ही होता है। वे गुणसंभूत तथ्यों के ग्रहण में प्रदर्शन से अधिक प्रयोग पर ध्यान देते थे। वे अपने आचरण और व्यवहार द्वारा लोगों में सद्‌वृत्तियाँ जाग्रत करने के सदा से अभ्यासी रहे। इसलिए लोग उन्हें स्मरण कर अपने को कृतार्थ मानते हैं।

मान-अपमान, मित्र-अरि के भेद को अभेद दृष्टि से देखनेवाले आचार्यजी विद्या-विनय-सम्पन्न सभी व्यक्तियों को समादरणीय मानते थे। उनका दृढ़ विश्वास था कि विद्यामृत का रसास्वाद कर चुका व्यक्ति अधम हो ही नहीं सकता। उनका सुविचारित मत था कि स्वार्थान्धता की कुवृत्ति से ही व्यक्ति में निकृष्टता आती है और विद्या के अन्तर्वेधी प्रकाश से उसका अस्तित्व विलुप्त हो जाता है अर्थात् विद्या या ज्ञान तो सभी असत्प्रवृत्तियों के अपमदर्क हैं।

वेद का अर्थ ज्ञान होता है और वेद को जानने-समझने वाला ही विद्वान् है अर्थात् ज्ञान-सागर का सफल गोताखोर विशुद्ध अर्थ में विद्वान् है। जिसमें ज्ञानार्जन की अतृप्त पिपासा को संतृप्त किये जाने की ही केवल सदिच्छा और आकांक्षा है उसमें अहंमन्यता, दंभ, आत्मश्लाघासदृश वृत्तिविकार का प्रवेश हो ही नहीं सकता आचार्यजी मूलत: अधीती विद्वान् थे। इसलिए वे सभी प्रकार की ऐसी लौकिक

एषणाओं और असद्वृत्तियों से सर्वथा मुक्त थे।

ज्ञानी और ज्ञानार्थी के लिए समय का महत्व और उसकी मर्यादा सर्वोपरि होती है। इसलिए हर क्षण को वह अमूल्य निधि मानता है और चाहता है कि उसके समय का अपव्यय न हो। वह स्वयं समयनिष्ठ तो रहना चाहता ही है अन्यों से भी ऐसी ही अपेक्षा करता है। समय-निष्ठता के लिए आचार्यजी सर्वत्र दृष्टान्त के रूप में आदर के साथ स्मरण किए जाते हैं। बिना समय निर्धारित कराये वे स्वयं न तो किसी से मिलना चाहते थे और न दूसरे का इस प्रकार मिलना पसंद करते थे।

सहृदयता मानवीय वृत्तियों में अति महार्घ मानी जाती हैं। विद्वान् में इन दोनों नैसर्गिक प्रवृत्तियों की विद्यमानता सर्वस्वीकृत है। किन्तु आचार्यजी के व्यक्तित्व में सहृदयता की परिधि इस सीमा तक पहुँच चुकी थी कि लगता था सहृदयता परोपकारिता में परिवर्तित हो गई है। किसी की वेदना को अपनी वेदना बनाकर वे क्षणभर में उसके उपचार के लिए प्रयासरत हो जाते थे। इसका साक्षात् अनुभव मुझे अपनी राष्ट्रभाषा परिषद् की कार्यविधि में हुआ है।

साहित्यिक संस्थाओं के विकास के लिए उनके मन में सदा चिंता बनी रहती थी। इसके प्रत्यक्ष उदाहरण वे विश्वविद्यालय या संस्थाएँ हैं, जिनके प्रधानरूप में उनकी कीर्तिगाथा का ध्वज उत्तुंग शिखर पर लहरा रहा है।

बिहार का साहित्य जगत् वस्तुतः आचार्यजी के अभाव में दरिद्र हो गया है। जब तक वे रहे बिहार के साहित्य जगत् का गर्वोन्नत भाल दूसरे राज्यों के लिए सदा स्पर्द्धा की वस्तु बना रहा। प्रभु से प्रार्थना है कि वे आचार्यजी के सद्गुणों को मरने नहीं दे और बिहारवासियों को उनके पदचिह्नों पर चलने की शक्ति और सामर्थ्य प्रदान करें।

कीर्तिर्यस्य स जीवति

प्रफुल्ल चन्द्र ओझा 'मुक्त'

जन्म और मरण मानव-जीवन के दो छोर हैं। जिस क्षण किसी का जन्म होता है, उसी क्षण से वह मृत्यु की ओर पग बढ़ाना आरम्भ करता है। जीवन निश्चित नहीं है, मृत्यु सुनिश्चित है—जातस्य हि ध्रुवो मृत्युः। सभी इस सत्य को जानते हैं, फिर भी किसी प्रियजन के चले जाने से, बिछड़ जाने से मार्मिक व्यथा होती है, एक अभाव का अनुभव होता है, एक सूनेपन का अहसास होता है।

यह मेरा दुर्भाग्य है कि अपने से कम उम्र वाले अनेक विद्वान् मित्रों, आत्मीय साहित्य-महारथियों और स्वजन-बंधुओं का स्मृति-तर्पण करने के लिए मैं अब तक जीवित हूँ। वस्तुतः लम्बी उम्र के लिए व्यक्ति को बहुत बड़ी कीमत चुकानी पड़ती है।

आचार्य देवेन्द्रनाथ शर्मा बिहार के पांक्तेय विद्वान् थे, बहुभाषाविद् थे, शिक्षाशास्त्री थे, विचक्षण वाग्मी थे। पेशे से अध्यापक आचार्य शर्मा संस्कृत के प्रकाण्ड विद्वान्; हिन्दी के मर्मज्ञ तथा बंगला, उर्दू, फारसी, गुजराती, फ्रेंच, जर्मन, रूसी और अंग्रेजी भाषाओं के ज्ञाता थे। वह मधुरभाषी थे, मिलनसार थे और समयनिष्ठा उनका दुर्लभ गुण था। अपने कार्य के प्रति निष्ठा, अपनी विद्वत्ता और कुशलता से वह प्राध्यापक के पद से पटना विश्वविद्यालय के हिन्दी विभागाध्यक्ष और कालांतर में वहीं के कुलपति हुए। वह अपने मानवीय गुणों के कारण सर्वप्रिय थे और हिन्दी के किसी भी सभा-सम्मेलन में, गोष्ठी में, उन्हें देखा जा सकता था। अपने भाषणों में वह हमेशा हर विषय पर कुछ नयीं बात, नयी दृष्टि प्रस्तुत करते थे और भाषण के बीच हल्की-फुल्की फुलझड़ियों से गम्भीर विषयों को भी मनोरंजक बना देते थे। वक्तृता तो उनके जीवन से जुड़ी थी, लेकिन उन्होंने जो पुस्तकें लिखीं, वे भी हिन्दी के संस्करण और उन्नयन के लिए महत्वपूर्ण हैं।

शर्माजी से मेरा परिचय कब और कैसे पारिवारिक घनिष्ठता में रूपांतरित

हो गया, यह मुझे याद नहीं आ रहा। हम अलग-अलग परिवार के थे, किराये के मकानों में कभी दूर, कभी निकट रहते थे, लेकिन मुझे एक भी ऐसे अवसर की स्मृति नहीं है, जब मेरे यहाँ आयोजित किसी पारिवारिक समारोह या मंगल-कार्य में अपनी सुयोग्य सहधर्मिणी कुसुमजी के साथ वह सम्मिलित न हुए हों।

शर्माजी के साथ मेरी मैत्री साहित्यिक नहीं, कौटुंबिक थी। इसलिए जब भी हम मिलते, अपने सुख-दुःख की, वर्तमान परिस्थितियों की और अधोगामी सामाजिक प्रवृत्तियों की बातें करते थे। साहित्यिक चर्चा तभी होती थी, जब उनके या मेरे यहाँ बिहार से बाहर के कोई साहित्यिक महारथी पधारते थे। स्वभावतः मैं इस स्मृति-लेख में उनकी साहित्यिक-अध्यापकीय विशिष्टताओं और उपलब्धियों की चर्चा न कर के कुछ ऐसी आत्मीय स्मृतियाँ सँजोऊँगा, जिन्हें मैं कभी नहीं भूल सका। कभी भूल भी नहीं सकूँगा, यद्यपि उम्र के इस पड़ाव पर स्मृतियाँ धीरे-धीरे धुँधली होती जा रही हैं।

संभवतः सन् 1948 में ऐसा संयोग हुआ कि मैं शर्माजी के घर के पड़ोस में एक मकान का किरायेदार बना। मेरे परिवार में उस समय मेरी पत्नी के अतिरिक्त और कोई नहीं था। मैं कुछ ही समय पहले आकाशवाणी की सेवा में आ गया था। उन दिनों मेरी और शर्माजी की बैठकें कुछ ज्यादा और लम्बी होने लगी थीं। हम लोग बैठते तो बातों का अन्त न होता और समय का ध्यान जाता रहता।

एक बार मेरी पत्नी को पन्द्रह दिनों के लिए पटना से बाहर जाना पड़ा। उस दिन दफ्तर से लौटा तो सीधा शर्माजी के यहाँ चला गया। सूने घर में जाकर खुद चाय बनाकर पीने के सिवा और करना क्या था? और अपने यहाँ से चाय पीकर जाने पर भी शर्माजी के यहाँ चाय-नाश्ते का कार्यक्रम अनिवार्य होता था।

शर्माजी के यहाँ उस दिन हमेशा की तरह ज्यादा देर तक बैठना संभव नहीं था। घर लौटकर मुझे स्वयं भोजन बनाने की चिंता सता रही थी। दो-एक बार जब मैंने उठने की बात कही तो शर्माजी ने कहा कि "आज इतनी जल्दी क्या है, आज तो आपको ज्यादा फुर्सत होनी चाहिए। पत्नी तो घर में हैं नहीं, कौन आपका इंतजार करता होगा?"

मैंने कहा—"चूल्हा।"

शर्माजी और कुसुमजी ने एक साथ कहा—"मतलब?"

मैंने उत्तर दिया—"जाहिर है कि पत्नी के न होने पर भी भूख तो है ही और उसकी शांति के लिए पन्द्रह दिन दोनों शाम चूल्हा मुझे ही फूँकना होगा।"

कुसुमजी ने कहा—"हम लोगों के रहते आप खाना पकायेंगे? यह बिलकुल नहीं होगा। आज आप खाना खाकर जायेंगे और कल से दोनों वक्त भोजन करने के लिए यहाँ हाज़िरी देंगे।"

मैंने आपत्ति करनी चाही, लेकिन शर्माजी ने कहा—"अब तो बड़ी अदालत का फैसला हो गया। इसकी तो अपील भी नहीं हो सकती।"

फिर भी मैंने अपील की कोशिश की, बहाने बनाए, दिक्कतें पेश कीं, लेकिन असफल रहा। उस रात शर्माजी के यहाँ भोजन कर के और हर रोज दोनों वक्त की हाज़िरी का वादा करके ही मैं अपने घर लौट सका।

कुसुमजी रंधन-कला की अपूर्व ज्ञाता हैं। उन पन्द्रह दिनों में उन्होंने कितनी आत्मीयता से, कैसे आग्रह-अनुरोध से, प्रतिदिन इतना सुस्वादु भोजन कराया कि मैं अभिभूत हो गया। शर्मा दंपति की वह आत्मीयता, वह प्रीति क्या भुलाई जा सकती है?

आत्मीयता के इस प्रकरण में एक और छोटी-सी घटना का स्मरण आता है। मेरी पत्नी खूंटी (रांची) में विद्यालय उपनिरीक्षिका के पद पर कार्यरत थीं। छोटे-छोटे बच्चों के साथ मैं अपनी ससुराल पटनासिटी में रहता था। सन् '68 के आरम्भ में मेरे दोनों बच्चों का उपनयन होना था। पत्नी की ज़िद के कारण उपनयन बड़ी धूमधाम से हुआ। बहुत से लोग आमंत्रित थे। कुसुमजी के साथ शर्माजी भी आये थे। भोजनोपरांत जब शर्माजी जाने लगे तो मैं उन लोगों को बाहर तक पहुँचाने निकला। बाहर जाकर कुसुमजी ने कहा, "दो मिनट रुकिये। मैं अभी आती हूँ।" वह अंदर चली गयीं। हम लोग बातें करते रहे। कुसुमजी बाहर आयीं तो उनके हाथ में एक पोटली थी। भीड़भाड़ में किसी का ध्यान उधर नहीं गया। वे लोग विदा हो गये।

देर रात को जब घर में शांति हो गयी तो पत्नी मुझ से कुछ कहने के लिए विकल-विह्वल हो रही थीं। उन्होंने गद्गद स्वर में कहा कि कुसुमजी बाहर जाकर उल्टे पाँवों वापस आयी थीं और मुझे अलग ले जाकर उन्होंने धीरे-से कहा, "कचौरियाँ बहुत बढ़िया बनी हैं। आप लोग सब अकेले ही खाइयेगा? थोड़ी-सी मेरे लिए बाँध दीजिए। मैं तो निहाल हो गयी। इतना अपनापन, ऐसा नि:संकोच व्यवहार तो पहले मुझे किसी से मिला ही नहीं था।" सुनकर मेरा मन भी भर आया। लेकिन उनकी आत्मीयता ऐसी ही थी।

उसी साल दिसम्बर में हृदय-गति रुक जाने से मेरी पत्नी का देहांत हो गया। राँची से स्थानांतरित होकर वह एक-डेढ़ महीना पहले ही हाजीपुर आयी थीं। टेलीफोन से सूचना पाकर मैं हाजीपुर गया और उनका अंतिम संस्कार कर के लौट आया। मेरी बड़ी बेटी सीमा ने जब कालेज में प्रवेश किया था, तभी से वह कालेज के हॉस्टल में रहती थी। दो-तीन महीने बाद ही उसकी बी० ए० की फ़ाइनल परीक्षा होने वाली थी। फिर भी मैं उसे घर ले आया। अभिभावक-विहीन घर के बदले मैं फिर एक बार पटनासिटी में ससुराल का शरणापन्न हुआ।

अच्छे अंकों से बी० ए० पास करके बेटी ने विश्वविद्यालय में प्रवेश किया। उस समय आचार्य शर्मा विश्वविद्यालय के हिन्दी विभागाध्यक्ष थे। एम० ए० में मेरी बेटी का विषय हिन्दी ही था।

दो साल की पढ़ाई के बाद जब एम० ए० का परीक्षाफल निकला तो जिन नौ छात्रों को प्रथम श्रेणी मिली थी, उनमें मेरी बेटी का स्थान तीसरा था। स्वभावतः हम सबों को प्रसन्नता हुई। मुझे किंचित् गर्व भी हुआ था कि मेरी जिस बेटी ने अब तक घर का कोई काम-धंधा नहीं किया था, अपनी माता की मृत्यु की पीड़ा सँजोये, धैर्य और कुशलता के साथ उसने न केवल घर-गृहस्थी का सारा भार संभाल लिया था, बल्कि पटनासिटी से प्रतिदिन विश्वविद्यालय आने-जाने का अतिरिक्त श्रम झेलते हुए भी उसने यह सफलता प्राप्त की थी।

मेरी बेटी शर्माजी को प्रणाम करने के लिए और उनका आशीर्वाद लेने के लिए उनके यहाँ जाने ही वाली थी कि एक दिन सबेरे स्वयं शर्माजी मिठाई का डिब्बा लिये मेरे यहाँ आ पहुँचे। बेटी उन्हें देखकर पानी-पानी हो गयी। उसने गहरे अपराध-बोध के साथ उनके चरण छुए। वह अपनी चूक के लिए क्षमा माँगने लगी। शर्माजी ने उसे मुक्तकंठ से आशीर्वाद दिया, मिठाई खिलाई। उन्होंने कहा—"तुम्हें क्षमा माँगने की कोई जरूरत नहीं है। अपने शिष्य की असाधारण सफलता पर गुरु को जो प्रसन्नता होती है, जिस गर्व का अनुभव होता है, उसी ने मुझे प्रेरित किया कि मैं स्वयं आकर तुम्हें आशीर्वाद दूँ और तुम्हारा मुँह मीठा करूँ।"

मैंने चुटकी ली—"शर्माजी, आप यह भूल रहे हैं कि आपकी यह छात्रा वरीयता-क्रम में आप ही के दो छात्रों से पिछड़ी हुई है।"

शर्माजी बोले—"लेकिन उससे अधिक मुझ इसके आत्म-संयम, दायित्व-बोध और विषम परिस्थितियों में भी अध्ययन के प्रति निष्ठा का स्मरण है। ये गुण विरले लोगों में होते हैं। मेरा विश्वास है, जीवन के प्रत्येक क्षेत्र में यह ऐसी ही अनुपम सफलता प्राप्त करेगी।"

शर्माजी ने ठीक ही कहा था, लेकिन कोई अध्यापक, वह भी विभागाध्यक्ष, किसी छात्र के घर आकर उसे बधाई दे, यह बात भी अनूठी और शर्माजी के स्वभाव के अनुरूप ही थी।

हमारी दीर्घकालीन मित्रता की ये तीन छोटी-छोटी घटनाएँ हैं, जिनका मेरी दृष्टि में बड़ा महत्व है। बड़े काम वही कर सकता है, जिसकी दृष्टि सामान्य कामों की अनदेखी नहीं कर पाती।

शर्माजी का स्वभाव शेर का था। वह जहाँ रहे सिर उठा कर रहे, उन्होंने परिस्थितियों से समझौता नहीं किया। सही रास्ते से उन्हें कोई प्रलोभन, कोई भय डिगा नहीं सका। उनका सारा जीवन ऐसे अनुभवों से भरा था।

शर्माजी जैसे-जैसे उन्नति की सीढ़ी चढ़ते गये, उनकी व्यस्तता बढ़ती गयी। समय ही कुछ ऐसा परिवर्तित हो गया था कि हम सभी अतिव्यस्त हो गये थे। किसी को किसी के घर जाकर बैठने और गप्पें मारने की फुर्सत नहीं थी। हम लोगों का मिलना-जुलना, एक दूसरे के यहाँ जाकर घंटों बैठना बन्द हो गया था। कभी शर्माजी किसी ख़ास काम से आये तो मुझे साथ लेकर चले गये या मैं गया तो दस-पाँच मिनट में जरूरी बातें निबटाकर खिसक गया। शर्माजी से तो मेरी भेंट कभी-कभी सभा-सम्मेलनों में हो भी जाती थी, मिल-बैठकर कुसुमजी से बातें करने का मौका नहीं मिलता था। शर्माजी भी चाहते थे कि फ़ुर्सत निकालकर वह कुसुमजी के साथ मेरे यहाँ आवें और दिन भर जमकर बातें हों। लेकिन फ़ुर्सत निकालना, सोचने की तरह आसान नहीं था। एक दिन कुसुमजी ने मेरे पुत्र से कहा कि "प्रोफेसर साहब को तो मुझे तुम्हारे यहाँ ले जाने की फ़ुर्सत मिलेगी नहीं, किसी दिन तुम्हीं आकर मुझे मुक्तजी के पास ले चलो।" कुछ दिन बाद वह गया तो कुसुमजी बहुत अस्वस्थ हो गयी थीं। फिर दो-एक साल मैं भाग-दौड़ में अक्सर पटना से बाहर रहा। शर्माजी और कुसुमजी से मिले बहुत दिन हो गये थे।

एक दिन हम सब को यह देखकर सुखद आश्चर्य हुआ कि कुसुमजी और डॉ० जितेन्द्र सहाय के साथ शर्माजी अकस्मात् हमारे घर उपस्थित हो गये। उस दिन वे लोग दो-तीन घंटे बैठे। हम सब का काम स्थगित हो गया था। कुछ ही समय के लिए सही, पुराने दिन एक बार फिर लौट आये थे। मुझे तो ऐसा लगा ही नहीं कि हम इतने लम्बे अर्से के बाद इतनी देर तक एक साथ बैठे हैं।

कुछ ही समय बाद अचानक वह अभागा दिन आया, जब मुझे उनके आकस्मिक निधन का समाचार मिला। एक सभा में भाषण करते हुए ही उन्हें मस्तिष्क का रक्तस्राव हुआ। डॉक्टरों का अथक प्रयास भी उन्हें बचा नहीं सका।

अपने जरा-जर्जर शरीर को जब मैंने उनके पार्थिव शरीर के पास पाया तो मेरी आँखें भर आयीं। शर्माजी मुझ से छह-सात साल छोटे थे। अनेक वय-कनिष्ठ मित्रों की तरह वह भी साथ छोड़कर चले गये। हा हन्त !

लेकिन शरीर तो मरणधर्मा है। जीवित रहती है कीर्ति। आचार्य शर्मा ने जो कीर्ति और लोकप्रियता अर्जित की थी, वह किसी के लिए भी स्पृहणीय होगी। उनकी कीर्ति अक्षय है। उस कीर्ति-शरीर से वह आज भी जीवित हैं, जीवित रहेंगे।

आचार्य श्री देवेन्द्रनाथ शर्मा : सम्पूर्णता के प्रतीक

अशोक कुमार पाण्डेय

तब मैं राजेन्द्र कॉलेज, छपरा का छात्र था और उस दिन कॉलेज की हिन्दी साहित्य परिषद् की उस विशेष सभा में देर से इसलिए पहुँचा कि सभाएँ तब शुरू होती थीं जब शामियाने में बैठने की सारी जगहें भर जाती थीं—और अगर ग्यारह का समय दिया जाता था तो बारह बज जाना तो मामूली बात थी। वैसे, पिताजी के कड़े अनुशासन में समयनिष्ठता हमारी जीवन-चर्या का अभिन्न अंग बन चुकी थी लेकिन सभाओं में यह समयनिष्ठता बहुत काम की नहीं रह जाती थी। मैं पन्द्रह मिनटों से अधिक की देरी नहीं कर सका; क्योंकि उस सभा के लिए मुझे कुछ काम भी करने थे और साथ ही यह लोभ भी था कि आचार्य देवेन्द्रनाथ शर्माजी को—जिनका नाम कुछ वर्षों पहले से सुन रखा था—अधिक देख सकूँगा—अगर वे आ गए हों और प्राचार्य मनोरंजन बाबू के कमरे में बैठे हों। उस समय के हमारे सारे अतिथि ऐसा ही किया करते थे। सम्मानित अतिथिगण स्वयं भी मनोरंजन बाबू से मिलने को उत्सुक रहते थे क्योंकि मनोरंजन बाबू—एक प्रसिद्ध कवि और साहित्यकार तथा एक अत्यन्त आकर्षक और जीवंत व्यक्ति थे।

पहुँचा तो एक सुन्दर, स्वस्थ, टाई, कोट, पेंट में सुसज्जित युवकसा लगनेवाला व्यक्ति धाराप्रवाह बोले जा रहा था। सभा शुरू हो चुकी थी। मैंने पहले तो सोचा कि मनोरंजन बाबू के यहाँ काशी से कोई अंग्रेजी के प्रोफेसर भी आ गए होंगे और तबतक बोल रहे होंगे (मनोरंजन बाबू स्वयं अंग्रेजी के व्याख्याता रह चुके थे—काशी हिन्दू विश्वविद्यालय में)। ऐसी धारणा इसलिए भी बनी कि उस जमाने में समयनिष्ठ, कोट, पेंट, टाई, सजे-सजाए बाल, सुन्दर, स्वस्थ व्यक्तित्ववाला, जिसे हर तरह से 'स्मार्ट' कहा जा सकता हो, हिन्दी का प्रोफेसर हो ही नहीं सकता था, वह भी बिहार का। बहुत देर नहीं लगी यह जानने में कि वह मोहक, आकर्षक व्यक्ति कौन था। उस अभूतपूर्व भाषण की लगभग हर

बात मुझे अभी भी याद है। बातें इस तरह से कही गई थीं कि सीधे हृदय में उतर जायँ। शर्माजी के पूरे व्यक्तित्व की झलक उस एक भाषण से ही मिल गई। उसके पहले वैसा भाषण तो सुना ही नहीं था, बाद में भी सुना तो उन्हीं से। दो-चार और भाषण भी अच्छे लगे हैं लेकिन वह सम्पूर्णता शायद ही कहीं मिली हो।

उस दिन शर्माजी से मेरा परिचय नहीं हो सका—मैं प्रथम वर्ष का छात्र था—मिलने का कोई प्रसंग नहीं बन सकता था। कुछ पुरस्कार उनके हाथों मिले लेकिन वैसे पुरस्कार तो अन्य कइयों को मिले।

संयोग ऐसा हुआ कि लंगट सिंह कॉलेज, मुजफ्फरपुर में ही मुझे एम०ए० में नामांकन कराना पड़ा। विचार था अंग्रेजी या राजनीतिशास्त्र में जाने का लेकिन स्नातक प्रतिष्ठा (हिन्दी) में विश्वविद्यालय में सर्वप्रथम होने के कारण लोभ हुआ कि छात्रवृत्ति के पैसे क्यों गँवाये जायँ—विषय बदल देता तो छात्रवृत्ति नहीं मिलती। फिर, पिताजी हिन्दी के प्रोफेसर थे और उन्होंने बहुत प्रभावशाली ढंग से समझाया कि अगर हिन्दी छोड़ दोगे तो मेरे विषय का गम्भीर अपमान हो जाएगा।

अपने मुजफ्फरपुर के निवास की अवधि में शर्माजी के कुछ निकट आने का अवसर प्राप्त हुआ। वैसे, हम उनसे घबराते थे। इसलिए नहीं, कि उनकी ख्याति डाँटने, फटकारनेवाली थी, बल्कि इसलिए कि वे इतने श्रद्धेय और पूज्य थे कि लगता था, यदि हम निकट आने की चेष्टा करें तो, अव्वल तो, वे शायद निकट आने ही नहीं दें, अगर निकट आ भी गए और कहीं कोई भूल-चूक हुई—तो हम उनकी नजर में कितना गिर जायेंगे। उन्होंने अपने पहले भाषण में ही इस बात का बहुत मज़ाक उड़ाया था कि हिन्दीभाषी लोग कैसे अशुद्ध हिन्दी बोलना प्रतिष्ठा एवं गर्व की बात समझते हैं। यह दिखाना उन्हें कितना अच्छा लगता है कि हिन्दी उन्हें नहीं आती। अपने पहले भाषण में उन्होंने अपने इस धर्मसंकट की चर्चा की थी कि कैसे उनके कोई विशेष मित्र घर आते हैं—पूरा-का-पूरा अशुद्ध ही बोलते हैं और फिर कैसे उनके बच्चे निर्दोष भाव से पूछते हैं कि आपके ये मित्र तो ऐसे बोल रहे थे लेकिन हमें आप कहते हैं कि ऐसे वाक्य शुद्ध नहीं हैं। कठिनाई थी कि अगर सीधे बताया जाय कि मित्र अशुद्ध बोल रहे थे तो बच्चों की नजर में वे थोड़ा गिरे हुए दिखेंगे और अगर यह बताया जाय कि जो बोल रहे थे वही ठीक था तो बच्चों को गलत पढ़ाया-बताया जाएगा।

शर्माजी की शिक्षण-कला का किंचित् परिचय उनकी 'अलंकार-मुक्तावली' से मिल चुका था। जब शर्माजी इतना स्पष्ट और रोचक लिखते हैं तो पढ़ाते और समझाते कैसे होंगे—इसकी सहज कल्पना हो जाया करती थी। अलंकार सुन्दरता के लिए भले ही प्रसिद्ध हों लेकिन पढ़ने और परीक्षा की तैयारी के क्रम में कितने नीरस लगते हैं यह अलंकार का विद्यार्थी ही जानता है। बी०ए० ऑनर्स में 'अलंकार-मुक्तावली' जब हाथ लगी, तो अलंकार विषय के प्रति धारणा ही

बदल गई। मुझे तब जो परिभाषाएँ (सोदाहरण) याद थीं—लगभग अब भी याद हैं—शायद एक बार पुस्तक केवल उलट-पुलट लूँ तो सब कुछ दुहरा दूँगा। एम० ए० में, शर्माजी अलंकार, काव्यशास्त्र, भाषा-विज्ञान और संस्कृत साहित्य के पत्र पढ़ाते थे। एक-से-एक दुरूह और कभी-कभी गम्भीर रूप से अरोचक से लगनेवाले विषय। पर मुझे याद नहीं कि उनकी कक्षा में कभी एक क्षण के लिए भी—किसी ने ऊबने की बात कही हो। तथ्य और कथ्य-शैली का इतना आकर्षक सम्मिश्रण था कि किसी को कुछ भी समझने में रंच मात्र भी कहीं कठिनाई हुई हो—ऐसा कभी नहीं लगा। मेघदूत के तीन-चार श्लोक हम लोग पचास मिनटों की कक्षा में उनसे पढ़ते थे और मुझे एवं मेरे अन्य कई मित्रों को वे श्लोक वहीं याद हो जाते थे—इस विषदता और सरसता से शर्माजी उनकी व्याख्या करते थे। अभी हाल में प्रसिद्ध समाज-शास्त्री वेरियर एलविन की एक पुस्तक मैं पढ़ रहा था जिसमें उन्होंने विनोद के तौर पर ही सही, लिखा है कि क्लास-लेक्चर की उपयोगिता तभी समाप्त हो गई जब छापेखानों का आविष्कार हुआ। यह कथन उन्हें कितना भ्रामक लगता यदि वे शर्माजी के क्लास-लेक्चर सुन पाते।

स्वयं शर्माजी अत्यंत समयनिष्ठ और अनुशासित व्यक्ति थे और यही वे चाहते थे अपने छात्रों या अपने निकटस्थों से। मेरी कक्षा का हर व्यक्ति यह जानता था और इसलिए मुझे याद नहीं कि मेरे सहपाठी कक्षा में कभी देर से आए हों। कुछ व्यक्ति विलम्ब से आने की अपेक्षा क्लास छोड़ देना अधिक ठीक समझते थे लेकिन शर्माजी की स्मरण शक्ति इतनी तीक्ष्ण थी कि दूसरे दिन उनसे पूछ दिया जाता था कि कल क्यों नहीं आए, स्वस्थ तो थे। कक्षाएँ इतनी रोचक होती थीं कि क्लास छोड़ देना एक बहुत बड़ा त्याग करने जैसी बात हो जाती थी—इसलिए उनकी कक्षाओं में पूरी उपस्थिति होती थी, पूरी समयनिष्ठता बरती जाती थी और पूरा अनुशासन रहा करता था। शर्माजी की छवि और प्रतिष्ठा इतनी स्वच्छ और ऊँची थी कि केवल हिन्दी साहित्य का ही नहीं पूरे-के-पूरे कॉलेज का हर छात्र उनके सामने स्वभावतः अनुशासित एवं श्रद्धावनत रहा करता था। उनके प्रति सभी छात्रों का समान सम्मान उन अवसरों पर सिद्ध होता था जब बड़ी सभाएँ होती थीं और छात्रों को नियंत्रित करने के लिए शर्माजी माइक पर आते थे। जादू-सा असर होता था उनका। लंगट सिंह कॉलेज की हीरक जयंती के समारोहों का उद्घाटन करने तत्कालीन राष्ट्रपति डॉ० राजेन्द्र प्रसादजी आए। महाविद्यालय के मुख्य द्वार पर ही वे कार से उतर गए—प्राचार्य एवं शर्माजी के साथ बातें करते हुए आगे बढ़े (राज्यपाल एवं मुख्य मंत्री भी साथ थे)—सभास्थल पर आए तो स्वभावतः भीड़ बढ़ी और मंच के निकट जाने के अदम्य प्रयास करने लगी। राजेन्द्र बाबू के लिए श्रद्धा इतनी थी कि कैसे उन्हें कोई निकट से देखने का प्रयास नहीं करे? वैसे, उन दिनों 'सुरक्षा' की आवश्यकता का वातावरण आज का शतांश भी

नहीं था—-फिर भी, राष्ट्रपति की बात थी और हर कोई मंच पर ही आ जाता तो सभा की कार्रवाई कैसे चलती ? पुलिस ने बहुत समझाया-बुझाया पर बात नहीं बनी। प्राचार्य ने और कोई उपाय नहीं देखकर शर्माजी की ओर अर्थपूर्ण और किंचित कातर भाव से देखा। शर्माजी ने माइक सम्हाली—आधी भीड़ तो माइक सम्हालते ही छँट गई और दो या तीन चुभते हुए व्यंग्य-विनोदपूर्ण वाक्यों की देर थी कि सब कुछ इतना शांत हो गया जैसे कभी कुछ हुआ ही न हो।

मुझे शर्माजी के साथ हिन्दी साहित्य परिषद् एवं भोजपुरी मंडल के सचिव के रूप में कार्य करने का अवसर मिला। वे इन दोनों के अध्यक्ष थे। उनकी संगठन शक्ति, उनके प्रशासक-स्वरूप, उनकी नियमबद्धता, उनके सुलझे विचार एवं उनकी सुलझी कार्य-शैली और समयनिष्ठता से प्रभावित हुए बिना कौन रह सकता था ? मैं भी उनसे यह सबकुछ यथासंभव सीखने की हर चेष्टा—सफल या असफल—करता रहा हूँ।

शर्माजी का पोर-पोर जैसे स्नेह-सरित् था जो मुझे और मेरे जैसे, पता नहीं, कितनों को सदा सिक्त किए रहता था। मैंने एक भी ऐसा उदाहरण नहीं देखा जब कोई उनके निकट गया या जब उनसे किसी ने उचित सहायता माँगी, और उन्होंने अपना स्नेहपूर्ण परामर्श देकर उसे अपना नहीं बना लिया। उदारमना तो इतने थे कि यह जानते हुए भी कि जो उनके पास आया है, वह उनसे अकारण द्वेष का भाव रखता है, उनके स्नेह एवं हर संभव सहायता का अधिकारी हो जाता था। ऐसे भी लोग मिले जिन्होंने हर तरह की सहायता उनसे प्राप्त की, मार्ग-निर्देश लिया और कहीं एक काम नहीं हुआ तो विरोधी बन बैठे—जहाँ-तहाँ कुछ बोलते-बकते रहे। लेकिन ऐसों को भी गले लगाने में उन्हें क्षण भर का विलम्ब नहीं हुआ। अपने छात्रों, मित्रों के लिए सर्वदा उनका द्वार खुला रहता था और मुझे ऐसे दर्जनों उदाहरण याद हैं जब बहुत त्रस्त, संतप्त, निराश, हताश लोगों में नए प्राण का संचार शर्माजी के कुछ शब्दों से हो चला।

पूज्य शर्माजी से मेरा अधिक सम्पर्क एम०ए० पास कर जाने के बाद हुआ। छात्र जीवन में तो श्रद्धापूर्ण संकोच के कारण कभी-कभी ही मिलना हो पाता था। वैसे, उस समय भी जितनी बार मिला एक गंध लेकर लौटा। पहले-पहल घर (छपरा) से बाहर निकलने के कारण एम०ए० के अपने प्रथम वर्ष में मैं ज्यादा घूमता-घामता ही रहता था। पहली बार थोड़ी स्वच्छंदता मिली थी और उसका यथासंभव, दुरुपयोग किए जा रहा था। निरुद्देश्य रिक्शे से घूमता (कभी-कभी शौकीनी में सिगरेट, पान का सेवन करता) उन्हें भी दिख गया था। एक बार जब मैं कॉलेज में, उनकी बगल से गुजरते हुए भी, कन्नी काटने की कोशिश कर रहा था तो वे रुक गए और बोले—शाम को घर आ जाना। मैं बहुत दुश्चिन्ता में पड़ा, घबराया और मनाने लगा कि शाम आए ही नहीं। खैर, शाम तो आनी ही थी।

आई। मैं वहाँ पहुँचा और इस लहजे में गुरुदेव ने मुझे झिड़कियाँ दीं कि मैं उनसे नफरत नहीं कर सका। बस, आँसू टपकते रहे—सिर झुका रहा। गीता की जो पंक्ति उन्होंने उस दिन कई बार दुहराई वह आज भी मुझे सर्वदा अनुशासित करती रहती है : "सम्भावितस्य चाकीर्त्तिर्मरणादतिरिच्यते।"

मेरे एम०ए० करने बाद गुरुदेव पटना चले आए और तब मिलने-जुलने का सिलसिला और भी बढ़ा। वे चाहते थे कि मैं साहित्य पढ़ूँ और बढ़ूँ। मेरी थोड़ी अधिक रुचि प्रशासन क्षेत्र में जाने की थी चूँकि मुझे लगता था कि वह विशिष्ट बात सी होगी—उसमें कम लोग ही जा पाते थे और हिन्दी पढ़ा-लिखा कोई व्यक्ति तो शायद तबतक गया ही नहीं था। शर्माजी ने कभी अपने विचार नहीं थोपे और जब मेरी रुचि देखी तो कहा कि जहाँ जाओ—विशिष्टता प्राप्त करो। मेरा पूरा आशीर्वाद तुम्हारे साथ है। मैं भारतीय प्रशासन सेवा में चुन लिया गया तो बहुत भावुकता से बोले—मैं नहीं जानता कि मेरे सुपुत्र इस सेवा में आना चाहेंगे या नहीं, या आ पाएँगे या नहीं—लेकिन इतना जरूर जानता हूँ कि अगर वे आएँगे भी तो बस यही खुशी दुहराई जाएगी।

शर्माजी का व्यक्तित्व अप्रतिम था—हर प्रकार से सम्पूर्ण। पूरा संतुलित, संयत। बड़ों के सम्बन्ध में टिप्पणी नहीं करने के अनुशासन की बात जानते हुए भी मैं कई बार, निष्पक्ष आलोचक भाव से उनके बारे में सोचा करता था। मुझे बार-बार यही लगा कि उनसे अच्छा एवं संतुलित, पुत्र, पिता, पति, मित्र, शिक्षक एवं अभिभावक शायद ही कोई हो।

मानवीय गुणों से परिपूर्ण गुरुदेव अपने किसी भी आत्मीय एवं परिचित के सुख:दुख में बिना समय खोए उपस्थित हो जाया करते थे। परामर्श-निर्देश के लिए तो सर्वदा उपलब्ध होते ही थे। मेरे पिताजी की मृत्यु पर उनके अति विवेकपूर्ण शोक-संवाद से मुझे एवं परिवार को कितनी सांत्वना मिली थी—बता नहीं सकता।

जून 1990 में मैं भीषण संकट में था—पूरा परिवार एक कार दुर्घटना में फँस गया था। पितातुल्य गुरुदेव के स्पर्श एवं वचनामृत से जो ज्योति और शांति मिली वह अविस्मरणीय है। उसके बाद बस केवल दो-चार बार उनसे मिलना हुआ। दिसम्बर 1990 में एक सभा में उनके दर्शन हुए—बातें हुईं, तय यही हुआ कि थोड़ा स्वस्थ होकर मैं उनसे मिलूँगा। वह हो नहीं पाया—इस बीच वह छाँह हमारे बीच से हट गई। लेकिन शर्माजी इतने महान् थे कि भरोसा नहीं होता कि छाँह सदा के लिए हम से दूर हो गई है।

हमारे लिए वे प्रेरणा, स्फूर्ति एवं ज्योति के स्तम्भ थे—एक अखण्ड देदीप्यमान प्रकाशपुंज मार्त्तण्ड थे। शून्य से ही सही, निश्चय ही वे हमें सदा आलोकित और प्रेरित करते रहेंगे—यह आस्था और विश्वास ही हमारा सम्बल है।

दर्शन एक पारदर्शी के

अनिल कुमार पाण्डेय

अपने को बिना दर्पण के अविकल देखना जैसे कठिन है वैसे ही अपनों के विषय में कुछ कहने के पहले स्मृतियों की झंझावात से जूझना पड़ता है जो हर पग पर हमें अस्थिर कर देती है। आचार्य देवेन्द्रनाथ शर्माजी के विषय में लिखने बैठा तो हूँ लेकिन लगभग 30 वर्षों तक फैली स्मृतियों का झोंका बार-बार आता है और हमारी दृष्टि अतीत की ओर मुड़-मुड़ जाती है। जब कोई हमारे बीच नहीं होता है तो उनकी याद हमारे बीच होती है और मैंने यह हमेशा महसूस किया है कि ऐसी यादगार अत्यधिक विवश करने वाली होती है और अत्यधिक ध्यान चाहती है। यह एक मनोवैज्ञानिक तथ्य है जो छोटे और अस्थायी तौर पर वियोग की स्थिति में भी परिलक्षित होता है।

आचार्य देवेन्द्रनाथ शर्माजी के व्यक्तित्व का आकर्षण ऐसा प्रबल था कि किसी भी आयु का व्यक्ति अपनी परिपक्वता को भूल कर उनसे प्रभावित हुए बिना नहीं रह सकता था। मैं उनके स्नेहिल सम्पर्क मैं तब आया जब जमीन नम थी (अर्थात् वय कम थी) और इसलिए ऐसे व्यक्तित्व की ओर मैं जब देखता था तो ऐसा लगता जैसे हिमालय की ऊँचाई देख रहा हूँ। एक शुभ्र, शीतल व्यक्तित्व जहाँ निश्छल, सरल स्नेह-प्रपात प्रवाहित होता रहता था। हिमालय की ही भाँति आन्तरिक दृढ़ता थी जो उनके राबल स्कंधों से सुरक्षित थी।

आचार्यजी से मेरा पहला परिचय एक शिक्षक-विद्यार्थी के रूप में हुआ। उस समय वे बिहार विश्वविद्यालय के हिन्दी विभाग के अध्यक्ष थे। वह समय था जब लंगट सिंह कॉलेज दुर्धर्ष विद्वानों, अपने-अपने विषय में निष्णात मनीषियों-चक्रवर्तियों की कर्मभूमि था। हर विषय और विभाग में नक्षत्र की तरह देदीप्यमान शिक्षकों से सारा महाविद्यालय आकाशगंगा की छवि उपस्थापित करता था और ऐसे में आचार्य शर्मा अनेकों में एक नहीं बल्कि मात्र एक थे। उनकी विद्वत्ता और शिक्षण-कला की धूम थी और इसलिए उन्हें सुनने के लिये वैसे विद्यार्थी भी

काफी बड़ी संख्या में जाते थे जिन्हें हिन्दी से कोई सम्बन्ध नहीं था। शिक्षण की वह ललितकला, वह उपस्थापन, वह सृजन, वह शैली कितनी मनोहारी थी! कठिन-से-कठिन या शुष्क-से-शुष्क, दुरूह-से-दुरूह विषय को अपने वक्तृत्व के अद्‌भुत रसायन से सरल, सरस और ग्राह्य बना देने के उनके विज्ञान की परिणति कला के रूप में होती थी और लगता था जैसे इसके लिए सरस्वती ने उन्हें अधिकृत किया हो। ऐसा अनुमान सहज इसलिए था कि उनके व्यक्तित्व, उनकी आवाज, उनका हाव-भाव और अंततः शैली और शब्दों का चुनाव, इन सबमें प्राकृतिक तालमेल था।

शर्माजी के व्यक्तित्व में जीवन के सब रसों का शास्त्रीय अनुपात में मेल था। वे धर्म, सत्य, न्याय के लिए समर्पित और सतत संघर्षशील थे। वे स्वाभिमान से यदि उन्नत थे तो विनम्रता की भी मूर्ति थे। उनमें यदि सागर की गम्भीरता थी तो लहरों की सहजता भी थी। यदि वे गम्भीरातिगम्भीर विषयों पर शास्त्रार्थ करने के लिए तर्कभेदी बुद्धिसत्ता से सम्पन्न थे तो हास्य-विनोद में भी समान गति रखते थे। हास्य-विनोद, तीक्ष्ण-बुद्धि आचार्य शर्मा के व्यक्तित्व का अभिन्न तत्त्व था और इसलिए गम्भीरतम विचार-तिमिर में भी उनका विनोद विद्युत्प्रभा की तरह चमक उठता था। एक बार मुजफ्फरपुर में श्री हरिवंश राय बच्चन आनेवाले थे। अपरिहार्य कारणों से उनके आने में बहुत विलम्ब हो गया। उन्हें सुनने के लिए उत्सुक श्रोता धैर्य खो बैठने के लिए आतुर हो गए। उनके विलम्बित आगमन से भीड़ में खलबली मच गई। शर्माजी को स्वागत भाषण देना था। वह भाषण ऐतिहासिक था। प्रांजल स्फटिक-शब्दों से मण्डित और विनोद से जीवंत उन्होंने अपना भाषण बच्चनजी के विषय में यह कहकर प्रारम्भ किया कि "वचन दे देने पर बच्चनजी का नहीं आना संभव ही नहीं था—क्योंकि इनके नाम में वचन को द्विगुणित करने के लिए संयुक्त 'च' है।" ऐसे सुर में शुरू हुआ वाक्-विलास चलता रहा और ऐसा लगा कि श्रोताओं की अपार भीड़ और उनकी अतृप्य उत्सुकता संतृप्त हो गई। जीवन के छोटे-मोटे अनुभवों से वे विनोद के तत्व निकाल लेते थे और ऐसी घटनाओं का उपयोग वे जीवन के जटिल प्रश्नों को सुलझाने के लिए करते थे। पाश्चात्य सभ्यता के प्रति कुछ लोग नाक-भौं केवल इसलिए सिकोड़ते हैं क्योंकि वह हमारी नहीं है। इस बिन्दु पर शर्माजी का विचार स्पष्ट था और वे कहते थे कि स्थान और देश की संकीर्णता का शिकार हुए बिना हमें उदारता से सोचना चाहिए। पाश्चात्य सभ्यता में यदि कुछ ग्राह्य है तो उसे अपनाना चाहिए। अपने देश की गंदगी उन्हें रास नहीं आती थी—(किसे आएगी?) और वे पश्चिमी देशों से तुलना करके हमारी मानसिकता को उजागर करते। उनका कहना था कि "अपने देश के कई शहरों में जहाँ-तहाँ यह लिखा रहता है—'यहाँ गंदा करना मना है'। ऐसी सूचना सामान्यतः उस व्यक्ति विशेष की ओर से होती है जिनका घर या दफ्तर इस तरह के अजस्र प्रवाह से

आप्यायित होता रहता है । ऐसी सूचना का तात्पर्य यह है कि जहाँ तक सूचना फैली है—वहाँ गंदगी फैलाना मना है और शेष स्थल इसके लिए स्वतंत्र और मुक्त हैं । पाश्चात्य देशों में इसी समस्या का समाधान दूसरे ढंग से किया गया है जहाँ यह सूचना रहती है कि 'आप यहाँ अपनी असुविधा से मुक्त हो सकते हैं' ! ऐसी सूचना का तात्पर्य यह है कि निश्चित स्थल के आस-पास या कहीं और आप प्राकृतिक जीव बनने के लिए स्वतंत्र नहीं है ।"

इसी प्रकार पाश्चात्य सभ्यता के अभिन्न अंग के रूप में वे उनकी समय-निष्ठता भी मानते थे । स्वयं आचार्यजी इसके भक्त और कायल थे । मुझे तो बार-बार शर्मिन्दगी का तब अनुभव हुआ जब निश्चित समय से पाँच-सात मिनट विलम्ब से पहुँचने पर तिरछी आँखों से वे अपनी कलाई-घड़ी देख लेते थे। इस प्रकार बिना कुछ कहे वे अपना संदेश दे देते थे । कहना नहीं होगा कि वे स्वयं अपने व्यक्तिगत जीवन में इतने पद्धतिबद्ध थे कि हर दिन जैसे मिनट-मिनट में बँधा और बँटा रहता था ।

पूज्य शर्माजी पूर्णता के पोषक थे । वे चाहते थे कि हम जो कुछ करें—समर्पण और वैशिष्ट्य के साथ करें। एक बार किसी अंतरंग के भविष्य-चुनाव की चर्चा करते हुए उन्होंने कहा—"मैं तो यह कहता हूँ कि तुम अपना भविष्य स्वयं चुनो - मैं इसमें दखल देना नहीं चाहता । मेरी तो केवल एक ही शर्त्त है कि तुम जो कुछ भी करो—पूर्णता और विशिष्टता से करो । यदि कोई घास काटता है तो भी मुझे आपत्ति नहीं होगी बशर्ते वह इस चातुर्य से घास काटे जैसी किसी और ने नहीं काटी हो ।" इसी पूर्णता का दूसरा पहलू भाषा के प्रति उनके दृष्टि-कोण से भासित होता था । वे भाषा की शुद्धता और अमिश्रण के उपासक थे। वे स्वयं जो भाषा बोलते थे, उसी की संस्कृति में बोलते थे । आजकल जो भाषा बोली जाती है और जिसे आधुनिकता का प्रतीक माना जाता है, उसका सूत्र यह है कि अंग्रेजी का जितना मिश्रण किया जाय, भाषा उतनी ही ओजस्वी होगी । ऐसे आधुनिक यह प्रभाव जमाना चाहते हैं कि वे अंग्रेजी में इतने पारंगत हैं कि वह उनके रक्त के साथ प्रवाहित हो रही है । कहावत है कि राम एक पालतू जानवर की संगत में पड़ गए—ये आधुनिक लोग हिन्दी बोलने वालों के समाज में अपने को उसी तरह विवश पाते हैं । श्रोता को यह सहज विश्वास हो जाता है कि बेचारा कठिनाई में है—आ तो रही है इसे अंग्रेजी, लेकिन हमारे लिए यह दया करके हिन्दी के व्याकरण चिह्नों का प्रयोग कर रहा है। ऐसे आधुनिकों से शर्माजी चिढ़ते थे । वे चाहते थे कि जो भी भाषा बोली जाय वह सम्पूर्ण रूप से बोली जाय । हिन्दी, अंग्रेजी, संस्कृत आदि भाषाओं में उनकी समान गति थी । लेकिन बोलने या लिखने में वे खिचड़ी संस्कृति के प्रबल विरोधी थे ।

सामान्यत: विद्यानुरागी बाह्य जगत् से उदासीन रहते हैं । गुरुकुल संस्कृति से

उद्भूत ऋषि-मनीषियों की परम्परा से इसकी व्याख्या की जा सकती है। यह विचार भी लोकप्रसिद्ध है कि विद्वत्ता और प्रशासन परस्पर विरोधी तत्व हैं। किसी विद्वान् की आलोचना करनी हो तो यही कह देना पर्याप्त है कि अमुक व्यक्ति विद्वान् नहीं, प्रशासक है। इसी प्रकार किसी प्रशासक की भर्त्सना करनी हो तो यह टिप्पणी काफी है कि उनसे प्रशासन क्या होगा—उन्हें पुस्तकों से फुर्सत कहाँ? यह जानते हुए भी कि ऐसी धारणा तर्कयुक्त नहीं हो सकती, यह आलोचना बेतुकी नहीं लगती और सामान्यतः हम इसे जाने-अनजाने स्वीकार करने को उन्मुख हो जाते हैं। शर्माजी के शिक्षकत्व को हम लोगों ने देखा, सुना और छुआ था और अभिभूत थे। लेकिन विभागाध्यक्ष के रूप में प्रशासक की छवि अधखुली ही रह जाती है। इसलिए हमें उनकी प्रतिभा के इस पहलू से परिचय के लिए उनके उच्चस्थ प्रशासनिक पदों पर आसीन होने की प्रतीक्षा थी। तीन-तीन बार विश्वविद्यालयों के कुलपति के रूप में शर्माजी ने जिस दृढ़ता, कार्यक्षमता और परिपक्वता का परिचय दिया वह अपने आप में इतिहास है। उन्होंने अनेकानेक अन्य पदों का सम्मान बढ़ाया और प्रत्येक पदस्थापन में अन्तर्निहित सूत्र के रूप में उनकी व्यक्तित्व-गरिमा व्याप्त रही।

आचार्य शर्मा विद्वान थे—अपार मेधा-सम्पन्न और अपार मानवीय गुणों से मण्डित थे, लेकिन उनका व्यक्तित्व अपार नहीं था बल्कि निर्मल जल या अमलिन शीशे की तरह पारदर्शी था। उनके हृदय में उठ रहे भावों का अविकल संकेत, उनकी आँखों में देखा जा सकता था। यदि वे इन भावों का प्रकाशन शब्दों से करते थे तो ऐसा लगता था कि पुनरावृत्ति हो रही है। मैं जितनी बार मिला हूँ मुझे उनका स्नेह और आशीर्वाद ही मिला है और हर बार अधिक सम्पन्न होकर लौटा हूँ। हाँ, एक-दो बार मुझे उनकी उदासीनता को झेलना पड़ा है जब मैं समय का पालन नहीं कर सका था लेकिन कुछ ही क्षणों में मैं छँटते बादल को देख सकता था और तब अनौपचारिकता की ऊष्मा में सब कुछ कितना उन्मुक्त लगता था।

ऐसे विरल व्यक्तित्व से पारिवारिक सम्पर्क का सौभाग्य हमें मिला। हमें वे अपने परिवार का सदस्य मानते थे—इसलिए कि हम थे। हमारे पूज्य पिताजी के वे अनन्य मित्र थे और हम बचपन से ही उनके आशीर्वाद और स्नेह की सुखद छाया में पले-बढ़े हैं। लेकिन उस दिन मैं अपने दुर्भाग्य को कोसता रहा जब आचार्यजी की अस्वस्थता की सूचना पटना रहते हुए मुझे नहीं मिल पाई। सब कुछ इतना अचानक हो गया कि सूचना देना गौण हो गया। हमें सूचना तब मिली जब वे जा चुके थे। लेकिन इसकी कचोट नहीं जाती। 'जातस्य हि ध्रुवो मृत्युः' से अन्त की निश्चितता की दार्शनिक व्याख्या तो हो जाती है लेकिन उन नासमझ भावनाओं और अननुशासित असंख्य स्मृतियों को कौन समझाए जो काल-देश की उपेक्षा कर क्षीण नहीं होने पर अडिग हैं?

गुरुवर्य आचार्य देवेन्द्रनाथ शर्मा

उषा वर्मा

एक प्राचीन सूत्र है—'आचार्यो मृत्युः'। अर्थात् मृत्यु आचार्य है, गुरु है। मृत्यु यानी नवजन्म का प्रवेशद्वार—इस जन्म और पुनर्जन्म के बीच का सेतु—रूपान्तरण का अनिवार्य पथ। मृत्यु को उपलब्ध होना, नवजीवन को उपलब्ध होना है। 'गीता' में श्रीकृष्ण ने मृत्यु का रहस्य खोलते हुए कहा ही है कि जैसे मनुष्य पुराने वस्त्रों को त्यागकर दूसरे नये वस्त्र धारण करता है वैसे ही जीवात्मा पुराने शरीर को त्यागकर नये शरीर धारण करती है :

वासांसि जीर्णानि यथा विहाय
नवानि गृह्णाति नरोऽपराणि।
तथा शरीराणि विहाय जीर्णा-
न्यन्यानि संयाति नवानि देही ॥2/22

मृत्यु के साथ जन्म का गहरा नाता है। बहुत गहरे में एक तरह से पर्यायवाची हैं दोनों। जन्म है तो मृत्यु भी है और मृत्यु है तो जन्म भी है। जन्मे हुए की मृत्यु निश्चित है और मृत का जन्म :

जातस्य हि ध्रुवो मृत्युर्ध्रुवं जन्म मृतस्य च।
तस्मादपरिहार्येऽर्थे न त्वं शोचितुमर्हसि ॥2/27

कठोपनिषद् का नचिकेता यह रहस्य जानता था। इसलिए प्रत्यक्ष में मृत्यु का रहस्य जान लेने के लिए यमराज के समक्ष अड़ा रहा ताकि परोक्ष में जन्म का रहस्य जाना जा सके। जन्म का रहस्य तो अमृत का रहस्य है। अत्यन्त गुह्य और गोपनीय है वह। इसलिए ही बहुत टाला था यमराज ने नचिकेता को।

गुरु वही है जो मृत्यु से गुजरना सिखा दे। नया जन्म दे दे। रूपान्तरित कर दे। बनाता चला जाय, सम्भालता चला जाय, तोड़ता चला जाय। किन्तु, इस

सावधानी से कि कहीं खरोंच भी नहीं आवे शिष्य को। टूटने-बदलने की पीड़ा न हो। न हीनभावना पनपे। न अपने अल्पज्ञ होने का एहसास व्यापे। टूटने और बनने के बीच कोई खाई न हो, कोई अन्तराल न हो। खामियाँ दूर होती चलें। खूबियाँ उभरती चलें। मूर्ति गढ़ती जाय। काँटे निकलते चले जायें। किन्तु, न कोई दाग रहे, न कोई दर्द।

शिक्षा के वास्तविक उद्देश्य और गुरु के स्वरूप में यही साम्य है। शिक्षा का अर्थ शिक्षार्थी में अन्तर्निहित तमाम शिव शक्तियों का विकास है और उन अशिव शक्तियों का परिहार भी, जो समृद्धि के लिए अहितकर हैं। मूल बात इतनी ही है कि कली चटककर फूल बन जाय, बीज वृक्ष बने, उसमें कीड़े न लगें, उसे कोई क्षति नहीं हो। यही ध्यान रखना है गुरु को। कबीरदास ने अत्यन्त सरल, सहज, सुबोध शैली में गुरु के विषय में कहा है :

गुरू कुम्हार सिख कुंभ है, गढ़ि गढ़ि काढ़े खोट।
अन्तर हाथ सहार दे, बाहर-बाहर चोट॥

बस, कुम्हार का-सा काम है गुरु का। बाहर-बाहर से कठोरता और चोट। अन्दर-अन्दर से अतिशय सावधानी, सर्जन और सार-सम्भार।

हमारे यहाँ गुरु वन्दना के लिए प्रचलित यह सर्वश्रेष्ठ उक्ति है :

गुरुर्ब्रह्मा गुरुर्विष्णुः गुरूर्देवो महेश्वरः।
गुरुः साक्षात् परब्रह्म तस्मै श्री गुरवे नमः॥

हजारों वर्षों की साधना और गहन अनुभव का निचोड़ है। छुटपन में ही रटा दिया जाता है बच्चों को। ठीक-ठीक अर्थ कोई नहीं बतलाता। वस्तुतः इसका ठीक-ठीक अर्थ बतलाया भी नहीं जा सकता। जो अर्थ बतलाया जाता है, वह पल्ले भी नहीं पड़ता बचपन में। अनुभवजनित अर्थ है इसका, आस्वाद्य है यह। अन्यथा किसी व्यक्ति को ब्रह्मा, विष्णु, महेश और तत्पश्चात् साक्षात् परब्रह्म मान लेने की—सुनकर मान लेने की—बात नहीं है। केवल विश्वास इसका आधार नहीं हो सकता। यह तो जी लेने की बात है। अनुभव से गुजर कर जान लेने की बात है। आचार्य देवेन्द्रनाथ शर्मा जैसे गुरु के सान्निध्य से ही उपलब्धि सम्भव है यह। 1963-65 में एम० ए० की छात्रा की हैसियत से पटना विश्वविद्यालय के हिन्दी विभाग में शर्माजी से पढ़ने का सौभाग्य मिला है मुझे। भाषा-विज्ञान और काव्यशास्त्र पढ़ने की प्रक्रिया में व्यष्टि, समष्टि, जगत् और जीवन संबंधी विविध समस्याओं की गाँठ परत-दर-परत खुलते देखा है मैंने। 'जहाँ न जाये रवि वहाँ जाये कवि' सुन रखा था। उन्हीं की कक्षाओं में जाना कि गुरु कवि से भी आगे जा सकते हैं। कवि से भी ऊपर। कवि से भी गहरे। गुरु-किरण, कवि-किरण से भी

प्रखर है। पैनी भी। उन्हें बड़ी दक्षता से बनाते, सम्भालते और तोड़ते देखा है— ब्रह्मा, विष्णु और महेश बने हुए। एक साथ तीन रूपों में जीना और वह भी बिना स्वयं को बड़ा और दूसरे को छोटा बनाए हुए, किसी साधारण व्यक्ति के वश की बात नहीं है। पढ़ाते तो बहुत लोग हैं। किन्तु, बनाना, पालना और मिटाना सबके वश की बात नहीं होती। जिनके वश की होती है वे सहज ही व्यक्ति की परिधि के पार चले जाते हैं। जिसने गढ़ा, जिसने संभाला, जिसने तोड़ा वह कोई व्यक्ति नहीं था, उसके भीतर परमात्मा का ही अंश था। यह बोध हृदय के बहुत गहरे तल पर उत्तर चुका है। कक्षा में सहज ओजस्वी ढंग से कही गई उनकी सूक्तियाँ पाथेय बन गई हैं। उनके आदर्श जीवन-दर्शन में ढल गए हैं। उनके नीतिपरक वाक्य अग्नि-मंत्र हैं। उनका निषेध आज तक निषेध ही है। 27 वर्ष पहले 29-7-64 को कक्षा में ही कहा था उन्होंने "जीने के लिए मरण और विस्मरण— अत्यन्त आवश्यक है।" तब निश्चय ही उनके 'मरण' और 'विस्मरण' का अर्थ कुछ और था, जिसने जीने के लिए लगातार मरने का हौसला दिया, विस्मरण का बल भी। किन्तु, आज यही अर्थ लेने का मन हो रहा है कि अपने जीने के लिए ही मरण को वरण किया है उन्होंने। अपनी सन्तान, मानस-सन्तान एवं रचनाओं में वे जी रहे हैं। हमारे जीने के लिए सम्भवत: उनकी दैहिक अनुपस्थिति के विस्मरण का आदेश है उनका 'तस्मै श्रीगुरवे नमः'।

आचार्य देवेन्द्रनाथ शर्मा : एक पुण्यस्मरण

विश्वनाथ सिंह

गुरुवर्य आचार्य देवेन्द्रनाथ शर्मा की चर्चा होते ही मन अवसाद से भर जाता है। जाना तो सबको है, लेकिन उनके चले जाने की निर्मम आकस्मिकता अवसाद को गहराती है जिसमें स्मृतियों के तारतम्य का धरातल डूब जाता है।

आचार्य देवेन्द्रनाथ शर्मा अत्यन्त असाधारण और विलक्षण व्यक्तित्व के स्वामी थे। असाधारण की सामान्य धारणा व्यक्तित्व की किसी महत्वपूर्ण विशेषता के लोकातिशय की होती है। शर्माजी सर्वत: असाधारण और समग्रत: विलक्षण थे। लेकिन उनके सम्पर्क में आते ही उनकी जो एक विशेषता तत्काल मुग्ध कर लेती थी वह थी उनकी सहज, स्निग्ध, प्रसन्न, प्रवाहपूर्ण वार्त्ताशैली। भाषा, साहित्य, सभ्यता, संस्कृति, अध्यात्म, दर्शन, काव्यशास्त्र, भाषाविज्ञान, इतिहास, राजनीति, अर्थशास्त्र, समाजशास्त्र, देश-विदेश, प्राचीन, अर्वाचीन—किसी भी क्षेत्र का कोई भी विषय उनकी वाग्धारा के प्रवाहित होने के लिए व्याज बन सकता था। लेकिन यह शर्त जरूर थी कि श्रोता उपयुक्त हो। उपयुक्त, अर्थात् जागरूक और सहयोगी वार्त्तारसिक, जिससे संवाद बन सके। अरसिक से कवित्व निवेदन जिसमें न करना पड़े। फिर भी, उनके अतिशय स्नेह के ही कारण मुझ जैसे को लगातार चार-चार, पाँच-पाँच घंटे तक उनका वार्त्तासुख उपलब्ध होता था। पिछले चार-दशक-चार-वर्षों में सैकड़ों बार उनके सान्निध्य में अकेले बैठने का सुयोग हुआ होगा—किसी प्रयोजन से नहीं, विशुद्ध काव्यशास्त्रविनोद के लिए। ऐसा एक बार भी नहीं हुआ कि उनके आवास पर जाकर बिना मिले और कुछ बातचीत किए लौटना पड़ जाय। बड़ी-से-बड़ी व्यस्तता हो, अथवा शरीर अस्वस्थ ही क्यों न हो, कोई हर्ज नहीं। परिवार के लोग प्राय: परिहास करते, सात्त्विक परिहास—"विश्वनाथजी आ गए हैं, अब आप गए काम से।" लेकिन शतरंज के मँजे खिलाड़ी ऐसी कोमल फुलझड़ियों से बिदक जायँ तो वे किस काम के रहेंगे।

वार्त्ताविलास और समयानुपालन (Punctuality) में स्वाभाविक विरोध

रहता है। विलक्षण बात है कि शर्माजी में दोनों का शान्त सहभाव (Peaceful co-existence) ही नहीं, बेजोड़ समन्वय मिलता था। कोई किसी से कम नहीं। काव्यालंकार की भाषा में कहें तो उनमें दोनों का एकाश्रयानुप्रवेश संकर था—अत्यन्त विरल और दुष्प्राप्य। निर्धारित समय का अनुवर्त्तन वे मध्यकालीन राजपूत के वचन की तरह करते। उन्हें किसी सभा में जाना हो तो आप उनसे अपनी घड़ी मिला लीजिए। कई बार सभा के अधिकांश श्रोता बाद में पहुँच पाते, कभी-कभी तो व्यवस्थापक भी—क्षमायाचना की मुद्रा में। यात्रा की बात चलने पर शर्माजी अक्सर कहते थे कि मेरी गाड़ी कभी नहीं छूटती। अब यह बात और है कि यदि मैं रेलवे का अधिकारी होता तो पिछले दिन की गाड़ी को साढ़े तेईस घंटे लेट चलाकर उनका यह रिकार्ड तोड़ सकता था। वस्तुत: ऐसी अद्भुत मौलिकता के बिना आचार्यजी के कुशाग्र समयानुपालन के सामने टिकने का उपाय भी क्या था?

वार्त्ता और वक्तृता में, सम्भाषण और भाषण में, अन्तर होता है, जैसे टेबुल और मंच में। कुछ लोगों के लिए यह अन्तर अलंघ्य रहता है। ऐसे लोग मित्र-मंडली में ही चहकते हैं, सभा में जाकर मौन हो जाते हैं—"द्विज देवता घरहिं के बाढ़े।" शर्माजी के लिए घर और बाहर, दोनों समान थे। वे जब बोलते तब लोग उन्हें सुनते ही नहीं, उनकी अजस्र वाग्धारा को देखते थे और देखते रह जाते थे। चुटकुले, कथायें, व्यंग्य, विनोद, युक्तियाँ, गर्वोक्तियाँ, प्रगल्भता, मीमांसा, उपदेश—सभी उनके स्वच्छ, समतलीय भाषाप्रवाह में तैरते रहते, और कथ्य सतह पर से ही मिलना शुरू हो जाता था। उनकी वक्तृता मंचीय आरोह-अवरोह और नाटकीय पाणिविहार से मुक्त होती थी और उसमें—जैसा कि उनके लेखन में भी—गूढ़ता से सरलता की ओर एक सहज संचरण होता रहता था। सामान्यत: माधुर्य, विषयानुसार कभी-ही-कभी ओज, और आद्यन्त अविरल प्रसाद—उनकी सरस वाणी की गुणात्मक व्याख्या कुछ इस प्रकार की जा सकती है। प्रसाद, निश्चित रूप से, उनकी वाणी का, बल्कि उनके व्यक्तित्व का ही, स्थायीभाव था। वे अध्यापक थे गुरु थे। गुरु का अर्थ गम्भीर और वाणी प्रसादमय होनी ही चाहिए। वागर्थ की यह प्रतिपत्ति गुरु की विशेष सामान्यता है।

अपने लम्बे कार्यकाल में आचार्य देवेन्द्रनाथ शर्मा ने पटना कॉलेज के प्राध्यापक से आरम्भ करके शिक्षा और संस्थागत साहित्यसेवा के क्षेत्रों में ऊँचे से ऊँचे पदों को सुशोभित किया; बिहार और पटना विश्वविद्यालयों के हिन्दी विभागाध्यक्ष, पटना विश्वविद्यालय के कुलपति, दरभंगा संस्कृत विश्वविद्यालय के कुलपति, कुछ दिनों तक दोनों के एक साथ कुलपति, फिर अन्तरविश्वविद्यालय बोर्ड के अध्यक्ष (अर्थात् बिहार के कुलपतियों के कुलपति), और बिहार हिन्दी साहित्य सम्मेलन के अध्यक्ष, अखिल भारतीय भोजपुरी साहित्य सम्मेलन के अध्यक्ष, बिहार हिन्दी

ग्रन्थ अकादमी के अध्यक्ष, बिहार संस्कृत अकादमी के अध्यक्ष, बिहार भोजपुरी अकादमी के अध्यक्ष—इन विविध रूपों में, किन्तु, उनका स्वरूप अध्यापक का ही था। वे स्वभाव से अध्यापक थे, व्यास थे। अन्तरविश्वविद्यालय बोर्ड के अध्यक्ष रहते हुए भी वे पटना विश्वविद्यालय के हिन्दी विभाग में स्वेच्छा से अध्यापन किया करते और कहते थे कि पढ़ाने का अर्थ है विषय को पानी कर देना। अर्थात्, पानी की तरह तरल, पानी की तरह साफ और पानी की तरह उपयोगी। मैंने 1947 से 1949 तक एम०ए० कक्षा में उनसे काव्यशास्त्र पढ़ा था। यह कहना अतिशयोक्ति नहीं बल्कि स्वभावोक्ति होगा कि काव्यशास्त्र पढ़ाने में वे अनन्वय के उदाहरण थे। मेरे जैसा जिज्ञासु शास्त्रार्थी उन्हें घर में वार्त्ताकार और कक्षा में वार्तिककार के रूप में पाता था। वार्त्तिक की परिभाषा है—"उक्तानुक्तदुरुक्तार्थव्यक्तिकारि तु वार्त्तिकम्।" अर्थात्, शास्त्र ने जो कहा, जो नहीं कहा और जो अपूर्ण कहा, वह सब स्पष्ट कर दे सो वार्त्तिक। काव्यशास्त्र पढ़ाया और शास्त्र को काव्य नहीं कर दिया तो क्या पढ़ाया? शर्माजी ऐसा सहज ही करते थे।

व्यक्तियों को नामसहित याद रखने का गुण शर्माजी में आश्चर्यजनक था। सन् 1946 में मैं बी०एन० कॉलेज, पटना, में बी०ए० फाइनल का छात्र था। और एक बार दुर्गापूजा की छुट्टी में बख्तियारपुर (पटना से 50 किलोमीटर पूरब) से राजगीर (मगध की प्राचीन राजधानी राजगृह) जानेवाली तत्कालीन लाइट रेलवे से द्वितीय श्रेणी में यात्रा कर रहा था। तब रेलवे में प्रथम, द्वितीय, इंटर और तृतीय —चार श्रेणियों के डब्बे हुआ करते थे। उस छोटे-से डब्बे में हम कुल चार यात्री थे और भारत की स्वतन्त्रता, अहिंसा, सत्याग्रह, कांग्रेस, मुस्लिम लीग आदि समसामयिक विषयों पर जोरदार बहस में लगे हुए थे। तभी एक सम्भ्रान्त दम्पती ने डब्बे में प्रवेश किया। पति रेशमी सूट में और पत्नी रेशमी साड़ी में। पीछे-पीछे एक किशोर नौकर, जिसकी गोद में तीन-चार महीने का बच्चा। बहस में मेरा सिक्का जमता जा रहा था। मेरी इच्छा पति महाशय को भी बहस में शामिल कर लेने की थी, लेकिन पति-पत्नी थे कि अपने में ही मगन और परिष्कृत हिन्दी में वार्त्तालीन! इधर हम चार हमसफरों में परिचय होने लगा तो संयोग से चारों बिहार के चार जिलों के निवासी निकले। मेरे मन में कुतूहल हुआ कि ये पति-पत्नी किस जिले के हैं कि आपस में भी खड़ी बोली का व्यवहार कर रहे हैं, हालाँकि उच्चारण इन का पछाँही नहीं है। ध्यान से सुनते-सुनते पत्नी के एक वाक्य के उच्चारण से लगा कि ये लोग निःसन्देह भोजपुरी भाषी हैं और सम्भवतः छपरा जिले के निवासी हैं। मैंने उन सज्जन से पूछ ही दिया—"माफ कीजिएगा, आप तो शायद छपरा जिले के हैं?" उत्तर में प्रतिप्रश्न हुआ—"आपने कैसे जाना?" मैं बोला—"शायद ये आपकी पत्नी हैं; इनके उच्चारण से अनुमान किया।" उन्होंने कहा—"आप ठीक

कहते हैं, मैं तो चम्पारण का हूँ लेकिन ये छपरा की हैं। परिचय पूछने पर उन्होंने बताया कि मेरा नाम देवेन्द्रनाथ शर्मा है, मैं पटना कॉलेज में हिन्दी का प्राध्यापक हूँ। फिर मेरा नाम-धाम मालूम किया। फिर तो सम्भ्रमवश में ऐसा चुप हुआ कि रास्ते भर कुछ बोला ही नहीं। इसके चार-पाँच महीने बाद पटना कॉलेज में हिन्दी-विभाग ने एक साहित्यिक सप्ताह आयोजित किया जिसमें सात दिनों तक विद्वानों का निबन्ध-पाठ हुआ। शर्माजी इसके आयोजक थे। अन्तिम दिन मैं भी एक साधारण श्रोता की भाँति सभा में गया था। छह-सात महीने बाद मैंने पटना कॉलेज में हिन्दी एम०ए० में प्रवेश लिया और एक मित्र मेरा परिचय कराने लगे तब शर्माजी ने तत्काल कहा—"मैं इन्हें जानता हूँ; विश्वनाथ सिंह। रेल-यात्रा में इनसे भेंट हुई थी। साहित्यिक सप्ताह के अन्तिम दिन ये आये थे और बायीं ओर कोने में बैठे थे।" मैं विस्मित रह गया।

एक घटना और! सन् 1959 में मेरे प्रिय शिष्य श्री तेजनारायण कुमार (अभी प्रोफेसर, डी०के० कॉलेज, डुमराँव, भोजपुर) हिन्दी एम०ए० के प्राइवेट परीक्षार्थी हुए। कक्षा की पढ़ाई से लाभान्वित कराने के विचार से उन्हें मैंने आचार्य देवेन्द्रनाथ शर्माजी के नाम एक अनुरोध-पत्र देकर मुजफ्फरपुर भेजा जहाँ उन दिनों वे बिहार विश्वविद्यालय में हिन्दी विभागाध्यक्ष थे। उनकी अनुज्ञा से तेजनारायणजी ने वहाँ एक महीने तक कक्षा में अध्ययन किया। शर्माजी से उनका उस समय व्यक्तिगत सम्पर्क नहीं हो सका और न बाद में ही कभी हुआ। इसके पन्द्रह-सोलह वर्ष बाद सन् 1974 या 75 में मेरे घनिष्ठ मित्र श्री गुलाबजी (महाकवि गुलाब खंडेलवाल) के एक गजल-संग्रह का विमोचन, बिहार के तत्कालीन राज्यपाल श्री जगन्नाथ कौशल द्वारा इंडियन मेडिकल असोसियेशन, पटना के भवन में हो रहा था। शर्माजी अध्यक्ष थे, मैं मुख्य वक्ता और प्रो० तेजनारायण कुमार एक साधारण श्रोता। सभा समाप्त होने पर जब हम मंच से नीचे उतरे तब तेजनारायणजी ने गुरुवर शर्माजी को प्रणाम किया और कहा "सर, मुझे तो नहीं पहचानते होंगे।" शर्माजी ने उत्तर दिया—"क्या कहते हैं तेजनारायणजी! मैं अपने शिष्यों को भूल सकता हूँ!"

छात्र-जीवन के अन्तिम चरण में मुझ पर पढ़ने, अधिक पढ़ने, और अधिक पढ़ने, सबसे अधिक पढ़ लेने की धुन सवार रहती थी। मेरा नवार्जित ज्ञान का ऊँट अपनी ऊँचाई की अतिरंजित धारणा से व्याकुल रहा करता। यह खैरियत ही हुई कि कभी किसी पहाड़ ने उसे उसके सही कद का अहसास नहीं करा दिया। एक बार पढ़ाते समय शर्माजी ने हिन्दी-काव्य में मंगलाचरण की पारम्परिक विधियों की चर्चा करते हुए बताया कि शृंगारिक काव्य होने के कारण 'अमरुशतक' के मंगलाचरण में कामदेव की वन्दना की गई है जो इस प्रकार है :

शम्भुस्वयम्भुहरयो हरिणेक्षानां
येनाक्रियन्त सततं गृहकुम्भदासाः ।
वाचामगोचरचरित्रविचित्रताय
तस्मै नमो भगवते कुसुमायुधाय ।।

मैंने इस श्लोक को भर्तृहरि के 'श्रृंगारशतक' में पढ़ा था। सो, अपने को रोक न सका और, भले ही थोड़े संकोच के साथ, लेकिन, कह ही दिया कि जहाँ तक मुझे स्मरण है यह श्लोक भर्तृहरि का है, अमरु का नहीं। दूसरा कोई शिक्षक क्षुब्ध हो जा सकता था लेकिन शर्माजी अत्यन्त प्रसन्न हुए। यह उनकी उदार शिष्यवत्सलता का ही आग्रह था कि अगले वर्ष के साहित्यिक सप्ताह में चुने हुए विद्वानों के साथ-साथ हम दो-तीन विद्यार्थियों को भी निबन्ध-पाठ का आमन्त्रण मिला। मेरा विषय था—'छायावाद और रहस्यवाद'। उन दिनों मेरा अवचेतन सम्भवतः यह मानता था कि हिन्दी-आलोचना के क्षेत्र में स्थापित प्रतिमाओं का मंजन किए बिना वह आसन उपलब्ध ही नहीं होगा जिस पर मेरी अपनी प्रतिभा आसीन होनेवाली है। अब यह समझता हूँ कि नयी पीढ़ी को पुराने पीढ़े का लालच नहीं करना चाहिए। तो, मैंने अपने निबन्ध में छायावाद सम्बन्धी सारी प्रचलित मान्यताओं का जमकर खंडन किया। जब मैं सभा में निबन्ध का पाठ कर रहा था तब उसके प्रभाव से सभा-भवन धीरे-धीरे पीछे से खाली होने लगा। यह देखकर मैंने जोर से और जल्दी-जल्दी पढ़ना शुरू किया। शर्माजी आयोजक थे। उन्होंने मंच के पास आकर फुसफुसाकर कहा—'धीरे-धीरे पढ़िए'। उनका संकेत गति कम करने की ओर था, मैंने स्वर की ऊँचाई कम कर दी। परिणाम यह हुआ कि निबन्ध केवल उन्हें सुनाई पड़ा जो उसके अधिकारी श्रोता थे और अगली कतारों में बैठे थे। जब मैं मंच से उतरा तो शर्माजी और अन्य गुरुजन मुझे बधाई दे रहे थे और उधर सभाभवन की जनसंख्या घटकर गुणीभूत हो गयी थी। थोड़ी ही देर में यह बोध हो गया कि मैं 'धीरे-धीरे' की श्लेष वक्रोक्ति का शिकार बन गया था। शर्माजी ने हमें पढ़ाया था कि अलंकार काव्य के शोभाकर धर्म होते हैं। लेकिन यह नहीं बताया कि कम-से-कम जीवन में उनका प्रयोग समझदारी से होना चाहिए। गुरुजन सब नहीं बताते, कुछ अनुभव से सीखने के लिए छोड़ दिया करते हैं। वस्तुतः जो ज्ञान मूर्ख बनकर प्राप्त होता है वह स्वार्जित ज्ञान है और अनुभवजन्य होने के कारण याचित ज्ञान की अपेक्षा श्रेष्ठ है। ऐसे ही ज्ञान को बोध कहते हैं। अस्तु ! वह निबन्ध आचार्य देवेन्द्रनाथ शर्मा के सम्पादन में प्रकाशित 'छायावाद और प्रगतिवाद' नामक निबन्ध-संग्रह का पहला निबन्ध हुआ और उसके पाठकों की प्रशंसा ने उसके श्रोताओं की उपेक्षा को उपेक्षित कर दिया। कुछ स्नेह से, कुछ विनोद से और कुछ अकारण, उन्होंने मुझे एक विशेषण दे रखा था

—'पंडित पछाड़'। हिन्दी एम० ए० की परीक्षा में प्रथम श्रेणी में प्रथम आने के बाद मैं उनसे एक व्यक्तिगत प्रमाणपत्र (testimonial) के लिए मिला तो उन्होंने लिखा था—It is not only a matter of privilege but of pride too to be the teacher of such a rare prodigee. पढ़कर गर्व और संकोच की मिलित अनुभूति में मैं खड़ा-का-खड़ा रह गया। सिर न उठ सका न झुक सका। उर्दू वाले इसे ज़र्रानवाज़ी कहेंगे। मैं क्या कहता ! मेरे पास शब्द कहाँ था ?

मेरी साहित्यिक सम्भावनाओं की विस्तारित अवधारणा करके और उससे असम्भाव्य अपेक्षायें करके जिन गुरुजनों और मित्रों ने मेरी अपनी प्रतिभा को मेरे ही कृतित्व के लिए चिर-स्पृहणीय बना दिया उनमें गुरुवर शर्माजी प्रथम थे। कुछ तो अपनी ही काल्पनिक छवि के भय से, या कहें, उसका आभोग छिन जाने की आशंका से, मैं साहित्य के क्षेत्र में आत्मसंकुचित रह गया। लेकिन शर्माजी अपने आकलन से कभी विचलित नहीं हुए। अपनी प्रसिद्ध पुस्तक 'अलंकार-मुक्तावली' के संशोधित संस्करण के समय उन्होंने मुझसे कुछ सुझाव देने को कहा। यह गौरव उन्होंने और किसी को नहीं दिया। और मेरे कई सुझावों को बड़े स्नेह से स्वीकार किया। केवल दो बिन्दुओं पर विमर्श परिस्थितिवश अधूरा रह गया था। एक था अभंगश्लेष का उदाहरण और दूसरा काकुवक्रोक्ति का। अभंगश्लेष का उदाहरण, जो पारम्परिक भी है, इस प्रकार था :

रहिमन पानी राखिए, बिन पानी सब सून।
पानी गये न ऊबरैं, मोती मानुस चून ।।

'साहित्य दर्पण' की परिभाषा के अनुसार, श्लेष में अनेकार्थक शब्द से अनेक अर्थों का अभिधान, अर्थात् अभिधा द्वारा कथन, होना चाहिए। यहां 'पानी' के तीन अर्थ हैं—कांति, प्रतिष्ठा और जल—जिनमें प्रथम दो लक्षणा से प्राप्त होते हैं और केवल अन्तिम एक अभिधा से। अतः मेरी समझ में यहाँ श्लेष नहीं है।

काकुवक्रोक्ति का उदाहरण—यह भी पारम्परिक ही है—इस प्रकार था :

मैं सुकुमारि नाथ बन जोगू।
तुम्हहिं उचित तप मो कहुं भोगू ।।

'साहित्यदर्पण' की परिभाषा के अनुसार, काकुवक्रोक्ति में वक्ता का वाक्य श्रोता द्वारा काकु के सहारे भिन्न अर्थ में गृहीत होता है। इस उदाहरण में मेरे विचार से केवल काकु है, वक्रोक्ति नहीं। यहाँ श्रोता का उल्लेख ही नहीं है, और सीता के इस कथन में ही काकु है, और फिर उसका राम द्वारा भिन्न अर्थ किया भी नहीं गया है।

लेकिन विमर्श अधूरा रह जाने के कारण ये और ऐसे कई उदाहरण हिन्दी के अलंकार-ग्रन्थों में अभी चल रहे हैं।

सन् 1985 में अखिल भारतीय भोजपुरी साहित्य सम्मेलन का नवाँ अधिवेशन राँची में हो रहा था। उसमें आयोजित भाषा-गोष्ठी का विषय था --भोजपुरी-वर्त्तनी। मुझे निबन्ध-पाठ द्वारा विषय-प्रवर्त्तन करना था। आचार्य शर्माजी गोष्ठी के अध्यक्ष थे। अत्यन्त संकोचपूर्वक प्रस्तुत किए गए उस साधारण निबन्ध की शर्माजी जैसे सुप्रसिद्ध भाषाशास्त्री ने भूरि-भूरि प्रशंसा की। उनके आग्रह से वह निबन्ध थोड़ा परिवर्धित होकर 'मानक भोजपुरी-वर्त्तनी' के नाम से पुस्तक-रूप में प्रकाशित हुआ और शर्माजी ने 'आमुख' लिखकर उसे गौरव प्रदान किया। इसी प्रकार छात्र-जीवन में प्रकाशित मेरी आलोचना-पुस्तक 'निर्गुण-धारा' की 'अवतरणिका' लिखकर शर्माजी ने उसे सम्मान का अधिकारी बना दिया था।

हाल की बात है। आचार्य देवेन्द्रनाथ शर्मा बिहार अन्तरविश्वविद्यालय बोर्ड के अध्यक्ष थे। राज्य के सभी विश्वविद्यालयों के कुलपति इसके पदेन सदस्य होते हैं। बिहार के विश्वविद्यालयों में 1988 से लागू होने वाले नये त्रिवर्षीय स्नातक पाठ्यक्रम के लिए विनियम (regulations) तैयार करने की समस्या आयी तो शर्माजी ने मुझे वह कार्यभार सौंपा। बोर्ड की कई बैठकों में मेरे प्रारूप पर विचार हुआ। मैं विशेष आमन्त्रण पर उन बैठकों में सम्मिलित हुआ था। सदस्यों द्वारा प्रस्तुत संशोधनों का खंडन करने में, अतिथि होने के कारण, मैं कुछ अधिक संयम से काम ले रहा था। मुझे यह देखकर बड़ी कृतज्ञता का अनुभव हुआ कि शर्माजी ने कई स्थलों पर मेरे प्रारूप के पक्ष में अपनी सम्मति व्यक्त की और उसे प्रायः ज्यों-का-त्यों स्वीकृत कराया।

लेकिन उनके प्रति अपनी जिस कृतज्ञता का ज्ञापन किए बिना मुझे सन्तोष नहीं होगा वह बिहार राज्य के विश्वविद्यालय प्रधानाचार्यों के वेतनमान-निर्धारण के प्रसंग में है। इसमें उनके प्रभावशाली व्यक्तित्व का लाभ मुझे ही नहीं, राज्य के सभी प्रधानाचार्यों को मिला। विश्वविद्यालय अनुदान आयोग ने सन् 1973 से देश के विश्वविद्यालयों के सभी कोटियों के शिक्षकों के लिए नये वेतनमान अनुशंसित किए थे जिनमें प्रधानाचार्यों के लिए रीडर और विश्वविद्यालय प्रोफेसर, दोनों के वेतनमानों का उपबन्ध था और कालेज-विशेष के कार्यभार के आधार पर राज्य सरकार द्वारा यह विनिर्धारित किया जाना था कि विश्वविद्यालय प्रोफेसर का वेतनमान किसे दिया जाय। राज्य सरकार ने इन अनुशंसाओं को सिद्धान्ततः स्वीकार कर लिया था, लेकिन प्रधानाचार्यों को प्रोफेसर का न्यायतः प्राप्य वेतनमान नौकरशाही और कुलपतियों के सम्मिलित उपेक्षा-भाव के कारण नहीं मिल पा रहा था। किसी विदग्ध व्यक्ति ने ठीक ही कहा है कि

when you do not want to agree with something you say that you agree with it in principle (यदि आप किसी बात को नहीं मानना चाहते तो कह दीजिए कि मैं इसे सिद्धान्ततः स्वीकार करता हूँ)। मैं मगध विश्वविद्यालय प्रधानाचार्य संघ और बिहार राज्य विश्वविद्यालय प्रधानाचार्य महासंघ के अध्यक्ष के रूप में लगातार दस वर्षों से इसके लिए संघर्ष कर रहा था। यह शर्माजी का प्रभाव और उनका अनुग्रह था कि उन्होंने अन्तरविश्वविद्यालय बोर्ड के अध्यक्ष के रूप में मुख्यमन्त्री, राज्यपाल और शिक्षा-विभाग के शीर्षस्थ अधिकारियों को न्याय के पक्ष में आकृष्ट किया और कुलपतियों की विरोधी मुद्रा के बावजूद उन्हीं से इसके लिए उपयुक्त परिनियम (statute) पारित कराया। उसके अनुसार बिहार राज्य के विश्वविद्यालय-प्रधानाचार्यों को भूतलक्षी प्रभाव से 1973 से ही प्रोफेसर का वेतनमान मिल गया जिसके वे न्यायतः अधिकारी थे। चौदह वर्ष पहले से प्रभावी वेतनमान मिल जाय, और वह भी किसी उग्र संघर्ष के बिना, केवल विचार-विमर्श और तर्क-वितर्क से—ऐसा शिक्षक-आंदोलन के इतिहास में कभी हुआ नहीं था। गुरुवर शर्माजी की सहृदयता, न्यायप्रियता और शिष्यवत्सलता से ऐसा असम्भव भी संभव हो गया।

आचार्य शर्मा के साथ शिक्षक के रूप में काम करने का अवसर मुझे नहीं मिला। शायद इसीलिए, जिन संस्थाओं में उनके साथ रहा, शिष्य ही बना रहा। बिहार हिन्दी साहित्य सम्मेलन के वे अनेक वर्षों तक अध्यक्ष रहे, मैं उसकी कार्यसमिति का सदस्य था। अखिल भारतीय भोजपुरी साहित्य सम्मेलन के पाँचवें अधिवेशन की अध्यक्षता उन्होंने की, मैं उसका उपाध्यक्ष था। भोजपुरी अकादमी के वे अध्यक्ष थे, और मैं उसकी कार्यसमिति का सदस्य था। इन विविध रूपों में उनसे कितना कुछ सीखा है! उनका निश्छल स्नेह तो जीवन की धरोहर है। जब उन्होंने मोतिहारी में अखिल भारतीय भोजपुरी साहित्य सम्मेलन के अधिवेशन की अध्यक्षता की तब मैं वहाँ नहीं जा सका था। लेकिन जब मैं बोकारो में दसवें अधिवेशन की अध्यक्षता कर रहा था तब वे केवल आशीर्वाद देने के लिए समय निकालकर वहाँ गए। ऐसा और कौन करेगा?

आचार्य देवेन्द्रनाथ शर्मा का कृतित्व अभी जाग्रत था। उनकी लेखनी थकी नहीं थी। यह विधि की विडम्बना ही है कि उनकी लोकयात्रा का पूर्णविराम तभी हो गया जब उनके वाक्य में अभी भविष्य की आकांक्षा शेष थी :

बड़े गौर से सुन रहा था ज़माना।
तुम्हीं सो गये दास्ताँ कहते-कहते॥

आचार्य देवेन्द्रनाथ शर्मा वर्तमान नहीं रहे, अतीत हो गए हैं। लेकिन वे कभी व्यतीत नहीं होंगे। नहीं रहकर भी वे हैं और बने रहेंगे।

अकसर याद आते हैं सर

रवीन्द्र राजहंस

जिस चीज की कमी बार-बार खटके वह अवश्य मूल्यवान् और महत्त्वपूर्ण होती है। किसी की स्मृति बार-बार कौंधे तो निस्संदेह वह स्मरणीय, प्रिय और परम आदरणीय होता है। ऐसे ही थे हमारे 'सर', आचार्य देवेन्द्रनाथ शर्मा। जिन्हें मैं, शिष्य न होने पर भी गुरु-तुल्य मानता था और सहज भाव से 'सर' कहा करता था, चूँकि उनके समक्ष आप से आप सिर झुक जाया करता था। मुझे उनकी कक्षा में बैठकर उनको सुनने का सौभाग्य नहीं मिला, क्योंकि जब मैं पटना कॉलेज में छात्र था, तब वे वहाँ नहीं पढ़ाते थे। औरों से उनकी प्रशंसा सुनता था। संभवतः सन् 56-58 में वे बिहार विश्वविद्यालय में थे।

साहित्यिक आयोजनों में उन्हें सुनने का अवसर, 1970 में पटना आ जाने पर, बराबर मिलता रहा। जब भी मैं उन्हें सुनता उनको और सुनने का मन करता। इसके दो प्रमुख कारण थे: एक, वे औसत हिन्दी प्राध्यापक से भिन्न प्रकार के प्राणी लगते थे बेहद चुस्त-दुरुस्त, आधुनिक, प्रेजेन्टेबुल; दो, अत्यन्त वाक्-पटु, व्यवहार-कुशल और समय के पाबन्द। वे मुझे, एक और गुण के चलते बेहद पसंद आते थे। वे अत्यंत गुणग्राही थे और अपने से बड़ों का सम्मान करने के साथ-साथ अपने से छोटों का भी समादर करना जानते थे।

वे निश्चित रूप से हिन्दी के उन मठाधीशों से भिन्न थे जो स्थानीय मेधा और प्रतिभा की जान बूझकर उपेक्षा करते हैं। चूंकि वे 'वाद' ग्रसित नहीं थे अतः हिन्दी के हर नये रचनाकार को सुनना-समझना चाहते और उनके विषय में, समय मिलने पर, कुछ लिखना चाहते पर बाद के वर्षों तक प्रशासकीय व्यस्तता के कारण वह 'व्यावहारिक आलोचना' के क्षत्र में कोई उल्लेखनीय कार्य नहीं कर पाये। जब वे ऐसा करने को मन बना रहे थे तभी हमारे बीच से अचानक उठ गये।

आज से दस वर्ष पूर्व मैं नाला रोड में रहता था। एक दिन उनका पुर्जा लेकर उनका एक दूत मेरे पास आया—"चि० रवीन्द्र मैं 'शिकागो क्रिटिसिज्म' पर

तुम्हारा शोध-ग्रंथ पढ़ना चाहता हूँ। इसलिए तत्काल उसे भेज दो, सुरक्षित उसे वापस लौटा दूँगा।" इसके पूर्व किसी सहकर्मी ने मेरे शोध-कार्य में कोई रुचि नहीं दिखाई थी—चाहे वे अंग्रेजी विभाग के रहे हों अथवा हिन्दी विभाग के। आचार्यजी ने अँग्रेजी की नई आलोचना-पद्धतियों का गहरा अध्ययन किया था, और वे इस क्षेत्र में अद्यतन होना चाहते थे। बाद में मुझे मालूम हुआ कि वे मेरा शोध-प्रबन्ध पटना से आगरा तक की रेल-यात्रा में पढ़ गए थे। वापस लौटने पर उन्होंने आग्रह किया था कि मैं उसे किसी अच्छे प्रकाशन संस्थान से छपवाऊँ।

मेरी व्यंग्य कविताएँ उन्हें प्रिय थीं। कई काव्य-गोष्ठियों में वे तब तक रुके रहते थे जब तक मैं काव्य-पाठ नहीं कर लेता। वे स्वयं तो मेरी नई-पुरानी रचनाएँ सुनते ही थे और चाहते थे अन्य सहृदय लोग भी उनसे परिचित हों। इसी क्रम में एक बार उन्होंने नेपाल के एक कवि-राजदूत को मेरी कविताएँ 'होटल सत्कार' (पटना) में मुझे विशेष रूप से आमंत्रित कर सुनवाई थीं। ऐसी घटनाएँ अब कम घटित होती हैं। संवादहीनता की हद तक पहुँचे हुए पटना के साहित्यिक सन्नाटे में ऐसी पहल करने वाले व्यक्तित्व अब नहीं के बराबर हैं। साहित्यिक छुआछूत को बढ़ावा देनेवाला प्रगतिशील खेमा अपनी नाक की सीध के आगे अथवा अगल-बगल कुछ देखता ही नहीं। उनके द्वारा जो रचा जा रहा है चाहे वह कितना भी औसत दर्जे का क्यों न हो सार्थक प्रयास है। आचार्य देवेन्द्रनाथ शर्मा इसके विपरीत हर सार्थक रचनाकार को सराहने के लिए प्रस्तुत रहते थे।

आचार्य शर्मा के भाषणों में शायद ही मैंने कभी विषयान्तर होते पाया हो। वे बड़े सजग वक्ता थे और हमेशा अपने श्रोताओं को ध्यान में रखकर भाषण करते थे। कब कितना बोलना चाहिए इसके वे आदर्श थे। शायद ही वे भावावेग में भटके हों कभी।

वे उन हिन्दी विद्वानों में थे जिन्होंने राष्ट्रीय स्तर पर अपनी पहचान बनाई थी। धीरे-धीरे ऐसे हिन्दी-विद्वानों की हमारे प्रदेश में कमी होती जा रही है जिन्होंने अखिल भारतीय स्तर पर ख्याति अर्जित की हो।

जहाँ भी वे होते बड़े दम-खम के साथ रहते। एक अजीब ठस्सा था उनके व्यक्तित्व में। विश्वविद्यालय सेवा से अवकाश प्राप्त करने पर भी वह कभी 'रिटायर्ड प्रोफेसर' लगे नहीं। वही चुस्ती बरकरार रही जब वे अन्य पदों पर आसीन रहे। उसी तरह देर-देर तक खटना, समस्याओं से जूझना-निपटना उनका जारी रहा। उनके रहन-सहन का एक स्तर था जिसके नीचे वे कभी उतरे नहीं। उनकी जीवन-शैली में एक अनोखी संभ्रांतता थी जो दुर्लभ बनती जा रही है अब।

मृत्यु से कुछ माह पूर्व बाँकीपुर क्लब में एक भोज में उनसे भेंट हुई थी। उस दिन उनके गोरे ललाट पर सिंदूर का तिलक था। बड़ा जँच रहा था उन्हें। मैंने कहा—"सर, आप ऐसा ही टीका किया कीजिए, बड़ा मांगलिक लगता है। आज तो आप बड़े तरोताजा दिख रहे हैं।" यही अंतिम दर्शन था मेरा उनके सौम्य रूप का।

वाग्देवता के अवतार : आचार्य देवेन्द्रनाथ शर्मा

सुरेन्द्रनाथ दीक्षित

विदुषांवरेण्य आचार्य देवेन्द्रनाथ शर्मा बिहार प्रदेश की उन महान् विभूतियों में से थे, जिन्होंने अपनी प्रखर मेधा, अगाध विद्वत्ता, ओजस्वी वाग्मिता और सुरुचिपूर्ण संस्कारी व्यक्तित्व से भारत के विशाल मानचित्र पर बिहार को एक विशिष्ट गरिमा प्रदान की थी। वे बहुभाषाविद् थे। साहित्य-सर्जन में बहुमुखी प्रतिभा के धनी थे। पारंपरिक भारतीय काव्यशास्त्र के कुशल प्रणेता और व्याख्याता थे। भामह के काव्यालंकार जैसे प्रारंभिक अलंकार ग्रंथ का अपने चिंतन एवं गवेषणापूर्ण टिप्पणियों के साथ उन्होंने हिन्दी में सुतरां बोधगम्य अनुवाद किया था। उनकी अलंकार मुक्तावली अभी भी पचास वर्षों से अलंकार-शास्त्र का अध्ययन करने वाले छात्रों के बीच यथावत् लोकप्रिय बनी हुई है। भारतीय काव्यशास्त्र के वे पारंगत विद्वान थे। 'पाश्चात्य काव्यशास्त्र' की रचना करके उन्होंने पाश्चात्य काव्यचिंतन पर भी अपना असाधारण अधिकार सिद्ध किया। भाषाविज्ञान के वे निष्णात प्रामाणिक प्रवक्ता थे। उन्होंने अनेक एकांकी-नाटकों की रचना की, जो रेडियो से प्रसारित हुए और उनका मंचन भी हुआ। सर्वोपरि वे निपुण अध्यापक और कई विषयों के कुशल धाराप्रवाह प्रवक्ता थे। अब ऐसा विशिष्ट, गरिमापूर्ण, सम्मोहक व्यक्तित्व का धनी, सुतरां मानवीय गुणों से विभूषित सरल, निश्छल, मार्गदर्शक, साहित्य मनीषी, वाग्देवता का अवतार, सारस्वत साधना का ज्योतिपुरुष कहाँ मिलेगा ? सच तो यह है कि ऐसी इन्द्रधनुषी विभूतियाँ कभी-कभी ही देश और समाज के पुण्यबल से, विधाता के प्रसाद से आविर्भूत होती हैं। सतरंगी किरणों का आलोक विकीर्ण कर वे उसी विराट् तत्व में सहसा विलीन तो हो जाती हैं, पर उनकी द्विगुणित आभा मार्ग-दर्शन के लिए शेष रह जाती है। सो आचार्य देवेन्द्रनाथ शर्मा हमारे बीच पार्थिव रूप में नहीं हैं, पर उन्होंने जिन गौरवशाली कृतियों का अवदान दिया, जिस गौरवपूर्ण जीवन-शैली में जीने की कला की शिक्षा दी—वे अभी भी इस मूल्यहीन, आपाधापी से भरे,

अंधकाराच्छन्न युग में—मार्ग-दर्शन कर रहे हैं, करते रहेंगे।

उनके तेजोमय व्यक्तित्व ने मुझ जैसे साहित्य के विद्यार्थी को सम्मोहित और अनुप्रेरित किया था। मुझे उनका छात्र और कनिष्ठ सहयोगी होने का सौभाग्य मिला और लेखक के रूप में मार्ग-दर्शन पाने का भी। मैं उनके संपर्क में 1945 में आया, जब वे पटना कॉलेज के हिन्दी-विभाग के अध्यापक थे। वे संस्कृत विभाग में बाणभट्ट विरचित हर्षचरित जैसे क्लिष्ट ऐतिहासिक गद्यकाव्य को किस सरलता और सजीवता से पढ़ाते थे, वह आज भी, लगभग आधी शताब्दी के बाद तद्वत् स्मरण है। वे प्रायः अपने व्याख्यानों में इस बात को बार-बार रेखांकित करते थे—अध्यायक का काम केवल निर्धारित पाठ्य-ग्रंथ को पढ़ाना नहीं, अपितु उस विषय में रुचि को जागरित करना है कि व्यक्ति स्वयं अध्ययन के प्रति पूरी निष्ठा के साथ समर्पित रहे। तेरह-चौदह वर्षों के अंतराल के बाद 1958 के अंत में मैं जब राँची कॉलेज से लंगट सिंह महाविद्यालय के हिन्दी-विभाग में आया तो वे वहाँ अध्यक्ष थे। मैंने बहुत गहराई से उनके सम्मोहक व्यक्तित्व को देखा, समझा और अपने भीतर महसूस किया। उनमें एक अन्तर्दृष्टि थी व्यक्ति को परखने की और यदि उसमें किंचित् भी साहित्य-सर्जन की क्षमता और प्रतिभा हो तो उसे प्रेरणा और अनुभव की 'स्नेहदीप्ति' दिए बिना वे नहीं रहते थे। मुझे स्मरण है कि मुजफ्फरपुर के कार्यकाल में दो कृतियों की रचना के लिए उन्होंने मुझे अनुप्रेरित ही नहीं किया, उनके प्रकाशन की व्यवस्था भी की। मैं जब अपना शोधग्रंथ 'भरत और भारतीय नाट्यकला' तैयार कर रहा था, तो पटना विश्वविद्यालय में आ जाने के बावजूद अपने आवास पर बुलाकर उन्होने पूरे ग्रंथ को सुना और बहुमूल्य सुझाव देकर उसका महत्व बढ़ाया।

भारतीय हिन्दी परिषद् के वे अध्यक्ष थे। उसके आयोजनों में उत्साह से भाग लेते और अपने सहयोगियों से शोध निबन्ध लिखवाकर वहाँ विद्वानों के बीच साहित्य-गोष्ठियों में पाठ करवाते। सार्वजनिक रूप से अपने सहयोगियों को प्रोत्साहित करते और प्रशंसा कर सम्मान देते थकते नहीं। अब ऐसे उदारहृदय, प्रसन्नता से लबालब भरे मार्गदर्शक शिक्षक और सहयोगी कहाँ मिलेंगे?

विद्वद्गोष्ठियों और साहित्य-सभाओं में उनका भाषण सुनना अत्यन्त रोचक, अविस्मरणीय अनुभव होता था। कैसा भी विषय हो, बस वह प्रसन्नवदन साफ-सुथरी वेशभूषा में, जब रोचक शैली में विषय का उपस्थापन करते तो मन करता, शांत भाव से घंटों, अविराम सुनते ही रहें। कहीं थकावट का जरा भी चिह्न नहीं। प्रफुल्लता से वाग्धारा भावों और विचारों की अमृत हिलोरें उठाती एक अजीब विस्मय-विमुग्धकारी प्रभाव मन पर छोड़ जाती। अब वैसी हृदयग्राही वाग्मिता कहाँ सुनने को मिलेगी? वह उसी प्रातिभ व्यक्तित्व की किरणें थीं, मृत्यु देवता ने सदा के लिए उन्हें हमसे छीन लिया। हम उनके बिना कितना अकिंचन

हो गए ! हमारी साहित्य सभाएँ, विद्वद्गोष्ठियाँ उनके बिना कितनी उदास और निरानंद लगेंगी ! विद्वत्तर आचार्य देवेन्द्रनाथ शर्मा सारे भारत के विश्वविद्यालयों में हिन्दी भाषा, साहित्य-चिंतन और कलासम्बन्धी विषयों पर पिछले तीन दशकों से घूम-घूमकर व्याख्यान देते और भारत के पूरे बौद्धिक समाज में उन्होंने भाषा-विज्ञान, साहित्य, कला और शाश्वत लेखन के प्रति जागृति की एक लहर पैदा कर दी थी। इस रूप में समकालीन भारतीय भाषा के अधिकारी विद्वानों में एक विरल व्यक्तित्व थे वे, जिन्हें यह प्रतिष्ठा प्राप्त थी। साहित्य का चिंतन, मूल्यांकन और सर्जन उनके जीवन का व्यवसाय नहीं, जीवन की अविराम साधना थी, तपस्या थी।

आचार्य देवेन्द्रनाथ शर्मा अपनी प्रकांड विद्वत्ता, कुशल प्रशासन-क्षमता और उज्ज्वल चारित्र्य के कारण दो (संस्कृत एवं पटना) विश्वविद्यालयों के कुलपति हुए, हिन्दी ग्रंथ अकादमी, संस्कृत अकादमी के अध्यक्ष रहे, अंतरविश्वविद्यालय बोर्ड के अध्यक्ष भी। पर अपनी सूझ-बूझ, आर्थिक पवित्रता और बेलौस व्यवहार से उन्होंने इन पदों को अपने कार्यकाल में नया अर्थ दिया, नयी गरिमा प्रदान की। उन पदों को उन्होंने विभूषित किया। वे ऊँचे पद उनके व्यक्तित्व से महिमामंडित हुए।

आज ऐसा प्रातिभ ज्योतिपुरुष जब हमारे बीच नहीं है, उनकी गौरवशाली कृतियाँ, उनकी गरिमापूर्ण-शैली, उनकी अगाध पर निरभिमान विद्वत्ता, प्राजल प्रसन्न वाग्धारा पीढ़ियों तक शिक्षाविदों, साहित्यकारों, साहित्यमनीषियों और भाषाविदों का पथ आलोकित करती रहेंगी। उनकी पवित्र प्रेरक स्मृति हमारे देश, प्रदेश, समाज और साहित्य की अमूल्य निधि है, जिसे हम सजा कर रखें और उसके आलोक में कला और चिंतन की यात्रा अविराम जारी रख कर ही उस महान् विभूति को सच्ची श्रद्धांजलि दे सकते हैं।

हिन्दी के आचार्य और महान साहित्यकार : शर्माजी

उदयराज सिंह

मैं आचार्य देवेन्द्रनाथ शर्मा को तब से जानता था जब वह आचार्य कहकर नहीं पुकारे जाते थे। शर्माजी अपने दोनों प्राध्यापकों—स्व० डॉ० विश्वनाथ प्रसाद तथा डॉ० धर्मेन्द्र ब्रह्मचारी शास्त्री के प्रिय-पात्रों में से थे और मैं उनसे उनकी बहुत प्रशंसा सुना करता था। वे दोनों उनकी प्रतिभा से बड़े प्रभावित थे। और मेरे पिताजी (स्व० राजा राधिकारमण सिंह) से उनकी तारीफ़ जब भी मिलते तो अक्सर किया करते। मैं पिताजी के साथ विश्वनाथ बाबू के यहाँ जाया करता था और चूँकि मेरे पिता पटना विश्वविद्यालय के सिनेट के मनोनीत सदस्य थे—विश्वविद्यालय सम्बन्धी बातें उन दोनों में बहुत देर तक होती रहतीं।

1946 में जब पटना के महेन्द्रू मुहल्ले में अशोक प्रेस की स्थापना हुई तो मेरी वहाँ एक नये सज्जन पं० रामधार शर्मा से भेंट हुई जिन्हें विश्वनाथ बाबू, शास्त्रीजी तथा श्री देवेन्द्रनाथ शर्मा—तीनों से खूब घनिष्ठता थी और वे उनके प्रिय-पात्र भी थे। उनसे जान-पहचान के बाद मैं शर्माजी के और भी निकट आ गया। युवक श्री देवेन्द्रनाथ शर्मा के सान्निध्य में मुझे पता चला कि यह युवा साथी इस उम्र में ही कितना ज्ञान बटोरे हुए है और इसका भविष्य कितना उज्ज्वल तथा बुद्धि कितनी प्रखर है। यह युवक मुझसे उम्र में ही बड़ा नहीं था, मेधा और ज्ञान में भी कहीं आगे था।

1950 में 'नई धारा' का जन्म हुआ तथा श्री देवेन्द्रनाथ शर्मा 'नई धारा' के नियमित लेखक बन गए। उन्हें बेनीपुरीजी का भी प्यार पाने का सौभाग्य प्राप्त था। बेनीपुरीजी बेतकल्लुफ व्यक्ति थे और रिक्शे पर शर्माजी के यहाँ पहुँच जाते तथा उनसे 'नई धारा' के लिए रचना लिखवा लाते। उन दिनों उनका नाटक 'शाहजहाँ के आँसू' भी प्रकाशित हुआ था जिसका हिन्दी संसार ने खुलकर स्वागत किया, उसकी समीक्षाएँ 'नई धारा' में भी छपीं और कई जगह मंच पर सफल अभिनय भी हुआ।

विश्वनाथ बाबू आगरा चले गए, शास्त्रीजी बिहार शिक्षा विभाग में स्थानांतरित हो गए तो नलिनजी और शर्माजी का बिहार के हिन्दी प्राध्यापकों में अच्छा नाम हुआ। शर्माजी राजासाहब को पटना कालेज की सभाओं में ले जाते—साथ में मैं भी जाता और राजासाहब का भाषण तथा शर्माजी की टिप्पणियाँ श्रोताओं का मन मोह लेतीं। इसी बीच शर्माजी को विदेश भी जाना पड़ा शोध करने तथा रूसी भाषा का अध्ययन करने।

विदेश में भी उनकी प्रतिभा का सम्मान हुआ—लौटने पर भारत के विश्वविद्यालयों के शीर्षस्थ हिन्दी प्राध्यापकों में उनकी गणना होने लगी। फिर नलिनजी के आकस्मिक निधन के बाद वह बिहार के एक मात्र हिन्दी के आचार्य थे जिनका बहुत निकट सम्बन्ध देश के सभी राज्यों के विश्वविद्यालयों के हिन्दी विभागों से था। उधर देश के हिन्दी जगत् में उनकी यश: पताका फहरायी इधर बिहार सरकार उनसे विश्वविद्यालय सेवा में और भार वहन करने का अनुरोध करने लगी। बिहार सरकार के इसरार पर उन्हें पटना विश्वविद्यालय के कुलपति का भार वहन करना पड़ा।

आजकल कुलपति का भार लेना काँटों का ताज पहनने जैसा है। कभी विद्यार्थियों का आन्दोलन तो कभी कर्मचारियों का धरना और भूख हड़ताल। कभी कुलपति के कमरे में ताला लगा दिया गया तो कभी परीक्षा-हाल में गोली चल गई। सारा विश्वविद्यालय जगत् ही आज मोर्चेबन्दी तथा किलेबन्दी का अखाड़ा हो रहा है।

ऐसी विषम परिस्थिति में बहुत हिम्मत कर शर्माजी ने इस पद को स्वीकारा और जब पद स्वीकार ही कर लिया तो बड़ी खूबी से उसे निबाह भी दिया। जहाँ तक मुझे याद है, उनके कार्यकाल में कोई अप्रिय घटना नहीं घटी थी। सरकारी कार्यों में व्यस्त रहते हुए भी उनका हिन्दी लेखन तथा शोधरत छात्र-छात्राओं को निर्देशन या हर राज्य के विश्वविद्यालयों में जाकर शोधार्थियों की परीक्षा लेने का कार्य कभी रुका नहीं।

देश की अनेकों हिन्दी संस्थाओं से वह सदा जुड़े रहे और उनका भी भार वहन किए रहते। बिहार हिन्दी साहित्य-सम्मेलन के वह वर्षों सभापति रहे, बिहार हिन्दी ग्रन्थ अकादमी के अध्यक्ष रहे, बिहार सरकार द्वारा स्थापित भोजपुरी अकादमी के भी अध्यक्ष रहे और केन्द्र सरकार की अनेक हिन्दी समितियों से अन्त-अन्त तक जुड़े रहे। उन कार्यों में उलझे रहकर भी उनकी दृष्टि कभी धूमिल नहीं हुई।

किसी भोजपुरी सभा में अध्यक्ष-पद से बोलते हुए पटना के श्रीकृष्ण स्मारक भवन के विशाल हाल से उन्होंने यह घोषित किया—"मतगणना होने जा रही है। देखिए, आपकी दृष्टि धूमिल पड़ने न पाए—अपनी मातृभाषा के रूप में आप

हिन्दी का ही नाम देंगे—भोजपुरी का नहीं। हिन्दी है तो उसकी सभी भगिनी भाषाएँ भी जीवित हैं—वरना आप यदि भोजपुरी लिखा देंगे तो हिन्दी का बड़ा अहित हो जाएगा। हिन्दी पर संकट के बादल गहरा रहे हैं और गणतंत्र में नम्बर ही गिने जाते हैं।"

उस सभा में मैं भी एक श्रोता था और मैंने देखा कि श्रोताओं पर इस भाषण की मिश्रित प्रतिक्रिया हुई मगर बुजुर्गों को ऐसी सभा में जो सीख देनी चाहिए वही शर्माजी ने दी। कभी भी अपने लक्ष्य से वह जरा भी हिले-डुले नहीं।

एक जगह कुछ साहित्यकारों की बैठक जमी हुई थी। चर्चा राजा साहब पर भी छिड़ गयी तो शर्माजी ने झट अपनी राय व्यक्त कर दी—"देखिए, भाषा लिखना और बोलना तो सबको आता है मगर किस शब्द पर कितना जोर दिया जाए, कौन वाक्य कैसे बोला जाए, कौन शेर कब और कैसे पढ़ा जाए—यह कला तो कोई राजासाहब से सीखता। ऐसा अनूठा व्यक्तित्व था उनका।" तो मैंने सोचा कि यह कला तो शर्माजी खूब जानते हैं और उनके भाषण इतने आकर्षक होते रहे कि श्रोता किसी भी सभा में, उन्हें पूरा सुनकर ही उठते थे। मैं भी उन्हीं में से एक था।

आचार्य देवेन्द्रनाथ शर्माजी की विद्वत्ता पर कुछ ज्यादा लिखना मेरे बूते की बात नहीं। हिमालय और एक राई में क्या तुलना ? वह महान व्यक्ति बिहार का एक मात्र विद्वान् था जिसे भारतीय ज्ञानपीठ पुरस्कार की प्रवर समिति की सदस्यता प्राप्त थी और जो भारत की सभी भाषाओं की जाने कितनी पुस्तकों में से केवल एक उस पुस्तक को चुनता था जिसे ज्ञानपीठ पुरस्कार दिया जाता था। ऐसे बड़े विद्वान् का जन्म बिहार में हुआ इससे हम अपने को बहुत गौरवान्वित समझते हैं।

जीवन के अन्तिम चरण में शर्माजी उस स्तर के महापुरुष बन गए थे जिसे केवल साहित्यिक समाज में ही नहीं, अन्य गैर-साहित्यिक सभाओं में भी सादर निमंत्रित किया जाता था जहाँ उनकी मंत्रणा पाकर लोग अघाते नहीं थे और उनकी वाणी का प्रसाद पाकर अपने को धन्य-धन्य मानते थे। ऐसी ही एक सभा में अचानक उन्हें मस्तिष्क का रक्तस्राव हुआ और वे मृत्यु की गोद में सो गए। मगर इस आकस्मिक निधन के सिर्फ अड़तालीस घण्टे पहले वह मेरे मकान की बगल में डॉ० शिववंश पाण्डेय के आमंत्रण पर नवस्थापित साहित्य-समाज की कार्यसमिति की बैठक में पधारे थे और वहाँ मुझसे बड़े प्रेम से काफी देर तक बातें करते रहे थे और तब मुझे आभास भी न हुआ कि उनके पचास साल के सान्निध्य का यह अन्तिम दिन था।

आचार्य देवेन्द्रनाथ शर्मा देश की उन विभूतियों में थे जिनका स्थान शीघ्र भरेगा नहीं। हर अर्थ में वह विरल थे और अन्त-अन्त तक अपनी विशिष्टता बनाए रहे।

उनकी स्मृति में मेरी विनम्र श्रद्धांजलि !

आचार्यप्रवर, साहित्यकार एवं सहयोगी

रामदयाल पाण्डेय

कभी कल्पना भी नहीं थी कि अभिनन्दन के अतिरिक्त श्रद्धांजलि भी अनुजवत् आचार्य देवेन्द्रनाथ शर्मा को अर्पित करनी पड़ेगी। अभिनन्दन तो उनका किया था बिहार हिन्दी साहित्य-सम्मेलन एवं बिहार-राष्ट्रभाषा परिषद् में भी, यह मेरा सौभाग्य था। किन्तु दुर्भाग्य भी है कि वे दिवंगत हो गए और उन्हें श्रद्धांजलि अर्पित करने की नियति से मैं सन्तप्त हूँ।

मुझे स्मरण आ रहे हैं वे दिन जब वे बिहार-विश्वविद्यालय के हिन्दी विभागाध्यक्ष थे। वे बिहार-शिक्षा-सेवा के अन्तर्गत थे और चाहते थे कि उनका स्थानान्तरण पटना विश्वविद्यालय में हो जाये! प्रोन्नति का प्रश्न तो था नहीं। परन्तु पटना में ऐसा प्रयास कुछ व्यक्ति कर रहे थे कि वे जहाँ हैं वहीं रहें। संयोगवश तत्कालीन शिक्षामन्त्री ने मुझसे पूछा कि इस सम्बन्ध में मेरा विचार क्या है? मैंने कहा कि भाई शर्माजी को पटना लाना चाहिए जिससे पटना विश्वविद्यालय की गरिमावृद्धि हो। मैंने इस सन्दर्भ में उनकी प्रतिक्रिया पूछी तो उन्होंने कहा कि वे भी ऐसा ही चाहते हैं और तदनुसार आचार्य शर्मा पटना आ गए। उनके आगमन से मैं आह्लादित हुआ। समय-समय पर सत्संग का लाभ मिलने लगा। वे बिहार हिन्दी साहित्य-सम्मेलन के प्रमुख सदस्य के रूप में भी हिन्दी सेवा में संलग्न हुए।

1967 ई० में बिहार हिन्दी साहित्य-सम्मेलन के अध्यक्षपद से श्रद्धेय पं० छविनाथ पाण्डेयजी ने स्वयं को स्वेच्छामुक्त किया तथा मैं अध्यक्ष बना। परन्तु कालचक्र के साथ कुछ कुचक्र भी यदाकदा अनुलग्न हो ही जाते हैं। बिहार हिन्दी साहित्य-सम्मेलन को भी कुछ व्यक्तियों ने इस दुर्नियति से मुक्त नहीं रहने दिया और सम्मेलन-कार्यालय के ताले पर दूसरा ताला थोप दिया। मुझे सूचना मिली तो मैंने आचार्य भाई से कहा कि इस विषम तथा अवांछनीय स्थिति में मैं सम्मेलन के अध्यक्ष पद से मुक्त होना चाहता हूँ। उन्होंने मेरे आजीवन पलायन-

विरोधी होने की स्मृति दिलाई और कहा कि यदि अपनी गरिमा के रक्षार्थ नहीं तो सम्मेलन-गरिमा के रक्षार्थ भी तो अवश्य पदासीन रहना है। इतना ही नहीं, प्रत्येक स्थिति में अपने पूर्ण सहयोग का भी उन्होंने आश्वासन दिया और उसे कार्यान्वित भी किया। परिणामतः सम्मेलन को सफलता मिली और सम्मेलन उस कुचक्र से मुक्त हो गया।

उस पद से मुक्त होने पर मुझे बिहार सरकार की हिन्दी सम्बन्धी उच्चतम समिति का अध्यक्ष होना पड़ा तो आचार्य भाई और उनके लिए भी अनुजवत् श्री विद्याकर कवि उसके मान्य एवं मुख्य सदस्यों के रूप में सम्मिलित किए गए। दोनों का मूल्यवान् सहयोग प्राप्त करने का मेरा परम सौभाग्य हुआ।

कालान्तर में आचार्य भाई बिहार-हिन्दी-ग्रन्थ-अकादमी के अध्यक्ष हुए। वे बिहार हिन्दी साहित्य-सम्मेलन के भी अध्यक्ष थे। सम्मेलन के अध्यक्षपद पर उनके कार्यकाल में ही मैंने अपनी ओर से सम्मेलन को पाँच हजार रुपए अर्पित किए। इस घटना के पूर्व क्रमशः दो पदों का भार मुझ पर आ चुका था— (1) बिहार सरकार की हिन्दी प्रगति-समिति के प्रथम पूर्णकालिक अध्यक्ष का तथा (2) बिहार-राष्ट्रभाषा परिषद् के प्रथम उपाध्यक्ष एवं निदेशक का। दोनों में मुझे आचार्य भाई का पूर्ण सहयोग सुलभ रहा। हिन्दी-प्रगति-समिति के तो वे मुख्य सदस्य भी थे।

अकस्मात् ऐसा दुर्दिन भी आ गया जब आचार्य भाई दिवंगत हो गए। गतिहीन तो था ही, लगा कि गतिहीनता अतिशय बढ़ गई। सर्वथा असामयिक ही तो था उनका लोकान्तरण। मस्तिष्क रक्तस्राव तो घातक होता ही है। अतः किसी का वश नहीं। उनके पार्थिव शरीर के अन्तिम दर्शन और फिर अंत्येष्टि-श्रद्धांजलि। लगा कि पूर्वी भारत का हिंन्दी-क्षेत्र सूना हो गया। विरल थी उनकी प्रतिभा और विरल था उनका गहन अध्ययन। असामान्य थी उनकी भाषा-विशेषज्ञता और साहित्य-शास्त्रीयता। विश्वविद्यालय-शिक्षासम्पन्न व्यक्ति तो प्रायः हिन्दी-अंग्रेजी का ज्ञान रखते हैं, परन्तु संस्कृत का आचार्यत्व कितने प्राप्त कर पाते हैं? रूसी भाषा का भी अध्ययन उन्होंने इस स्तर तक किया कि वे उसका शिक्षण भी करने लगे। ललित निबन्धकार भी वे अनुपम थे। पूर्वी भारत में अपने काल के उच्चतम समीक्षक के रूप में वे सर्वमान्य हुए। शिक्षक के रूप में भी वे सर्वोपरि माने गए। भाषा-विज्ञान और अलंकार-शास्त्र के विशेषज्ञ के रूप में भी वे सर्वमान्य हुए। उनकी वाग्मिता तो अद्वितीय थी ही, धाराप्रवाह नवनीतभाषिणी। विविध भाषा अकादमियों तथा शिक्षा-परिषदों से लेकर दो-दो विश्वविद्यालयों के विशिष्ट कुलपति के रूप में भी उनकी सेवाएँ उच्चतम प्रशंसा की अधिकारिणी रहीं। उनके निधन से हुई यह व्यापक क्षति भी उनके ऐतिहासिक व्यक्तित्व के समान ही ऐतिहासिक रही। पदों से वे गौरवान्वित नहीं हुए प्रत्युत

पद ही उनसे गरिमामय हुए।

अपनी व्यक्तिगत क्षति के सम्बन्ध में मैं क्या कहूँ। मेरी सामान्य सेवाओं से भी वे असामान्य रूप में आह्लादित होते थे। जब हिन्दी-साहित्य सम्मेलन प्रयाग ने मुझे अपना वरिष्ठ उपाध्यक्ष निर्वाचित किया तो उन्हें लगा कि यह उनका ही सम्मान था। इसी प्रकार जब उक्त सम्मेलन ने अपनी उच्चतम सम्मानोपाधि मुझे प्रदान की तो उन्हें लगा कि उनको ही वह अर्पित की गई।

उनके वटवृक्षवत् विराट् व्यक्तित्व का आकलन हो पाये भी तो कैसे? मुझे तो अपनी अक्षमता की ही अनुभूति होती है। उनके विशिष्ट व्यक्तित्व के विविध आयामों को अनुस्यूत करना सम्भव नहीं प्रतीत होता।

गंगा तट पर समवेत जनसमुदाय के बावजूद मुझे लगता था कि मैं तट पर एकाकी एवं अक्षम-असहाय खड़ा हूँ। यदि वश चल पाता तो मैं काल की इस कुटिल-कराल गति को रोकने का प्रयास करता। परन्तु 'कालोह्ययं दुर्निवारः' 'सहसबाहु दसबदन आदि नृप बचे न काल बली ते।' फिर इस विवश, विकलांग एवं जर्जरताग्रस्त शरीर की क्या क्षमता कि काल की गति को रोक दे? अब तो अपनी अन्तिम साँस तक अकथनीय व्यथा ही झेलनी है। अपार कृतज्ञता का दुर्वह भार हृदय पर लिये रहना है। सम्मान्य, परमप्रिय, प्रतिभापरिमण्डित एवं विद्यावरेण्य आचार्य भाई को अगणित नमन, शाश्वत नमन। व्यथाग्रस्तता की स्थिति में यही परितोष एवं धीरता है कि वे अवसित नहीं होंगे क्योंकि वे अजर-अमर हैं। उस अजर-अमर दिव्यतादीप्त आचार्य को मेरी आत्मा के अजर-अमर नमन, क्षण-क्षण नमन।

सर्वजनहिताय आचार्य शर्माजी

विक्रमादित्य मिश्र

स्वर्गीय आचार्य देवेन्द्रनाथ शर्मा को मैं पहले से ही जानता तो था, पर उनके साथ कुछ दिनों का निकट का सम्पर्क सन् 1952 ई० में पटना विश्वविद्यालय में एम० ए० (हिन्दी) का छात्र बनकर आने के बाद हुआ। उस वर्ष पंचम वर्ष के छात्रों का कुछ ही दिनों तक क्लास लेने के बाद वे विदेश चले गये थे। किन्तु, उन कुछ दिनों में ही उनकी विद्वत्ता, विषय की सूक्ष्म पकड़, रोचक अध्यापन-पद्धति, ओजस्वी व्याख्यान आदि से मैं बहुत प्रभावित हुआ। विषय की गम्भीरता को क्रमबद्ध एवं रोचक पद्धति से छात्र-छात्राओं को हृदयंगम करा देने की कला में वे अपने ढंग के प्रवीण व्यक्ति थे। अध्यापन के क्रम में उनका प्रयास रहता था कि जो कुछ भी वे छात्रों को कक्षा में बतला या पढ़ा रहे हैं उसे उन्हें पुनः दुहराने की आवश्यकता नहीं पड़े और न ही छात्र उनसे उस विषय में दुबारा कुछ पूछें। उसे छात्र एकाध बार भी घर पर देख या गौर कर ले तो उन्हें परीक्षा में कोई कठिनाई नहीं हो, ऐसा हमने उन कुछ दिनों के ही उनके सारस्वत सान्निध्य में अनुभव किया। साथ ही छात्र कक्षा में ऊबें नहीं, ऊँघें नहीं, प्रत्युत मन्त्रमुग्ध हो एकतान एकलय सब कुछ सुनते और गुनते रहें। उनका प्रयास रहता था कि जो कुछ भी वे जानते और समझते हैं, उसे छात्रों को अमृत की नाईं पिला दें तथा किसी रोचक कथा-कहानी की तरह जीवन-भर के लिये वे उन्हें स्मरण करा दें। तात्पर्य यह कि सभी तरह से और सही मानी में वे एक कुशल शिक्षक तथा सफल गुरु थे।

विदेश से लौटने के बाद आचार्य शर्माजी का पदस्थापन बिहार विश्वविद्यालय में हो गया, जहाँ वे कुछ वर्षों तक बने रहे। इसके बाद पुनः पटना लौटने के बाद उनके साथ हमारा सामान्य सामाजिक एवं साहित्यिक सम्पर्क बना। सामान्य साहित्यिक एवं सामाजिक जीवन में भी हमने उन्हें अपने ढंग का निराला व्यक्ति पाया। चाहे कोई उनके निकट का व्यक्ति हो और चाहे कोई सामान्य जन सभी उनकी नजर

में एक समान थे। किसी की भी कोई साहित्यिक, सामाजिक अथवा कार्यालयीय सहायता उनका प्रकृत धर्म-सा था। वे सर्वजनहिताय, सर्वजनसुखाय थे। अपने जीवन-काल में उन्होंने एक साधारण प्राध्यापक और विभागाध्यक्ष से कुलपति एवं विभिन्न सरकारी तथा गैरसरकारी संस्थाओं के अध्यक्ष-पद तक को सुशोभित किया, किन्तु कहीं भी उनके व्यक्तित्व में कोई अन्तर लक्षित नहीं हुआ, कोई उतार-चढ़ाव नहीं नजर आया। वे जहाँ भी रहे और उनसे जितना भी बन पड़ा, उन्होंने सभी की यथासम्भव भरपूर सहायता की। हाँ, सहायता के समय कार्य के औचित्य तथा न्यायसंगति पर उनका ध्यान सदैव अवश्य रहता था। उन्हें अपने स्वीकृत सिद्धान्त से कोई भी विरत नहीं कर सकता था। इसी प्रकार अपने व्यक्तिगत जीवन में भी वे औचित्य एवं समय-सीमा के बहुत अधिक पाबन्द थे। किसी से घर पर अथवा कार्यालय में मिलना-जुलना हो अथवा कोई कार्यव्यापार सम्पादित करना हो, सब कुछ वे समय से ही करना चाहते थे। समय-सीमा तथा औचित्य का उल्लंघन उनकी प्रकृति के बिल्कुल विपरीत बात थी।

नगर में कहीं कोई साहित्यिक अथवा सामाजिक गोष्ठी, सभा अथवा सम्मेलन हो, यदि आचार्य शर्माजी उसमें सम्मिलित नहीं हुए तो समझिये वह अधूरा ही रहा। ऐसे अवसर पर जब आचार्यजी बोलने के लिए मंच पर खड़े होते थे तब वे अपनी ओजस्वी सारगर्भित तथा रोचक शैली में प्रस्तुत भाषण से श्रोताओं को मन्त्रमुग्ध कर देते थे। गम्भीर-से-गम्भीर विषय को भी वे अति सरल भाषा और शैली में ऐसे क्रमबद्ध प्रस्तुत करते थे कि श्रोता समाधिस्थ हो सुनते ही रह जाते थे। विषय चाहे कितना भी गम्भीर क्यों न हो उनके भाषण के क्रम में एकाधिक बार ठहाका अवश्य पड़ता था। फलस्वरूप, यदि वे कुछ अधिक देर तक भी बोलते रह जाते थे, तो भी श्रोता ऊबते नहीं थे, अपितु दत्तचित्त होकर सुनते ही रहते थे। पर, हाँ, आचार्य शर्मा को अपने भाषण की समय-सीमा तथा अन्य वक्ताओं की बारी का स्वयं ध्यान अवश्य रहता था, जिसकी सूचना वे अपने भाषण के क्रम में दे दिया करते थे अथवा देकर समाप्त कर देते थे।

एक व्यक्ति, एक शिक्षक, एक कुशल भाषाविद्, एक सफल वक्ता, एक सिद्धहस्थ लेखक के रूप में उन्होंने विपुल ख्याति एवं कीर्ति अर्जित की थी। उन्होंने भाषाविज्ञान, काव्यशास्त्र, निबन्ध, कहानी एवं अलंकार छन्द, एकांकी, साहित्य-समीक्षा आदि विविध विधाओं की पुस्तकों का प्रणयन किया है। वे संस्कृत, हिन्दी तथा अंग्रेजी के अतिरिक्त अन्य कई विदेशी भाषाओं के भी अच्छे जानकार थे और, इस प्रकार उनका वैदुष्य अखिल भारतीय स्तर पर पांक्तेय तो था ही, अन्तरराष्ट्रीय स्तर पर भी उनकी पूछ और पहुँच थी।

आचार्य शर्मा ने अपने जीवन में सब कुछ का सुखोपभोग किया था, जिसे वे स्वयं भी स्वीकारते थे। वे बाड़ी-गाड़ी, पुत्र-पौत्र सब कुछ से समन्वित थे। पटना

नगर के सर्वश्रेष्ठ आवासीय क्षेत्र राजन्द्रनगर में उनका अपना भव्य भवन है। सुदक्षिणा पत्नी, सुलक्षणा पुत्री, दो प्रज्ञावान् पुत्र—इस प्रकार उनका एक आदर्श परिवार था। उनके पितृश्री संस्कृत तथा हिन्दी के प्रकाण्ड पण्डित तथा मनीषी अध्यापक थे। अतः उन पर अपने पिता की विद्वत्ता, वक्तृता, अध्ययनशीलता, अध्यापन कौशल आदि के संस्कारों की गहरी छाप थी।

आचार्य शर्माजी परम्परागत सारस्वत संस्कार से विमंडित थे। परिचित-अपरिचित, जो भी उनके सम्पर्क में आये, सभी ने उन्हें एक कल्पवृक्ष के समान पाया, जिनकी छाया में बैठकर वे जुड़ाते-छँहाते थे।

आचार्य शर्माजी के बारे में एक दिन प्रातः उठते ही अचानक समाचार-पत्रों के माध्यम द्वारा यह पढ़कर कि वे अब नहीं रहे, मन ने कहा हा, दैव यह क्या हुआ ? वे अचानक क्षणमात्र में ही चले गये, सहसा विश्वास नहीं हुआ। सदैव जिन्हें चलते, चहकते, बतियाते देखा-सुना उन्हें ही काल ने अकाल कवलित कैसे कर लिया !! किन्तु, अन्ततः यह सोचकर संतोष करना पड़ा :

न कश्चिज्जात्वतिक्रामेज्जरामृत्यून्हि मानवः।
अपि सागरपर्यन्तां विजित्येमां वसुन्धराम्॥

ऐसे में उस महाप्राण आचार्य को मेरा शत-शत नमन निवेदित है।

अज्ञानतिमिरान्धस्य ज्ञानाञ्जनशलाकया।
चक्षुरुन्मीलितं येन तस्मै श्रीगुरवे नमः॥

उत्तम पुरुष आचार्य देवेन्द्रनाथ शर्मा

श्रीरंजन सूरिदेव

पुण्यश्लोक आचार्य देवेन्द्रनाथ शर्मा सच्चे अर्थ में आचार्य थे। उनके शुभनाम से जुड़कर 'आचार्य' शब्द सहज ही सार्थक प्रतीत होता है। महाराज मनु ने 'आचार्य' का शब्दार्थ इस प्रकार निरूपित किया है :

उपनीय तु यः शिष्यं वेदमध्यापयेद् द्विजः।
सकल्पं सरहस्यं च तमाचार्यं प्रचक्षते ।।
(मनुस्मृति : 2. 140)

अर्थात् जो अपने शिष्य को सान्निध्य में रखकर कल्प (यज्ञविद्या : कर्मकाण्ड) और रहस्य (उपनिषद्: ज्ञानकाण्ड) के साथ समग्र वेद पढ़ाता है, उसे ही आचार्य कहते हैं।

विश्वविद्यालयों के उपस्थितशास्त्र प्राध्यापकों की परम्परा में शेखरीभूत आचार्य शर्माजी अवश्य ही मनु महाराज के 'आचार्य' शब्द की परिभाषा को अक्षरशः अन्वर्थ करते थे। इसीलिए, उनके द्वारा कर्मकाण्ड और ज्ञानकाण्ड में दीक्षित मेधा-समृद्ध शिष्य-शिष्याओं की एक लम्बी परम्परा प्राप्त होती है।

आचार्य शर्माजी में परम्परया विद्या-सम्पन्नता विद्यमान थी। उनके तात-पादश्री उत्तमश्लोक पं० शिवशरण शर्माजी अपने प्रकाण्ड पाण्डित्य के प्रकर्ष के कारण 'सर्वतन्त्रस्वतन्त्र' जैसी प्रायोदुर्लभ सम्मानोपाधि से विभूषित थे। आचार्य शर्माजी से समस्त भोजपुर-भूमि अपने पाण्डित्य के रिक्थ का सगर्व दावा कर सकती है, जिसकी परम्परा बाणभट्ट से आज तक भी विच्छिन्न नहीं हुई। इसलिए, जब भी उनकी स्मृति अक्षरित होगी, उनके लिए अतिशय प्रशंसात्मक शब्द भी बहुत कम पड़ेंगे।

सारस्वत साधकों में कूटस्थ आचार्य शर्माजी गम्भीरता, विद्वत्ता तथा मनस्विता के साकार त्रिवेणी संगम थे। वह केवल शास्त्रज्ञ ही नहीं थे, सर्वशास्त्रज्ञ

थे। आठवीं नवीं शती के प्रख्यात आचार्य हरिभद्र सूरि की तरह वह एक ओर व्यंग्य लिखने की कला में विलक्षण थे, तो दूसरी ओर शास्त्रीय भाष्यकर्त्ता की विलक्षण प्रज्ञा से प्रोद्‌भासित थे। हरिभद्रसूरि का 'धूर्त्ताख्यान' (प्रा० : 'धुन्तक्खाण') व्यंग्य-साहित्य के प्रवर्त्तक काव्य के रूप में लोकविदित है, तो उनके 'षड्‌दर्शन समुच्चय' और 'समराइच्चकहा' ('समरादित्यकथा') की दर्शन और कथा-साहित्य के क्षेत्र में द्वितीयता नहीं है। ठीक इसी प्रकार आचार्य शर्माजी ने जितनी सहजता से 'खट्टा-मीठा' (व्यंग्य निबन्ध संग्रह) की रचना करने की क्षमता प्रदर्शित की है, उतनी ही विलक्षणता से आचार्य भामह के 'काव्यालंकार' के भाष्य-निर्माण करने की विलक्षण बुद्धि का परिचय दिया है। निश्चय ही, सारस्वत जगत् में शर्माजी जैसा महाप्राज्ञ व्यक्तित्व यदा-कदा ही अवतीर्ण होता है।

आचार्य शर्माजी की ललित गद्य रचना की शक्ति तो विस्मयकारिणी है ही, उनका कलावरेण्य ललित भाषण भी ततोऽधिक हृदयावर्जक होता था। सरल भाषा में गम्भीर बातें बताने वाली उसकी मनोहारिणी भाषण कला अब सदा के लिए श्रवण दुर्लभ हो गई। कहना न होगा कि भाषण शैली की मोहकता और मनोरमता के कारण ही किसी भी साहित्यिक आयोजन में शर्माजी की उपस्थिति सर्वाधिक सुखद होती थी। निःसन्देह, उनमें स्पष्ट चिन्तन को स्पष्ट शैली में उपन्यस्त करने की अद्‌भुत क्षमता थी। उनकी भाषण शैली की उल्लेखनीय विशेषता यही थी कि वह गम्भीर बात कहने के क्रम में अन्तःस्मित अधरों से कुछ ऐसी विनोदमयी बातों की फुहार बरसाते थे कि श्रोता बरबस भीग उठते थे। पटना विश्वविद्यालय की स्नातकोत्तर कक्षाओं में उनके अध्यापन की मौलिक शैली सर्वाधिक प्रशंसित थी, जो अध्यापन के क्षेत्र में एक अविस्मरणीय बहुश्रुत इतिहास ही बन गई।

पटना की दो ऐतिहासिक साहित्यिक संस्थाओं ने मिलकर मेरे सारस्वत व्यक्तित्व का निर्माण किया है। प्रथम है बिहार हिन्दी साहित्य-सम्मेलन और द्वितीय है बिहार राष्ट्रभाषा-परिषद्। एक सार्वजनिक संस्था है, तो दूसरी सरकारी, यद्यपि दोनों की केन्द्रीय चेतना एक ही है—हिन्दी की सर्वतोमुखी समृद्धि। सौभाग्य है कि शर्माजी के वैदुष्य-विमण्डित सारस्वत सहयोग से दोनों संस्थाएँ गौरवान्वित होती रहीं और मैं दोनों संस्थाओं का सेवक होने के व्याज से उनके आत्मीयत्वपूर्ण स्वस्तिवाच्य से सदैव समेधित-संवर्धित होता रहा। मुझे उनके गौरवपूर्ण व्यक्तित्व के प्रति अभिवादनशील और श्रद्धोपसेवी या प्रश्रयावनत बनकर रहने में सारस्वत जीवन की कृतार्थता की सहजानुभूति होती थी। शर्माजी, निश्चय ही, बिहार की विद्वत्परम्परा के सर्वजनसम्मत प्रज्ञावादी प्रतिनिधि थे। उनके लोकान्तरण से बिहार की शेमुषी या बौद्धिकता सर्वाधिक क्षतिग्रस्त हुई है।

स्मितपूर्वाभिभाषी शर्माजी का प्रज्ञादीप्त व्यक्तित्व विशिष्ट मानवोचित गुणों के कारण बड़ा हृदयग्राही था—प्रभापूर्ण वाणी की शीतल मधुरिमा, निरातंक हास्य की निर्मल उच्छलता, शारीरिक संरचना की भव्य सुष्ठुता, आश्वस्तिकारक शील की अनुकरणीय आर्यता, स्वार्जित पाण्डित्य की प्रौढ़िप्रकर्षता, समन्वयवादी स्वाभाविकी कुलीनता, शास्त्रगत आन्वीक्षिकी प्रखरता, स्नेहिल व्यवहार की शुभदायिनी शालीनता, भाषा और साहित्य की विकासवादी दृष्टि की वैज्ञानिकता—सबने मिलकर उनके व्यक्तित्व को ओजोदीप्त ऊर्जस्वल उत्कर्ष प्रदान किया था। अवश्य ही, शर्माजी का आकर्षक और प्रेरक व्यक्तित्व आज विद्याजगत् में बहुत ढूँढ़ने पर भी कदाचित् ही मिलेगा। उदार एवं उच्चतम व्यक्तित्व के निर्माण में जिन सद्गुणों के पारस्परिक सहयोग की अपेक्षा होती है, उनसे शर्माजी आमूलचूल परिमण्डित थे। इसका प्रत्यक्ष अनुभव उन लोगों को अवश्य होगा, जिन्हें उनके सत्संग में रखकर उनके साधना-समर्पित जीवन को निकट से देखने का अवसर मिला होगा।

आचार्य शर्माजी की युगचेतना-सम्पन्न रचनाओं में विचार-वैभव, भाव-सौष्ठव, चिन्तन की प्रत्यग्रता, कल्पना की अपूर्व शक्ति, ग्रन्थन-कौशल, अभि-व्यंजना-वैदग्ध्य और वैदुष्य की उत्तुंगता, चाहे जिस दृष्टि से देखिए, सर्वत्र उनके ज्ञानदीप्त व्यक्तित्व की स्फूर्त विभूति दृष्टिगत होगी। उनके जैसे साहित्य स्रष्टा के व्यक्तित्व की विशालता और ज्ञान की गहनता उनके साहित्य में प्रत्यक्षर प्रत्यक्ष दिखाई पड़ती है। उनके सर्वतोभद्र व्यक्तित्व के दर्शन जिन्हें सुलभ नहीं हुए, जिन्हें उनके कल्याणकारी संग-सम्पर्क का सौभाग्य नहीं मिला, उनके लिए अब उनके विभूतिमान् व्यक्तित्व के दिव्य दर्शन उनकी रचनाओं में ही सुलभ होंगे।

अत्यधिक गर्व की बात है कि मुझे आचार्य शर्माजी जैसे सारस्वत पुरुष के बड़भागी बनाने वाले सान्निध्य और सालोक्य उपलब्ध हुए। जिन्हें उनके संग-सम्पर्क में रहने के क्षण मिले हैं, जिन्हें उनके संसर्ग-सुख का अनुभव हुआ है, जिन्होंने उनके वाग्विलास का ज्ञानोन्मेषक आनन्द प्राप्त किया है, उनके मार्मिक हृदयोद्गार सुने हैं, उनकी व्यवहारगत स्निग्धता और सदाचारनिष्ठ सौहार्द का सौरभ प्राप्त किया है, वे निश्चय ही उनके उद्धत समीक्षक न होकर विनम्र समुपासक ही हो सकते हैं। भगवत्कृपा से उन समुपासकों में मैं भी एक हूँ और मेरा अहम् इस अर्थ में ततोऽधिक तृप्त है कि उन्होंने मेरे सारस्वत श्रम को बराबर आशीर्वाच्य-विह्वल दृष्टि से देखा।

आचार्य शर्माजी सभा-सम्मेलनों में प्रायः अपनी विदुषी धर्मपत्नी श्रीमती कुसुम शर्माजी के साथ ही उपस्थित होते। ज्ञान और श्रद्धा, या कि मनु और शतरूपा की यह जोड़ी अपने आप में विलक्षण रही है। शर्माजी का पारिवारिक जीवन अपने आप में एक उच्चतम आदर्श है। पता नहीं, कितने लोगों ने शर्माजी के

दाम्पत्य-जीवन से प्रेरणा प्राप्त कर अपने दाम्पत्य जीवन के उन्नयन की कला सीखी है। मुझे जब भी इस जननी-जनककल्प सारस्वत जोड़ी के दर्शन होते, मैं नतशीर्ष हो जाता और अहैतुक स्नैहिक स्वस्तिवाच्य पाकर निहाल हो उठता। खेद है कि शर्माजी के बाद उत्तरसूरियों में इस प्रकार की साहित्यिक पारिवारिकता के दर्शन दुर्लभ हो गये हैं।

अवश्य ही, आज व्यक्तित्व की परिभाषा अनेकरूपा हो गई है। फिर भी सच्ची बात यह है कि व्यक्तित्व की परख के लिए व्यक्ति की विद्याशुद्धि से अधिक उसके आचार-विचार का मूल्य होता है। सच्चरित्र ही सद्व्यक्तित्व का प्रतिरूप होता है। कहना न होगा कि आचार्य शर्माजी उत्कृष्ट चारित्र्य और ज्ञानोज्ज्वल व्यक्तित्व की विराटता से सम्पन्न उत्तमपुरुष की कोटि में परिगणनीय थे।

आचार्य प्रवर

श्रीनिवास

खबर सुनकर मेरे मरने की वोह बोले रक़ीबों से
खुदा बख्शे, बहुत सी खूबियाँ थीं मरने वाले में।

(दाग़)

मर गए फिर भी तग़ाफुल (=अपेक्षा, बिलंब) ही रहा आने में
बेवफा पूछे है, क्या देर है ले जाने में।

(ज़ौक़)

कमर बाँधे हुए चलने को याँ सब यार बैठे हैं।
बहुत आगे गए बाक़ी जो हैं तैयार बैठे हैं।

(इंशा)

'ग़ालिब' बुरा न मान जो वाइज़ (धर्मोपदेशक)
ऐसा भी है कोई कि सब अच्छा कहें, जिसे।

(ग़ालिब)

आचार्य श्री देवेन्द्रनाथ शर्मा गंभीर विद्वान थे और देखने में वे वैसा लगते भी थे। संस्कृत और हिन्दी के प्रकाण्ड पंडित थे, इसके अलावा उर्दू, बंगला, अंग्रेजी के अधीती विद्वान थे। भोजपुरी तो उनकी मातृभाषा ही थी। रूसी भाषा में भी उनकी अच्छी पहुँच थी। इंगलैण्ड से रूसी में डिप्लोमा प्राप्त किया था। फोनेटिक्स के भी जाने-माने ज्ञाता थे। उनकी धारणा थी कि हम संस्कृत को त्यागकर आगे नहीं बढ़ सकते। हिन्दी में अनेक विधाओं में उत्कृष्ट और श्रेष्ठ लेखों का उन्हें श्रेय प्राप्त था। साहित्य जगत के वे गौरव थे और शैक्षिक दुनिया की नाक।

मैंने कई सभाओं में उन्हें बोलते सुना था। उनके भाषण बेजोड़ होते थे। उन दिनों विद्वान वक्ताओं में उनके जैसा कोई दूसरा प्रभावक ओजस्वी और सार-

गर्भित वक्ता नहीं था। विषय चाहे कोई भी हो—साहित्यिक, सामाजिक, वैज्ञानिक राजनैतिक अथवा प्रशासनिक—वे बेहिचक एवं साधिकार अपने विचार व्यक्त करते थे। उनकी गंभीर वाणी और वक्तृता को मनोयोग से सुनकर कोई भी लाभान्वित हो सकता था। उनकी प्रांजल भाषा में एक ऐसी सुरभि थी, एक ऐसा दमखम था जो श्रोताओं को बरबस आकृष्ट कर लेता था।

आचार्य शर्माजी बड़े परिश्रमी और उद्योगी पुरुष थे। वे नित्य चार बजे सुबह उठ जाते और स्वाध्याय में लीन हो जाते। उसके बाद नित्यक्रिया से निवृत्त हो सारे दिन आवश्यक कामों में लगे रहते थे। समय को सार्थक बनाना कोई उनसे सीखता। गप-सड़ाकों में उन्हें कोई दिलचस्पी नहीं थी। निरर्थक, अनर्गल, बेमतलब बातों से कतराते रहते थे। इन सबों के लिए न उनके पास समय था न रुझान। निन्दा करने वाले को पास फटकने देना नहीं चाहते थे। अक्सर निन्दकों को आड़े हाथ लेते। वे किसी का न बुरा सुनना चाहते थे और न स्वयं किसी की बुराई करते थे। सुनी-सुनाई बातें, बिना प्रमाण के की गई आलोचना और छिद्रान्वेषण को उदासीनता और घृणा की दृष्टि से देखते थे। प्रशंसा और शिकायत या चुगली करने वालों से पूछते कि संबंधित व्यक्ति से उनका क्या लगाव है और क्या वे उनसे पूर्ण परिचित हैं? पक्षपात करने की न उनकी प्रवृत्ति थी और न प्रकृति।

किताब का कीड़ा कहना उचित नहीं होगा लेकिन यह भी सच है कि वे किताबों को ही अपना अन्तरंग और परम मित्र मानते थे। उनका निजी पुस्तकागार करीब दस हजार पुस्तकों का दुर्लभ खजाना है, जिसमें हर विषय पर साहित्य उपलब्ध है। अध्यात्म और विज्ञान, धर्म और कर्म, चिन्तन और मनन सभी जैसे उनके जीवन में रस-बस गए थे। अनेक विषयों पर उनका असाधारण अधिकार था। उनके द्वारा लिखित भाषा-विज्ञान, काव्यशास्त्र, राष्ट्रभाषा हिन्दी, समीक्षात्मक एवं ललित निबंध, एकांकी, संस्मरण और यात्रा वृत्तांत आदि की पुस्तकें विशेष उल्लेखनीय और ख्यातिप्राप्त हैं।

आचार्य शर्माजी धार्मिक प्रवृत्ति के व्यक्ति थे। गीता, रामायण, महाभारत, दुर्गापाठ आदि में रुचि रखते थे। परिवार में कभी जप या पाठ करने का मौका आता तो मनोनुकूल योग्य पंडित न मिलने पर वे स्वयं ही पाठ किया करते थे। उन्होंने तुलसीदास पर एक पुस्तक लिखी है, जिसे वे प्रकाशित नहीं कर पाये। प्रेस में है।

संगीत और खेल कूद में भी उन्हें गहरी अभिरुचि थी। वे स्वयं बहुत अच्छे तबलावादक थे। तबला बजाने जब बैठते तब उनकी मुद्रा और चेष्टाएँ बहुत ही आकर्षक होती थीं। चेहरे पर तेज प्रदीप्त हो उठता था।

मैट्रिक के बाद उनका दाखिला आयुर्वेदिक कालेज में हुआ। उनके पिताजी

उन्हें एक योग्य वैद्य बनाना चाहते थे, क्योंकि वे स्वयं आयुर्वेद में आचार्य थे साथ ही हाजीपुर के प्रसिद्ध वैद्य बृजबिहारी चौबे की योग्यता और प्रसिद्धि से अभिभूत भी। वे चाहते थे कि उनका लड़का भी वैसा ही यशस्वी वैद्य हो। लेकिन मन नहीं लगने के कारण आयुर्वेदिक कालेज की पढ़ाई छोड़कर शर्माजी ने पटना विश्वविद्यालय में नामांकन करवा लिया और वहीं से पढ़ाई समाप्त की। आयुर्वेद के आरम्भिक अध्ययन का फल यह हुआ कि आजीवन इस चिकित्सा पद्धति में उनकी आस्था बनी रही और आवश्यकतानुसार वे इसकी दवाओं का उपयोग भी करते थे।

परिस्थिति और समय के अनुसार वाणी और लेखनी में परिवर्तन की कला में आचार्य शर्मा सिद्धहस्त थे। भाष्य करते तो लेखक की भाषा में, मानो वो मूल ग्रंथ ही हो। साधारणत: उनकी भाषा जीवन्त और सहज होती। संस्कृत पृष्ठभूमि के एकांकियों में संस्कृतनिष्ठ भाषा का और मुगलकालीन एकांकियों में उर्दू, फारसी के शब्दों का बखूबी व्यवहार किया है उन्होंने। भाषा की ऐसी रंगीन इंद्रधनुषी चित्रावली व शानदार निखार, बस आचार्य शर्मा की लेखनी के लिए सहज संभव था।

आनबान के आदमी आचार्य शर्मा घमंडी तो नहीं पर आत्मविश्वासी और स्वाभिमानी अवश्य थे। उनका संतुलित लेकिन अप्रच्छन्न अहम् उनकी चाल-ढाल वेश-भूषा, बात-चीत में झाँक-झाँक जाता था, जिसे छिपाना उनके वश की बात नहीं थी। अपनी प्रकाण्ड विद्धत्ता, गम्भीर शास्त्रज्ञता और हिन्दी के अद्वितीय परिज्ञान का उन्हें ध्यान रहता था। 'हम हिन्दीवाले हैं' इसका उन्हें सदा गर्व रहता।

विद्वत्ता एवं प्रशासनिक योग्यता का सहभाव प्राय: कम ही देखने को मिलता है। किन्तु आचार्य शर्मा में प्रबल प्रशासनिक क्षमता भी थी। जब वे पटना विश्वविद्यालय के कुलपति थे उसी समय जयप्रकाश नारायण का आंदोलन प्रारंभ हुआ। उस समय आचार्यजी ने अपनी कार्यकुशलता का अपूर्व परिचय दिया। विश्वविद्यालय के अन्दर किसी भी विद्यार्थी को दण्डित नहीं होना पड़ा। चुनांचे उनके इस पद का वर्चस्व कभी धूमिल नहीं पड़ा। प्रतिकूल परिस्थितियों में भी कभी उन्हें घबराते नहीं पाया गया। आचार्य शर्मा का यह विश्वास था कि जिसने चाणक्य-नीति और किरातार्जुनीय का अध्ययन और मनन किया है उसकी प्रशासनिक क्षमता को कोई नहीं ललकार सकता।

आचार्य शर्मा शौकीन, फैशनेबल व्यक्ति थे। सजी-सजीली पोशाक उनके सौम्य और सुन्दर व्यक्तित्व पर खूब फबती थी। खास मौके और माहौल के लायक सुमेल कपड़े करीने और सलीके के साथ पहना करते थे। आफिस जाते सूट-बूट में,अनुकूल नेकटाई और मोज़े के साथ। सामाजिक स्थलों पर धोती,

रेशमी कुर्त्ता बंडी चादर (या शाल) इत्यादि। पार्टियों में अक्सर बन्द गले का भव्य सूट, आँखों में चमक, ओठों पर मुस्कान, चेहरे पर इत्मिनान, तृप्ति और आत्म-विश्वास।

पढ़ाना जैसे उनका जीवनधर्म था। बड़े ही मनोयोग से पढ़ाते थे। कक्षा के विद्यार्थी शांति और श्रद्धा के साथ उनका व्याख्यान सुनते रहते थे। जिस दिन नहीं पढ़ाते, कुछ खोया-खोया-सा अनुभव करते थे। शरीर त्यागने के दिन भी वे पढ़ाने आने वाले थे। स्टील आथोरिटी आफ इंडिया में हिन्दी-सप्ताह का उद्‌घाटन करने गए थे। उसी में भाषण देते-देते उन्हें ब्रेन हैमरेज़ हो गया और उसी दिन उनका अन्त हो गया। एक महान शिक्षाविद् शिक्षक असमय ही अस्त हो गया। प्रकृत्या वे किसी से सेवा नहीं कराना चाहते थे और अन्त समय में ईश्वर ने उनकी यह इच्छा भी पूरी की।

घरेलू काम और निजी आवश्यकताओं के लिए शर्माजी अपनी धर्मपत्नी पर पूर्णतः निर्भर करते थे। उनका दाम्पत्य जीवन सुखी और आदर्श था। श्रीमती शर्मा उनका पूरा ख़्याल रखतीं। आचार्यजी क्या खाएँगे, कब क्या पहनेंगे, कब कहाँ जाएँगे, इन सारी बातों का प्रबंध श्रीमती शर्मा के जिम्मे था। गृहलक्ष्मी को लक्ष्मी सौंपकर आचार्यजी निश्चिंत हो जाते। हिसाब-किताब, भूल-चूक, लेनी-देनी सब श्रीमती शर्मा की जवाबदेही होती थी। उनके परिवार में सदा स्नेह और सौहार्द का वातावरण रहता था।

अपनी व्यवहारकुशलता, प्रशासकीय क्षमता, विनम्रता, निर्भीकता, दूर-दर्शिता, निर्णय की दक्षता, देश-विदेश की यात्राओं से उपार्जित अनुभवों की व्यापकता, उदारता और सहनशीलता के कारण उनके व्यक्तित्व में अद्वितीय प्रभावकता थी। उनका आकस्मिक निधन असमय ही रिक्तता से भर गया हम सबको।

"हम तो कहने को हाले-दिल कह दें
सुनने वाला नज़र नहीं आता।"

(दाग़)

देवेन्द्रनाथ शर्मा : एक विद्यार्थी की दृष्टि में

शिवेन्द्र किशोर वर्मा

भाषा क्या है ? इसकी विशेषताएँ क्या हैं? इसकी प्रकृति और संरचना में क्या सम्बन्ध है ? इन प्रश्नों पर दो दृष्टियों से विचार किया गया है—रूप-केन्द्रित एवं प्रकार्य-केन्द्रित। जिस भाषा को हम भाषा कहते और समझते आए हैं—जो भाषा हमारे सामने है, जिसे हम संप्रेषण व्यवस्था कहते हैं—वह भाषा का बाह्य रूप है। भाषा तो एक संकल्पना है, अपने आप में एक पूर्ण व्यवस्था है। इस व्यवस्था के अन्तर्गत भाषिक इकाइयों की संरचनाओं की शृंखलाएँ होती हैं। भाषा के प्रत्येक स्तर पर—ध्वनि, व्याकरण, अर्थ—सम्बन्ध-शृंखलाओं एवं विकल्पों की व्यवस्थाओं और उपव्यवस्थाओं का चक्र होता है। व्यवस्था की सबसे बड़ी विशेषता है नियमबद्धता। भाषा व्यवस्था में नियमों की संख्या सीमित होती है पर इन नियमों के अनुसार असंख्य वाक्यों की रचना की जा सकती है। मानव अनुभूतियों की अभिव्यक्ति का सबसे समृद्ध एवं चक्रीय प्रारूप मानव-भाषा है। आचार्य देवेन्द्रनाथ शर्मा ने भाषा-संरचना, भाषा-अर्थ और भाषा-प्रयोग पर बड़ी ही सूक्ष्मता और गम्भीरता से विचार किया है। उनकी रचनाओं में यदि एक ओर पाश्चात्य विद्वानों के विचारों का विश्लेषण मिलता है तो दूसरी ओर भारतीय आचार्यों के सिद्धान्तों का गहन अध्ययन भी। शर्माजी ने अपनी पुस्तकों में भारत की उपलब्धियों की ओर विद्वानों का ध्यान आकृष्ट किया है। उन्होंने यह स्पष्ट शब्दों में कहा है कि मानव संस्कृति, मानव अनुभूतियों का वास्तविक रूप भारतीय चश्मों से देखा जा सकता है। इसके लिए विदेशी चश्मों की आवश्यकता नहीं।

शर्माजी ने भाषा और साहित्य के बीच कोई विभाजक रेखा नहीं खींची। उनके अनुसार साहित्यशास्त्र और भाषा-विज्ञान में गहरा सम्बन्ध है। इसलिए दोनों को साथ लेकर चलना चाहिए। बिना एक के ज्ञान के दूसरे का ज्ञान अधूरा रह जाता है। "भाषा के काव्यफलन के प्रति बधिर भोषावैज्ञानिक और भाषा

वैज्ञानिक समस्याओं के प्रति उदासीन तथा भाषा-वैज्ञानिक विश्लेषण पद्धतियों से अपरिचित साहित्यशास्त्री दोनों ही समान रूप से अपने समय से बहुत पीछे हैं।" जहाँ एक ओर भाषा मानव की अन्तःप्रेरणाओं और आकांक्षाओं की अभिव्यक्ति करती है वहीं दूसरी ओर वह विभिन्न सामाजिक सांस्कृतिक संदर्भों में भिन्न-भिन्न रूप ग्रहण करती है।

आचार्य देवेन्द्रनाथ शर्मा साहित्यशास्त्री, शिक्षाशास्त्री और भाषाविद् तो थे ही पर मेरी दृष्टि में तो वे एक आदर्श शिक्षक थे—कठिन-से-कठिन विषय को सरल और रोचक ढंग से समझाने की उनके पास अनुपम कला थी।

आचार्य शर्मा : जब मुझे एक पर्यावरणविद् लगे

रमेन्द्रनाथ त्रिवेदी

सत्य से दूर भागा जा सकता है ? सत्य न तो कोई भ्रम है और न मिथक ! यह भी सत्य है कि हम महाबली काल की क्रूर दृष्टि को भी स्वीकारने के लिए विवश हो जाते हैं। अनिच्छा से आज हमें यह कटु सत्य स्वीकार करना पड़ रहा है कि आचार्य देवेन्द्रनाथ शर्मा हमारे बीच नहीं रहे।

आचार्य शर्मा ज्योतिपुंज थे जिसका प्रकाश जीवन के हर मार्ग को आलोकित करता रहा। हिन्दी साहित्य की जो अक्षुण्ण पूजा उन्होंने की उसका प्रसाद तो हिन्दी जगत् युग-युग लेता रहेगा। हिन्दी एवं संस्कृत भाषा की उनकी सेवा, देशवासियों के लिए अमर कृति के रूप में है। आचार्यजी के विविध ज्ञान व मर्मज्ञता के सभी कायल रहे। वे ज्ञान की समग्रता के अनुसंधानी रहे। हर पल हर क्षण नवीनता की ओर अग्रसर रहे। क्रांतिदर्शी नये विचारों की ओर उन्मुख रहे।

आज के युग में मानव जाति और इस ब्रह्माण्ड की रक्षा के लिए पर्यावरण-विज्ञान के महत्व को सभी ने स्वीकार किया है। साहित्य के प्रति प्रतिबद्धता होने पर भी आचार्य शर्मा इसके अपवाद नहीं रहे। पर्यावरण विज्ञान से जुड़े होने के नाते जब भी मेरी मुलाकात आचार्य शर्मा से होती, वे पर्यावरणीय तथ्यों के प्रति जिज्ञासु हो उठते। कई बार इन विषयों की पुस्तकों को उन्होंने माँगा और उनका अध्ययन किया। इतना ही नहीं, कहीं अगर पर्यावरण से सम्बन्धित कोई रचना वे देखते तो मुझे भी दिखाते और उस पर खूब चर्चा करते। लगता था जैसे वे विषय के गूढ़तम रहस्य तक पहुँच जाना चाहते हों।

एक बार मैंने पर्यावरण विज्ञान विषय पर एक कार्यशाला का आयोजन किया। उस समय वे अन्तरविश्वविद्यालय बोर्ड के अध्यक्ष थे। पर्यावरण में उनकी रुचि देखकर मैंने उस कार्यशाला में उनसे आने का आग्रह किया। वे

आए और जो व्याख्यान दिया वह अवर्णनीय है। उनके आलेख की समाप्ति पर मुझे लगा वे एक ऐसे चिन्तक हैं जो अर्जित बौद्धिक संपदा का विश्लेषण, कर्मक्षेत्र की प्रयोगशाला में, व्यक्तिगत अनुभवों के आधार पर करने के बाद ही कुछ कहते हैं और भाषा तो ऐसी कि एक पल हटने का जी नहीं चाहता। उनके व्याख्यान को सुनने के बाद सभी को यही लगा कि पर्यावरण के विषय में उनके विचार स्पष्ट, जागरूक और समाजोपयोगी हैं।

कार्यशाला का विषय था 'पर्यावरण का प्रदूषण'। एक साहित्यकार की दृष्टि से इस विषय की जो विवेचना उन्होंने की उन्हीं के शब्दों में उसका कुछ अंश—"पर्यावरण का प्रदूषण ये शब्द बड़े नए हैं। थोड़े दिनों से ये शब्द सुनाई पड़ रहे हैं। जैसे-जैसे हमारी धारणाएँ बदलती हैं, नए-नए शब्द हमारे सामने आते हैं। क्या कारण है कि एक ओर हमारी सभ्यता का विकास हो रहा है और दूसरी तरफ पर्यावरण के प्रदूषण की बात हो रही है। सभ्यता के विकास में तो पर्यावरण को और भी स्वच्छ होना चाहिए। इसके प्रतिकूल हम पाते हैं कि पर्यावरण प्रदूषित हो रहा है। इस समस्या के अनेक ऐसे रूप हैं, जो बाहर के देशों में नहीं हैं। बाहर जो रूप है, वे यहाँ नहीं है। पर्यावरण के प्रदूषण का कोई एक रूप नहीं हो सकता है। मैं इसे कई आधारों पर देखता हूँ। जहाँ पर दुर्गन्ध फैल रही है वह भी प्रदूषण है और यदि आप बृहत्तर पृष्ठभूमि में देखेंगे तो यह प्रदूषण हर तरफ बढ़ा है। हमारे विचार आज से बीस साल पहले जितने शुद्ध थे, अब नहीं हैं। आचार की बात तो छोड़ दीजिए! आजादी के बाद तो एक नया शब्द ही निकल गया है—भ्रष्टाचार। आजादी से पहले यह शब्द नहीं था। बहुत सारी नई अवधारणाओं के साथ नए शब्द भी आए।"

"प्रदूषण का एक कारण मैं अंग्रेजी भाषा को भी मानता हूँ। इसके रहते प्रदूषण रहेगा ही। केवल दो प्रतिशत लोग इस प्रदूषण से परिचित हैं। शेष 98 प्रतिशत पर्यावरण के प्रदूषण से अनभिज्ञ हैं। अंग्रेजी में हम यहाँ भाषण करेंगे। लेख पढ़े जाएँगे अंग्रेजी में, जैसा कि आपने देखा निर्देशकजी ने अपना भाषण अंग्रेजी में ही पढ़ा। निष्कर्ष अंग्रेजी में होंगे और इस देश की 98 प्रतिशत जनता कुछ नहीं जानेगी, समझेगी। जब इतनी बड़ी जनसंख्या प्रदूषण के वातावरण में रहेगी तो दो प्रतिशत प्रदूषण को दूर कर सकेंगे; यह बौद्धिक विलास हो सकता है। प्रदूषण को दूर करना है मित्रो, तो मेरा आपसे निवेदन है कि अपना काम जनता की भाषा में करने का अभ्यास करें, जिससे आपके महान उद्देश्य से, महान विचारों से, आपके सुझावों से लोग लाभान्वित हो सकें। इस देश का बहुत बड़ा दुर्भाग्य है कि 98 प्रतिशत लोग लोकतंत्र में हैं और उन्हें लोक की चिन्ता नहीं है। जो कुछ हम निर्णय लेंगे, उसकी जानकारी जनता को नहीं होगी। इसलिए आपके निष्कर्ष के दो रूप होने चाहिए। एक तो इसका शास्त्रीय रूप होना

चाहिए, जो विशेषज्ञों के लिए हो और दूसरा उसका लोकप्रिय रूप, जो लोक की भाषा में हो और जिससे प्रदूषण दूर होगा । शास्त्रीय रूप में प्रदूषण दूर होनेवाला नहीं । यह दूर होगा लोकप्रिय स्वरूप से ही, क्योंकि जिन्हें प्रदूषण दूर करना है उन्हें इसकी जानकारी नहीं है । यदि सम्भव हो तो आप मेरे इस विनम्र सुझाव को मानें । इस पर कृपापूर्वक विचार करें ।''

उन्होंने एक ढंग से विचार-गोष्ठी के कटु तथ्य को रेखांकित किया । सरल भाषा में जिस रूप में इतनी बड़ी विसंगति को उन्होंने हमारे सामने रखा उसके सभी सदस्य कायल हो गये । उनकी यह धारणा तो मेरी अन्तरात्मा में समाहित हो गई । आज ज्यादा-से-ज्यादा मैं यही प्रयत्न करता हूँ कि अपने विचारों को ऐसी भाषा में रखा जाए जो हम सबों के लिए सामान्य हो, अल्प ज्ञानवाले लोग भी पर्यावरण सम्बन्धी हमारे विचारों को ग्रहण कर सकें ।

आचार्यजी की मान्यता थी कि ''प्रदूषण की समस्या आधुनिक सभ्यता की देन है । औद्योगीकरण और सामाजिक पद्धति की देन है । हमारे यहाँ, उद्योग कहाँ लगे, इस पर विचार नहीं होता । औद्योगीकरण के बहुत से नियम हैं, उन नियमों का पालन नहीं होता । पर, जहाँ घनी आबादी है, वहाँ उद्योग लगा दिया जाता है और चारों तरफ का पर्यावरण प्रदूषित होता है । रुपये के बल पर यहाँ सब कुछ होता है । सारी चीजें महँगी हो गई हैं । एक ही चीज सस्ती है और वह है मनुष्य की जान ।''

''आजकल सड़कों पर जायें तो देखते हैं कि कोई बस जा रही है, कोई ट्रक जा रहा है और इतना धुआँ उसमें से निकल रहा है कि आपके आगे अंधेरा छा जाता है । यह बहुत आसानी से मिटाया जानेवाला प्रदूषण है । मैंने अखबार में पढ़ा है कि चालीस सिगरेट के पीने से फेफड़े को जितना नुकसान होता है, उतना बिना सिगरेट पीए ही आपको उस धुँए से होता है । इतना प्रदूषण है वातावरण में, हवा भी प्रदूषित हो गयी है । प्रदूषण के ऊपर यह आयोजन हुआ है, लेकिन पटना में ऐसी सवारियों की कमी नहीं है, जो सर्वाधिक प्रदूषण फैला रही हैं । यह एक दिन में रोका जा सकता है, लेकिन हम इसे कहाँ रोक पा रहे हैं ? दिल्ली में ही कहाँ रोक पा रहे हैं जहाँ पर पर्यावरणीय प्रदूषण पर अध्ययन आरम्भ हुआ है और सारे देश में फैला है । धुएँ को हम नहीं रोक पा रहे हैं और तो ठोस चीजें कहाँ से रोक सकते हैं ? बहुत मुश्किल है इस देश में कुछ कर लेना और करा लेना । सामाजिक पृष्ठभूमि ध्यान में रखते हुए बड़े सहज भाव से बतायें तो पर्यावरण को प्रदूषित करनेवाले हम सभी मानव केवल निजी स्वार्थ के लिए सृष्टि को संहार की ओर ले जा रहे हैं ।''

मार्ग का धुआँ तो सभी को अपनी करामात प्रतिदिन दिखाता ही है उनकी दृष्टि उस जगह के प्रदूषण पर भी गयी जिसे सभी देखते, सभी अनुभव करते हैं पर

जिसका अभी तक कोई समाधान नहीं हो सका। "दूसरे देशों में शोध होता है तो व्यावहारिक लाभ के लिए होता है। हमारे यहाँ शोध ज्यादा अमूर्त होते हैं। मैं शोध ज्ञान को निरर्थक नहीं कह रहा हूँ। वह ज्ञान भी होना चाहिए। लेकिन, पहले जीवन की समस्याओं का समाधान होना जरूरी है। शोध के लिए विषयों का चयन यह सोचकर किया जाना चाहिए कि इससे समाज को क्या लाभ होने जा रहा है। पर्यावरण का प्रदूषण से मुक्त होना जरूरी है। प्रदूषण नगरों में तो है ही गाँवों में भी है। हमें यह भी पता नहीं है कि थूक जैसी चीज भी पर्यावरण को प्रदूषित करती है। कई सज्जन ऐसे थूकते हैं जैसे सिंचाई की कोई छोटी-मोटी योजना चला रहे हैं। इस छोटी-सी चीज से पर्यावरण कितना प्रदूषित हो रहा है, इसकी जानकारी भी नहीं है। इससे बहुत सी बीमारियाँ फैलती हैं। इन बातों के द्वारा मैं आपका ध्यान आकृष्ट कर यह निवेदन करना चाहता हूँ कि आपके इस समारोह से कुछ ऐसी व्यावहारिक चीजें सामने आएँ, जिससे बिहार में प्रदूषण को रोकने में सफलता मिले, लोक और समाज का कल्याण हो। इस पर पैसे खर्च होंगे। आप समय देंगे। इसका लाभ समाज को होना चाहिए।"

"नित्य शोध-कार्य, विचार-गोष्ठियाँ होती हैं पर जनता को कितना लाभ होता है? इसे हर बुद्धिजीवी अपनी अंतरात्मा से स्वीकार कर रहा है। हम प्रदूषण से बच सकते हैं चाहे वह पर्यावरण का प्रदूषण हो या मानसिक। शुद्धता की आवश्यकता है हर मानव को। पर्यावरण-वैज्ञानिक लोग आज पेड़ लगाने पर जोर दे रहे हैं और वृक्षारोपण हो भी रहा है।" शर्माजी की पर्यावरण के प्रति प्रखर उन्मुखता इन वाक्यों से स्पष्ट है—"पेड़ लगाना भी प्रदूषण दूर करने का विशेष कार्य है। मैं पटना विश्वविद्यालय में कुलपति था। बहुत से पेड़ मैंने लगवाए थे। आज वे बड़े हो गए हैं। उन्हें बढ़ते देखकर मुझे वही आनन्द होता है जैसे अपने नवजात शिशु को बढ़ते देखकर।"

उन्होंने हमें सिखाया काम करें, करवायें, दूसरों से प्रेरणा लें, दूसरों को प्रेरित करें तभी कार्य की पूर्णता होगी और परिणाम की प्राप्ति होगी।

आचार्य देवेन्द्रनाथ शर्मा : बहुमुखी व्यक्तित्व

रत्ना शर्मा

मैंने सर्वप्रथम उस ऋषिपुरुष को आचार्यरूप में वर्गकक्ष में ही देखा। शील, सौन्दर्य और विद्वत्ता की प्रतिमूर्ति आचार्य के व्यक्तित्व में एक चुम्बकीय शक्ति थी, जिससे उनके सम्पर्क में आने वाले व्यक्ति बरबस उनकी ओर आकृष्ट हुए बगैर नहीं रह सकते थे। उनकी भाषण कला में गम्भीर से गम्भीर विषय को सरल बनाकर छात्र के मस्तिष्क में उतारने की विचित्र क्षमता थी। हँसाते-खेलाते, स्वयं मुस्कुराते हुए, प्रत्येक छात्र को अपनी वाक्-कला से झकझोर कर सजग करते हुए, वे भाषा-विज्ञान तथा काव्यशास्त्र जैसे गम्भीर विषय पर पूरे 50 मिनट भाषण देकर निकल जाते और समय का पता ही नहीं चलता। हम लोगों को वे अलंकार और छंद पढ़ाते थे। प्रत्येक अलंकार इतने सरल और सरस ढंग से समझाते थे कि वर्गकक्ष के बाद फिर उन्हें समझने की आवश्यकता नहीं रह जाती थी। उनकी पुस्तक 'अलंकार-मुक्तावली' इसका जीवन्त उदाहरण है, जिसमें प्रत्येक अलंकार के लिए उन्होंने सरल से सरलतम उदाहरण रखा है।

उनका व्यक्तित्व निश्छल था। वे अपने मन में किसी के प्रति दुर्भाव या दुराग्रह नहीं रखते थे। जो कुछ भी उनके मन में आता, वे आपके सामने ही उसे व्यक्त कर देते थे। परोक्ष के लिए वे अपने मन में कोई भी मैल नहीं छोड़ते थे।

नाक-नक्श तो तराशे हुए थे ही, रंग भी गौर-वर्ण था। उस पर वेश-भूषा भी सुरुचिपूर्ण रहती थी। उनके कपड़ों पर आपने कभी एक शिकन नहीं देखी होगी, जिसका श्रेय उनकी सतर्क पत्नी को जाता है। सब मिला-जुलाकर ये एक देव-पुरुष लगते थे। सैकड़ों व्यक्तियों में वे अलग से ही पहचान में आ जाते थे। उनका व्यक्तित्व ही सबसे भिन्न था।

संयोग की बात है कि मैंने अपना शोध-कार्य भी उन्हीं के निर्देशन में सम्पन्न किया। उनसे मेरा पारिवारिक सम्बन्ध बन गया था। सन् 1951 में स्नातकोत्तर

छात्रा के रूप में जब एक दिन मैं उनसे अपना कोई निबन्ध संशोधन कराने उनके पटना कालेज के समीपस्थ आवास पर पहुँची तो एकाएक वहाँ मैंने अपनी पुरानी दीदी श्रीमती कुसुम शर्मा को देखा। मेरे आश्चर्य और प्रसन्नता की सीमा न रही। कुसुमदी ने तुरन्त हँसकर स्वागत किया—"अरे! आओ। आओ !! मैं इनकी पत्नी हूँ न !" कुसुमदी के साथ मैं अपने विद्यालय-जीवन में पटना में, बाँकीपुर गर्ल्स स्कूल के छात्रावास में एक साथ दो वर्षों तक रह चुकी थी। उस समय छात्रावास में छात्राओं की संख्या बहुत कम रहती थी, इसलिए सभी एक-दूसरे के प्रति बहुत स्नेहिल तथा अपनत्व लिए रहती थीं। बड़ी दीदी को बहुत सम्मान दिया जाता था। वही सम्मान मेरे हृदय में कुसुमदी के लिए संग्रहीत था और आचार्य तो पहले ही आदर और श्रद्धा के पात्र बन चुके थे। हमारा पुत्र विजय और उनका प्रथम-पुत्र विनयशील गौतम भी साथ-साथ छात्र जीवन व्यतीत कर चुके थे। इन्हीं सम्पर्कों के कारण हम दोनों परिवार पर्याप्त निकट पहुँच चुके थे।

शोधार्थी के रूप में जब भी मैं उनके पास पहुँचती वे पहले मेरे सम्पूर्ण परिवार का हाल-चाल पूछते तब विषय-वस्तु पर आते थे। कभी-कभी लगता था कि व्यर्थ ही पारिवारिक बातों में इतना समय निकल गया। किन्तु जब घर वापस पहुँचती और अपने शोध-प्रबन्ध को आगे बढ़ाने बैठती तब अनुभव करती कि वे कुछ क्षण ही कितने महत्त्वपूर्ण थे जिनमें आचार्य ने उन्हीं प्रमुख तत्वों पर प्रकाश डाला जिनकी मुझे आवश्यकता थी। शोध में आचार्यजी ने बड़ी उदारतापूर्वक मेरी सहायता की और अपना बहुमूल्य समय दिया।

आचार्य अनुशासन और समय की पाबन्दी के कठोर समर्थक थे और वे इसका पालन केवल संस्था या कार्यालय में ही नहीं, घर में भी करते थे। मैंने उन्हें पटना विश्वविद्यालय के हिन्दी-स्नातकोत्तर विभाग के अध्यक्ष के रूप में तथा पटना विश्वविद्यालय के कुलपति के रूप में भी देखा है और उनके साथ काम करने के अनेक अवसर मिले हैं। कभी भी कठिन परिस्थितियों में मैंने उन्हें घबराते हुए नहीं देखा। बल्कि मुस्कराकर वे कठिन से कठिन समस्या का समाधान ढूँढ़ लेते थे। अपनी व्यवस्था-प्रणाली में उन्होंने सदैव नीर-क्षीर-न्याय का अवलम्ब लिया। किसी संस्था को कुछ ही समय में सुव्यवस्थित कर देने की उनमें अपूर्व क्षमता थी।

सन् 1971 ई० में वे भारतीय हिन्दी परिषद् के ग्वालियर में आयोजित अधिवेशन के अध्यक्ष थे। हम सभी एक साथ ही ग्वालियर की यात्रा कर रहे थे। हमारी वह यात्रा सबसे सुखद थी। इतनी लम्बी यात्रा कैसे पूर्ण हुई पता ही नहीं चला। ग्वालियर में हम लोगों ने उनकी अद्भुत संगठनात्मक शक्ति का परिचय पाया। सम्पूर्ण भारत के हिन्दी-विद्वान उस अधिवेशन में पहुँचे हुए थे। कई विशिष्ट अतिथि भी थे। सभी के आवास तथा भोजन की सुन्दर, सुरुचिपूर्ण

व्यवस्था थी। विभिन्न विषयों की समीक्षा के लिए कई अलग-अलग गोष्ठियाँ हुईं। उनके निर्देशन में ही अधिवेशन के सभी कार्य-कलाप सम्पन्न हुए। अधिवेशन पूर्ण सफल रहा।

आचार्यजी ने जब जिस दायित्व को स्वीकारा, उसका ईमानदारी एवं सम्पूर्ण निष्ठा से निर्वाह किया और सभी क्षेत्रों में वे पूर्ण सफल रहे। उन्होंने एक स्थान पर लिखा है—'योग : कर्मसु कौशलम्' अर्थात् मैं जो भी काम करता, पूजा की निष्ठा और भावना से। इसलिए सफलता ने मेरा साथ कभी नहीं छोड़ा।

हिन्दू संस्कृति में गार्हस्थ्य-जीवन भी अपना महत्वपूर्ण स्थान रखता है। इस जीवन के दायित्वों को भी आचार्य ने पूर्ण निष्ठा से निभाया। बाहर से थककर आया व्यक्ति अपने घोंसले में ही तो विश्राम पाता है, यदि घोंसले का वातावरण संतुलित, शान्त और मधुरिम हो। इस दृष्टि से भी मेरे आचार्य बहुत सौभाग्य-शाली थे। उन्होंने विदुषी, कर्तव्यपरायण, धर्मनिष्ठ, अनुशासन-प्रिय, व्यवहार-कुशल, सुरुचिपूर्ण एवं पाक-कला-निपुण पत्नी पायी थी, जो घर में आये प्रत्येक मेहमान का उन्मुक्त स्वागत करती थी।

स्वच्छता के प्रति उनका आग्रह अनुकरणीय था। उनका शयनकक्ष हो अथवा अध्ययन कक्ष, बैठकखाना अथवा मकान का बाहर का खुला बरामदा, सभी स्थान साफ-सुथरे, करीने से सजाकर रखना और सभी स्थानों पर आचार्य की सुविधाओं का ध्यान रखना उनकी पत्नी का प्रथम कर्तव्य था। हमारी कुसुम दीदी आचार्य की सफलता में अपनी सफलता, आचार्य की कीर्ति में अपनी ही कीर्ति और आचार्य के सुनाम में अपना ही सुनाम अनुभव करती थीं। आचार्य की प्रसन्नता में उनकी ही प्रसन्नता छिपी रहती थी।

आचार्य एक अनुकरणीय पिता भी थे। जब उनका प्रथम पुत्र विनयशील छोटा था और उसका अभी अक्षरारम्भ भी नहीं हुआ था, तो वे उसे संस्कृत के श्लोक सिखाने लगे थे। बचपन में ही विनयशील ने 'अमरकोश' के अनेक श्लोक मुखस्थ कर लिये थे। इतना पढ़ने-लिखने वाला व्यक्ति भी जिसका—लिखना, अध्ययन और अध्यापन ही प्रमुख कार्य था, बच्चों के चरित्र-निर्माण पर पूर्ण ध्यान दे—अवश्य दुर्लभ है।

आचार्यजी ने हिन्दी साहित्य के प्रत्येक क्षेत्र को पावन किया। जो कुछ भी उन्होंने लिखा, वह साहित्य में अमर रचना बन गयी। एक तुच्छ से तुच्छतम वस्तु पर भी यदि सद्साहित्यकार की दृष्टि पड़ जाती है तो वह वस्तु अमर हो जाती है। एक साइकिल की आज के व्यस्त जीवन में इतनी उपयोगिता है--इस पर उनके 'साइकिल' निबन्ध को पढ़ने के पूर्व मेरा कभी ध्यान ही नहीं गया था।

यही तो आचार्य के साहित्य-सृजन की विशेषता थी कि जहाँ वे 'भामह का काव्यालंकार' जैसी दुरूह पुस्तक का सरल, सुबोध भाष्य लिख सकते थे, अलंकार

और छंद के ताने-बाने प्रस्तुत कर सकते थे, भाषा-विज्ञान तथा राष्ट्र भाषा की समस्याओं की चर्चा कर सकते थे, पाश्चात्य काव्यशास्त्र की विवेचना प्रस्तुत कर सकते थे विभिन्न कवियों की रचनाओं का काव्यकला की दृष्टि से उत्कृष्ट मूल्यांकन प्रस्तुत कर सकते थे, वहीं उन्होंने उत्कृष्ट एकांकी और ललित निबन्धों जैसी मौलिक रचनाएँ लिखकर भी पाठकों को मुग्ध कर दिया। उनकी रचनाओं में अभिव्यक्ति की ऐसी स्वाभाविकता, सरलता और सुबोधता रहती है कि बरबस पाठक आह्लादित हो उठता है और उस रचना को बार-बार पढ़ना चाहता है। उनकी रचनाओं के पठनकाल में ऐसा अनुभव होता है कि शर्माजी सामने बैठे आपसे बातें कर रहे हैं। उनके एकांकी उनके सामने ही पटना कालेज में मंचित हुए और पूर्ण सफल रहे। तत्कालीन मुख्यमंत्री डॉ० श्रीकृष्ण सिंह तथा वित्तमंत्री डॉ० अनुग्रह नारायण सिंहजी भी उस वार्षिकोत्सव में उपस्थित थे और उन लोगों ने मुक्तकंठ से उनके एकांकी 'चिकित्सा का चक्कर' की सराहना की। इस प्रकार अपनी युवावस्था में ही वे अपने प्रान्त के मूर्धन्य व्यक्तियों की दृष्टि में आ गये। सफलता उनके पीछे-पीछे दौड़ने लगी।

व्यक्ति, समाज एवं साहित्य से ऊपर उठकर अध्यात्म का क्षेत्र भी उन्होंने अछूता न छोड़ा। पाण्डिचेरी का अरविन्दाश्रम उनके चिन्तन तथा आकर्षण का प्रधान केन्द्र बना। अरविन्दाश्रम की माताजी उनकी मार्गदर्शिका बनीं। बाद में हरिद्वार समीपस्थ ऋषिकेश में स्थापित शिवानन्दाश्रम के दिव्य-जीवन-संघ के सम्पर्क में भी वे आये और स्वामी शिवानन्दजी महाराज की पुस्तकों से भी प्रभावित हुए।

ऐसे देवपुरुष युग में कभी-कभी ही आते हैं। उन्हें मेरा कोटिशः प्रणाम।

नमन

आचार्य देवेन्द्रनाथ शर्मा के प्रति

रामलखन सिंह 'मयंक'

आदरणीय सदाशता से युक्त श्रेष्ठ आचार्य ।
दर्शन से पुलकित होता था जन निहार औदार्य ॥
वर विद्वान कुशल अध्यापक बहुभाषाविद् लेखक ।
संस्कृति के रक्षक शिक्षाविद् नीतिनिपुण सुप्रशासक ॥
भाषाशास्त्री काव्यशास्त्र के ज्ञाता मृदुल सुभाषी ।
याद करेंगे सदा आपको जन-भारत के वासी ॥
थे आचार्य सही अर्थों में यह सबको है ज्ञात ।
श्रद्धासहित नमन अर्पित है सारस्वत सुख्यात ॥

प्रणति

आचार्य देवेन्द्रनाथ शर्मा की स्मृति में

रामलखन सिंह 'मयंक'

मरना है ध्रुव धर्म देह का देही कभी न मरता।
स्थापित करता है कृतित्व ही नर की यहाँ अमरता ॥
कुछ होते हैं जग में अपना नाम अमर कर जाते।
श्रेयोन्मुख होकर अपने जीवन को सफल बनाते ॥
संत, मनीषी, कवि, वैज्ञानिक, साहित्यिक, शिक्षाविद्।
अध्यापक, दार्शनिक, प्रशासक, नीतिविज्ञ, भाषाविद् ॥
व्यक्ति-धर्म पालन दृढ़ता से करते जनहित का रख ध्यान।
सदा उन्हें प्रेरित करते हैं प्रखर विवेक और सद्ज्ञान ॥
सदा समाज राष्ट्रहित जीवन उनका यहाँ समर्पित।
वे प्रतिदिन करते स्वकर्म शुभ जन सेवा में अर्पित ॥
ऐसे पुरुषों में ही प्रादुर्भूत हुए थे ये श्रीमान्।
आचार्य देवेन्द्रनाथ शर्मा विख्यात प्रखर विद्वान् ॥
अध्यापक रहकर ही उनने किया असीमित विद्यादान।
हैं कृतज्ञ छात्रजन बहुतों किया कीर्तिमय कार्य महान् ॥
हिन्दी-संस्कृत के पण्डित थे बहुभाषाओं का था ज्ञान।
थे महान् साहित्य प्रणेता, लेखक वक्ता ओजप्रधान ॥
कुशल प्रशासक, प्राध्यापक, कुलपति रह दिये नये आयाम।
भारतीय संस्कृति-उद्‌गाता, वर चिंतक, है तुम्हें प्रणाम ॥

एक श्रद्धांजलि

आचार्य देवेन्द्रनाथ शर्मा के प्रति

सावित्री दूबे

उम्र की राह पर
झर गए पीले पत्ते
दिन और रात के,
छोड़ जाते हैं अपना निशान—
चेहरे पर रेखाएँ अनुभव की
और केश में सफेद चिह्न
ऊष्मा मनोभावों की
मानो जम गई हों
पाकर शीतल तापमान
गुजरे दिनों का।

परन्तु अपवाद होते हैं
कुछ व्यक्तित्व
जो होते हैं विशिष्ट।
अन्तस्तेज से दीपित नयन
निरन्तर बहती साहित्य रसधार
नित नूतन विचारों का प्रवाह
चुपचाप बहा जाता है
समय के पदचिह्न,
आंतरिक शक्ति से स्पन्दित मन-प्राण
सदा ही बना रहता है प्राणवान।

ऐसे ही महान व्यक्ति
थे वे आचार्यप्रवर,
कि जिन होठों पर
तेजस्वी सरल मुस्कान
हो गई अमर ।
उनसे झरे हर शब्द
होते थे सारगर्भित
समर्पित,
था उनका हर बिंब
चिन्तन सोपान ।
नाटयशास्त्र हो या भाषाविज्ञान
कक्षा में हँसी की फुहारों के बीच ही
होता था हर व्याख्यान,
और जटिल प्रश्नों का समाधान ।
शुभ्र वस्त्रों से वेष्टित काया
रचना-धर्म उन्होंने
अन्तिम क्षण तक था निभाया ।

उनके गद्य में है
पद्य सा रस और अलंकार
पर भरा गुरु गंभीर विचार,
भाषा के शास्त्रीय विवेचन में
उपन्यास सा कथ्य,
नाटकों में इतिहास का तथ्य,
अतीत के चित्रों में
वर्तमान का है समाधान
उनकी हर विद्या में सदा रहा
मानवता का आह्वान ।

आचार्य देवेन्द्रनाथ शर्मा

उमानाथ

विगत पचास वर्षों की अवधि में, शिक्षा और साहित्य के क्षेत्रों में, जिन इने-गिने लोगों ने अपनी विलक्षण प्रतिभा एवं अप्रतिम साधना के बल से बिहार की गौरववृद्धि की है, उनमें आचार्य देवेन्द्रनाथ शर्मा का स्थान प्रमुख है।

विगत तिरपन वर्षों से शर्माजी के साथ मेरा निकट संपर्क था। 1938 ई० में पटना विश्वविद्यालय के समसामयिक छात्र के रूप में हम पहले-पहल मिले थे। उसके बाद, 'लघ्वी पुरा वृद्धिमती च पश्चात्' के अनुसार हमारी मैत्री उत्तरोत्तर बढ़ती गई और हमें शिक्षा तथा साहित्य से सम्बन्धित अनेक क्षेत्रों में सहयोगी के रूप में कार्य करने का अवसर मिला। अतः, दिनांक 17 जनवरी, 1991 ई० के दिन उनके आकस्मिक निधन के फलस्वरूप मैं नितान्त शोकसंतप्त हो गया। आकाशवाणी के पटना केन्द्र से शर्माजी की पुनीत स्मृति में श्रद्धांजलि अर्पित करते हुए मैंने कहा—"आचार्य देवेन्द्रनाथ शर्मा के अचानक निधन से बिहार ही नहीं, प्रत्युत समस्त देश के शिक्षा जगत एवं साहित्य समाज की जो क्षति हुई है, वह निःसन्देह अपूरणीय है।"

आचार्य देवेन्द्रनाथ शर्मा संस्कृत वाङ्मय और हिन्दी भाषा तथा साहित्य के मर्मज्ञ विद्वान् थे। उन्होंने अनेक ग्रंथों की रचना की थी, जिनमें अलंकार मुक्तावली (1948), भामह विरचित काव्यालंकार का हिन्दी भाष्य (1962), काव्य के उपादान (1981), पाश्चात्य काव्यशास्त्र (1984), राष्ट्रभाषा हिन्दी : समस्याएँ और समाधान (1965), भाषा विज्ञान की भूमिका (1966), हिन्दी भाषा और नागरी लिपि (1972), पारिजात मंजरी (1949), बिखरी स्मृतियाँ (1958), आईना बोल उठा (1964), और प्रणाम की प्रदर्शिनी में (1980) प्रसिद्ध हैं।

उपर्युक्त ग्रन्थों के अतिरिक्त शर्माजी ने अनेक ग्रन्थों को हिन्दी में अनूदित किया था, जिनमें एवरेस्ट का आरोहण (1955), लाटरी का टिकट (1964)

और मनोविश्लेषण और साहित्यालोचन (1967) उल्लेखनीय हैं। शर्माजी ने साहित्यिक निबन्धावली (1944), छायावाद और प्रगतिवाद (1950), हिन्दी साहित्य का बृहत् इतिहास-भक्तिकाल (सगुण भक्ति), अमर भारती (1967), उपन्यास का शिल्प (1973) आदि ग्रन्थों का सम्पादन भी सुयोग्यतापूर्वक किया था। इस प्रकार समस्त हिन्दी जगत् में लेखक, अनुवादक एवं सम्पादक के रूप में वे सुप्रतिष्ठित थे।

देवेन्द्रनाथ शर्मा का जन्म 7 जुलाई 1918 ई० के दिन सारन जिला (वर्तमान गोपालगंज जिला) के अन्तर्गत क्रुतपुरा बंगरा ग्राम के एक सुप्रतिष्ठित ब्राह्मण कुल में हुआ था। उनके पिता पंडित शिवशरण शर्मा धर्मसमाज संस्कृत कालेज, मोतीहारी (चम्पारण) में प्राचार्य थे। उनकी इच्छा थी कि देवेन्द्रजी आयुर्वेद का अध्ययन करें और स्वनामधन्य पंडित ब्रजबिहारी चौबे के सदृश एक प्रख्यात वैद्यराज बनें। 1934 ई० में मैट्रिक पास करने के बाद प्रारम्भ में, शर्माजी का नामांकन पटना के राजकीय आयुर्वेद महाविद्यालय में कराया गया था। किन्तु, एक वर्ष में ही आयुर्वेद की पढ़ाई छोड़कर अगले वर्ष वे पटना विश्वविद्यालय में प्रविष्ट हो गए और वहीं से क्रमशः आई० ए०, बी० ए० (आनर्स) और एम० ए० की परीक्षाओं में उत्तीर्ण हुए। शर्माजी ने संस्कृत और हिन्दी दोनों विषयों की एम० ए० परीक्षाओं में प्रथम श्रेणी में सर्वोच्च स्थान प्राप्त किया था। कुछ वर्ष बाद, बिहार राज्य-सरकार की शिक्षा सेवा में कार्यरत रहते हुए शर्माजी लंदन विश्वविद्यालय में रूसी भाषा के उच्च अध्ययन के लिए मनोनीत किए गए जिसे उन्होंने सफलतापूर्वक सम्पन्न किया।

आचार्य देवेन्द्रनाथ शर्मा ने 1943 ई० में पटना कालेज में एक व्याख्याता (लेकचरर) के रूप में शिक्षा-जगत् में प्रवेश किया था। उत्तरोत्तर प्रोन्नति प्राप्त करते हुए कालक्रम से वे पटना विश्वविद्यालय के हिन्दी विभाग के अध्यक्ष के रूप में प्रतिष्ठित हुए। कुछ काल तक बिहार विश्वविद्यालय, मुजफ्फरपुर में भी हिन्दी विभाग के अध्यक्ष पद को उन्होंने सुशोभित किया था। लगभग तीन दशक तक सफलतापूर्वक शिक्षण कार्य करने के बाद, सितम्बर, 1973 ई० में आचार्य देवेन्द्रनाथ शर्मा पटना विश्वविद्यालय के कुलपति बनाए गए और प्रायः चार वर्ष तक सुयोग्यतापूर्वक उक्त पद पर कार्यरत रहे। वहाँ से सेवानिवृत्त होने पर 1977 ई० में शर्माजी ने बिहार हिन्दी ग्रन्थ अकादमी के अध्यक्ष पद को सुशोभित किया और पाँच वर्ष तक उस पद पर प्रतिष्ठित रहे। उसके बाद, शर्माजी ने बिहार-राज्य अन्तर-विश्वविद्यालय बोर्ड, बिहार भोजपुरी अकादमी और बिहार संस्कृत अकादमी के अध्यक्ष के पदों को भी सुशोभित किया। कुछ काल तक उन्होंने सरकामेश्वर सिंह दरभंगा संस्कृत विश्वविद्यालय के कुलपति के रूप में भी कार्य किया था।

पूर्वोक्त वैतनिक राजकीय उच्च प्रशासनिक पदों पर विशिष्टतापूर्वक कार्य करने के साथ-साथ आचार्य देवेन्द्रनाथ शर्मा ने देश तथा राज्य की अनेक सुप्रतिष्ठित साहित्यिक एवं शैक्षणिक संस्थाओं की भी महत्वपूर्ण सेवाएँ की थीं।

1976 ई० में शर्माजी बिहार हिन्दी साहित्य सम्मेलन के अध्यक्ष के रूप में सर्वसम्मति से निर्वाचित हुए और 1988 ई० तक उक्त पद पर आसीन रहे। 1981 ई० में सम्मेलन के वार्षिक अधिवेशन में, जो सारगर्भित अध्यक्षीय भाषण उन्होंने किया था, वह हिन्दी भाषा एवं साहित्य के अध्येताओं के लिए गवेषणापूर्ण अध्ययन एवं मनन के योग्य है। राज्य के बाहर, भारतीय हिन्दी परिषद् के ग्वालियर अधिवेशन (1971) और वल्लभनगर (गुजरात) अधिवेशन (1974) की अध्यक्षता शर्माजी ने की थी। अखिल भारतीय हिन्दी साहित्य सम्मेलन, प्रयाग (इलाहाबाद) की स्थायी समिति के प्रमुख सदस्य के रूप में भी आचार्यजी ने अनेक समारोहों की अध्यक्षता की थी और उनमें विद्धत्तापूर्ण भाषण किए।

साहित्य एवं शिक्षा जगत् की अनेक विशिष्ट समितियों के प्रमुख सदस्य के रूप में शर्माजी ने वर्षों तक सक्रिय योगदान किया था, जिनमें भारतीय ज्ञानपीठ पुरस्कार प्रवर समिति, मंगला प्रसाद पुरस्कार समिति, उत्तर प्रदेशीय हिन्दी पुरस्कार समिति, मध्यप्रदेशीय शासन पुरस्कार समिति, बिहार राष्ट्रभाषा परिषद् पुरस्कार समिति, बिहार राजभाषा पुरस्कार चयन समिति, तथा राजस्थान साहित्य अकादमी के नाम उल्लेखनीय हैं।

आचार्य देवेन्द्रनाथ शर्मा अनेक विश्वविद्यालयों के अतिथि आचार्य (विजिटिंग प्रोफेसर) भी थे, जिनमें जवाहरलाल नेहरू विश्वविद्यालय, नई दिल्ली; कुरुक्षेत्र विश्वविद्यालय, कुरुक्षेत्र; विक्रम विश्वविद्यालय, उज्जैन; आगरा विश्वविद्यालय, आगरा और भागलपुर विश्वविद्यालय, भागलपुर के नाम उल्लेखनीय हैं।

बिहार और भारत के अतिरिक्त आचार्य देवेन्द्रनाथ शर्मा विदेशों में भी सांस्कृतिक, शैक्षणिक एवं साहित्यिक कार्यों के प्रसंग में गए थे। चैकोस्लोवाकिया में आयोजित विश्वशान्ति परिषद् का सम्मेलन इस सन्दर्भ में विशेष उल्लेखनीय है। शर्माजी ने उक्त अन्तर्राष्ट्रीय सम्मेलन के शान्ति शिक्षण-सत्र में विषय प्रवर्तन किया था। आचार्य शर्मा ने, समय-समय पर इंग्लैण्ड, फ्रांस, जर्मनी, इटली, स्विट्जरलैण्ड, सोवियत संघ, बुलगारिया, रूमानिया, कोरिया, मारीशस, नेपाल आदि देशों में भी भ्रमण कर, सांस्कृतिक एवं शैक्षणिक आयोजनों में सक्रिय योगदान किया था। शर्माजी देश के विभिन्न विश्वविद्यालयों के कुलपतियों के चयन हेतु संगठित समितियों के भी सदस्य रहे।

आचार्य शर्मा ने शिक्षा, साहित्य एवं संस्कृति के क्षेत्रों में जो महत्वपूर्ण सेवाएँ की थीं, उनसे प्रभावित होकर देश तथा राज्य की विभिन्न संस्थाओं ने उन्हें अभिनन्दित एवं सम्मानित किया था। इन संस्थाओं में, उत्तर प्रदेशीय हिन्दी समिति, पूर्वोत्तर हिन्दुस्तानी सम्मेलन और राजभाषा विभाग, बिहार सरकार के नाम उल्लेखनीय हैं।

आचार्य शर्मा के सामाजिक एवं सांस्कृतिक जीवन की तरह उनका पारिवारिक जीवन भी बहुत सफल था। उनका शुभ-विवाह 1943 ई० में छपरा शहर के वरीय अधिवक्ता पंडित गोरखनाथ त्रिवेदी की कन्या कुमारी कुसुम के साथ हुआ था।

श्रीमती कुसुम शर्मा के परिवार को मैं 1937 ई० से ही जानता था। स्वर्गीय आचार्य कपिलदेव शर्मा के साथ मैं बहुधा पं० गोरखनाथ त्रिवेदी के घर जाया करता था। महापंडित राहुल सांकृत्यायन अतिथि के रूप में वहाँ निवास करते थे। कुसुमजी उस समय स्कूल की छात्रा थीं। कुसुमजी बचपन से ही मेधावी, कुशाग्र, बुद्धिमती थीं। विवाह के उपरान्त उनका उत्तरोत्तर शैक्षिक विकास हुआ। आचार्य शर्मा की तीन सन्तानें हैं—दो पुत्र और एक पुत्री। ज्येष्ठ पुत्र श्री विनयशील गौतम आई० आई० टी०, दिल्ली में प्राध्यापक हैं और कनिष्ठ पुत्र डॉ० विजयशील गौतम लंदन में चिकित्सक हैं। पुत्री डॉ० दीप्ति शर्मा त्रिपाठी दिल्ली विश्वविद्यालय में संस्कृत की प्राध्यापिका हैं। इस प्रकार आचार्य देवेन्द्रनाथ शर्मा का वैयक्तिक एवं पारिवारिक जीवन भी उनके सारस्वत रूप के समान ही श्लाघ्य और स्पृहणीय था। उनकी स्मृति को मेरा स्नेह-नमन।

आचार्य शर्मा : एक सुखी जीवन

अजयेन्द्रनाथ त्रिवेदी

1936 में आक्सफर्ड विश्वविद्यालय में सर्वपल्ली डॉ० राधाकृष्णन को Spalding Chair of Eastern Religion and Ethics प्रदान किया गया। इस अवसर पर अपने उद्घाटन-भाषण में उन्होंने सोलोन का एक कथन उद्धृत किया था। आचार्य देवेन्द्रनाथ शर्मा के सुखी जीवन के कुछ पक्षों को आप सबों के समक्ष अनावृत करते समय सोलोन का वह कथन याद आ रहा है। डॉ० राधाकृष्णन् के अनुसार सोलोन ने कहा था—

"सुखी मनुष्य वह जो विकलांग न हो, रोग से अपरिचित हो, दुर्भाग्य से मुक्त हो, अपने बच्चों को लेकर आनन्दमग्न हो और स्वयं सुदर्शन हो। इन सब बातों के साथ-साथ यदि उसके जीवन-नाटक का पटाक्षेप भी सुखपूर्वक हो तो सचमुच यही वह मनुष्य है जिसकी आपको तलाश है, ऐसे ही व्यक्ति को सही मायने में सुखी कहा जा सकता है।"

सोलोन का यह मत यूनान के प्रसिद्ध दार्शनिक हेरोडोटस के मत से सर्वांश में मिलता है। सुख को दार्शनिकों ने अनेक प्रकार से परिभाषित किया है। दार्शनिकों के बीच सुख के स्वरूप को लेकर मतैक्य नहीं है। पर सुखी मनुष्य के विषय में सोलोन का यह मत बहुतेरे दार्शनिकों के एतत्सम्बन्धी मत से मिलता है। मैं कह नहीं सकता सुखी व्यक्ति के विषय में सोलोन ने यह मत किस सुखी पुरुष को देखकर बनाया होगा पर मुझे विश्वास है आचार्य शर्मा के जीवन को निकट से जानने वालों को सोलोन की उपर्युक्त परिभाषा तथा आचार्य शर्मा के जीवन के बीच असाधारण समानता मिलेगी। यदि सोलोन की उपर्युक्त परिभाषा सुखी मनुष्य का सही परिचय है तो मैं सुनिश्चित रूप से कह सकता हूँ कि ऋषिकल्प आचार्य शर्मा का जीवन विश्व के कुछ अत्यन्त सुखी जीवनों में एक है।

आचार्य शर्मा सुदर्शन काया के धनी थे। अवस्था बढ़ने के साथ उनकी काया और दीप्तिमती होती गई। जीवन के उत्तरार्द्ध में भी वे किसी युवक से कम फुर्तीले

न थे। सजगता और सक्रियता में तो वे आगे थे ही। रोग से भी आचार्य शर्मा सर्वथा अपरिचित थे। अपनी जानकारी के अनुसार मैं कह सकता हूँ कि सामान्य मानव-सुलभ व्याधियों के अतिरिक्त कोई असाध्य या दुःसाध्य रोग उनके निकट कभी नहीं आया। युक्ताहारविहार उनके स्वास्थ्य का रहस्य था, वे कहा करते थे—"मैं अक्रोध का अभ्यास कर रहा हूँ।" मैंने अनुभव किया, वे इसमें सफल रहे थे।

अपने कीर्तिशेष पिता के वास्तविक उत्तराधिकारी बने रहना ही उन्हें पसन्द न था। उस उत्तराधिकार को निरन्तर संवर्द्धित करने में वे लगे रहे। दुर्भाग्य ने उनके जीवन में कभी कदम रखने का साहस नहीं किया। सम्मान और श्रद्धा तो वे आजीवन पाते ही रहे, लक्ष्मी ने भी उनकी उपेक्षा कभी न की। कहा भी तो गया है—उद्योगिनं पुरुषसिंहमुपैतिलक्ष्मीः। विश्वविद्यालयीय आचार्य के रूप में जो भौतिक सुख-सुविधा उन्हें प्राप्त थी कुलपति होने पर वही सब रहा। न कुछ छूटा न कुछ जुटा। एक आश्चर्य था यह। वही घर, वही उपस्कर, वही सौजन्य। सिर्फ विद्वत्ता बढ़ी, कीर्ति का विस्तार व क्षितिज का प्रसार हुआ।

जैसा सोलोन ने माना है उनकी संतानें उनके सुखी जीवन का कारण बनीं। संतानों को लेकर उन्हें जितना आनन्द हुआ ब्रह्मविद्याविद् नचिकेता के पिता उद्दालक को भी उतना आनन्द नहीं हुआ होगा। नचिकेता ने भी अपने मदांध पिता को आरम्भ में दुःखी किया था, जिसके लिए उसे दूसरे वर के रूप में यमराज से पिता को प्रसन्न करने की प्रार्थना भी करनी पड़ी। पर आचार्यश्री की संतानो ने स्वयं को अपने पिता की आकांक्षाओं के अनुरूप प्रस्तुत किया जो उनके लिए परम सौभाग्य की बात थी। उद्दालक तो अपनी कृपण दृष्टि के कारण पुत्र के उदात्त चरित्र से क्षुब्ध हुआ था। पर आचार्यश्री की दृष्टि तो कभी कृपण रही ही नहीं। दुःख या क्षोभ कहाँ से होता? जीवन और जीविका के लिए सन्तानों द्वारा किए जा रहे प्रयासों से वे 'पद्मपत्रमिवाम्भसा' निर्लिप्त रहे। पर देखिए ईश्वर की कृपा सन्तानों ने जिस-जिस क्षेत्र में काम किया प्रसिद्धि तथा मान्यता बटोर कर लौटे।

सोलोन ने सुखी मनुष्य की परिभाषा में अनुकूल पत्नी तथा सामाजिक यश की चर्चा नहीं की है। मैं समझता हूँ इन दो तत्वों के अभाव में सुखी जीवन सम्भव ही नहीं है। पत्नी के रूप में आचार्यश्री को साक्षात् सुदक्षिणा मिली थीं। वे स्वयं दिलीप जो थे। उनके परिवारिक जीवन को निकट से देखने वाला मैं यह कह सकता हूँ कि 'श्रुतेरिवार्थं स्मृतिरन्वगच्छत्' कालिदास की यह उपमा जितने अंशों में दिलीप-सुदक्षिणा के लिए सही है उतने ही अंशों में श्रीमती और श्री शर्मा के लिए सही है। यह मात्र मेरा विचार ही नहीं है। आचार्यश्री के परिवार से जुड़े सैकड़ों शोक-सन्तप्त परिवार मेरे इस कथन के साक्षी हैं।

अपने विषय के अन्यतम विद्वान् के रूप में उनको सरकारों, संगठनों तथा

संस्थानों ने मान्यता दी। सरकारों तथा विश्वविद्यालयों के अनेक उत्तरदायित्वपूर्ण पदों को अपनी शैक्षणिक तथा प्रशासनिक क्षमता से सुशोभित कर उन्होंने प्रभूत यश अर्जित किया। बिहार क्या, देश के अन्य प्रान्तों और विदेशों में भी साहित्य से जुड़ा व्यक्ति आपको न जाने यह आश्चर्य का विषय होगा। आपकी समर्थ लेखनी से प्रसूत अनेक मानक ग्रन्थ सम्बद्ध विषय के छात्रों का पथ-प्रदर्शन करते रहे हैं और आगे वर्षों तक करते रहेंगे। सफल लेखक के रूप में उन्हें प्रकाशक, प्राध्यापक और प्रज्ञ समभाव से स्मरण करते हैं। हमें बेहद दुःख है कि जब रामचरितमानस पर वे अपना विशिष्ट ग्रन्थ रच रहे थे क्रूर काल ने उन्हें हमसे छीन लिया।

प्रतिभाशाली छात्र के रूप में भी उन्होंने अपने छात्र जीवन में आचार्यों का हृदय जीता था। यद्यपि उनके आचार्य उनकी प्रतिभा का परिचय देने हमारे बीच नहीं हैं पर उनको उपहृत प्रशस्तियाँ, ताम्रपत्र, प्रमाणपत्र और स्वर्णपदक हमें उनके उज्ज्वल छात्र जीवन का स्मरण दिलाते हैं। महापण्डित राहुल सांकृत्यायन के कुछ पत्रों तथा उन्हीं की कुछ रचनाओं से आचार्यजी की प्रतिभा तथा पाण्डित्य का परिचय मिलता है। उनका धाराप्रवाह सारर्भित व्याख्यान किसे प्रिय न था ? यह लेखक भी उनके व्याख्यानों का श्रोता रहा है। उनके विद्वत्तापूर्ण, प्रासंगिक व्याख्यानों को सुनकर ही समझा जा सकता था कि वे कैसे व्याख्याता थे।

जीवन लीला का सुखमय होना जितना काम्य है उस लीला का सुखमय पटाक्षेप भी उससे कम काम्य नहीं। सोलोन ने तभी तो इस लीला के सुखपूर्वक पटाक्षेप को भी सुखी जीवन का एक आवश्यक तत्त्व बताया है। आचार्यश्री के जीवननाटक का पटाक्षेप अलौकिक रूप से तो हुआ ही उनकी इच्छा के अनुसार भी हुआ। वे कहा करते थे—"मैं किसी से कोई सेवा नहीं लूँगा तथा सक्रिय अवस्था में ही देह त्यागूँगा"। विधाता ने भी उनकी इच्छा का सम्मान किया। अपने प्रयाण के दिन 17-1-91 को रोज की भाँति ब्रह्ममुहूर्त में उठे। मानस पर सद्यः-प्रकाश्य अपने ग्रन्थ के कुछ पृष्ठ पूरे किए। अल्पाहार कर अपने साथ रह रही एम० ए० की एक छात्रा को पाणिनीय व्याकरण पढ़ाया। सम्मिलित सैन्याक्रमण से खाड़ी युद्ध उसी दिन शुरू हुआ था। विश्वयुद्ध की आसन्न विभीषिका की आशंका से वे काफी व्यथित थे। उस दिन स्टील अथॉरिटी के एक समारोह में भाग लेना था और दरभंगा हाउस में हिन्दी की स्नातकोत्तर कक्षा लेनी थी। सही वक्त पर तैयार हुए, समारोह के लिए निकले। समारोह में भारत के भविष्य पर बोलते-बोलते वे भावावेश में आ गए। सभी सीमाएँ तोड़ दीं उन्होंने और समाधि लग गयी। उनका संकल्प सिद्ध हुआ। सभी थे—परिवार के लोग, प्रशंसक, प्रिय छात्र ! पर किसी से कोई सेवा न ली। देह त्याग दी। सच ही कहा है हमारे

ऋषियों ने—

"मनस्वी म्रियते कामं कार्पण्यं न तु गच्छति।"

वे एक मनस्वी की तरह जिए और मरे।

उनके निधन का एक वर्ष बीतने को आया। किसी महापुरुष के मूल्यांकन के लिए एक वर्ष की अवधि अपर्याप्त है। शिक्षाजगत् को उनका अवदान शोध का विषय है—वह भी किसी समर्थ अध्येता के द्वारा। मैं अल्पज्ञ इस सम्बन्ध में मौन ही रहना चाहूँगा। पर अपने जीवन को उन्होंने जिस कोटि के सौजन्य, समय-पालन, कर्त्तव्यनिष्ठा और अध्यवसाय का विग्रह बनाया था उसका संक्षिप्त परिचय प्रस्तुत करने का लोभ-संवरण नहीं कर सका। उनका सुखी जीवन तो किसी अलौकिक और निष्कलुष आचरण का ही परिणाम था। मैं अपने कर्मों की परीक्षा कर कह सकता हूँ कि उनकी महानता का लवलेश भी मुझे नहीं मिल सकता। पर जैसा सुख और जैसा सन्तोष उन्हें प्राप्त था उसका सहस्रांश भी यदि मुझे मिल सका तो मैं इसे ईश्वर का और उनका प्रसाद ही समझूँगा।

साहित्यिक-सांस्कृतिक समारोहों के यशस्वी व्यक्तित्व आचार्य देवेन्द्रनाथ शर्मा

शिवाजी राव आयदे

प्राध्यापक, लेखक, वक्ता, शोधकर्त्ता, कुलपति के अलावा आचार्य शर्मा के व्यक्तित्व का एक और मनोहारी पहलू था और मैं उसी पहलू की संस्मरणात्मक चर्चा करूँगा। विद्वान् प्राध्यापकों की यह परम्परा रही है कि वे मुश्किल से विश्वविद्यालय की चहारदीवारी के बाहर शिक्षित जनता के बीच जाते हैं, समाज के साहित्यिक-सांस्कृतिक समारोहों से उनका कोई लेना-देना नहीं रहता। लेकिन शर्माजी इनके अपवाद थे। राजधानी के सांस्कृतिक समारोहों में भाग लेने के साथ-साथ वे जिला स्तर तथा अंचल स्तर तक के समारोहों की शोभा बढ़ाते थे। उनका यह पहलू मुझे विगत चालीस वर्षों से प्रेरित करता रहा और उनसे निकट संबंध होने के कारण मैं उनके मार्गदर्शन का भी अधिकारी बना रहा।

सन् 1976 में जब भारत के प्रथम राष्ट्रपति देशरत्न डॉक्टर राजेन्द्र प्रसादजी के अग्रज स्वर्गीय महेन्द्र प्रसाद का—जो एक विख्यात समाजसेवी और रंगकर्मी थे—शताब्दी समारोह मनाने की योजना बनी तो शर्माजी ने उस अवसर पर एक अभिनन्दन-ग्रंथ निकालने का सुझाव दिया और इसके संपादन का भार मेरे दुर्बल कन्धों पर दे दिया। फिर मैं इस ग्रंथ के संपादन के क्रम में उनसे लगातार मिलता रहा। चार-पाँच महीनों के कठिन परिश्रम के बाद यह ग्रंथ प्रकाशित हुआ जिसके संपादक-मंडल में आचार्य देवेन्द्रनाथ शर्मा, कुलपति, पटना विश्वविद्यालय का नाम छपा है। यह ग्रंथ महेन्द्र शताब्दी समारोह समिति, छपरा द्वारा प्रकाशित किया गया था जिसकी प्रशंसा राष्ट्रभाषा परिषद्, बिहार की पत्रिका 'परिषद् पत्रिका' में यशस्वी विद्वान् सूरिदेवजी ने इन शब्दों में की—"महेन्द्र शताब्दी' नाम से प्रकाशित अभिनन्दन ग्रंथ संस्मरणीय के वन्दनीय व्यक्तित्व का सारस्वत साक्ष्य उपस्थित करता है। कुल पाँच खंडों में विभक्त प्रस्तुत अभिनन्दन ग्रंथ का अतिशय रुचिर प्रकाशन छपरा की महेन्द्र शताब्दी समारोह समिति की

ओर से हुआ है, जिसका उत्कृष्ट सम्पादन हिन्दी के समादृत हस्ताक्षर तथा नाट्य कला-मर्मज्ञ एवं यशोधन अधिवक्ता श्री शिवाजी राव आयदे ने किया है।"

('परिषद् पत्रिका' वर्ष 18, अंक 4, जनवरी 1979, पृ० 5)

लेकिन इस ग्रन्थ के सफल संपादन के पीछे आचार्य शर्मा की प्रेरणा मार्गदर्शन और आशीर्वाद का अप्रत्यक्ष संबल छिपा था। जिला स्तर के साहित्यिक प्रकाशन कार्यों में राजधानी के कुलपति और श्रेष्ठ प्राध्यापकों ने कभी कोई दिलचस्पी दिखाई हो, ऐसा एक भी उदाहरण नहीं है। ये शर्माजी ही थे जो अंचल स्तर से राजधानी तक साहित्यिक कार्यकर्ताओं को प्रेरित किया करते थे।

कुछ लोग स्थानीय समारोहों के आलोचक होते हैं। ऐसे लोगों को आचार्य शर्मा करारा जवाब देते थे और कार्यकर्त्ताओं का मनोबल बढ़ाते थे। छपरा के एक जयन्ती समारोह में जब एक स्थानीय प्राध्यापक सह साहित्यिक ने साधारण व्यक्तित्वों को जयन्ती समारोहों में घसीटने के प्रचलन की आलोचना की तो शर्माजी ने जवाब दिया अपने ओजस्वी भाषण में—"कुछ लोग छोटों को बड़ा बनाते हैं और कुछ लोग बड़ों को छोटा बनाकर अपने अहंकारी व्यक्तित्व का परिचय देते हैं, शायद मेरे पूर्ववक्ता ने अपना सही परिचय देकर हमें विस्मित किया है।" सभा भवन करतल ध्वनि से गूँज उठा। अन्तिम बार वे प्रादेशिक शान्ति सम्मेलन में भाग लेने छपरा आए थे। यह सम्मेलन मजहरुलहक एकता भवन में आयोजित किया गया था। इसमें विदेशी प्रतिनिधि भी आये थे। उन्होंने अपने भाषण में डा० राधाकृष्णन् को उद्धृत करते हुए कहा था—"शान्ति सम्मेलन युद्ध के सागर के तट पर आयोजित कोई पिकनिक पार्टी नहीं है। यह एक ठोस संगठनात्मक कार्यक्रम है जो सागर में शान्ति का सेतु बनायेगा।"

आचार्यजी के चले जाने से साहित्यिक-सांस्कृतिक आयोजनों के मंच पर जो रिक्तता आयी है, उसे हम सभी महसूस कर रहे हैं। उस रिक्तता की संवेदना के संदर्भ में मैं अपनी श्रद्धांजलि उस महान् व्यक्तित्व के प्रति अर्पित करता हूँ।

पुण्यस्मरण

पुष्पा अर्याणी

18 जनवरी, 1991 की सुबह—जैसे ही नींद खुली हमारे घर के लोगों ने बताया शर्माजी नहीं रहे। शर्माजी ? मतलब कौन शर्माजी ? देवेन्द्रनाथ शर्मा ! मैं हतप्रभ ! नहीं यह नहीं हो सकता—सम्भवतः उनकी पत्नी···! नहीं, वे ही नहीं रहे। लेकिन वह तो बीमार नहीं थे। अभी-अभी तो एक सप्ताह पूर्व उन्होंने कहा था—"आया करो। अच्छा लगता है। तुम्हारा भी मन लगेगा।" उफ् ! वही-वही आचार्य, गुरुदेव, सबके श्रद्धेय शर्माजी नहीं रहे। हृदय चीत्कार कर उठा। विश्वास ही नहीं होता था।

आचार्य देवेन्द्रनाथ शर्मा हमारे जीवन में इतने घुल-मिल गये थे कि यह कल्पना में भी नहीं आया वे इस प्रकार अचानक बिना किसी पूर्वसूचना के हम लोगों के बीच से सदा के लिए चले जायेंगे। उनका सौम्य मुख, अब कभी देखने को नहीं मिलेगा। उनकी छवि केवल हृदय की वस्तु रह गई है। न जाने कितने चित्र मेरी आँखों के सामने उभर आये—हमारा क्लास लेते आचार्य देवेन्द्रनाथ शर्मा, भाषण देते आचार्य, ड्राइंगरूम में बैठे हँसते-बोलते, खिलखिलाते आचार्य। क्लास तो ऐसा लेते कि हमलोगों को मालूम पड़ता, परीक्षा की पूरी तैयारी हो गई। कमाल की वाणी, वाणी में जादू। मन्त्र-मुग्ध हो हम लोग उन्हें सुनते रहते। कभी-कभी पढ़ाते-पढ़ाते कुछ ऐसी बातें ऐसे ढंग से कहते कि सारा क्लास हँसी से गूँज उठता। एम० ए० में एक दिन उन्हें अलंकार पढ़ाना था। क्लास में आते ही बोले—"आज मैं अलंकार की बातें करूँगा।" फिर हम लड़कियों की ओर देखकर बोले—"पर आपके अलंकार की नहीं" और सारे क्लास में हँसी गूँज गई।

यों तो वह सभी के साथ समान व्यवहार करते थे परन्तु मैं उनके लिखे नाटक की कलाकार भी थी। इसलिए उनका मुझ पर विशेष स्नेह था। उनका लिखा नाटक 'बाबर की ममता' का हम लोगों ने रेडियो सप्ताह में मंचन किया था। मैं मुख्य भूमिका में थी—'बाबर की पत्नी।' उस समय गुरुदेव इंग्लैंड में थे। जब वह

वापस लौटे तो नाटक की फोटो को देखा। गद्‌गद हो गये। बोले— फोटो से लगता है तुम लोगों ने बहुत ही सुन्दर मंचन किया है। काश मैं भी देख सकता। अकसर अपनी पत्नी से वह कहा करते—पुष्पा देखने में साधारण है—पर उसकी कला मेरे मन को छूती है। वह बहुत अच्छी कलाकार है। फिर उनके लिखे 'सुजान' नाटक में भी मैंने भाग लिया—जिसे रेडियो पर सुनकर वह बहुत खुश हुए थे।

उनकी विद्वत्ता, प्रतिभा, वाक्-शैली के बारे में मैं क्या कहूँ? बड़े-बड़े विद्वान उनके प्रशंसक थे। भाषण देने की क्षमता उनमें अद्‌भुत थी। चाहे कितना भी गम्भीर विषय क्यों न हो—बीच-बीच में कुछ उदाहरण, किस्से कहकर लोगों को हँसाते भी थे। मन्त्र-मुग्ध होकर लोग उनका भाषण सुनते थे। संयत भाषा, संयत वाणी में अपनी वाक्‌शक्ति से हर विषय को सरस बनाने की उनकी अद्‌भुत शक्ति थी।

वे रेडियो के बहुत ही अच्छे वार्त्ताकार थे। उनका सम्मान रेडियो के अधिकारी विशेष रूप से करते थे। जब भी उनकी रिकार्डिंग होती, पूछते पुष्पा कहाँ है। मुझे सूचना मिलती—मैं सब काम छोड़कर उनसे मिलने जाती।

वजह चाहे जो भी हो— मेरा स्वभाव, मेरी कला, मेरी आत्मीयता—वह सदा हमारे निकट रहे। मेरे लड़के का जब ऑपरेशन हुआ वह मुझे सांत्वना देने स्वयं मेरे घर आये। यों जरा-सा फोन करते ही वह आने को तैयार रहते। उनकी पत्नी कुसुम शर्मा भी हमारे बहुत निकट थीं। जब हम लोग मिलते—हँसते, खिलखिलाते —न जाने कितनी देर तक बातें करते रहते। हम लोगों की बातों का विषय देश-विदेश की राजनीति भी होती। देश की गम्भीर स्थिति से वह चिन्तित और खिन्न हो जाते। कहते— कहाँ जा रहे हैं हम लोग? अपने कर्त्तव्य के प्रति क्यों लोग सजग नहीं होते?

समय के पाबन्द इतने कि हर काम नियम से करते। कहीं भी देर से जाना उन्हें पसन्द नहीं था।

अब वह नहीं हैं—इसका विश्वास हो ही नहीं पाता।

उनके मकान की ओर देखती हूँ तो लगता है जाकर मिल आऊँ। दूसरे ही क्षण मन उदास हो उठता है, कहाँ हैं वे अब! अब वह कहाँ मिलेंगे। वह सौम्य मुख अब केवल स्मृति में ही बसा हुआ है। ऐसी स्मृति जो कभी विस्मृत नहीं हो सकती। यह 1991—उफ़!

यादगारे जमाना हैं ये लोग

शांति ओझा

आया है सो जाएगा राजा रंक फकीर…किन्तु कुछ विभूतियाँ सारे जहाँ का दर्द अपने जिगर में लिये आती हैं और समाज की गुत्थियों को सुलझाने में, समाज का सुन्दर बनाने और सँवारने में अपना सर्वस्व होम कर जाती हैं। ऐसे विभूतिमान्, प्रज्ञासम्पन्न व्यक्ति अपनी उदात्त भावनाओं के कारण संस्था बन जाते हैं और उनके चले जाने के बाद उनके व्यक्तित्व और कृतित्व की यादें प्रेरणाप्रद स्मृति बन जाती हैं। उनके सुकृत्यों का दर्पण न केवल हमारा मार्गदर्शक बनता है, बल्कि आचरण को ऊर्ध्वगामी बनाने में हमारा संबल भी सिद्ध होता है।

स्वर्गीय आचार्य देवेन्द्रनाथ शर्मा के सान्निध्य में गुजारे गये क्षण अनुपम आनन्द के स्रोत हैं। स्मृति में उनका सहज, निश्छल, सतत् स्मितपूर्ण चेहरा वर्तमान की विसंगतियों और अतिवादिताओं में उलझे भटके मन के लिए बड़ा ही शान्तिदायी प्रतीत होता है। न वे दिन रहे न वे लोग। उनकी यादें ही तो अब शेष हैं!

सधे हुए लेखक, पहुँचे हुए भाषाविद्, सफल अध्यापक, महान वक्ता और कुशल प्रशासक के रूप में स्व० आचार्यश्री की महानता निर्विवाद है। किन्तु इन उपलब्धियों के अतिरिक्त, मेरी अनुभूति उनके व्यक्तित्व की जिस खास पूँजी की दीवानी थी, वह थी उनकी सर्वजन-शुभेच्छा और सर्वजन-आत्मीयता की पूँजी। वे हर मिलनेवाले के साथ ऐसे बेतकल्लुफ हो जाया करते कि हर कोई उनके सबसे करीब होने का दावा रखता था। और यह उनके व्यक्तित्व का कोई रहस्य न था प्रत्युत उनके विराट का विमल वैराग्य था। उनके व्यक्तित्व का सहज विस्तार था। बड़े लोग ऐसे ही होते हैं।

स्वर्गीय आचार्य देवेन्द्रनाथ शर्मा के व्यक्तित्व से विकीर्ण होते जीवन मूल्यों के प्रति मेरा आकर्षण आकस्मिक या अकारण नहीं कहा जा सकता। क्योंकि स्वर्गीय आचार्य सरीखे व्यक्ति का सान्निध्य मेरे किसी प्रयास के तहत न होकर उनकी उदात्त

भावनाओं के कारण था और वे उद्देश्यपूर्वक तथा दूरदर्शितापूर्वक आने वाले कल के लिए भावी पीढ़ी के कन्धों को मज़बूत करने में विश्वास करते थे। उनकी इन्हीं भावनाओं की छाप आज भी मेरे मानस पर अमिट है, जो क्षण-भर को मुझे पीछे लौटाकर उलझे हुए वर्तमान पर सुलझे हुए अतीत के सुखद क्षणों को इस कदर हावी बना देती है, गोया वह अतीत वर्तमान बनकर जीवंत हो उठा हो।

बात तब की ही है, आज तो उसकी मधुर स्मृति भर है। जब भारत-सोवियत मैत्री प्रेज़िडियम के नामित सदस्यों वाला प्रस्ताव पटल पर आया तो यह जानकर मुझे सुखद आश्चर्य हुआ कि प्रेज़िडियम के तीन सदस्यों मैं मेरा भी नाम था। एक तरफ मेरी खुशी का ठिकाना न रहा, दूसरी तरफ में संकोच में डूब गई। खुशी तो स्वाभाविक थी किन्तु संकोच इसलिए हुआ कि शेष दो सदस्य अनुभवसिद्ध पुरुष थे और मैं सर्वथा अपरिपक्व। वे दोनों मेरे लिए पितृतुल्य, गुरु और अभिभावक थे। एक तो स्वर्गीय आचार्यजी ही थे और दूसरे थे श्री एस० के० बोस साहब। श्री बोस साहब अर्थशास्त्र के विद्वान प्राध्यापक थे और स्नातक (प्रतिष्ठा) और स्नातकोत्तर स्तर पर मेरे गुरु रह चुके थे। अर्थशास्त्र जैसे नीरस विषय से संबद्ध होने के बावजूद भी श्री बोस साहब की सरस आँखों में स्नेहभरा आकर्षण था। आँखों के भाव से ही विद्यार्थियों का कुशलक्षेम पूछ रहे श्री एस० के० बोस हम विद्यार्थियों को काफी प्रिय थे।

बाद के दिनों में भी स्वर्गीय श्री आचार्यजी अपने उदार प्रयोगों द्वारा मेरे मानस पर अपनी महानता की रेखाएँ खींचते रहे। एक बार की बात है, शान्ति मैत्री संस्था की विशेष सभा आयोजित की गई थी। स्वर्गीय आचार्यजी ने आकस्मिक रूप से सभाध्यक्ष हेतु मेरे नाम का प्रस्ताव कर दिया। मैं संकोच में पड़ गई, क्योंकि आचार्यजी जैसे व्यक्ति के रहते हुए ऐसी सभा की अध्यक्षता के लिए मैं बिलकुल ही तैयार न थी। साथ ही मैं अपनी क्षमता से भी अनभिज्ञ न थी। तब भी उक्त प्रस्ताव की निर्मल मंशा को मैं समझ गई। उनके आदेश को स्वीकारते हुए मैंने अपने हृदय का उद्‌गार भी व्यक्त कर दिया—"सभाध्यक्ष की भूमिका संभालते मुझे काफी संकोच हो रहा है। किन्तु ये समझ रही हूँ कि मेरे पिता, मेरे गुरुवर मेरी उंगली पकड़कर मुझे आने वाले दिनों के लिए प्रशिक्षित कर रहे हैं।" मेरे बोलने के बाद स्वर्गीय आचार्यजी का वात्सल्यमय हृदय आनन्द से भर उठा। ऐसा लगा, मानो वे अपने मिशन में सफल हो गये हैं।

आए दिन राज्य स्तर के विभिन्न साहित्यिक आयोजनों में स्वर्गीय आचार्यश्री के दर्शन हो जाया करते थे। ऐसे ही एक अवसर पर हिन्दी दिवस के उपलक्ष में हिन्दी प्रगति समिति द्वारा एक समारोह आयोजित किया गया था। प्रारम्भ में मेरे विद्यालय की छात्राओं द्वारा एक गान प्रस्तुत किया गया—'अरुण यह मधुमय देश हमारा।' समारोह की समाप्ति पर सब अपने-अपने घर लौटने की जल्दी

में थे, उस बीच स्वर्गीय आचार्यजी ने मेरे पास आकर स्नेह भरे शब्दों में कहा— "बड़ा ही उपयुक्त सामयिक गाना चयन किया था आपने।" राज्य स्तरीय विभिन्न आयोजनों के अवसर पर मेरे द्वारा लिखित और निर्देशित नृत्य-नाटिका को देखकर इसी तरह वे करीब आकर प्रशंसा के दो शब्द अवश्य कह जाते। कई दिनों की तैयारी में व्यस्तता के बाद प्रतिफल के रूप में आचार्यजी के ये शब्द बड़े ही सुखद और प्रेरक लगते।

जब निदेशक (संस्कृति विभाग) पद के लिये मेरे नाम की अनुशंसा की गई तो स्व० आचार्यजी ने सरकार के इस निर्णय पर हार्दिक प्रसन्नता व्यक्त की। किन्तु बाद में जब मैंने प्रशासनिक नोंक-झोंक का किस्सा उनसे सुनाया तो वे कहने लगे—"आपके लिए अच्छा है कि आप इस पद को छोड़ ही दें, क्योंकि जो चीजें आत्मा को स्वीकार्य न हों उसे आदमी को कदापि नहीं करना चाहिए।" यह मेरे लिए अजस्र प्रेरणा का स्रोत रहा।

निःसन्देह मैंने हमेशा स्व० आचार्यश्री को एक आदर्श उदाहरण के रूप में अपने भीतर सँजोकर रखा। उनकी मौन मुस्कान में भी सतत् संभाषण अनुभाव्य था। उनका सहज विहँसित मुखमण्डल यादों का फूल बनकर आज भी हृदय को शीतलता पहुँचाता है। मुझसे मिलते ही बड़े स्नेह से वे कहते—"शान्ति जी, आपको देखकर मुझे बहुत प्रसन्नता होती है। आपको मैं विभिन्न रूपों में देखता आ रहा हूँ। यह देखकर अच्छा लगता है कि आप साहस के साथ आगे बढ़ रही हैं।" स्वयं आचार्य के मुख से निकली ये बातें हमेशा अपूर्व प्रेरणा भरती रहती हैं।

एक बार बच्चों के लिए कविताओं का एक संग्रह प्रकाशित करवा रही थी। सोचा कि पुस्तक के आमुख में आचार्यजी से दो शब्द लिखवा लूँ। किन्तु मैं व्यस्तता के कारण न जा सकी। प्रकाशक स्वयं जाकर उन से मिले और बाद में मुझे पता चला कि मेरी उस पुस्तक की प्रस्तावना श्री देवेन्द्रनाथ शर्माजी द्वारा प्रकाशक के अनुरोध पर सहज भाव से लिख दी गई थी। सचमुच उनकी महानता से मैं भाव-विह्वल हो गई। मेरे उस अदना से प्रयास को जिस अभिभावकीय अन्दाज में उन्होंने सराहा वह आज भी मुझे आगे बढ़ने की प्रेरणा देता है। तब मैंने कृतज्ञता से भरकर भावपूर्ण हृदय से उनके चरण छू लिए थे। अपने व्यस्त क्षणों के सीमित सान्निध्य में स्व० आचार्यश्री मेरे हृदय पर जो अमिट छाप छोड़ गये वह आज भी मेरे लिए प्रेरणा का अजस्र स्रोत है—सोचती हूँ कि आज भी उस तरह के दुर्लभ सान्निध्य का स्नेह ही मेरी आत्मशक्ति का कवच बनकर मुझे अन्यान्य चुनौतियों के समक्ष डटे रहने का साहस देता है। सचमुच यदि महान लोग न होते, उनकी यादें न होतीं, तो फिर हम कहाँ होते?

पूज्य गुरुदेव की स्मृति में

प्रभा मिश्रा

कहा जाता है कि संसार में कुछ लोग जन्मजात बड़प्पन लिए पैदा होते हैं और कुछ स्वयं अपने परिश्रम एवं अध्यवसाय से प्रतिष्ठित होते हैं। पूज्यपाद आचार्य देवेन्द्रनाथ शर्मा जी इसी दूसरी कोटि के वरद पुरुष थे, जिन्होंने अपनी विलक्षण प्रतिभा और परिश्रम से अपने जीवन में अप्रतिम सफलता प्राप्त की और यश अर्जित किया। आचार्य शर्मा को अपने जीवनकाल में हिन्दी-संस्कृत के उद्‌भट विद्वान, भारतीय वाङ्‌मय के उदात्त पुरोधा तथा प्रखर वक्ता, मनीषी, साहित्य-सेवी एवं विचारक के रूप में राष्ट्रीय ख्याति मिली, उन्होंने हजारों छात्रों, शोध-कर्मियों एवं विद्यार्थियों का मार्गदर्शन किया तथा असंख्य लोगों के पथ-प्रदर्शक एवं प्रेरणास्रोत बने।

आचार्यजी के अद्‌भुत व्यक्तित्व के साथ मेरी व्यक्तिगत मधुर स्मृतियाँ जुड़ी हैं। मेरे ऊपर जब दैवी विपत्ति का वज्रपात हुआ था, तो उस कठिन घड़ी में उन्होंने मुझे पितृ-तुल्य स्नेह और वात्सल्य के साथ सान्त्वना दी। जीवन और नियति के दर्शन की सीख दी तथा आगे बढ़ने के लिए प्रेरणा और प्रोत्साहन दिया। उसी के बल पर मैं स्नातक के बाद छूट गयी पढ़ाई प्रारम्भ कर स्नातकोत्तर परीक्षा में उत्साहवर्धक सफलता प्राप्त कर सकी और बाद में उन्हीं की प्रेरणा, मार्गदर्शन एवं निर्देशन में मैंने पी-एच० डी० की डिग्री हासिल की जिसका सारा श्रेय गुरुदेव के ही वात्सल्यपूर्ण दिशा-निर्देश एवं प्रोत्साहन को है।

गुरुदेव को मैंने सदा पितृ-तुल्य समादर और सम्मान दिया और उन्होंने भी मुझे अपना प्रकृत स्नेह दिया, अपनी विविध कार्य-संकुल व्यस्तताओं के बावजूद उन्होंने सदा मेरे शोधकार्य के लिए समय दिया। उनके अगाध पांडित्य की यह विशेषता थी कि कठिन-से-कठिन प्रश्न या समस्या को वे सरल और सरस बनाकर छात्रों की जिज्ञासा शान्त करते थे। उन्होंने सहज और सरल भाव से मेरा मार्ग-दर्शन किया मेरी पांडुलिपियाँ देखीं तथा उनमें सुधार और संशोधन के सम्बन्ध में

उपयुक्त सुझाव दिये।

गुरुदेव का निर्देशन मेरे लिए मात्र एक निर्देशक और शोधार्थी के रूप में ही नहीं था, यह बात शोध-प्रबन्ध की मौखिक परीक्षा के बाद परीक्षकों से उनके द्वारा कहे गये एक छोटे से वाक्य से प्रत्यक्ष होती है। मौखिक साक्षात्कार के बाद जब परीक्षकों ने मेरी सफलता पर मुझे बधाई दी, तो उस क्रम में पूज्य गुरुदेव ने भी मुझे आशीर्वाद दिया और कहा कि "यह मेरे जीवन की अन्तिम शोधार्थी है।" इससे, मेरे प्रति उनका कितना स्नेह, मेरे जीवन के प्रति उनका कितना वात्सल्यपूर्ण अनुराग था, इसको सहज ही समझा जा सकता है। इस छोटे वाक्य ने मुझे गौरवपूर्ण अनुभूति एवं कृतज्ञता के जिस भाव से भर दिया उसको व्यक्त करना मेरे सामर्थ्य से बाहर है। उस समय कौन जानता था कि उस वाक्य से गुरु-देव ने न केवल मेरे प्रति अपने गहरे स्नेह को अभिव्यक्ति दी, अपितु स्वयं अपनी जीवन-लीला के सम्बन्ध में भी वे एक अर्थपूर्ण भविष्यवाणी कर गए; क्योंकि उसके बाद मात्र ढाई वर्षों के अल्प समय में ही बिल्कुल अप्रत्याशित रूप से ईश्वर ने उन्हें हमारे बीच से उठा लिया। हम उनके ज्ञानमय व्यक्तित्व की छाया से सदा के लिए वंचित हो गए।

जैसा मैंने ऊपर कहा है, गुरुदेव ने अपने जीवनकाल में असंख्य लोगों को प्रभावित किया, उनका बौद्धिक मार्गदर्शन किया तथा अपने भद्र एवं स्नेहपूर्ण व्यवहार और आचरण से प्रेरणा दी। मुझ पर उनकी प्रेरणा एवं वात्सल्यपूर्ण मार्गदर्शन का विशेष प्रभाव है। उनके महाप्रयाण से मेरे जीवन में जिस बौद्धिक शून्यता एवं रिक्तता का आभास हुआ है, उसे भर पाना बहुत कठिन है। पर कठोर नियति पर किसका वश चल सका है? सभी को उसके सामने घुटने टेकने पड़े हैं। मैं आचार्य शर्मा जैसे महाप्राण मनीषी की प्रथम पुण्य तिथि पर अपना विनीत नमन अर्पित करती हूँ।

शर्माजी : एक विलक्षण व्यक्तित्व

कृष्णमुरारी तिवारी

मेरा सम्पर्क स्व० शर्माजी से केवल पाँच वर्ष पूर्व ही हुआ था। बात सन् 1986 की है। मैं अपनी कनिष्ठ पुत्री के विवाह के लिए योग्य वर की तलाश में था। मैं अपनी सेवा से अवकाश प्राप्त कर चुका था। मुझे पता चला कि शर्माजी के कनिष्ठ पुत्र जो अभी अविवाहित हैं, इंग्लैण्ड में डाक्टरी की उच्च शिक्षा प्राप्त कर रहे हैं। मैंने शर्माजी को बड़ी विनम्रता से अपना प्रस्ताव रखा। वैसे शर्माजी, मुझसे तथा मेरे परिवार से पहले से ही परिचित थे, क्योंकि मैं उनके ज्येष्ठ पुत्र के ससुरजी, जो अब दिवंगत हो चुके हैं, का निकट सम्बन्धी था। वैवाहिक सम्बन्ध के लिए उन्होंने अपनी स्वीकृति पहली ही मुलाकात में दे दी। कई लोगों ने मुझे डराया था कि बिहार में दहेज की माँग बड़ी ऊँची होती है। लेकिन मुझे सुखद आश्चर्य हुआ कि बातचीत में दहेज की बात तो दूर किसी भी प्रकार के लेन-देन की बात ही नहीं उठी। उनका केवल एक आग्रह था कि उनके बारातियों का उचित स्वागत-सत्कार होना चाहिए जिसके लिए मैंने उन्हें अपनी ओर से पूर्ण आश्वासन दिया कि मैं इसके लिए पूरा प्रयत्न करूँगा और सम्भवतः उन्हें किसी भी कमी का आभास नहीं होगा। जब मैंने विवाह की तिथि निश्चित करने के लिए उन्हें पत्र लिखा तो इस सम्बन्ध में उनका जो उत्तर मेरे पास आया, उससे कुछ अंश को मैं यहाँ उद्धृत करना चाहूँगा—

"...एक बात और। मेरे आपके निश्चय के पूर्व प्रदीप और मीरा का एक दूसरे को एक बार देख लेना क्या उचित नहीं होगा ? मैं विवाह में वर-कन्या की राय को महत्व देने का पक्षपाती हूँ।"

भारतीय संस्कृति के पुजारी होते हुए भी, उनके विचार अनेक सामयिक समस्याओं पर कितने आधुनिक हो सकते थे, इसका यह ज्वलंत उदाहरण है। अनेक विषयों पर मैंने यह पाया कि जिस व्यक्ति ने तीन साल तक अंग्रेजी समाज में अपना जीवन बिताया हो तथा जो अनेक बार विदेश जा चुका हो, वह किस

प्रकार अपने विचारों एवं कार्यकलापों में अपनी संस्कृति की उच्चता रखने में बड़प्पन समझता है।

द्वारपूजा के लिए जब बारात आई तो मुझे और मेरे साथी-सम्बन्धियों को यह देखकर सुखद प्रसन्नता हुई कि जैसा कि आजकल एक कुप्रथा बनती जा रही है कि जब बारात द्वारचार के लिए चलती है तो आगे-आगे बैण्ड-बाजे के साथ दूल्हे के साथी और उसके सम्बन्धी भांगड़ा नृत्य की फूहड़ नकल करते, लड़की वाले के द्वार पर पहुँचते हैं, इस प्रकार के नृत्य का कोई भी आयोजन नहीं था। विवाह के विभिन्न कार्य-कलाप इतनी शालीनता एवं सौहार्दपूर्ण वातावरण में सम्पन्न हुए कि देखनेवाले आश्चर्यचकित थे। मैंने बारातियों के मनोरंजन के लिए भोजपुरी गाने का प्रबन्ध किया था। शर्माजी भोजपुरी संगीत से मुग्ध हो गए थे। उन्होंने इसकी भूरि-भूरि प्रशंसा की। मुझे बाद में यह सूचना मिली कि पटना में उन्होंने अपने साथी-सम्बन्धियों से, मेरे यहाँ के स्वागत में 'खाना' और 'गाना' की बड़ी ही प्रशंसा की। उनके सरल, स्वच्छ और निश्छल स्वभाव का यह प्रतीक है।

विवाह के पश्चात् हम लोग दिल्ली में प्रायः मिला करते थे। जितनी बार मैं उनसे मिलता तथा विभिन्न विषयों—धर्म, राजनीति, शिक्षा आदि पर विस्तृत वार्ता होती तो मेरी श्रद्धा उनके प्रति बढ़ती ही जाती थी और उत्सुकता होती थी कि मैं उनसे फिर कब मिलूँगा। वर्ष 1990 में मेरी पुत्री को, जो अपने पति के साथ इंग्लैण्ड में थी, प्रसव होनेवाला था। हम सपत्नीक इस अवसर पर इंग्लैण्ड चार माह के लिए चले गए। हमारे वहाँ पहुँचने के तीन दिन बाद ही मेरी पुत्री को पुत्ररत्न की प्राप्ति हुई। इस सम्बन्ध में शर्माजी ने अपने पत्रों में हम दोनों के प्रति जिन शब्दों में आभार प्रकट किया, वह मेरे स्मृति पटल पर सदैव के लिए अंकित रहेगा। कितनी ऊँची भावना थी। वह इस बात के लिए हमारे बड़े आभारी थे और बड़े ही मार्मिक शब्दों में उन्होंने लिखा है कि ऐसे समय में उन्हें अपनी पत्नी के साथ वहाँ रहना चाहिए था जब कि हम लोग सेवा-शुश्रूषा के लिए उपस्थित हैं।

ऐसे महान व्यक्ति को पूरे समय से पहले ही यमराज ने काल-कवलित कर देश और प्रदेश की अपूरणीय क्षति की है। ऐसी महान आत्मा को मेरा शत-शत नमन।

वे क्षण

शैलेन्द्रनाथ त्रिवेदी

ऋषिकल्प आचार्य श्री देवेन्द्रनाथ शर्मा हिन्दी साहित्य के सुविख्यात हस्ताक्षर थे। उन्होंने अपने जीवन काल में संस्कृत और हिन्दी के विकास का मार्ग प्रशस्त किया। उनकी जीवन यात्रा संस्कृत एवं हिन्दी के पठन-पाठन से प्रारम्भ हुई और आमरण वे उसी में संलग्न रहे। पटना कॉलेज में संस्कृत के अध्यापक के रूप में उनका जीवन आरम्भ हुआ और अंतिम समय तक वे संस्कृत-अकादमी के अध्यक्ष के रूप में संस्कृत की सेवा करते रहे। पूज्य शर्माजी हमारे बहनोई थे। उनकी शादी 1943 में मेरी बड़ी बहन श्रीमती कुसुम शर्मा के साथ छपरा में हुई थी। इसके बाद 1943 में ही वे पटना कॉलेज में पहले संस्कृत के फिर हिन्दी के अध्यापक हुए। बाद में उन्होंने हिन्दी विभागाध्यक्ष, पटना विश्वविद्यालय के कुलपति आदि पदों को भी सुशोभित किया।

उनसे मेरा निकट-संबंध 48 वर्षों का रहा। उनके सान्निध्य में अभूतपूर्व आनन्द का अनुभव होता था। सुलेमान साहब ने एक जगह कहा है—"जो ज्ञानियों के साथ चलता है वह अवश्य ज्ञानी हो जाएगा।" मैं उनके साथ चलकर भी ज्ञानी तो नहीं हो सका लेकिन जीवन में बहुत कुछ सीखने का अवसर मुझे अवश्य मिला। मैं केवल उनकी बातों को सुनता था। वे प्रायः शाम को अपनी रचना को लेकर हम लोगों के बीच बैठ जाते और उसे हमलोगों को सुनाकर प्रतिक्रिया जानना चाहते। हमलोगों की प्रतिक्रिया को ध्यान में रखकर यदाकदा संशोधन भी करते। हमारी बहन इस कार्य में मुख्य भूमिका सम्पन्न करतीं। उनके नाटकों में शब्दों के चयन और भावों के समावेश का अपूर्व निखार था, जो उनके पढ़ने के समय और भी चमक से भर जाता था।

मैं पूज्य शर्माजी के जीवन की दो घटनाओं का उल्लेख करना चाहूँगा। प्रथम घटना तो आज भी त्रासजनक भयोत्पादक लगती है। दूसरी घटना ऐसी और इस तरह घटित हुई जिसका कोई अनुमान ही नहीं कर सकता था और एकाएक वे हम

लोगों से सदा के लिए बिछुड़ गए।

आचार्यजी सन् 1956 में जब पटना कॉलेज से लंगट सिंह कॉलेज मुजफ्फरपुर, हिन्दी विभाग के अध्यक्ष होकर आए उनका जीवन पूर्ववत् सामान्य और नियमानुकूल चल रहा था। एक दिन की बात है, कड़ाके की सर्दी पड़ रही थी। नवम्बर का महीना था। नियमानुसार प्रतिदिन कोयले की अँगीठी जला कर कमरे में रखी जाती थी। उस दिन भी वैसा ही हुआ। मैं सीतामढ़ी से 10 बजे रात्रि में पहुँचा, खाना खाकर बगल के कमरे में सो गया। करीब तीन बजे रात्रि में एक आवाज आई "बिन्दूजी ! बिन्दूजी, पहुना।" मैं अपने बिस्तर से उठा और दौड़ा उनके कमरे की ओर ! बिजली के प्रकाश में देखा हमारी बहन दरवाजे की ओर गिर गई थीं और शर्माजी अचेतन अवस्था में पड़े थे।

मैं उनकी अवस्था देखकर समझ गया कि कोयले की गैस लग गई है। मैंने शीघ्र ही एक बाल्टी से पानी निकाल कर उन लोगों पर डालना शुरू किया। मेरी बहन तो जल्दी होश में आ गईं लेकिन शर्माजी होश में नहीं आए थे। उनको उठा कर नीचे लाया गया। मेरी बहन एक लोटा पानी अपने ऊपर डालती थीं और एक लोटा शर्माजी के ऊपर। थोड़ी देर के बाद उन्होंने एक जोरों की सांस ली और उनकी आँखें खुल गईं। उस समय का दृश्य कैसा रहा होगा, आप सोच सकते हैं। वे चेतन अवस्था में आ गए। पाँच बज रहे थे। मैं डाक्टर को बुलाने चला गया। डाक्टर साहब ने दवा दी। वे पूर्ण स्वस्थ हो गए लेकिन कमजोरी थी। एक दुर्ग्रह टला !

दिनांक 16-1-1991 को मैं शाम चार बजे अपने खेत से आ रहा था। एकाएक पूज्य शर्माजी से मिलने की प्रबल इच्छा हुई। मैंने आते ही रामशरण को बुलाया और आदेश दिया कि मेरा सामान अटैची में रख दो। उसने उत्तर दिया सर्दी का समय है, तीन-चार किलोमीटर पैदल जाना है, अत: सुबह जाना अच्छा होगा। मैंने उससे कहा कि एक पल भी ठहरना मेरे लिए मान्य नहीं है और मैं चल दिया। पीछे रामशरण आ रहा था। बस स्टैंड के प्रबंधक ने कहा कि सर्दी और कुहासे के कारण अभी बस पटना नहीं जा सकेगी, लेकिन सुबह 4 बजे बस जाएगी। मैं बस स्टैंड के अतिथि विश्राम गृह में ठहर गया। रामशरण भी मेरे साथ था। नींद नहीं आई। जैसे-तैसे रात कटी। सुबह रामशरण को चाय के लिए कहकर मैं तैयार हो गया। बस स्टैंड पर पुन: जाकर पटना की बस में बैठ गया और रामशरण घर चला गया।

17-1-1991 बृहस्पतिवार को साढ़े 8 बजे सुबह बस राजेन्द्रनगर रुकी तो मैं वहाँ से उतर कर घर की ओर चला। आवास पर पहुँचा, जूता यथास्थान छोड़ आचार्यजी के कमरे में पहुँचा। देखा मेरी बहन, आचार्यजी और जयन्ती हीटर के पास बैठकर पठन-पाठन कर रहे थे। आचार्यजी पाणिनीय व्याकरण पढ़ा रहे थे।

इसी बीच मैं आ धमका। मुझे देखते ही उन्होंने कहा, "इतनी ठंडक में ऐसी क्या जरूरत आ पड़ी कि आपको सुबह-सुबह आना पड़ा" मैं चुप रहा। फिर उन्होंने सुरेन को बुलाया और कहा जल्दी से अदरक की चाय बनाकर ला। थोड़ी देर में चाय आ गई हम लोग चाय पीने लगे। आचार्यजी ने कहा आपके बच्चों में जयन्ती सबसे तेज और प्रखर बुद्धि की है। मैं जो कुछ भी कहता हूँ, उसे यह शीघ्र समझ जाती है और याद कर लेती है। इसके समझने की शक्ति अद्भुत है। अतः आप इसे मेरे पास छोड़ दें। यह एम०ए० प्रथम श्रेणी में कर लेगी और प्राध्यापक बनेगी। इसके बाद विषय भारत की संस्कृति पर आ गया और उन्होंने बताया भारत के लोग कैसे त्यागमूर्ति थे। पुनः राजा परीक्षित की कहानी सुनाई। इसी बीच उनकी आँखें घड़ी पर पड़ीं। दस बजने में चार पाँच मिनट बाकी थे। आचार्यजी ने कहा मुझे 'चाणक्य होटल' में स्टील आथोरिटी ऑफ इंडिया की पटना प्रशाखा के तत्वावधान में भाषण देना है। स्टील आथोरिटी से गाड़ी तब तक आकर दरवाजे पर लग गई थी। थ्री-पीस सूट पहन कर तैयार हो गए। गले में टाई बाँधते हुए मुझसे बोले कि यह टाई दीप्ति, मेरी बेटी ने मेरे लिए भेजी है, कितनी सुन्दर है। कहते-कहते कमरे से हाल में निकल आए और मुझ से कहा आप डेढ़ बजे तक अपना काम करके लौट आयेंगे तो साथ ही खाना खायेंगे। परिवार क सभी लोगों ने कार के पास जाकर उन्हें विदा किया। मैं भी अपने काम से चला गया।

सब काम समाप्त कर 12 बजे रिक्शे से राजेन्द्रनगर के लिए चल दिया। मेरे साथ मेरे भाई श्री मदन पाण्डेय भी थे। करीब सवा एक बजे दिन में राजेन्द्रनगर के आवास पर पहुँचा। आवास में घुसते ही एक स्त्री स्वर सुनाई पड़ा "चाचाजी की हालत अच्छी नहीं है वे इंदिरा गहन चिकित्सा कक्ष में भरती हैं।" मेरे तो होशो-हवास गुम हो गए। दौड़ पड़ा इन्दिरा गहन चिकित्सा कक्ष की ओर। वार्ड-कमरे में गया, देखा शर्माजी बिस्तर पर लेटे हुए हैं। जयन्ती पैर को पकड़े है। पानी चढ़ रहा है। हमारी बहन पास में आरामकुर्सी पर शांतभाव से बैठी हैं। दवा देनेवाले दवा दे रहे हैं। लेकिन आचार्यजी तो निर्विकार निद्रा में लीन हैं। हमलोग कुछ सोच भी नहीं पाते थे कि क्या किया जाए ? क्या हो ? आगन्तुकों का ताँता बँधा था। सभी चिंतित थे। कोई कुछ बोल नहीं रहा था। एकाएक हाउस सर्जन ने पाँच बजे कहा कि आचार्यजी की आशा छोड़ दीजिए। मैं तो सन्न रह गया बगल के टेबुल पर जा बैठा, मेरी शक्ति समाप्त हो गई थी। दौड़-धूप जारी रही। लेकिन आशा धूमिल होती जा रही थी। थोड़ी देर के बाद बहन ने कहा कि तुम राजेन्द्रनगर आवास पर जाओ। अतः उनकी आज्ञा पाकर राजेन्द्रनगर चला आया। करीब साढ़े 10 बज रहे थे। अंधेरी रात थी। इसी बीच विह्वल बहन आयीं, बोलीं—"बिन्दूजी तुम्हारे पहुना नहीं रहे।" मैं हतबुद्धि हो गया। क्या-क्या करने को सोच रखा था

सब समाप्त हो गया।

थोड़ी देर के वाद पूज्य शर्माजी के पार्थिव शरीर को कार में लेकर डॉ० जितेन्द्र सहाय, डाक्टर वीणा श्रीवास्तव, तथा डाक्टर सुरेन्द्र कुमार आए। उनके पार्थिव शरीर को उसी हाल में लाया गया जहाँ वे अपने जीवन काल में अधिकतर बैठा करते थे, बातें किया करते थे, और सुबह जहाँ से जाते समय उन्होंने कहा था, "बिन्दूजी आप डेढ़ बजे तक काम समाप्त कर लौट आइएगा तो साथ ही खाना खाएँगे।" वे तो समय और बात के इतने पाबन्द थे, फिर इस बार कैसे चूक गए? मैं सोचता रहा···कोई उत्तर नहीं मिला। वाणी सदा के लिए मौन हो चुकी थी। चिराग़ गुल हो गया था।

मेरे बाबूजी

रश्मि गौतम

जीवन के मूल्यों की चर्चा आजकल अखबारों में बहुधा होती है, परन्तु उसको व्यावहारिक रूप में लाने में पूर्णतया समर्थ था एक व्यक्तित्व : आचार्य देवेन्द्रनाथ शर्मा (मेरे पूज्य बाबूजी) का। उनका सम्पूर्ण जीवन क्रम ही समाज के लिए शिक्षाप्रद था। जब पुत्र का विवाह करने की इच्छा से मुझे देखने आये तो मेरे चयन का मापदण्ड न दान था न दहेज, केवल मेरा हँसमुख व्यक्तित्व था—और वे कहते थे कि एक बेटी केवल एक घर से दूसरे घर जा रही है—यह बात आज तक प्रत्यक्ष है, मुझे घर और ससुराल में कोई अन्तर ही नहीं मालूम हुआ।

वह हम सबसे भिन्न थे, अपने विषय में नहीं सोचते। खाने की मेज पर भी उन्हें देश तथा विश्व की चिन्ता सताती। छोटी बाधाएँ जैसे—अत्यधिक गर्मी में बिजली का चला जाना, इत्यादि उन्हें सताती नहीं थीं। ऐसे समय में भी वे अध्ययन में लगे रहते। पटना स्टेशन की भीड़-भाड़ में भी मैंने उन्हें विनम्रभाव से लोगों को समझाते देखा। उन्हें आस्था थी कि समाज हर मनुष्य के छोटे-से-छोटे व्यक्तिगत योगदान से सुधर सकता है, इसके लिए किसी संगठन अथवा आन्दोलन की आवश्यकता नहीं, परन्तु विनम्रता एवं कर्तव्यनिष्ठा की जरूरत है। उनसे बिहार के बहुत से लोगों ने राजनीति में आने को कहा पर वे कहते—प्रदेश की सेवा करने के लिए राजनीतिज्ञ होना आवश्यक नहीं। अहंकार उन्हें छू तक नहीं गया, वे मेरी आठ वर्षीया पुत्री के कुछ सिखाने पर भी सीखने के लिए तैयार रहते।

कठिन परिस्थितियों में भी मैंने उन्हें कभी उद्विग्न होते नहीं देखा। जहाँ बैठते वहाँ का वातावरण अपने विनोदी स्वभाव से दीप्त कर देते। दूसरों को अपनी आदतों के अनुरूप बदलने के पक्ष में वे नहीं थे अपितु दूसरों की सुविधा के लिए स्वयं में परिवर्तन लाने के लिए तैयार रहते। बाबूजी सिद्धान्तों के धनी तथा पक्के व्यक्ति थे। संयम, ईमानदारी और समय की पाबंदी को व्यावहारिक रूप में

लाने की बात को उन्होंने सदैव महत्त्वपूर्ण ही नहीं माना अपितु उसे अपने जीवन में विशिष्ट स्थान भी दिया। उनका सामीप्य ही प्रेरणा का बड़ा स्रोत था। उनके व्यक्तित्व का तेज उनके मुख पर स्पष्ट दिखाई देता था।

गाँधी, नेहरू से लोग कई कारणों से प्रभावित थे, पर उनमें भी मैंने वही रूप देखा—ऐसे थे मेरे बाबूजी। ऐसे व्यक्ति को मेरी श्रद्धांजलि व मेरा शत-शत प्रणाम।

भूलते नहीं वे क्षण उमड़ती आती हैं छवियाँ

प्रबोधचन्द्र त्रिपाठी

12 जनवरी 1991 को अपराह्न में जब बाबूजी (आचार्य देवेन्द्रनाथ शर्मा) और माँजी (श्रीमती कुसुम शर्मा) मुझे छोड़ने पटना एयरपोर्ट आए थे तो सोचा भी नहीं था कि बाबूजी के दर्शन अब नहीं होंगे। बल्कि इस यात्रा में तो उनका स्वास्थ्य पहले से बेहतर लगा था। हमेशा की तरह कर्मठता की प्रतिमूर्ति! ब्राह्ममुहूर्त से रात्रि के दूसरे प्रहर तक निरन्तर कार्य में रत! चलते समय उन्होंने कहा था, "इस बार होली में छुट्टी लेकर पाँच सात दिनों के लिए आने का कार्यक्रम बनाओ। प्रदीप (मेरे छोटे साले) भी सम्भवत: तभी आएँगे।" मैंने कहा था 'कोशिश करूँगा'। पर मन ही मन कार्यक्रम बना भी लिया था।

दिल्ली वापस पहुँचा तो दीप्ति (मेरी पत्नी) ने पहला प्रश्न किया, "बाबूजी और माँजी का स्वास्थ्य कैसा है?" "दोनों का स्वास्थ्य अच्छा है। सच पूछो तो इस बार दोनों को देखकर बड़ा अच्छा लगा।" कहकर मैंने उन्हें आश्वस्त किया, और वह निश्चिन्त हो गईं। "हाँ, सोलह तारीख को तुम्हारे जाने के विषय में बाबूजी का मत था कि इस ठंड में ('91 की जनवरी कुछ अधिक ही ठंडी थी) एक दिन के लिए इतनी लम्बी यात्रा व्यर्थ है। होली में हफ्ते भर का कार्यक्रम बनाने को भी कहा है।" मेरे इस संवाद से दीप्ति कुछ निराश दिखीं। सिर्फ इतना बोलीं—"ठीक है।"

16 जनवरी को मैं विभागीय कार्य से कलकत्ता चला गया। 17 तारीख की शाम आठ बजे होटल में अपने कमरे पर लौटा ही था कि टेलीफोन की घण्टी खनखना उठी—'हलो'।

"मैं दीप्ति बोल रही हूँ। बाबूजी की तबियत अचानक खराब हो गई है। वे आइ० सी० यू० में हैं। मैं कल सुबह की फ्लाइट से पटना जा रही हूँ। तुम लौटोगे तो मैं यहाँ नहीं होऊँगी। तुम्हारे पास घर की चाभी तो है न!"

"ऐसी बात है तो मैं भी पटना आ जाता हूँ। तुम कल सुबह फोन करके पूछ लेना मैं कब पहुँचूँगा ? मैं अभी आने की व्यवस्था करता हूँ।"

सामान्यत: इतने कम समय में टिकट मिलता नहीं है। पर उस दिन मैं जब भाश्रा की व्यवस्था करने गया तो 19 तारीख की सुबह का टिकट मिल गया था। मन समझ नहीं आ रहा था 'क्या हुआ' ? अभी चार दिन पहले तो स्वस्थ, प्रसन्न देखकर आया था। फिर अचानक तबियत ऐसी क्या खराब हो गई कि आइ०सी०यू० में ले जाना पड़ा। बाबूजी को सामान्य मौसमी कष्ट के अलावा कभी अस्वस्थ न तो सुना था और न देखा था। जैसे-तैसे चिन्ता में रात कटी। सुबह पाँच बजे जब फोन की घण्टी बजी मैं समझ गया दीप्ति का होगा, मेरा कार्यक्रम जानने के लिए। उठाया—"हलो।" उधर से रुकती सी आवाज आई "हाँ !" मैंने फौरन कहा, "मुझे कल का टिकट मिल गया है सुबह में ग्यारह बजे पहुँच जाऊँगा। तुम चिन्ता मत करो।" दूसरी तरफ मौन ! मैंने पूछा "हलो ! क्या बात है।" "बाबूजी ···नहीं रहे।" मेरा तो सर ही घूम गया। आवाज निकल न सकी। मुश्किल से इतना ही कह सका, 'तुम घबराना मत'। और लाइन कट गई।

मन में खलबली मची रही। क्या हो गया ? कैसे हो गया ? अभी चार दिन पहले तो उन्होंने कहा था 'होली में कार्यक्रम बनाओ'। आमतौर पर मुझे छोड़ने वे एयरपोर्ट नहीं आते थे। उस दिन स्वयं आए। क्या यह इस बात का संकेत था कि अब इस प्रकार विदा लेने का अवसर नहीं मिलेगा ? पर इन बातों का उत्तर न मिलना था, न मिला। शायद आज तक किसी को नहीं मिला है। यह सच है कि जन्म के साथ यदि कोई एक सत्य जुड़ा है तो मृत्यु का। मृत्यु अवश्यंभावी है। जो आया है सो जाएगा। पर क्या कोई ऐसे भी जाता है ? लेकिन शायद उनका ऐसे जाना ही ठीक था क्योंकि वे हमेशा कहते रहे 'व्यक्ति अपने कार्य करता हुआ, बिना किसी की सेवा लिए चला जाय, इसी में जीवन की सफलता है।' उनकी मनोकामना पूरी हुई।

बाबूजी से मेरी पहली मुलाकात नवम्बर 1972 में पंतनगर में हुई थी। गौरवर्ण, सुदर्शन आकृति, प्रभावी व्यक्तित्व के स्वामी बाबूजी से मिलकर, बिना दीप्ति से मिले ही, मन ही मन विवाह का निश्चय कर लिया था। जून 1973 में हमारा विवाह हुआ। उसके बाद से अपने अन्तिम समय तक बाबूजी मेरे लिए पितृस्थानीय रहे। विशेषकर जनवरी '74 में मेरे पूज्य पिताजी के स्वर्गवास के बाद। बचपन में ही मेरी माँ का स्वर्गवास हो गया था। माँजी ने उस कमी को भी अपने स्नेह से पूरा कर दिया।

सामान्यत: समाज में पुत्र और पुत्री के प्रति भिन्न प्रकार के व्यवहार की परम्परा देखी जाती है। मसलन लड़की तो पराया धन है। दूसरे घर चली जाएगी। इस घर में तो वह मेहमान ही रह जाएगी आदि आदि। पर बाबूजी ने न

केवल शब्दों से इन मान्यताओं का विरोध किया बल्कि अपने व्यवहार में भी उसे पूरी तरह उतारा। उनके मूल्यों और आचरण में उनकी सन्तति लड़का एवं लड़की के खण्डों में विभक्त न होकर केवल सन्तति थी। समान स्नेह एवं समान व्यवहार की अधिकारी ! इतने वर्षों में एक भी अवसर ऐसा नहीं आया जब मैंने उन्हें पुत्रों के प्रति पक्षपात या कि पुत्री की उपेक्षा करते हुए देखा हो। इतना ही नहीं विवाह के बाद भी उनके लिए पुत्री सिर्फ पुत्री ही रही न कि घर का मेहमान।

इसी मान्यता का दूसरा पक्ष था उनका अपनी पुत्रवधुओं एवं मेरे प्रति व्यवहार। बाबूजी के लिए पुत्रवधुएँ पुत्री के बराबर थीं और मुझे भी उन्होंने हमेशा पुत्रवत् ही स्नेह दिया। शब्दों में ही नहीं अपने व्यवहार में भी। उन्होंने सिद्धान्तों को केवल सिद्धान्त के रूप में नहीं देखा था अपने आचरण में भी उतारा था। वे मुझसे हमेशा कहते 'जब तक मैं हूँ आप लोग अपनी सभी समस्याएँ मुझ पर डालकर चैन कीं नींद सोया कीजिए'। और हम भी अपनी समस्याएँ बाबूजी पर डालकर निश्चिन्त होते रहे।

बाबूजी का व्यक्तित्व बड़ा सलीके का व्यक्तित्व था। पहनावे, बोलचाल से लेकर आचार-व्यवहार तक में उनकी सुरुचि और सम्भ्रान्तता स्पष्ट झलकती। साथ ही बड़ा अनुशासित जीवन था उनका। अनुशासन के साथ स्नेह और सहृदयता का अद्‌भुत समन्वय बहुत कम देखने को मिलता है। शायद इसी समन्वय के कारण उनके सम्पर्क में जो भी आया जीवन के लिए कुछ न कुछ प्रेरणा प्राप्त कर सका। जिन सिद्धान्तों पर उन्होंने स्वयं आचरण नहीं किया उनका उपदेश भी नहीं दिया। उनके लिए सिद्धान्त केवल कोरे शब्द नहीं थे जीवन में व्यवहार के आधार थे।

ईश्वर में उनकी अनन्य आस्था थी, पर उनके लिए भक्ति प्रदर्शन की वस्तु नहीं थी। इसीलिए बहुत कम लोगों को पता होगा कि नवरात्रि में दुर्गासप्तशती का पाठ वे नियमित रूप से स्वयं किया करते थे। श्री अरविन्द एवं श्री माँ में भी उनकी गहरी आस्था थी। हमारे विवाह के समय उन्होंने श्री माँ की अनुमति और आशीर्वाद माँगा था। आशीर्वाद में भेजा श्री माँ का पत्र एवं फूल आज भी मेरे पास सँजोकर रखा है। किसी देव-विशेष की भक्ति के मार्ग के उपासक वे नहीं थे। वे तो संसार के कण-कण में ईश्वरीय शक्ति के दर्शन करते थे और कर्मयोग को योग का सर्वोत्तम मार्ग मानते थे। इसीलिए उनका जीवन आद्यन्त कर्ममय रहा। यहाँ तक कि उनका अन्त भी कर्म करते हुए ही हुआ।

गीता में स्थितप्रज्ञ का जो लक्षण मिलता है उसके दर्शन मैंने बाबूजी के व्यक्तित्व में साक्षात् किए थे। न तो उन्हें परेशानियों से कभी उद्विग्न होते देखा और न कभी आनन्द से विभोर। जिन समस्याओं से सामान्यतः लोग बुरी तरह उद्वेलित हो जाते हैं उनमें भी उनके मुख पर वही निर्विकार स्मितपूर्ण आभा बनी

रहती। सन् 75-76 में जयप्रकाशजी का आन्दोलन अपनी पराकाष्ठा पर था। पटना विश्वविद्यालय उस छात्र-आन्दोलन का केन्द्र था। ऐसे में कुलपति की समस्याओं और उसके चारों ओर अशान्ति की सहज कल्पना की जा सकती है। पर उसमें भी बाबूजी के सिर पर परेशानी या चिन्ता की शिकन कभी नहीं दिखी। वे सहज भाव से अपने कर्त्तव्य में लीन रहते और अपने आस-पास के लोगों को भी आश्वस्त करते रहते।

कर्म के प्रति उनकी आस्था कर्त्तव्यनिष्ठा में ही नहीं उनकी कर्मठता में भी अभिव्यक्त होती। उनसे आधी उम्र के लोग भी न तो उनकी तरह कर्मठ दिखे और न स्फूर्ति-सम्पन्न। आजीवन वे ब्राह्ममुहूर्त में उठते रहे। उठकर योगासन करना उनका नित्यप्रति का नियम था। यहाँ तक कि यात्रा में जब पटने से बाहर जाते तो भी यह नियम अव्याहत रूप से चलता रहता। मैंने देखा था कि दिल्ली में जब कभी वे हमारे साथ ठहरते, हमारे सो-कर उठने से पहले ही आसनादि से निवृत्त होकर स्वाध्याय में लीन हो जाते। स्वाध्याय के प्रति उनकी निष्ठा इसमें भी व्यक्त होती कि दिन में थोड़ा भी खाली समय मिलने पर वे कुछ न कुछ पढ़ने लगते थे। यात्रा में उनके पास पुस्तक अवश्य होती और चाहे रेलयात्रा हो या हवाई यात्रा उनका समय अध्ययन में ही बीतता। वे प्रायः कहा करते थे, 'जीवन में पुस्तकों से बढ़कर अच्छा साथी कोई नहीं है'। उनकी इसी स्वाध्यायनिष्ठा को देखकर घर में काम करने वाली एक सेविका ने एक बार पूछा था "बाबूजी को अब कौन-सा इम्तिहान देना है जो सारा दिन पढ़ते रहते हैं ?" उसके इस भोलेपन पर हम सब हँसे बिना नहीं रह सके थे।

भाषा की शुद्धता—उच्चारण एवं व्याकरण दोनों की—के विषय में उनका सविशेष ध्यान रहता। मैं स्वयं उस प्रकार के भाषिक अनुशासन में नहीं पला था। उस पर विषय मेरा विद्युत अभियांत्रिकी ! लिहाजा मुझसे भाषा-सम्बन्धी गलतियाँ हो जाया करतीं। बचपन में सीखे हुए संस्कृत के श्लोकों के उच्चारण में भी कभी-कभी असावधानतावश अशुद्धियाँ हो जातीं। बाबूजी ने हमेशा उन अशुद्धियों की ओर मेरा ध्यान दिलाया और स्वयं उच्चारण करके शुद्ध प्रयोग करने के लिए मुझे प्रेरित किया। आज यदि मैं भाषा का सही प्रयोग कर पाता हूँ तो यह उन्हीं की प्रेरणा का परिणाम है।

हिन्द और हिन्दी दोनों के प्रति उनके मन में गहरी निष्ठा थी। भारत की अलगाववादी राजनीति को देखकर वे प्रायः दुःखी हो जाया करते थे। इस प्रवृत्ति का कारण वे विदेशी शासन को और स्वतंत्रता के बाद राजनीतिज्ञों की सत्ता में बने रहने की कोशिश को मानते थे। भारत की सांस्कृतिक अखण्डता ही इसकी एकता का आधार है। वे कहा करते थे कि "अपनी संस्कृति को भूलकर सिर्फ एकता के नारे देने से तो एकता नहीं आएगी। एक ओर हम भेद उत्पन्न करने के समस्त

साधन अपनाते हैं और दूसरी ओर देश को एक करने की बात करते हैं। ऐसे में एकता कैसे बनी रह सकती है ?" संस्कृति के साथ ही जुड़ी हुई थी उनकी भाषा-विषयक धारणा। अपनी संस्कृति अपनी भाषा में ही पनप सकती है। हिन्दी भारत की भाषा है। हिन्दी को छोड़ अंग्रेज़ी के माध्यम से हम कभी प्रगति नहीं कर सकते। किसी भाषण के क्रम में एक बार उन्होंने कहा था, "मुझे इस बात का गर्व है कि मैं हिन्द और हिन्दी का हूँ मुझे अन्य किसी भाषा से कोई विरोध नहीं। मैंने स्वयं अनेक भाषाएँ सीखी और पढ़ी हैं। पर हिन्दी मेरे देश की भाषा है और मुझे हिन्दीवाला होने का गौरव है।"

जितना सोचता हूँ गहरे डूबता जाता हूँ। स्मृति-पटल पर छवियाँ समुद्र की तरंगों की तरह आती जाती हैं। '72 में पंतनगर में बाबूजी के प्रथम दर्शन··· जून '73 में पीली-धोती और रेशमी कुर्त्ते में द्वारचार के समय बाबूजी··· '75 में चारों ओर समस्याओं से घिरे, पर निर्विकार बाबूजी··· '83 में मेरे बीमार पड़ने पर मुझे आश्वस्त करते बाबूजी···दुर्गापाठ करते ध्यानमग्न बाबूजी··· स्वाध्याय करते बाबूजी···मंच पर भाषण करते तेजोमय स्मितपूर्ण बाबूजी···पर सबके ऊपर 12 जनवरी '91 को एयरपोर्ट पर मुझे विदा करते समय 'होली में आने का कार्यक्रम बनाओ' कहते हुए बाबूजी !···?

स्नेह एवं अनुशासन की साकार मूर्ति

मीरा गौतम

यह लेख लिखने से पहले मैं पत्तागोभी काट रही थी। जल्दी के कारण कई पत्ते मोटे-पतलें और टेढ़े कट गए थे। इन पत्तों को देख बाबूजी के शब्द मेरे मन में गूँज उठे। वह कई बार कहते थे कि "बेटा मेरी इच्छा है कि मेरे परिवार का कोई सदस्य यदि घास भी काटे तो इतनी उच्च श्रेणी की काटे कि देखनेवाला पहचान जाए कि यह किसने काटा है।"

बाबूजी के साथ लम्बी अवधि के लिए रहने का सौभाग्य पहले सन् 1987 में तथा फिर 1989 में लगातार दो महीने के लिए मिला। इक्कीस जून को विमान से हीथरो एयरपोर्ट पर उतरने के बाद हमलोगों से मिलते ही मुझसे बोले, "देखिए बेटेजी आपको दिया हुआ वचन मैंने पूरा किया।" 1987 की गर्मियों में, अर्थात् ठीक दो वर्ष पहले 'बहू-भोज' के दिन यानि जिस दिन मैंने अपनी ससुराल में पहली बार चूल्हा छुआ और पूरा खाना बनाया था, बाबूजी ने मुझसे पूछा कि मुझे क्या चाहिए। उनके स्वर से प्रतीत होता था कि उन्हें मेरी इच्छा पता है। जब मैंने कहा कि आप और माँ हमलोगों के पास विदेश आइएगा तो अपनी न भुलाई जानेवाली मधुर मुस्कान के साथ बोले, "मुझे पता था, आप यही माँगेंगी, इसलिए हाँ कहने के लिए तैयार हो चुका था।"

माँ-बाबूजी की इस यात्रा में उनके साथ अकेले समय व्यतीत करने का काफी अवसर मिला। सौभाग्य से मौसम बहुत अच्छा था। खूब अच्छी धूप, और वर्षा का नाम नहीं। उन्हें भी यह अद्भुत लगा। बिना छाते और ओवरकोट के इंग्लैंड में, वह भी मैनचेस्टर में तो कल्पना ही नहीं की जा सकती। उनकी सन् बावन-तिरेपन की कई स्मृतियाँ ताज़ा हो गयीं। इस यात्रा में उन्होंने अपने शेक्सपियर एवं वड्र्सवर्थ के जन्मस्थान पुनः देखने की इच्छा पूरी की। पूरे दिन, बिना किसी थकावट के घूमे और बड़े प्रसन्न हुए।

कई बार मेरे साथ फल-सब्जी खरीदने पैदल चल देते। बड़े चाव से दुकानों

घर घूमते, किन्तु उनके आने का असली कारण तो मुझे खरीददारी करने के बाद पता चलता। मुझसे आग्रह कर दो-तीन झोले वे स्वयं ले लेते। एक बार बोले कि मुझे यह जानने की बहुत उत्सुकता है कि पैंतीस वर्षों में बसों में क्या अन्तर आया है इसलिए एक दिन कार की बजाय बस से शहर चलो। बस में बैठ कर मुझे उनके मौन एवं मुस्कान से लगा कि वह पैंतीस वर्ष पहले की मधुर स्मृतियों में खो गए हैं।

रसोई के काम में सहायता करने वह अक्सर आ जाते। कहीं से घूम कर हमलोग शाम को घर आते तो माँ को चाय इत्यादि दिलवाकर कहते आप थोड़ा आराम कर लें और क्योंकि प्रदीपजी (मेरे पति का प्यार का नाम) ने काफी गाड़ी चलाई है वह भी आराम करें। वे मेरे साथ पूड़ियाँ बनवाते और पूड़ी फुलाने का रहस्य भी साथ में बतलाते जाते। मुझे तब पता चला कि बाबूजी पाक-कला के रहस्यों को भी उसी प्रकार जानते हैं जिस प्रकार भाषाविज्ञान एवं काव्यशास्त्र के रहस्यों को।

इस यात्रा में बाबूजी ने दादाजी, यानी अपने पिताजी के विषय में असीम प्रेम एवं आदर के भाव से मुझे बताया। एक दिन मैं बेड-कवर बिछा रही थी, उसे देख कर बोले कि "मैं जब कक्षा छः-सात में था तो एक दिन अपने बिस्तर की चादर को टेढ़ा ही छोड़ कर चला गया। शाम को पिताजी ने मुझे बुलाकर पूछा कि क्या मुझे स्कूल में रेखागणित नहीं पढ़ाई जाती। मैंने उत्तर दिया कि पढ़ाई जाती है। इस पर वह बोले—फिर तुम उस विद्या का प्रयोग दिनचर्या के कामों में क्यों नहीं करते? विद्या सिर्फ स्कूल के लिए नहीं होती। जब तक विद्या का प्रयोग अपने आचरण में नहीं लाओगे आगे नहीं बढ़ोगे। उस दिन से मैंने पिताजी की बात गाँठ बाँध ली।" और सच, मैंने देखा था कि बाबूजी पत्र भी खोलते तो इतने करीने से कि टेढ़ा न फटे और लिफाफे पर टिकट भी चिपकाते तो मानो स्थान नापकर।

एक दिन मैं अपनी थीसिस एवं लिखने की शक्ति के विषय में उनसे बात कर रही थी। उन्होंने अत्यन्त सरलता से मुझे बताया कि 1917 के शुक्लजी द्वारा भेजे जिस पत्र को पढ़कर गाँधीजी ने चम्पारण आने का निश्चय किया था वह दादाजी (पं० शिवशरणजी शर्मा) ने ही ड्राफ्ट किया था। यह सुनकर मुझे बाबूजी से भी अधिक गर्व का अनुभव हुआ। मेरे इस भाव को देखकर वह दो क्षण के लिए मौन हो गए और अत्यन्त भावुकता से बोले कि "पिताजी जब चौदह-पन्द्रह वर्ष के थे तो उन्हें चेचक निकल आई। इस कारण वह दो-तीन दिन अपने गुरुजी के यहाँ संस्कृत पढ़ने नहीं जा सके। किन्तु चौथे दिन काफी तेज ज्वर के साथ ही वह गुरुजी के पास पहुँच गए। दूर से ही प्रणाम कर बैठ गए। गुरुजी ने आश्चर्य एवं चिंता व्यक्त करते हुए कहा कि जब तक पूर्णत: स्वस्थ न हो जाओ, यहाँ आने की आवश्यकता नहीं। पिताजी ने उत्तर दिया कि लेटे-लेटे उनका मन और बिगड़ रहा

है और अगला पाठ पढ़ने की बहुत इच्छा है। उन्हें पूर्ण विश्वास था कि पढ़ाई आरम्भ करते ही ज्वर स्वयं कम हो जाएगा। उनकी लगन एवं जिज्ञासा देख और अपने पुत्र की पढ़ाई से अरुचि एवं कामचोरी से निराश हो, गुरुजी बोले, बेटा आज से इस घर की सरस्वती को तुम्हारे घर भेजता हूँ। पीढ़ियों से चली आ रही बोलने की शक्ति एवं लिखने की शक्ति अब तुम्हें और तुम्हारे आनेवाली पीढ़ी को देता हूँ।" बाबूजी की आंखों में पानी झलक रहा था, दिन के ग्यारह बज रहे थे, यह समय था, उनका अपने परिवार के साथ बैठ काफी पीने का। माँ, बाबूजी और मैंने बैठकर काफी पी और उन्होंने आशा व्यक्त की, कि प्रदीपजी को भी अस्पताल में काफी पीने का अवसर मिला होगा।

पूज्य बाबूजी अपने समस्त परिवार के लिए प्रेरणाप्रद रहे। हमारी यह प्रार्थना है कि उनका अनुकरणीय व्यक्तित्व एवं आचरण हमारे पुत्र अप्रतिग के लिए भी प्रेरणा का स्रोत हो।

आचार्य देवेन्द्रनाथ शर्मा : स्वजनों के परिप्रेक्ष्य में

स्वर्णकिरण

आचार्य देवेन्द्रनाथ शर्मा संतपरंपरा के आचार्य कहे जाएँगे। भारतीय संस्कृति के तंतुओं से उनके व्यक्तित्व का निर्माण हुआ था। 'पितृदेवो भव', 'मातृदेवो भव', 'आचार्यदेवो भव' आदि उपनिषद्वाक्यों को उन्होंने अपने जीवन में साकार किया था। अत्यधिक पितृभक्ति के कारण उन्हें पिता की ओर से भी अपरिमित स्नेह की प्राप्ति हुई।

आचार्य देवेन्द्रनाथ शर्मा के पिता सर्वतंत्रस्वतंत्र पं० शिवशरण शर्माजी अपने तीन भाइयों में सबसे छोटे, सरस्वती के अक्षय कृपापात्र थे। अपने गुरु के यहाँ अध्ययन के बाद व्याकरण, न्याय, दर्शन, साहित्य आदि विषयों में पारंगत होकर जब वे वापस आने लगे, तो उनके गुरु ने—जिनके अपने पुत्र अध्ययन के प्रति उदासीन थे—योग्य शिष्य को आशीर्वाद देते हुए कहा कि आज से सरस्वती मेरे घर से तुम्हारे घर जा रही है और वहीं निवास करेगी। गुरु का आशीर्वाद फलित हुआ और पं० शिवशरण शर्माजी सांख्य काव्य वेदांतीर्थ हुए। अपने गाँव कृतपुरा (पहले जिला सारण अब गोपालगंज जिला) के लोगों में ही नहीं उस क्षेत्र के दूर-दूर के गाँवों तक उनका यश फैला। सरस्वती जैसे उनकी जिह्वा पर सदा विद्यमान रहतीं। अध्ययन और अध्यापन को वे पूर्णत: समर्पित थे। निरंतर स्वाध्याय उनका व्रत था। सात्विक आचार-विचार, कर्तव्यनिष्ठा, समय की पाबंदी, सत्य के लिए प्रतिबद्धता, आदि उनके व्यक्तित्व के अभिन्न अंग थे।

पं० शिवशरणजी शर्मा मोतीहारी (चम्पारण जिला) में स्थित अपने काल के प्रख्यात धर्मसमाज संस्कृत महाविद्यालय के प्राचार्य थे। उनके विद्यार्थियों पर उनकी वाग्मिता, उनके ज्ञान एवं उनकी साधना का प्रभाव तो पड़ा ही, उसके साथ उनकी तार्किकता एवं आधुनिकता का भी प्रभाव पड़ा। इस प्रसंग में एक घटना विशेष रूप से उल्लेखनीय है। महाविद्यालय के प्रांगण में एक कुआँ था जिसका पानी शिक्षक एवं छात्र, सभी पीते थे। उस कुएँ के किनारे पीपल का वृक्ष

था जिसकी डाल कुएँ के ऊपर फैली हुई थी। वृक्ष पर रहने वाले पक्षियों के कारण कुएँ का पानी दूषित होता था और इससे बीमारी फैलने का भय था। एक दिन पं० शिवशरण शर्माजी ने आदेश दिया कि इस वृक्ष की डालें काट दी जायँ ताकि कुएँ का पानी दूषित न हो। इस आदेश से सभी आश्चर्यचकित रह गए क्योंकि पीपल का वृक्ष या उसकी डाल काटना अनिष्टकर माना जाता था। पंडितजी के एक वकील मित्र ने उन्हें उनके निर्णय के खिलाफ समझाने का यत्न भी किया। वकील साहब के तर्क सुनकर पंडितजी ने कहा कि मैंने धर्मशास्त्र का अध्ययन किया है। मैं उसके तत्व को समझता हूँ। पीपल का वृक्ष कटवाने से यदि असंख्य छात्रों और शिक्षकों की स्वास्थ्यरक्षा होती है तो उसमें धर्मविरोधी कुछ भी नहीं है। और यदि उसका कोई कुफल होगा भी तो मेरे आदेश से काटे गए वृक्ष का फल भी तो मुझे ही मिलेगा। मैं उसके लिए तैयार हूँ। लेकिन धर्म के नाम पर मैं इस कुएँ का पानी दूषित नहीं होने दूँगा। और उन्होंने वृक्ष की वे सभी डालें कटवा डालीं जो कुएँ का पानी गन्दा होने का कारण बन रही थीं। आज से प्रायः अस्सी वर्ष पूर्व इस प्रकार की वैज्ञानिक और आधुनिक दृष्टि की कोई कल्पना भी नहीं कर सकता था, वह भी संस्कृत के पारम्परिक विद्वान में! आचार्य देवेन्द्रनाथ शर्मा में पितृश्री के वे समस्त गुण—विद्वत्ता, वाग्मिता और जीवन के प्रति वैज्ञानिक एवं आधुनिक दृष्टि प्रतिबिम्बित हुए थे।

स्व० पं० शिवशरणजी शर्मा की विद्वत्ता के यश से आकृष्ट होकर पंडित मदनमोहन मालवीयजी ने उन्हें बनारस हिन्दू विश्वविद्यालय में प्राध्यापक के रूप में आमंत्रित किया किन्तु पंडितजी ने यह कहकर अस्वीकार कर दिया कि मैं किसी के अधीन नौकरी नहीं कर सकता। साथ ही यदि मैं काशी चला गया तो अपने क्षेत्र के विकास के लिए मैं जो काम कर रहा हूँ वह नहीं कर पाऊँगा। इस तरह मेरा व्यक्तिगत लाभ तो हो सकता है पर क्षेत्र का अलाभ होगा। और वे काशी नहीं गए।

स्व० पं० शिवशरण शर्माजी की वत्सलता, पुत्रस्नेह, पुत्र के प्रति ममता का वर्णन शब्दों में करना कठिन मालूम पड़ता है। आचार्य देवेन्द्रनाथ शर्मा की आज्ञाकारिता एवं कार्यतत्परता, दिव्यप्रेम, बौद्धिक वैभव से उनके पूज्य पितृश्री फूले नहीं समाते थे। सन् 1934 के भयंकर भूकम्प के समय पंडितजी किसी कार्यवश मुजफ्फरपुर गए हुए थे। भूकम्प का प्रभाव मुजफ्फरपुर की अपेक्षा मोतीहारी में अधिक था। जान-माल का नुकसान भी वहाँ ज्यादा हुआ था। पंडितजी की एक ही कामना थी कि इस भूकम्प में मेरा पुत्र मुझे सुरक्षित मिल जाय और मुझे कुछ नहीं चाहिए। रेल की लाइनें तो टूट गई थीं। वे येन केन प्रकारेण तीसरे दिन मोतीहारी पहुँचे और जब 'बच्चा' (आचार्य देवेन्द्रनाथ शर्मा का बचपन का प्यार का नाम) को सुरक्षित देखा तो भावावेश में उनकी आँखों से आँसू बहने लगे।

स्व० पं० शिवशरण शर्माजी में राष्ट्र प्रेम एवं आत्मसम्मान का भाव भरा हुआ था। अँग्रेजों के शासन के वर्चस्व के समय भी उन्होंने उनका रौब स्वीकार नहीं किया। चम्पारण के नील के खेत-मजदूरों के लिए जब महात्मा गाँधी को बुलाने का विचार हुआ तो गाँधीजी को भेजे गए पत्र का मजमून पंडितजी ने ही तैयार किया। इतना ही नहीं मोतीहारी में गाँधीजी के आतिथ्य एवं सत्कार का भार भी पंडितजी ने वहन किया। उनके भ्रातुष्पुत्र देवराज मिश्र ने स्वयं भोजन बनाकर गाँधीजी को खिलाया था।

स्व० पं० शिवशरण शर्माजी ने परिजन-पुरजन के प्रति स्नेहभाव एवं कल्याणभाव से प्रेरित होकर एक गुरुकुल की स्थापना कराई जिसमें अनेकानेक लोगों को ज्ञान का निर्मल प्रकाश मिला। आचार्य देवेन्द्रनाथ शर्मा में पितृश्री का यह भाव प्रतिभासित दीखता है। भामहविरचित काव्यालंकार के अनुवाद-क्रम में, 'आमुख' के अंतर्गत आचार्य देवेन्द्रनाथ शर्मा का कथन है कि "यह ग्रंथ पितृ-ऋण तथा ऋषि-ऋण से मुक्ति पाने की दिशा में एक अत्यंत साधारण प्रयास है।" अपने संस्कृत ज्ञान के लिए मैं एकमात्र पूज्य पितृचरणों का ऋणी हूँ। विद्वत्ता, विदग्धता और वाग्मिता के साथ आधुनिकता का वैसा स्पृहणीय समन्वय मैंने किसी संस्कृतज्ञ में नहीं देखा। उस अगाध ज्ञानराशि में से जितना पाना संभव था उतना मैं नहीं पा सका। कारण कि पिताजी का जीवन बड़ा ही कर्म-संकुल था, एक प्रथित संस्था के प्राचार्य, सार्वजनिक कार्यों के दिशा निर्देशक, विपन्नों के अनन्य सहायक, साहित्यिक, सांस्कृतिक और सामाजिक मंचों के समादृत वक्ता; स्वभावतः, उन्हें समय का सदा अभाव रहता था। फिर भी मुझे व्याकरण, साहित्य एवं दर्शन के लिए किसी दूसरे के सामने हाथ नहीं पसारना पड़ा। सबके ऊपर पितृश्री का अमोघ आशीर्वाद। आज मेरे पास जो कुछ है वह सब उन्हीं का प्रसाद है—'तस्य भासा सर्वमिदं विभाति।' आचार्य देवेन्द्रनाथ शर्मा की यह उक्ति पितृचरणों के प्रति उनकी अनन्य भक्ति की परिचायिका तो है ही उनके पिता के व्यक्तित्व का संक्षिप्त परिचय भी है।

आचार्यश्री की माता स्व० 'क्षीरा देवी' धर्म एवं संस्कृति की साक्षात् मूर्त्ति थीं। वे कुशाग्रबुद्धि, विदुषी महिला थीं। जिस युग में स्त्रीशिक्षा निन्दा का विषय माना जाता था उस युग में उन्होंने हिन्दी, संस्कृत एवं बंगला साहित्य का अध्ययन किया था। उनके गुरु स्वयं उनके पति (स्व० पं० शिवचरणजी शर्मा) थे। पंडितजी स्त्री-शिक्षा का महत्व जानते थे और इसलिए उन्होंने यह महनीय कार्य सर्वप्रथम अपनी धर्मपत्नी को अक्षरारम्भ करा कर किया। बाद में उनकी प्रेरणा से श्रीमती क्षीरा देवी की हिन्दी के साथ-साथ संस्कृत एवं बंगला साहित्य में भी अच्छी गति हो गई थी। आचार्य देवेन्द्रनाथ शर्मा को मातृस्नेह से बचपन में ही वंचित हो जाना पड़ा था क्योंकि श्रीमती क्षीरा देवी का असामयिक निधन प्लेग के

भयंकर प्रकोप में हो गया, किन्तु मातृस्नेह की जो स्मृतियाँ संचित थीं उनका वे भावविभोर होकर वर्णन करते। प्रायः माता की चर्चा के प्रसंग में उनकी आँखें सजल हो जातीं।

आचार्य देवेन्द्रनाथ शर्मा के श्वसुर स्व० श्री गोरखनाथ त्रिवेदीजी, बी-एस० सी०, बी० एल० सतजोड़ा-पकड़ी (जिला सारण) के निवासी, अपने समय के सुप्रसिद्ध अधिवक्ता थे। वे भारत के प्रथम राष्ट्रपति डा० राजेन्द्र प्रसाद के सहकर्मी थे। अप्रतिम आदर्शवादी एवं राष्ट्रभक्ति से ओत-प्रोत। समाजसेवा एवं राष्ट्रसेवा का उन्होंने व्रत ले रखा था। डॉ० राजेन्द्र प्रसाद, महापंडित राहुल सांकृत्यायन, श्री महेन्द्र प्रसाद जैसे स्वतंत्रता सेनानियों और विद्वानों का उनके घर आना-जाना लगा रहता था। उनकी पुत्री श्रीमती कुसुम शर्मा, तब की कुसुम बिटिया इन महान् लोगों के कंधों पर चढ़कर खेलती।

पं० गोरखनाथ त्रिवेदी की प्रगतिशीलता एवं आदर्शवादिता का सर्वाधिक परिचायक है उनका अपनी पुत्री कुसुम को पढ़ाना। वे जब बेटी के अध्ययन का पक्ष लेते तो उन्हें ताने सुनने पड़ते, 'लगता है त्रिवेदीजी बेटी को पढ़ाकर अपनी तरह वकील बनाएंगे।' पर व्यंग्योक्तियों से वे विचलित नहीं हुए और उन्होंने अपनी पुत्री को स्कूल के बाद कॉलेज में भी पढ़ने का अवसर प्रदान किया। हालांकि इसके लिए उन्हें कुसुम को घर से दूर पटना में छात्रावास में रखना पड़ा। उन्होंने अपनी भविष्णु कुसुम बिटिया के लिए देवेन्द्रनाथ शर्मा का वर के रूप में चयन भी केवल इसलिए किया कि वे उस वर्ष नये कीर्तिमान के साथ एम० ए० में प्रथम श्रेणी में प्रथम रहे थे।

आचार्य देवेन्द्रनाथ शर्मा एवं श्रीमती कुसुम शर्मा का वैवाहिक जीवन दाम्पत्य सुख के आदर्श के रूप में उपस्थापित किया जा सकता है। कालिदास द्वारा वर्णित दिलीप एवं सुदक्षिणा का आदर्श दाम्यत्य इनके जीवन में देखने को मिलता। सद्गृहिणी धर्मपत्नी को पाकर आचार्य शर्मा घर संसार की चिन्ताओं से मुक्त, सारस्वत साधना में लीन रहते। इनके दो पुत्र डॉ० विनयशील गौतम एवं डॉ० विजयशील गौतम तथा एक पुत्री डॉ० दीप्ति शर्मा त्रिपाठी पितृकुल की सारस्वत परम्परा को आगे बढ़ा रही हैं। ज्येष्ठ पुत्र डॉ० विनयशील गौतम दिल्ली के आइ० आइ० टी० में मैनेजमेंट के प्रोफेसर एवं अध्यक्ष हैं। कनिष्ठ पुत्र डॉ० विजयशील गौतम आपातकालीन चिकित्सा में विशेषज्ञता प्राप्त शल्यचिकित्सक तथा पुत्री डॉ० दीप्ति शर्मा त्रिपाठी दिल्ली विश्वविद्यालय में कुलविद्या संस्कृत की प्राध्यापिका। पं० शिवशरण शर्माजी को दिया उनके गुरु का आशीर्वचन आज तक फलित हो रहा है। 'मेरे घर की सरस्वती आज से तुम्हारे घर जा रही है और वहीं निवास करेगी'।

मेरे साहब

देवानन्द मिश्र

आचार्यप्रवर श्री देवेन्द्रनाथ शर्माजी का पाँच वर्षों का सान्निध्य मुझे प्राप्त हुआ। मैं आपको साहब कहता था। ऐसा इसलिए कि आप बिहार अंतर विश्व-विद्यालय बोर्ड के अध्यक्ष थे और उसी समय मेरी नियुक्ति आपके निजी-सहायक के रूप में हुई। निजी सहायक होने के कारण आपके साथ कार्यालय में, बैठकों में, सामाजिक, राजनीतिक एवं व्यक्तिगत उत्सवों में एवं घर में कार्य करने का मौका मिलता था। अत: साहब को बहुत नजदीक से, उनके व्यक्तित्व के कई पहलुओं को देखने का सुअवसर मिला।

साहब की कार्यशैली अद्‌भुत थी। उसकी सबसे बड़ी विशेषता थी कि उनके साथ काम करने में आदमी ऊबता नहीं था। कभी ऐसा महसूस नहीं होता था कि थोड़ी देर के लिए साहब से अलग हो लूँ। साहब कार्य को प्राथमिकता देते थे। कहते थे, जो काम तुम्हें मिले उसे पूरी ईमानदारी और लगन से करो। कार्य ही जीवन-पथ पर अग्रसर होने का साधन है। कार्य की सफाई पर बड़ी सूक्ष्म नजर रखते थे, कहते थे कि घास काटने का भी अगर काम मिले तो ऐसी सफाई से करो कि दूसरे से वैसी सफाई नहीं हो सके। साहब खुद छोटे-छोटे कार्य, जैसे पेंसिल छीलना, लिफाफा फाड़कर चिट्‌ठी निकालना और दैनिक जीवन के अन्य ऐसे ही अनेक कार्य बहुत सावधानी और सलीके से करते थे।

भाषण-कला में वे अद्वितीय थे मुझे तो उनके अनेक भाषण सुनने के अवसर प्राप्त होते थे। मैं प्राय: देखता था कि उनके भाषण को सुनकर बहुत लोग जो उन्हें नहीं जानते थे, बड़ी उत्सुकता से साहब के बारे में जानना चाहते थे। किसी सभा में प्राय: अगर उनका भाषण पहले होता तो उनके बाद के वक्ताओं के भाषण नहीं जमते थे और अगर बाद में उनका भाषण होता तो सबों का भाषण जैसे ढक जाता था। वाणी में स्पष्टता और सही शब्दों का चयन उनके भाषण की खास विशेषता थी।

साहब विनोदी भी थे। एक बार की बात है, विश्वकर्मा पूजा में वाल्मीकि प्रेस से निमंत्रण आया था, जिसमें साहब को जाना था क्योंकि वाल्मीकि प्रेस के मालिक रामनरेश बाबू पर उनका पुत्रवत् स्नेह रहता था। किसी जरूरी मीटिंग के तय होने के कारण उन्होंने मुझे भेजा और कहा कि जाकर रामनरेश बाबू से कह देना कि वे एक जरूरी मीटिंग में चले गए हैं मुझे भेजा है। मैं गया। रामनरेश बाबू को उनका संदेश सुना दिया। उन्होंने मुझे प्रसाद दिया जिसे मैं वहीं न खाकर घर लेता आया। तब तक साहब आ चुके थे। प्रसाद देखकर साहब ने कहा कि आप कैसे आदमी हैं कि पेट का बोझ पीठ पर ढो कर ले आए। उनके कहने का अंदाज ही ऐसा था कि मैं बरबस हँस पड़ा।

साहब समय के बहुत पाबंद थे। जितने बजे जहाँ पहुँचना होता था, वे ठीक उसी समय पहुँचते थे। वे कहते थे कि निश्चित समय से न पहले जाना चाहिए और न देर से। वे कहते कि घड़ी में सेकेण्ड की सुई है, उसकी भी उपयोगिता का ध्यान रखना चाहिए। किसी से बिना समय लिए नहीं मिलते थे और खुद भी समय बिना दिए किसी का मिलना पसंद नहीं करते थे।

उनका पारिवारिक जीवन बहुत ही सुखमय था। जब परिवार के साथ बैठते तो उस क्षण का पूरा आनन्द लेते। उस समय सब काम भूल जाते। बच्चों और पत्नी के साथ बतरस का पूरा आनंद लेते थे। अच्छे-अच्छे विषयों पर बातें होती थीं। बीच-बीच में हँसी के फव्वारे छूटते रहते थे। साहब का पूरा ख्याल रहता था कि कोई ऐसी बात न हो जो माँजी (पत्नी) को भावनात्मक स्तर पर अच्छी न लगे। उतना प्रेम तो नये दांपत्यसूत्र में बँधे लोगों में भी नहीं निभ पाता है। माँजी की भी सारी दिनचर्या साहब के लिए ही होती थी। साहब क्या नाश्ता करेंगे, क्या भोजन करेंगे, क्या फल लेंगे, कौन-सा सूट पहनकर ऑफिस जाएँगे, कौन-सा कुर्त्ता धोती पहनकर किसी उत्सव में जाएँगे—माँजी दिन भर इसी का प्रबंध करती रहती थीं। माँजी को हमेशा यही ध्यान रहता था कि कौन चीज इन्हें अच्छी लगेगी, किस काम से ये खुश होंगे, कैसे स्वस्थ रहेंगे। साहब अगर दो दिनों के लिए भी दिल्ली या अन्य कहीं (पटना से बाहर) चले जाते तो माँजी जैसे सब काम ही भूल जाती थीं। माँजी इधर प्रायः अस्वस्थ रहती थीं। जब उन्हें कोई कष्ट होता तो साहब होमियोपैथी की दवा देते, माँजी के पास रहते और आराम नहीं होने पर डाक्टर जितेन्द्र सहायजी को फोन करते थे। डाक्टर साहब भी इतने आत्मीय हैं कि आने पर घंटों बैठेंगे और तरह-तरह की बातें होंगी। अगर हम लोगों को माँजी कुछ काम देतीं और तब साहब कुछ काम देते थे और हम लोग बतला देते थे कि माँजी ने अमुक काम दिया है तो साहब तुरंत कहते कि पहले माँजी जो कहती हैं वही कीजिए।

साहब अपने मातहत के कर्मचारियों एवं पदाधिकारियों के योगक्षेम का ख्याल

रखते थे। वे किसी कर्मचारी को कष्ट देना नहीं चाहते थे। किसी से कोई गलती होती तो बहुत स्नेह से समझाते थे। उनके समझाने का तरीका ऐसा होता था कि उसके बाद उस व्यक्ति से प्राय: गलती की पुनरावृत्ति नहीं होती थी। कई बार कर्मचारी अपनी कुछ माँगों को लेकर उनसे मिलते थे तो उनका जवाब ऐसा होता था कि तत्काल माँग नहीं मिलने पर भी वे उनके कक्ष से प्रसन्न ही लौटते थे। इसी प्रकार छोटी-छोटी गलतियों पर वे कम ध्यान देते थे। हालाँकि वे उन गलतियों से नावाकिफ नहीं रहते थे। काम करने के बाद धन्यवाद देना नहीं भूलते थे। उनका धन्यवाद स्नेहरस से सराबोर होता था। कर्मचारी को लगता था सारी परेशानी खत्म हो गई। कहीं किसी उत्सव में जाते तो वहाँ भोजन की व्यवस्था रहने पर भी स्वयं नहीं खाते थे लेकिन ड्राइवर को या मैं साथ होता तो मुझे भी कहते थे कि भोजन कर लो तो चलेंगे। साथ रहनेवालों की सुख-सुविधा का पूरा खयाल रखते थे। मैं उनका कोई काम करके कहीं से आता और साहब को बतलाता था कि सर काम हो गया तो कहते थे 'थैंक यू' और बाद में हँसकर कहते कि मैं जब ज्यादा खुश होता हूँ तो अंग्रेजी बोलता हूँ। इसपर मैं गद्‌गद हो जाता था।

साहब की दिनचर्या बहुत अच्छी थी। वे सुबह प्रतिदिन 3-4 बजे के बीच में जग जाते थे। निवृत्त होकर अध्ययन के कमरे में जाकर लिखना-पढ़ना शुरू करते। साढ़े पाँच के करीब उठते और बाहर के दरवाजे खोल देते थे। फिर योगासन करते थे। उसके बाद अखबार पढ़ते थे। नींबू गुनगुने पानी के साथ लेते थे। साढ़े सात बजे दाढ़ी बनाते और ब्रुश करते थे। 8 बजे नाश्ते के टेबुल पर बैठ जाते थे। नाश्ते में फल, अंकुरित मूँग, पराँठे आदि लेते थे। और उसके बाद थोड़ा आराम करते थे। फिर अखबार में कोई अच्छा लेख होता तो उसे पढ़ते या लेखन-पाठन का कार्य करते थे। 10 बजे माँजी के साथ काफी पीते थे और ऑफिस जाते थे। डेढ़ बजे ऑफिस से लौटकर माँजी के साथ भोजन करते थे। उनके भोजन और नाश्ते में हरी मिर्च अवश्य होती थी। ऐसे वे सब्जी में मिर्च नहीं खाते थे। दोपहर में भोजन के बाद विश्राम करते। कार्यव्यस्तता होने पर विश्राम नहीं भी करते थे। शाम को प्राय: किसी मीटिंग या उत्सव में आमंत्रित होते थे या घर पर रहने पर आगन्तुकों से मिलते थे। शाम को अध्ययन लेखन का कार्य भी करते थे।

साहब का स्नेह मुझे प्राप्त था। वे शुरू से ही मेरे प्रति अनुग्रहपूर्ण भाव रखते रहे। उनके जीवनकाल के अंतिम कुछ महीनों में मुझे अहसास होता था कि मुझे कुछ ज्यादा ही स्नेह देने लगे थे। ऐसा इसलिए कि मुझसे पहले से ज्यादा बातें करते और मेरी बातों का महत्व देते। मुझसे कभी गलती होती और माँजी नाराज होतीं तो साहब मेरे पक्ष में माँजी को शांत कराते। आज भी जब मेरे मन में कोई प्रश्न उठता है तो साहब की कमी खलती है कि साहब होते तो उसका समाधान हो जाता।

कवन ठगवा नगरिया लूटल हो

रमावती सहाय

17-1-91 की संध्या इतनी भयावह होगी नहीं जानती थी। 16-1-1991 की मधुर बैठक, हँसने-हँसाने की गूँज अभी थमी भी नहीं थी कि फोन की घंटी बज उठी—मेरी बेटी का फोन था, "माँ तुम जल्दी आ जाओ दादू बेहोश हैं।" जब तक मैं पटना पहुँची यात्री अपनी महायात्रा पर जा चुका था। सब कुछ इतना अचानक हुआ कि हतप्रभ होने का भी अवसर नहीं मिला। कुछ समय के लिए सब थम गया। जब होश आया तो बुद्धि ने कहा आचार्यजी अब नहीं रहे। हृदय इसे आज भी मानने को तैयार नहीं, पर सत्य को तो स्वीकार करना ही पड़ेगा।

आचार्य देवेन्द्रनाथ शर्माजी (चाचाजी) का व्यक्तित्व अपने आप में इतना पूर्ण था कि उनके समक्ष जो आता मंत्रमुग्ध हो जाता। उनका हँसता-चमकता चेहरा और बोलने की कला सबके मन को हर लेती थी। मैं उनकी रचनाओं को तो उतना नहीं जानती पर उनके पारिवारिक जीवन को, मैंने तीस वर्षों में उतने ही करीब से देखा है जितना उनके बच्चों ने। आख़िर मैं 'दुलहिन' जो थी। उन 30 वर्षों के सान्निध्य को लिपिबद्ध कर सकूँ इतनी क्षमता मुझमें नहीं हैं। उनकी स्मृति में सबको लिखते देखा तो अपनी टूटी-फूटी भाषा में उन्हें श्रद्धा के दो फूल अर्पित करने की इच्छा का संवरण नहीं कर सकी। यों तो—

सात समद को मसी करों लेखनि सब बनराय।
धरती को कागद करों सन्तन गुण लिखा ना जाय॥

और चाचाजी का जीवन एक सन्त का जीवन था।

वे ऐसे शल्यचिकित्सक थे कि अपने वाक्-छुरिका से हँसते-हँसते सामने वाले को चीरा लगाते और उसका क्लेश (मानसिक) दूर कर देते थे। इतनी विद्वत्ता और वाग्मिता के साथ आधुनिकता का वैसा समन्वय विरले ही को कहीं मिल पाता है।

चाचाजी के खाने की मेज मेरे लिए सबसे आकर्षण का केन्द्र होता था, क्योंकि वे चाहे जितनी परेशानी में हों खाने की मेज पर उनका स्मितपूर्ण मुखमण्डल ही हम लोगों का स्वागत करता था। उन्होंने कभी अपनी परेशानियों से दूसरों को परेशान नहीं किया। खाने की टेबुल पर उनकी कही बातें जीवन में उतारने योग्य होती थीं। वैसे उनके द्वारा कहा गया हर वाक्य अपने आप में गम्भीर अर्थ रखता था। एक दिन हमने कहा कि चाचाजी सब लोग आपको बाबूजी एवं चाचीजी को माँजी कहते हैं। मैं भी अब बाबूजी माँजी ही कहूँगी। उन्होंने छूटते हुए कहा, "ऐसा मत कहना दुलहीन 'बाबूजी' के साथ जो कटु अनुभव है वह तुम्हारे साथ नहीं है तुम तो मेरी एकमात्र दुलहीन हो मैं तुम्हारे लिए पितातुल्य ही हूँ पर चाचाजी ही कहना इसी में तुम्हारी सारी श्रद्धा मिल जाती है" और मैं फिर कभी बाबूजी नहीं कह सकी।

एक बार हम लोग खाना खा रहे थे, खीरे का सलाद रखा था—खीरा तीखा था—मैंने कहा चाचाजी खीरा कड़वा है आप नहीं खायें उन्होंने कहा, "दुलहीन जीवन में इतना कड़वापन मिललबा कि खीरा के कड़वाहट कुछ नइखे।"

उन्होंने अपने बच्चों को सारी शिक्षा और जीवन की कठिन समस्याओं से जूझने की शक्ति खाने की ही टेबुल पर दी थी।

उनकी बातों को, उनके नियम को, उनकी शिक्षा को मैं चाहकर भी अपने जीवन में नहीं उतार सकी इसका तो आजीवन दुःख रहेगा। वे समय के मामले में बड़े पक्के थे। अंतिम दिन मुजफ्फरपुर में 16-1-1991 को आये थे, जाने लगे तो हमने कहा कि आज आप रुक जाते तो अच्छा लगता। उन्होंने कहा कि जब मैं लौटने का समय दे चुका हूँ तो आज मत रोको। 25-1-91 को आऊँगा तो अवश्य रह जाऊँगा। चाचाजी तो कभी झूठ नहीं बोलते थे—कहीं समय देकर नहीं आना असंभव था, फिर इतनी बड़ी झूठ वे कैसे बोल गए? हम लोगों को जानने भी नहीं दिया और इतनी बड़ी यात्रा पर कैसे चले गए? आज भी मैं यह समझ नहीं पायी। 16-1-91 को रुक जाते तो 17-1-91 को उनकी महायात्रा भी शायद रुक जाती। काश!

'नापृष्टः कस्यचिद्ब्रूयात्' के सिद्धान्त को जीवन में उतारते हुए जिस प्रकार चाचाजी को देखा उस प्रकार अन्य किसी को नहीं। अव्वल तो बिना माँगे किसी को सलाह देते ही नहीं थे और जिसको भी सलाह देते उसे मानने या न मानने की स्वतंत्रता भी होती थी। परिवार में किसी के साथ कभी भी हमने उन्हें ऊँची आवाज में बोलते नहीं सुना। बराबर कहते थे—"गृहलक्ष्मी के प्रसन्न करे के होखे त घर के मामला में पति के दखल ना देवे के चाही।" वे केवल कहते ही नहीं थे तीस वर्षों में मैंने पाया कि वे इसका अक्षरशः पालन भी करते थे। चाचीजी किसे क्या देंगी, क्या कहेंगी—उन्होंने कभी रोक-टोक नहीं की। यह अलग बात

है कि चाचीजी चाचाजी के मनोभाव को इतना ज्यादा समझती थीं कि उन्हें बोलने की जरूरत भी नहीं पड़ी। फिर भी यह तो सन्त महात्मा ही कर सकते हैं कि पत्नी के किसी काम में दोष न निकालें, और इस मामले में वे सन्त ही थे।

उनके घर में रहने के कारण यह भी जानती थी कि वे मुखौटा धारण नहीं करते थे। उनके मन में और वचन में एकरूपता थी। वे उन व्यक्तियों में नहीं थे जो मंच पर लम्बे चौड़े भाषण देते हैं और घर में पत्नी तथा बच्चों को प्रताड़ित करते हैं। उनके सामने उनके बच्चों को, उनकी पत्नी को खुलकर बोलने का अधिकार था। उन्हें अपने बच्चों की कोई बात अच्छी नहीं लगती तो वे इस प्रकार उसे समझाते थे कि बच्चे उन्हें मान जाते थे। इससे उनके बच्चों का मनोबल जीवन में बहुत ऊँचा रहा।

कहने को तो बहुत कुछ है पर उनके अचानक महाप्रयाण के कारण मैं गूंगी और अपंग हो गई हूँ। अस्तु, मेरा शत नमन स्वीकार करें और आज जो लेखनी उनके लिए हमने जीवन में पहली बार उठाई है उसमें इतनी शक्ति भर दें कि कुछ और लिख सकूँ। हे सरस्वती के वरदपुत्र आपसे इसी आशीर्वाद की प्रतीक्षा में—

आपकी ही
दुलहीन

आचार्य शर्मा : जैसा देखा जैसा जाना

मिथिलेश कुमारी मिश्र

आचार्य देवेन्द्रनाथ शर्मा भारत के उन वरेण्यता प्राप्त मनीषियों में थे जिनके संकीर्त्तन से साहित्य-जगत् स्वयं को गर्वोन्नित मानता है। जहाँ भी गई, जिनसे भी मेरा सम्पर्क हुआ, ऐसा लगा कि बिहार का साहित्य-जगत् आचार्यजी की महिमा से मंडित है। साहित्य की सभी विधाओं पर उनकी सम्मति और विमति का देशव्यापी महत्व होता था। समालोचक उनके विचारों को ससम्मान उद्धृत कर अपने कथ्य को विश्वसनीयता प्रदान करने के अभ्यासी हो गए थे। साहित्य समारोहों में उनकी उपस्थिति गौरव, एवं गरिमा का सर्जन करती थी। अखिल भारतीय स्तर की प्रायः सभी साहित्यिक संस्थाएँ उनके योगदान और अर्घ्यदान की अभिलाषिणी थीं। वे उन कतिपय लोगों में थे जो संस्थाओं से सम्मानित नहीं होते अपितु जिनके सहयोग से संस्थाएँ सम्मानित होती हैं। भारतीय ज्ञानपीठ सदृश सुर्चाचित संस्था को भी संभवतः इसीलिए अपने नियमों को शिथिल कर उन्हें लगातार नौ वर्षों तक ज्ञानपीठ पुरस्कार की प्रवर समिति में रहने के लिए निवेदन करना पड़ा था।

केन्द्रीय या राज्य सरकार की भाषा-सम्बन्धी शायद ही कोई संस्था या समिति हो जिसमें आचार्यजी को नहीं रखा गया हो। अधिकांश विश्वविद्यालयों में भी उन्हें इसी तरह का सम्मान प्राप्त था। उन्हें भारत के प्रायः सभी विश्वविद्यालय अतिविशिष्ट अवसरों पर आमंत्रित किया करते थे। हिमालय से कन्याकुमारी और असम से गुजरात तक उनका ज्ञानवर्चस्व स्थापित था। हिन्दी, संस्कृत के प्रायः सभी महारथी साहित्य और शास्त्र में उनकी गहरी पैठ का लोहा मानते थे।

ऐसे विराट व्यक्ति के विषय में मेरे जैसे व्यक्ति का कुछ लिखना वस्तुतः सूर्य को दीपक दिखाने की हास्यास्पद चेष्टा ही होगी, किन्तु अपने अनुभवप्रसूत तथ्यों एवं साक्ष्यों के आधार पर मैं साधिकार कह सकती हूँ कि वे "विद्या ददाति विनयम्" का साक्षात् स्वरूप थे। अरि मित्र के सांसारिक भेदों से वे ऊपर उठ

चुके थे । विद्यानुरागियों और साहित्य पिपासुओं को अपना समय और श्रम देकर वे समग्र एकाग्रता एवं तन्मयता से उनकी जिज्ञासा का समाधान किया करते थे।

बिहार राष्ट्रभाषा परिषद् के स्थापना काल से ही यद्यपि इस विश्रुत संस्था को उनका सहयोग और परामर्श प्राप्त हो रहा था, किन्तु 1989-90 में परिषद् के कार्यों के सफल संचालन में उनका सक्रिय सहयोग मुझे भी स्मरण है। परिषद् की प्रकाशन उपसमिति, पत्रिका उपसमिति एवं राजेन्द्र निधि स्मारक उपसमिति के वे अध्यक्ष थे और मैं सम्पादन की प्रभारी। अतः पत्रिका सम्बन्धी कार्य से कई बार उनसे मिलना होता। उनकी सहृदयता और सदाशयता का लाभ हमलोग बहुत निष्ठुरता से उठाया करते थे। पत्रिका के लिए प्राप्त सभी लेखादि उनके यहाँ छोड़कर हम निश्चिंत हो जाते थे। वे समय दे देते थे कि किस दिन किस समय आकर निबंधादि ले लिए जाएँ। समय की चूक को वे एक अक्षम्य अपराध मानते थे, इसलिए उसके उल्लंघन-कर्त्ता को उनके यहाँ से निराश भी लौटना पड़ता था। मुझे भी इस स्थिति से दो एक बार गुजरना पड़ा था। निर्धारित समय पर, वे मेरे पहुँचने के पूर्व ही सामग्री के साथ, तैयार मिलते थे। जिस व्यक्ति को विश्व-विद्यालयों में जाने के लिए आमंत्रण स्वीकार करने का समय नहीं था, जो व्यक्ति एक-एक क्षण को जुगा कर रखना चाहता था वह व्यक्ति पत्रिका के लिए प्राप्त सैकड़ों लेखों का संशोधन-परिवर्द्धन कर हमें हँसते-हँसते उपलब्ध करा देता था। उनके यहाँ से प्राप्त निबंधों को देखने से स्पष्ट हो जाता कि एक-एक शब्द को उन्होंने ध्यान से देखा है और पूर्ण विराम अर्द्धविराम तक पर उनकी दृष्टि गई है।

ऐसा शायद ही कोई अवसर आया हो जब हम उन्हें निमंत्रित करने गए हों और निराश होकर लौटे हों। इसलिए नहीं कि हम उन्हें प्रिय थे वरन् इसलिए कि वे संस्था को सर्वोपरि महत्व देते थे। वे कहा करते थे कि "साहित्यिक संस्था के लिए मैं किसी सीमा तक जाने को उद्यत हूँ। व्यक्ति तो आते-जाते रहते हैं, किन्तु संस्था तो सदा रहेगी।" इसलिए उन्हें वैसे व्यक्ति प्रिय थे जो संस्था के लिए समर्पित रहते थे। बिहार राष्ट्रभाषा परिषद् के अतिरिक्त दो स्वयंसेवी साहित्यिक संस्थाओं 'बिहार संस्कृत संजीवन समाज' जो विगत 104 वर्षों से संस्कृत भाषा और साहित्य के विकास के लिए राचेष्ट है तथा 'साहित्य समाज' के क्रियाकलाप में भी आचार्यजी का अविस्मरणीय मार्गदर्शन रहा है।

वे अनासक्त भाव से स्पृहारहित हो साहित्य यज्ञानुष्ठान में अर्घ्यदान करते रहते थे। "चंचरीक जिमि चंपक बागा" की नाईं वे लोकेषणाओं से ऊपर उठकर परामर्श देते। अप्रिय सत्य बोलने में उन्हें संकोच नहीं होता था। या तो वे वचन देते नहीं थे और यदि देते थे तो उसके पालन के लिए सदैव तत्पर रहते थे।

किसी भी विषय की गहराई में प्रवेश कर उसे हस्तामलकवत् बना देने में उनकी अनन्यता सर्वविदित है। गूढ़ से गूढ़तर विषयों को सरल और बोधगम्य

बनाने की कला में वे पारंगत माने जाते रहे हैं। काव्यशास्त्र के सिद्धांत-पक्षों और भाषाविज्ञान के वैज्ञानिक पक्षों के विवेचन-विश्लेषण में भी वे कभी दुरूह नहीं होते थे। सचमुच ऐसा लगता था कि उनकी जिह्वा पर साक्षात् सरस्वती का वास है। उनकी वाग्मिता के चमत्कार और उक्ति-वैचित्र्य की विदग्धता साहित्य क्षेत्र में सदा उदाहृत होती रहेगी।

उनके स्मृतिशेष श्रीचरणों में मेरी श्रद्धांजलि इस प्रार्थना के साथ कि ईश्वर हमें उनके बताए मार्ग पर चलने की क्षमता प्रदान करें।

आचार्य देवेन्द्रनाथ शर्मा की स्मृति में

रामजी पाण्डेय

आचार्य देवेन्द्रनाथ शर्मा, एक ऐसे व्यक्ति थे, जिनको हर स्तर हर व्यवसाय के लोग अच्छी तरह जानते रहे। पटना में विद्यार्थी जीवन शुरू कर अध्ययन में सर्वप्रथम रहे और उसके बाद अध्यापक, प्राध्यापक, कुलपति और भारत के विभिन्न विश्वविद्यालयों और केन्द्र के भी विभिन्न पदों को उन्होंने सुशोभित किया। उनकी मृत्यु भी एक विशेष गोष्ठी में भाषण देने के क्रम में हुई। वे हमारे सम्बन्धी, हमारे बड़े भाई, हमारे पथ-प्रदर्शक थे। उनकी और हमारी भेंट अक्सर कहीं न कहीं हो जाती थी। उनका ज्ञान व्यापक था। सभा में इतने सुन्दर-रोचक ढंग से ओजस्वी भाषण देते कि लोग तैयारी करने के बाद भी वैसा भाषण नहीं दे सकते। हमें याद है कि हमारे पटना मेडिकल कालेज में अखिल भारतीय नाक, कान, गला विशेषज्ञों के सम्मेलन की बिहार शाखा का अधिवेशन था और मैं उसका अध्यक्ष था। वार्षिक अधिवेशन में मैंने शर्माजी से सभा का उद्‌घाटन करवाया। उसमें उनका एक घंटे से अधिक सारगर्भित भाषण हुआ। सभी डाक्टर सुनकर दंग रह गए।

पुरानी बात है, उनकी आँखों में तकलीफ थी और डाक्टर उनका चश्मा बदलते रहे तो भी उनकी तकलीफ दूर नहीं हुई। एक विशिष्ट व्यक्ति के यहाँ हम और वे आस-पास बैठे थे। तब उन्होंने जिक्र किया कि भाई हमें कोई डाक्टर ठीक चश्मा नहीं देता, दरभंगा के डाक्टर ने भी ठीक चश्मा नहीं दिया, और यहाँ के डाक्टर ने भी। मैं चुपचाप सुनता रहा। जाहिर है कि यह आरोप मुझ पर भी था और हमारे गुरु, आँख के विशेषज्ञों पर भी। ब्राह्मणों में ऐसे भी अहंभाव अधिक होता है जो हममें भी है। इस बातचीत के बाद भी मैंने यह नहीं कहा कि एक दिन हमको आप अपनी आँख दिखावें। मैं आपके कष्ट निवारण की कोशिश करूँगा। मैं चुपचाप रह गया। कुछ दिनों बाद उनका फोन आया कि मेरी आँख कब देखोगे ? मैंने कहा कि आप किसी भी दिन सुबह या शाम आ जाएँ। मैं आपकी

आँखों की ठीक से परीक्षा करूँगा। वे हमारे यहाँ सपत्नीक आये। हमारे क्लिनिक में बैठते ही उन्होंने कहा, मेरे चश्मे के सिलिन्डर का ऐक्सिस गड़बड़ लगता है, उसको तुम ठीक कर दो। मैंने उनके चश्मे की जाँच भी नहीं की यह सोचकर कि आँखों के सभी शिरोमणि डाक्टरों ने आज तक चश्मे की ही जाँच की है, तब उस पर मैं कौन-सा तीसमारखाँ बनूंगा। मैंने उनकी आँखों का प्रेशर देखा। दवा लिख दी और उसी इलाज पर वे बराबर चलते रहे।

एक दिन की बात है कि उनको टांसिल में दर्द और बुखार हो गया। पटना के सिरमौर डाक्टरों का इलाज हो रहा था। दर्द और बुखार कम होने का नाम नहीं ले रहा था। भाभीजी (श्रीमती शर्मा) ने हमको फोन किया कि क्या आप आकर इनको एक बार देखेंगे नहीं ? वास्तविकता यह थी कि मुझे पता ही नहीं था कि शर्माजी टांसिल के चलते दर्द और बुखार से पीड़ित हैं। मैंने भाभीजी से कहा कि आपने कब बुलाया और मैं नहीं आया ? मैं तुरन्त आ रहा हूँ। वहाँ गया, शर्माजी को मैंने देखा, दवा बदल दी। बुखार और दर्द दोनों में आराम आ गया। भाभीजी ने दूसरे दिन फोन किया कि जब आप इसकी दवा जानते ही थे, तो पहले आकर क्यों नहीं इलाज किया ? दवा का असर था कि प्रेमभाब का असर, यह मैं नहीं कह सकता लेकिन हमारे पूज्य शर्माजी पर हमारी दवाइयाँ अक्सर असर कर जाती थीं। वे भी चिकित्सा के मामले में हमसे बराबर राय लेते थे।

शर्माजी पुरानी और नयी दोनों पीढ़ियों में अच्छी तरह सामंजस्य रखते थे। निर्भीक थे, स्वाभिमानी थे, विद्वान् भी अद्वितीय थे। आपको उनसे काम है। विनम्रता से आप कर लें, धौंस से नहीं। धौंस जमा देंगे, तो चाणक्य की तरह शिखा बाँधकर आपसे टक्कर लेने की क्षमता रखते थे। मृदुभाषी थे, हर काम को कुशलतापूर्वक संपादित करते। गुटबाजी से दूर, सच्चाई से जुड़े, झूठ प्रपंच से कोसों दूर, शर्माजी का यही व्यक्तित्व था।

शर्माजी के गुणों में चार चाँद लगाने और उनके व्यक्तित्व को उभारने, सँजोने में उनकी धर्मपत्नी का बहुत हाथ रहा है। वे हमारे बड़े भाई के बड़े साले थे। आपस में व्यंग्य, हँसी मजाक शुरू होता, तब वे और उनकी श्रीमतीजी भी उसमें घुलमिल जाते। वे क्षण और वे यादें भुलाये नहीं भूलतीं।

संयोग की बात है कि जनवरी 1991 के प्रथम सप्ताह में ही शर्माजी और उनकी धर्मपत्नी हमारे घर एक दिन अनायास आए। मैंने पूछा, "भैया आज अनायास आप लोग कैसे आ गए।" उन्होंने कहा, "रामजी, आज इच्छा हो गयी तुम लोगों से भेंट करने की।" काफी देर रहे। हम लोगों ने गपशप की, साथ काफी पी। चलते समय उन्होंने कहा कि कभी घर पर आओ। यही हम लोगों की आखिरी मुलाकात थी। मैं क्या जानता था कि वे इतना शीघ्र साथ छोड़ देंगे। ठीक यही

बात माननीय केदार पाण्डेयजी के साथ भी हुई थी। उनके यहाँ भेंट हुई, हम लोगों ने साथ चाय पी। सुबह का समय था मुझे अस्पताल जाना था। मैंने उनसे विदा ली और कहा कि अब अस्पताल का समय हो गया है, मैं जा रहा हूँ। चलते वक्त उन्होंने कहा कि कल तुम फिर आ जाना। पर वह कल फिर नहीं आया।

पूज्य आचार्य जी का व्यक्तित्व : गागर में सागर

शंकर प्रकाश

परम आदरणीय आचार्य देवेन्द्रनाथ शर्मा के विषय में, जो मेरे गुरु और अभिभावक रहे हैं, कुछ भी लिखना बड़ा ही कठिन है, क्योंकि उनके व्यक्तित्व की परिधि असीमित है। हमारे आचार्यजी का व्यक्तित्व और कृतित्व एक महासागर की भांति था जिसकी थाह पाना बड़ा ही मुश्किल है, जिसके गर्भ में हजारों गुण-रत्नों का ढेर हो। उन सभी गुण-रत्नों का वर्णन करना असंभव सा है।

हमारे गुरुदेव का तेजस्वी मुख-मंडल, आकर्षक शरीर, गौर वर्ण, मृदुता और ओजस्विता से भरी वाणी, लगन, निष्ठा और उत्साह से परिपूर्ण सौम्यता, धवल परिधानवेष्टित शांति की प्रतिमूर्ति को देखते ही हर किसी का मस्तक उनके चरणों में झुक जाता था। उनके आशीर्वाद और वात्सल्य को पाने के लिए व्यक्ति लालायित हो उठता था। उनकी वाक्य संरचना इतनी कर्णप्रिय होती थी कि घंटों बीत जाने पर भी समय का आभास किसी को नहीं होता, मानो, अभी कुछ ही क्षण बीते हों।

हमारे पूज्य आचार्यजी हिन्दी-आकाशगंगा के जाज्वल्यमान ज्योतिपुंज थे। उन्होंने अपनी अभिव्यक्ति से, आलोचना से, लेखन से हिन्दी साहित्य की जो सेवा की, वे चिरस्मरणीय रहेंगी। हिन्दी साहित्य को अपने कठिन परिश्रम, लगन, और उत्साह से जितना सींचा वह शाश्वत धरोहर है। आपकी लेखनी की प्रसूति—आपकी आलोचना—आने वाली पीढ़ी का संबल और मार्गदर्शक रहेगी।

कटु सत्य को सरल और शिष्ट भाषा में कहना बड़ा ही सरल कार्य था आपके लिए। घटना इस प्रकार है कि पटना के गाँधी मैदान में 'सम्मेलन' हो रहा था और उसमें हिन्दी गोष्ठी की अध्यक्षता आचार्य देवेन्द्रनाथ शर्माजी कर रहे थे। मुख्य अतिथि के पद पर पटना हाईकोर्ट के महामहिम मुख्य न्यायाधीशजी विराजमान थे। उस वक्त हाईकोर्ट और न्यायालयों का कार्य संपादन सिर्फ अंग्रेजी

में हुआ करता था। अपने अध्यक्षीय भाषण में आचार्यजी ने न्यायालयों के अंग्रेजीपन की कड़ी ही आलोचना की और महामहिम मुख्य न्यायाधीश से कहा कि बिहार जैसे हिन्दीभाषी प्रान्त में भी अंग्रेजीयत बनी रही तो आजादी के तीस वर्षों के बाद भी हम अंग्रेजों के परतन्त्र ही हैं। कहने का ढंग इतना हृदयस्पर्शी था और आलोचना के तीर इतने तीक्ष्ण थे कि महामहिम मुख्य न्यायाधीश को उठकर इसकी सफाई पेश करनी पड़ी और उस महती सभा में उन्होंने घोषणा की कि उच्च न्यायालयों और अन्य न्यायालयों के कार्य हिन्दी में सम्पन्न कराए जायेंगे। उसके बाद ही महामहिम मुख्य न्यायाधीश ने आदेश निर्गत किया कि न्यायालयों के कार्य हिन्दी में किए जाएँ। आचार्यजी की रगों में हिन्दी का दर्द और उसकी सेवा की लगन कूट-कूटकर भरी थी।

किसी व्यक्ति के लिए कोई एक ही पद संभालना बहुत मुश्किल होता है और वह इसी में अपने को अति गौरवान्वित समझता है। किन्तु हमारे आचार्यजी की क्षमता, उनकी विद्वत्ता, उनकी प्रशासनिक कार्यशैली एवं उनकी वाक्पटुता को देखते हुए बिहार सरकार ने उन्हें सिर्फ एक ही विश्वविद्यालय का कुलपति नहीं बनाया बल्कि दो-दो विश्वविद्यालयों का कुलपति बनाया और कुछ समय तक दोनों विश्वविद्यालयों का कार्यभार उन्हें एक साथ सम्भालना पड़ा। एक तरफ वे बिहार के प्राचीनतम पटना विश्वविद्यालय को सम्भालते थे तो दूसरी ओर कामेश्वर सिंह संस्कृत विश्वविद्यालय को भी संचालित करते थे।

आज भी जब मैं अपने एम० बी० बी० एस० के सर्टीफिकेट को देखता हूँ तो उसमें हमारे पितृतुल्य अभिभावक एवं कुलपति के रूप में आपका ही हस्ताक्षर है। ऐसा लगता है मानों वे कह रहे हों कि शंकर प्रकाश तुझे मैं यह सर्टिफिकेट सिर्फ डाक्टर होने के उपलक्ष्य में नहीं दे रहा हूँ वरन् यह सर्टिफिकेट तुझे मैं एक पिता की हैसियत से आशीर्वाद स्वरूप तथा कुलपति की हैसियत से आदेश स्वरूप समाज कल्याण हेतु दे रहा हूँ।

सन् 1967 की बात है। जब मेरे पूज्य पिताजी स्व० गौरी शंकर प्रसाद, डा० दुखन राम अभिनन्दन ग्रंथ के संचालक थे और उन्हें बड़ी दिक्कत हो रही थी ऐसे व्यक्ति को ढूँढ़ने में जो डा० दुखन राम के व्यक्तित्व को समझते हुए उनके व्यक्तित्व और कृतित्व को उभारते हुए उनकी समालोचना कर सके। ऐसे समय में मेरे पूज्य पिताजी की नजर में सिर्फ आचार्यजी ही आए। उन्होंने मेरे सामने ही आचार्यजी को फोन किया और उनसे आग्रह किया कि इस अभिनन्दन ग्रंथ का आप प्रधान सम्पादकत्व स्वीकार कर लें तो आचार्यश्री ने बड़ी ही आत्मीयता से उत्तर दिया कि "गौरी बाबू आपका आदेश है, मैं इसे स्वीकार करता हूँ। आज तक बड़े-बड़े मंत्रियों और मुख्यमंत्रियों के अभिनन्दन ग्रंथ हेतु मुझसे आग्रह किया गया लेकिन मैंने उन सभी को अस्वीकार कर दिया था, किन्तु आपको मैं टाल भी

नहीं सकता हूँ ।" ऐसी आत्मीयता थी, ऐसा स्नेह था हमारे परिवार से ।

एक और घटना है जिसे मैं हमेशा याद करता हूँ। मेरे बड़े लड़के आनन्द शंकर का नामकरण-संस्कार समारोह था । उस समय आप पटना विश्वविद्यालय एवं संस्कृत विश्वविद्यालय के कुलपति थे । बड़ा व्यस्ततापूर्ण जीवन था । समारोह ग्यारह बजे रात्रि को समाप्त हो चुका था, सभी मेहमान जा चुके थे। देखता हूँ एक उजले रंग की एम्बैसडर कार दरवाजे पर आकर लगी और उसमें से पूज्य आचार्यजी एवं पूज्या माताजी उतरीं । दो-दो विश्वविद्यालयों के कुलपति के रूप में अति व्यस्त होते हुए भी मेरे नवजात शिशु को आशीर्वाद देने हेतु वे इतनी रात्रि में भी आए । हम सभी भाव-विह्वल थे । उन्होंने परम आत्मीयता से जिस नवजात शिशु को आशीर्वाद दिया था, वह अब एम० बी० बी० एस० का विद्यार्थी है । इस समाचार से आज अगर आचार्यजी होते तो उन्हें कितनी प्रसन्नता होती !

जब कभी मैं समस्याओं से घिरकर निर्णय लेने में असमर्थ रहता तब मैं उनके समक्ष अपनी समस्याओं को कहकर अपना मन ही हल्का नहीं करता था बल्कि समस्या का समाधान भी पा लेता था। उनके अनुभव और अनुभव से भी बढ़कर शांत तेजस्वी स्वरूप से निकली आभा ही मुझे अपने लक्ष्य की ओर निर्देशित कर देती थी ।

और अचानक दिनांक अट्ठारह जनवरी की सुबह में जब मुझे फोन आया कि हमारे परम पूज्य अभिभावक गुरुदेव आचार्य देवेन्द्रनाथ शर्मा एक मीटिंग की अध्यक्षता करते हुए मस्तिष्क के रक्तस्राव के कारण अब नहीं रहे, उस वक्त ऐसा लगा कि मेरे और मेरे परिवार के ऊपर वज्रपात हो गया । एक साया जो मेरे पूज्य पिताजी का था कुछ दिन पहले ही उठ गया था और एक दूसरा साया जो आचार्यजी का था उसे भी बड़ी ही निर्दयता से भगवान् ने छीन लिया । वस्तुतः मैं अनाथ हो गया । अब कौन मुझे निर्देशित करेगा और कौन आत्मिक आशीर्वाद देगा ?

मैं आचार्यजी के किन-किन गुण-रत्नों का वर्णन करूँ, उनके प्रति जो समर्पित भाव हैं उसे कैसे व्यक्त करूं ? बस इतना ही कह सकता हूँ कि भगवान् उनमें से कुछ गुण मुझे भी प्रदान करे जिससे मैं उन्हें सच्ची श्रद्धांजलि अर्पित कर सकूँ ।

आचार्य देवेन्द्रनाथ शर्मा : एक संस्मरण

राधाकृष्ण शर्मा

मैं पिछले कई वर्षों से आचार्य देवेन्द्रनाथ शर्मा के नाम से परिचित था। कई वर्ष पूर्व बनियापुर थाने में हिन्दी के प्रसिद्ध विद्वान डॉ० धर्मेन्द्र ब्रह्मचारी शास्त्री के साथ उन्हें देखा था। आचार्यजी के भाषणों को सुना और पढ़ा करता था। उनके लेखों को भी पढ़ने का अवसर मिलता रहता था।

धीरे-धीरे दिल और दिमाग में उत्सुकता पैदा हुई कि आचार्यश्री के दर्शन करने चाहिए। इस संबंध में मैंने उनके संबंधी श्री शैलेन्द्रनाथ त्रिवेदी से बात की। त्रिवेदीजी ने सहर्ष मेरे प्रस्ताव को स्वीकार कर लिया। आचार्यजी का दर्शन करने के लिए 4 अक्तूबर 1990 ई०, गुरुवार, को 4 बजे का समय निर्धारित हुआ।

मैं निर्धारित कार्यक्रम के अनुसार पटना के राजेन्द्रनगर में पथ संख्या-4 पर स्थित आचार्यजी के निवास पर पहुँच गया। उनके अतिथि प्रकोष्ठ में बैठा। आचार्यजी को सूचना दी गई। वे ऊपर से नीचे आए। हम लोग लगभग दो घंटे कमरे में एक साथ आमने-सामने बैठे रहे। इस बीच चाय पान हुआ। अनेक विषयों पर बातें हुईं। हिन्दू-मुस्लिम समस्या पर कुछ विस्तृत चर्चा हुई। उन्हें देश की वर्तमान स्थिति पर गहरी चिन्ता थी। शिक्षा संस्थाओं में व्याप्त भ्रष्टाचार की भी चर्चा हुई।

मैंने अगनी भी कुछ बातें कहीं। किस प्रकार मैंने हिन्दी में उच्च कोटि की इतिहास विषयक पुस्तकें तथा बाल-साहित्य की पुस्तकें लिखकर और पुस्तकालयों के प्रचार-प्रसार में सहयोग देकर राष्ट्रभाषा हिन्दी की सेवा की है और कर रहा हूँ। मैंने उन्हें बाल-साहित्य की अपनी दो पुस्तकें भी दीं—'भारत की स्वाधीनता की कहानी' और 'बाबा साहब भीमराव अम्बेदकर'। मैंने अपनी उपलब्धियों के संबंध में उनकी सम्मति के लिए भी अनुरोध किया। इसके बाद मैं करीब साढ़े 6 बजे उनके निवास से लौटा। उन्होंने मुझे दूसरे दिन साढ़े 11 बजे फिर भेंट करने के लिए कहा।

इस प्रकार मैं दूसरे दिन उनके निवासस्थान पर साढ़े 11 बजे पहुँच गया। वे आधे घंटे के अन्दर कहीं बाहर से आये। उन्होंने आधे घंटे तक मुझसे फिर बात की। उन्होंने मेरी दोनों पुस्तकों को पढ़ लिया था। अम्बेदकर वाली पुस्तक में कुछ अशुद्धियाँ थीं जिनकी ओर उन्होंने मेरा ध्यान आकृष्ट किया। वे मेरी उपलब्धियों से भी बहुत प्रसन्न और प्रभावित हुए। उन्होंने मेरी उपलब्धियों के संबंध में दो शब्द लिखकर भी दिए।

मैंने आचार्यजी को स्वस्थ और दीप्तिमान पाया। मैंने पूछा—आप आसन-प्राणायाम में भी रुचि रखते हैं। उन्होंने कहा—हाँ, कुछ रुचि तो अवश्य रखता हूँ। किन्तु विधि की अजीब विडम्बना है, नियति का विचित्र खेल है, 17 जनवरी 1991 ई० को उनका देहान्त हो गया। यह सूचना मिलते ही मैं शोक-सागर में डूब गया।

आचार्य देवेन्द्रनाथ शर्मा हिन्दी, संस्कृत, अंग्रेजी और भोजपुरी के महान विद्वान थे। उन्हें उर्दू, बांगला, रूसी आदि अन्य अनेक भाषाओं की भी अच्छी जानकारी थी। वे बड़े अध्ययनशील और निपुण प्रशासक थे। वे सफल लेखक और प्रभावशाली वक्ता थे। वे प्रसिद्ध साहित्यकार और गंभीर विचारक थे। वे शोधकर्ता और शोध निर्देशक थे। वे नाट्यकार आलोचक और निबन्धकार भी थे। वे एक साथ बहुत कुछ थे।

आचार्यजी के नाटक आकाशवाणी और रंगमंच दोनों पर बहुत लोकप्रिय थे। उनके एकांकी-संग्रहों में पारिजातमंजरी और बिखरी स्मृतियाँ विशेष उल्लेखनीय हैं। निबन्धों में 'खट्टा मीठा' और 'आईना बोल उठा' प्रसिद्ध हैं। आलोचनओं में 'अलंकार मुक्तावली' और 'काव्य के तत्व' प्रसिद्ध कृतियाँ हैं। भाषाविज्ञान की भूमिका नामक पुस्तक तो आचार्यजी की इस विषय में अत्युत्तम रचना मानी जाती है। उन्होंने इस पुस्तक में कठिन और नीरस विषय को सुबोध और सरस बना दिया है।

आचार्यजी ने अपने जीवन काल में अनेक पदों को सुशोभित किया था। ये बिहार विश्वविद्यालय और पटना विश्वविद्यालय में हिन्दी विभाग के अध्यक्ष रहे। वे दरभंगा संस्कृत विश्वविद्यालय और पटना विश्वविद्यालय के कुलपति रहे। वे बिहार हिन्दी ग्रन्थ अकादमी, भोजपुरी अकादमी, संस्कृत अकादमी और हिन्दी साहित्य सम्मेलन के अध्यक्ष भी रहे। वे राज्य सरकार तथा भारत सरकार के अधीन अनेक समितियों के भी सदस्य या अध्यक्ष रहे।

आचार्यजी को भ्रमण में भी गहरी रुचि थी। उन्होंने देश-विदेश में बहुत भ्रमण भी किया था। उनका अधिकांश भ्रमण शैक्षिक और सांस्कृतिक स्वरूप का था। स्पष्ट है कि आचार्यजी की प्रतिभा बहुमुखी थी, रचनात्मक थी, उनका व्यक्तित्व बहुआयामी एवं उदार था। सबसे बढ़कर वे मानवतावादी थे। उनका जीवन सादा था, उनके विचार उच्च थे। वे भारतीय संस्कृति के प्रतीक थे।

भुलाये नहीं जाते आचार्य शर्माजी

ललन पाण्डेय

स्मरण एवं विस्मरण, ये दोनों सहज प्रवृत्तियाँ परमात्मा ने मानव को प्रदान कर बहुत बड़ा उपकार किया है। स्मरण से अभीप्सित शक्ति मिलती है तो विस्मरण से परम शांति, तथाकथित जीवित रहने की शक्ति। मानव के जीवन में परम हितैषी लोगों का मिलन होता है तथा बिछुड़न भी। दिवंगत हुए कुछ परम हितैषी लोगों को हम प्राय: अनायास ही भूल जाते हैं। कुछ लोगों को प्रयास करने पर भूलते हैं तथा कुछ वरेण्य महामानवों को लाख कोशिश करने पर भी भूल नहीं पाते हैं अपितु, उनके उज्ज्वल यश एवं कीर्त्ति रूपी शरीर को अमर पाकर जयन्तियाँ एवं पुण्यतिथियाँ मनाते रहते हैं। कुछ ऐसी ही बातें गुरुवर्य आचार्य देवेन्द्रनाथ शर्मा के स्वर्गवास से संबंधित हैं।

आचार्यश्री का ग्राम 'कृतपुरा' तथा लेखक का ग्राम 'बंगरा' पड़ोस में होने के कारण जनसमूह के बीच एकत्रित रूप यानी 'कृतपुराबंगरा' से उच्चरित होता है। गोपालगंज जिला के वैकुण्ठपुर प्रखण्ड का ये ग्राम बहुत काल पहले से सरस्वती के साधकों की पुण्यभूमि रहा है। यहाँ के लोगों के बीच प्रचलित मान्यता है कि बंगरा ग्राम के पाण्डेय लोग कृतपुरा ग्राम के गौतम गोत्रोत्पन्न मिश्र पंडितों की पुत्री की संतान हैं। अत: यहाँ के पाण्डेय लोग भी अपना गोत्र गौतम ही बताते हैं तथा कृतपुरा ग्राम में जाकर पूर्वजा 'हेमासती' की पूजा मिश्र लोगों के समान श्रद्धाभाव से करते हैं।

बचपन में होश संभालने के बाद लेखक ने स्वपिता आचार्य हरगोविन्द पाण्डेय द्वारा कृतपुरा ग्राम के अपने गुरुदेव काव्य-सांख्य-वेदांततीर्थ पं० शिवशरणजी शर्मा की विलक्षण प्रतिभा एवं सतत कर्मनिष्ठा की चर्चा सुनी है तथा उनके सुपुत्र आचार्यश्री की भी। धर्मसमाज संस्कृत महाविद्यालय मोतीहारी के प्राचार्य पं० शिवशरण शर्मा के श्रीचरणों में रहकर पिताजी को साहित्याचार्य तक शिक्षा मिली है। यह सौभाग्य की बात है कि 'बच्चाजी' (यह नाम आचार्यश्री के बचपन का था)

से छात्र जीवन में सान्निध्य का सुख भी लेखक के पिताजी को मिला है।

जब मैं गुरुदेव के दर्शन की बात पिताजी से कहता था तो प्रायः वे यही कहते थे कि उच्चशिक्षा ग्रहण करने के लिए ही मैं पटना उनके निवास पर तुम्हें ले चलूँगा। मैंने 1978 ई० में बी०ए० हिन्दी प्रतिष्ठा परीक्षा उत्तीर्ण की। तदुपरांत एम०ए० में पढ़ने की बलवती इच्छा हुई। पिताजी सत्परामर्श लेने के लिए मेरे साथ पटना आचार्यश्री के निवासस्थल पर आए। उस समय वे बर्लिन से लौटे थे। दोनों साथियों में जमकर प्रेमपूर्वक बातें हुई। लुंगी, गंजी वेश में मैंने पहली बार आचार्यश्री को देखा। पौरुष की ज्वाला से देदीप्यमान उनका व्यक्तित्व तथा मित एवं मृदुभाषी स्वभाव मुझे सहज रूप से अभिभूत कर गया। विपन्न परिस्थितियों में मेरी पढ़ाई की बात सुनकर उन्होंने रामचरितमानस की निम्न पंक्तियों को उद्धृत करते हुए शक्ति का संचार कर दिया :

नाथ न रथ नहिं तन पद त्राना। केहि विधि जितब वीर बलवाना।।
सौरज धीरज तेहि रथ चाका। सत्य सील दृढ़ ध्वजा पताका।।
सखा धर्ममय अस रथ जाके। जीत न कहँ न कतहुँ रिपु ताके।।

दो०—महा अजय संसार रिपु, जीति सकइ सो वीर।
जाके अस रथ होइ दृढ़, सुनहु सखा मति धीर।।
—लं० का० दो० — 80 क

गुरुमन्त्र का ऐसा प्रभाव हुआ कि स्वतंत्र रूप से एम०ए० हिन्दी की परीक्षा 1981 ई० में प्रथम श्रेणी से तथा 1988 ई० में—'संत कवि लक्ष्मीसखी : साधना और साहित्य' विषय पर बिहार विश्वविद्यालय मुजफ्फरपुर से पी-एच०डी० परीक्षा में उत्तीर्ण घोषित हुआ। न जाने कितनी बार समयाभाव के कारण बिहार हिन्दी ग्रंथ अकादमी के कार्यालय, निवास एवं कार में ही कुछ न कुछ सीखने के सुअवसर मिले। जब मेरे पिताजी ने श्रीमानस पाठ के आयोजन में घर चलने की बात कही तो प्रेमाग्रह को वे टाल न सके। पिताजी के निवेदन करने पर दिनांक 18-2-89 से 19-2-1989 तक निर्धारित मानसपाठ आयोजन में उद्‌घाटनकर्त्ता एवं विशिष्ट अतिथि के पद को उन्होंने अलंकृत किया। जब गुरुदेव मंच पर आसीन हुए तो उमड़ती भीड़ में ताली की गड़गड़ाहट, स्वागतगीत तथा वृद्ध संत कवि ब्रह्मचारीजी सुयोगीदास द्वारा प्रस्तुत पद्यात्मक जीवनचरित गान के समवेत स्वर से जन्मभूमि माता गद्‌गद हो गई। उक्त आयोजन में गुरुदेव ने ग्राम्य भाषा भोजपुरी में ही प्रवचन देकर श्रोताओं को मन्त्रमुग्ध कर दिया था। स्मरण हो रही है यह बात, जब उन्होंने प्रवचन के क्रम में कहा था कि—"वैर से वैर शांत नहीं होता है। शिकायत तो एकांत में तलवार भाजने के समान है।" आयोजन की

समाप्ति के समय गुरु की महत्ता प्रतिपादित करते हुए गुरुदेव ने कहा था कि — "एक ही चाभी से सभी प्रकार के ताले नहीं खुलते हैं। उसी भाँति भिन्न-भिन्न लक्ष्यवाले शिष्य के लिए एक ही प्रकार के गुरु उपयुक्त नहीं हो पाते हैं।" इसी सुअवसर पर लेखक द्वारा सम्पादित तथा संतकवि ब्रह्मचारी सुयोगीदास द्वारा प्रणीत 'सुदामा-कृष्ण-संवाद' पुस्तक का विमोचन भी आचार्यश्री द्वारा हुआ। इस सुखद आयोजन की स्मृति के रूप में भोजपुरी पत्रिका 'बिगुल' का लेखक के सह-सम्पादकत्व में श्रीगणेश हुआ।

प्रस्तुत आयोजन के उपरांत गुरुदेव को पटना निवास पर पहुँचाने के दूसरे दिन उन्होंने दीक्षांत भाषणस्वरूप 'सत्यं वद, धर्मं चर, स्वाध्यायात् मा प्रमदः' की विस्तृत व्याख्या की जिसका लक्ष्य डी० लिट्० में रजिस्ट्रेशन कराने की अनुपयोगिता को सिद्ध करना था। मुझे घर जाने की आज्ञा मिली। लेकिन मैंने किसी न किसी बहाने गुरुदेव के निवास पर आने जाने का क्रम जारी रखा क्योंकि उनके सान्निध्य-सुख से वंचित होना मैं नहीं चाहता था। 18 दिसम्बर, 1990 को पटना में श्री गुरुदेव के निवास पर, लगता है, परमात्मा ने अंतिम बातचीत करने का समय निर्धारित किया था। द्वार पर विद्वानों की भीड़ थी। गुरुदेव ड्राइंगरूम में मेरे शोध प्रबंध की प्रकाशन-संबंधी कतिपय बातें समझा रहे थे। उन्होंने कहा था कि जनवरी में मैं दिल्ली जाऊँगा तथा वहीं प्रकाशन की बातें करूँगा जिसकी खबर तुम्हें घर पर दे दी जाएगी। मैं गुरुदेव की बातें शिरोधार्य कर विद्यालयीय कार्यों में लग गया। 17 जनवरी 1991 ई० की रात में स्वर्ग प्रस्थान का समाचार 18 जनवरी, 1991 ई० को सुना तो हतप्रभ हो गया। स्वभ्रातृज को आकस्मिक अवकाश का आवेदनपत्र उच्चविद्यालय लरोली में पहुँचाने को बताकर गुरुदेव के निवास पटना पहुँचा। अंतिम संस्कार में सम्मिलित होकर अश्रुपूर्ण नेत्रों से अग्नि में अदृश्य होते हुए गुरुदेव को बार-बार प्रणाम किया।

करीब 12 वर्षों के अनुभव के आधार पर मैंने पाया कि गुरुदेव सतत् कर्त्तव्य-परायण व्यक्तित्ववाले वरेण्य आचार्य थे। जीवन पर्यन्त ब्राह्ममुहूर्त्त में स्वाध्याय करते रहे। नवयुवक की भांति उनमें स्फूर्ति हमेशा विद्यमान रहती थी। भाषाविज्ञान, काव्यशास्त्र के प्रकांड विद्वान् होते हुए भी अपनी विद्वत्ता का प्रदर्शन अकारण नहीं करते थे। ग्रामीण जनता से प्रायः भोजपुरी भाषा में ही बात करना वे पसंद करते थे। भाषा की शुद्धता का उन्हें सदा आग्रह रहता। समय देवता की पूजा उन्होंने सच्चे हृदय से की थी। साहित्य साधना के द्वारा मानव मात्र को वे सदैव लाभ पहुँचाना चाहते थे। सत्परामर्श एवं स्पष्टता उनके विशेष गुण थे। उनकी जिह्वा पर ऐसा प्रतीत होता था जैसे साक्षात् सरस्वती निवास कर रही है। कठिन से कठिन विषयवस्तु को सरस, सरल भाषा में सहज ही बोधगम्य बना देने में वे अद्वितीय थे। श्रीमदभगवद्गीता में वर्णित स्थितप्रज्ञ सदृश उनका व्यक्तित्व था। हिन्दी

साहित्य की विविध विधाओं को उन्होंने अपनी लेखनी द्वारा समृद्ध किया। उनके द्वारा प्रणीत ग्रंथ हिन्दी साहित्य की अमर धरोहर हैं जिनमें सत्यं शिवं सुन्दरम् की भावना दृष्टिगत होती है। सच्चे अर्थों में वे मानवता के पुजारी थे।

राष्ट्रीयता की भावना से वे ओतप्रोत थे। 17 जनवरी, 1991 ई० को पटना में आयोजित एक गोष्ठी में इराक एवं अमेरिका के बीच भीषण युद्ध में मानवता के ऊपर छाए हुए विपत्ति के बादल को देखकर वे दुःखी हुए थे। भारत की दुरवस्था से तो वे चिन्तित रहते ही थे। उनका अंतिम वाक्य था—लगता है अपना देश कई टुकड़ों में बँट जाएगा। इस असह्य दुःख की संभावना से उन्हें जो पीड़ा हुई वही उनके लिए प्राणहारक सिद्ध हुई।

उनके स्वर्गस्थ होने की खबर बिजली की भाँति चारों तरफ फैल गई। बिहार के वर्तमान मुख्यमंत्री ने अत्यन्त दुःख के साथ कहा, "हिन्दी साहित्य का एक मजबूत स्तम्भ आज गिर गया। आचार्यश्री के स्थान की पूर्ति निकट भविष्य में नहीं दीख रही है। वे अपने देश के ख्यातिप्राप्त विद्वान् थे।" शिक्षा एवं प्रशासन दोनों क्षेत्रों में कुशलता का पाठ पढ़ाने के लिए ऋषिकल्प आचार्यश्री हमलोगों के बीच अवतरित हुए थे। राष्ट्रीयता, विद्वत्ता एवं मानवता के दुर्लभ एकत्रित रूप पुण्यश्लोक आचार्यश्री का चिंतन विभिन्न ग्रंथों के रूप में हिन्दी साहित्य की निधि है।

प्रथम पुण्यतिथि के अवसर पर गोपालगंज जिला के वैकुण्ठपुर प्रखण्ड के जन्मभूमि-निवासी हम कृतज्ञगण कवि विपिनबिहारी सिंह 'वैकुण्ठपुरी' के स्वर में स्वर मिलाते हुए इतना ही कह सकते हैं कि :

"बिलखत अँखीयन से छलकेला, उमड़-मउड़ के लोर।
डूबले सुरुज साहित्य गगन के, कइसे होई अँजोर॥

बिहँसत फूल धरती मइयाके, तू अनमोल धरोहर।
सुरसती के हृदय-हार, तू गमकत चमकत मोहर॥

दया-मया ना तनीको ओकरा, लूटलख पापी चोर।
डूबले सुरुज साहित्य गगन के, कइसे होई अँजोर॥

केकरा पर हम नाज करब, केकरा पर शान बघारेब।
हम बैकुण्ठ के धूरा-माटी, आरती केकर उतारब॥

राही के के राह बताई, गेआन के बार अँजोर।
डूबले सुरुज साहित्य गगन के, कइसे होई अँजोर॥

चमकत-गमकत मुसुकत चेहरा, गोरा रंग छबिला।
शांति-सरूप-सपूत माई के, झलकत बदन रोबिला ।।

पान सरीखा पावर ओठवा, नाक सुग्गा के ठोर।
डूबले सुरुज साहित्य गगन के, कइसे होई अँजोर ।।

पसरत-सँसरत कोना-कोना, लाल सुरुज के लाली।
जिया-जुही के फूल रोप के, सपना भइले माली ।।

बिना बदरीया कइसे नाची, चंचल मनवाँ मोर।
डूबले सुरुज साहित्य गगन के, कइसे होई अँजोर ।।

सिन्धु-सीपी में मिले मोती, मिले गुदरी में लाल।
कीरती-काव्य-कुसम अमर सब, का हम लिखीं कमाल।

निरखीं नयन घुमा के सगरो, मिले ना कत ही छोर।
डूबले सुरुज साहित्य गगन के, कइसे होई अँजोर ।।

सरधा-सुमन भरल अँजुरी में, देवता ऊपर चढ़ाईं।
चरण-कमल में साँझ सबेरे, आपन सिर नवाईं ।।

लाख-लाख 'बैकुण्ठपुरी' के विनती बा करजोर।
डूबले सुरुज साहित्य गगन के, कइसे होई अँजोर ।।"

खण्ड : दो

कृतित्व

बहुश्रुत चिन्तक एवं मौलिक रचनाकार आचार्य देवेन्द्रनाथ शर्मा

विजयेन्द्र स्नातक

वैदुष्य, वैदग्ध्य, वाणी और विनय का सौन्दर्य यदि कहीं समवेत रूप में देखने को मिलता है तो वह स्वरूप आचार्य देवेन्द्रनाथ शर्मा का था। आज वह स्वरूप हमारे नेत्रों से ओझल अवश्य हो गया है किन्तु उनकी सूक्ष्म, सुन्दर अभिराम छवि सदैव हमारे अन्तरमन में घूमती रहती है। जब तक उनका साहित्यिक कृतित्व और सांस्कृतिक प्रदेय हमें ज्ञान की आलोक किरणों का प्रकाश देता रहेगा तब तक आचार्य शर्मा विद्वत्-समाज में अपने यशः-शरीर से जीवित बने रहेंगे। एक सौम्य, सुसंस्कृत साहित्यकार के रूप में आज भी वे अपनी साहित्यिक काया से मनस्वियों के मध्य पांडित्य की जीवंत प्रतिमूर्ति के रूप में जगमगा रहे हैं।

आचार्य देवेन्द्रनाथ शर्मा का साहित्य क्षेत्र में प्रवेश तो विद्यार्थी जीवन से ही हो गया था। संस्कृत साहित्य में प्रवेश उन्होंने अपनी पैतृक परम्परा से किया था। विद्यार्थी जीवन में उनकी रुचि शब्दार्थ विवेचन की ओर जाने लगी थी। ज्यों-ज्यों अध्ययन का क्षेत्र विस्तृत होता गया त्यों-त्यों उन्होंने रचनात्मक साहित्य की ओर ध्यान देना प्रारंभ किया। शास्त्र निरूपण में उनकी पद्धति काव्य-साहित्य के स्रोतों और उनके विकास की श्रेणियों के उद्घाटन की ओर जाने लगी थी। अपने साहित्य चिन्तन में उन्होंने स्वातंत्र्य की रक्षा करते हुए भी शास्त्रानुमोदन को नहीं छोड़ा था। उनकी साहित्यिक प्रेरणा का स्रोत तो उनके परिवार का परिवेश ही था इसलिए उन्होंने संस्कृत साहित्य में अधिक रुचि प्रदर्शित की। बाद में उनका ध्यान संस्कृत के दार्शनिक पक्ष की ओर गया। अद्वैत वेदान्त, सांख्य, न्याय और योगदर्शन के सैद्धान्तिक पक्ष का भी उन्होंने अध्ययन किया। भाषाशास्त्र के सिद्धान्तों के अध्ययन में पाणिनि, पंतजलि, भर्तृहरि एवं नागेशभट्ट आदि के ग्रन्थों का भी उन्होंने विधिवत अनुशीलन किया था और यही कारण है कि उनके भाषाशास्त्र के ग्रन्थों में भारतीय वैयाकरणों का प्रभाव स्पष्ट लक्षित होता

है। किन्तु इस आधार पर उन्हें केवल भाषाशास्त्री या भाषाविज्ञानी पंडित मानने से उनके कृतित्व का सम्यक् बोध नहीं होता। यद्यपि यह सही है, कि वे भाषा-विज्ञान के गंभीर अध्येता ही नहीं वरन् स्पष्ट व्याख्याता भी थे।

आचार्य देवेन्द्रनाथ शर्मा के साहित्य पर विचार करते समय यह बात चकित करने वाली है कि उन्होंने अपने को काव्यशास्त्र या भाषाशास्त्र तथा सौन्दर्यशास्त्र तक ही सीमित न रखकर स्वयं रचनाकार के रूप में निबंध के माध्यम से प्रवेश किया था। उनका पहला निबंध संग्रह 'खट्ठा-मीठा' शीर्षक से सन् 1950 में प्रकाशित हुआ था। उसके बाद 'आईना बोल उठा' का प्रकाशन 14 वर्ष बाद हुआ और तीसरा निबंध संग्रह 'प्रणाम की प्रदर्शनी में' 16 वर्ष बाद प्रकाशित हुआ। यह ठीक है कि इन तीनों निबंध संग्रहों में लम्बा अन्तराल है किन्तु ध्यान देने की बात यह है कि पहले निबंध संग्रह से लेकर अंतिम निबंध संग्रह तक उनकी साहित्यिक तथा सांस्कृतिक मान्यताओं में परिष्कार तो अवश्य हुआ किन्तु मौलिक परिवर्तन नहीं। इस बीच में शर्माजी ने अभिनेय एकांकियों का सृजन भी किया। इनमें से कुछ एकांकी रेडियो से प्रसारित हुए और कुछ का सफलतापूर्वक मंचन भी हुआ। पहला एकांकी संग्रह 'पारिजात मंजरी' सन् 1949 में प्रकाशित हुआ था। उसके बाद 'बिखरी स्मृतियाँ' तथा 'शाहजहाँ के आँसू' शीर्षक से दो नाट्य कृतियाँ प्रकाशित हुईं। शर्माजी की रुचि अंग्रेजी की स्तरीय पुस्तकों के अनुवाद की ओर भी गई और उन्होंने कई स्तरीय पुस्तकों के साथ चेखव की कहानियों का भी बहुत सुन्दर अनुवाद किया। शर्माजी कुशल संपादक भी थे। उनके द्वारा संपादित पुस्तकों में 'साहित्यिक निबंधावली' को अच्छा सम्मान प्राप्त हुआ था। यदि समग्र रूप में आचार्य शर्मा के कृतित्व का मूल्यांकन किया जाए तो हम पाएँगे उनके निबन्धों में रोचकता, सांस्कृतिक अस्मिता, राष्ट्रीय विचारधारा का ऐसा सम्मिश्रण है जो आधुनिक निबंधों में परिलक्षित नहीं होता है। यह खेद का विषय है कि उच्च कोटि के साहित्यिक निबंधकार आचार्य शर्मा का स्थान अद्यावधि हिन्दी के निबंधकारों में स्थापित नहीं हो सका है। आचार्य शर्मा ने साहित्यिक निबंधों के साथ उच्च कोटि के ललित निबंध भी लिखे। उनकी ओर भी समीक्षकों का ध्यान नहीं गया। जिसको आज कल व्यक्तिगत निबंध कहते हैं अर्थात् (पर्सनल एसे), इनका पूरा संकेत आचार्य शर्मा के निबंधों में विद्यमान है। उनके निबंधों, एकांकियों, आलोचनाओं में जैसी स्पष्टता और सम्प्रेषणीयता है वैसी बहुत कम लेखकों में उपलब्ध होती है। यदि उनके निबंधों की रचना-प्रक्रिया का विधिवत अध्ययन किया जाए तो हम पाएँगे कि उनके निबंध सांस्कृतिक, साहित्यिक, सामाजिक, मनोवैज्ञानिक दृष्टि से अति गंभीर और प्रशंसनीय हैं। इन निबंधों में आधुनिकता का समावेश पाकर हम उनकी चिन्तन प्रकृति को समझ सकते हैं।

जो व्यक्ति आधुनिक युग में जी रहा है वह केवल पुरातन संस्कारों की बात

करता रहे तो हम उसे रूढ़िवादी ही कह सकते हैं किन्तु शर्माजी के लेखन में किसी भी संकीर्णता या रूढ़िवादिता के दर्शन नहीं होते है। उनकी रचनाओं में अंधानुकरण नहीं है और न ही पिष्टपेषण । इस दृष्टि से हम उनके निबंधों को विचार के स्तर पर मौलिक पाते हैं। 'युगबोध और वर्तमान की चिन्ता' उनके निबंधों में स्पष्ट झलकती है। अनुभूति की उष्णता और प्रामाणिकता भी उनके निबंधों में लक्षित की जा सकती है। निबंधों में व्यंग्यात्मकता भी मिलती है और नाटकीयता भी। ये दोनों गुण निबंध को सम्प्रेषणीय बनाकर पठनीय बना देते हैं। रसानुभूति के धरातल पर भी शर्माजी का लेखन बहुत रोचक और आह्लादक है। बिम्ब और प्रतीक की सृष्टि करके उनकी कृतियाँ कथन भंगिमा को संवेदनीय बना देने में समर्थ हैं। समाज और साहित्य के अनन्य सम्बंध को स्वीकार करते हुए उन्होंने व्यष्टिपरक आनंदोद्गार मानकर रचना नहीं की, जीवन की विभीषकाओं से चुनौती लेते हुए उन्होंने एक संतुलित दृष्टि की स्थापना की है। आचार्य शर्मा की मान्यता है कि साहित्य को समाजधर्मी ही होना चाहिए केवल स्वान्तः सुखाय रचना को उन्होंने वरेण्य नहीं माना है।

शर्माजी के एकांकी-साहित्य में तीन कृतियों का नाम लिया जाता है 'पारिजात मंजरी', 'बिखरी स्मृतियाँ' तथा 'शाहजहाँ के आँसू'। ऐतिहासिक एवं पौराणिक एकांकियों में शर्माजी ने मानवीय तत्व को सर्वोपरि स्थान दिया है। लघु घटनाओं के आधार पर कौतूहल और उत्सुकता जगाने की कला इन एकांकियों में विशेष लक्षित होती हैं। ध्यान रखने की बात यह है कि शर्माजी का ध्यान जीवन मूल्यों की उपेक्षा करके कहीं भी नहीं चला है। विघटित होते हुए नैतिक मूल्यों को पुनः स्थापित करने का भी उन्होंने पूरा-पूरा ध्यान रखा है। कम से कम पात्रों के द्वारा कथावस्तु को प्रस्तुत करने की कला में भी आचार्य शर्मा के नाटक उल्लेखनीय हैं। चरित्र-चित्रण की सघनता दर्शक या पाठक के कौतूहल की उत्कटता और कथावस्तु के गठन पर पूरा ध्यान रखना इनके एकांकियों की विशेषता कही जा सकती है।

आचार्य शर्मा हिन्दी समालोचना के क्षेत्र में आलोचक के रूप में एक समादृत व्यक्ति हैं। साहित्यालोचन की जो परम्परा हिन्दी साहित्य में प्रारंभ हुई उससे भली-भाँति परिचित होने पर भी आचार्य शर्मा ने उसका अनुकरण नहीं किया वरन् पाश्चात्य साहित्यशास्त्र के गहन अध्ययन के बाद भारतीय काव्य सिद्धान्तों की पारस्परिकता पर पहली बार विचार-विमर्श प्रस्तुत किया। आचार्य रामचन्द्र शुक्ल, श्याम सुन्दर दास, नन्ददुलारे वाजपेयी, बाबू गुलाबराय, आदि आलोचकों ने जिस रूप में हिन्दी आलोचना को प्रस्तुत किया उसके स्वरूप विकास में आचार्य शर्मा का योगदान उल्लेखनीय है। समीक्षा के दोनों रूपों में सैद्धान्तिक समीक्षा तथा व्यावहारिक समीक्षा पर उनका ध्यान गया था। आचार्य हजारीप्रसाद

द्विवेदी ने मूलत: सांस्कृतिक मानवतावादी दृष्टि से अपनी स्थापनायें प्रस्तुत कीं, कुछ प्रगतिवादी आलोचकों ने फ्रायड, एडलर, युंग, आदि पाश्चात्य मनोविश्लेषणवादी विचारकों द्वारा स्थापित सिद्धान्तों पर आलोचनाएँ लिखीं। किन्तु आचार्य शर्मा ने फ्रायड आदि को अपना पथप्रदर्शक नहीं माना। उनके सामने भारतीय काव्यशास्त्री भरत मुनि से लेकर पंडितराज जगन्नाथ तक की सम्पूर्ण परम्परा बनी रही जिसके फलस्वरूप उन्होंने काव्यशास्त्र विषयक जो ग्रन्थ लिखे उनमें कहीं भी भारतीय चिन्तन की उपेक्षा नहीं हुई है। सौष्ठववादी आलोचकों ने कुछ नवीन प्रयोग किए थे किन्तु आचार्य शर्मा ने उनको भी यथावत् स्वीकार नहीं किया।

राष्ट्रभाषा हिन्दी की समस्या भी उनके सामने बहुत उग्र रूप में उठ खड़ी हुई थी केवल आन्दोलनात्मक स्वर में राष्ट्रभाषा की बात करने वाले हिन्दी प्रचारकों से उनका मेल नहीं खाता था। राष्ट्रभाषा हिन्दी के सम्बंध में उन्होंने जो पुस्तक लिखी है वैसी पुस्तक हिन्दी में दूसरी नहीं है। हिन्दी की समस्या के समाधान के लिए उस पुस्तक का पढ़ना बहुत आवश्यक है। हिन्दी के सम्बंध में उनके विचार प्रामाणिक, ग्राह्य और स्वीकार करने योग्य लगते हैं। आचार्य शर्मा ने सैद्धान्तिक आलोचना के साथ कुछ व्यावहारिक आलोचना के ग्रन्थ भी लिखे हैं, जिनमें 'ब्रजभाषा की विभूतियाँ' एवं 'हिन्दी कवियों का मूल्यांकन' उल्लेखनीय हैं। इन दोनों व्यावहारिक आलोचना की कृतियों की ओर पाठक का ध्यान नहीं गया है। आचार्य शर्मा की व्यावहारिक समीक्षा उनकी ईमानदारी और सत्यनिष्ठा की द्योतक है। स्तुतिपरक या निंदापरक बातें लिखकर उन्होंने अपनी व्यावहारिक समीक्षा को कलुषित नहीं होने दिया है। व्यावहारिक समीक्षा में प्राय: स्तुति या निन्दा हो जाती है। आचार्य रामचन्द्र शुक्ल जैसे वरिष्ठ आलोचक में भी यह त्रुटि देखी जा सकती है। किन्तु शर्माजी ने बड़ी सावधानी से इन त्रुटियों से अपने को दूर रखा है। आचार्य शर्माजी द्वारा लिखित काव्यशास्त्र से संबंधित पुस्तकें हैं— 'काव्य के तत्व' 'काव्यालंकार', 'अलंकार मुक्तावली' आदि।

अंग्रेजी के कई बहुचर्चित ग्रन्थों का उन्होंने हिन्दी में सारतत्व देकर हिन्दी पाठक को अंग्रेजी साहित्य से परिचित कराने में बहुत बड़ा योगदान दिया है। आचार्य शर्मा जैसा अधिकारी विद्वान ही यह कार्य कर सकता था अत: उनका प्रदेय केवल मौलिक रचना तथा भाषा-विज्ञान तक सीमित न होकर भारतीय काव्यशास्त्र तथा पाश्चात्य काव्यशास्त्र तक फैला हुआ है। आचार्य शर्मा के कृतित्व का सम्यक् आकलन करने के लिए उनके लेखन के विस्तृत आयाम पर विचार करना आवश्यक है। प्राय: विश्वविद्यालयों में उन्हें भाषाविज्ञान का पंडित तथा काव्यशास्त्रीय पंडित माना जाता है इसलिए उनके कृतित्व का सम्यक्

अध्ययन-मनन नहीं हो पाता है ।

शर्माजी तो आज नहीं है किन्तु उनका विपुल साहित्य हमारे पास है जो आगे आने वाली पीढ़ियों का भी पथदर्शन करता रहेगा। पार्थिव शरीर तो क्षरणशील होता है किन्तु शब्द आकाश में व्याप्त रहने वाला अमर तत्व है। जब तक शर्माजी का शब्द जीवित है शर्माजी हमारे बीच अमर रहेंगे।

रचनाधर्मिता की व्यापक अभिव्यक्ति : आचार्य देवेन्द्रनाथ शर्मा

कृष्णकान्त चतुर्वेदी

सुप्रसिद्ध काव्य-शास्त्री राजशेखर ने काव्यमीमांसा में कारयित्री और भावयित्री प्रतिभा से सम्बन्धित विचार प्रस्तुत किया है। उसमें अनेक मत-मतान्तरों में कालिदास के नाम से एक मत देते हुए कहा "न इति कालिदासः। पृथगेव हि कवित्वाद्भावकत्त्वं, भावकत्वाच्च कवित्वम् स्वरूपभेदाद्विषयभेदाच्च।" (का० मी०, पृ० 32) किन्तु इसके उदाहरण में जिस पद्य को उद्धृत किया गया उसमें कहा गया कि 'कल्याणी ते मतिरुभयथा विस्मयं नस्तनोति।' का० मी०, पृ० 33 इस कथन में किसी ऐसे महान प्रतिभा के धनी आचार्य के व्यक्तित्व के आकलन की सम्भावना की गई है जिसमें कारयित्री और भावयित्री दोनों प्रकार की प्रतिभा भरपूर हो। आचार्य देवेन्द्रनाथ शर्मा ऐसे ही मनीषी चिन्तकों और रचनाधर्मियों में से अद्वितीय व्यक्तित्व हैं जिनकी रचनाओं में एक व्यक्ति की प्रतिभा के बहुविध विकास और परिपाक को देखा जा सकता है।

हिन्दी साहित्य में सृजन और समीक्षा की कोई भी विधा नहीं बची जिसे उन्होंने सम्पन्न न किया हो। उनकी रचनात्मक गतिशीलता पर दृष्टि डालते ही यह विविधता स्पष्ट हो जाती है। उनकी पहली पुस्तक अलंकार मुक्तावली का प्रकाशन 1948 में हुआ तो उसी के साथ इसी वर्ष साहित्यिक-निबन्धावली भी आई तथा पारिजात मंजरी एकांकी संग्रह 1949 में प्रकाशित हुआ। इस प्रकार आरम्भ से ही एक साथ अनेक क्षेत्रों में उनकी शक्ति और प्रवृत्ति दृष्टिगोचर होती है।

उनकी एक अन्य विलक्षणता प्रतिभा की निरन्तर सक्रियता रही है। 1948 से प्रारंभ करके जीवन के अन्त तक वे निरन्तर अभिव्यक्तिशील बने रहे। 1948 में पुस्तक प्रकाशित होने का अर्थ है कि उससे कुछ वर्ष पूर्व से ही लेखन की सक्रियता आरम्भ हुई होगी। इस प्रकार उन्होंने अपने स्थापित रचनाधर्मी की

लगभग षष्टिपूर्ति कर ली। इतने लम्बे अन्तराल में उन्होंने पत्र-पत्रिकाओं के सम्पादन अन्य ग्रन्थों के सम्पादन, अनुवाद, ललित निबन्ध, एकांकी, समालोचनात्मक ग्रन्थ, भाषावैज्ञानिक और काव्यशास्त्रीय ग्रन्थों की जो रचनाएँ प्रस्तुत कीं उनकी संख्या लगभग तीस है।

इन सभी कृतियों से उनके व्यक्तित्व के अनेक पक्ष आविर्भूत होते हैं, जो यह प्रमाणित करते हैं, कि उनके व्यक्तित्व में कितनी अनन्त सम्भावनाएँ छिपी थीं। सम्पादक के नाते उन्होंने दृष्टिकोण, समीक्षा और नया आलोचक आदि पत्रिकाओं का प्रकाशन किया। इन पत्रों में उनके सम्पादकीय आलेख एवं टिप्पणियाँ उनके समीक्षक व्यक्तित्व को सम्पादकीय सामर्थ्य के साथ उजागर करती हैं। इसके अतिरिक्त साहित्यिक निबन्धावली (1948), छायावाद और प्रगतिवाद (1950), रिचर्ड्स के आलोचना सिद्धान्त (1965), हिन्दी साहित्य का वृहत् इतिहास—भक्ति काल (सगुण-भक्ति), अमर भारती (1967), उपन्यास का शिल्प (1973) और शैली (1973) आदि का भी सम्पादन उन्होंने किया। इन सम्पादित कृतियों से यह सर्वथा सुस्पष्ट है कि उन्होंने साहित्यिक इतिहास के साथ-साथ साहित्यिक समीक्षा के सिद्धान्तों पर पुनः-पुनः विचार किया तथा उनकी तात्विक मान्यताओं को स्थिर किया। सम्पादक के रूप में उन्होंने एक ओर भक्तिकाल (सगुण भक्ति) का मार्मिक प्रतिपादन किया तो दूसरी ओर आधुनिक समीक्षा के प्रथम कोटि के शलाका पुरुष रिचर्ड्स के आलोचना सिद्धान्त और शैली को भी उसी असाधारण क्षमता और तीक्ष्ण शास्त्रीय दृष्टि के साथ प्रस्तुत किया।

यद्यपि मौलिक लेखन को प्रायः अधिक महत्त्व दिया जाता है किन्तु अनुवाद का कार्य उससे कहीं अधिक कठिन एवं दुरूह है। भाषान्तरण मात्र, अनुवाद नहीं होता। मूल की अन्तरात्मा, भाव-सम्पदा अवतरित करने जैसा अनुकरणीय एवं प्रशंसनीय प्रयास आचार्य शर्मा ने किया है। एवरेस्ट का आरोहण (1955), मनोविश्लेषण और साहित्यालोचन (1969) का अंग्रेजी से तथा लाटरी का टिकट का सीधे रूसी भाषा से हिन्दी अनुवाद किया गया है। इस रचना के माध्यम से उनके रूसी भाषा के गहन ज्ञान का भी अनुमान होता है। उसे हिन्दी में जिस कुशलता और सहज-प्रवाह के साथ प्रस्तुत किया गया है वह एक आदर्श स्थापित करता है।

एक युग था जब ललित-निबन्धों को हिन्दी में साहित्यिक विधा की मान्यता और प्रतिष्ठा प्राप्त नहीं हुई थी। अन्य भाषाओं में—बंगला, गुजराती और मलयालम— में इसका विकास अवश्य हो चला था। इस कमी को पूरा करने के लिए हिन्दी के जिन विद्वानों ने ललित-निबन्ध विधा को प्राण दिए उनमें मुख्य-रूप से आचार्य हजारी प्रसाद द्विवेदी और आचार्य देवेन्द्रनाथ शर्मा उल्लेखनीय हैं।

आचार्य शर्मा ने उन्नीस सौ पचास से उन्नीस सौ अस्सी तक निरन्तर ललित निबन्धों का प्रणयन किया। खट्टा-मीठा (1950), आईना बोल उठा (1964), प्रणाम की प्रदर्शनी में (1980) उनके ललित निबन्ध के संग्रह हैं। इन संग्रहों में उन्होंने जीवन के विभिन्न क्षेत्रों से पात्र और घटनाएँ चुनीं तथा उनमें अपनी कल्पना से अनेक इन्द्रधनुषी रंग भरे। भाषा का जो सौष्ठव उनके पास था वह एक नए स्वर और नए परिवेश में इन ग्रन्थों में उपस्थित हुआ। उनसे प्रभावित होकर फिर तो इस प्रकार के निबन्धों की लेखन परम्परा विकसित हो गई।

अभिव्यक्ति में वाचिक का स्थान सर्वोपरि है। अभिनय में भी वाचिक अभिनय प्रमुख है। आचार्य शर्मा भाषा की शक्ति और शक्ति के प्रस्फुटन के सभी रूपों से भली भाँति परिचित थे। अतः स्वाभाविक रूप से उनका ध्यान एकांकी की ओर जाना ही चाहिए था। उन्होंने पारिजात मंजरी (1949), बिखरी स्मृतियाँ (1958), शाहजहाँ के आँसू (1964), मेरे श्रेष्ठ एकांकी (1990) नामक एकांकी संग्रह प्रकाशित किए। इन एकांकियों में पुराकथा आख्यान से लेकर अधुनातन संवेदनाओं, संवेगों और अनुभूतियों को उन्होंने स्थान दिया है। ये कृतियाँ उनकी नाट्य लेखन की क्षमता के साथ साहित्यिक रचनाधर्मिता से भी प्रत्यक्षतः जुड़ी हुई हैं। हिन्दी में एकांकी नाटकों के विकास में इन एकांकियों का बहुमूल्य स्थान है।

आचार्य शर्मा के व्यक्तित्व के ताने-बाने में सबसे प्रभावी और प्रभविष्णु सूत्र उनकी समीक्षक प्रतिभा है। किसी भी विषय पर वे गम्भीरता और स्थिरता के साथ विश्लेषण करते हैं। परिणामतः उनकी कृतियों में संख्या, प्रकार और गम्भीरता की दृष्टि से समालोचनात्मक रचनाएँ सर्वाधिक चर्चित हैं। समालोचनात्मक कृतियों में साहित्य-समीक्षा (1951), हिन्दी कवियों का मूल्यांकन (1952) की गणना विशेष आदर के साथ हुई है, एक कृति में साहित्यिक-समीक्षा के मान-दण्डों और निकष का निर्धारण है, दूसरे में उसके आधार पर कवियों की समीक्षा है। इन दोनों ग्रन्थों की शैली प्रसाद गुण सम्पन्न और अभिव्यक्तिक्षम है। उनकी अन्तर्दृष्टि भी यहाँ सहज रूप से प्राप्त होती है।

समीक्षा के क्षेत्र में भी आचार्य शर्मा ने अपने चिन्तन को व्यक्त करने के लिए द्विविध मार्ग अपनाया। एक में स्वतन्त्र रूप से समीक्षा के तत्त्व और उनके आधार पर विवेचन किया है, दूसरे में संस्कृत साहित्य शास्त्र के महान्, व्यापक, विशद और गम्भीर दाय को आत्मसात कर काव्यशास्त्रीय परम्परा को आगे बढ़ाया है। इस दृष्टि से उन्होंने अलंकार मुक्तावली (1948) एवं भामहकृत काव्यालंकार का हिन्दी भाष्य (1962) की रचना की। अलंकार मुक्तावली में अलंकारशास्त्र तथा अलंकारों की व्याख्या है। यह उनके प्राध्यापकीय जीवन की प्रारंभिक रचना है। हिन्दी-साहित्य, भाषाविज्ञान के क्षेत्र को अपने

जीवन की रचनात्मक यात्रा का आधार बनाने के बाद भी पहली कृति के रूप में अलंकार मुक्तावली की रचना स्पष्टीकरण की अपेक्षा रखती है। आचार्य शर्मा की पारिवारिक परम्परा विशेष रूप से उनके पितृचरण की ज्ञान-राशि बहुत कुछ मात्रा में उनमें संक्रमित हुई है। वे व्याकरण, काव्य-शास्त्र, साहित्य, दर्शन आदि प्राच्य विषयों के पारम्परिक विद्वानों में अग्रगण्य थे। उन्होंने बाल्यावस्था से ही आचार्य शर्मा में अपना ज्ञान, एक दीपक से प्रज्वलित होने वाले दूसरे दीपक की भाँति, प्रवर्तित किया था। साथ ही आश्चर्यजनक रूप से उन्हें आधुनिक बोध से भी संवलित किया था। उनके व्यक्तित्व की संरचना में यह भाग सर्वाधिक महत्त्वपूर्ण था। सम्भवत: इसीलिए उन्होंने संस्कृत भाषा और अलंकार शास्त्र को अपनी बौद्धिक सक्रियता का सर्वप्रथम आधार बनाया।

उनकी दूसरी कृति, जिसे उन्होंने 'प्रमुख और प्रारम्भकर्त्ता काव्य-शास्त्री की कृति का भाष्य' कहा है भामहविरचित काव्यालंकार का भाष्य है। भाष्यकर्ताओं में प्रमुख नाम 'महाभाष्यकार पतंजलि तथा शारीरक सूत्र भाष्यकार शंकराचार्य का आता है। उन ग्रन्थों की गरिमा और व्याख्या-शैली का अनुकरण करतेहुए इस ग्रन्थ का प्रणयन हुआ है। आचार्य भामह संस्कृत के न केवल प्रथम साहित्य-शास्त्र रचनाकर्त्ता हैं अपितु उनकी बौद्धिक उत्क्रांति ने पारम्परिक वैचारिक सीमाओं को पार कर लिया था। परिणामत: उन्हें बौद्ध-मतानुयायी काव्य-शास्त्री विचारक माना गया। यह ऐसी रचना है जिसे संस्कृत साहित्यशास्त्र में दण्डी के काव्यादर्श से भी उच्च स्थान प्राप्त है। परन्तु इस पर बौद्ध धर्म की छाप प्रचारित रूप से सिद्ध किए जाने से यह केवल संस्कृतज्ञों में भी, कुछ लोगों की निधि बन कर रह गई थी। इस बाधा को न केवल आचार्य शर्मा ने दूर किया अपितु अपने सुदीर्घ काव्यशास्त्रीय चिन्तन के पारम्परिक रूप को नए भाषा प्रतिमानों और वैचारिक बिम्बों के माध्यम से व्यक्त किया। भामह के विचारों को सर्वजनसुलभ बनाने में इस ग्रन्थ का अद्वितीय योगदान है। आज यह न केवल संस्कृत आचार्यों का कण्ठहार है अपितु हिन्दी के सुधी-विद्वानों के लिए भी दीपस्तम्भ का कार्य कर रहा है। इस ग्रन्थ में संस्कृत के मूल की प्रतिध्वनि के समान प्रत्येक शब्द और उसकी व्याख्या तथा सम्पूर्ण विचार की अभिव्यक्ति हुई है।

काव्य-शास्त्र के क्षेत्र की दो अन्य कृतियाँ काव्य के उपादान (1981) और बाद में अत्यन्त प्रौढ़ि के साथ लिखी हुई पुस्तक पाश्चात्य काव्यशास्त्र (1984) है। काव्य के उपादान में काव्य-रचनाधर्मिता के आधारभूत तत्त्व विवेचित हुए हैं। काव्य-रचना के उपकरण अथवा उपादानों पर यह अपने ढंग की अनूठी पुस्तक है। पाश्चात्य काव्यशास्त्र का लेखन जिस समय चल रहा था तब इस लेखक को उनसे इस पर विचार विमर्श करने का अवसर मिला था। उन्होंने इसके लेखन की आवश्यकता पर स्वयं प्रकाश डालते हुए कहा था कि "पाश्चात्य

काव्यशास्त्र के संदर्भ में हिन्दी और कतिपय संस्कृत के विद्वानों में अनेक तत्त्वों के स्वरूप-निरूपण में अस्पष्टता और दिग्भ्रम है। अतः यह लिखना अनिवार्य हो गया।" वस्तुतः यह एक तथ्य ही है। क्रोचे और लोंगिनुस के विचारों को बड़े संरम्भ के साथ जिन विद्वानों ने प्रस्तुत किया उन्होंने अनेक प्रकार की भ्रांतियाँ और विद्रूपता उपस्थित कर दी थी। "पाश्चात्य काव्यशास्त्र" पूर्णतः सुस्पष्ट मूलानुगामी पाश्चात्य काव्य-तत्त्व सम्बन्धी चिन्तन है। वैसे उन्होंने रिचर्ड्स के आलोचना सिद्धान्त (1968) का सम्पादन करके पौरस्त्य के साथ-साथ पाश्चात्य काव्यशास्त्र का गम्भीर अध्ययन और विवेचन बहुत पहले ही प्रारम्भ कर दिया था। चिन्तक के रूप में यह ग्रन्थ उनकी विवेचना का परिपाक प्रस्तुत करता है। इसमें पाश्चात्य विचार पद्धति को प्रामाणिक रूप से प्रस्तुत किया गया है। साथ ही भारतीय विचारों को भी कहीं प्रत्यक्ष और कहीं परोक्ष रूप से रखा गया है। इसमें कोई सन्देह नहीं कि काव्यशास्त्रीय ग्रन्थलेखन के क्रम में उनके योगदान को सभी ने सराहा है।

उनके बहुआयामीव्यक्तित्व का एक और सशक्त परिपार्श्व उनका वैयाकरण और भाषाशात्री होना है। उनके वार्तालाप में भी भाषा के प्रयोग की मधुर, स्पष्ट और शास्त्रीय परम्परा का सहज ही अनुभव किया जा सकता था। उनके भाषा-वैज्ञानिक ग्रन्थों में राष्ट्रभाषा हिन्दी: समस्या और समाधान (1965), भाषाविज्ञान की भूमिका (1966), हिन्दी भाषा और नागरी लिपि (1972) की गणना है। राष्ट्र-भाषा के रूप में हिन्दी की अनेक समस्याएँ स्वतन्त्रता प्राप्ति के बाद से विद्यमान रही हैं। भाषावार प्रान्त-रचना से उत्पन्न विसंगतियों ने इसे और अधिक उलझा दिया है। अतः राष्ट्रभाषा से सम्बन्धित अनेक समस्याओं का उदित होना स्वाभाविक ही है। उन पर संकलित विचार आचार्य शर्मा ने किया। वैसे, अन्य लोगों ने भी समस्याओं पर विचार किया था किन्तु उनके समाधान को प्रस्तुत करना कठिन कार्य मानकर केवल पूर्वपक्ष ही उपस्थित किया तथा उत्तरपक्ष अधूरा ही रह गया। किन्तु आचार्य शर्मा ने समाधान को भी अपनी कृति में सम्मिलित करने का साहसिक, वैदुष्यपूर्ण एवं व्यापक अनुभवों से सम्पन्न प्रयास सफलतापूर्वक किया है। इसी भाँति हिन्दी भाषा और नागरी लिपि भी इसी मानक के अनुरूप नए क्षेत्र में उनकी प्रतिभा का सन्निवेश करने वाली कृति है। लिपि ही भाषाओं की विविधता को एक सूत्र में पिरोने का कार्य कर सकती है। हिन्दी-भाषा और नागरी लिपि में इन सभी तथ्यों का तर्क-संगत निरूपण है।

उनकी भाषा-विज्ञान से सम्बन्धित अन्य महत्त्वपूर्ण कृति भाषा-विज्ञान की भूमिका (1966) है। यद्यपि पाश्चात्य जगत में भाषा-विज्ञान सम्बन्धी चिन्तन उन्नीसवीं शताब्दी के अन्तिम चरण में प्रारम्भ हो गया था परन्तु हिन्दी माध्यम में उन विचारों का आना विलम्ब से प्रारम्भ हुआ। जिन आचार्यों ने प्रारम्भिक दौर

में भाषा-शास्त्र पर लिखा उन पर सस्कृत भाषाधारित भाषा-विज्ञान प्रभावी था, जैसे डा० बाबूराम सक्सेना, डा० मंगलदेव शास्त्री आदि। अथवा पाठ्य-पुस्तकीय शैली में डा० भोलानाथ तिवारी की पुस्तक आई। कुछ ने मूलतः हिन्दी अथवा किसी क्षेत्रीय भाषा को केन्द्र में रखकर ग्रन्थरचना की जैसे डा० उदयनारायण तिवारी। आंग्ल-भाषा में डा० सुनीति कुमार चाटुर्ज्या तथा डा० पी० डी० गुणे की कृतियाँ अवश्य मानक के रूप में थीं। साथ ही पाणिनि से पाश्चात्य जगत का परिचय होने के बाद विश्व के भाषा-चिन्तन में एक नया परिवर्तन आया। जैसे नव्य-न्याय और नव्य व्याकरण ने बाहर अनेक प्रकार की नई दृष्टिसम्पन्न चिन्तन-धाराओं को जन्म दिया। इस पृष्ठ-भूमि में जब भाषाविज्ञान की भूमिका पर विचार करते हैं तो उसका वैशिष्ट्य अपने आप स्पष्ट हो जाता है। इसमें तब तक उपलब्ध भाषा-शास्त्रीय सभी विचार और सभी महत्त्वपूर्ण विषय सम्यग् रीति से संग्रथित हैं। यही कारण है कि हिन्दी के बहुत व्यापक वर्ग के अध्येताओं के लिए यह रचना बहुत उपयोगी एवं संग्राह्य है। इसमें भी आचार्य शर्मा ने अपनी मौलिक स्थापनाओं को यथास्थान सन्निवेशित किया है। न केवल हिन्दी जगत में अपितु अन्य अनेक प्राचीन और नवीन भाषाओं के विद्वानों के बीच भी इस ग्रन्थ को समादर प्राप्त हुआ है।

इस प्रकार आचार्य देवेन्द्रनाथ शर्मा की सुदीर्घ रचनायात्रा और व्यापक कृतिसंसार का अत्यन्त संक्षिप्त विवरण प्रस्तुत किया गया। इन सभी के समवेत आकलन के आधार पर यदि उनके रचनाधर्मी और वैदुष्य की दृष्टि से सक्रिय व्यक्तित्व को उकेरने का प्रयत्न किया जाय तो जो कुछ उभर कर सामने आता है, उनमें प्रथम है उनकी अत्यन्त व्यापक व्यस्तता के बाद भी जीवन यात्रा समाप्त होने के समय तक निरन्तर सक्रियता। प्रायः यह अनुभव किया गया है कि काल के पादक्षेप के साथ यात्रा करते-करते अनायास समय और व्यक्तित्व दोनों को व्यस्तता रूपी घुन पूरी तरह खा लेता है। उससे उबरना अर्थात् लोकेषणा से उबरना अत्यन्त कष्ट-साध्य कार्य है। अहर्निश कार्य आवृत होने पर भी प्रशासकीय, विश्वविद्यालयीय तथा अन्य सामाजिक-साहित्यिक दायित्वों के प्रति सजग रहने और उनकी बाध्यतापूर्ण अपेक्षाओं को पूरा करने पर भी कोई-कोई विरल। अपने रचना ससार की गतिशीलता को निरन्तर अक्षुण्ण और सक्रिय बनाए रख पाता है। आचार्य शर्मा इसके असाधारण उदाहरण हैं। उनकी लेखनी ने एक बार गति ग्रहण की तो फिर उसमें अनवरत नव-नवता, गहनता, व्यापकता आदि गुण आते चले गए।

उनकी स्पष्टवादिता उनके लेखकीय जीवन का भी प्राण रही है। कभी किसी दबाव अथवा संकोच में अकारण अपने जीवन मूल्यों के साथ न रचनाकर्म के मानकों के साथ उन्होंने कोई समझौता किया। उनकी तेजस्वी मुद्रा और ओजस्वी

आभा सैद्धान्तिक पीठिका के साथ अविचलित भाव से अन्त तक विद्यमान रही।

इसी प्रकार उनमें पारम्परिक गाम्भीर्य के साथ आधुनिकतम बोध का समरस संवादी स्वर निरन्तर मुखर और जीवन संगीत का आजीवन स्थायी स्वर बना रहा। उनके अनुसार इसके मूल में उनके मान्य पितृचरण थे।

उनमें कारयित्री और भावयित्री प्रतिभा का मणिकांचन सहज सम्बन्ध रहा, जिसके परिणामस्वरूप इतने व्यापक क्षेत्र में उनकी प्रतिभा के भास्वर चिह्न शाश्वत काल सीमा के लिए अंकित हो गए। इतनी विविध और व्यापक अभिव्यक्ति निश्चय ही दुर्लभ किन्तु अत्यन्त काम्य एवं अनुकरणीय है। किसी भी व्यक्तित्व के लेखन में इतने रंग, इतनी धाराएँ, इतने प्रकार पाना दुष्कर है।

उन्हें यदि वटवृक्ष के रूप में विस्तृत गगन में अपनी शाखाएँ पसारे असंख्य प्रातिभ रचनाधर्मियों को आश्रय और ताप से बचाकर शीतल छाया देने वाला स्वीकार किया जाए तो अत्युक्ति नहीं होगी। अन्त में यही कहना होगा कि—

जयन्ति ते सुकृतिनः रससिद्धाः कवीश्वराः।
नास्ति येषां यशःकाये जरामरणजं भयम्॥

भाषाधिपति आचार्य देवेन्द्रनाथ शर्मा

शैलेन्द्रनाथ श्रीवास्तव

आचार्य देवेन्द्रनाथ शर्मा हिन्दी के एक विलक्षण गद्यकार थे और विषयानुरूप शैली-प्रयोग में अप्रतिम ! उनका प्रकाशित साहित्य उनके वैदुष्य और उनकी रचनाधर्मिता का लघ्वंश ही है, अतः परिमाण की दृष्टि से उनका लेखन विशेष उल्लेख्य नहीं पर उसकी विशिष्टता उसका वैविध्य है। अपने प्रस्तुति-कौशल के कारण ही वे अपने समकालीनों में ईर्ष्येय पद प्राप्त कर सके। आचार्य शर्मा संस्कृत से हिन्दी में आए थे, उस संस्कृत शिक्षा की प्रक्रिया से होकर, जो महाविद्यालयों या विश्वविद्यालयों की प्रचलित परम्परा से भिन्न थी। संस्कृत का पारम्परिक ज्ञान उन्हें पारिवारिक संदर्भ में मिला, अपने पिता वश्यवाक् पंडित शिवशरण शर्माजी से, जो अंत-अंत तक उनके प्रेरणा-स्रोत बने रहे। संस्कृत शर्माजी के लिए बुद्धि की भाषा नहीं, आत्मा की भाषा बनी और उस 'संस्कृत-संस्कृति' से उनका लेखन सदा प्रभावित रहा। यह संस्कृत-संस्कृति उनके लिए पाण्डित्य-प्रदर्शन का माध्यम ही नहीं, लालित्य-व्यंजना की वाहिका भी बनी। यह संस्कृत उन्हें सदा भाषा-प्रयोग में शुद्धता और परिष्कृति का संस्कार देती रही, शाब्दिक सुनिश्चितता और वाक्यगत रसात्मकता की ओर प्रवृत्त करती रही।

इसी रिक्थ के साथ उन्होंने विविध भाषाओं का अध्ययन किया, कई-कई भाषाओं में लेखन किया और कई कई भाषाओं में भाषण किया। सीखी गई भाषा का शरीर जो भी हो, उसकी आत्मा सदैव सुसंस्कृत रही। इसी को आधार बनाकर उन्होंने अंग्रेजी, रूसी, फ्रांसीसी, जैसी विदेशी भाषाओं और उर्दू, बाङ्ला सदृश भारतीय भाषाओं का ज्ञान प्राप्त किया और जब जहाँ जिसकी जरूरत पड़ी, इसका सार्थक एवं औचित्यपूर्ण प्रयोग किया। वे उन संस्कृतज्ञों में नहीं थे, जिनका पांडित्य उन्हें अन्य भारोपीय भाषाओं से परिचित नहीं होने देता, जिनका दृष्टिकोण आधुनिक भारतीय भाषाओं के प्रति उपेक्षा या उपहास का होता है, या जिनका अहं उन्हें लोकभाषाओं के क्षेत्र में प्रवेश से रोक देता है। संस्कृत का

यह दुर्भाग्य ही कहा जाएगा कि उसने अपने आधुनिक अध्येताओं को आधुनिक दृष्टि नहीं दी, उन्हें नवीनतम की ओर उन्मुख नहीं होने दिया और वे प्राचीनतम के गरिमामय व्यामोह में ही उलझे रहे। इस दृष्टि से आचार्य देवेन्द्रनाथ शर्मा अपवाद थे। उन्होंने अपने संस्कृत-ज्ञान और संस्कृत-संस्कृति को सदैव उपयोगी, सार्थक एवं औचित्यपूर्ण बनाने का प्रयास किया। इसी के सहारे वे काव्यशास्त्र के कान्तार में प्रवेश कर सके, भाषा-विज्ञान की मरुभूमि में विहार कर सके, सामान्य संभाषण को विशिष्ट अभिभाषण बना सके और अपनी शैली को 'क्षणे-क्षणे नवता' से मण्डित कर सके।

उनकी भाषा-शैली का दूसरा नियामक है—उनका प्राध्यापकीय व्यक्तित्व। यदि सफल प्राध्यापन की यह कसौटी हो कि वह छात्र को मित्रवत् विश्वास में लेकर, उसे दुरूह, अपरिचित और अल्प-ज्ञात ज्ञान क्षेत्रों की सानन्द यात्रा करा सके और उसे फिर अकेले आत्मविश्वासपूर्वक, नई राहों और नई मंजिलों की खोज में प्रेरित कर सके, तो आचार्यजी से अधिक सफल अध्यापक हिन्दी में ही नहीं, किसी भी संकाय में, भारतवर्ष में अधिक नहीं हुए होंगे। प्राध्यापक जानता है और मानता है कि जो उसके सामने बैठा हुआ है, वह ज्ञान, अनुभव, वय, सामर्थ्य की दृष्टि से उससे छोटा है, पर उसे सफलतापूर्वक, धीरे-धीरे अपने से बड़ा बनाना है। अत: वह विचारों के वपन, सिंचन, पल्लवन और विस्तार के लिए, कभी-कभी छात्र के स्तर पर उतर कर, और आवश्यकता पड़ने पर कभी-कभी उससे भी नीचे जाकर अपने ज्ञान, अनुभव, प्रत्यय और संशय को उद्‌घाटित करता है। सामने वाले को कुछ नहीं समझना और फिर वह जहाँ है, उसके भी नीचे पहुँचकर उसे समझाना दोनों परस्पर-विरोधी क्रियाएँ हैं और जो इन्हें साध पाता है, वही सफल शिक्षक होता है। आचार्यजी यह कार्य शिक्षण-कक्षा में तो प्रशंसनीय ढंग से करते ही थे, अपने लेखन-कक्ष में भी अनुकरणीय ढंग से करते थे। अपनी बात न केवल कहनी है, बल्कि जोरदार ढंग से, किसी के माथे में कील की तरह ठोक देनी है, यह उनका लक्ष्य था। इसलिए वे शब्दों के चुनाव में, और उदाहरणों के प्रस्तुतिकरण में बड़ा श्रम करते थे। फिर यह कील ठोकना कष्टदायक न हो, इसका भी वे खयाल रखते थे। स्वाभाविक रूप से इस कठिन कर्म में उन्हें कई भाषाओं, कई शास्त्रों और कई प्रकार की अभिव्यक्तियों का सहारा लेना पड़ता था, जिसके कारण उनके भाषण और लेखन में स्फीति भी आ जाती थी, पर एक सीमा के बाद वे उसे समेटने का प्रयास भी करते थे। प्रसारण और आकुंचन की इस निरन्तर चलने वाली प्रक्रिया से उनकी भाषा-शैली में एक ऐसी नमनीयता आ जाती थी, जिसे कई आलंकारिकों ने 'रमणीयता' कहा। आश्चर्य यह है कि यह रमणीयता उनके एकांकियों या ललितनिबन्धों तक सीमित नहीं है, उनके शास्त्रीय निबन्धों और

प्रदीर्घ प्रबन्धों तक में विपुल मात्रा में उपलब्ध हैं।

शैली यदि व्यक्तित्व का प्रक्षेप है, तो आचार्यजी के व्यक्तित्व का वह पक्ष भी अनदेखा नहीं कर देना चाहिए जो रंगमंच और नाटक से जुड़ा हुआ था। नौ वर्ष की उम्र में उन्होंने पहला अभिनय किया था और अपने यौवन के सर्वोत्तम वर्ष उन्होंने नाट्य-लेखन और नाट्य-प्रस्तुति में गुजारे, फलतः नाटकीयता की झलक उनके जीवन और लेखन में आद्यन्त वर्तमान रही। श्रोता या पाठक के मन में जिज्ञासा, कौतूहल, विस्मय उत्पन्न करना वे अच्छी तरह जानते थे और वाक्छल से उनका शमन करना भी। साधारण से साधारण कथ्य को भी असाधारण शिल्प में लपेट कर आकर्षक बना देना, यदि कला है, तो वे इसके सिद्ध कलाकार थे। इस कार्य में उनके नाटक से जुड़े व्यक्तित्व की बड़ी भूमिका होती थी, कभी मंच पर आकर, कभी नेपथ्य में रहकर। इसका अभिनिवेश उनकी नाट्यकृतियों एवं ललित निबन्धों में आधिक्य के साथ तथा अन्य ग्रंथों में यत्र-तत्र स्वल्प मात्रा में परिलक्षित होता है।

आचार्य शर्मा की शैली में प्रांजलता, प्रामाणिकता और नाटकीयता के अतिरिक्त एक और गुण मिलता है—अंतर्ग्रंथन का। अंतर्ग्रंथन वही कर सकता है, जिसके पास अनुभवों की विशाल सम्पदा हो और निःसन्देह श्री शर्मा हिन्दी के वैसे अनुभव-समृद्ध गद्यकारों में थे, जैसे उस युग में विरल थे। यह अनुभव-सम्पदा, मूलतः देशाटन, बहुसम्पर्क और बहुश्रुति से उन्हें सहज उपलब्ध हुई थी, जिससे हिन्दी के अधिकांश लेखक दुर्भाग्यवश वंचित रहते हैं। वे जहाँ भी जाते और जो कुछ बहुमूल्य उन्हें मिलता, उसे अपनी स्मृति-मंजूषा में सँजोकर ले आते और अपनी लेखनी को समर्पित कर देते, जिन्हें वह नया रूप देकर सार्वजनीन बना देती और जिसका आस्वाद पाठक के लिए नया होता।

सारांशतः संस्कृत-ज्ञान, अध्यापन की आजीविका, नाट्य-कर्म में अभिसन्धि और विशाल अनुभव-सम्पदा ने उनकी भाषा-शैली को निरूपित, प्रभावित और संचालित किया। आलोचना, अनुवाद, काव्यशास्त्र, भाषा-विज्ञान, ललित-निबंध, एकांकी और व्याख्यान—के विविध माध्यमों से उन्होंने हिन्दी गद्य-शैली को सौष्ठव प्रदान करने की चेष्टा की। साथ ही, वे विधाओं के छुआछूत में भी विश्वास नहीं रखते थे। उनके निबन्धों में व्याख्यान है, अनुवादों में आलोचना, ललित निबन्धों में नाटकीयता और एकांकियों में कवित्व, शास्त्र-विवेचन में निर्बन्ध लालित्य और विश्लेषण में वक्तृत्व। यह अंतर्ग्रंथन भी अद्‌भुत है। यही अंतर्ग्रंथन या संश्लेष उनकी भाषा-शैली का प्राण-तत्व है।

अर्द्धशती पूर्व जब वे संस्कृत शिक्षण से हिन्दी शिक्षण में आए, तब विश्व-विद्यालयीय आलोचना की क्या स्थिति थी, सभी जानते हैं। शोध तो तब तक अंग्रेजी में ही होता था और आचार्य शुक्ल एवं श्यामसुन्दर दास, डा० धीरेन्द्र वर्मा

एवं डॉ० रामकुमार वर्मा के अतिरिक्त किसी ने विश्वविद्यालयीय आवश्यकताओं के अनुरूप लेखन को गम्भीरतापूर्वक नहीं लिया था। इनमें से केवल डा० वर्मा थे जो कुशल प्राध्यापक भी थे और कृती साहित्यकार भी। मुझे ऐसा लगता है कि आचार्यजी के मन में एक साथ आचार्य शुक्ल, श्यामसुन्दर दास, धीरेन्द्र वर्मा और रामकुमार वर्मा बनने की साध थी। इस 'चतुर्भुज' को ही उन्होंने अनुकरणीय माना और उनके विविध अंशों से कुछ-कुछ ग्रहण कर स्वयं अपनी प्रतिभा का निर्माण किया। उनकी शैली पर भी चारों का प्रभाव रहा—शुक्लजी की शास्त्रीयता, श्यामसुन्दर दासजी की प्रामाणिकता और आधुनिकता, धीरेन्द्र वर्मा की वैज्ञानिकता एवं प्रौढ़ता, तथा रामकुमार वर्मा की रोचकता, नाटकीयता और रसात्मकता के तत्वों से निर्मित हुई आचार्य देवेन्द्रनाथ शर्मा की अध्यापन-शैली एवं लेखन-शैली।

पुस्तक रूप में उनकी प्रथम समीक्षात्मक कृति है 'ब्रजभाषा की विभूतियाँ'।[1] प्रथम संस्करण में ब्रजभाषा के नौ कवियों की समीक्षा है, दूसरे संस्करण में देव को भी जोड़ दिया गया है। निःसंकोच पुस्तक विश्वविद्यालयीय छात्रों के लिए लिखी गई है। इस पुस्तक के आमुख में ब्रजभाषा का स्वरूप-निरूपण अत्यन्त नाटकीय ढंग से हुआ है। इसमें सूरदास की समीक्षा करते हुए उन्होंने 'क्या' और 'कैसे' की जो चर्चा की है उससे स्पष्ट हो जाता है कि प्रारम्भ से उनकी दृष्टि में 'कैसे' अर्थात् शैली-शिल्प का विशेष महत्व था :

···तात्पर्य यह कि कुछ कहना ही सब कुछ नहीं है, उसके कहने का ढंग भी बहुत कुछ है, 'क्या' कहा जाय के साथ 'कैसे' कहा जाय का भी महत्व कम नहीं है।···इसी 'क्या' और 'कैसे' को आलोचना की भाषा में भावपक्ष और कलापक्ष कहते हैं।[2]

इस 'कैसे' की साधना का प्रारम्भिक रूप 'ब्रजभाषा की विभूतियाँ' में है और उसका विकास परवर्ती समीक्षात्मक कृतियों में। इस 'कैसे' का लक्ष्य-बिन्दु था—स्पष्टता या पारदर्शी विवेचन। इसीलिए उनके गद्य में वह क्लिष्टता नहीं है, जिसका अभ्यास उनके कई कनिष्ठ सहयोगी उन दिनों जान-बूझकर कर रहे थे, अपने पाण्डित्य का प्रदर्शन करने के लिए। आचार्यजी सही अर्थों में 'पण्डित' थे उसे आरोपित या प्रदर्शित करने की विवशता उनके साथ नहीं थी। 'हिन्दी कवियों का मूल्यांकन' तक पहुँच कर यह स्पष्टता, विस्तार से अधिक संलिप्तता की ओर मुड़ गई थी और उनकी शैली में 'सामासिकता' का आग्रह प्रबल और मुखर हो गया। देव के सम्बन्ध में उनकी इस उक्ति को देखें :

---

1. मोतीलाल बनारसीदास, पटना, संवत् 2007
2. ब्रजभाषा की विभूतियाँ, पृ० 33, द्वि० संस्करण

देव की प्रतिभा उत्कृष्ट थी, अनुभव व्यापक था एवं अध्ययन गम्भीर था। अतः उनकी भावभूमि सीमित होते हुए भी बहुतों की अपेक्षा रमणीय है।[1]

हममें से अधिकांश जानते हैं कि हिन्दी में देव-विषयक अनेक ग्रन्थ और शोध-प्रबन्ध उक्त उद्धरण का विस्तार मात्र हैं। इस क्रम में यदि कहीं केवल तत्सम शब्दों या शास्त्रीय शब्दावली से काम नहीं चलता, तो वे बहुप्रचलित मुहावरों के इस्तेमाल का जोखिम भी उठाते हैं, जिनसे पूर्वालोचक प्रायः बचते रहे थे।

'वह (घनानन्द) कविता रचने के लिए मानसिक व्यायाम नहीं करते, पिंगल की मात्रा बैठाने और तुक की तलाश करने के लिए उन्हें माथा नहीं खुजलाना पड़ता।···इसलिए रसखान की तरह, घनानन्द के प्रेम का केवल मार्ग बदल गया, दिशा बदल गई, वह लौकिक से आध्यात्मिक बन गया, दैहिक से दिव्य बन गया, मिट्टी सोना बनकर चमकने लगी'।[2]

आचार्यजी केवल भक्ति-साहित्य या रीति-साहित्य के अध्येता ही नहीं थे, आधुनिक काव्य को भी अपनी शास्त्रीयता की कसौटी पर कसने और उसके मर्म को उद्घाटित करने की क्षमता रखते थे। उनका एक निबन्ध 'रहस्यवाद की रहस्यवादिता'[3] का उल्लेख प्रमाण के रूप में करना चाहूँगा। इस निबन्ध की कुछ सूत्रवत् पंक्तियाँ उनकी आलोचना-दृष्टि और भाषिक सामर्थ्य का अनुपम उदाहरण प्रस्तुत करती हैं :

(क) कविता में चित्रधर्म, संगीतधर्म और भावधर्म की उपलब्धि होती है। केवल एक धर्म की सहायता से कभी प्रथम श्रेणी की कविता उपस्थित नहीं की जा सकती।[4]

(ख) अतः यह कहना कि अज्ञेय-अव्यक्त को कविता का विषय नहीं रखा जा सकता, बुद्धिमत्ता का परिचय नहीं देता। वह केवल पुरानी लकीर पीटना भर है।[5]

अंतिम पंक्तियों से स्पष्ट है कि उनकी आलोचना-दृष्टि प्रयत्न-केन्द्रित थी, वह नव्यतम को भी सदैव अंगीकार करने को समुत्सुक थे।

---

1. हिन्दी कवियों का मूल्यांकन (प्रथम भाग), मोती लाल बनारसीदास, 1952, पृ॰ 241.
2. वही, पृ॰ 260-61
3. साहित्यिक निबन्धावली, ग्रन्थमाला कार्यालय, बांकीपुर, 1946
4. वही, पृ॰ 109
5. आचार्य शुक्ल की रहस्यवाद—सम्बन्धी धारणा का खण्डन करते हुए, वही, पृ॰ 111

मैंने पहले कहा है कि वे विधाओं के अंतर्ग्रंथन में विश्वास करते थे और नाटकीयता उनमें आद्यन्त किसी न किसी रूप में विद्यमान रही। 'छायावाद पर बाह्य प्रभाव' शीर्षक उनके निबन्ध का प्रारम्भ देखें :

'आपने अमरबेलि देखी होगी। मेरी दृष्टि में छायावाद हिन्दी साहित्योद्यान की अमरबेलि है : अमरबेलि मूलविहीन होती है। छायावाद का भी ठोस धरती से कोई सम्बन्ध नहीं है, अमरबेलि पराश्रित होती है—उसका जीवन दूसरों से प्राप्त रस पर अवलम्बित है, छायावाद भी पराश्रित है, क्योंकि उसके आदर्शों के निर्माण में बहुत कुछ अंग्रेजी और बंगला साहित्यों का हाथ है। पराश्रित होने के कारण आवश्यक पोषण प्राप्त नहीं होने से अमरबेलि कृश एवं पांडु होती है, जीवन से विच्छिन्न, कल्पना-प्रसूत और अतिवैयक्तिक होने से छायावाद में भी आवश्यक मांसलता और पुष्टि का अभाव है, फिर भी अमरबेलि आँखों को कोमल और रमणीय लगती है, छायावाद भी कोमल है, सुन्दर है, आकर्षक है। हाँ, यह बात और है कि उसकी आवश्यक कोमलता तथा सुन्दरता कभी-कभी 'करुणा की नव अंगड़ाई सी' या 'मलयानिल की परछाईं-सी' अनुभव की सीमा में न आकर अप्रत्येय अथवा अग्राह्य हो जाए।'[1]

उपर्युक्त उद्धरण में कवित्व, नाटकीयता, संक्षिप्तता और स्पष्टता से संवलित आचार्यजी ने अपनी शैली में छायावाद के गुण-दोषों को जिस स्मरणीय ढंग से अंतर्ग्रथित कर दिया है, उससे एतद्विषयक तुलनीय उद्धरण शायद न मिले।

यह सत्य है कि आचार्यजी की रुचि साहित्य से अधिक साहित्यशास्त्र की ओर रही, भाषा-शास्त्र की ओर रही। वे इन दोनों को एक दूसरे का पूरक मानते थे और साहित्य के पूर्ण आस्वादन के लिए आवश्यक। हिन्दी में कम ही लोग ऐसे हुए जिनकी इन दोनों क्षेत्रों में समान रुचि हो। आचार्यजी से बड़े साहित्य-शास्त्री हुए, पर वे भाषा-शास्त्र से अछूते से रहे और जो भाषा-वैज्ञानिक के रूप में प्रख्यात हुए उनकी साहित्य-शास्त्र में गति नहीं थी। अपनी संस्कृत-पूँजी के आधार पर उन्होंने इन दोनों क्षेत्रों में अपनी साख जमाई और अपनी सरस-सरल, स्पष्ट एवं अंतर्ग्रंथन-धर्मी शैली से इन दुरूह विषयों के द्वार हजारों के लिए खोले। साहित्यशास्त्र के अध्ययन-विवेचन में भी उनकी दृष्टि एकांगी या छुआछूत वाली नहीं रही। उन्होंने पौरस्त्य और पाश्चात्य काव्यशास्त्र, दोनों को अपने ढंग से पढ़ा और दोनों का सार नवनीत हिन्दी को सुलभ कराया।

भारतीय काव्यशास्त्र से सम्बद्ध एक तो 'अलंकार-मुक्तावली'[2] जैसी

1. छायावाद और प्रगतिवाद, ग्रन्थमाला कार्यालय, पटना, 1950, पृ० 62
2. ग्रन्थमाला कार्यालय, पटना

छात्रोपयोगी पुस्तक है और दूसरी भामह के काव्यालंकार का भाष्य।[1] 'अलंकार-मुक्तावली' हिन्दी में अपने ढंग की एकमात्र पुस्तक है, जिसमें बड़ी स्पष्टता और रोचकतापूर्ण शैली में अलंकारों के भेद-प्रभेद और अन्तर बताए गए हैं। दूसरी पुस्तक गंभीर और शास्त्रीय है—आधुनिक युग में भाष्य शैली में रचित एक अपूर्व ग्रन्थ, जिसमें मूल पुस्तक की अनेकानेक ग्रन्थियों का उन्मूलन किया गया है। दोनों की शैली में जो अन्तर है, उसमें वय और अनुभव का भी विशिष्ट योगदान है। 'अलंकार मुक्तावली' की शैली वार्तालाप-मूलक या सम्बोधन-परक है, जिसमें 'आवृत्ति' और उदाहरणों का प्रयोग बार-बार होता है :

"शब्द और अर्थ दोनों की पुनरुक्ति में तात्पर्य-भेद कैसे होता है, यह अधोलिखित उदाहरण से स्पष्ट हो जायेगा। कोई किसी व्यक्ति से पूछता है "लड़का कैसा है" और वह उत्तर देता है "लड़का तो लड़का ही है।" यहाँ 'लड़का' शब्द की ही नहीं, अर्थ की भी आवृत्ति हुई है, पर दोनों के अर्थ में तात्पर्य-भेद यह है कि प्रथम 'लड़का' शब्द लड़के के सामान्य अर्थ को प्रकट करता है, पर दूसरा 'लड़का' शब्द उसकी रूप-बुद्धिशीलादि विशिष्टता को व्यक्त करनेवाला है। जब किसी अच्छी या उत्तम वस्तु को हम देखते हैं तो प्रायः इस प्रकार की पुनरुक्ति की शरण लेते हैं। इससे हमारा अभिप्राय बड़ी सरलता और स्पष्टता से अभिव्यक्त हो जाता है। किसी अच्छे घर को देखकर "घर-घर ही है", सुस्वादु आम चखकर "आम आम ही है" गदहे की मूर्खता से खीझकर "गदहा आखिर गदहा है" आदि अनंत वाक्य प्रतिदिन हमारे व्यवहार में आते हैं। इन सभी वाक्यों में शब्द-अर्थ दोनों की आवृत्ति पाई जाती है पर पहले शब्द का केवल सामान्य अर्थ और दूसरे का कुछ विशिष्टता-समन्वित रहा करता है। इस प्रकार की आवृत्ति से जिस अन्तर को स्पष्ट करना हमारा उद्देश्य रहता है, उसी को 'तात्पर्य भेद' नाम से पुकारते हैं।"[2]

स्पष्ट है कि यह प्राध्यापकीय शैली है, व्याख्यान शैली है, जिसमें स्फीति सायास है, बोधगम्यता के लक्ष्य को ध्यान में रखकर, स्मरणीय बनाने के उद्देश्य से। कठिन विषयों के लिए इतनी सरल शैली का प्रयोग प्रायः लोग नहीं करते।

'काव्यालंकार' में अनुवाद-कौशल भी है और उपस्थापन-कौशल भी। इस संबंध में 'भूमिका' के ये अंश ध्यातव्य हैं :

'मैंने 'काव्यालंकार' का केवल अनुवाद नहीं किया है, अपितु विशद् व्याख्या या कहूँ कि भाष्य किया है। संस्कृत ग्रन्थों के अनुवादमात्र से हिन्दी के पाठक को

---

1. आचार्य भामह विरचित काव्यालंकार (सभाष्य) बिहार राष्ट्रभाषा परिषद्, 1962
2. अलंकार मुक्तावली पृ० 10

कुछ विशेष लाभ नहीं होता। इसके दो कारण हैं : एक तो संस्कृत की अभिव्यंजना-पद्धति की अत्यंत सूत्रात्मकता और दूसरा, अधिकारी का ध्यान।'''यदि संस्कृत के आकर-ग्रंथों को हिन्दी के पाठकों के लिए बोधगम्य बनाना है तो व्याख्या और विस्तार का ही मार्ग अपनाना होगा। इस बात को ध्यान में रखकर मैंने पहले मूल का अनुवाद किया है बाद में विषय के स्पष्टीकरण के लिए विस्तृत व्याख्या की है। अनुवाद को यथासम्भव प्रामाणिक और हिन्दी की प्रकृति के अनुकूल रखने का प्रयास किया है।'[1]

आद्यन्त इस ग्रन्थ में कसावट और सुनिश्चितता पर बल है एव गांभीर्य पर भी उदाहरणार्थ :

'काव्य के प्राणभूत इस तत्व (वक्रता) का निर्देश भामह ने अनेकत्र किया है। पूर्वापर के सम्यक् परिशीलन के अभाव के कारण लक्षण-विषयक जो भ्रम एक बार हो गया उसे गतानुगतिकता ने बद्धमूल कर दिया। इस भ्रम का परिहारि उचित भी है, आवश्यक भी'।[2] इसी प्रकार निम्नलिखित उद्धरणों में भी शैली का वह गांभीर्य है जो अत्यधिक अध्ययन और विविध विषयों के अवगाहन से आता है :

'भारतीय भावधारा मूलतः अध्यात्मवादी रही है। इसलिए यहाँ काव्य को भी, भौतिकवादी पश्चिम की नाईं, केवल आनन्द या उपदेश का साधन न मानकर परम पुरुषार्थ (मोक्ष) का साधन भी माना गया। भारतीय दृष्टि से काव्य का प्रयोजन प्रेय ही नहीं, श्रेय भी है—लौकिक ही नहीं, आमुष्मिक भी है। इसकी पुष्टि रस-निष्पत्ति सम्बन्धी जो चार प्रसिद्ध मत हैं, उनसे भी होती है, जिनके प्रतिष्ठापकों ने रस की व्याख्या के लिए मीमांसा, न्याय, सांख्य और वेदांत को आधार बनाया। यदि काव्य का उद्देश्य लौकिक मात्र ही होता तो तज्जनित आनन्द की व्याख्या के लिए दर्शनों को आधार बनाने की कोई आवश्यकता न थी'।[3]

आचार्य शर्मा न केवल भारतीय साहित्यशास्त्र के प्रकाण्ड पण्डित थे, बल्कि पाश्चात्य काव्यशास्त्र पर भी उनका पूरा अधिकार था। इसमें उनका अंग्रेजी एवं अन्य यूरोपीय भाषाओं का ज्ञान सहायक रहा। भारतीभवन की पाश्चात्य समालोचना-पुस्तकमाला का उन्होंने सम्पादन भी किया था और 'पाश्चात्य काव्यशास्त्र' विषयक एक स्वतंत्र पुस्तक भी लिखी थी।[4] साथ ही उन्होंने अंग्रेजी के सुप्रसिद्ध आलोचक प्रो० कलीमुद्दीन अहमद की पुस्तक 'साइको-एनेलिसिस एंड

---

1. भामह विरचित 'काव्यालंकार', भूमिका, पृ० 'ङ'
2. उपरिवत्, पृ० 6
3. उपरिवत्, पृ० 7
4. पाश्चात्य काव्यशास्त्र, नेशनल पब्लिशिंग हाउस, नई दिल्ली, 1984

लिटररी क्रिटिसिज़्म' का अनुवाद भी किया था।

पाश्चात्य काव्यशास्त्र नामक ग्रन्थ में उन्होंने जिस स्पष्टता के साथ प्लेटो, अरस्तू, होरेस, लोंगिनुस, वर्ड्सवर्थ, कोलरिज, मैथ्यू आर्नल्ड, क्रोचे, इलियट और रिचर्ड्स के साहित्य-चिन्तन के विषय में लिखा है, उससे न केवल हिन्दी पाठक लाभान्वित हुए, बल्कि मेरे एक अंग्रेजी प्राध्यापक मित्र ने यह टिप्पणी की थी कि उन्होंने भी क्रोचे और रिचर्ड्स को ठीक ढंग से इसी पुस्तक के माध्यम से समझा। इस पुस्तक का सबसे बड़ा गुण है—जटिलता का सरलीकरण। आचार्य शर्मा ने इसकी भूमिका में लिखा है—"अध्यापक के रूप में मैंने संप्रेषण की सहजता तथा सरलता को सर्वाधिक महत्व दिया है। मेरी मान्यता है कि विषय कठिन नहीं होता, यदि कठिन प्रतीत होता है तो इसका अर्थ है कि संप्रेषण सदोष है। कुछ लोग पांडित्य प्रदर्शन के लिए जान-बूझकर लेखन में क्लिष्टता लाते हैं। मैं इसे तामस लेखन कहता हूँ। इससे न तो लेखक को यश मिलता है, न पाठक को ज्ञान। ···हमारे हृदय में हिन्दी के जिस उज्ज्वल भविष्य की कामना है उसकी पूर्ति अभिव्यंजना की क्लिष्टता से नहीं होगी। यह एक प्रकार का राष्ट्रीय दायित्व है, जिसके प्रति जागरूकता अपेक्षित है।"[1]

इसी आदर्श को ध्यान में रखकर आचार्य शर्मा ने पश्चिमी साहित्य-चिन्तन को हिन्दी की प्रकृति के अनुकूल शैली में सरलतापूर्वक प्रस्तुत करने का साहसपूर्ण कार्य किया है। इस ग्रन्थ में यत्र-तत्र उनका अनुवाद-कौशल भी चरम-उत्कर्ष पर है। साथ ही साथ उन्होंने भारतीय साहित्य-शास्त्र के अपने विपुल ज्ञान का उपयोग कर इस ग्रन्थ के माध्यम से 'हिन्दी आलोचना' को संस्कृत आलोचना और पश्चिमी आलोचना के अतिरिक्त एक नया लोचन देने का प्रशंसनीय कार्य किया है। अतः इस पुस्तक की शैली में गांभीर्य भी है और लालित्य भी, विशदता भी है और विवेचन, संकेन्द्रण भी। इसकी अभिव्यक्ति के लिए कहीं उन्होंने बिन्दुशः वर्गीकरण और कोटीकरण किया है, कहीं भाषण-शैली का सहारा लिया है। प्लेटो और अरस्तू के अंतरों का विवेचन पहली शैली में है। उदाहरणार्थ—"प्लेटो मूलतः दार्शनिक थे और अरस्तू वैज्ञानिक।···प्लेटो के लिए जहाँ केवल प्रत्यय-जगत् सत्य था, वहाँ अरस्तू के लिए वस्तु जगत् भी उतना ही सत्य अतः मीमांस्य था। प्लेटो ने कवि को 'अनुकर्त्ता' बताया था, अरस्तू ने कवि को 'कर्त्ता' सिद्ध किया है," आदि।[2]

भाषण-शैली के उदाहरण के रूप में मैं उनके इलियट सम्बन्धी अभिमत के

---

1. पाश्चात्य काव्यशास्त्र, भूमिका, पृ० 8
2. उपरिवत्, पृ० 49-50

एक अंश[1] को रखना चाहूँगा।

कुल मिलाकर 'पाश्चात्य काव्यशास्त्र' की गद्य-शैली विषयोचित गांभीर्य एवं प्रांजलता से युक्त है और बलिष्ठ गद्य का अन्यतम उदाहरण है।

'भाषाविज्ञान की भूमिका'[2] उनकी अत्यन्त महत्वपूर्ण मौलिक पुस्तक है। आचार्य शर्मा ने भाषाविज्ञान का विधिवत् अध्ययन सुप्रसिद्ध भाषावैज्ञानिक प्रोफेसर फर्थ के निदेशन में किया था। सान्निध्य-संवाद से दोनों ही लाभान्वित हुए। संस्कृत का ज्ञान और नव्यतम भाषाविज्ञान की प्रणाली और शब्दावली के समन्वय ने आचार्य शर्मा को हिन्दी का एक विशिष्ट भाषावैज्ञानिक बना दिया। इस पुस्तक की भाषा में वैज्ञानिक प्रौढ़ि भी है और रचनात्मक सरसता भी जिसका अभाव प्रायः भाषाविज्ञान-विषयक ग्रन्थों में दिखता है। इस पुस्तक में उनका ज्ञान एवं आत्मविश्वास निश्छल शैली में प्रस्फुटित है और यह अपने ढंग का अद्वितीय ग्रन्थ है। पूरी पुस्तक बोलकर लिखाई गई है, इसलिए भाषण शैली स्वभावतः आ गई है। इस भाषण-शैली की विशेषता है पहले प्रश्नों की झड़ी लगा देना, उत्सुकता जगा देना और फिर उनका क्रमिक समाधान करना। इस दृष्टि से मैं उक्त पुस्तक की 'व्याकरणिक कोटियाँ' उपशीर्षक की ओर ध्यान आकृष्ट करना चाहूँगा। एक वाक्य 'लड़का किताब पढ़ता है' को लेकर किस तरह आचार्यजी ने उसे छीला है और रेशे-रेशे निकालकर पाठक या श्रोता के सामने रख दिया है, देखकर आश्चर्य होता है। इसी तरह अनेक स्थानों पर उन्होंने पाठक को सीधे सम्बोधित कर उसके साथ संलाप किया है :

(क) प्रश्न है कि ध्वनि एक स्थान से दूसरे स्थान तक जाती कैसे है? मेरे मुख से निकली ध्वनि आपके कर्ण कुहरों तक किस माध्यम के द्वारा पहुँचती है?[3]

यह शैली प्राध्यापकीय शैली है, जिसमें नाटकीय संवाद का भी यत्र-तत्र समायोजन हुआ है।

आचार्य शर्मा हिन्दी के उन आचार्यों में थे जिनमें रचनात्मक ऊर्जा भी थी। वे 'काव्यशास्त्र' और 'विनोद' दोनों के अधिपति थे। उनका 'विनोद' उनके ललित निबन्धों में और यत्र-तत्र नाटकों में प्रकट हुआ है। इस विनोद के मूल में 'व्युत्पत्ति' है और 'प्रतिभा' है। 'खट्टामीठा', 'आईना बोल उठा' और 'प्रणाम की प्रदर्शनी में' में संकलित उनके अधिकांश निबन्धों में उनका विनोद विभिन्न रूपों में प्रकट हुआ है। इस कार्य में विभिन्न भाषाओं के शब्दों, लोकोक्तियों, सक्तियों और

1. पाश्चात्य काव्यशास्त्र, पृ० 186-187
2. राधाकृष्ण प्रकाशन, नई दिल्ली, 1966
3. भाषाविज्ञान की भूमिका, पृ० 239

काव्यपंक्तियों का संश्लेष भी उन्होंने कुशलतापूर्वक किया है। उदाहरणार्थ :

(क) मूँछों की बला से आज अधिकतर लोग फुर्सत ले चुके हैं, किन्तु जिन्हें मूँछें हैं, वे एक बार उनपर ताव न फेरें, यह नामुमकिन है और जो भी ऐसा करता है वह इस आत्मविश्वास से कि 'एकोऽहं द्वितीयो नास्ति।' थोड़ी या बहुत यह आत्मरति सबों में होती है।[1]

(ख) राजा बनने के लिए रंक के सामने हाथ फैलाना पड़ता है, उसकी आरजू मिन्नत करनी पड़ती है। चुनाव के समय वोट माँगने का दृश्य देखकर रहीम का वह दोहा याद आ जाता है—

घर-घर डोलत दीन ह्वै, जन-जन जाचत जाय।
दिए लोभ चसमा चखनि, लघु पुनि बड़ो लखाय।।

वस्तुतः ललित-निबन्ध की शैली का प्राण ही यही है—संश्लेष-वैचित्र्य। कहाँ मूँछों पर ताव, कहाँ 'एकोऽहं द्वितीयो नास्ति' का भाव; कहाँ रहीम, कहाँ चुनाव। यह कार्य कोई अधीती या बहुश्रुत ही कर सकता है। इसलिए यह मात्र संयोग नहीं कि हिन्दी के श्रेष्ठ ललित निबन्धकार विश्वविद्यालय-आचार्य वर्ग से ही अधिकतर आए—हजारी प्रसाद द्विवेदी, विद्यानिवास मिश्र, कुबेरनाथ राय, प्रभाकर माचवे आदि। 'प्रणाम की प्रदर्शनी में' का गद्य कुछ अधिक संयत है :

"अजातशत्रु' को मैंने अर्थहीन इसलिए कहा कि वह व्याकरण से निष्पन्न तो हो जाता है, किन्तु व्यवहार में सही नहीं उतरता। आज तक कोई हुआ भी ऐसा, जिसका कोई शत्रु न हो? जिन लोगों ने सबके कल्याण की बात कही, केवल बहुसंख्यक ही नहीं, सबके कल्याण की, उनमें से किसी को समाज ने जीवित नहीं छोड़ा—किसी को विष पिलाकर मारा जैसे सुकरात को, किसी को शूली पर चढ़ाकर जैसे ईसा को और किसी को गोली मारकर जैसे गांधी को। सच पूछिए तो जिसे इतिहास कहते हैं, वह दो ही प्रकार की घटनाओं से भरा है—दुर्जनों की विजय और सज्जनों की पराजय से।"[2]

× × ×   × × ×

"लीजिए आपकी उत्सुकता मिटाने के लिए अचूक नुस्खा बता ही दूँ। नुस्खा है दुश्मन बनाने का। मैंने कहा था न कि इसे सुनते ही आप चौंकेंगे और कह उठेंगे "बड़ा खूब! नुस्खा भी बताया तो दुश्मन बनाने का।"[3]

बार-बार 'आप' 'जरा सोचिए' 'मान लीजिए' 'देखिए' आदि के प्रयोग से

---

1. आईना बोल उठा, पृ० 113
2. प्रणाम की प्रदर्शनी में, पृ० 49
3. उपरिवत्, पृ० 51

लेखक पाठक के साथ उस सम्बन्ध का निर्माण करता है, जो सम्प्रेषण का आधार बनता है और जिससे रस-संचार होता है।

आचार्य शर्मा ने विनोद के लिए निबन्ध ही नहीं, नाटक भी लिखे। उन्हें विशेष ख्याति तो ऐतिहासिक नाटकों के कारण मिली, पर जिस एकांकी नाटक ने उन्हें इस क्षेत्र में टिकने के लिए प्रशंसा का आधार दिया, वह मूलतः हास्य-व्यंग्य पूर्ण एकांकी था—चिकित्सा का चक्कर (1950)। फिर दूसरा एकांकी 'युगधर्म' भी हास्य-व्यंग्य प्रधान ही रहा। प्रारंभिक एकांकी 'पारिजात-मंजरी' का आधार चूँकि बाणभट्ट की कादम्बरी रही, अतः उसमें तत्समता का विशेष आग्रह रहा। बाद में आचार्यजी ने सामाजिक एकांकी का क्षेत्र छोड़ दिया और मुख्य रूप से पौराणिक, ऐतिहासिक—मुख्यतः मुगलकालीन इतिहास पर आश्रित—एकांकी लिखे।

एकांकी की जैसी कथा-भूमि रही, जैसा पात्र-परिवेश रहा, जैसी स्थितियाँ रहीं, उन्हीं के अनुरूप शैली चुनी गई। चूँकि उनके एकांकी मूलतः संवाद-प्रधान हैं, वे पाठ्य भी हैं। 'पारिजात मंजरी' की भूमिका में राहुलजी ने लिखा था : "लेखन की उस तरह की गंभीरता, जिससे साहित्य-रचना में केवल यांत्रिकता या दुष्पाठ्यता बढ़ती है, यदि कृतियों में प्रकट न हो, तो इसे साहित्यकार का बड़ा गुण समझना चाहिए। देवेन्द्रजी में यह गुण तो है ही, साथ ही उनका शब्दों पर बहुत अच्छा अधिकार है और उससे भी अधिक वाक्यों पर। उनकी भाषा अभीप्सित प्रभाव उत्पन्न करने में सर्वथा समर्थ है।"

यह 'अभीप्सित प्रभाव' मुख्यतः भाषिक भंगिमाओं के द्वारा ही उत्पन्न किया गया है। दूसरी बात यह भी महत्वपूर्ण है कि उनके अधिकांश एकांकी रेडियो के लिए लिखे गए—श्रव्य एकांकी। ऐसे एकांकियों में तो भाषा को ही भूषा की भूमिका भी निभानी पड़ती है और भंगिमा की भी। अतः निःसंकोच कहा जा सकता है कि उनके एकांकी शब्द-प्रधान एकांकी हैं और शब्द-चयन में उन्होंने बड़ी कुशलता और अवधानता का परिचय दिया है। उन्हीं के अनुसार "संवाद को मैं अतिशय महत्व देता हूँ क्योंकि संप्रेषण का वह प्रमुखतम साधन है। स्वाभाविकता के लिए संवाद का पात्रानुरूप होना आवश्यक है। सभी पात्रों के मुख से एक ही प्रकार की भाषा अस्वाभाविक हो जाती है और वह रसोद्बोधन में बाधक बनती है।" स्पष्ट है कि कोरा संप्रेषण नहीं, रसात्मक संप्रेषण उन्हें अभीष्ट रहा, अतः उनकी नाट्य-भाषा का सबसे बड़ा अवयव है—रसात्मकता। रसमयी भाषा ही रस-संचार करती है पर 'रसमयी' का एक ही रूप नहीं होता। विभिन्न भाषाओं पर अपने असाधारण अधिकार के कारण आचार्यजी की नाट्यभाषा भी बहुरूपिणी बन गई है। 'पारिजात मंजरी' का यह संवाद देखें :

पुंडरीक : कपिंजल ! आज अनध्याय है, अतः आचार्य ने आश्रम से बाहर

जाने की अनुमति दे दी है। क्या ही अच्छा हो यदि हम अच्छोद सरोवर के तट पर नलकुर कुछ समय बितायें ?

कपिंजल : मित्र ! तुमने मुझे जितना नीरस समझ रखा है, उतना वस्तुतः हूँ नहीं। मैं भी जानता हूँ सरसता क्या है। सौंदर्य के प्रति मेरा भी आकर्षण है, पर साथ ही मैं यह भी मानता हूँ कि जिस ब्रह्मचर्याश्रम में हम अभी हैं, उसमें अध्ययन के अतिरिक्त और किसी वस्तु की ओर झुकना उचित नहीं।

××× ×××

महाश्वेता : तरलिके ! वीणा ले जाकर वाद्य-गृह में रख आ।

तरलिका : राजकुमारी ! मैं अभी स्वामिनी के पास से ही आ रही हूँ। कल से मदन-महोत्सव मनाया जायेगा न, इसलिए आज स्वामिनी अच्छोद सरोवर में स्नान करने जा रही हैं। वहीं से काम-पूजन के लिए कमल-पुष्प भी आयेंगे। उन्होंने आपको भी साथ चलने का आदेश दिया है, प्रस्तुत हो जाइए न !

इस संवाद में बाणभट्ट का प्रभाव है, प्रसाद का प्रभाव है—एक प्राचीन वातावरण को एक प्राचीन गरिमामयी शब्दावली के माध्यम से उपस्थापित करने की चेष्टा है। इसमें पांडित्य है, पर रसात्मकता भी है।

दूसरी ओर मुगलकालीन ऐतिहासिक पात्रों और घटनाओं पर आश्रित एकांकियों की भाषा में संस्कृत शब्द ढूँढ़े भी नहीं मिलते। मुस्लिम वातावरण को प्रत्यक्ष करने के लिए अरबी-फ़रसी-उर्दू शब्दावली मिश्रित हिन्दी का प्रयोग किया गया है, पर रसात्मकता बाधित न हो, इसका पूरा ध्यान रखा गया है। एक उद्धरण "शेरशाह' से "माबदौलत के जंगी दोस्तो। हम जानते हैं कि यह दुश्मन की ताक़त नहीं, कुदरती रुकावटें हैं, जो हमारा रास्ता रोक रही हैं, मगर हम जान की बाजी लगाकर इन रुकावटों को उखाड़ फेंकेंगे। मौत तो सूरमाओं की दुलहन है, जिसे गले लगाने को हम बेताब रहते हैं। इस किले पर क़यामत के बादल बनकर छा जाओ, बिजलियाँ बनकर टूट पड़ो। किला तुम्हारा इंतज़ार कर रहा है, फ़तह तुम्हारी राह देख रही है। आगे बढ़ो।"

इस उद्धरण में शब्दों पर ही ध्यान देना पर्याप्त नहीं, उनमें निहित आवेगों और उनकी गति पर भी ध्यान देना आवश्यक है। प्रसंग यदि आगे बढ़ने का है, तो शब्द भी वैसे ही चुन-चुनकर रखे गए—चुस्त, दुरुस्त, जानदार। जहाँ प्रसंग दूसरे ढंग का है, वहाँ भाषा का स्वरूप भले न बदला हो, शैली बदल गई है। 'बाबर की ममता', का बाबर बीमार हुमायूँ के सिरहाने जिस ढंग से बोल रहा है, उसमें गति नहीं ठहराव है, शैली में चंचलता नहीं, सादगी है, सफाई है, "हज़ारों

आदमियों की जान लेने की ताकत हममें थी, लेकिन आज एक आदमी को बचाने की ताकत हम में नहीं है। कैसी लाचारी है? किसी इन्सान को वह चीज़ लेने का क्या हक़ है, जिसे वह दे नहीं सकता। बादशाहत! बादशाहत! यह बादशाहत है, जिसके लिए बचपन से आज तक हम एक दिन भी चैन की नींद नहीं सो सके। और उसका नतीजा?"[1]

जिस एकांकी में गैर-मुस्लिम पात्र हैं उसमें उन्होंने मुस्लिम पात्रों के लिए एक प्रकार की शैली का चयन किया है और गैर-मुस्लिम पात्रों के लिए दूसरी शैली का, अवसरोचित संवाद-योजना शर्माजी की भाषिक विशेषता है। 'सुजान' शीर्षक एकांकी में अमीर खाँ, शकीला आदि की भाषा में फ़ारसी का पूरा रंग है, पर आनंदराम की यह भाषा—"कविता करना सीखोगी? किसलिए? तुम तो साकार कविता हो। तुम्हारा ही रूप जब आँखों के रास्ते दिल में उमड़ता है तो कभी कविता बनकर, कभी संगीत बनकर बाहर छलक पड़ता है। मेरी रागिनी तुम्हारी स्वर-माधुरी की प्रतिध्वनिमात्र है और मेरी कविता शब्दों में बँधा तुम्हारा ही सौन्दर्य।"[2]

इस प्रकार की नटी भाषा ही उनके संवाद-प्रधान नाट्य रचनाओं में रस-संचार करती है।

एक ही हाथ से 'खट्टामीठा' 'भामह का भाष्य' 'शाहजहाँ के आँसू' और 'भाषाविज्ञान की भूमिका' लिखकर आचार्यजी ने सिद्ध किया है कि एक हाथ में पाँच उँगलियाँ क्यों हैं? जो एक ही शैली में लगातार लिखता चला जाता है, वह कुशल लेखक हो सकता है, पर जो अपनी शैली को विधा, वय, स्थिति, संदर्भ और पाठक-श्रोता के अनुरूप बदल नहीं सकता, वह भाषाधिपति नहीं हो सकता। आचार्यजी ऐसे ही भाषाधिपति थे, जैसे बहुत नहीं दिखते।

---

1. शाहजहाँ के आंसू, पृ० 6
2. मेरे श्रेष्ठ रंग एकांकी, नेशनल पब्लिशिंग हाउस, नई दिल्ली, सन् 1990

काव्यशास्त्री आचार्य पं० देवेन्द्रनाथ शर्मा

राममूर्ति त्रिपाठी

मेरे मन में आज हिन्दी के समर्थ उन्नायक और आचार्य का जो स्वप्न है— उसे यदि कहीं कुछ इने-गिने लोगों में आकार मिला है तो उसमें से एक हैं-- आचार्य पं० देवेन्द्रनाथ शर्मा। मेरा स्वप्न यह है कि आज हिन्दी साहित्य अपनी रचना और आलोचना यात्रा में वहीं पनप सकती है—सारी सम्भावनाओं के साथ—जहाँ हिन्दी को पारम्परिक भारतीय आर्य-भाषा साहित्य के साथ-साथ पाश्चात्य रचना और चिन्तन का हस्तावलम्ब प्राप्त हो। बात यह है कि हिन्दी साहित्य की छायावादान्त रचना और आलोचना—भारतीय पारम्परिक भाषा साहित्य से रस ग्रहण करती रही है—पर छायावादोत्तर हिन्दी साहित्य (अपनी रचना और आलोचना—उभयविध पक्षों में) अधिकांश पाश्चात्य रचना और चिन्तन का मुखापेक्षी प्रतीत होता है। अत: हिन्दी साहित्य का हस्तामलकवत् अवगम उन्हीं को प्रामाणिक रूप से सम्भव है जो हिन्दी की परम्परा और प्रकृति से परिचित होने के साथ-साथ प्राचीन भारतीय भाषा साहित्य और पाश्चात्य भाषा साहित्य को (अंग्रेजी के गवाक्ष से) देखते-सुनते हों। शास्त्रीय या शैक्षणिक क्षेत्र की इन विभूतियों की सम्भावनाओं पर जब प्रशासन का ग्रहण लग जाता है तब इस क्षेत्र की बाढ़ मारी जाती है। इन लोगों के साथ यह हो रहा है। आचार्य शर्मा पहले से ही प्रशासनिक क्षेत्र में सक्रिय रहे जिसका असर उनके विशुद्ध सारस्वत रूप पर पड़ना सम्भव था। फिर भी मैं उनकी महाप्राणता ही मानता हूँ कि इस झंझावात में भी उन्होंने अपने सारस्वत रूप को निवातनिष्कम्प बनाये और बचाए ही नहीं रखा—विनियोजित कर उपलब्धियाँ भी अर्जित कीं। ऊँची से ऊँची सारस्वत संगोष्ठियों और सन्दर्भों में उनका सारस्वत रूप कभी मंदप्रभ होता हुआ लक्षित नहीं हुआ—विपरीत इसके दीप्ति ही पाता रहा। मैं उन्हें तब से जानता था जब वह लंगटसिंह कालेज में हिन्दी के प्राध्यापक आचार्य थे और तब भी उनसे उतना ही संपृक्त रहा जब प्रशासनिक दायित्वों के निर्वाह में उन्हें

कहीं आने-जाने का अवकाश नहीं रहा। इसे मैं अपना सौभाग्य भी मान सकता हूँ। आचार्य शर्मा हिन्दी, संस्कृत और अंग्रेजी—तीनों पर समान अधिकार रखते थे। वह भाषाविद्, रचनाकार, आलोचक और चिन्तक थे। उन्होंने इन सभी रूपों को अपने प्रामाणिक लेखन से रूपायित और स्थापित किया।

मुझे उनके काव्यशास्त्री रूप का परिचय तब से है जब लंगटसिंह कालेज में हिन्दी के आचार्य पद पर कार्य करते हुए उन्होंने भामह की सुप्रसिद्ध कृति 'काव्यालंकार' का भाष्य किया और फिर एक वृहत्काय भूमिका के साथ मुझे देखने को दिया। उस समय सर्वतंत्रस्वतंत्र कवितार्किक पं० महादेव शास्त्री के समक्ष वह कृति 'दो शब्द' लिखने को मेरे ही द्वारा रखी गई थी। शास्त्रीजी न केवल काशी के उद्भट मान्यताप्राप्त काव्यशास्त्र के नदीषण विद्वान् थे अपितु सम्पूर्ण भारतवर्ष में उनकी विद्वत्ता की धाक जमी हुई थी। उन्होंने आचार्य शर्मा की वह कृति देखी और भूरि-भूरि प्रशंसा की। मैंने उस भूमिका और भाष्य—दोनों को देखा है और उससे उनकी काव्यशास्त्रीय-सागर की मन्थानगकल्प प्रतिभा की अपरोक्षानुभूति की है। वस्तुतः संस्कृत साहित्य और शास्त्र का वह ज्ञान उन्हें अपने पूर्वजों से विरासत में प्राप्त हुआ—जिसे शर्माजी ने व्युत्पत्ति और अभ्यास के शाण पर चढ़ाकर देदीप्यमान किया। भूमिका में अलंकारशास्त्र की अनेक ग्रंथियों का सुलझाव और स्थान-स्थान पर अद्भुत प्रातिभ स्थापनाएँ हैं।

काव्यशास्त्र की सीमा भारत ही नहीं है—फलतः उनकी लेखनी 'पाश्चात्य काव्यशास्त्र'—पर भी चली। इस शीर्षक से कुछ समय पहले उनकी एक कृति नेशनल पब्लिशिंग हाउस से प्रकाशित हुई। इसमें प्लेटो, अरस्तू, होरेस, लोंगिनुस, वर्ड्सवर्थ, कॉलरिज, आर्नल्ड, क्रोचे, इलियट तथा रिचर्ड्स की मान्यताओं पर विचार किया गया है। इस कृति में शर्माजी ने इन आचार्यों की मान्यताएँ सारगर्भ रूप में उपस्थापित की हैं इसलिए कि उन पर अपनी वैचारिक प्रतिक्रिया विस्तार से दी जा सके। उनकी धारणा ठीक ही है कि आज न तो साहित्य एकदेशीय रह गया है और न आलोचना। अतः साहित्य के अनुशीलन, आस्वादन और मूल्यांकन के लिए अरस्तू, लोंगिनुस, कालरिज, क्रोचे, इलियट और रिचर्ड्स उतने ही उपादेय हैं जितने भरत और भामह, वामन, आनन्दवर्द्धन, कुन्तक और अभिनवगुप्त। इसीलिए उन्होंने एक तरफ 'अलंकार मुक्तावली', भामहकृत 'काव्यालंकार का हिन्दी भाष्य,' तथा 'काव्य के तत्व'—जैसे ग्रन्थ भारतीय काव्यशास्त्र से सम्बद्ध किए—उसी प्रकार 'पाश्चात्य काव्यशास्त्र' तो पाश्चात्य काव्यशास्त्र से संबद्ध है ही—उनके संपादकत्व में 'मनोविश्लेषण और साहित्यालोचन' तथा 'रिचर्ड्स के आलोचना सिद्धान्त'—जैसे ग्रन्थ भी प्रकाशित हुए।

संस्कृत में निबद्ध भारतीय काव्यशास्त्र और योरुपीय भाषा या भाषाओं में निबद्ध पाश्चात्य काव्यशास्त्र की आत्मा को हिन्दी की प्रकृति में बोधगम्य रूप से उतारना आचार्य शर्मा के ही बूते का है। बात यह है कि वह काव्यशास्त्री ही नहीं, भाषाशास्त्री भी थे। उन्हें जहाँ एक ओर उन भाषाओं में निबद्ध विषय का बोध था वहीं भाषाविद् होने के कारण हिन्दी की प्रकृति का भी ज्ञान था। भारतीय काव्यशास्त्री मानते हैं—'प्रथमे हि विद्वांसो वैयाकरणाः।' काव्यशास्त्र की गंगोत्री ही है—व्याकरणशास्त्र। ध्वनिमत का सर्ववादिसम्मत सिद्धान्त वैयाकरणों का ही प्रसाद है।

"काव्यस्यात्मा ध्वनिरिति बुधैर्यः समाम्नातपूर्वः"

यहाँ बुध से तात्पर्य वैयाकरण का ही है। इसीलिए आचार्य शर्मा ने 'पाश्चात्य काव्यशास्त्र' की भूमिका में यह गहरी चिन्ता व्यक्त की है "मनुष्य की तरह प्रत्येक भाषा की अपनी आकृति होती है, प्रकृति होती है, भंगिमा होती है—आत्मा होती है। उसे दूसरी भाषा के चौखटे में कसने से उसकी आकृति-प्रकृति ही विकृत नहीं होती, भंगिमा ही आहत नहीं होती बल्कि आत्मा भी स्पंदनहीन हो जाती है।" यह सही है कि पाश्चात्य या पौरस्त्य सिद्धान्त हिन्दी में आए तो बहुत हैं पर हिन्दी की प्रकृति में बोधगम्य ढंग से प्रायः नहीं आए हैं। आचार्यजी के काव्यशास्त्रीय ग्रन्थों की भाषा इस दोष से सर्वथा मुक्त है। एक अध्यापक होने के नाते उनकी भाषा में बोलते या लिखते समय संप्रेषणक्षमता बराबर उद्रिक्त रहती है। विक्रम विश्वविद्यालय की हिंदी अध्ययनशाला में अतिथि-आचार्य के रूप में एक बार आपको आमंत्रित किया गया था—मुझे उनका वह रोमांचक उपस्थापन आज भी याद है—जब न केवल विद्यार्थी, शोधछात्र और हिन्दी के अध्यापक ही उनके सम्मुख होते थे बल्कि दर्शनशास्त्र आदि अन्यान्य विषयों के भी आचार्य सामने होते थे और मंत्रमुग्ध होकर लोग भाषण सुनते नहीं, पीते थे। मतलब चाहे आचार्यजी का लेखन हो या भाषण-संप्रेषणक्षमता बराबर एक-सी उदग्र रही।

पाश्चात्य काव्यशास्त्र को हिन्दी में उतारने का कार्य अनुसंधान परिषद्, दिल्ली से भी डॉ० नगेन्द्र के संपादकत्व में आरम्भ हुआ था और पटना से आचार्य शर्मा के सम्पादकत्व में भी। आचार्य शर्मा ने सम्पादन ही नहीं—स्वयं अनुवाद भी किया। 'साइकोएनैलिसिस एण्ड लिटरेरी क्रिटिसिज्म' का ही रूपान्तर है—'मनोविश्लेषण और साहित्यालोचन'। 'रिचर्ड्स के आलोचना सिद्धान्त' का सम्पादन आपके ही द्वारा हुआ है। पाश्चात्य समालोचना-परक ग्रंथमाला का विराट् संकल्प था। इस योजना में पहले छह पुस्तकों के प्रकाशन की योजना थी—इस पुस्तक के अतिरिक्त पाँच हैं :

(1) उपन्यास का शिल्प
(2) पाश्चात्य सौन्दर्यशास्त्र
(3) शैली
(4) मनोविश्लेषण और साहित्यालोचन
(5) सौन्दर्यशास्त्र और भाषाशास्त्र ।

परवर्ती दो रूपान्तर के रूप में तथा शेष चार मौलिक रूप में संकलित थे। सम्भव है प्रशासनिक दायित्व ने इस संकल्प में बाधा डाली हो।

काव्यशास्त्र के क्षेत्र में पौरस्त्य तथा पाश्चात्य चिन्तन का हिन्दी की प्रकृति में बोधगम्य उपस्थापन तो उनके द्वारा किया ही गया—साथ-साथ इस सन्दर्भ में जहाँ-तहाँ तुलनात्मक विवेचन भी अधिकारपूर्वक हुआ। उदाहरणार्थ पाश्चात्य काव्यशास्त्र में अभिव्यंजनावाद की चर्चा करते हुए वक्रोक्तिजीवित का भी समानान्तर विवेचन प्रस्तुत हुआ है। उनकी दृष्टि में "कुन्तक का वक्रोक्तिवाद उदात्त का सर्वाधिक निकटवर्ती है। उदात्त के पाँचों स्रोत कुन्तक की सरणि में वर्तमान हैं। लोंगिनुस जिसे विचार कहते हैं—वह कुन्तक की भाषा में अर्थ है। भाव दोनों के यहाँ हैं। भाव की प्रबलता या सान्द्रता ही रस है···" प्रायः लोग क्रोचे की चर्चा वक्रोक्तिवाद के साथ करते हैं—शर्माजी ने लोंगिनुस के सन्दर्भ में भी उन्हें देखा है। उन्होंने वक्रोक्ति विषयक महापात्र विश्वनाथ और आचार्य रामचन्द्र शुक्ल की मान्यताओं का खण्डन करते हुए विस्तार के साथ दोनों का साम्य-वैषम्य निरूपित किया है।

इस प्रकार की सारस्वत प्रतिभाओं के प्रशासन में स्थानान्तरण से सरस्वती की अपने वरदपुत्रों से की जाने वाली प्रत्याशा वंध्या हो जाती है। आचार्य शर्मा का काव्यशास्त्र के क्षेत्र में जितना अवदान हो सकता था वह नहीं हो सका प्रशासनिक व्यस्तताओं के कारण। परन्तु उनका लेखन सर्वत्र उनके मौलिक चिन्तन और विशद ज्ञान का परिचय देता है।

आचार्य देवेन्द्रनाथ शर्मा के काव्यशास्त्रीय लेखन का महत्त्व : परंपरा और आधुनिक निकष

अमरनाथ सिन्हा

आचाय शर्मा के काव्यशास्त्रीय चिन्तन का उत्तमांश एवं अधिकांश लिखा नहीं जा सका यह एक तथ्य है। काव्यशास्त्र से जुड़े उनके चार ग्रंथ हैं—अलंकार मुक्तावली, भामहविरचित काव्यालंकार का भाष्य, काव्य के तत्त्व और पाश्चात्य काव्यशास्त्र। इन ग्रंथों की भूमिकाओं में आचार्य शर्मा ने जो प्रतिज्ञाएँ रखी हैं, उनसे यह स्पष्ट है कि उनका काव्यशास्त्रीय चिन्तन वृहदायामिक था। कुछ उदाहरण लें :

(i) अलंकार पर प्राचीन और अर्वाचीन दृष्टियों का समन्वय करते हुए एक विशद विवेचन लिखने का मेरा विचार था, पर समयाभाव के कारण इसे अभी न कर सका। अब तो भविष्य का ही भरोसा है।

—अलंकार मुक्तावली (सं० 2005 वि०, आत्मनिवेदन, पृ० ज)

(ii) परिषद् ने सरस्वतीकंठाभरण के हिन्दी-रूपांतर का कार्य मुझे सौंपा है। ···यदि बाधाएँ न आयीं तो उसे शीघ्र ही प्रस्तुत करने की आशा करता हूँ।

—काव्यालंकार भाष्य, (सं० 2019 वि०, आमुख, पृ० छ)

(iii) भारतीय काव्यशास्त्र का विशद और व्यापक विवेचन एक दूसरे ग्रंथ में करने का विचार है।···विश्वास दिलाऊँ कि अब अधिक विलंब नहीं होगा।

—काव्य के तत्त्व (सं० 2037 वि० भूमिका)

(iv) (क) भारतीय काव्यशास्त्र से परिचय के कारण पाश्चात्य काव्यशास्त्र के साथ उसकी तुलनात्मक समीक्षा की इच्छा बार-बार मन में उठती रही है।··· मैंने तुलनात्मक संकेत प्रायः किए भी हैं पर ग्रंथ-गौरव की आशंका से उनके पल्लवन पर अंकुश रखना पड़ा है।

—पाश्चात्य काव्यशास्त्र, (1984 ई० भूमिका, पृ० 13)

(ख) कुलपति पद के भार से मुक्त होने पर मैंने तुलनात्मक साहित्य के

आधार पर रूपवादी तथा समाजवादी आलोचना-पद्धतियों के संलेश्ष की योजना बनायी। प्रस्तुत पुस्तक उस योजना का एक उपजात (बाइप्रोडक्ट) है।
—(वही पृ० 13)

उपर्युक्त उद्धरणों से स्पष्ट है कि आचार्य शर्मा ने काव्यशास्त्रीय चिंतन के क्रम में एक वैश्विक दृष्टि अपनायी थी। अलंकारशास्त्र का प्राचीन और अर्वाचीन दृष्टियों से विशद विवेचन वे इसलिए भी करना चाहते थे कि भारतीय काव्यशास्त्र का बहुलांश परंपरया अलंकारशास्त्र ही कहा जाता रहा है। 'सालंकारस्य काव्यता' (वक्रोक्तिजीवित 1/6) के प्रतिष्ठापक, आचार्य कुंतक के वक्रोक्तिजीवित का एक अन्य नाम काव्यालंकार भी है और यह भी कोई आकस्मिक संयोग नहीं प्रतीत होता कि आचार्य शर्मा भोजदेवकृत 'सरस्वतीकंठाभरण' का हिन्दी रूपांतर भी प्रस्तुत करने वाले थे, क्योंकि समस्त काव्यरूपों को त्रिविध अलंकारवर्ग में रखकर विवेचन करने वाले आचार्य भोजदेव ही थे। भोजकृत सरस्वतीकण्ठाभरण विश्वकोषीय ग्रंथ है, जिसमें भारतीय काव्यशास्त्र की दोनों धाराएँ—कविशिक्षणशास्त्र और सैद्धांतिक काव्यशास्त्र समाहित हैं। 'सरस्वतीकंठाभरण' एक सर्वग्राहक आचार्य की उदार दृष्टि एवं विशद ज्ञान का विरल उदाहरण है, वैसी ही उदारदृष्टि एवं विशदज्ञान उसके भाष्यकार के लिए भी अपेक्षित होता। अतः 'भारतीय काव्यशास्त्र का विशद और व्यापक विवेचन' की प्रतिज्ञा का परिणतरूप कैसा होता, यह तो अब सिर्फ अनुमान का विषय रह गया है।

आचार्य शर्मा, पाश्चात्य काव्यशास्त्र का अध्ययन भारतीय काव्यचिंतन के संदर्भ में और भारतीय काव्यचिंतन का पाश्चात्य काव्यशास्त्र के संदर्भ में, करना चाहते थे। लोंगिनुस के क्रम में यह कहना कि "उन्होंने विचार, भाव, अलंकार, पद, संरचना, लय, इन सबके समन्वय पर बल दिया है। इनमें से किसी तत्त्व के अतिरेक और अल्पता के वे विरोधी हैं। वस्तुतः यह औचित्य का ही प्रकारभेद है।" (पाश्चात्य काव्यशास्त्र, पृ० 101) अथवा वर्ड्सवर्थ के प्रसंग में यह कथन कि, "भावक के आनंद का निर्देश आलोचकों ने किया है, किंतु कवि (स्रष्टा) के आनंद का निर्देश कुछ ही आलोचकों ने किया है। वर्ड्सवर्थ उनमें अन्यतम हैं। इस प्रसंग में गोस्वामी तुलसीदास का स्वान्तःसुखाय अनायास स्मरण हो आता है।" (वही, पृ० 112) या कोलजरि के प्रसंग में यह टिप्पणी कि "जैववादी सिद्धांत (organic theory) कोलरिज की काव्यसंबंधी धारणा का एक प्रमुख आधार है।···काव्य के सभी उपादन जैव रूप में सहवर्ती हैं, यांत्रिक नहीं। कुंतक जब कहते हैं कि अवयव-रहित संपूर्ण की काव्यता है, तात्पर्य कि अलंकारयुक्त ही काव्य है, काव्य में (अलग से) अलंकार का योग नहीं होता तो वह जैववादी सिद्धांत का ही पूर्वाभास है। क्रोचे ने अंतःप्रज्ञा (intuition) और अभिव्यंजना (expression) का अभेद बताकर प्रकारांतर से यही बात कही है।" (वही, पृ० 128) अथवा कोलरिज के ही

प्रसंग में ये स्थापनाएँ कि "कोलरिज द्वारा निरूपित प्रतिभा भारतीय काव्यशास्त्र में निरूपित प्रतिभा से प्राय: एकरूप है और प्रज्ञा व्युत्पत्ति से।" (वही, पृ० 133) तथा यह कि "कल्पित कथानक से आनंदप्राप्ति कैसे होती है, इस प्रश्न का समाधान कोलरिज ने यह कहकर किया है कि उतनी देर के लिए पाठक या प्रेक्षक के मन में 'अविश्वास का स्थगन' (suspension of disbelief) हो जाता है।···'अविश्वास का स्थगन' साधारणीकरण का ही एक पहलू है जिसका भारतीय काव्यशास्त्र में विशद विवेचन हुआ है।" (वही, पृ० 136) अथवा टी० एस० इलियट के प्रसंग में यह प्रतिपादन कि, इलियट का यह "मूर्तविधान (objective correlative) भारतीय रस-सिद्धांत का विभावन-व्यापार है।" (वही, पृ० 207) अथवा आई० ए० रिचर्ड्स के संदर्भ में यह तुलनात्मक टिप्पणी कि, "प्रसिद्ध आलंकारिक आचार्य भामह ने भी भाषा के दो भेद किए हैं जो रिचर्ड्स के भेद से (रिचर्ड्स ने भाषा के दो भेद किए हैं वैज्ञानिक (scientific) तथा रागात्मक (emotive)) मिलते-जुलते हैं। वे वैज्ञानिक या निर्देशात्मक भाषा को वार्ता कहते हैं और रागात्मक भाषा को वक्रता।" (वही, पृ० 149) आदि प्रथम दृष्टिबिंदु के संकेतक हैं। रिचर्ड्स के छंद:प्रभाव की अवधारणा कि छंद सारे शरीर में व्याप्त होने वाली एक चक्रीय उत्तेजना है, मन के स्रोतों से उमड़ने वाला एक उद्वेल प्रवाह है, को आत्मसात् करने पर यह प्रत्यभिज्ञा कि "छंद के प्रभाव का यह वर्णन रसास्वाद के प्रकरण में मम्मट के सर्वांगीणमिवालिंगन्' की याद दिलाता है।" (पा० का०, पृ० 257) वस्तुत: विशिष्ट, जागरूक एवं शास्त्रसिद्ध मनीषा की ओर संकेत करता है—यही मनीषा आचार्य शर्मा की मनीषा थी। आचार्य रामचद्र शुक्ल द्वारा 'अभिव्यंजनावाद को वक्रोक्तिवाद का विलायती उत्थान' मानने का वैदुष्यपूर्ण प्रत्याख्यान (पा० का०, पृ० 178-182) भी यही संकेतित करता है।

आचार्य शर्मा मूलत: भारतीय काव्यचिंतन परंपरा के अध्येता रहे। आधुनिक-कालीन भारतीय काव्यचिंतन की मुख्यत: चार धाराएँ हैं: (1) परंपरायुक्त (2) पुनर्मूल्यांकनमूलक (3) संश्लेषणात्मक तथा (4) तुलनात्मक। परंपरायुक्त काव्यचिंतन संस्कृत काव्यशास्त्र का प्रस्तुतीकरण मात्र करता है तो पुनर्मूल्यांकन-मूलक चिंतन पारंपरिक काव्यशास्त्रीय सिद्धांतों की प्रासंगिकता की तलाश करता है। तुलनात्मक चिंतनधारा भारतीय एवं पाश्चात्य काव्यशास्त्र, सौंदर्य-शास्त्र तथा समाजवादी काव्यशास्त्र के विश्लेषण का पक्षधर है, तो संश्लेषणात्मक काव्यचिंतन काव्य एवं कला के जातीय, विशेषीकृत तथा स्वरूपगत तत्त्वों का निर्धारण करना चाहता है—भारतीय एवं पाश्चात्य चिंतन परंपराओं के अवगाहन के माध्यम से आचार्य शर्मा बुनियादी तौर पर पुनर्मूल्यांकनमूलक चिंतन परंपरा के प्रतिनिधि हैं। वैसे, पाश्चात्य काव्यशास्त्र के अध्ययन के प्रसंग में वे

तुलनात्मक प्रणाली की प्रौढ़ि का पर्याप्त संकेत देते हैं। भारतीय काव्यशास्त्र के प्रस्थानबिंदु से वे पाश्चात्य सौंदर्यशास्त्र/काव्यशास्त्र को देख पाते इसका अवसर वे नहीं निकाल पाये। लेकिन इन दिशाओं में उनकी मानसिक तैयारी थी, इसके संकेत भी पर्याप्त हैं। अलंकारों के विवेचन के क्रम में मानवीकरण (personification), विशेषण-विपर्यय (transferred epithet) और ध्वन्यर्थचित्रण (onomatopoeia) का विवेचन भी वे करना चाहते थे। किंतु वे वैसा नहीं करते, क्योंकि उनकी दृष्टि में 'अलंकार-युग समाप्त हो गया है।' यद्यपि वे यह भी मानते हैं कि 'जबतक कविता नाम की वस्तु है, तब तक अलंकारों या तत्स्थानीय प्रसाधनों की उपयोगिता समाप्त नहीं होगी।' (अलंकार मुक्तावली, आत्म-निवेदन, पृ० भ)। जिस रूपवादी और समाजवादी काव्यशास्त्र का संश्लेष वे कल्पित करना चाहते थे, उनमें से रूपवादी काव्यशास्त्र ही उनका आत्मीय था। भामह-सम्मत काव्यलक्षण का विश्लेषण करने के क्रम में आचार्य शर्मा ने 'शब्दार्थौ सहितौ काव्यम्' को भामह-निर्मित लक्षण माने जाने का दृढ़तापूर्वक प्रत्याख्यान किया है। वे कुंतक के 'विशिष्टमेवेह साहित्यमभिप्रेतम्' (व० जी०, पृ० 25) तथा अलंकारसर्वस्व के टीकाकार समुद्रबंध के "इह विशिष्टौ शब्दार्थौ काव्यम्' के पक्षधर हैं। और इसीलिए उनकी दृष्टि में भामह-सम्मत काव्यलक्षण है—वक्राभिधेयशब्दोक्तिः इष्टा वाचामलङ्कृतिः (काव्यालंकार, 1/36)। इसी संदर्भ में आचार्य शर्मा की यह स्थापना, रूपवादी काव्यशास्त्र की निर्भ्रान्त संसिद्धि प्रस्तुत करती है कि "काव्यशास्त्र का समग्र इतिहास इस वैशिष्ट्य और विश्लेषण का इतिहास है। रमणीयता, चारुत्व, सौंदर्य, विच्छित्ति, चमत्कार आदि उस वैशिष्ट्य का पर्यायमात्र हैं और अलंकार, गुण, रीति, वक्रोक्ति, ध्वनि, रस, औचित्य आदि उसी के रूपभेद।" (काव्यालंकार-भाष्य, पृ० 6)। 'काव्य-शास्त्र का समग्र इतिहास' के 'काव्यशास्त्र' शब्द से आचार्य शर्मा का अभिप्रेत सिर्फ भारतीय काव्यशास्त्र नहीं, पाश्चात्य काव्यशास्त्र भी है। इसकी पुष्टि उनके इस कथन से होती है कि "ऐतिहासिक कारणों से समाजवादी आलोचना की तुलना में रूपवादी आलोचना प्राचीन तो है ही, आकार में विस्तृत तथा प्रकार में समृद्ध भी है। समाजवादी आलोचना के ज्ञान के लिए भी रूपवादी आलोचना का परिचय अपेक्षित है।" (पाश्चात्य काव्यशास्त्र, भूमिका, पृ० 11) भारतीय काव्यशास्त्र का बहुलांश रूपवादी आलोचना का उत्कृष्ट उदाहरण है, तो पाश्चात्य काव्यशास्त्र में भी सौंदर्यशास्त्र का अनुप्रवेश रूपवादी भूमिका ही है। यों समाजवादी आलोचना ने भी समाजवादी सौंदर्यशास्त्र की स्थापनाएँ रखी हैं, लेकिन वह समाजवादी अधिक है, सौंदर्यवादी कम। परिणामतः समाजवादी आलोचना मूल्यपरक ही अधिक है। रूपवाद या समाजवाद में से किसी का भी अतिरेक, सैद्धांतिक स्तर पर चाहे जितना भी महत् (?) माना जाय, काव्यास्वाद के स्तर

पर बाधक ही होता है। भारतीय काव्यशास्त्र में भी अलंकार "जब तक सौंदर्य-विच्छित्ति का जीवितांग रहा, तब तक वह 'काव्यशोभाकर धर्म' (दंडी) या 'सौंदर्यमलकारः' (वामन) के रूप में मान्य रहा, किन्तु बाद में जब 'अलंकार' अलंकारवाद में रूपांतरित हुआ तो वह 'कटककेयूरवत्' काव्य के लिए बोझ ही बना।" इसी प्रकार समाजवादी आलोचना (और उसके साथ ही रचना एवं रचना-धर्मिता भी) भी अतिरेकी होने पर 'मूल्य' के बजाय 'नारों' का उत्पादन करने लगती है। आचार्य शर्मा ने इनके संश्लेष की बात सोची थी, अपनी इस सोच का प्रस्थान बिन्दु भी उन्होंने तय कर रखा था—रूप से मूल्य की ओर प्रस्थान। इसकी विवृति की संभावित दिशाएँ एवं स्वरूप के पर्याप्त संकेत उन्होंने दे रखे थे। यह सब कुछ काव्यचिंतन की परंपरा में उनके महत्त्व को रेखांकित करते हैं।

आचार्य शर्मा के काव्यशास्त्रीय ग्रन्थों में दृष्टिकोण और प्रतिपादन के कुछ सामान्यसूत्र हैं, जिनका अभिज्ञान उनके अवदान-संदर्भ को समझने में सहायक होंगे :

(क) **स्पष्टता** : विषय का स्पष्ट प्रतिपादन शर्माजी की काव्यशास्त्रीय लेखन की निजी विशेषता है। विषय की स्पष्टता, विषय के सूक्ष्म, गहन एवं विशद ज्ञान तथा उसे संप्रेषित कर सकने में सक्षम प्रज्ञा से आती है। क्रोचे की अवधारणा का यदि अनुसरण करें तो आचार्य शर्मा की अंतःप्रज्ञा/अभिव्यंजना निर्भ्रांत एकान्वित है और उसके बाह्यीकरण का माध्यम अर्थात् भाषा तदनुकूल प्रांजल। उनके शास्त्रज्ञान अथवा यों कहें कि उनके शास्त्रज्ञ मन पर उनका अध्यापक मन हावी रहा है। फलतः जटिल शास्त्रचर्चा भी वे उसी सरलता और सरसता से कर जाते हैं, गोया अपने छात्रों को पढ़ा रहे हों। छात्रों को पढ़ाते समय आप गुरु गंभीर तटस्थ पांडित्यमुद्रा तो अपना नहीं सकते, क्योंकि प्रश्न ज्ञान के अवगाहनमात्र का नहीं, बल्कि संप्रेषित तथा हृदयंगम कराये जाने का है। आचार्य शर्मा तटस्थ पांडित्य के नहीं, संप्रेष्य पांडित्य के सहज आग्रही रहे। उनके इस कथन का कि "अध्यापक के रूप में मैंने संप्रेषण की सहजता तथा सरलता को सर्वाधिक महत्व दिया है। मेरी मान्यता है कि विषय कठिन नहीं होता, यदि कठिन प्रतीत होता है तो इसका अर्थ है कि संप्रेषण सदोष है। कुछ लोग पांडित्य प्रदर्शन के लिए जान-बूझकर लेखन में क्लिष्टता लाते हैं। मैं इसे तामस लेखन कहता हूँ।" (पाश्चात्य-काव्यशास्त्र, भूमिका, पृ० viii) स्वारस्य यही है। भामहकृत काव्यलंकार से एक उदाहरण लें। काव्य में प्रयोज्यशब्द के बारे में भामह का कथन है कि :

क्रमागतं श्रुतिसुखं शब्दमर्थ्यमुदीरयेत्।
अतिशेते ह्यलङ्कारमन्यं व्यञ्जनचारुता ॥

काव्यालंकार, 6/28

आचार्य शर्मा ने पहले उसका अनुवाद किया :

"परम्परागत, श्रवण-सुखद (उत्कृष्ट), अर्थयुक्त शब्द काम में लाना चाहिए। वर्ण-सौन्दर्य दूसरे (सभी) अलंकारों से बढ़कर है।"

और फिर उस के भाष्य में कहा कि "यहाँ व्यंजन-सौन्दर्य शब्द-सौन्दर्य का संग्राहक है। अलंकार-योजना की अपेक्षा कवि को शब्द-साधुत्व पर अधिक ध्यान देना चाहिए। पहले शब्द ही हृदयंगम होता है अत: उसे ही निर्दोष होना चाहिए। उसके निर्दोष होने पर ही अलंकार चमत्कार उत्पन्न कर सकेगा। अलंकार रहे ही और शब्द सदोष हो तो उससे आनन्द के बदले पाठक को उद्वेग होगा।" (काव्यालंकार भाष्य, पृ० 157)। भाष्य में विषय-प्रतिपादन का अनुक्रम देखने लायक है। विषय है शब्द-साधुत्व और अलंकार-विधान के तारतम्य की स्थापना। यों, सत्काव्य में दोनों में कोई विरोध या विप्रतिपत्ति नहीं होती। लेकिन अगर हो तो, दोनों में किसे प्रश्रय दिया जाय ? भामह का मत है कि वैसी स्थिति में शब्द-साधुत्व को ही प्रश्रय दिया जाना चाहिए, क्योंकि वर्ण-सौन्दर्य (सभी) अलंकारों से बढ़कर है। अब, आचार्य शर्मा के भाष्य का अनुक्रम देखिए : (i) अलंकार योजना की अपेक्षा शब्द-साधुत्व (क्योंकि) (ii) पहले शब्द हृदयंगम होता है, अत: उसे ही निर्दोष होना चाहिए (क्योंकि) (iii) उसके निर्दोष होने पर ही अलंकार चमत्कार उत्पन्न कर सकेगा (क्योंकि) (iv) सदोष शब्द उद्वेगकारी होते हैं (फलत: चमत्कार उत्पन्न नहीं हो सकेगा, पाठक को आनन्द प्राप्त नहीं हो सकेगा, शब्द हृदयंगम नहीं हो सकेगा, और तब अलंकारविधान ही नहीं समस्त कविकर्म निरर्थक होगा)। भाष्य में मूल विषय की सिद्धि अनुलोम-विलोम क्रम से की गयी है, जिससे विषय का निर्भ्रांत समाधान तो होता ही है, साथ ही इस 'निर्भ्रांत समाधान' तक पहुँचने में पाठक को कोई उद्वेग भी नहीं होता। यह कार्य कोई समर्पित अध्यापक ही कर सकता है।

(ख) **प्रासंगिकता** : आचार्य शर्मा के काव्यशास्त्रीय लेखन का दूसरा सामान्यसूत्र है प्रासंगिकता। प्रासंगिकता के दो पक्ष हैं। एक तो यह कि सामयिक अपेक्षाओं की स्पष्ट पहचान हो और दूसरे ज्ञान की विपुलराशि से, उन सामयिक अपेक्षाओं के अनुकूल उपयोगी सामग्री का चयन किया जाय। इस सम्बन्ध में आचार्य शर्मा का आदर्श रहा है—'नानपेक्षितमुच्यते' (काव्यालंकार-भाष्य, आमुख, पृ० च) अर्थात् 'कुछ भी अपेक्षित छूटे नहीं और अनपेक्षित आवे नहीं', (अलंकारमुक्तावली, आत्मनिवेदन, पृ० ञ) प्रासंगिकता की सार्थकता इस बात पर निर्भर है कि 'अपेक्षित-अनपेक्षित' में सम्यक् विवेक किया गया हो। शर्माजी के काव्यशास्त्रीय लेखन में उपर्युक्त 'सम्यक् विवेक' प्रखर-जागरूक है। यह वक्तव्य देखिए : "काव्यशास्त्र की आधार-सामग्री दर्शन, अर्थविज्ञान, मनोविज्ञान आदि से प्राप्त होती है। अत: उसका सैद्धांतिक पक्ष कुछ गूढ़ हुआ करता है। जिसे दर्शन, अर्थ-विज्ञान आदि उपकारक विषयों का ज्ञान है उसका काम तो सुगम होता है किन्तु

सभी जिज्ञासु इन विषयों के जानकार नहीं होते । उनके लिए तो विवेचन ही इतना स्पष्ट होना चाहिए कि उपकारक शास्त्रों के ज्ञान के बिना भी विषय का समीचीन बोध हो जाए ।" (पाश्चात्य काव्यशास्त्र, भूमिका, पृ० viii) पाश्चात्य काव्यशास्त्र पर लिखनेवालों ने प्राय: विशेषत: अरस्तू, क्रोचे आदि पर लिखते समय दर्शन, मनोविज्ञान अथवा आई० ए० रिचर्ड्स पर लिखते समय अर्थविज्ञान पर लम्बी चर्चाएँ की हैं । पर आचार्य शर्मा वैसा नहीं करते और सम्बद्ध विषयबोध में भी संकोच नहीं होता । ऐसा नहीं है कि दर्शन, मनोविज्ञान आदि अनपेक्षित हैं, लेकिन उनका स्वनिष्ठ विवेचन काव्यशास्त्र के संदर्भ में निश्चय ही अनपेक्षित है, अपेक्षित सिर्फ वही है और उतना ही, जितना काव्यशास्त्र में संप्रयुक्त हुआ हो । क्रोचे के विवेचन-क्रम में आचार्य शर्मा सिर्फ 'एस्थेटिक्स' में संप्रयुक्त अवधारणाओं की ही व्याख्या करते हैं, उनके स्रोतों की नहीं, क्योंकि तब कांट, हीगेल आदि का भी विवेचन करना पड़ता और वह उन्हीं के शब्दों में 'अकिंचित्कर' होता । काव्यालंकार-भाष्य की भूमिका में भामह के मुख्य प्रतिपाद्य विषयों की समीक्षा की गयी है । वहीं, भामह के शब्द और अर्थ सम्बन्धी चर्चाओं की विस्तृत समीक्षा शर्माजी, यह कहते हुए नहीं करते कि (1) यह विचार अत्यन्त संक्षिप्त और अपूर्ण है (2) भामह ने जो प्रश्न उठाए हैं उनको भी, बिना सम्यक् समाधान किए, बीच में ही छोड़ दिया है तथा (3) इस निरूपण में भामह की अपनी कोई मौलिक देन भी नहीं है । और सबसे बड़ा कारण यह है कि, "पंचम परिच्छेद में न्याय और षष्ठ परिच्छेद में व्याकरण की जो बातें कही गयी हैं वे हिन्दी के विद्यार्थी के लिए अनुपयोगी हैं ।" (काव्यालंकार भाष्य, भूमिका, पृ० 46) भाष्य में तो भाष्यकार का लक्ष्य है 'संस्कृत के आकर ग्रंथों को हिन्दी के पाठकों के लिए बोधगम्य बनाना' और इसीलिए वहाँ 'व्याख्या और विस्तार का मार्ग' अपनाया गया है, किन्तु भूमिका का लक्ष्य है 'भामह की काव्य-सम्बन्धी मान्यताओं का विवेचन ।' वैसी स्थिति में शब्द और अर्थ के विवेचन के क्रम में यदि भामह की कोई मौलिकता नहीं, तब उसकी विस्तृत चर्चा क्यों की जाती ? वह तो तब और भी अनपेक्षित होता, क्योंकि वे सारे विवरण हिन्दी के विद्यार्थी के लिए अनुपयोगी हैं ।

सम्यक् विवेक की यह प्रखरधार 'अलंकार मुक्तावली' में भी देखी जा सकती है । एक तरफ तो यह निर्भ्रांत स्थापना है कि, "मैं अलंकारों का अध्ययन आवश्यक ही नहीं, अनिवार्य समझता हूँ" (वही, आत्मनिवेदन, पृ० ख) और दूसरी तरफ यह वक्तव्य भी कि "विषय-निरूपण में हिन्दी की प्रकृति को ध्यान में रखा है अत: अलंकारों के वे भेद-प्रभेद, जो हिन्दी की प्रकृति के अनुकूल नहीं हैं, छोड़ दिए हैं ।" (वही, पृ० ङ) । दोनों वक्तव्यों के लिए आचार्य शर्मा के अपने तर्क हैं । अलंकारों का अध्ययन इसलिए अनिवार्य है कि :

1. "हिन्दी-साहित्य के दो सौ वर्षों का (और दो सौ वर्ष कोई कम नहीं होते)

इतिहास अलंकारों का इतिहास है।"

2. "साहित्यिक आलोचना का सूत्रपात अलंकारों से ही हुआ और बहुत दिनों तक अलंकार ही काव्य के प्राण माने जाते रहे।"
3. "आज अलंकार शब्द का भले ही प्रयोग न हो पर काव्य की समीक्षा के प्रसंग में अच्छे-बुरे का निर्णय करने के लिए जो साधन काम में लाये जाते हैं, उनमें अच्छाई के निर्देशक किसी-न-किसी रूप में पहले के अलंकार कहलाने वाले पदार्थ ही रहते हैं।" (वही, पृ० ग)

काव्य में अलंकार विधान की इस अनिवार्य भूमिका के समर्थन के बावजूद आचार्य शर्मा अलंकार-मात्र अर्थात् संस्कृत काव्यशास्त्र तथा उन्हीं के अनुसरण पर हिन्दी में विवेचित-निरूपित सभी अलंकारों का अध्ययन अनिवार्य नहीं मानते, क्योंकि :

(1) "कुछ आलंकारिकों ने कई अलंकार केवल अपनी मौलिकता दिखाने के लिए लिख डाले।"

(2) "अनेक तथाकथित मौलिक अलंकारों का 'अंतर्भाव दूसरे अलंकारों में आसानी से हो जाता है', जैसे 'विकस्वर' की अर्थान्तरन्यास से, 'प्रौढ़ोक्ति' की सम्बन्धातिशयोक्ति से, 'ललित' की निदर्शना से··· अलग स्थिति नहीं।"

(3) "ध्वनिकाव्य के विषय भी विवेचनशीलता की कमी के कारण अलंकारों की श्रेणी में डाल दिए गए, जैसे गूढोक्ति।"

(4) "अलंकार-युग समाप्त हो गया है।" (वही, पृ०झ-ञ)

(5) "सारे भेद-प्रभेद हिन्दी की प्रकृति के अनुकूल नहीं।"

(वही, आत्मनिवेदन, पृ० छ)

स्पष्ट ही यहाँ आचार्य शर्मा का अपेक्षित-अनपेक्षित सम्बन्धी सम्यक् विवेक बोल रहा है। जब वे दृढ़तापूर्वक यह कहते हैं कि····"जब तक कविता नाम की वस्तु है तब तक वह (अलंकारों या तत्स्थानीय प्रसाधनों की उपयोगिता) समाप्त भी नहीं होगी, यह असंदिग्ध है," (वही, पृ० ञ), तब वे भामह, वामन, भोज की सरणि को संपुष्ट कर रहे होते हैं जिसमें 'सौन्दर्य के निष्पादक सभी तत्व अलंकार हैं' तथा रस को भी श्रव्यकाव्य में रसवदलंकार कहा गया है। इस अर्थ में अलंकार निश्चय ही उपमादि (वामन के शब्दों में 'करणव्युत्पत्तिमूलक' अलंकार) नहीं हैं। उन्होंने "पाश्चात्य काव्यशास्त्र में भी उन्हीं काव्यशास्त्रियों के सिद्धान्तों का विवेचन किया है जो हिन्दी में बहुचर्चित हैं।" (भूमिका, पृ० 13) इसलिए वहाँ भी अगर बेन जॉन्सन, डॉ० जान्सन, बेकन, ब्लैकम्यूर, एम्पसन आदि चर्चित नहीं हैं, तो कोई आश्चर्य नहीं।

दरअसल आचार्य शर्मा सिर्फ सारस्वत साधना में ही प्रासंगिकतापेक्षी नहीं

रहे उनका व्यावहारिक जीवन भी तदनुरूप रहा और समाधिस्थ हुआ—हिन्दी के संदर्भ में प्रासंगिक चर्चा के दौरान ही स्वर्गारोहण उनकी समग्र प्रासंगिकता को ही रेखांकित करता है।

(ग) **प्रामाणिकता** : यह तीसरा सामान्य सूत्र है। अपने काव्यशास्त्रीय लेखन के लिए आधार सामग्री का संचयन उन्होंने मूल स्रोतों से किया है। विषय का सर्वथा प्रामाणिक प्रस्तुतीकरण हो इस सम्बन्ध में अपनी चिन्ता और प्रक्रिया स्पष्ट करते हुए आचार्य शर्मा ने लिखा है कि "आलोच्य आचार्यों की कृतियों का मैंने अनेकशः पारायण किया है—बोध के लिए भी, पूर्वापर संगति के लिए भी, संदेह-निवारण के लिए भी, प्रामाणिकता के लिए भी। प्लेटो और अरस्तू पर लिखते समय उनकी सारी कृतियों के अध्ययन से ही संतोष नहीं हुआ, यूनान के इतिहास और भूगोल का ज्ञान भी आवश्यक प्रतीत हुआ। उदाहरणार्थ, यह शंका मन में बार-बार उमड़ती-घुमड़ती रही कि प्लेटो ने अपने आदर्श राज्य से कवियों के निष्कासन की बात कैसे कह दी—उस प्लेटो ने जिसके लेखकीय जीवन का आरंभ काव्यरचना से हुआ था, जिसके दार्शनिक लेखन में भी काव्य की सरसता भरी है और जिसका गद्य काव्यगुणों से ओतप्रोत है? इस शंका का समाधान प्लेटो की कृतियों में नहीं, यूनान के इतिहास में मिला जिसका उल्लेख मैंने प्लेटो की आलोचना के प्रसंग में किया है। विषय के पूर्ण अधिगम के लिए हमारे यहाँ श्रवण, मनन एवं निदिध्यासन (निरन्तर चिन्तन) के जो तीन सोपान विहित हैं, वे निरर्थक नहीं हैं।" (पाश्चात्य काव्यशास्त्र, भूमिका, पृ० viii) उपर्युक्त उद्धरण का विश्लेषण करें, तो स्पष्ट होगा कि आचार्य शर्मा की यह चिन्ता बराबर रही कि :

—विषयबोध निभ्रांत हो,

—विभिन्न विषयों की पूर्वापर संगति अविच्छिन्न रहे,

—संदेह की गुंजाइश नहीं छोड़ी जाय, यदि प्रश्न उठाया गया हो तो उसका समाधान भी अनिवार्यतः किया जाय,

—उपर्युक्त लक्ष्यों की सिद्धि के लिए मूल ग्रंथों का पारायण किया जाय। अगर ऐसा करने में भाषा-बाध हो तो अनुवादों के माध्यम से ही सही, (जैसा कि स्वयं उन्होंने ग्रीक, लैटिन और इतालवी ग्रन्थों के संदर्भ में किया) मूल तक पहुँचा जाय।

—कभी-कभी शंकाएँ या प्रश्न बड़े बुनियादी होते हैं और उनका समाधान मूलकृतियों से भी नहीं हो पाता, वैसी स्थिति में सम्बद्ध रचना या रचनाकार की ऐतिहासिक, सांस्कृतिक, भौगोलिक, राजनैतिक पृष्ठभूमि को खंगाला जाय, समाधान मिलेगा; और यदि समाधान न मिले तो येन-केन-प्रकारेण दूर की कौड़ी लाकर उसे ही 'इत्यलम्' नहीं प्रतिपादित

किया जाय । यह लेखकीय ईमानदारी का तकाजा है और आचार्य शर्मा में यह भरपूर मात्रा में है। उदाहरणार्थ, भामह का एक प्रसंग लें।

न नितांतादिमात्रेण जायते चारुता गिराम्। (काव्यालंकार, 1/36) के 'नितान्त' शब्द के सम्बन्ध में शर्माजी कहते हैं कि "इस कारिका में 'नितान्तादि' अंश का अर्थ पूर्ण स्पष्ट नहीं है। सभी ने खींचतान करके ही अर्थसंगति का प्रयास किया है। यहाँ कोई पाठांतर होना चाहिए, पर सभी प्रतियों में यही पाठ है और उसकी संगति उपर्युक्त प्रकार (अर्थात् केवल नितांत आदि शब्द प्रयोग से वाणी में सौन्दर्य नहीं आता) से ही समीचीन है।" (काव्यालंकार भाष्य, पृ० 19) समस्या है कि 'नितान्तादि' अंश से भामह का अभिप्रेत क्या है ? अर्थ स्पष्ट नहीं है, यह स्थिति है। भाष्यकार ने अन्य टीकाकारों को देखा-परखा और उन्हें लगा कि सभी ने खींचतान कर अर्थ किया है। अनुमान हुआ कि कोई पाठांतर होना चाहिए पर काव्यालंकार के सभी उपलब्ध पाठों में यही अंश है। अन्ततः यथासंभव संगत अर्थ लगाने की कोशिश की गयी, लेकिन उसे इत्यलम् नहीं कहा गया, 'समीचीन' कहा गया।

श्रवण, मनन, निदिध्यासन के साथ ऐसी लेखकीय ईमानदारी से ही प्रामाणिकता पुष्ट होती है।

प्रामाणिकता के अन्य पक्ष भी हैं। रचना अथवा रचनाकार के किसी मंतव्य, प्रतिपादन अथवा निरूपण से यदि वैमत्य हो तो उसका प्रत्याख्यान भी उतना ही प्रामाणिक होना चाहिए। साथ ही किसी विषय के प्रत्याख्यान की संपुष्टि के लिए स्वमत का आख्यान भी होना अनिवार्य है और वह भी तर्क सम्मत। ऐसा नहीं होने पर स्वमत का आख्यान अथवा अन्यमत का प्रत्याख्यान दोनों ही इलहाम कहे जाएँगे। आचार्य शर्मा में ऐसे इलहाम नहीं के बराबर हैं। भामह के काव्य-लक्षण, उनके अलंकारवादी होने का प्रश्न, संस्कृत साहित्य में कवि और आचार्य की दो भिन्न-भिन्न श्रेणियाँ होने का सवाल, भामह द्वारा दिए गए आख्यायिका और कथा के लक्षणों के औचित्य का प्रश्न, क्रोचे के अभिव्यंजनावाद का कुंतक के वक्रोक्तिवाद के विलायती उत्थान होने का प्रश्न, रिचर्ड्सकृत भाषा-विभाग या आलोचना का पक्ष-विभाग या कलात्मक अनुभूति के निर्विशिष्ट होने सम्बन्धी धारणा आदि का आचार्य शर्मा ने सोपपत्ति प्रत्याख्यान किया है। इसी प्रकार तुलनात्मक अध्ययन भी प्रामाणिकता का एक अन्य आयाम है। इस दृष्टि से आचार्य शर्मा की चिन्तन दिशाओं की पर्याप्त चर्चा, निबन्ध के प्रारम्भ में ही की गयी है।

स्पष्टता, प्रासंगिकता तथा प्रामाणिकता सम्बन्धी उपर्युक्त विमर्श के क्रम में यह भी बराबर स्मरण रखा जाना चाहिए कि आचार्य शर्मा मूलतः अध्यापक रहे। प्रायः 'अध्यापकीय लेखन' अथवा 'विश्वविद्यालयीय लेखन' कहकर वैदुष्य-परंपरा तथा सारस्वत साधना के इन प्रकृत निकायों को हेय दृष्टि से देखना एक

फैशन बन गया है। किन्तु आचार्य शर्मा उन अध्यापकों में रहे जिन्हें अपने अध्यापक होने, विशेषतः हिन्दी के अध्यापक होने पर गर्व एवं गौरव-बोध रहा है। फलतः उनका काव्यशास्त्रीय लेखन वस्तुतः छात्रवृन्द तथा हिन्दी पाठक को संबोधित रहा है। जाहिर है कि आप जिसके प्रति संबोधित हैं उसकी अपेक्षाओं के अनुरूप ही आपकी अभिव्यक्ति होगी। अन्यथा सारा लेखन निरर्थक होगा। अध्यापकीय दृष्टिसम्पन्न तथा छात्रवर्ग एवं हिन्दी पाठक को सम्बोधित आचार्य शर्मा का 'आचार्यत्व' इसीलिए सैद्धांतिक अथवा मूल्यपरक ऊहापोहों में नहीं भटकता, बल्कि व्यावहारिकी अथवा प्रयोगिकी का अभिनिवेश करता है। शर्माजी सैद्धांतिक अथवा उद्घाटक आचार्य नहीं, बल्कि प्रासंगिक एवं प्रामाणिक व्यवस्थापक आचार्य हैं।

आचार्य शर्मा के काव्यशास्त्रीय ग्रंथों में सर्वाधिक गौरव का अधिकारी 'काव्यालंकार भाष्य' है, और तब 'पाश्चात्य काव्यशास्त्र'। व्यवस्थापक आचार्य की व्यवस्थापनप्रौढ़ि की जानकारी के लिए उन्हीं ग्रंथों के कुछ मुद्दों की चर्चा हम करना चाहेंगे, वह भी भारतीय काव्यशास्त्र के संदर्भ में।

काव्यालंकार-भाष्य की कतिपय स्थापनाओं का ऐतिहासिक महत्व है और कई सैद्धांतिक दृष्टि से विचार्य हैं। ऐतिहासिक दृष्टि से निम्नांकित व्यवस्थाएँ महत्त्वपूर्ण हैं :

(i) भामह-दण्डी के पौर्वापर्य के प्रश्न का भामह के पक्ष में समाधान (परिशिष्ट-1)

(ii) संस्कृत-साहित्य में कवि और आचार्य की अनिवार्यतः भिन्न-भिन्न श्रेणियाँ नहीं रहीं तथा आश्रयदाता को उपजीव्य बनाकर संस्कृत में लक्षणग्रन्थ लिखे गए—ये रीतिकाल की अपनी विशेषताएँ नहीं हैं। (भूमिका, पृ० 2)

(iii) "सच पूछिए तो काव्यशास्त्र का समग्र इतिहास इस वैशिष्ट्य (इह विशिष्टौ शब्दार्थौ काव्यम्, अलंकारसर्वस्व की टीका में समुद्रबंध की स्थापना) के अनुसंधान और विश्लेषण का इतिहास है। रमणीयता, चारुत्व, सौन्दर्य, विच्छित्ति, चमत्कार आदि उस वैशिष्ट्य का पर्याय मात्र हैं और अलंकार, गुण, रीति, वक्रोक्ति, ध्वनि, रस, औचित्य आदि उसी के रूपभेद।"[1] (भूमिका, पृ० 6)

(iv) "काव्य के प्रयोजन के रूप में चतुर्वर्ग—धर्म, अर्थ, काम, मोक्ष—का उल्लेख करने वाले प्रथम आलंकारिक भामह हैं।" (भूमिका, पृ० 7)

---

1. आचार्य जी की इसी व्यवस्था का परिवृंहण मैंने अपने 'भारतीय काव्यचिंतन में शब्द' शीर्षक ग्रंथ (अनुपम प्रकाशन, पटना, प्रथम संस्करण, 1984) में किया है।—लेखक

(v) "काव्य के प्रयोजन के रूप में चतुर्वर्ग का उल्लेख करने वाले प्रथम आचार्य तो भामह हैं ही आनन्द का सर्वप्रथम समावेश करने वाले व्यक्ति भी वही हैं।" (भूमिका, पृ० 9)

(vi) "भामह ने काव्य के एक ऐसे पक्ष पर भी ध्यान दिया जिस पर किसी दूसरे ने ध्यान नहीं दिया है और वह है प्रेरणा-पक्ष।" (भूमिका, पृ० 12)

(vii) "महाकाव्य को लोकस्वभाव से युक्त होना चाहिए यह कहकर भामह ने एक बहुत महत्वपूर्ण अंश को प्रस्तुत किया। यहाँ लोकस्वभाव केवल लौकिक आचार-व्यवहार का बोधक नहीं, उस तत्त्व का भी व्यंजक है जिसे आनन्दवर्धन ने औचित्य कहा।...परन्तु इससे भी उल्लेखनीय है भामह का यह कथन कि महाकाव्य में सभी रसों की असंकीर्ण स्थिति रहनी चाहिए।" (भूमिका, पृ० 26-27)

(viii) "भामह (के अनुसार) देशभेद से शैलीभेद (रीति) मानना अयुक्तियुक्त और निःसार है। इस संकेत को कुंतक ने बड़ी स्पष्टता से व्यक्त किया।...कुंतक ने देश के आधार पर स्वीकृत रीतियों का खंडन कर उन्हें कविस्वभाव के आधार पर जो प्रतिष्ठित किया वह कहीं अधिक तर्कसंगत था पर गतानुगतिकता का आग्रह कुछ ऐसा प्रबल रहा कि आलंकारिकों ने उस ओर ध्यान नहीं दिया।" (भूमिका, पृ० 34-35)

(ix) "प्राचीन आलंकारिकों में भामह ने जितने विस्तार से दोषों का निरूपण किया है वैसा किसी दूसरे ने नहीं किया।" (भूमिका, पृ० 36)

(x) "(भामह) तीन (काव्य) गुणों का निर्देश करने वाले प्रथम आचार्य हैं।" (भूमिका, पृ० 39)

(xi) "भामह यदि अलंकारवादी हैं तो व्यापक अर्थ में, अन्यथा उन्हें अलंकारवादी की अपेक्षा वक्रोक्तिवादी कहना अधिक न्याय्य है।" (भूमिका, पृ० 41)

उपर्युक्त व्यवस्थाओं से संस्कृत काव्यशास्त्र का इतिहास तथा हिन्दी रीति साहित्य का इतिहास किंचित् संशोधित होता है। कई व्यवस्थाओं से परवर्ती चिंतन विकास का सिद्धांतसूत्र निष्पादित होता है, जैसे आनन्द, प्रेरणा, गुण, रीति आदि से सम्बन्ध सिद्धान्तसूत्र। कई से उन लुप्त सिद्धांतसूत्रों का पता चलता है कि जिनका सम्यक् विकास में बाद नहीं हो पाता, जैसे महाकाव्य के लिए 'लोकस्वभाव' तथा रसों की असंकीर्ण स्थिति की व्यवस्था। इनसे संस्कृत काव्यशास्त्र की रूपवादी प्रकृति का भी पता चलता है। सारांश यह है कि इन व्यवस्थाओं, सिद्धांतसूत्रों की

पहचान से न सिर्फ भामह की संस्कृत काव्यशास्त्र के (उपलब्ध) आदि आचार्य के रूप में गौरववृद्धि होती है, बल्कि आचार्य शर्मा की भी गौरवसिद्धि होती है।

काव्यालंकार-भाष्य की कतिपय व्यवस्थाओं का सैद्धांतिक महत्त्व भी असंदिग्ध है। उदाहरणार्थ भामह-सम्मत काव्यलक्षण के प्रश्न को लें। भामह-सम्मत काव्यलक्षण के रूप में प्रायः 'शब्दार्थौ सहितौ काव्यम्' को उद्धृत किया जाता है, (एतद्विषयक अन्य ग्रंथों को देख लें)। आचार्य शर्मा इसे गतानुगतिकता का परिणाम मानते हैं—किसी ने ऐसा उल्लेख कर दिया होगा जिसका अनुसरण, पूरे प्रकरण पर बिना ध्यान दिए, होता चला आया। उन्होंने पूरे प्रकरण की समीक्षा की। उनके तर्क इस प्रकार हैं कि :

(i) इस तथाकथित लक्षण में काव्यत्व के व्यवच्छेदक किसी धर्म का निर्देश नहीं है,

(ii) यह शब्दार्थालंकार के प्रसंग में शब्दालंकार और अर्थालंकार के, काव्य में वर्चस्वी होने सम्बन्धी पारम्परिक विवाद का समाधान है, काव्य-स्वरूप का उपस्थापन नहीं। काव्य में सिर्फ शब्दालंकार या सिर्फ अर्थालंकार नहीं होते, दोनों ही सहित भाव से काव्य में होते हैं। 'शब्दार्थौ सहितौ काव्यम्' का यही स्वारस्य है,

(iii) शब्द और अर्थ का सामान्य 'साहित्य' काव्यत्व का निर्धारक नहीं हो सकता, क्योंकि तब भाषा के समस्त प्रयोग काव्य की सीमा में आ जायेंगे,

(iv) शब्द और अर्थ के 'विशिष्ट साहित्य' में ही काव्यत्व होता है, बाद में जिसका परिवृंहण कुंतक ने किया,

(v) भामह की दृष्टि में वह वैशिष्ट्य अथवा चमत्कार का निष्पादक तत्त्व इस प्रकार है—वक्राभिधेयशब्दोक्तिरिष्टा वाचामलंकृतिः (का०लं० 1/36) और यह सही स्थापना है, इसलिए भी कि "सैषा सर्वैव वक्रोक्तिः' (का० लं० 2/85) अतिशयोक्ति को अलंकृति का बीजतत्त्व मानते हुए उसे 'लोकातिक्रांतगोचर' (का० लं 2/81) तथा 'वाचां वक्रार्थशब्दोक्तिरलंकाराय कल्पते' (का० लं० 5/66) कहने वाला आचार्य 'शब्दार्थौ सहितौ काव्यम्' जैसा लचर काव्यलक्षण दे, इसकी कल्पना ही बुद्धिग्राह्य नहीं।

यहीं आचार्य शर्मा ने एक अन्य महत्त्वपूर्ण प्रश्न उठाया है—अलंकार, अतिशयोक्ति और वक्रता के आपसी रिश्ते का प्रश्न। इन शब्दों के पारिभाषिक अभिप्रेत बदलते रहे हैं। परंपरा से भामह को अलंकारवादी माना जाता रहा है। आचार्य शर्मा यह प्रतिपादित करते हैं कि पहली बात तो यह है कि भामह अलंकारवादी नहीं वक्रोक्तिवादी हैं और दूसरे कि वे यदि अलंकारवादी हैं भी तो

अलंकार के उस व्यापक अर्थ के संदर्भ में जिसका व्यवस्थापन दंडी ने (काव्यशोभाकरान् धर्मान् अलंकारान् प्रचक्षते, काव्यादर्श, 2/1) या वामन ने सौंदर्यमलंकारः, का० (सू० वृ० 1/1/2) तथा वृत्ति-अलंकृतिरलंकारः (करणव्युत्पत्या पुनरलंकारशब्दोऽयम् उपमादिषु वर्तते) किया था। दण्डी-वामन सरणि में, विशेषतः वामन के यहाँ स्पष्टतः भावव्युत्पत्तिमूलक अलंकार काव्य का मूल्यतत्त्व है और उपमादि करणव्युत्पत्तिमूलक अलंकार पदार्थ (शब्दार्थ) तात्त्विक। भामह के यहाँ यह सौंदर्यविवेक अस्फुट है, किंतु उन्होंने अतिशयोक्ति को अलंकृतिबीज (गुणातिशयप्रयोग) तथा वक्रोक्ति को 'अभिव्यंजना वैचित्र्य' का पर्याय बताकर, दण्डी, वामन, कुंतक (सालंकारस्य काव्यता) की भावी चिंतन-सरणि का मार्ग प्रशस्त किया है। भामह में इसीलिए अलंकार्य—अलंकार का भी भेद नहीं है, बाद में कुंतक ने तो, स्पष्ट ही इस भेद-धारणा का प्रत्याख्यान किया है। सौंदर्यवादी आचार्य अलंकार्य-अलंकार का भेद कर भी नहीं सकता। बेनेदेतो क्रोचे भी यह भेद नहीं मानते। क्रोचे की इस धारणा पर टिप्पणी करते हुए आचार्य शर्मा का यह कथन द्रष्टव्य है : "क्रोचे ने अलंकार और अभिव्यंजना का जो तादात्म्य माना है, वह संगत है। अनेक भारतीय आचार्यों ने अलंकार को काव्य का बाह्य तत्त्व कहकर अनावश्यक उलझन उत्पन्न कर दी है। वस्तुतः अलंकार काव्य में ऊपर से या अलग से आरोपित धर्म नहीं है, वह उसका सहजात, समवेत धर्म है। भारतीय आचार्यों में कुंतक ने 'सालंकारस्य काव्यता' कहकर अलंकार को काव्य का अंतरंग घोषित किया तो भी बाद के आलंकारिकों नें इसपर ध्यान नहीं दिया और मम्मट, विश्वनाथ जैसे आचार्य भी अलंकार को बाह्य धर्म ही कहते रहे।" (पाश्चात्य काव्यशास्त्र, पृ० 175)।

अलंकार की अंतरंग-बहिरंग धारणा वस्तुतः अलंकार्य-अलंकार में भेदारोपण का परिणाम है, जबकि यह विभाजन महज औपचारिक अथवा व्यावहारिक है। भामह ने इसीलिए अंतरंग बहिरंग का प्रश्न नहीं उठाया, वे बीजरूप 'अतिशयोक्ति' तथा वैचित्र्यरूप 'वक्रोक्ति' को अलंकार सर्वस्व मानते हैं। इस संबंध में आचार्य शर्मा का यह सूत्र सही है कि "अतिशयोक्ति = वक्रोक्ति = चमत्कार न कहकर अतिशयोक्ति + वक्रोक्ति = चमत्कार कहना अधिक संगत है। अतिशयोक्ति काव्य में लोकोत्तरता-असाधारणता लाती है और वक्रोक्ति रमणीयता।" (का० लं० भाष्य, भूमिका, पृ० 42) इस रूप में अलंकार हर हाल में काव्य का अंतरंग ही रहेगा।

अलंकार की बाह्यधर्मितासंबंधी धारणा के गौण और आरोपित होने का तारतम्य आचार्य शर्मा नें माना है। (पाश्चात्यकाव्यशास्त्र, पृ०175) गौण माने जाने पर तो आचार्यजी आपत्ति नहीं करते किंतु 'आरोपित' को वे पूर्णतः अमान्य करार देते हैं। अलंकारसंबंधी बाह्यधर्मी अवधारणा का बीज भी भामह

में है। भामह के स्वभावोक्तिनिरूपण के क्रम में 'स्वभावोक्तिरलंकार इति केचित्प्रचक्षते' (का०लं, 2/93) कथन में 'केचित्प्रचक्षते' का अभिप्राय वे यह मानते हैं कि "स्वयं भामह को स्वभावोक्ति की अलंकारता अभिमत नहीं है।" दूसरी तरफ भामह ने ही काव्यभेदों का समाहार करते हुए अनिबद्ध भेद के अंतर्गत सभी काव्यभेदों के लिए वक्रोक्ति और स्वाभावोक्ति को अनिवार्य माना है—'युक्तं वक्रस्वभावोक्त्या सर्वमेवैतदिष्यते।' (का० लं०, 1/30)। अब भामह का अभिमत क्या माना जाय ? यही समस्या कुंतक के सामने भी आयी। उन्होंने इस समस्या का समाधान यह कहकर किया कि :

(i) स्वभाव का स्पष्ट रूप से परिपोषण ही वक्रता का परम रहस्य है, क्योंकि उचित रूप से कथन ही वक्रता का जीवनस्वरूप है, बंध के किसी भी अंश (पद, वाक्य, लय) में औचित्य का अभाव रहने पर सहृदयाह्लादकारित्व की हानि होती है, और

(ii) स्वाभावोक्ति, वैदग्ध्यभंगीभणिति के एक प्रकार, के रूप में मान्य नहीं हो सकती अर्थात् उसे रूपकादि अर्थालंकारों की कोटि में नहीं माना जा सकता लेकिन सातिशय औचित्य के रूप में आधारभूत सामग्री (वस्तु) की सहज प्रस्तुति को 'अलंकार कोटि की अलंकार्य प्रस्तुति' के रूप में वाच्यवैचित्र्य मानने के वे पक्षधर हैं। (विशेष विवेचन के लिए देखें : भारतीय काव्यचिंतन में शब्द, अनुपम प्रकाशन, पटना)। ध्यातव्य है कि कुंतक 'औचित्य' को काव्य का अनिवार्य गुण मानते हैं। इस दृष्टि से सातिशय औचित्यरूप स्वाभावोक्ति में वाच्यवैचित्र्य की अवस्थिति कुंतक को मान्य है। यह स्पष्ट समाधान भामह नहीं कर सके। वस्तुतः इस विषय में जितना निर्भ्रांत, स्पष्ट एवं दो टूक मंतव्य क्रोचे का है (देखें, एस्थेटिक्स, पृ० 69 और पाश्चात्य काव्यशास्त्र, पृ० 174), उतना किसी का नहीं। एक समाधान आनंदवर्धन ने भी दिया है : अनन्ता हि वाग्विकल्पाः तत्प्रकाराश्च अलंकाराः (ध्वन्यालोक, 3/37 वृत्ति) कहकर। इनके पूर्व दण्डी ने भी अलंकार के भेद-प्रभेद का निषेध किया था(का० द० 2/1)। कुल मिलाकर स्थिति यह बनती है कि अलंकार मूलतः तो सौंदर्य का पर्याय ही है, जो सातिशय औचित्य (स्वभावोक्ति), सातिशय वक्रता (चमत्कार अथवा वक्रोक्ति) तथा सातिशय रसस्थिति (महाकाव्य के पक्ष में असंकीर्ण रस-विधान) के रूप में काव्य के सहजात और समवेत धर्म हैं (आचार्य शर्मा का पक्ष) अथवा आत्मचैतन्य (spirit) की जैव अभिव्यंजना (organic expression) (क्रोचे का पक्ष) किंतु औपचारिक अथवा व्यवहाररूप में रूपकादि भी करणव्युत्पत्ति-

मूलक (वामन का पक्ष) अलंकार हैं और वे वैकल्पिक हैं, जो अंतरंग और बहिरंग दोनों हो सकते हैं (आनंदवर्धन का पक्ष) तथा जो हैं तो भाषिक मिथ्याभास मात्र (क्रोचे का पक्ष) फिर भी अंतरंग रूप में ग्राह्‌य हो सकते हैं पर बहिरंग रूप में पूर्णत: अमान्य (आचार्य शर्मा का पक्ष) हैं। हमने यह भी देखा था कि आचार्य शर्मा करणव्युत्पत्ति-मूलक अलंकारों के भी अनावश्यक भेद-प्रभेद के पक्षधर नहीं हैं। अत: अलंकार संबंधी आचार्य शर्मा की अवधारणा ठेठ पारंपरिक काव्यशास्त्रीय की बजाय एक आधुनिक सौंदर्यशास्त्री की अवधारणा ही प्रतीत होती है।

काव्यशास्त्रीय चिंतन में आचार्य शर्मा की प्रभूत संभावनाएँ स्फुट नहीं हो सकीं यह तथ्य है किंतु जितना कुछ भी उपलब्ध है उससे एक चैतन्यपूर्ण सौंदर्यशास्त्री का चित्र उभरता है। प्रशासक शर्मा ने आचार्य शर्मा की संभावनाओं को कंठित किया परिणामत: उनसे समाज को जितना कुछ प्रशासक और शिक्षाशास्त्री के रूप में मिला उससे अधिक साहित्य ने काव्यशास्त्री-सौंदर्यशास्त्री के रूप में खोया है।

भारतीय एवं पाश्चात्य काव्यशास्त्र के विलक्षण व्याख्याकार : आचार्य देवेन्द्रनाथ शर्मा

शोभाकांत मिश्र

काव्यशास्त्र और भाषाशास्त्र के अध्यापन में अभिनव कीर्त्तिमान स्थापित कर अतुल यश अर्जित करनेवाले आचार्य देवेन्द्रनाथ शर्मा ने काव्यशास्त्र विषयक कृतियों में भारतीय एवं पाश्चात्य काव्यशास्त्र की सरल, सुबोध और विशद् व्याख्या कर अपनी अध्यापकीय उपलब्धियों को स्थायित्व प्रदान किया है, साथ ही समग्र काव्यशास्त्रीय चिन्तन का एक विशिष्ट काव्यदृष्टि से व्याख्यान कर अपनी आचार्य पदवी को भी सार्थक सिद्ध किया है।

आचार्य शर्मा शब्दसिद्ध विचारक थे। भाषा पर सहज अधिकार अध्यापन और लेखन के क्षेत्रों में उनकी सफलता का एक रहस्य है। उनकी भाषा पाठक या श्रोता को कहीं आतंकित नहीं करती, गहन-गूढ़ विषय को सरल-सुबोध बनाकर आह्लादित-विस्मित कर देती है। उनकी भाषा की प्राणशक्ति का उत्स उनके अभिनिविष्ट पांडित्य में था, जिस पांडित्य ने कहीं भाषा को बोझिल नहीं बनाया अपितु उसे चटुल स्फूर्ति प्रदान की। गंभीर अध्ययन, निर्भ्रान्त विषय-बोध तथा स्पष्ट प्रतिपादन शैली के कारण आचार्यजी एक आदर्श अध्यापक बने रहे। अध्यापन उनके लिए जीविकोपार्जन का साधन-मात्र नहीं था, वह उनकी पूजा का अंग बन गया था। अध्यापन में उनकी पावन रुचि का प्रमाण यह है कि अध्यापन कार्य से अवकाश प्राप्त करने के उपरान्त भी लगभग एक दशक तक अपने व्यस्त जीवन से समय निकाल कर स्वेच्छा से कुछ वर्गों में अध्यापन-कार्य करते रहे। उनके पार्थिव जीवन के अंतिम दिन भी छात्र वर्ग में उनकी प्रतीक्षा कर रहे थे। अध्यापन से आचार्यजी को अलौकिक तृप्ति मिलती थी। अध्ययन-अध्यापन में परम विश्रान्ति प्राप्त करनेवाले अध्यापक के सम्बन्ध में बाणभट्ट ने बहुत सटीक कल्पना की थी कि 'सरस्वती उनके श्रम-जल पोंछा करती थी'। आज ऐसे साधक और अध्यापक बहुत कम हैं जो अध्ययन और अध्यापन से

अपने श्रम का परिहार करते हों। जो हैं उनमें आचार्य देवेन्द्रनाथ शर्मा भी एक थे। इस चर्चा का उद्देश्य संस्मरण प्रस्तुत करना नहीं, आचार्यजी की रचनाओं में उनकी अध्यापकीय निष्ठा का प्रतिफलन दिखाने का उपक्रम मात्र है।

काव्यशास्त्र और भाषाविज्ञान में आचार्यजी ने अनेक महत्त्वपूर्ण शोध-कार्य कराये। इन दो विषयों में शोध-कार्य करनेवालों को यदि कुछ जिज्ञासा होती थी तो वे सबसे पहले आचार्यजी को ही स्मरण करते थे।

भाषाशास्त्र के अध्ययन से आचार्य देवेन्द्रनाथ शर्मा के काव्यशास्त्रीय चिन्तन को प्रौढ़ता और स्पष्टता मिली थी। वस्तुतः भाषा की प्रकृति को समझे बिना काव्य की प्रकृति को पूर्णता में परखना कठिन है। काव्यात्मक अभिव्यक्ति का माध्यम भाषा है, जिसकी अपनी प्रकृति होती है, जिसके अपने संकेत होते हैं। साहित्य का स्रष्टा और उसके भावक भाषा की प्रकृति का अनुगमन कर ही अभिप्रेत अर्थ का अभिव्यंजन और भावन कर पाते हैं। इससे साहित्यशास्त्र और भाषाशास्त्र का अविभाज्य सम्बन्ध सिद्ध होता है। संस्कृत साहित्यशास्त्र के आचार्यों का चिन्तन व्याकरणदर्शन के सिद्धान्तों पर आधृत रहा है। पश्चिम का शैलीविज्ञान भाषाविज्ञान और काव्यशास्त्र के समन्वय से ही विकसित हुआ है। हिन्दी में काव्यशास्त्र के ग्रन्थ लिखने वाले आधुनिक विचारक उँगली पर गिने जा सकते हैं जो आचार्य शर्मा की तरह भाषा और साहित्य पर समान अधिकार रखते हों।

आचार्य देवेन्द्रनाथ शर्मा की काव्यशास्त्रीय दृष्टि के विस्तार का एक कारण भारतीय तथा पाश्चात्य काव्यशास्त्रों का सम्यक् अनुशीलन भी था। वे उन लेखकों में नहीं थे जो संस्कृत काव्यशास्त्र की एक भी मूल पुस्तक को पढ़े बिना केवल कुछ पुस्तकों के अनुवाद पढ़कर भारतीय काव्यशास्त्र पर मोटी-मोटी पुस्तकें लिख देते हैं। ऐसे लेखक पर-प्रत्यय-नेय होते हैं। अनुवाद की कोई भूल या अशक्ति भ्रम उत्पन्न कर सकती है और परिणामतः उनके सारे निष्कर्ष भ्रान्त हो सकते हैं। आचार्य देवेन्द्रनाथ शर्मा संस्कृत के प्रकाण्ड पण्डित थे। उन्होंने भारतीय साहित्यशास्त्र के सभी मूल ग्रन्थों का अध्ययन किया था, उन पर मनन किया था। इसके साथ ही वे एक निष्ठावान् अध्यापक के इस दायित्व को समझते थे कि जो प्रामाणिक हो वही कहा जाय, अप्रामाणिक कुछ नहीं कहा जाय। लेखक के दायित्व के प्रति इस सचेतनता के कारण ही शायद वे अध्ययन-चिन्तन का कुछ ही अंश पाठकों को दे पाये।

भारतीय साहित्यशास्त्र के व्यापक अध्ययन के साथ पाश्चात्य साहित्यशास्त्र के अध्ययन से आचार्यजी के काव्यशास्त्रीय चिन्तन को व्यापक आयाम मिला था। भारतीय एवं पाश्चात्य काव्यशात्र की अलग-अलग पहचान अवश्य है, पर तत्त्वतः दोनों में बहुत साम्य है। कारण स्पष्ट है। समग्र विश्व के काव्यशास्त्रीय चिन्तन

में काव्य के स्वरूप, प्रभाव और रचना प्रक्रिया से सम्बद्ध समस्याओं पर समान रूप से विचार किया गया है। जीवनदृष्टि, अभिरुचि, संस्कार, सौन्दर्यबोध और विशेषतः भाषा के भेद से दोनों चिन्तन एक दूसरे से भिन्न प्रतीत होते हैं किन्तु तथ्य यह है कि जहाँ दोनों देशों के साहित्यशास्त्रीय चिन्तन के मूल में समस्याएँ समान रही हैं वहाँ दोनों के चिन्तन के निष्कर्ष भी बहुत कुछ मिलते जुलते रहे हैं। काव्य की अनुभूति को आनन्दात्मक मानने में अरस्तू आदि पाश्चात्य विचारकों के मन का भारतीय रसवादी चिन्तन से अविरोध है। रेचन-सिद्धान्त तथा तादात्म्य सिद्धान्त भारतीय साधारणीकरण सिद्धान्त तथा काव्य व्यापार से होने वाले सत्त्वोद्रेक के सिद्धान्त के संवादी हैं। पाश्चात्य काव्यशास्त्र और सौन्दर्यशास्त्र में सौन्दर्य, कल्पना, बिम्ब, प्रतीक आदि जिन काव्यतत्त्वों पर विचार किया गया है उन पर भारतीय काव्यशास्त्र में भी प्रकारान्तर से रमणीयता अलंकार, वक्रोक्ति, गुण, रीति आदि काव्य-तत्त्वों के विवेचन-क्रम में विचार किया गया है। शब्दावलियों की भिन्नता मुख्यतः भाषा-भेद के कारण है। ध्यातव्य है कि भारतीय और पाश्चात्य विशेषण भी प्रवृत्तिगत भेद के सूचक नहीं, देशगत भेद के ही सूचक हैं। न तो भारत में काव्यशास्त्रीय चिन्तन की एक ही सरणि रही है और न पाश्चात्य देशों के काव्यशास्त्रीय चिन्तन की एक ही पद्धति रही है। एक ही देश के एक प्रस्थान का काव्यशास्त्रीय चिन्तन दूसरे-प्रस्थान के चिन्तन से बहुत भिन्न होता है, जबकि वह चिन्तन दूसरे देश के किसी प्रस्थान के चिन्तन का संवादी हो सकता है। आचार्य देवेन्द्रनाथ शर्मा शास्त्रीय चिन्तन में देश-काल की सीमा को उपेक्षणीय मान कर समन्वित दृष्टि को विशेष महत्त्व देते थे। अतः यदि भारतीय काव्यशास्त्र के सुविख्यात व्याख्याता आचार्य शर्मा की प्रौढ़ कृति पाश्चात्य काव्यशास्त्र विषय पर प्रकाश में आयी तो यह विस्मय की बात नहीं। प्रकाशित होते ही इस पुस्तक ने पाश्चात्य काव्यशास्त्र पर हिन्दी में लिखित पुस्तकों में अपना विशिष्ट स्थान बना लिया है।

इसके प्रकाशन के पूर्व भारतीय काव्यशास्त्र पर भी आचार्यजी की कुछ पुस्तकें प्रकाशित हो चुकी थीं। 'अलंकार मुक्तावली' और 'काव्य के तत्त्व' पुस्तकें भारतीय काव्यशास्त्र के उन अध्येताओं को दृष्टि में रख कर लिखी गयी हैं जो संक्षेप में काव्यशास्त्र का प्रामाणिक परिचय प्राप्त करना चाहते हैं। इन पुस्तकों में विषय-विवेचन की शास्त्रीय जटिलता से बचकर विषय को संक्षिप्त और सुबोध रूप में प्रस्तुत किया गया है। इन पुस्तकों में आचार्यजी अपने अध्यापकीय दायित्त्व के प्रति सजग जान पड़ते हैं और लेखन में पाठक की ग्राहकता के प्रति सतत् जागरूक दिखाई पड़ते हैं। भाषा की प्रांजलता, विवेचन की स्पष्टता और उदाहरणों के सटीक चयन से 'अलंकार मुक्तावली' हिन्दी के अध्येताओं के बीच बहुत लोकप्रिय सिद्ध हुई है। संस्कृत काव्यशास्त्र में जैसी

लोकप्रियता अप्पय दीक्षित के 'कुवलयानन्द' को मिली थी, वैसी ही लोकप्रियता हिन्दी में आचार्य देवेन्द्रनाथ शर्मा की 'अलंकार मुक्तावली' को प्राप्त हुई है। विषय के गंभीर तात्त्विक विवेचन की परम्परा के उपरान्त सरल लक्षण, उदाहरण से विषय को सुबोध बनाकर प्रस्तुत करने की जो प्रवृत्ति कुवलयानन्द में विकसित हुई थी, उसी का अनुसरण 'अलंकार मुक्तावली' में किया गया है। गंभीर तत्त्व-चिंतन को सरल बनाकर संक्षेप में प्रस्तुत कर देना सरल काम नहीं है। इसके लिए प्रतिपाद्य विषय की स्पष्ट अवधारणा और भाषा की समास-शैली के प्रयोग की दक्षता अपेक्षित होती है। कहने की आवश्यकता नहीं कि आचार्य देवेन्द्रनाथ शर्मा में विषय-बोध और अभिव्यक्ति-कौशल, दोनों गुण समान उत्कर्ष के साथ थे। 'काव्य के तत्त्व' का महत्त्व काव्य-सिद्धान्त का संक्षिप्त किन्तु प्रामाणिक परिचय प्रस्तुत करने की दृष्टि से है।

'भामहकृत काव्यालंकार का हिन्दी भाष्य' लिखने के क्रम में आचार्यजी को अपनी काव्यशास्त्रीय दृष्टि को प्रस्तुत करने का अवसर मिला है। यद्यपि भाष्यकार अपने विषय की सीमा में बँधा होता है, फिर भी मूल कृति के प्रतिपाद्य विषय के सन्दर्भ में उस विषय से सम्बद्ध अन्य मतों का और कथ्य के सम्बन्ध में अपनी मान्यता का उल्लेख वह करता ही है। भामह के काव्यालंकार पर लिखित भाष्य में काव्य-तत्त्व के सम्बन्ध में आचार्य शर्मा की अपनी दृष्टि का परिचय स्थान-स्थान पर मिलता है। इस ग्रन्थ की भूमिका इतनी सुचिन्तित है कि अपने अर्थगौरव से वह समग्र भारतीय काव्यशास्त्र की एक संक्षिप्त भूमिका बन गयी है।

आचार्य देवेन्द्रनाथ शर्मा की भारतीय काव्यशास्त्र के विशद् और व्यापक विवेचन की एक बृहत् योजना थी, जिस पर वे कार्य कर रहे थे। उनके जीवन-काल में वह ग्रन्थ प्रकाशित नहीं हो सका। (अपनी इस योजना का उल्लेख उन्होंने 'काव्य के तत्त्व' की भूमिका में किया है।) इस जीवन की विडम्बना यह है कि जब व्यक्ति का चिन्तन परिपक्व होता है और वह समाज को कुछ अनूठा फल देने की स्थिति में आता है तब बहुधा नियति उसका अवसर छीन लेती है। आचार्यजी ने 'पाश्चात्य काव्यशास्त्र' की भूमिका में लेखक के दायित्त्व का उल्लेख किया है—"विषय के पूर्ण अधिगम के लिए हमारे यहाँ श्रवण, मनन एवं निदिध्यासन (निरन्तर चिन्तन) के जो तीन सोपान विहित हैं, वे निरर्थक नहीं हैं। आज से 2200 वर्ष पहले महावैयाकरण पतंजलि ने कुछ अधिक्षेप के साथ कहा था कि 'त्वरितं वक्तारो भवन्ति'—अध्ययन के बाद कुछ लोग तुरंत प्रवचन करने लगते हैं, व्यंजना है कि ठीक से समझे बूझे बिना ही बोलने-लिखने लगते हैं। भोजन की तरह ज्ञान के पचने में भी समय लगता है···।" इसमें सन्देह नहीं कि अविचारित लेखन मूल्यहीन और व्यर्थ होता है। आचार्यजी वही लिखना चाहते

थे जो सार्थक हो, अव्यर्थ हो, मूल्यवान और उपादेय हो।

आचार्य देवेन्द्रनाथ शर्मा का 'पाश्चात्य काव्यशास्त्र' कई दृष्टियों से इस विषय पर हिन्दी में लिखित ग्रन्थों में विशिष्ट महत्त्व रखता है। ऐसा कहने के समय मेरी दृष्टि में प्रो० रामअवध द्विवेदी का 'साहित्य सिद्धान्त' जैसा ग्रन्थ भी है जो पाश्चात्य काव्यशास्त्र के तत्त्वों का विशद् विवेचन करने की दृष्टि से महत्वपूर्ण और उपयोगी है। आचार्य शर्मा के विषय-विवेचन की विशेषता इस बात में है कि वे एक अनुसंधित्सु की तरह किसी आचार्य की काव्य-दृष्टि का निर्माण करने वाले सामाजिक-सांस्कृतिक सन्दर्भ की खोज में निकलते हैं और इतिहास, भूगोल आदि के सहारे काव्य, कला और जीवन के सम्बन्ध में उस आचार्य की दृष्टि की व्याख्या करते हैं। इसी पद्धति से उन्होंने प्लेटो की काव्य-धारणा के सम्बन्ध में प्रचलित अनेक भ्रान्तियों का निवारण किया है। प्लेटो काव्य-विरोधी विचारक के रूप में काव्य-समीक्षकों और काव्य-प्रेमियों के आक्रोश के पात्र बने रहे हैं। विलक्षण बात यह है कि प्लेटो स्वयं आरम्भ में कविता लिखते थे। उनके मन में होमर जैसे कवि के प्रति सदा सम्मान का भाव रहा था। उनके आदर्श राज्य में कवियों का क्या स्थान था, इस सम्बन्ध में बिना विचारे कोई मान्य निर्णय दे देना आसान नहीं है। अब वे कहते हैं कि "यदि मेरे रिपब्लिक में कोई अभिनेता आकर अपनी कला को प्रदर्शित करना चाहे तो मैं उन्हें झुककर प्रणाम करूँगा और रिपब्लिक से बाहर जाने का रास्ता दिखा दूँगा", तो इससे इतना तो स्पष्ट हो जाता है कि कवि और काव्य उन्हें काम्य नहीं थे, पर यह भी संकेत मिलता है कि कवियों के प्रति उनके मन में सर्वथा असम्मान का ही भाव नहीं था। असम्मान का भाव होता तो नाट्य कृति का अभिनय करने वाले को झुककर प्रणाम करने की बात क्यों करते ? इस द्वन्द्व के कारण की खोज आचार्य देवेन्द्रनाथ शर्मा ने प्लेटो के चिन्तन की सामाजिक पृष्ठभूमि में की है तथा काव्य और कवि के सम्बन्ध में उनके विचार का युक्तिसंगत स्पष्टीकरण किया है : "निसर्गत: कवि और कला-प्रेमी प्लेटो की अपने आदर्श राज्य से कवियों के बहिष्कार की बात अटपटी-सी लगती है। आलोचकों ने प्लेटो के कवि विरोधी दृष्टिकोण का केवल उल्लेख कर दिया है किन्तु किसी ने इस विरोधाभास का समाधान प्रस्तुत नहीं किया। हमें इसका समाधान एथेन्स की उपर्युक्त पराजय में मिला। काव्य और कला को शौर्य-वीर्य के विकास में बाधक मानकर ही प्लेटो ने कवियों के बहिष्कार की बात कही। उन्हें काव्यमात्र से परहेज नहीं था। देव स्तोत्रों तथा महापुरुषों के आख्यानों का तो उन्होंने स्वागत ही किया है। उनके आक्रोश के विषय हैं दु:खान्तक, जो रोने-धोने को बढ़ावा देकर समाज को कमजोर बनाते हैं।" (पाश्चात्य काव्यशास्त्र, पृ० 4) निश्चय ही आचार्यजी की यह दृष्टि प्लेटो के समीक्षकों का ध्यान आकृष्ट करेगी। सनातन मूल्य की खोज करनेवाले विचारकों से यह अपेक्षा अवश्य की

जाती है कि वे अपने युग जीवन की सीमाओं और मान्यताओं से मुक्त होकर तत्व-चिन्तन करें और ऐसे सार्वभौम सिद्धान्त की स्थापना करें जिनमें सभी युगों में सत्य के अंश दिखायी पड़ें, पर युग-जीवन के संस्कारों से मुक्ति और काल-निरपेक्षता एक ऐसा आदर्श है जहाँ तक पहुँचना सबके लिए सम्भव नहीं। जो उसके निकट तक भी पहुँचते हैं वे कालातीत कीर्ति के भागी बन जाते हैं। अरस्तू के काव्य-चिन्तन का युग-सन्दर्भ भी वह था जो प्लेटो का था, फिर भी अरस्तू की काव्य-दृष्टि प्लेटो की दृष्टि से सर्वथा स्वतन्त्र रही। प्लेटो अपनी युगीन परिस्थितियों में ही काव्य के मूल्य पर विचार करते रहे। इसीलिए उनका काव्य-चिन्तन उदार और ग्राह्य नहीं बन पाया। अपने युगबद्ध संस्कारों के साथ जब वे होमर जैसे कवि की कालजयी रचना का मूल्यांकन करना चाहते होंगे तब निश्चय ही एक वैचारिक द्वन्द्व में पड़ जाते होंगे। आचार्य देवेन्द्रनाथ शर्मा ने प्लेटो के काव्य-चिन्तन के विरोधाभास के कारण और समाधान के लिए जो तर्क-पद्धति अपनायी है, वह निःसन्देह महत्वपूर्ण है।

प्लेटो के अतिरिक्त अरस्तू, होरेस, लोंगिनुस, वर्ड्सवर्थ, कोलरिज, आर्नल्ड, क्रोचे, इलियट तथा रिचर्ड्स के प्रायः सभी महत्वपूर्ण काव्य-सिद्धान्तों का विशद् विवेचन आचार्यजी ने 'पाश्चात्य काव्यशास्त्र' में किया है। पाश्चात्य काव्य-चिन्तन का विवेचन करने के क्रम में जहाँ कहीं भारतीय काव्य-चिन्तन से साम्य या वैषम्य उन्हें नजर आया उसका वे सहज भाव से निर्देश करते चले हैं। तुलनात्मक अध्ययन का कहीं आयास नहीं है, सहज भाव से साम्य-वैषम्य का निर्देश मात्र है, फिर भी वे निर्देश तुलनात्मक अध्ययन के लिए महत्वपूर्ण संकेत हैं। विस्तार-भय से मैं यहाँ तुलनात्मक प्रसंगों के उद्धरण प्रस्तुत नहीं कर रहा हूँ, फिर भी अपने कथ्य को स्पष्ट करने के लिए दो तीन स्थलों की चर्चा आवश्यक समझता हूँ। विरेचन की बुचरकृत व्याख्या और भारतीय काव्यशास्त्र के साधारणीकरण-सिद्धान्त के साम्य की ओर निर्देश करते हुए आचार्यजी लिखते हैं: "बुचर की यह व्याख्या भारतीय काव्यशास्त्र के साधारणीकरण सिद्धान्त की प्रतिध्वनि जैसी लगती है। दोनों में केवल तत्व-साम्य ही नहीं, शब्द साम्य तक दिखायी देता है।" (पृ० 59) काव्य में करुणा तथा भय जैसे दुःखद भाव के भी आनन्दात्मक बन जाने के अरस्तू के विचार की व्याख्या के क्रम में आचार्यजी ने भारतीय रसवादी विचारकों की मान्यता का सहारा लिया है—"करुणा और भय दुःखद भाव हैं। फिर, उनकी परिणति आनन्द में कैसे होती है? यह प्रश्न पश्चिम में ही नहीं, भारत में भी करुण रस के प्रसंग में उठाया गया है।··· अरस्तू ने स्पष्ट शब्दों में इस प्रश्न का समाधान नहीं किया है किन्तु समूहालंबन से उनका अभिप्राय जाना जा सकता है। वास्तविक जीवन में करुणा और भय के भाव दुःख से संवलित अवश्य होते हैं किन्तु कलात्मक प्रक्रिया के वैशिष्ट्य के

कारण दुःखद अंश विलुप्त हो जाता है और शुद्ध आनन्द बच रहता है। बात यह है कि लौकिक व्यवहार में दुःख, अशान्ति या क्लेश का कारण है ममत्व-परत्व की भावना, एक शब्द में कहें तो स्वार्थ-संसक्ति। स्वार्थ अहं का ही विजृंभण है। ··· भारत में काव्यानन्द को ब्रह्मानन्द का सहोदर इसी दृष्टि से कहा गया है कि उतनी देर के लिए प्रमाता अहम् से मुक्त होकर वैयक्तिक स्वार्थ और सीमाओं से ऊपर उठ जाता है।" (पृ० 59-60) स्पष्टतः समूहालम्बन से आचार्यजी का तात्पर्य चिंतन के देशगत और सम्प्रदायगत भेद से मुक्त समग्र काव्यशास्त्रीय चिन्तन का है। इसमें सन्देह नहीं कि समग्र भारतीय और पाश्चात्य काव्यशास्त्रीय चिन्तन के आलोक में काव्य-तत्त्व की किसी समस्या पर विचार किया जाय तो समाधान सरल होगा। इसके लिए व्यापक अध्ययन और पूर्वग्रहमुक्त उदारता की आवश्यकता है। आचार्यजी में ये दोनों गुण थे।

क्रोचे के अभिव्यंजनावाद और कुन्तक के वक्रोक्तिवाद की तुलना 'पाश्चात्य काव्यशास्त्र' में आचार्यजी ने विस्तार से की है। इस क्रम में उन्होंने बड़े आत्म-विश्वास के साथ आचार्य रामचन्द्र शुक्ल के विचार का खंडन किया है। वक्रोक्ति-सिद्धान्त के महत्व का प्रतिपादन करते हुए उन्होंने पंडित विश्वनाथ जैसे प्रसिद्ध रसवादी आचार्य की वक्रोक्ति-सम्बन्धी मान्यता का भी प्रत्याख्यान किया है। काव्य-तत्व-समीक्षा में आचार्यजी के आत्म-विश्वास का परिचय अभिव्यंजनावाद और वक्रोक्तिवाद की तुलना के इस आरंभिक अंश में मिलता है: "आचार्य रामचंद्र शुक्ल ने अभिव्यंजनावाद को वक्रोक्तिवाद का विलायती उत्थान क्या कह दिया कि सिद्धांत वाक्य की तरह उसकी उद्धरणी होने लगी। वक्रोक्तिकार (कुंतक) का यह दुर्दैव-विलास ही कहेंगे कि उनके मत को लेकर आचार्य शुक्ल जैसे सूक्ष्म-दर्शी और विवेकी आलोचक को भ्रम हो गया। साहित्यदर्पण के लेखक कविराज विश्वनाथ (14वीं शताब्दी) भी वक्रोक्ति को लेकर भ्रम में पड़ गये,···" (पृ० 178) इस उपक्रम के बाद आचार्यजी ने यह सिद्ध किया है कि अभिव्यंजना-वाद और वक्रोक्तिवाद में साम्य की अपेक्षा वैषम्य ही अधिक है (द्रष्टव्य पृ० 178 से 182)। इलियट के objective correlative के सिद्धान्त की भारतीय रस-सिद्धान्त के विभावन व्यापार से तुलना कर उसे भारतीय पाठकों के लिए सुबोध बना दिया गया है। (पृ० 207) रिचर्ड्स के सम्प्रेषण सिद्धान्त को साधारणीकरण सिद्धान्त के सन्दर्भ में परखा गया है। (पृ० 244)

आचार्य देवेन्द्रनाथ शर्मा का धीर-प्रसन्न व्यक्तित्व उनकी समग्र रचनाओं में प्रतिफलित है। गंभीरता के साथ सहज विनोदी-प्रवृत्ति आचार्यजी के व्यक्तित्व की विशेषता थी। पाश्चात्य काव्यशास्त्र के विचारकों के काव्य-चिन्तन के मूल्यांकन में उनकी इन दोनों प्रवृत्तियों का परिचय मिलता है। तत्व-विवेचन में उनकी गंभीरता और सूक्ष्मेक्षिका के प्रमाण सर्वत्र मिलते हैं, किन्तु जहाँ कहीं

चिन्तन में कुछ असंगति जान पड़ी, आचार्यजी की विनोदी प्रवृत्ति जग जाती है। रिचर्ड्स की आलोचना में एक चुटीला व्यंग्य करते हुए आचार्यजी ने लिखा है: "रिचर्ड्स ने मनोविज्ञान का जो पल्ला पकड़ा वह कुछ ऐसे ही मोह के वशीभूत होकर। उन्हें विज्ञान चाहिए था, कर्मणा नहीं तो नाम्ना ही सही, वह मनोविज्ञान से मिल गया और उसकी आधारशिला पर उन्होंने अपनी आलोचना का प्रासाद खड़ा कर लिया।" (पृ० 222) रिचर्ड्स ने कलानुभूति को विशिष्ट सौन्दर्यात्मक मानसिक अवस्था मानने वाले परम्परागत सिद्धान्त को अस्वीकार कर उसे लौकिक अनुभूति से अभिन्न सिद्ध करने का प्रयास किया था जबकि वे स्वयं भी सौन्दर्यानुभूति के संघटन को साधारण अनुभूतियों की तुलना में अधिक सूक्ष्म मानते थे। इस पर आचार्यजी का विनोदपूर्ण आक्षेप द्रष्टव्य है: "वदतोव्याघात का यह अच्छा उदाहरण है। रिचर्ड्स एक ही साँस में दो परस्पर विरोधी बातें बार-बार कह रहे हैं पर मताग्रह के कारण इसे देख नहीं पाते। आप कहते हैं कि साधारण अनुभूतियों की अपेक्षा सौन्दर्यात्मक अनुभूतियों का संघटन अधिक सूक्ष्म होता है, पर वे भिन्न कोटि की नहीं होतीं। अब भेद किसे कहते हैं?··· फिर, आप कहते हैं कि सौंदर्यात्मक अनुभूति जिस रूप में हमारे भीतर उत्पन्न होती है वह सामान्य अनुभूति से भिन्न है। साथ ही सामान्य अनुभूति की तुलना में वह नियमतः अधिक जटिल होती है किन्तु क्रिया भिन्न प्रकार की नहीं होती। उत्पत्ति के रूप में भेद है ही, सरलता-जटिलता का भेद है ही। अब और क्या होता तो आप भेद मानते? ···कपड़े पहनते समय की अनुभूति में क्या वही तन्मयता, वही आत्मविस्मृति है जो शेक्सपियर की ट्रैजेडी पढ़ते या देखते समय होती है?" (पृ० 224-25) सम्भव है कि रिचर्ड्स के प्रशंसकों को यह विनोद अप्रिय लगे पर इतना निर्विवाद है कि इसमें आचार्यजी की स्वतंत्र काव्य-दृष्टि का आत्मविश्वास ध्वनित होता है।

चिन्तन की मौलिकता और विवेचन की विशदता के कारण आचार्य देवेन्द्र-नाथ शर्मा की काव्यशास्त्रीय कृतियाँ छात्रों, अध्यापकों तथा समीक्षकों के द्वारा सदा समादृत होंगी और आचार्यजी भारतीय एवं पाश्चात्य काव्यशास्त्र के विलक्षण व्याख्याता के रूप में चिरकाल तक स्मरण किये जायेंगे यह मेरा विश्वास है।

'पाश्चात्य काव्यशास्त्र' : ज्ञान और प्रत्यभिज्ञान

नंदकिशोर नवल

काव्यशास्त्र और काव्य अपनी क्षेत्रीय और जातीय विशेषताओं से कितने भी बँधे हुए क्यों न हों, उनमें कुछ ऐसी विशेषताएँ भी होती हैं, जो सार्वभौम होती हैं। यदि ऐसा न हो तो किसी भी काव्यसिद्धांत या साहित्य की उपयोगिता बहुत सीमित हो जाए और वह कितना भी श्रेष्ठ क्यों न हो, उसके लिए देश-काल की सीमाओं का अतिक्रमण करना कठिन हो। प्रो० देवेन्द्रनाथ शर्मा ने पाश्चात्य काव्यशास्त्र में जो सार्वभौम विशेषताएँ हैं उन्हें अपनी पुस्तक[1] में निकालकर रखने का प्रयास किया है। ऐसा नहीं है कि उन्होंने विभिन्न काव्यशास्त्रियों के विभिन्न सिद्धांतों के निजी साहित्यिक आधार का यथास्थान संकेत नहीं किया, पर उनकी दृष्टि उनमें निहित सार्वभौम तत्त्वों के अन्वेषण पर ही केंद्रित रही है। इसी कारण उन्होंने टी० एस० इलियट जैसे आलोचकों की भी व्यावहारिक आलोचना को बिलकुल छोड़ दिया है, जो कि उनकी सैद्धांतिक आलोचना से कहीं ज्यादा महत्वपूर्ण है और जिससे आलोचना के अनेक सामान्य सूत्र भी प्राप्त किए जा सकते हैं।

पाश्चात्य काव्यशास्त्र संस्कृत काव्यशास्त्र की तरह क्रमबद्ध और सूक्ष्म विश्लेषण से युक्त नहीं है, पर कई देशों और कई भाषाओं में रचे जाने के कारण विस्तार उसमें पर्याप्त है। आचार्य शर्मा ने पाश्चात्य काव्यशास्त्रियों की लंबी परंपरा में से सिर्फ दस काव्यशास्त्रियों को चुना है और उनके सर्वाधिक महत्वपूर्ण सिद्धांतों का अपनी पुस्तक में विवेचन किया है। वे काव्यशास्त्री हैं: प्लेटो, अरस्तू, होरेस, लोंगिनुस, वर्ड्सवर्थ, कोलरिज, आर्नल्ड, क्रोचे, इलियट और

---

1. पाश्चात्य काव्यशास्त्र : प्रो० देवेन्द्रनाथ शर्मा, नेशनल पब्लिशिंग हाउस, दरियागंज, नई दिल्ली, प्रथम संस्करण, 1984, पृ० 270

रिचर्ड्स। इस चुनाव का आधार क्या है, इसकी ओर उन्होंने भूमिका में इस प्रकार संकेत किया है : "मैंने, यहाँ उन्हीं काव्यशास्त्रियों के सिद्धांतों का विवेचन किया है जो हिन्दी में बहुचर्चित हैं।"

जिन दस पाश्चात्य काव्यशास्त्रियों को आचार्य शर्मा ने अपनी पुस्तक में लिया है, उनमें से प्लेटो, होरेस, वर्ड्सवर्थ और आर्नल्ड के काव्य-सिद्धांतों का विवेचन अपेक्षाकृत संक्षिप्त है। इसका स्पष्ट कारण विवेच्य सामग्री का संक्षिप्त होना है, कुछ और नहीं। अरस्तू, लोंगिनुस, कोलरिज, क्रोचे, इलियट और रिचर्ड्स का विवेचन अपेक्षित विस्तार और गंभीरता से किया गया है, जो कि स्वाभाविक है। इन चिंतकों का काव्य-चिंतन विस्तृत भी है और गहन भी। लोंगिनुस को छोड़ दें, तो हिन्दी में बाकी चिंतकों के सिद्धांतों की बहुत चर्चा हुई है। उतनी चर्चा पूर्वोक्त चिंतकों में से केवल वर्ड्सवर्थ की हुई है।

अरस्तू पर लिखे गए अपने निबंध में प्रो० शर्मा ने मुख्य रूप से उनके दुःखांतक अनुकरण और विरेचन-संबंधी सिद्धांतों का विवेचन किया है। अंत में वे इस निष्कर्ष पर पहुँचे हैं कि "आज जिसे रूपवादी (Formalistic) आलोचना कहते हैं, यूरोप में उसके उद्भावक अरस्तू ही हैं।" (पृ० 66) आगे उन्होंने अमरीकी नई आलोचना के विकास के पीछे भी अरस्तू की प्रेरणा मानी है। (पृ० 66-67) डा० रामविलास शर्मा अरस्तू को 'योरोपीय रूपवाद का आदि आचार्य' कहते हैं। उनसे प्रो० शर्मा का निष्कर्ष बिलकुल मिलता है। पश्चिम का प्राचीन काव्यशास्त्र हो, या संस्कृत काव्यशास्त्र, दोनों मूलतः रूपवादी रहे हैं। संस्कृत काव्शास्त्र को संस्कृत के विद्वान् देहवादी और आत्मवादी इन दो रूपों में बाँटकर देखते हैं और समझते हैं कि आत्मवादी काव्यशास्त्र जिसके अंतर्गत रस और ध्वनि-संप्रदाय आते हैं, रूपवादी नहीं, बल्कि 'वस्तुवादी' है। वास्तविकता यह है कि ये दोनों सम्प्रदाय भी रूपवादी ही हैं, यों उनमें 'रस' ओर 'ध्वनि' पर जितना जोर है, उतना उनके स्वरूप पर नहीं। रूपवाद का विरोधी वस्तुवाद नहीं, बल्कि यथार्थवाद है। आचार्य रामचंद्र शुक्ल रसवादी होते हुए भी रूपवादी नहीं थे, क्योंकि उनका जोर केवल रस-निष्पत्ति या रस-परिपाक पर न होकर रस के खास स्वरूप पर था। स्वभावतः उन्हें रस-सिद्धांत की नई व्याख्या करनी पड़ी, जिस क्रम में उन्होंने कहा कि रसावस्था "अपनी सत्ता को लोकसत्ता में लीन करना" है। ताज्जुब नहीं कि हिन्दी में ऐसे काव्य-रसिकों की अभी भी कमी नहीं है, जो सूरदास और केशवदास, तुलसीदास और बिहारी से एक समान काव्यानंद और रसानंद प्राप्त करते हैं। ये काव्य-रसिक वस्तुतः रूपवादी होते हैं, जिनके लिए ठीक ही देह और आत्मा में कोई मौलिक अंतर नहीं होता। प्रो० शर्मा ने अरस्तू-सम्बन्धी उपर्युक्त कथन के बाद कहा है कि "प्लेटो ने काव्यरूप के सम्बन्ध में कुछ भी नहीं कहा था, केवल विषय के आधार पर काव्य को त्याज्य घोषित कर दिया था। काव्य केवल

विषय नहीं है, रूप भी है; बल्कि विषय से बढ़कर रूप ही है; काव्य के सौन्दर्य का, उत्कर्षापकर्ष का निर्धारक विषय से अधिक रूप ही होता है।" स्पष्टतः ये बातें अरस्तू के रूपवाद के समर्थन में कही गई हैं। "काव्य केवल विषय नहीं है, रूप भी है" यह कथन ऐसा है जिस पर किसी को एतराज नहीं हो सकता, लेकिन इस कथन पर कि "काव्य के सौन्दर्य का, उत्कर्षापकर्ष का निर्धारक विषय से अधिक रूप ही होता है", यथार्थवादियों को एतराज होगा। "विषय से अधिक रूप" का मतलब यह है कि कविता की श्रेष्ठता का निर्धारक अंततः रूप ही है, विषय या वस्तु नहीं। श्रेष्ठ कविता में वस्तुतः न वस्तु का महत्त्व अधिक होता है, न रूप का उसमें इन दोनों का समान महत्त्व होता है और ये दोनों एक-दूसरे से अभिन्न होते हैं। यहाँ हमें हेगेल के इस कथन को याद करना चाहिए कि कला में वस्तु रूप का अमूर्त्त रूप और रूप वस्तु का मूर्त्त रूप होता है।

लोंगिनुस की पुस्तक 'उदात्त' (पेरि हुप्सुस) के सम्बन्ध में यह सुपरिचित तथ्य है कि यह वक्तृत्व-कला पर लिखी गई पुस्तक है। लेकिन चूँकि वक्ता और कवि के उद्देश्यों में एक हद तक समानता होती है, इसलिए इसे काव्य-कला की भी पुस्तक माना गया है। प्रो० शर्मा ने उदात्त के स्वरूप और उसके बाधक एवं साधक तत्त्वों का विवेचन और उसके बाद अपनी पद्धति के अनुसार लोंगिनुस का समग्र रूप में मूल्यांकन किया है। उनका कहना है कि "निस्संदिग्ध रूप से लोंगिनुस को शास्त्रवादी या स्वच्छंदतावादी कहना कठिन है।" (पृ० 104-5) यदि हम लोंगिनुस के इन शब्दों पर ध्यान दें, तो हमारा खयाल है कि उनके सम्बन्ध में सन्देह की स्थिति समाप्त हो सकती है। "मैं यह बात पूरे विश्वास के साथ कह सकता हूँ कि जो सच्चा मनोवेग उन्मत्त वेग से फूट पड़ता है और वक्ता के शब्दों को एक प्रकार की दिव्य प्रेरणा से भर देता है, उसके यथास्थान व्यक्त होने से स्वर में जैसा औदात्य सम्भव होता है, वैसा किसी दूरी चीज से नहीं।" (क्लासिकल लिटररी क्रिटिसिज्म, टी० एस० डोर्स्थ, पृ० 109) लोंगिनुस के 'उदात्त' के विवेचन के मूल में 'मनोवेग' ही रहा है, जिससे उनका स्वच्छंदतावादी होना प्रायः सिद्ध है। स्वच्छंदतावाद का जब कभी प्रसंग आता है, हमें वर्ड्सवर्थ की यह शब्दावली याद आ जाती है—'Spontaneous overflow of powerful feelings' जिसका मतलब समझा जाता है "सशक्त भावनाओं' का अयत्नज (और अनियंत्रित) उच्छलन"। वास्तविकता यह है कि बिना एक हद तक नियंत्रण और अनुशासन रखे कवि कविता का निर्माण नहीं कर सकता, वह कविता स्वच्छंदतावादी ही क्यों न हो। लोंगिनुस इस तथ्य से परिचित थे, इसलिए उन्होंने साथ-साथ यह भी कहा है कि "उदात्त मनोवेगों के लिए अधिक बड़े खतरे तब उपस्थित होते हैं, जब उन्हें ज्ञान का स्थैर्य और आधार नहीं प्राप्त होता। उन्हें नियन्त्रण की भी उतनी ही आवश्यकता होती है, जितनी प्रेरणा की।" (उपर्युक्त,

पृ० 101) ऐसी स्थिति में स्काटजेम्स का उन्हें 'पहला स्वच्छंदतावादी आलोचक' मानना संगत प्रतीत होता है। यह जरूर है कि "शास्त्रवाद के सम्पर्क ने उनके स्वच्छंदावाद को स्वस्थ और दीप्त बना दिया था।" (स्काटजेम्स, पा० का०, पृ० 105)

कोलरिज पर लिखे गए निबन्ध में प्रो० शर्मा ने उनके काव्य-सम्बन्धी जैव-वादी सिद्धान्त का विवेचन करने के साथ काव्य की उत्पत्ति, काव्य की शैली, काव्य में छन्द की उपयोगिता आदि से सम्बन्धित उनके विचारों की भी चर्चा की है। अन्त में कोलरिज के कल्पना-सम्बन्धी चिन्तन का विश्लेषण है। कोलरिज ने कल्पना-सम्बन्धी अपना चिन्तन 'बायोग्राफिया लिटरैरिया' के तेरहवें अध्याय के अन्त में दो छोटे अनुच्छेदों में प्रस्तुत किया है और उसके पहले उसके चौथे अध्याय में वर्ड्सवर्थ की कविता पर विचार करने के क्रम में कल्पना (Imagination) और रम्य कल्पना (Fancy) का अन्तर बतलाया है। स्पष्टतः कोलरिज के कल्पना 'सिद्धान्त' को ठीक से समझने के लिए इतनी सामग्री नितान्त अपर्याप्त है। प्रो० शर्मा ने तेरहवें अध्याय के दोनों अनुच्छेदों का अनुवाद प्रस्तुत करने के बाद यह लिखा है कि "इन अनुच्छेदों की दुरूहता के सम्बन्ध में टिप्पणी अनपेक्षित है।" रिचर्ड्स से लेकर एब्रम्स (The mirror and the lamp) तक के द्वारा की गई कोलरिज के कल्पना-सिद्धान्त की व्याख्या एवं अंग्रेजी आलोचना के इतिहास से सम्बन्धित पुस्तकों में भी उक्त सिद्धान्त का विवेचन इस बात की पुष्टि करता है। प्रो० शर्मा ने हिन्दी में पहली बार कोलरिज की कल्पना-सम्बन्धी अवधारणा की विस्तृत व्याख्या की है। गौण कल्पना (Secondary Imagination) के उदाहरणस्वरूप उन्होंने 'कामायनी' की आरम्भिक चार पंक्तियाँ प्रस्तुत की हैं और रम्य कल्पना के उदाहरणस्वरूप बिहारी का 'चमचमात चंचल नयन' वाला दोहा।

क्रोचे के अभिव्यंजनावाद का प्रो० शर्मा ने बहुत गहराई से विवेचन किया है। उस क्रम में पहले उन्होंने क्रोचे की अंतः प्रज्ञा (Intuition) सम्बन्धी अवधारणा का निरूपण किया है, फिर 'अभिव्यंजना' पर प्रकाश डाला है। अन्तः-प्रज्ञा के बारे में वे कहते हैं : "अन्तःप्रज्ञा (Intuition) ही वह साधन है, जिसके आलोक में अदृश्य भी दिखाई देने लगता है; अव्यक्त भी व्यक्त बन जाता है; अरूप भी रूप ग्रहण कर लेता है। यह एक प्रकार की आत्मिक अनुभूति (Spiritual experience) है जो सहसा स्फुरित हो उठती है।···योगी को ईश्वर का साक्षात्कार अंतःप्रज्ञा से ही होता है। कवि की अंतःप्रज्ञा ही काव्य में रूपायित होती है। कलाकार की कला भी अंतःप्रज्ञा की ही अभिव्यक्ति है।" (पृ० 165) यह अंतःप्रज्ञा के सम्बन्ध में भाववादी धारणा है। दो पृष्ठों के बाद ही प्रो० शर्मा ने अंतःप्रज्ञा के सम्बन्ध यह वैज्ञानिक धारणा प्रस्तुत की है :

"अतःप्रज्ञा भी शून्य में अवस्थित कोई पदार्थ नहीं है। उसके निर्माण में प्रत्यक्षण (Perception) और संवेदन (Sensation) का योगदान रहता है। सबसे पहले विभिन्न ज्ञानेन्द्रियों की सहायता से वस्तुओं का प्रत्यक्ष होता है जो क्रमशः संवेदन में परिणत होकर संस्कार (Impression) बन जाता है। यह संस्कार ही प्रेरणा (Inspiration) के क्षणों में अंतःप्रज्ञा के रूप में स्फुटित हुआ करता है और अभिव्यंजना की सहायता से कला का रूप ग्रहण करता है। इसीलिए जिस कलाकार का प्रत्यक्षण एवं संवेदन जितना व्यापक, सूक्ष्म और समृद्ध होता है, उसकी कला उतनी ही उत्कृष्ट, मनोरम तथा प्रभावशाली होती है।" (पृ० 168) आचार्य शर्मा ने क्रोचे के अभिव्यंजनावाद और वक्रोक्तिवाद का तुलनात्मक अध्ययन प्रस्तुत कर आचार्य रामचन्द्र शुक्ल की इस मान्यता का खंडन किया है कि "क्रोचे का 'अभिव्यंजनावाद' सच पूछिए तो एक प्रकार का 'वक्रोक्तिवाद' है।"

इलियट पर लिखते हुए आचार्य शर्मा ने उनके 'परम्परा और वैयक्तिक प्रज्ञा' शीर्षक प्रसिद्ध निबन्ध की स्थापनाओं को विस्तार से रखा है और फिर संक्षेप में काव्य-भाषा, काव्य-संगीत, मूर्त्त-विधान (Objective correlative), संवेदनशीलता का असाहचर्य (Dissociation of Sensibililty) तथा काव्य और नैतिकता-सम्बन्धी उनकी अवधारणाएँ प्रस्तुत की हैं। इलियट ने 'परम्परा और वैयक्तिक प्रज्ञा' वाले निबन्ध में कवि के व्यक्तित्व को माध्यम-मात्र माना था और उसे जैसे यथार्थ के बिलकुल विरोध में खड़ा कर दिया था। इस निबन्ध को पढ़ने से मन पर यह छाप पड़ती है कि कवि की निजी भावनाओं को व्यक्त करने वाली कविता में कभी वस्तु-सत्य हो नहीं सकता, जबकि साहित्य का इतिहास इसका पर्याप्त साक्ष्य प्रस्तुत करता है कि स्वच्छंदतावादी कवियों ने भी अपने ढंग से वस्तु-सत्य की अभिव्यक्ति की है। इलियट का यह निबन्ध स्वच्छंदतावाद-विरोध में लिखा गया था। आचार्यजी ने ठीक लिखा है कि "रोमांटिक भावधारा की अतिवैयक्तिकता के विरोध में इलियट ने अवैयक्तिकता का सिद्धान्त प्रस्तुत किया। अवैयक्तिकता का ही एक प्ररोह वस्तुनिष्ठता भी है। इलियट काव्य और आलोचना दोनों में अवैयक्तिकता एवं वस्तुनिष्ठता के समर्थक हैं। वस्तुतः अवैयक्तिकता एवं वस्तुनिष्ठता आभिजात्यवादी (Classical) अवधारणाएँ हैं जिन्हें साहित्य के लिए वे हितकर समझते हैं। इलियट ने 1928 में अपने को "साहित्य में आभिजात्यवादी, राजनीति में राजभक्त और धर्म में ऐंग्लो-कैथोलिक घोषित किया था।" जान हेवर्ड इसे "परम्परा के मूल्य में विश्वास का ही त्रिविध अभिकथन (Affirmation) कहते हैं, जो सर्वथा संगत है।" (पृ० 214)

इलियट की 'Objective correlative' नामक अवधारणा को लेकर हिन्दी

में बहुत गलतफहमी रही है, क्योंकि उन्होंने शेक्सपियर के प्रसिद्ध नाटक 'हैमलेट' की आलोचना में उसका उपयोग किया है, पर कहीं भी उसकी विस्तृत व्याख्या नहीं की। आचार्य शर्मा ने हिन्दी में उसे 'मूर्त्त-विधान' कहा है और इन शब्दों में उसे बिलकुल स्पष्ट कर दिया है : "जिस किसी वस्तु से जिस किसी भाव की अभिव्यक्ति नहीं हो सकती; अभिव्यंग्य भाव और अभिव्यंजक वस्तु में ऐसा सम्बन्ध होना चाहिए कि उस वस्तु से वह भाव अभिव्यक्त हो सके। यहाँ वस्तु शब्द से वैसी वस्तु अभिप्रेत है जो एक ओर तो कवि के भाव को अभिव्यक्त करे और दूसरी ओर भावक के मन में तत्सदृश भाव उत्पन्न करे।" (पृ० 206)

अन्त में इलियट का मूल्यांकन प्रस्तुत करते हुए आचार्य शर्मा ने 'वेस्टलैण्ड' के 'दत्त दयध्वम् दमयत।/ शान्तिः शान्तिः शान्तिः' इन उपनिषद् वाक्यों को उद्धृत किया है, जो उसके उपसंहार के रूप में आए हैं, और लिखा है कि "बृहदारण्यक के इस उद्धरण में युगीन समस्याओं का निदान भी है और समाधान भी"; "कवि और आलोचक के रूप में इलियट ने इस टेक को बार-बार दुहराया है और एक नई संवेदनशीलता के प्रसार की भूमिका तैयार की है।" (पृ० 212)

अरस्तू के बाद प्रो० शर्मा ने उतने विस्तार से सिर्फ रिचर्ड्स पर विचार किया है। यह निबन्ध प्रायः शुरू से लेकर अन्त तक समालोचनात्मक है। सबसे पहले आचार्य शर्मा ने रिचर्ड्स की इस मान्यता का खण्डन किया है कि सौन्दर्यात्मक अनुभूति और साधारण अनुभूति में कोई फर्क नहीं होता। रिचर्ड्स ने यह लिखने के बाद कि "साधारण अनुभूतियों की तुलना में सौन्दर्य की अनुभूतियों का संघटन अधिक सूक्ष्म होता है किन्तु वे नई और भिन्न कोटि की वस्तु बिल्कुल नहीं होतीं", यहाँ तक लिख दिया है कि "जब हम कोई चित्र देखते हैं या कविता पढ़ते हैं या संगीत सुनते हैं तब कुछ भी ऐसा नहीं करते जो गैलरी जाते समय या सुबह कपड़े पहनते समय नहीं कर रहे थे।" (पृ० 224) इस पर उचित ही आचार्य शर्मा ने यह जानना चाहा है कि "कपड़े पहनते समय की अनुभूति में क्या वही तन्मयता, वही आत्मविस्मृति है जो शेक्सपियर की कोई ट्रैजेडी पढ़ते या देखते समय होती है?" (पृ० 225) उनका मत यह है कि सौन्दर्यात्मक या काव्यात्मक अनुभूति 'अलौकिक' होती है और "अलौकिक का अर्थ इतना ही है कि वह लौकिक अर्थात् सामान्य से भिन्न है (उपर्युक्त)।" आचार्य शुक्ल ने वास्तविक अनुभूति और रसात्मक अनुभूति में सम्बन्ध दिखलाने के क्रम में अपने समर्थन में रिचर्ड्स को उद्धृत किया है और उक्त सम्बन्ध के उदाहरण के रूप में लिखा है : "स्वदेश-प्रेम के गीत गाते हुए नवयुवकों के दल जिस साहस-भरी उमंग के साथ कोई कठिन या दुष्कर कार्य करने के लिए निकलते हैं, वह वीरत्व की रसात्मक अनुभूति है।" (चिन्तामणि, भाग एक, पृ० 250) यह निश्चय ही गैलरी जाते या कपड़े पहनते समय की सामान्य अनुभूति से भिन्न वास्तविक जीवन की एक विशिष्ट अनुभूति है।

रिचर्ड्स ने सौन्दर्यानुभूति की लौकिकता अथवा वास्तविकता पर जो बल दिया है उसका कारण उनका मूल्य-सिद्धान्त है, जिसका भवन उन्होंने मनोविज्ञान की नींव पर खड़ा किया है। यह मूल्य-सिद्धान्त उनके सम्पूर्ण काव्यालोचन का आधार है। इसी को ध्यान में रखकर उन्होंने काव्य के विभिन्न पक्षों पर विचार किया है। जैसे-जैसे इस मूल्य-सिद्धान्त की कमजोरी उजागर होती गई है, रिचर्ड्स का आतंक साहित्य-जगत् से समाप्त होता गया है। उनके अनुसार "ऐसी कोई भी वस्तु मूल्यवान् है जो समान या अधिक महत्वपूर्ण इच्छा को बिना कुंठित किए किसी इच्छा को संतुष्ट करती है।" (पृ० 230) स्वभावत: उनकी मान्यता है कि "आवेगों की विश्रांति में ही काव्य की मूल्यवत्ता है।" (पृ० 231) इसी के आधार पर उन्होंने काव्य के दो भेद किए हैं, जो सुपरिचित हैं—अपवर्जी (Exclusive) और अन्तर्वेशी (Inclusive)। रिचर्ड्स कविता की परीक्षा पाठकों के मन पर पड़ने वाले उसके प्रभाव के आधार पर करते हैं, इसलिए उन्होंने उसकी संरचना को कोई महत्त्व नहीं दिया है। उनके लिए महत्त्व सिर्फ आवेगों की विश्रांति का है। उन्होंने नैतिकता भी इसी में मानी है। आचार्य शर्मा ने इस पर यह टिप्पणी की है : "कहने की आवश्यकता नहीं कि रिचर्ड्स की यह स्व-कल्पित नैतिकता नैतिकता की स्वीकृत धारणा से पूर्णत: भिन्न है। इच्छाओं की संतुष्टि को नैतिकता का आधार मान लेने पर अनैतिक नाम की कोई वस्तु रह ही नहीं जाती क्योंकि मनुष्य जो भी कर्म-अकर्म करता है, वह अपनी इच्छाओं की संतुष्टि के लिए ही।" (पृ० 236-37) अन्त में उन्होंने रिचर्ड्स के सम्बन्ध में अपना यह निष्कर्ष प्रस्तुत किया है : "जो व्यक्ति स्वच्छंदतावाद (Romanticism) और सौन्दर्यवाद (Aestheticism)—जैसे व्यक्तिवादी काव्यांदोलनों का विरोधी हो, उससे यह आशा की जाती है कि वह समाज के परिप्रेक्ष्य में कला की मीमांसा करेगा, पर इस आशा की पूर्ति नहीं होती। रिचर्ड्स व्यक्ति तक ही सीमित रह जाते हैं। ऐसा इसलिए भी होता है कि मनोविज्ञान की जिन शाखाओं पर उनकी आलोचना-पद्धति आश्रित है, वे व्यक्तिमूलक हैं।" (पृ० 263) आचार्य शर्मा ने रिचर्ड्स के कला और नैतिकता, संप्रेषण, कविता की परिभाषा, लय और छन्द तथा उनके 'प्रैक्टिकल क्रिटिसिज्म'—सम्बन्धी विचारो का भी विवेचन किया है।

आचार्यजी अध्यापक के रूप में ख्याति प्राप्त रहे हैं। यह ख्याति उन्हें अपनी अध्यापन शैली के कारण मिली है, जिसमें उन्होंने विषय के सुलझे हुए ज्ञान और उसके स्पष्ट प्रतिपादन दोनों को समान महत्त्व दिया। वस्तुत: ये दोनों चीजें परस्पर संबद्ध हैं। पुस्तक की भूमिका में उन्होंने लिखा भी है कि "अध्यापक के रूप में मैंने संप्रेषण की सहजता तथा सरलता को सर्वाधिक महत्त्व दिया है।" 'पाश्चात्य काव्यशास्त्र' उनके अध्यापकीय जीवन की सिद्धि की एक मनोहर झाँकी प्रस्तुत करता है। पूरी पुस्तक में अपवादस्वरूप ही एक-दो ऐसे स्थल हो सकते हैं,

जहाँ साधारण पाठकों को विषय को समझने के लिए अटकना पड़े । काव्यशास्त्र और सौन्दर्यशास्त्र जैसे गहन विषय पर ऐसी बोधगम्य पुस्तक लिखना कि साधारण पाठक भी आनन्द उठाते हुए उसे पढ़ सकें, कोई मामूली सिद्धि नहीं है ।

इस समीक्षा के आरम्भ में यह संकेत किया गया है कि आचार्य शर्मा ने अपनी पुस्तक में पाश्चात्य काव्यशास्त्र के सार्वभौम तत्त्वों को निकालकर रखने का प्रयास किया है । इसका एक प्रमाण यह है कि उन्होंने अनेक स्थलों पर पाश्चात्य काव्य-सिद्धान्तों और संस्कृत काव्य-सिद्धान्तों में आंशिक व पूर्ण समानता दिखलाई है । उनके विवेचन की एक विशेषता यह है कि उन्होंने कभी-कभी पाश्चात्य काव्यशास्त्रियों के सिद्धान्तों के स्रोतों का भी उल्लेख किया है । यह दिलचस्प इस मानी में है कि अनेक बार इन काव्यशास्त्रियों ने उन्हीं आचार्यों से अपने सिद्धान्त लिए हैं जिनके विरुद्ध उनका चिन्तन निर्ष्दिट रहा है, जैसे स्वच्छंदतावाद विरोधी इलियट का काव्य-भाषा विषयक सिद्धान्त वर्ड्सवर्थ से लेना (पृ० 203) । आचार्य शर्मा ने प्लेटो से लेकर रिचर्ड्स तक के सम्बन्ध में निबन्धों के आरम्भ में अनेक उपयोगी सूचनाएँ दी हैं, जिनसे उनके काव्य-सिद्धान्तों को समझने में सुविधा होती है । वे ठीक ही मानते हैं कि "किसी देश के साहित्य, संस्कृति, दर्शन, कला आदि को ठीक से समझने के लिए वहाँ के इतिहास का थोड़ा ज्ञान अपरिहार्य है ।" (पृ० 3) इससे उन शाश्वततावादियों को थोड़ा धक्का लगेगा, जो साहित्य और कला को देश-काल की सीमाओं से ऊपर प्रतिष्ठित करते हैं ।

अन्त में आचार्य शर्मा की भाषा के सम्बन्ध में दो शब्द कहना जरूरी है । उनकी भाषा अत्यन्त व्यवस्थित एवं जीवंत है । इसका कारण यह है कि वे संस्कृत के विद्वान् ही नहीं, भाषाविज्ञानी भी हैं । संस्कृत के विद्वान के रूप में उन्होंने भाषा की व्यवस्था को जाना है और भाषाविज्ञानी के रूप में बोल-चाल की भाषा की शक्ति को । हम कह सकते हैं कि उनकी भाषा में संस्कृत का परिष्कार और बोल-चाल की भाषा की प्राणवत्ता है । उनके वाक्य बिलकुल सीधे-सादे हिन्दी के वाक्य होते हैं । हिन्दी-वाक्य-विन्यास की मोहकता को जिस लेखक ने नहीं जाना, वह सब कुछ करने पर भी हिन्दी का लेखक नहीं हो सकता । आचार्य शर्मा हिन्दी के देशी लेखक हैं । वे अपनी भाषा में कभी-कभी संस्कृत के शब्द-रत्न जड़ देते हैं, जिससे उनके आगे-पीछे के सारे शब्द आलोकित हो उठते हैं । ऐसे शब्द-प्रयोग भाषा को गतिहीन नहीं बनाते, उसे नई आभा से जगमगा देते हैं । यह बात हम आचार्य हजारीप्रसाद द्विवेदी की भाषा में देख चुके हैं । आचार्य द्विवेदी संस्कृत शब्दों का प्रयोग करते थे, लेकिन वाक्य में ठेठ हिन्दी और भोजपुरी के शब्द भी डालते थे, जिससे संस्कृत शब्दों के प्रयोग से भाषा में दीप्ति तो आए, लेकिन उसका प्रवाह अनवरुद्ध रहे । आचार्य शर्मा भी संस्कृत शब्दों के प्रयोग में इसी कला का परिचय देते हैं ।

यहाँ आचार्य शर्मा के कुछ वाक्य देखे जा सकते हैं । "मैंने इस पुस्तक के द्वारा

अंग्रेजी के उन विद्वानों को, जिनकी बुद्धि दंभ से **कषायित** नहीं है, यह भी बताना चाहा है कि पाश्चात्य चिन्तन के प्रौढ़ उपस्थापन की हिन्दी में कितनी क्षमता है। हिन्दी को अक्षम बताना अपनी अक्षमता पर **परदा** डालना है।" (भूमिका) 'कषायित' हिन्दी का शब्द नहीं है, लेकिन देखने लायक है कि वह अपने आगे-पीछे दोनों तरफ आलोक फेंककर कैसे पूरे वाक्य को आलोकित कर रहा है। 'कषायित' और 'उपस्थापन' शब्दों के प्रयोग से भाषा में जो गुरुता आई है उसको दूसरे वाक्य में आनेवाला हिन्दी का शब्द 'परदा', जो कि मूलत: फारसी का शब्द है, कम करके भाषा के प्रवाह को अक्षुण्ण रखता है। अकुशल लेखक 'परदा' की जगह 'आवरण' शब्द का प्रयोग कर बड़ी आसानी से भाषा के पूरे प्रवाह को नष्ट कर सकता था। इसी तरह का एक दूसरा वाक्य है : "इतनी कम आबादी के किसी नगर ने कहीं भी, और कभी भी, **बौद्धिक ऊर्जा तथा कलात्मक प्रकर्ष के ऐसे भव्य कीर्तिमान** स्थापित नहीं किए हैं।" (पृ० 3) यहाँ भी हम देखते हैं कि 'कम आबादी' की जगह यदि 'अल्प जनसंख्या' का प्रयोग किया जाता, तो वाक्य, जो आगे बढ़ने के साथ क्रमश: विषयोचित भव्यता से युक्त होता जाता है, वागाडंबर बनकर रह जाता। एक तीसरा वाक्य है: "अज्ञान, पाखण्ड, अंधविश्वास आदि की आलोचना के कारण न तो वे जनसाधारण में लोकप्रिय थे और न **अह्ममन्य बुजुर्गों** के बीच, जिनकी **बददिमागी का वे हमेशा मजाक उड़ाया** करते थे।" (पृ० 5) 'बुजुर्ग' के साथ 'अह्ममन्य' शब्द का प्रयोग यह सूचित करता है कि आचार्य शर्मा का ध्यान कथ्य को पूरी शक्ति के साथ संप्रेषित करने पर रहता है। वाक्य का आखिरी हिस्सा तो जैसे इस बात की घोषणा है कि उन्हें भाषा-सम्बन्धी शुद्धतावाद से पूरा परहेज है।

आचार्य शर्मा की खूबी यह है कि वे अपनी भाषा में एक साथ विभिन्न भाषाओं—संस्कृत, अरबी-फारसी-तुर्की और अंग्रेजी के शब्दों का प्रयोग करते हैं, लेकिन हिन्दी का रूप बिगड़ने नहीं देते, बल्कि उसे और निखार देते हैं। इसका यही कारण है कि वे हिन्दी में उन्हीं शब्दों और मुहावरों का प्रयोग करते हैं, जो हिन्दी के अपने हो चुके हैं। यदि वे संस्कृत के हिन्दी में अप्रचलित शब्दों का प्रयोग करते हैं, तो इस कौशल के साथ कि उसका अपना रूप, रंग और गन्ध सुरक्षित रहे। जहाँ उनसे इसमें चूक हुई है, वहाँ उन्होंने इस तरह के वाक्य लिखे हैं: "इस प्रकार भव्य विचारों की उद्भावना के द्वारा लोंगिनुस सर्जनात्मक प्रणोदन को निर्दिष्ट करते हैं।" (पृ० 103) और "यह प्रभाव विस्मय की सतत् उत्तेजना के साथ उत्सुकता की निवृत्ति एवं जागृति की आशुभावी पारस्परिकता से उत्पन्न होता है।" (पृ० 136) लेकिन इस तरह के वाक्य इस पुस्तक में बिलकुल अपवाद के रूप में मिलते हैं।

आचार्य शर्मा के विवेचनात्मक गद्य से एक ही शिकायत हो सकती है। वह यह कि उनके पास व्यंग्य-विनोद का जो कोष है, उसे वे अपने व्यक्तिगत निबन्धों

और व्याख्यानों में तो मुक्त भाव से लुटाते हैं, पर अपने गम्भीर लेखन को प्रायः उससे वंचित रखते हैं। 'पाश्चात्य काव्यशास्त्र' में जहाँ व्यंग्य-विनोदपूर्ण उक्तियाँ आ गई हैं, वहाँ हमें पुस्तक पढ़ते समय ताजगी का अहसास हुआ है। उदाहरण के लिए होरेस का एक कथन उद्धृत करने के बाद प्रो० शर्मा ने कोष्ठकों में जो टिप्पणी दी है, वह देखने लायक है : "देमोक्रितुस की धारणा है कि कला (व्युत्पत्ति) की अपेक्षा प्रतिभा का प्रकर्ष बड़ा है। अतः बहुसंख्यक भावी कवि (अपने को प्रतिभाशाली प्रमाणित करने के लिए) नाखून नहीं काटते, दाढ़ी नहीं बनाते, स्नान नहीं करते और एकांत ढूँढ़ते हैं।" (होरेस के इस कथन से पता चलता है कि कवियों का यह ढब और ढंग काफी पुराना है।) (पृ० 73) व्यंग्य विनोद लेखक की अंतःप्रज्ञा की उपज होता है इसलिए उससे लेखन में सर्जनात्मकता का समावेश होता है।

निश्चय ही 'पाश्चात्य काव्यशास्त्र' से हिन्दी में एक अभाव की पूर्ति हुई है। इससे हिन्दी के साधारण और प्रबुद्ध दोनों ही प्रकार के पाठक लाभान्वित होंगे। एक को पाश्चात्य काव्यशास्त्र का ज्ञान होगा, दूसरे को उसका प्रत्यभिज्ञान।

'पाश्चात्य काव्यशास्त्र' और आचार्य देवेन्द्रनाथ शर्मा की समीक्षा-पद्धति

शम्भुशरण सिन्हा

आचार्य देवेन्द्रनाथ शर्मा संस्कृत काव्यशास्त्र के निष्णात पण्डित थे। ऐसा केवल इसलिए नहीं कि उन्होंने भामह के 'काव्यालंकार' का बड़ा ही प्रामाणिक भाष्य लिखा है, न इसीलिए कि 'अलंकार मुक्तावली' तथा 'काव्य के तत्व' लिखकर उन्होंने भारतीय काव्यशास्त्र के विस्मयकारी विविध पक्षों को सफलतापूर्वक उजागर किया है बल्कि इसलिए कि समग्र संस्कृत काव्यशास्त्रीय वाङ्मय उनके लिए हस्तामलकवत् था। मेरे इस कथन की सत्यता का अनुभव स्वदेशी तथा विदेशी वे सभी विद्वान् करेंगे जिनको आचार्य शर्मा के काव्यशास्त्रीय व्याख्यानों को सुनने का सुअवसर प्राप्त हुआ है। किन्तु मेरी यह बात उतनी विस्मयकारी नहीं जितनी यह कि पाश्चात्य काव्यशास्त्र पर भी आचार्य शर्मा का उतना ही अधिकार दिखायी पड़ता है, जितना भारतीय काव्यशास्त्र पर। समग्र पाश्चात्य काव्यशास्त्रीय चिन्तन को हिन्दी के माध्यम से उपस्थित करने में आचार्य शर्मा क्या, किसी को भी कठिनाई हो सकती है। यह कार्य सचमुच दुष्कर है। तब उसे उपस्थित करने का सचमुच वही मार्ग विवेकपूर्ण, और आधार युक्तिसंगत हो सकता था जिसे आचार्य शर्मा ने अपनाया है। इस सन्दर्भ में उन्होंने लिखा है, "मैंने यहाँ उन्हीं काव्यशास्त्रियों के सिद्धान्तों का विवेचन किया है जो हिन्दी में बहुचर्चित हैं। निरूपण के विस्तार का मानदण्ड रहा है विशद् प्रतिपादन।"[1] पाश्चात्य काव्यशास्त्रीय विचारों के अनुचिन्तन के लिए जिस बहुसाहित्य एवं बहुशास्त्र का ज्ञान अपेक्षित है, आचार्य शर्मा की सारस्वत साधना उसके पूर्णतः अनुकूल थी। इसके अतिरिक्त प्रखर कारयित्री-भावयित्री प्रतिभासम्पन्नता तथा

1. पाश्चात्य काव्यशास्त्र, भूमिका, पृ० ix

एतद्विषयक सुदीर्घ काल पर्यन्त सतत् कथनानुकथन से भी उनको वह दृष्टि सहज ही प्राप्त हो गयी थी, जिससे पाश्चात्य काव्यशास्त्रीय गुत्थियाँ सुलझ जाती हैं और समस्त पाश्चात्य काव्यशास्त्रीय चिन्तन द्वारा उपलब्ध बहुमूल्य मणियाँ उनकी आँखों के सामने सहसा एक साथ ही प्रत्यक्ष हो गयी थीं। उनके इस विपुल ज्ञान ने उनके पाठकों में उनके प्रति विश्वास का सृजन किया। उनकी समीक्षा की दूसरी विशेषता सम्प्रेषण की सहजता तथा सरलता है, जिसे उन्होंने अपनी समीक्षा में सर्वत्र और सर्वाधिक महत्व दिया है। इस सन्दर्भ में आलोचना में तामस लेखन-सम्बन्धी उनका मौलिक विचार ध्यातव्य है : "मेरी मान्यता है कि विषय कठिन नहीं होता, यदि कठिन प्रतीत होता है तो इसका अर्थ है कि सम्प्रेषण सदोष है। कुछ लोग पाण्डित्य-प्रदर्शन के लिए जानबूझकर लेखन में क्लिष्टता लाते हैं। मैं इसे तामस लेखन कहता हूँ। इससे न तो लेखक को यश मिलता है न पाठक को ज्ञान। यह कहने के लिए क्षमा चाहता हूँ कि मैं क्लिष्टता और शिष्टता को परस्पर विरोधी मानता हूँ।"[1] काव्यशास्त्रीय आलोचना के लिए आलोचक की योग्यता की ओर संकेत करते हुए उन्होंने लिखा है कि "काव्यशास्त्र की आधार सामग्री दर्शन, अर्थविज्ञान, मनोविज्ञान आदि से प्राप्त होती है। अतः उसका सैद्धान्तिक पक्ष गूढ़ हुआ करता है। जिसे दर्शन, अर्थविज्ञान, आदि उपकारक विषयों का ज्ञान है, उसका काम तो सुगम होता है, किन्तु सभी जिज्ञासु इन विषयों के जानकार नहीं होते। उनके लिए तो विवेचन ही इतना स्पष्ट होना चाहिए कि उपकारक शास्त्रों के ज्ञान के बिना भी विषय का समीचीन बोध हो जाए।"[2] किन्तु यह बात सुदीर्घकाल पर्यन्त साधना-सापेक्ष है। इस दृष्टि से आचार्य देवेन्द्रनाथ शर्मा सिद्ध पुरुष हैं। इस साधना का सोपान है अनवरत जिज्ञासा और बीच-बीच में मन में उठने वाली शंकाओं के समाधान के लिए जिज्ञासु में अटूट धैर्य। आचार्य शर्मा ने इस सन्दर्भ में जो कुछ लिखा है, उससे आलोचना-कर्म के लिए मानदण्ड स्थिर होता है। उन्होंने लिखा है, "आलोच्य आचार्य की कृतियों का मैंने अनेकशः पारायण किया है—बोध के लिए भी, पूर्वापर की संगति के लिए भी, सन्देह-निवारण के लिए भी, प्रामाणिकता के लिए भी। प्लेटो और अरस्तू पर लिखते समय उनकी सारी कृतियों के अध्ययन से ही सन्तोष नहीं हुआ, यूनान के इतिहास और भूगोल का ज्ञान भी आवश्यक प्रतीत हुआ। उदाहरणार्थ, यह शंका मन में बार-बार उमड़ती-घुमड़ती रही कि प्लेटो ने अपने आदर्श राज्य से कवियों के निष्कासन की बात कैसे कह दी?—उस प्लेटो ने जिसके लेखकीय जीवन का आरम्भ काव्य-रचना से हुआ था, जिसके दार्शनिक लेखन में भी काव्य की सरसता

---

1. वही, पृ० viii
2. वही, पृ० viii

भरी है और जिसका गद्य काव्यगुणों से ओतप्रोत है। इस शंका का समाधान प्लेटों की कृतियों में नहीं, यूनान के इतिहास में मिला जिसका उल्लेख मैंने प्लेटो की आलोचना के प्रसंग में किया है।"[1] अरस्तू के 'पोएटिक्स' और लोंगिनुस के 'पेरि हुप्सुस' पर लिखने के पहले जार्ज सेण्ट्सबरी को इन कृतियों को चार-चार, पाँच-पाँच बार पढ़ना पड़ा था। सेण्ट्सबरी की इस आत्मस्वीकृति पर टिप्पणी करते हुए आचार्य शर्मा ने लिखा है : "यह उस व्यक्ति की आत्मस्वीकृति है जो यूरोपीय संस्कृति में जन्मा और पला था, सम्पूर्ण यूरोप के साहित्यों के दाय का अभिनिविष्ट ज्ञाता था, अंग्रेजी जिसकी मातृभाषा थी और ग्रीक, लैटिन आदि का जो समादृत विद्वान था। इन कृतियों पर लिखने के लिए, इन सारी सुविधाओं से वंचित किसी भारतीय लेखक का इन्हें कितनी बार पढ़ना उचित है, यह कहने की आवश्यकता नहीं।"[2] वस्तुत: अपनी इस टिप्पणी से आचार्य शर्मा आलोचना-कर्म में जिस अनवरत श्रवण, मनन और निदिध्यासन की अपेक्षा है, उसी की ओर संकेत करना चाहते हैं।

आचार्य शर्मा ने जिस स्पष्टता और सरलता को आलोचना का गुण कहा है, वह तब तक सम्भव नहीं है जब तक आलोचक सिद्ध व्याख्याकार न हो। इस कला में आचार्य शर्मा अप्रतिम हैं। प्लेटो द्वारा प्रतिपादित और सरलता से उत्पन्न शैलीगत माधुर्य के सन्दर्भ में 'सरलता' की व्याख्या उन्होंने व्यापक अर्थ में की है और लिखा है "प्लेटो की दृष्टि में वह सरलता नहीं है जो प्रकारान्तर से मूढ़ता कही जा सकती है; सच्ची सरलता वह है जिसका सम्बन्ध चरित्र से, साथ ही समुचित एवं श्रेष्ठ रूप में व्यवस्थित मन से है। ये गुण काव्य के लिए ही नहीं, बल्कि सर्जनात्मक (creative) कलाओं—बुनाई, फुलकारी, स्थापत्य आदि के लिए भी अत्यन्त उपयोगी हैं"।[3] सैमुअल टेलर कालरिज की विशिष्ट और रमणीय कल्पना को व्याख्यायित करते हुए निष्कर्ष रूप में उन्होंने लिखा है, "तात्पर्य कि दृश्य जगत् की सामान्य वस्तुएँ ही गौण कल्पना के योग से विशिष्ट और रमणीय बन जाती हैं। इसके लिए गौण कल्पना को संश्लेषण की प्रक्रिया अपनानी पड़ती है।"[4] अपनी इस बात की पुष्टि उन्होंने 'कामायनी' की प्रारम्भिक चार पंक्तियों के आधार पर की है। बेनेदेत्तो क्रोचे के सन्दर्भ में दृष्टि-भेद से शास्त्र-भेद की सत्यता को समझाने के लिए उन्होंने लिखा है, "वनस्पति विज्ञान गुलाब के फूल का विच्छेदन कर उसकी संरचना पर प्रकाश डालता है। और जब बिहारी कहते

1. वही, पृ० viii
2. वही, पृ० ix
3. वही, पृ० 16
4. वही, पृ० 64-65

हैं कि 'पंखुरी लगी गुलाब की गाल न जानी जाय' तो यह काव्यशास्त्र की सीमा में आ जाता है"।[1] जिस सहजता से आचार्य शर्मा ने सौन्दर्य का दर्शन और मनोविज्ञान से सम्बन्ध निरूपण किया है वह सबके बूते की बात नहीं है। उन्होंने लिखा है : "सौन्दर्य मुख्यतः दो शास्त्रों—दर्शन और मनोविज्ञान—का विवेच्य है। दर्शन में उसके तत्व की मीमांसा होती है और मनोविज्ञान में उसके सर्जन और आस्वादन की । उदाहरणार्थ—सौन्दर्य क्या है, इस प्रश्न का उत्तर दर्शन देगा, किन्तु सौन्दर्यानुभूति कैसे होती है, इसका उत्तर मनोविज्ञान देगा"।[2] काव्यभाषा के सन्दर्भ में दाँते और वर्ड्सवर्थ के विचारों में दिखायी पड़ने वाले आपाततः विरोध को स्पष्ट करते हुए उन्होंने लिखा है : "जहाँ दाँते काव्य में भव्यतम शब्दों के प्रयोग के आग्रही हैं, वहाँ वर्ड्सवर्थ सामान्यतम शब्दों के, किन्तु दोनों की संगति दुष्कर नहीं है। दाँते लैटिन जैसी समृद्ध परिनिष्ठित और प्रौढ़ भाषा के स्थान पर इतालवी जैसी अनगढ़ लोकभाषा के व्यवहार का प्रस्ताव कर उसमें साहित्यिक गरिमा की प्रतिष्ठा करना चाहते थे; वर्ड्सवर्थ निर्जीव रूढ़ि से काव्यभाषा को मुक्त करना चाहते थे क्योंकि उनके युग की अंग्रेजी में गरिमा की नहीं, सजीवता की कमी थी। वर्ड्सवर्थ इसी कमी को दूर करने को उत्सुक थे"।[3] इन सारी बातों से अभेद में भेद और भेद में अभेद देखने तथा सम्बन्ध-निरूपण की उनकी अप्रतिम शक्ति का पता चलता है जो किसी भी सत्समालोचक के लिए आवश्यक साधन है।

आचार्य देवेन्द्रनाथ शर्मा की समीक्षा-पद्धति की सबसे बड़ी विशेषता यह है कि कभी तो अपनी निरुत्तर कर देने वाली अकाट्य युक्तियों से और कभी व्यंग्य-विनोद-भरी अत्यन्त हल्की मुद्रा से वे अपनी बात मनवा लेने की कला में पूर्ण दक्ष हैं। रिचर्ड्स की इस मान्यता को—कि सौन्दर्य वस्तु-निरपेक्ष धर्म है—वे अपने इस हल्के प्रश्न से ही उड़ा डालते हैं : "ताजमहल को देखने से जो सौन्दर्यानुभूति होती है, वही आगरे के रेलवे स्टेशन को देखने से क्यों नहीं होती अथवा वैसी सौन्दर्यात्मक प्रतिक्रिया ताजमहल से ही क्यों होती है?"[4] आचार्य शर्मा के इस प्रश्न के सामने सिवा घुटने टेक देने के रिचर्ड्स के पास उपाय ही क्या रह जाता है? यह वह प्रज्ञा दृष्टि है जो भारतीय मनीषा की लघुतम ज्योति है फिर भी जिसके सामने विदेशी चिन्तक चूड़ामणियों का सारा प्रभामण्डल निस्तेज पड़ जाता है। आचार्य शर्मा की आलोचना दृष्टि की सबसे बड़ी उदारता-भरी विशेषता यह

1. वही, पृ॰ 163
2. वही, पृ॰ 163
3. वही, पृ॰ 213
4. वही, पृ॰ 226

है कि वे अपनी स्थापनाओं पर न केवल परम्परागत भारतीय मनीषा का आलोक उड़ेलते रहते हैं अपितु अपनी बात की पुष्टि में पाश्चात्य काव्यशास्त्रियों की समान चिन्तन ज्योति को भी खोजकर सामने रख देते हैं। इस तरह उनकी स्थापनाएँ इस दुहरी ज्योति से जगमगा उठती हैं। आचार्य शर्मा अपनी समीक्षा में विनोदपूर्ण युक्तियों का सहारा तो लेते हैं किन्तु इस सन्दर्भ में यह बात रेखांकित करने योग्य है कि वे बड़े से बड़े स्थापित आलोचक की बड़ी-से-बड़ी उद्घोषित मान्यता का भी खण्डन बड़े साहस के साथ करते हैं। वे जहाँ एक ओर प्राचीन पाश्चात्य काव्यशास्त्री अरस्तू की सीमा इस प्रकार बताते हैं : "अरस्तू की सीमाओं में सबसे प्रमुख है—काव्य के सर्वांगपूर्ण विवेचन की प्रतिज्ञा कर केवल दुःखान्तक का विवेचन करना। प्रगीत का उन्होंने स्पर्श भी नहीं किया, प्रहसन को चलता कर दिया, महाकाव्य की चर्चा केवल दुःखान्तक की श्रेष्ठता सिद्ध करने के प्रसंग में की है। इस तरह 'काव्यशास्त्र' काव्य का शास्त्र न होकर केवल दुःखान्तक का शास्त्र बन गया है।"[1] —वहाँ वे होरेस के 'आर्स पोएतिका' की सीमाओं को भी संक्षेप में इस प्रकार रेखांकित करते हैं : "पत्रात्मक होने के कारण इस रचना की कई सीमाएँ हैं : यह अतिसंक्षिप्त है, अतः काव्यशास्त्र के अनेक महत्वपूर्ण प्रश्नों का इसमें उल्लेख भी नहीं है। दूसरी चीज यह कि इसमें व्यवस्था और विवेचनात्मक गम्भीरता का अभाव है"।[2] उन्होंने कोलरिज द्वारा की गयी समालोचना पर भी अपनी टिप्पणी इस प्रकार कर दी है—"कोलरिज की समालोचना बीजीय (seminal) है अर्थात् उन्होंने उद्‌भावना तो अनेक धारणाओं की की किन्तु उन्हें बीज या संकेत रूप में ही छोड़ दिया, किसी का सम्यक् विकास नहीं किया।"[3] ऐसी टिप्पणियाँ उनके द्वारा सूत्र रूप में की जाती हैं किन्तु तद्विषयक गम्भीर विश्लेषण और विवेचन के उपरान्त ही, जिनसे उनके मर्म को समझने और वैसी सूत्रात्मक टिप्पणियों को याद रखने में सुविधा होती है। निश्चय ही, ऐसी सूत्रात्मक टिप्पणियाँ सारांश रूप में और पाठकों की सुविधा को ही ध्यान में रखकर की जाती हैं। उनकी समीक्षा पद्धति की एक ओर बड़ी विशेषता है जो अलक्षित नहीं रह पाती। वह विशेषता है समीक्षा में उनकी सहृदयता और गुणग्राहकता। प्रशसा के अवसरों पर वे प्लेटो की प्रशंसा करने में भी कृपणता नहीं करते। वे लिखते हैं, "उसे उच्च कोटि का कवि-हृदय मिला था"[4] किन्तु उनकी सहृदयता गलदश्रुभावुकता नहीं है। वह एक सीमा तक ही

1. वही, पृ० 67
2. वही, पृ० 70
3. वही, पृ० 146
4. वही, पृ० 12

रहती है। आचार्य शर्मा किसी की विरुदावली नहीं गाते। उन्होंने प्लेटो की यथोचित स्थान पर प्रशंसा तो की है किन्तु काव्य की आनन्दप्रदता के सन्दर्भ में यह भी लिख दिया है : "काव्य की आनन्दप्रदता को प्लेटो ने भी स्वीकार किया था, वे काव्य के आनन्द की स्थिति ग्रहीता में ही नहीं मानते थे बल्कि स्रष्टा में भी, जैसा 'इओन' में उनकी काव्य-सर्जन-सम्बन्धी उक्तियों से स्पष्ट है। फिर भी, उन्होंने नैतिक और राजनैतिक आधारों पर काव्य को त्याज्य ठहराया है। कहें तो यह एक प्रकार की नैतिक भीरुता थी, भले ही वह समसामयिक राजनीतिक कारणों से प्रेरित रही हो"।[1] उन्होंने यह भी लिखा है कि प्लेटो ने काव्य को दार्शनिक की दृष्टि से देखा सही पर उनमें दार्शनिक की तटस्थता नहीं रही।[2] किन्तु किसी की गुण-स्वीकृति के सच्चे अवसर पर आचार्य शर्मा की गुणग्राहकता और उनकी उदारता देखते ही बनती है। लोंगिनुस के सन्दर्भ में उन्होंने लिखा है, "लोंगिनुस के अध्ययन का क्षेत्र जितना विस्तीर्ण है, परिशंसन (appreciation) की क्षमता उतनी ही गहरी है। उनका अध्ययन चिन्तन से पुष्ट है और परिशंसन विश्लेषण से समृद्ध"।[3] किसी विस्तृत समालोचन के सार अंश को पकड़ लेने की उनकी अद्भुत क्षमता थी। प्लेटो द्वारा काव्य-गर्हा वाले सन्दर्भ में उन्होंने लिखा है, "प्लेटो काव्यमात्र का नहीं, बल्कि केवल वैसे काव्य का अपलाप करते हैं जो नागरिकों में भीरुता, निर्बलता और अनैतिकता का संचार करता है, जो उन्हें सत्य और शिव से हटाकर असत्य और अशिव की ओर ले जाता है, जो देवों और वीरों के चरित्रों में गर्हित दोष दिखाकर अश्रद्धा उत्पन्न करता है।"[4] पाश्चात्य समालोचना के विस्तार में से काम की ही बातों को चुन लेने की कला में आचार्य शर्मा अप्रतिम हैं। इस दृष्टि से उनकी अवबोध-क्षमता बेमिसाल है। अपने इस दुर्लभ गुण के कारण वे अपने पाठकों की अपने प्रति प्रतीति और प्रशंसा सहज ही अर्जित कर लेते हैं।[5]

पाश्चात्य काव्यशास्त्र के सन्दर्भ में उनकी समीक्षा-पद्धति की विशेषता यह भी रही है कि किसी पाश्चात्य काव्यशास्त्रीय चिन्तन के समानान्तर तत्समान भारतीय काव्यशास्त्रीय चिन्तन की चर्चा वे करते चलते हैं, थोड़ी ही, क्योंकि ग्रन्थ-गौरव की आशंका से उनके पल्लवन पर उन्हें अंकुश रखना पड़ता है। फिर भी, कई तुलनाएँ ऐसी हैं जिनसे आचार्य शर्मा के भारतीय एवं पाश्चात्य काव्य-

1. वही, पृ० 99
2. वही, पृ० 99
3. वही, पृ० 97
4. वही, पृ० 12
5. वही, पृ० 48, 49, 64, 75, 131, 142, 213

शास्त्रीय विस्तृत एवं गम्भीर ज्ञान का प्रमाण मिलता है और यह पता चलता है कि तुलनात्मक आलोचना की उनमें कैसी विरल क्षमता थी। इस सन्दर्भ में आचार्य शर्मा की यह मान्यता है कि जिस प्रकार दर्शन के क्षेत्र में एक ही सत्य देश और काल की सीमा को पार कर, भिन्न-भिन्न दार्शनिकों के हृदय में समान रूप से उद्भूत हुआ करता है, उसी प्रकार गहन काव्यशास्त्रीय चिन्तन के क्षणों में भारतीय और पाश्चात्य काव्यशास्त्री सत्य के एक ही धरातल पर खड़े दिखायी पड़ते हैं। उन्होंने लिखा है, "यह देखकर प्रसन्नता होती है कि सर्वथा भिन्न संस्कृतियों, साहित्यों तथा परिवेशों के आलोचक अपने चिन्तन-क्रम में संवादी निष्कर्षों पर पहुँचते हैं और अनेक स्थलों पर उनकी अभिव्यंजना एक-दूसरे की प्रतिध्वनि-सी लगती है।"[1] कलाओं की अनुकरणमूलकता के चलते प्लेटो के गर्हभाव और अरस्तू द्वारा यथार्थ के आदर्शीकृत प्रतिरूपणवाले सन्दर्भ में उन्होंने अरस्तू की इस मान्यता का स्मरण दिलाया है कि कवि अनुकर्ता नहीं कर्ता है, अपर प्रजापति है। आचार्य शर्मा को अरस्तू की इस वाणी में अग्निपुराणकार की एतद्विषयक मान्यता की अनुगूँज इस रूप में सुनायी पड़ती है :

अपारे काव्यसंसारे कविरेव प्रजापतिः।
यथास्मै रोचते विश्व तथेदं परिवर्त्तते।।[2]

हम चाहें तो इस प्रतिध्वनि को आचार्य मम्मट की इन पंक्तियों में भी सुन सकते हैं :

नियतिकृतनियमरहितां ह्लादैकमयीमनन्यपरतंत्राम्।
नवरसरुचिरां निर्मितिमादधती भारती कवेर्जयति।।

नाटक के कथानक और पात्र-चयन के सन्दर्भ में भी होरेस और आनन्दवर्द्धन के विचारों में आश्चर्यजनक समता को उन्होंने रेखांकित किया है। होरेस ने लिखा है कि दृष्टपूर्व विषय भी सत्कवि के हाथ में पड़कर चमक उठते हैं और इधर आनन्दवर्द्धन ने भी कहा है कि रस की योजना से दृष्टपूर्व विषय भी वसन्त ऋतु की तरह नये रूप-लावण्य से दमक उठते हैं।[3] इसी तरह कविता और कुकविता के बिन्दु पर भी होरेस और भामह के विचारों में विस्मयकारी समानता दिखायी पड़ती है। होरेस ने लिखा है कि दीर्घ अन्तराल के बाद भी यदि कोई रचना रमणीय प्रतीत होती है तो उसे ही प्रकाशित करना चाहिए क्योंकि बुरी रचना जब एक बार प्रकाशित हो जाती है तब उसके अपयश से रचनाकार को कोई नहीं बचा पाता। आचार्य भामह ने भी लिखा है :

1. वही, भूमिका पृ० ix
2. वही, पृ० 65
3. वही, पृ०73

नाकवित्वमधर्माय व्याधये दण्डनाय वा ।
कुकवित्वं पुनः साक्षात् मृतिमाहुर्मनीषिणः ।।

अर्थात् कविता नहीं करने से न तो अधर्म होता न रोग, न दण्ड, किन्तु कुकविता तो साक्षात् मरण ही है।[1] इसी तरह काव्य-हेतु वाले बिन्दु पर भी होरेस की धारणा भारतीय आचार्यों की एतद्विषयक धारणा से पूर्णतः मेल खाती दिखायी पड़ती है। प्रतिभा, व्युत्पत्ति और अभ्यास तीनों ही काव्य के हेतु हैं, फिर भी होरेस अभ्यास को बहुत महत्व देते हैं। भारतीय काव्यशास्त्री भी काव्यहेतु में शक्ति निपुणता, लोकशास्त्रों और काव्य तथा काव्येतर विषयों के अध्ययन की महत्ता स्वीकारते हैं किन्तु वे काव्यज्ञों के सान्निध्य में किये जाने वाले अभ्यास को भी काव्य का हेतु मानते हैं। होरेस की तरह अभ्यास पर बल देने वाले भारतीय काव्यशास्त्री भी हैं, जिनमें दण्डी और मंगल प्रमुख हैं। राजशेखर ने तो आभ्यासिक कवियों की एक अलग कोटि ही निर्धारित की है ।

अलंकारों के अंगागिभाव के बिन्दु पर भी लोंगिनुस और आनन्दवर्द्धन के विचार साम्य को रेखांकित करते हुए आचार्य देवेन्द्रनाथ शर्मा ने लिखा है, "ध्वनि प्रतिष्ठाता आचार्य आनन्दवर्द्धन के अलंकार विषयक मन्तव्य लोंगिनुस से बहुत मिलते-जुलते हैं। उनका भी कहना है कि अलंकार का प्रयोग अंग (साधन) रूप में ही होना चाहिए, अंगी (साध्य) रूप में नहीं"।[2] किन्तु यहीं पर वे भारतीय काव्यशास्त्र के उस महत्वपूर्ण प्रसंग को भी उठाते हैं जहाँ अलंकार और अलंकार्य में अभेद माना गया है। अलंकारों को काव्य के अंग रूप में मानने वाले आनन्दवर्द्धन भी 'अपृथग्यत्ननिर्वर्त्य' कहते हैं। कोलरिज तो अलंकृत काव्य के जैवरूप की कल्पना करता है जो अलंकारों की कृत्रिम उपस्थिति से नहीं, उनकी सहज उपस्थित से ही सम्भव है। आचार्य कुंतक ने भी लिखा है—'सकलस्य निरस्तावयवस्य काव्यता, तेन अलङ्कृतस्य काव्यत्वम् इति स्थितिः, न पुनः काव्यस्य अलङ्कार-योगः।' महाकवि कालिदास ने भी अपने पूर्ववर्ती कवियों का ऋण स्वीकारते हुए लिखा है कि पहले के मनीषियों ने वाणी का जो द्वार खोल दिया है उसके कारण मेरी गति वैसी ही सरल हो गयी है जैसी छिद्रित मणि में धागे की। कालिदास की इस वाणी की प्रतिध्वनि हमें लौंगिनुस के भी एतद्विषयक विचार में सुनायी पड़ती है। वह भी अनुकरण को गर्हित नहीं अपितु सर्जक ऊर्जा मानता है।[3] इसी तरह आचार्य शर्मा ने काव्य की अनवद्यता के बिन्दु पर भी लौंगिनुस एवं भारतीय

---

1. वही, पृ० 74
2. वही, पृ० 95
3. वही, पृ० 100

काव्यशास्त्रियों के विचार-साम्य को रेखांकित किया है।[1] आकर्षक सौन्दर्य एवं काव्य की स्पष्टता के सन्दर्भ में कोलरिज ने लिखा है कि काव्य सबसे अधिक आनन्द तभी देता है जब वह केवल सामान्यत: समझ में आए, पूर्णत: नहीं। सौन्दर्य का आकर्षण भी उसके अंशत: प्रकट होने में है, पूर्णत: नहीं। उसके इस विचार के समतुल्य आनन्दवर्द्धन के विचार को आचार्य शर्मा ने रेखांकित किया है कि काव्य का वास्तविक सौन्दर्य उसकी अस्फुटता में है, ठीक वैसे ही जैसे वास्तविक सौन्दर्य महाराष्ट्र-वधुओं के अंशत: प्रकट कुचों में होता है।[2]

इसी तरह इलियट के बहुचर्चित मूर्त्त विधान की सम्यक् परीक्षा करते हुए उन्होंने लिखा है कि इलियट का मूर्त्त-विधान (Objectivc correlative) भारतीय रस-सिद्धान्त का विभावन-व्यापार है।[3]

अध्ययन-पुष्ट आचार्य शर्मा की लक्ष्य करने योग्य विशेषता यह है कि वे अपनी सहज गति से बड़े से बड़े काव्यज्ञानाभिमानी का मान-मर्दन कर देते हैं। ऐसे स्थलों पर वे समीक्षा के कदली-वन में सहज विहार करते दिखायी पड़ते हैं। सौन्दर्य के अधिवास के बिन्दु पर हमने देखा है कि पलक मारते ही रिचर्ड्स को उन्होंने कैसे चित कर दिया है।[4] उन्होंने उसके द्वारा किये गये पाठकीय कोटीकरण को भी निस्सार बताते हुए सहज मुद्रा में उससे प्रश्न किया है कि 'योग्य' की पहचान क्या है और 'आदर्श तथा परिपूर्ण पाठक' एवं 'योग्य पाठक' में क्या अन्तर है?[5] उनके इन प्रश्नों का जवाब न हो तो रिचर्ड्स के पास है और न उसके किसी अन्य समर्थक के पास। फिर, प्लेटो ने नाटकों को सामाजिक स्वास्थ्य का शत्रु कहा है क्योंकि बुरे पात्रों का अनुकरण करते-करते अच्छे अभिनेता भी बुरे व्यक्ति बन जाते हैं। आचार्य शर्मा ने उससे भी प्रश्न किया है कि अगर अच्छे पात्रों का अनुकरण किया जाए तब?[6] इसी तरह जब प्लेटो काव्य-सर्जना को ईश्वरीय प्रेरणामूलक या दैवी उन्मादजन्य बताता है तथा यह कहता है कि ईश्वर किसी रचनाकार को एक ही विधा में लिखने की शक्ति देता है तब आचार्य शर्मा उससे तीन प्रश्न करते हैं :

(क) यदि काव्य-सृष्टि के मूल में ईश्वरीय प्रेरणा ही रहती है तो काव्य में गुण-भेद और स्तर-भेद क्यों होता है? उसे तो भेद रहित और एक-

---

1. वही, पृ० 105
2. वही, पृ० 133
3. वही, पृ० 207
4. वही, पृ० 236
5. वही, पृ० 247
6. वही, पृ० 10

रस होना चाहिए था।

(ख) यदि काव्य-सर्जना ईश्वरीय प्रेरणा-संजात है तो कवि और उसके काव्य को वे गर्हित क्यों मानते हैं और वे कवियों को अपने आदर्श राज्य से बहिष्कृत क्यों करना चाहते हैं? और

(ग) क्या यह कहना सही है कि कोई कवि एक ही विधा में रचना कर सकता है? कालिदास, रवीन्द्रनाथ ठाकुर और जयशंकर प्रसाद की कृतियों से प्लेटो की धारणा का क्या खण्डन नहीं हो जाता?

रिचर्ड्स की अनेक मान्यताओं का खण्डन आचार्य शर्मा ने बड़ी बारीकी से किया है। उसकी मान्यता है कि सौन्दर्यानुभूति और सामान्य अनुभूति में अन्तर है तो केवल यही कि साधारण अनुभूतियों की तुलना में सौन्दर्य की अनुभूतियों का संघटन अधिक सूक्ष्म होता है। आचार्य शर्मा इस बिन्दु पर उससे पूछते हैं कि "अब भेद किसे कहते हैं? संघटन की सूक्ष्मता का भेद भेद नहीं तो और क्या है? उत्पत्ति के रूप में भेद है ही, संघटन में भेद है ही, सरलता-जटिलता का भेद है ही। अब और क्या होता तो आप भेद मानते?"[1] आलोचना की सारी पारिभाषिक शब्दावलियाँ रिक्त होती हैं—रिचर्ड्स की इस मान्यता पर आपत्ति करते हुए आचार्य शर्मा ने प्रश्न उठाया कि, तब design, form, rhytmexpression जैसे पर्यायवाची शब्दों का रिचर्ड्स आखिर स्वयं क्यों प्रयोग करता है?[2] वे कहते हैं कि रिचर्ड्स के अनेक वक्तव्य वदतोव्याघात दोष से भरे पड़े हैं। उसके बहुचर्चित मूल्य-सिद्धान्त की भलीभाँति पड़ताल के बाद उन्होंने लिखा है: "रिचर्ड्स द्वारा कल्पित मूल्य-सिद्धान्त काव्यालोचकों के लिए तो अमान्य है ही, मनोविज्ञानियों द्वारा भी समर्थित नहीं है।[3] आर्नल्ड की निकष-पद्धित के सन्दर्भ में भी उसके वक्तव्यों में आचार्य शर्मा ने वदतोव्याघात दोष पाया है। उन्होंने लिखा है, "एक ओर काव्य-सौन्दर्य के निर्धारण में संक्षिप्त उद्धरणों को अनुपयोगी मानना और दूसरी ओर संक्षिप्त उद्धरणों को ही सौन्दर्य की उत्तमता का निकष बनाना परस्पर विरोधी मान्यताएँ हैं"।[4] क्रोचे के कलावाद के सन्दर्भ में उन्होंने लिखा है: इससे—

(क) कला में कलाकार को छोड़कर और किसी का महत्व नहीं रह जाता, भावक का भी नहीं।

(ख) भावक की उपेक्षा से सम्प्रेषण का पक्ष उपेक्षित हो जाता है जबकि

---

1. वही, पृ० 225
2. वही, पृ० 226
3. वही, पृ० 233
4. वही, पृ० 155

संप्रेषण से कला को अलग नहीं किया जा सकता। और—

(ग) कला मूल्य-निरपेक्ष बन जाती है।

भावक सम्प्रेषण तथा मूल्य की अस्वीकृति कला को तो अनुपादेय बनाती ही है, परम्परा और वास्तविकता का भी प्रत्याख्यान करती है। कलावाद की यह सबसे बड़ी कमजोरी है।[1]

आचार्य शर्मा की समीक्षा की सबसे बड़ी विशेषता यह है कि वे आलोचना में अन्याय को सहन नहीं कर सकते। इलियट ने आर्नल्ड को प्रचारक कहा है, आलोचक नहीं। इलियट की इस दृष्टि से आचार्य शर्मा ने असहमति व्यक्त की है और लिखा है कि इलियट की आलोचना के अधिकतर सूत्र आर्नल्ड के द्वारा ही उद्भावित हैं।[2] आचार्य देवेन्द्रनाथ शर्मा की समीक्षा-पद्धति की यह वह दुर्लभ विशेषता है जिसमें उनकी सत्यनिष्ठा, निष्पक्षता और साहसिकता एकत्र दिखाई पड़ती है।

1. वही, पृ० 183
2. वही, पृ० 160

आधुनिक भाषाविज्ञान और भारतीय भाषा-चिन्तन

रवीन्द्रनाथ श्रीवास्तव

(इस लेख के दो खण्ड हैं। पहले खण्ड में आधुनिक भाषाविज्ञान और भारतीय भाषा-चिन्तन परम्परा के सम्बन्ध में कुछ प्रश्न उठाए गये हैं। दूसरे खण्ड में इन प्रश्नों के सन्दर्भ में प्रोफ़ेसर देवेन्द्रनाथ शर्मा के विचार संक्षेप में दिए गए हैं।)

(1)

आधुनिक भाषाविज्ञान का 'आधुनिक' पक्ष कालबोध के साथ-साथ हमारी वृत्ति का भी आज व्यंजक हो गया है। विद्वानों के एक वर्ग के लिए यह संकल्पना उस मनोवृत्ति का सूचक बन गई है जो प्राचीन मूल्यों का निषेध करती है और चिन्तन के धरातल पर परम्परा से अलग अपना नूतन विचार-पक्ष प्रस्तुत करती है। इस वर्ग के विद्वानों के अनुसार जो कुछ प्राचीन है वह पुराना होने के कारण आज के युग के अनुकूल नहीं, परम्परा रूढ़िजन्य मान्यताओं का वह बोझ है जिसे आज के मनुष्य को विवशता में एक बोझ के रूप में ढोना पड़ता है। सम्भवत: इसी मनोवृत्ति से प्रेरित होकर आधुनिक भाषाविज्ञान में प्रशिक्षित इस शताब्दी के पूर्वार्द्ध में भारतीय विद्वानों ने प्राचीन भारतीय व्याकरणाचार्यों की कृतियों को असमीचीन ठहराते हुए उन्हें 'भारतीय दण्ड संहिता' की संज्ञा दी। प्रसिद्ध भाषावैज्ञानिक मीनाक्षी सुन्दरम के मत में भारतीय प्राचीन आचार्यों की मान्यताएँ और व्याकरणिक नियम संस्कृत भाषा के विवरणात्मक विवेचन के लिए निरूपित किए गए थे, पर उन्हें सार्वकालिक और सार्वभौम बनाकर इस तरह प्रस्तुत किया गया, जिससे आधुनिक भारतीय भाषाओं के विवेचन को मुक्त नहीं कहा जा सकता। उनके अनुसार यह परम्परा के बल पर ऊपर से आरोपित चिन्तन प्रक्रिया है न कि भाषाओं की अपनी और आन्तरिक प्रकृति से उत्पन्न आधुनिक भाषिक विश्लेषण की विधि।

आधुनिक भाषाविज्ञान में प्रशिक्षित मीनाक्षी सुन्दरम प्रभृत विद्वानों की यह मान्यता है कि संस्कृत आचार्यों की कारक, सन्धि, समास आदि जैसी संकल्पनाएँ आधुनिक भारतीय भाषाओं के लिए उसी रूप में मान्य नहीं हो सकतीं जिस रूप में संस्कृत या अन्य प्राचीन भाषाओं के लिए स्वीकृत थीं। दूसरा, प्राचीन आचार्यों की कृतियों एवं मान्यताओं के अध्ययन की उपयोगिता उनके अनुसार वाङ्मीमांसकों (फिलालोजिस्ट) के लिए है न कि आधुनिक भाषावैज्ञानिकों के लिए।

'आधुनिक' शब्द का दूसरा सन्दर्भ काल-सापेक्ष चिन्तन के उस मोड़ से जोड़ लिया जाता है, जिसे थामस कून ने 'पैराडाइम' की संज्ञा दी है। पैराडाइम एक वैचारिक क्रान्ति के रूप में आता है। जब पैराडाइम बदलता है तब देखने-समझने की पूरी दृष्टि बदल जाती है, सोचने और समझने का पूरा तौर-तरीका ही बदल जाता है। 'वस्तु' वही होती है पर उस पर बात करने की रीति में परिवर्तन आ जाता है। इस वैचारिक क्रान्ति का प्रारम्भ भले ही ज्ञान के किसी एक विषय-क्षेत्र से प्रारम्भ हो, पर उसका प्रभाव युग में प्रचलित ज्ञान-विज्ञान के अन्य विषय क्षेत्र पर भी पड़ता है। फार्देनेंद द सस्यूर (1857-1913) का नाम आधुनिक भाषा-विज्ञान के जनक के रूप में लिया जाता है, क्योंकि उनके द्वारा प्रतिपादित सिद्धान्त 'भाषाई क्रान्ति' के रूप में उभरे। भाषा की प्रकृति को लेकर जिस प्रकार के प्रश्नों को उन्होंने उभारा और जिन सैद्धांतिक सन्दर्भ के साथ उनके उत्तर ढूँढ़ने का उन्होंने प्रयास किया, वह भाषा-चिन्तन के क्षेत्र में एक नए पैराडाइम का उद्घोषण था। विचारों का यह वही उद्घोष है जिसकी प्रतिध्वनि हम समकालीन समाजशास्त्र में एमेली ड्यूरहिम और मनोविज्ञान में सिगमण्ड फ्रायड के सिद्धान्तों में पाते हैं। वस्तुतः इन तीनों विद्वानों ने मानव व्यवहार को समझने का एक नया सन्दर्भ दिया। उन्होंने मानवव्यवहार को भौतिक जगत् में होनेवाली क्रमबद्ध घटना के रूप में देखने से इंकार किया। मानवव्यवहार के भौतिक पक्ष उनके मत में किसी गहरे सामाजिक मूल्य और संकल्पनात्मक अर्थ से जुड़े होते हैं और परिस्थिति विशेष में अपना विशिष्ट भौतिक रूप ग्रहण करते हैं। जो भी व्यक्ति मानव-व्यवहार को अपना अध्ययन-क्षेत्र बनाता है, उसे मात्र भौतिक घटना के रूप में उसको ग्रहण नहीं करना चाहिए, बल्कि उन घटनाओं के पीछे कार्यरत सामाजिक अर्थ और मूल्य को भी देखना चाहिए, जिसके वे मात्र एक उदाहरण हैं। सस्यूर ने भाषा के सन्दर्भ में इस अन्तर को समझने के लिए 'भाषा व्यवस्था' (लांग) और भाषा-व्यवहार (परोल) के युग्म को सामने उभारा।

भाषा-व्यवहार न केवल भाषा का व्यक्त भौतिक घटना रूप है बल्कि व्यक्ति के अपने वैयक्तिक सन्दर्भों से जुड़े होने के कारण वह भाषा का व्यष्टि रूप भी है। यही कारण है कि भाषा-व्यवहार अपने प्रतिफलित रूप में वैविध्यपूर्ण और विषमरूपी

होता है। यह भी कहा जा सकता है कि व्यक्ति के निजी सन्दर्भ, श्रोता की भूमिका, देश और काल की अपनी स्थिति से नियन्त्रित होने के कारण भाषा-व्यवहार नव-प्रवर्तनकारी (इन्नोवेटिव) हुआ करता है। इसके विपरीत सस्यूर ने जिस भाषा-व्यवस्था को अपने अध्ययन का साध्य बनाया, उसकी प्रकृति को पहले 'संस्थागत' ठहराया। भाषा-व्यवस्था, समूहगत अनुबन्ध का परिणाम होती है जो व्यक्ति की अपनी इच्छा से परे होती है। यह प्रतीकों की अर्थवत्ता से निर्मित मानसिक व्यवस्था होती है अतः वह अपने माध्यम या उपादान के नियन्त्रण के बाहर की चीज़ होती है। भाषा-व्यवस्था सामाजिक संस्थान (इंस्टिट्यूशन) की तरह एक सामाजिक वास्तविकता है जो व्यक्ति से जुड़ी रहकर भी व्यक्ति की अपनी सीमाओं से मुक्त होती है। भाषा-व्यवहार और भाषा-व्यवस्था का भेद पैराडाइम की इस मान्यता से प्रेरित था कि मानवीय व्यवहार से संबद्ध घटनाओं को घटना-मात्र के रूप में ही देखना पर्याप्त नहीं, बल्कि उसे एक ऐसी सार्थक घटना के रूप में देखना आवश्यक है जो एक तरफ व्यवस्था सापेक्ष होती है और दूसरी तरफ सामाजिक मूल्य से अनुप्राणित होती है। घटना की सार्थकता उनकी मूल्यवत्ता में होती है और मूल्य की प्रकृति सामाजिक और व्यवस्थापरक होती है।

सस्यूर, फ्रायड और ड्यूरहिम द्वारा विकसित पैराडाइम की दूसरी मान्यता यह थी कि मानवव्यवहार सम्बन्धी घटनाओं की सार्थकता को जानने के लिए यह आवश्यक नहीं कि हम उसके कार्य-कारण सम्बन्धी ऐतिहासिक कारणों तक अपनी दृष्टि सीमित कर लें। उसकी सार्थकता का सम्बन्ध घटनाओं के उस प्रयोजन और प्रकार्य में निहित रहता है, जिसे सामाजिक व्यवस्था का एक घटक होने के नाते उसे निभाना पड़ता है। प्रकार्य (फ़ंक्शन) का सम्बन्ध घटनाओं की एककालिक (सिनक्रानिक) व्यवस्था के साथ रहता है। ऐतिहासिक परिवर्तन एककालिक सन्दर्भ से उपलब्ध व्यवस्था के बाहर की चीज़ होती है। सस्यूर ने भाषा-अध्ययन के दो सन्दर्भों की चर्चा की—भाषिक व्यवस्था के अध्ययन-विश्लेषण के लिए अध्ययन का एककालिक सन्दर्भ और भाषाविकास तथा परिवर्तन के लिए अध्ययन का कालक्रमिक (डायक्रानिक) सन्दर्भ। 'पैराडाइम' के रूप में उन्होंने भाषा की प्रकार्यात्मक व्यवस्था को अध्ययन की विषय-वस्तु मानते हुए भाषा-विश्लेषण की एककालिक अध्ययन प्रणाली पर ही बल दिया। यहाँ कहने की आवश्यकता नहीं कि सस्यूरपूर्व उन्नीसवीं शताब्दी के भाषाविज्ञान की प्रमुख प्रवृत्ति ऐतिहासिक थी और नव्य-व्याकरणाचार्यों के ध्वनि-सम्बन्धी ऐतिहासिक नियमों के दायरे में बँधी-सिमटी थी।

इस पैराडाइम की तीसरी विशेषता थी विषयवस्तु के प्रणालीगत अध्ययन की, जिसे ज्ञान-विज्ञान के अन्य क्षेत्रों में मान्य वैज्ञानिकता के अनुरूप उसने रूपात्मक

(फ़ार्मल) बनाया। सस्यूर ने भाषा-व्यवस्था (लांग) और भाषा-व्यवहार (परोल) तथा एककालिक (सिनक्रानिक) और कालक्रमिक (डायक्रानिक) जैसे युग्मों के अतिरिक्त संकेतविज्ञान का सहारा लेते हुए संकेतक (सिग्निफ़ायर) और संकेतित (सिग्निफाइड), उपादान (सब्सटेन्स) और रूप (फ़ार्म), विन्यासक्रमी (सिन्टगमेटिक) और सहचारक्रमी (एसोशिएटिव/पैराडिग्मैटिक) सम्बन्धों के संकल्पनात्मक युग्मों की अवधारणा भी प्रस्तुत की। इन्हीं अवधारणाओं के आधार पर उन्होंने वस्तुओं की संरचनात्मक व्यवस्था की चर्चा की। जिसे आज हम संरचनावाद (स्ट्रक्चरलिज़्म) के नाम पर एक सैद्धान्तिक विचारधारा और तकनीकी विश्लेषण पद्धति के रूप में जानते हैं, उसकी भूमिका इस पैराडाइम द्वारा निर्धारित हो चुकी थी। बहुत पहले सस्यूर ने इस बात पर बल दिया था कि किसी भाषिक इकाई की संरचना उस इकाई के भीतर पाए जाने वाले सम्बन्धों की व्यवस्था है। संरचना एक प्रकार्यात्मक यथार्थ है, जिसकी प्रकृति अमूर्त और संकल्पनात्मक होती है।

यह इसी पैराडाइम का परिणाम है कि सस्यूर के बाद आधुनिक भाषाविज्ञान, संरचनात्मक भाषाविज्ञान का पर्याय बन गया। जब हाकेट ने 1958 में संरचनात्मक भाषाविज्ञान पर अपनी प्रामाणिक पाठ्यपुस्तक प्रकाशित की, तब उसका शीर्षक दिया, 'ए कोर्स इन मॉडर्न लिंग्विस्टिक्स', पर जैसा पहले संकेत दिया जा चुका है कि 'आधुनिक' शब्द कालबोध के साथ हमारी वृत्ति का भी व्यंजक होता है। इस शताब्दी की उत्तरार्ध में सस्यूर द्वारा स्थापित पैराडाइम पर प्रश्न-चिह्न लगने आरम्भ हो गए। चॉम्स्की के भाषा सम्बन्धी चिन्तन ने पूर्ववर्ती व्यवहारवादी विचारधारा पर कई प्रकार के प्रश्न उठाए। सस्यूर और उनके सहयोगी विचारकों ने जिस संरचनावाद की नींव रखी उसकी दार्शनिक पृष्ठभूमि में 'अनुभववाद' काम कर रहा था। 'अनुभववाद' के समर्थकों में बेकन, लॉक, मिल, ह्यूम आदि विचारकों का नाम लिया जा सकता है। इन विचारकों के अनुसार ज्ञानार्जन की प्रक्रिया के मूल में इन्द्रियजन्य अनुभव होता है। बुद्धि या मन जैसी किसी स्वायत्त इकाई का इस प्रक्रिया में हाथ नहीं होता। ज्ञान का स्रोत मात्र अनुभव है, और अनुभव का आधार बाह्यवस्तुओं के प्रति व्यक्ति का स्नायविक संयोग और उनके प्रति मन में सजगता होती है। सभी अनुभववादी अनुभव से स्वतन्त्र विचार-सम्पन्न मन का निषेध करते हैं। ये सभी विद्वान भाषा-विकास के अविच्छिन्नतावादी (कान्टिनूअस) सिद्धान्त के समर्थक हैं, जिसके अनुसार पशु-पक्षियों की आदिम सम्प्रेषण व्यवस्था के क्रमिक एवं सतत् विकास के परिणामस्वरूप ही मानव-भाषा का जन्म और विकास हुआ।

चॉम्स्की के साथ भाषाचिन्तन के क्षेत्र में एक नए पैराडाइम का उदय हुआ। चॉम्स्की तर्कबुद्धिवादी थे। डेकार्ट और लीबनित्स की भाँति वे मन और बुद्धि को

प्राणिजगत् की एक सचाई मानते हैं। इस दृष्टि के अनुसार अनुभव तो मन में स्थित ज्ञान के सामान्य रूप को प्रतिफलित करने का एक साधन मात्र है। तर्कबुद्धिवाद ने मनोविज्ञान के क्षेत्र में जिस संज्ञानवाद (काग्निटिविज़्म) को जन्म दिया, वह मनुष्य को अन्य जीव-जन्तुओं से अलग करने के पक्ष में हैं। उनके अनुसार मनुष्य के ज्ञान अर्जन की प्रकृति जाति-विशिष्ट है। मनुष्य अन्य पशु-पक्षियों से इसलिए विशिष्ट है कि उसके मस्तिष्क की संरचना और प्रकार्य जाति-विशिष्ट हैं और गुणात्मक रूप में वह अन्य जीव-जन्तुओं के मस्तिष्क से भिन्न होता है। मानव होने के नाते मनुष्य 'भाषिक अर्जन युक्ति' (लैंगुएज एक्विजिशन डिवाइस) लेकर पैदा होता है। मन में स्थित यह युक्ति स्ववृत्ति-युक्त होती है। यह स्ववृत्ति और कुछ नहीं बल्कि सहजात (इन्नेट) विचार हैं। चॉम्स्की भी तर्कबुद्धिवादी लीबनित्स की भाँति यह मानते हैं कि विचार के रूप में मनुष्य जो कुछ सीखता है, वह सहजात होता है और जो सहजात नहीं होता, उसे वह सीख नहीं पाता। इन्द्रियों या उनके आधार पर प्राप्त अनुभवों का भाषा अर्जनयुक्ति या सहजातविचार के साथ कोई सम्बन्ध नहीं होता। अगर उनका कोई योग है तो केवल इतना कि वे सहजात विचारों के दृष्टांत रूप में प्रतिफलित होने की नियति लेकर हमारे व्यवहार में दिखलाई पड़ते हैं। इसीलिए भाषा के सन्दर्भ में हम दो स्थितियाँ पाते हैं—अन्तर्जात विचार के रूप में सिद्ध आभ्यंतर भाषिक क्षमता (काम्पिटेंस) और दृष्टांत के रूप में प्रतिफलित बाह्य भाषिक दक्षता (परफ़ॉर्मेन्स)। जातिविशिष्ट अन्तर्जात विचार ही वस्तुतः भाषिक अर्जनयुक्ति से छनकर सार्वभौम (यूनिवर्सल) व्याकरण को जन्म देते हैं। यह सार्वभौम व्याकरण ही भाषावैज्ञानिकों के अध्ययन की साध्यवस्तु है।

व्यवहारवाद प्रेरित संरचनावाद और संज्ञानवाद अनुप्राणित रूपांतरण प्रजनक व्याकरण सिद्धान्त आधुनिक युग में भाषा-चिन्तन के क्षेत्र में दो ऐसे पैराडाइम को जन्म देने में समर्थ रहे हैं, जिन्हें इसलिए 'आधुनिक' की संज्ञा दी जाती है कि उन्हें पूर्वप्रचलित परम्परा अनुमोदित भाषा सिद्धान्तों के विरोध में रखा गया है। पर इस सम्बन्ध में कुछ बातों की ओर ध्यान देने की आवश्यकता है।

पहली बात तो यह है कि चॉम्स्की के संज्ञानवादी भाषा सिद्धान्त के पैराडाइम के साथ 'आधुनिक' की धुरी संरचनावाद से बदलकर रूपांतरण प्रजनक सिद्धान्त पर आ टिकी। यही कारण है कि जब नील स्मिथ और डिओड्रे विल्सन ने 'मॉडर्न लिंग्विस्टिक्स' (आधुनिक भाषाविज्ञान) नामक पुस्तक 1979 में प्रकाशित की, उस समय उसे चॉम्स्की की वैचारिक क्रान्ति का प्रतिफल रूप बताया। इस पुस्तक की भूमिका से लेकर उसके विश्लेषणात्मक विवरण का सम्बन्ध चॉम्स्की अनुमोदित सिद्धान्त और उसके परवर्ती विचारों से है, जबकि हाकेट की पाठ्य-

पुस्तक का वैचारिक मूलाधार संरचनावाद रहा है ।

दूसरी बात यह है कि भाषाचिन्तन के इतिहासक्रम में संरचनावादी दृष्टि और रूपांतरण-प्रजनक दृष्टि में एक सहज विकास क्रम दिखलाई पड़ता है, पर अपने उद्देश्य, प्रणाली और तकनीक में ये इन दोनों से पर्याप्त भिन्न है । इन दोनों भाषाविज्ञान के प्रारूपों पर यहाँ विस्तृत चर्चा सम्भव नहीं, पर उनके आधारभूत अन्तर को तालिकाबद्ध रूप में नीचे दिया जा रहा है :

	व्यवहार प्रेरित संरचनावादी भाषाविज्ञान	संज्ञानवाद अनुप्राणित रूपान्तरण प्रजनक भाषाविज्ञान
1. ज्ञानार्जन का स्रोत	० इन्द्रियगत अनुभव	० मस्तिष्क स्थित तर्कबुद्धि
2. मन की प्रारंभिक प्रकृति	० रिक्त (विचारमुक्त)	० स्ववृत्ति अंकित (सहजात विचारयुक्त)
3. विकासवादी मान्यता	० अविच्छिन्नतावादी	० विच्छिन्नतावादी (जातिविशिष्ट)
4. अधिगम प्रक्रिया	० ज्ञानेन्द्रिय और बाह्यजगत की संक्रिया	० संज्ञानअर्जनयुक्ति सम्पन्न
5. अन्वेषणविधि	० आगमनात्मक	० निगमनात्मक
6. साध्य	० भाषिक व्यवस्था (लांग)	० सार्वभौम व्याकरण और उसकी प्रकृति

तीसरी बात यह है कि आधुनिक भाषाविज्ञान अपने सैद्धान्तिक सन्दर्भ और विश्लेषणात्मक प्रणाली में भारतीय आचार्यों का पूर्णतया ऋणी है। अभी इस दिशा में पूरी तरह शोध नहीं हुआ है पर विद्वानों ने इस तथ्य की ओर स्पष्ट संकेत दिए हैं । जान लायन्स का यह मत है कि पारम्परिक भाषाचिन्तन और उसका व्याकरण हमारी कल्पना से कहीं अधिक समृद्ध और वैविध्यपूर्ण है और जिसे आधुनिक भाषाविज्ञान कहा जाता है, वह उसके विरोध में जाकर नहीं, बल्कि उससे सहयोजित होकर विकसित हुआ है । भाषाविज्ञान के संक्षिप्त इतिहास लिखने वाले रोबिन्स का यह कथन है कि स्वनिक विश्लेषण और स्वनिमीय व्यवस्था तथा व्याकरणिक अध्ययन के अनेक सन्दर्भों में प्राचीन भारतीय वैयाकरण न केवल समकालीन यूरोप के विद्वानों से अधिक आगे थे, बल्कि प्राचीन भारतीय आचार्यों की वैज्ञानिक दृष्टि ने आधुनिक भाषाविज्ञान को एक ठोस आधार भी प्रदान किया है । प्रसिद्ध भाषाशास्त्री ब्लूमफ़ील्ड ने तो पाणिनि की

'अष्टाध्यायी' को मानवमेधा का अपूर्व दीपस्तम्भ कहा है। एलन के मत में शिक्षा-ग्रन्थों और प्रातिशाख्यों में जो ध्वनि-सिद्धान्त और विश्लेषण की गहराई मिलती है, उसके सामने हम सभी नतमस्तक हैं। इसी प्रकार कार्डोना, स्टाल, किपार्स्की आदि विद्वान भारत के प्राचीन आचार्यों के भाषा-सम्बन्धी तत्व-चिन्तन की जानकारी को आज के भाषावैज्ञानिकों के लिए अत्यन्त महत्वपूर्ण मानते हैं।

चौथी बात यह है कि भारत की भाषाचिन्तन परम्परा जितनी समृद्ध है, उतनी गहराई से उस पर अभी कार्य नहीं हो पाया है । अभी भी भारत की व्याकरणिक परम्परा को उसकी अपनी अंतर्दृष्टि के आधार पर हम निरूपित करने और आधुनिक शब्दावली के साथ प्रस्तुत करने में असमर्थ रहे हैं। कभी हमने पाणिनि के व्याकरण को संरचनावादी भाषाविज्ञान की आँख से देखा तो कभी रूपान्तरण-प्रजनक व्याकरण के अक्ष से। आगे बढ़े तो कभी अत्यधिक आधुनिक सिद्ध करने की भावना से प्रेरित होकर उन्हें 'विकल्पनवादी' और 'समाजभाषावैज्ञानिक' के रूप में प्रस्तुत कर दिया। ये सब प्रयत्न शोधकर्ता की अपनी मेधाशक्ति और अपूर्व कल्पनाक्षमता के प्रमाणस्वरूप तो माने जा सकते हैं, पर स्वयं पाणिनि के अपने भाषाचिन्तन और अध्ययन-विश्लेषण प्रणाली की प्रकृति पर संगत ढंग से प्रकाश डालने में असमर्थ हैं।

संस्कृत भाषाचिन्तन की अपनी एक समृद्ध परम्परा है। उसको उस परम्परा के भीतर रहकर समझना अधिक न्यायसंगत है। इस भाषाचिन्तन के विकासक्रम में उपलब्ध 'पाठों' को निम्नलिखित सन्दर्भ के साथ देखा जाना सम्भव है :

1. **पाणिनि-पूर्व पाठ** : निरुक्त, शिक्षाग्रंथ, प्रातिशाख्य
2. **पाणिनि-कृत मूल पाठ** : अष्टाध्यायी
3. **अष्टाध्यायी विस्तारक पाठ** : शिवसूत्र, धातुपाठ, गणपाठ, उणदि-सूत्र, फिट्-सूत्र
4. **पाणिनि-पैराडाइम पाठ** : वार्तिक (कात्यायन), महाभाष्य (पतंजलि) टीका (काशिका) तथा अन्य व्याकरण पाठ
5. **पैराडाइम परिवर्तन पाठ** : वाक्यपदीय (भर्तृहरि)
6. **अन्य विद्या-क्षेत्र से संबद्ध पाठ** : अन्य दार्शनिक विचारधारा (मीमांसा, न्याय बौद्ध, जैन आदि), काव्यशास्त्र आदि से संबद्ध पाठ।

भारतीय भाषाशास्त्र को शास्त्र रूप में अध्ययन करने में एक कठिनाई इस बात की है कि वह अन्य विद्या-क्षेत्रों के अन्तःक्रियात्मक सहयोग से विकसित हुआ है । हम इसे दर्शनशास्त्र और काव्यशास्त्र की अवधारणा और चिन्तन-परम्परा से काटकर अपने में अलग ज्ञान-वस्तु के रूप में नहीं देख सकते। ऐसा करना भारतीय व्याकरणिक परम्परा की समन्वित दृष्टि को खण्डित कर देखना

होगा।

पाँचवीं और अन्तिम बात 'भारतीय भाषाविज्ञान' (इंडियन लिंग्विस्टिक्स) की अपनी प्रकृति से संबद्ध है। वस्तुतः 'भारतीय भाषाविज्ञान' एक अनेकार्थी संकल्पना है। जिसका विभिन्न विद्वान विभिन्न अर्थ निकाला करते हैं। इसका एक अर्थ है आधुनिक भाषाविज्ञान के क्षेत्र में प्रचलित प्रारूप (मॉडल) के आधार पर आधुनिक भारतीय भाषाओं का अध्ययन-विश्लेषण। प्रायः ऐसे अध्ययन-विश्लेषण की प्रकृति रही है संरचनात्मक या रूपात्मक-प्रजनक भाषा-वैज्ञानिक पद्धति पर अंग्रेजी या अन्य विदेशी भाषाओं पर किए गए विश्लेषण का भारतीय भाषाओं के उदाहरण द्वारा सम्पुष्टि। ऐसे अध्ययन आधुनिक भाषा-वैज्ञानिक प्रारूप को एक सीमा तक समझने में सहायक तो सिद्ध हुए हैं, पर भारत की भाषाओं की अपनी विशिष्टता के उद्‌घाटन में ये किसी प्रकार भी समर्थ नहीं माने जा सकते। वस्तुतः ऐसे अध्ययन भारतीय भाषाओं के अब उदाहरण के साथ लिखे गए विदेशी भाषाओं के व्याकरण ही माने जा सकते हैं। 'भारतीय भाषाविज्ञान' का दूसरा अर्थ रहा है, भारतीय भाषाचिन्तन और उसकी अध्ययन पद्धति का आधुनिकीकरण। इस दिशा में किए गए प्रयास का परिणाम रहा है कि विद्वानों के एक वर्ग ने पाणिनि को 'संरचनावादी' (स्ट्रक्चरलिस्ट) सिद्ध करने का प्रयत्न किया तो दूसरे वर्ग ने उन्हें 'रूपान्तरण-प्रजनकवादी'। इसी प्रकार जब संज्ञानवाद की चर्चा उठी तो विद्वानों के एक वर्ग ने भर्तृहरि को 'चॉम्स्की' के अधिक निकट पाया और जब समाजभाषाविज्ञान की चर्चा हुई तो दूसरे वर्ग ने 'पाणिनि' को 'लेबाव' की विकल्पनवादी मान्यता के अधिक निकट सिद्ध किया। सच तो यह है कि ये दोनों प्रवृत्तियाँ 'भारतीय भाषाविज्ञान' के कृष्ण-पक्ष कहे जा सकते हैं, क्योंकि इनके माध्यम से न तो भारतीय भाषाविज्ञान की अपनी अस्मिता की पहचान हो पाती है, न ही भारतीय भाषाओं की अपनी विशिष्टताओं पर प्रकाश पड़ता है और न ही भारत की अपनी चिन्तनधारा और उसकी अपनी अंतर्दृष्टि का ही विकास सम्भव हो पाता है। भारतीय भाषाविज्ञान के शुक्ल पक्ष का सम्बन्ध पहले भारतीय भाषाचिन्तन की प्राचीन परम्परा से अपने को जोड़ने और उसकी सुदृढ़ आधारशिला पर खड़े होकर आधुनिक सन्दर्भ में उसे विकसित करने में है। जब तक ऐसा नहीं होगा, न तो हम 'भारतीय भाषाविज्ञान' की अपनी पहचान बना सकेंगे और न ही आधुनिक भारतीय भाषाओं का सही भाषावैज्ञानिक विश्लेषण कर पाएँगे।

हम यहाँ केवल एक उदाहरण द्वारा अपनी बात स्पष्ट करना चाहेंगे। ध्वनि-विज्ञान के क्षेत्र में इधर एबरकाम्बी, लेडफोजेड तथा अन्य कुछ विद्वानों ने अपने प्रयोगों द्वारा यह प्रमाणित किया है कि सघोष महाप्राण स्पर्श ध्वनियाँ (यथा घ,

झ, ध, ढ, भ आदि) उसी प्रकार के 'महाप्राण' नहीं है, जैसे अघोष महाप्राण स्पर्श ध्वनियाँ यथा (ख, छ, थ, ठ, फ आदि)। न तो इन ध्वनियों को घोषत्व के आधार पर समरूप माना जा सकता है (क्योंकि ये ख, छ, थ, ठ, फ के सघोष रूप नहीं) और न ही महाप्राण के रूप में इन्हें समतुल्य कहा जा सकता है (क्योंकि ये ग, ज, द, ड, ब के महाप्राण रूप नहीं)। अर्थात् अब तक की यह मान्यता थी कि अपने ध्वनि-गुण में ये निम्नलिखित समीकरण के अनुरूप हैं :

(क) घोषत्व प : ब : : फ : ? (=भ)

(ख) महाप्राणत्व प : फ : : ब : ? (=भ)

इसमें सन्देह नहीं कि अपने स्वनिमिक विश्लेषण (प्रकार्यात्मक भेद) के आधार पर यह समीकरण एक सीमा तक सही है, पर जहाँ तक उच्चारणगत विशेषता का प्रश्न है, आधुनिक प्रायोगिक विश्लेषण यह बताता है कि 'भ, ध, जैसी सघोष महाप्राण ध्वनियों में नाद तत्व वैसा ही नहीं रहता जैसा कि 'ब, ग' आदि सघोष ध्वनियों में होता है। इसलिए आधुनिक ध्वनिविज्ञान के मतानुसार उसे 'सघोष' न कहकर 'मर्मर' की संज्ञा दी गई है। अर्थात् एबरक्राम्बी और लेडफोजेड ने सन् 1970 के बाद यह सिद्ध किया कि घोष-तंत्रियों की तीन स्थितियाँ देखी जा सकती हैं—(1) अघोष स्पर्शध्वनियों (यथा ब, त, क और फ, थ, ख) में आयुक्त स्थिति (2) सघोष स्पर्शध्वनियों (यथा ब, द, ग) में आयुक्त स्थिति, और (3) तथाकथित सघोष महाप्राण स्पर्शध्वनियों (यथा भ, ध, घ) में आयुक्त स्थिति।

सन् 1970 के बाद हुए इस शोधकार्य की तुलना प्रातिशाख्यों में वर्णित ध्वनियों के वर्णन से कीजिए। तैत्तिरीय प्रातिशाख्य में कण्ठ (स्वर-तंत्रियों) की तीन स्थितियों की चर्चा की गई है। उसके अनुसार संवृत कण्ठ की स्थिति में नाद (2.4), विवृत कण्ठ की स्थिति में श्वास (2.5) और इन दोनों की मध्य-स्थिति में हकार (2.6) ध्वनि उच्चारण की बात की गई है। नाद, श्वास और हकार को वर्णों के तीन प्रकृति-तत्व कहा गया है। इस प्रातिशाख्य में नाद को स्वर और घोष व्यंजन का (2.8), ह-कार को ह-ध्वनि तथा चतुर्थ स्पर्श ध्वनियों (यथा घ, झ, ध आदि) का (2.9) और श्वास को अघोष व्यंजन का (2.10) अनुप्रदान कहा गया है। स्पष्ट है—ह-कार का जो विवरण है, वह 'मर्मर' ध्वनि से कोई भिन्न नहीं। इसी प्रकार ऋग्वेद प्रातिशाख्य में भी स्वर-तंत्रियों की तीन अवस्थाओं का उल्लेख मिलता है।

ऊपर के उदाहरण यह स्पष्ट संकेत देते हैं कि जो कुछ भी प्राचीन हैं, वे सभी असमीचीन नहीं। इसके साथ वे यह भी संकेत देते हैं कि अभी परम्परागत भाषासिद्धान्त के सही आकलन की आवश्यकता बनी हुई है। भारतीय भाषा-विज्ञान का सही सन्दर्भ स्वयं उसके भीतर पैठकर तथा उसकी अपनी परम्परा से

जुड़कर ही ढूँढ़ना होगा।

(2)

भारतीय भाषाविज्ञान पर शोध करनेवाले विद्वानों का एक छोटा वर्ग ही ऐसा रहा है जो आधुनिक भाषाविज्ञान के क्षेत्र में प्रशिक्षित तो पाश्चात्य देशों में हुआ, पर जिसकी अपनी अस्मिता भारतीय भाषाविज्ञान के साथ आद्यन्त बनी रही। वस्तुतः ये विद्वान वे थे जिनको भारत सरकार द्वारा यूरोप में जाकर भाषा-विज्ञान के क्षेत्र में उच्च अध्ययन के लिए छात्रवृत्ति मिली थी। इनमें कुछ नाम हैं—डॉ० टी० के० लाडू०, पी० डी० गुणे, वी० के० जोशी, पी० एल० वैद्य, सिद्धेश्वर वर्मा, बनारसी दास जैन, सुनीतिकुमार चैटर्जी, सैयद मोहिउद्दीन कादरी जोर, बाबूराम सक्सेना और धीरेन्द्र वर्मा। इन विद्वानों ने एक तरफ आधुनिक भाषा-विज्ञान के सिद्धान्त और तकनीक से परिचित होने के साथ-साथ भारतीय भाषा-शास्त्र का भी अध्ययन किया और आधुनिक भारतीय भाषाओं के अध्ययन विश्लेषण की ओर भी ध्यान दिया। पर बाद में चलकर राकफ़ेलर फ़ाउंडेशन की सहायता से अमेरिका में जाकर प्रशिक्षित होने वाले नवयुवक विद्वानों का एक ऐसा वर्ग बना, जो पाश्चात्य भाषाविज्ञान के क्षेत्र में प्रचलित विभिन्न मॉडलों में इस प्रकार रंगा कि न तो वह अपनी जड़ें भारत की प्राचीन भाषाचिन्तन परम्परा में रोप सका और न ही भारत की आधुनिक भाषाओं की अपनी विशिष्टता का ही उद्घाटन करने की ओर प्रवृत्त हो सका। उनके लिए उस समय के प्रचलित सस्यूर या चॉम्स्की द्वारा भाषावैज्ञानिक मॉडल ही साध्य बनकर रह गए।

आचार्य देवेन्द्रनाथ शर्मा का नाम पहले वर्ग के विद्वानों के साथ लेना अधिक उचित होगा। विदेश जाने का अवसर उन्हें बिहार के सुधी शिक्षा सचिव श्री जगदीशचन्द्र माथुर के प्रयास से मिला। व्याकरणशास्त्र, दर्शनशास्त्र और काव्य-शास्त्र के प्रति जो रुचि शैशवकाल में संस्कार रूप में जगी थी, वह यूरोप में प्रोफ़ेसर फ़र्थ के सान्निध्य में जाकर अपना ठोस आकार लेने लगी। विदेश जाने पर भाषाविज्ञान की पाश्चात्य और आधुनिक पद्धतियों के अनुशीलन का जो अवसर मिला, उसने भारतीय भाषाशास्त्र के प्रति उनकी आस्था को और भी गहरे रंग से भरा। भारतीय भाषाचिन्तकों की तरह उनकी धारणा अंत तक बनी रही कि भाषाशास्त्र को न तो दर्शनशास्त्र से अलग कर विकसित किया जा सकता है और न काव्यशास्त्र से काटकर उसपर सार्थक ढंग से चर्चा सम्भव है। उनके ही शब्दों में "भाषाशास्त्र और काव्यशास्त्र एक दूसरे के पूरक हैं। भाषाविज्ञान का निरूप्य है भाषा का निर्माण पक्ष और काव्यशास्त्र का निरूप्य है भाषा का अलंकार पक्ष। बिना एक के ज्ञान के दूसरे का ज्ञान अधूरा रह जाता है।" पर इसके साथ वे यह भी स्वीकार करते रहे हैं कि भारतीय अभिव्यंजना और अभिव्यक्ति-विधि

सूत्रात्मक रही है। यह तो भारत की व्याकरण लेखन की परम्परा रही है कि कथ्य को अव्याहत रखते हुए कथन में आधी मात्रा का संक्षेप भी वैयाकरणों को पुत्र-जन्म जैसा आनन्ददायक होता है। भारत की परिपाटी रही है कि व्याकरणिक नियमों को लाघवरूप में व्यक्त किया जाए। अतः उसके गूढ़ अर्थ को वही सही सन्दर्भ में समझने में समर्थ है जो भारतीय परम्परा से भली-भाँति परिचित हो। शर्माजी के शब्दों में व्याकरण के किसी सिद्धान्त की चर्चा में मीमांसा या न्याय की किसी पंक्ति का आ जाना बिल्कुल स्वाभाविक है। इसका बड़ा अच्छा उदाहरण है काव्यप्रकाश के अंतर्गत संकेतग्रह के विवेचनक्रम में मम्मट द्वारा व्याकरण न्याय, मीमांसा और बौद्ध-दर्शन के मतों का एक-एक दो-दो शब्दों में उपस्थापन।

आचार्य शर्माजी की यह सुदृढ़ मान्यता रही कि भारतीय भाषाविज्ञान के क्षेत्र में काम करनेवाले नवयुवक विद्वानों को आधुनिक भाषाविज्ञान की नवीनतम उपलब्धियों की जानकारी के साथ भारत की प्राचीन भाषा-चिंतन परम्परा का ज्ञान भी आवश्यक है। उनके मत में आधुनिक भाषा-चिंतन के मूल तत्वों के समानांतर भारतीय भाषाशास्त्र में प्रायः वे सभी वैचारिक तत्व मिल जाते हैं, जिन्हें आज हम 'आधुनिक' की संज्ञा देते हैं और जिन्हें हम परम्परा के विरोध में खड़ा करने का प्रयत्न करते हैं। उनके मतानुसार तो भारतीय भाषा-चिंतन ने इन भाषाई तत्वों पर न केवल आधुनिक भाषाविज्ञान के चिंतकों की तुलना में कहीं अधिक गहराई से प्रकाश डाला है बल्कि उसे कहीं अधिक समन्वित और पुष्ट रूप में प्रस्तुत किया है। अपने लेख 'भर्तृहरि और आधुनिक भाषा-चिंतन : एक तुलनात्मक अध्ययन' में उन्होंने यह रेखांकित करना चाहा है कि बीसवीं शताब्दी का नवीनतम पाश्चात्य भाषा-चिंतन प्राचीनतम भारतीय चिन्तन से अनेक अंशों में पीछे है और जो नवीनतम और क्रान्तिकारी माना जाता है, वह भारत में बहुत अधिक व्यवस्थित रूप में कहा जा चुका है।

इस लेख में उन्होंने एक ओर सस्यूर द्वारा प्रतिपादित सिद्धान्तों की चर्चा की है और दूसरी तरफ भाषादर्शन सम्बन्धी चॉम्स्की की दार्शनिक मान्यता के कतिपय पक्षों को समेटा है। इन दो प्रमुख विद्वानों के भाषा सम्बन्धी सिद्धांतों का उल्लेख करते हुए उन्होंने पहले यह दिखाना चाहा है कि भारतीय चिन्तन में, विशेषकर भर्तृहरि के भाषा-दर्शन में, उनका कितना साम्य है। अपने तुलनात्मक अध्ययन के अन्त में वे इस निष्कर्ष पर ही पहुँचे हैं कि भारतीय भाषाचिन्तन अधिक सर्वांगीण और अधिक तर्कसम्मत है। उदाहरण के लिए सस्यूर द्वारा प्रस्तावित लांग (भाषा-व्यवस्था) और 'परोल' (भाषा व्यवहार) के द्विभाजन को ही लें जिसका प्रायः हिन्दी में 'भाषा' (लैंगुएज) और 'वाक्' (स्पीच) के रूप में अनुवाद किया जाता है। इसकी चर्चा पहले हम कर चुके हैं कि 'लांग' भाषा का वह मानसिक पक्ष है जो अपनी सारी विशेषताओं के साथ भाषा प्रयोक्ता के मन में बैठा

होता है। 'परोल' इसी भाषा का व्यक्ति द्वारा उच्चरित प्रयोगजन्य रूप है। 'लांग' और 'परोल' द्विभाजन सस्यूर की एक महत्वपूर्ण उपलब्धि मानी जाती है। आचार्य देवेन्द्रनाथ शर्मा इसके समानान्तर भारतीय परम्परा में प्रचलित भाषा की चार स्थितियों की चर्चा करते हुए कहते हैं : "भारतीय परम्परा में भाषा के चार रूप माने गए हैं—परा, पश्यन्ती, मध्यमा और वैखरी। यहाँ परा और पश्यन्ती की चर्चा अपेक्षित नहीं है। मध्यमा बुद्धिस्थ भाषा है और वैखरी करणस्थ भाषा अर्थात् मध्यमा की स्थिति बुद्धि या मन में मानी जाती है और वैखरी की वागिन्द्रियों में। मध्यमा वह है जो मन में स्थिति होने के कारण अगोचर होती है, सुनाई नहीं, पड़ती। इसके विपरीत वैखरी वह जो श्रुतिगोचर होती है, सुनाई पड़ती है। एक प्रकार से ऐसे भी कह सकते हैं कि मध्यमा केवल अपने ज्ञान का विषय होती है एक में स्व-संवेदन है, दूसरी में स्व-पर-संवेदन। अब देखें तो बात स्पष्ट हो जाती है कि सस्यूर द्वारा निरूपित लांग भारतीय चिन्तन की मध्यमा ठहरती है और परोल वैखरी सस्यूर लांग और परोल अर्थात् मध्यमा और वैखरी तक रुक गए, भारतीय मनीषा दो कोटि और पहले गयी, परा और पश्यन्ती तक"।

आचार्य शर्मा सस्यूर की मान्यताओं के समानान्तर भारतीय चिन्तन पक्ष को ही प्रस्तुत नहीं करते अपितु चॉम्स्की के दार्शनिक पक्ष के समतुल्य भारतीय अवधारणा की भी विस्तृत चर्चा करते हैं। चॉम्स्की के मतानुसार बच्चे में जन्मजात जातिविशिष्ट भाषिक क्षमता होती है, जिसे वह 'अन्तर्जात' भाषा-अर्जन-युक्ति की संज्ञा देते हैं। भर्तृहरि के वाक्यपदीय की कारिका 1/121-22 के माध्यम से आचार्य शर्मा का कहना है कि भारतीय चिन्तनधारा के अनुसार लोक के समस्त कार्यकलाप भाषा पर ही निर्भर करते हैं, इस बात का संस्कार बच्चे में पहले से ही मौजूद रहता है। बोलने के लिए पहली बार वागिन्द्रिय का संचालन, वायु को ऊपर की ओर फेंकना तथा विभिन्न ध्वनियों के उच्चारण के लिए तत्तत् स्थानों का स्पर्श तब तक सम्भव नहीं है, जब तक मन में शब्द का अर्थात् भाषा का संस्कार न हो। 'भाषा-ग्रहण की इन तीन प्रक्रियाओं का भर्तृहरि ने पन्द्रह सौ वर्ष पहले जैसा विचार/वर्णन किया है वह आधुनिक मनोविज्ञान की विकसित अवस्था में भी चॉम्स्की के जैसा पण्डित नहीं कर सका है।'

भर्तृहरि और आधुनिक भाषाचिन्तन के इस तुलनात्मक विश्लेषण को प्रस्तुत करने के पीछे शर्माजी का एक विशेष मंतव्य था। वे इस अध्ययन के द्वारा यह प्रदर्शित और प्रमाणित करना चाहते थे कि "जिन पाश्चात्य सिद्धान्तों से बहुत सारे लोग अभिभूत या चकित हैं, उनमें कोई ऐसी चीज़ नहीं है। भारतीय सिद्धान्तों के साथ तुलना करने पर यह स्पष्ट हो जाएगा कि वे बड़े सहज भाव से भारतीय चिन्तन में चर्चित हुए हैं।"

आचार्य देवेन्द्रनाथ शर्मा ने हिन्दी में 'भाषाविज्ञान की भूमिका' नामक एक

पुस्तक भी लिखी है जिसके अब तक कई संस्करण प्रकाशित हो चुके हैं । इस पुस्तक के प्रणयन के प्रेरणा-स्रोत रहे हैं लन्दन विश्वविद्यालय के भाषाविज्ञान विभाग के यशस्वी विद्वान् प्रोफ़ेसर जे० आर० फ़र्थ । प्रोफ़ेसर फ़र्थ ने ही शर्माजी से भाषाविज्ञान के विविध पक्षों पर हिन्दी में पुस्तक लिखने का स्निग्ध आग्रह किया था । शर्माजी के ही शब्दों में "उनका आग्रह एक प्रकार से आदेश था। भाषाविज्ञान सम्बन्धी विचार-विमर्श के प्रसंग में जब कभी मैं पाश्चात्य विचारों के समानान्तर भारतीय विचारों को रखता तो वे उनकी सूक्ष्मता एवं गम्भीरता से आह्लादित हो उठते और प्रायः इसी बात पर आक्रोश व्यक्त करते कि भारत से भाषाविज्ञान का अध्ययन करने के लिए विदेश आनेवाले विद्यार्थी उन विचारों से परिचित नहीं होते । इस पुस्तक को लिखने के पीछे दो और प्रेरक तत्व रहे हैं : एक तो भाषाविज्ञान को प्रांजल एवं संश्लिष्ट रूप में प्रस्तुत करना, दूसरा, भाषाविज्ञान के क्षेत्र में भारत की उपलब्धियों को यथासम्भव उभारकर रखना ।"

इसमें सन्देह नहीं कि आचार्य शर्मा ने अपनी इस प्रामाणिक पुस्तक द्वारा अपने इन दोनों लक्ष्यों को अत्यन्त गम्भीरता के साथ साधा है । अपने सुचिन्तित विचारों द्वारा उन्होंने भारतीय आचार्यों के भाषाचिंतन को न केवल आधुनिक सन्दर्भ प्रदान किया है, बल्कि भारतीय भाषा-चिन्तन धारा की अस्मिता के लिए उन्होंने स्तुत्य प्रयास भी किया है ।

आचार्य देवेन्द्रनाथ शर्मा का भाषाशास्त्रीय अवदान

अनन्त चौधरी

सरस्वती के कृपाभाजन आचार्य देवेन्द्रनाथ शर्मा यों तो अनेक भाषाओं के सम्यक्ज्ञाता तथा अनेक शास्त्रों के मर्मज्ञ विद्वान् थे, परन्तु भाषाओं में हिन्दी और शास्त्रों में भाषाशास्त्र सम्भवतः उनके सर्वाधिक प्रिय विषय थे। यही कारण था कि इन दोनों के प्रति उनका अनुराग जीवन के अन्त तक बना रहा तथा उनकी दीर्घकालीन सारस्वत साधना का अधिकांश उत्कृष्ट दाय भी प्रायः इन्हीं दोनों को प्राप्त हुआ।

आचार्य शर्मा काव्यशास्त्र में निष्णात होने के पश्चात् भाषाशास्त्र के क्षेत्र में आये थे। फलतः भाषा के सम्बन्ध में उनकी दृष्टि अत्यन्त निर्मल, सूक्ष्म एवं गम्भीर थी। ऐसा इसलिए कि काव्यशास्त्र और भाषाशास्त्र के अध्ययन का विषय मूलतः एक ही है। दोनों शब्दार्थ तत्व अर्थात् भाषा-तत्व का ही विवेचन करते हैं। केवल दोनों के अध्ययन की दृष्टियाँ या दिशाएँ अलग-अलग हैं। भाषाशास्त्र भाषा के संरचनात्सक स्वरूप का एककालिक (वर्णनात्मक), बहुकालिक (ऐति-हासिक) तथा सार्वकालिक (सामान्य सिद्धान्त मूलक) अध्ययन विवेचन करता है, जबकि काव्यशास्त्र उसके प्रयोगात्मक स्वरूप की वैविध्यपूर्ण अर्थगत विशिष्ट-ताओं के बहुआयामी सौन्दर्य एवं सामर्थ्य पर प्रकाश डालता है। अतः भाषा से स्वरूप और शक्ति का पूर्ण एवं सम्यक् ज्ञान न केवल भाषाशास्त्र के अध्ययन से सम्भव है और न केवल काव्यशास्त्र के अध्ययन से। उसके लिए दोनों का ज्ञान अपेक्षित है।

स्वयं आचार्य शर्मा की भी यही मान्यता थी। अपनी प्रसिद्ध पुस्तक 'भाषा-विज्ञान की भूमिका' की प्रस्तावना में उन्होंने लिखा है, "सच तो यह है कि भाषा-विज्ञान और काव्यशास्त्र एक-दूसरे के पूरक हैं। भाषाविज्ञान का निरूप्य है भाषा का निर्माण-पक्ष और काव्यशास्त्र का निरूप्य है भाषा का अलंकरणपक्ष। बिना

एक के ज्ञान के दूसरे का ज्ञान अधूरा रह जाता है। ग्रे ने ठीक ही कहा है कि सच्चे साहित्य और सच्चे भाषाविज्ञान में कोई विरोध नहीं है। वास्तविक भाषाविज्ञानी कम-से-कम आधा साहित्यिक होता है और वास्तविक साहित्यिक कम-से-कम आधा भाषाविज्ञानी।" आचार्य शर्मा ने दोनों शास्त्रों का सम्यक् अध्ययन किया था और इसीलिए वे भाषा से सम्बद्ध किसी भी पक्ष या विषय पर, चाहे वह भाषाशास्त्र का हो या काव्यशास्त्र का, साधिकार बोलने और लिखने में समर्थ थे।

आचार्य शर्मा के भाषाशास्त्रीय अवदान को सामान्यतः तीन खण्डों में बाँट कर परखा जा सकता है—पहला भाषाविषयक, दूसरा हिन्दी भाषा विषयक और तीसरा भाषा-शास्त्र विषयक। यों तो इन विषयों पर वे अपने प्राध्यापकीय जीवन के प्रारम्भ से ही बोलते और लिखते आये थे, किन्तु 1965 ई० में जब उनकी पुस्तक 'राष्ट्रभाषा हिन्दी : समस्याएँ और समाधान' राजकमल से प्रकाशित हुई, तो उसके साथ ही एक प्रौढ़ और सुलझे हुए विशिष्ट भाषा-चिन्तक के रूप में उनकी ख्याति पूरे देश में फैल गयी। इस पुस्तक में कोई भूमिका नहीं थी, क्योंकि इसके लेखक का पांडित्य किसी भूमिका की अपेक्षा नहीं रखता था। वह स्वतः मुखर था।

उक्त पुस्तक के पहले ही निबन्ध 'भाषा, धर्म, संस्कृति और राष्ट्रीयता' में आचार्य शर्मा ने भाषा के सम्बन्ध में कई ऐसी स्थापनाएँ उपस्थित की थीं, जो न केवल चौंकाने वाली थीं, बल्कि झकझोरने वाली भी थीं। इसके अतिरिक्त वे लोगों को तद्विषयक परम्परागत बद्धमूल धारणाओं के पुनर्परीक्षण के लिए बाध्य करने वाली भी थीं। उदाहरणार्थ, उनकी पहली स्थापना थी कि भाषा का धर्म से नित्य सम्बन्ध नहीं है। इसे स्पष्ट करते हुए उन्होंने लिखा था...."हममें से बहुतों का विश्वास है कि भाषा का धर्म के साथ अभिन्न सम्बन्ध है अर्थात् कोई धर्मविशेष किसी भाषाविशेष में ही अभिव्यक्ति पा सकता है...किन्तु तर्क की कसौटी पर कसने पर यह धारणा सदा ग्राह्य नहीं दीखती। यदि संस्कृत हिन्दू धर्म की भाषा है तो हजार में नौ सौ निन्यानबे हिन्दू हिन्दू नहीं कहला सकते, क्योंकि संस्कृत से उनका परिचय नहीं है। करोड़ों की संख्या में ऐसे मुसलमान हैं, जो अरबी बिल्कुल नहीं जानते, पर किसी अरबी जानने वाले मुसलमान से अपने को हीन नहीं समझते। ईसाई होने के लिए हिब्रू जानना, अनिवार्य नहीं है। हिब्रू की बात तो छोड़िए, बाइबिल का अंग्रेजी अनुवाद भी बहुत ईसाई नहीं समझ पाते। चीन में करोड़ों की संख्या में बौद्ध हैं, जो त्रिपिटक की भाषा से बिल्कुल कोरे हैं, पर अपने को उसी निष्ठा से बौद्ध धर्म का अनुयायी मानते हैं, जिस निष्ठा से कोई त्रिपिटकाचार्य।"

इस सन्दर्भ में उनका दूसरा तर्क था कि यदि भाषा से धर्म का नित्य सम्बन्ध

होता तो किसी व्यक्ति के धर्म-परिवर्तन के साथ उसकी भाषा में भी परिवर्तन हो जाता। किन्तु ऐसा नहीं होता। इस देश में करोड़ों व्यक्तियों ने हिन्दू धर्म छोड़ कर इस्लाम को अपना लिया, मगर इससे उनकी भाषा में क्या परिवर्तन हुआ? जो जहाँ का था, वहीं की भाषा बोलता रहा। इससे स्पष्ट है कि धर्म का भाषा के साथ नित्य सम्बन्ध नहीं है।

उक्त निबन्ध में आचार्य शर्मा की दूसरी स्थापना थी कि "धर्म की ही तरह संस्कृति और भाषा का अविनाभाव सम्बन्ध नहीं है। उदाहरणार्थ, भारत सैकड़ों भाषाओं का देश है, किन्तु यहाँ की संस्कृति एक है, जिसे हम भारतीय संस्कृति कहते हैं। यह इस बात का ठोस प्रमाण है कि किसी भाषा-विशेष से किसी संस्कृति विशेष का अनिवार्य सम्बन्ध नहीं होता। अतः धर्म के समान ही संस्कृति को भी भाषा से सदा जोड़ रखना तर्कसंगत नहीं है।"

इसी प्रकार अनेक उदाहरणों के सहारे आचार्य शर्मा ने यह भी सिद्ध किया था कि राष्ट्रीयता और भाषा की एकता भी अनिवार्य नहीं है। एक राष्ट्र में अनेक भाषाएँ हो सकती हैं, जैसे रूस, कनाडा, भारत आदि देशों में हैं। इसके विपरीत ऐसे भी उदाहरण मिलते हैं जहाँ अनेक राष्ट्रों में राष्ट्रभाषा एक ही है, जैसे इंग्लैण्ड अमेरिका, आस्ट्रेलिया आदि राष्ट्र की दृष्टि से अनेक हैं, किन्तु राजभाषा या राष्ट्रभाषा सबकी एक अंग्रेजी ही है। इस तरह उन्होंने निर्द्वन्द्व भाव से यह स्थापित किया था कि भाषा का धर्म, संस्कृति या राष्ट्रीयता से कोई नित्य सम्बन्ध नहीं है।

उक्त ग्रन्थ में ही हिन्दी भाषा पर आचार्य शर्मा के पन्द्रह विशिष्ट निबन्ध प्रकाशित हुए थे, जो निम्नलिखित क्रम में थे—हिन्दी का महत्व, हिन्दी की सरलता, हिन्दी का सरलीकरण, हिन्दी : राष्ट्रभाषा और राजभाषा, हिन्दी की समस्याएँ, पारिभाषिक शब्दावली की समस्या, व्याकरण की समस्या, वर्तनी की समस्या, लिपि की समस्या, अनुवाद की समस्या, भाषा और बोली, हिन्दी-विरोधी तत्व, हिन्दी के विरोध में दिए गये तर्क, भाषा की शुद्धता तथा हिन्दी का प्रसार और प्रचार। उनके ये निबन्ध न केवल हिन्दी विषयक उनके अनन्य अनुराग के प्रमाण हैं, अपितु ये उनके हिन्दी सम्बन्धी असाधारण ज्ञान, गम्भीर वैज्ञानिक चिन्तन, मर्मज्ञता तथा शोधमूलक सूक्ष्मेक्षिका के भी परिचायक हैं। उक्त निबन्धों में एक ओर जहाँ उन्होंने हिन्दी के महत्व, उसकी विशिष्टताएँ, उसकी सामर्थ्य, उसके प्रसार-प्रचार तथा उसकी सम्भावनाओं का सम्यक् परिचय दिया, वहीं दूसरी ओर हिन्दी की सीमाओं तथा समस्याओं का वस्तुनिष्ठ विवेचन करते हुए उनके निराकरण के लिए समुचित समाधान भी उपस्थित किये।

हिन्दी के महत्व और सामर्थ्य की चर्चा करते हुए बोलनेवालों की संख्या के आधार पर विश्व की भाषाओं में इसका स्थान तीसरा निर्धारित करते हुए उन्होंने

जोर देकर कहा कि केवल अपनी विशेषताओं के कारण इतना अधिक विस्तार संसार की किसी दूसरी भाषा का नहीं हुआ है। हिन्दी के प्रसार के लिए कभी-किसी ने चेष्टा नहीं की, हाँ, उसे दबाने की चेष्टाएँ पिछले हजार वर्षों से अवश्य होती रही हैं। इस अवरोध और बाधा के बावजूद हिन्दी जहाँ तक बढ़ी है, वह केवल अपनी अन्तर्निहित शक्ति के कारण। यह भारत की एकमात्र भाषा है जिसका प्रसार केवल सम्पूर्ण भारत में ही नहीं, अपितु भारत की सीमा के बाहर अंडमान, बर्मा, लंका, ब्रिटिश गायना, वैस्टइंडीज, दक्षिणी एवं पूर्वी अफ्रीका, त्रिनिदाद, मलाया, इंडोनेशिया फीजी, मारिशस आदि स्थानों तक है।

जो लोग ईर्ष्या द्वेष या निहित स्वार्थवश हिन्दी को कठिन भाषा बताते हैं, उनका मुँहतोड़ उत्तर देते हुए उन्होंने सप्रमाण ध्वनि, शब्द, वाक्य, अर्थ एवं लिपि, सभी धरातलों पर हिन्दी को अंग्रेजी की तुलना में अधिक सरल सिद्ध किया। उनका मानना था कि "सरलता हिन्दी का सहज धर्म है और संसार की सरलतम भाषाओं में वह अन्यतम है।"

राष्ट्रभाषा एवं राजभाषा के रूप में हिन्दी की योग्यता, दायित्व और अधिकार-सीमा का विवेचन करते हुए उन्होंने यह स्पष्ट किया कि प्रादेशिक, अन्तः प्रादेशिक, राष्ट्रीय, और अन्तर्राष्ट्रीय क्षेत्रों में से पहला क्षेत्र प्रादेशिक भाषाओं का होगा और शेष तीन में हिन्दी रहेगी। दूसरे शब्दों में, हिन्दी को प्रादेशिक भाषाओं का स्थान नहीं लेना है, इसे केवल उन स्थानों पर अधिकार प्राप्त करना है, जिन पर अब तक अंग्रेजी अधिकार जमाए बैठी रही है। इस स्पष्टीकरण से यह भ्रम मिट जाना चाहिए कि हिन्दी किसी भारतीय भाषा को किसी भी रूप में अपदस्थ कर सकती है। निश्चय ही हिन्दी का किसी भी भारतीय भाषा से कोई विरोध नहीं है। इसके विपरीत हिन्दी को प्रायः सभी भारतीय भाषाओं से कुछ-न कुछ पोषणतत्व प्राप्त होता रहा है और दूसरी ओर वे सभी हिन्दी से भी अल्पाधिक लाभान्वित होती रही हैं। किन्तु अंग्रेजी की छाया में रहकर किसी भी भारतीय भाषा का वास्तविक विकास नहीं हो सका है।

हिन्दी की समस्याओं पर गम्भीरतापूर्वक विचार करते हुए आचार्य शर्मा ने पर्याप्त युक्तियों और पुष्ट प्रमाणों के साथ यह सिद्ध किया कि हिन्दी की समस्याएँ वास्तविक कम और कल्पित अधिक हैं। उनकी धारणा थी कि हिन्दी की एकमात्र वास्तविक समस्या पारिभाषिक शब्दावली की है। शेष जितनी भी समस्याएँ हैं, वे या तो उसके स्वाभाविक परिणाम हैं या उसी की शाखा-प्रतिशाखाएँ हैं। व्याकरण, लिपि, वर्तनी, उच्चारण आदि की समस्याएँ कल्पित हैं, जिनका प्रचार निहित स्वार्थवाले हिन्दी विरोधियों द्वारा हिन्दी के प्रतिकूल वातावरण तैयार करने के लिए किया जाता रहा है। अपनी इन मान्यताओं को प्रमाणित करने के लिए उन्होंने हिन्दी की तथाकथित सभी समस्याओं पर जो अलग-अलग स्वतन्त्र

लेख लिखे, वे उनके हिन्दी भाषा विषयक मौलिक चिन्तन, प्रकांड पांडित्य और मर्मज्ञता के प्रत्यक्ष परिचायक और असन्दिग्ध प्रमाण हैं। सच तो यह है कि उक्त पुस्तक का एक-एक निबन्ध आकार में छोटा होने पर भी प्रकार अर्थात् गुणात्मकता की दृष्टि से एक-एक महाकाय मौलिक शोध प्रबन्ध के समान मूल्यवान है।

जहाँ तक आचार्य शर्मा के भाषाशास्त्र विषयक अवदान का सम्बन्ध है, यह स्पष्ट किया जा चुका है कि उनका भाषाशास्त्र विषयक ज्ञान एवं चिन्तन बहुत ही व्यापक और गम्भीर था। वे प्राचीन भारतीय भाषाशास्त्र और आधुनिक पाश्चात्य भाषाविज्ञान दोनों की ज्ञानराशि से सम्पन्न थे। एक की प्राप्ति तो उन्हें सहज विरासत के रूप में हुई थी, किन्तु दूसरे का ज्ञान उन्होंने विदेश जाकर अर्जित किया था। इसका उल्लेख करते हुए उन्होंने अपनी प्रसिद्ध पुस्तक 'भाषा-विज्ञान की भूमिका' में स्वयं लिखा था : "पूज्य पितृचरणों के सान्निध्य के फलस्वरूप बचपन में ही पाणिनीय व्याकरण से परिचय हो गया, जिसने आगे चलकर भाषाविज्ञान की आधारशिला का कार्य किया। बोध विकसित होने पर महाभाष्य, वाक्यपदीप, मंजूषा आदि ग्रन्थों को भी देखने-समझने का अवसर मिला। किसी न किसी व्याज से संस्कृत के साथ प्राकृत, पालि और अपभ्रंश का भी अध्ययन करना पड़ा। बाद में हिन्दी, उर्दू, बंगला, अंग्रेजी, रूसी, फ्राँसीसी आदि भाषाओं के अध्ययन का भी सुयोग प्राप्त हुआ। इस प्रकार भाषाविज्ञान के लिए जो भाषिक पृष्ठभूमि आवश्यक होनी चाहिए, वह बन गयी।...विदेश जाने पर भाषा-विज्ञान की पाश्चात्य और आधुनिक पद्धतियों को भी जानने-समझने का मौका मिला।"

विदेश में ही लन्दन विश्वविद्यालय के भाषाविज्ञान के तत्कालीन अध्यक्ष प्रो० जे० आर० फ़र्थ तथा उसी विश्वविद्यालय के बहुभाषाविद् भाषाशास्त्री प्रो० डब्ल्यू० के० मैथ्यूज़ के सान्निध्य, परामर्श एवं प्रेरणा से भाषाशास्त्र पर लिखने का जो संकल्प किया, वह स्वदेश लौटने के बारह वर्षों के बाद 'भाषाविज्ञान की भूमिका' के रूप में प्रतिफलित हुआ। इस पुस्तक के प्रणयन में उनके समक्ष दो स्पष्ट लक्ष्य थे, एक तो भाषाविज्ञान को प्रांजल एवं अक्लिष्ट रूप में प्रस्तुत करना तथा दूसरे भाषाविज्ञान के क्षेत्र में भारत की उपलब्धियों को यथासम्भव उभार कर रखना।

कहने की आवश्यकता नहीं कि उक्त दोनों ही लक्ष्यों की पूर्ति में आचार्य शर्मा को पर्याप्त सफलता मिली। किन्तु भाषाशास्त्र को वे जो अवदान देना चाहते थे और जितना देने में वे समर्थ थे, उक्त पुस्तक उसकी भूमिका मात्र थी। उन्होंने स्वयं इसे स्वीकारते हुए लिखा है : "जैसा नाम से स्पष्ट है, यह भाषा-विज्ञान की 'भूमिका' है। अतः अनपेक्षित विस्तार और जटिलता से बचकर

भाषा के आधारभूत सिद्धान्तों को बोधगम्य रूप में उपस्थित करना ही उद्देश्य है।"

सारस्वत साधना के धनी आचार्य शर्मा के पास भाषाशास्त्र के विभिन्न पक्षों पर अलग-अलग स्वतन्त्र पुस्तकें लिखने की अनेक योजनाएँ थीं, जिन्हें वे बहुविध व्यस्तताओं के कारण मूर्त रूप नहीं दे सके। पर उन्होंने जितना कुछ ही दिया, वह दीर्घकाल तक विद्वानों के हृदय में भाषाशास्त्री के रूप में उनकी स्मृति को जीवित रखने के लिए पर्याप्त है।

आचार्य देवेन्द्रनाथ शर्मा और 'भाषाविज्ञान की भूमिका'

लक्ष्मण प्रसाद सिन्हा

आज तो पाश्चात्य जगत् भी मानता है कि ईसा के सैकड़ों वर्ष पूर्व पाणिनि ने भारत में भाषाविज्ञान की नींव रखी थी। इसलिए भाषाविज्ञान के पाश्चात्य विद्वान् ब्लूमफ़ील्ड ने मुक्तकण्ठ से स्वीकार किया है कि मानव प्रज्ञा के सर्वोच्च कीर्त्ति-स्तम्भों में महर्षि पाणिनि रचित व्याकरण का उज्ज्वलतम स्थान है। ब्लूमफ़ील्ड ने यह भी माना है कि संसार की किसी भाषा में इतनी परिपूर्णता के साथ व्याकरण की रचना नहीं हुई है। यूरोपीय देशों के वैयाकरणों ने विश्व की अनेक भाषाओं के व्याकरणों को देखा था, किन्तु वे चकित हुए थे महर्षि पाणिनि के व्याकरण को देखकर। आचार्य देवेन्द्रनाथ शर्मा को बचपन में ही पाणिनीय व्याकरण से लगाव का सौभाग्य सुलभ हो गया। अपनी पुस्तक 'भाषाविज्ञान की भूमिका' के प्रस्तावना अंश में उन्होंने इसका रहस्योद्‌घाटन किया है: "पूज्य पितृचरणों के सान्निध्य के फलस्वरूप बचपन में ही पाणिनीय व्याकरण से परिचय हो गया, जिसने आगे चलकर भाषाविज्ञान की आधारशिला का कार्य किया।"[1]

यह सत्य है कि 'भाषाविज्ञान की भूमिका' की रचना मुख्य रूप से पाठ्य पुस्तक के रूप में हुई है, किन्तु यह इसकी सीमा नहीं है। पुस्तक का उपयोग विषय-सम्बन्धी सामान्य और विशिष्ट ज्ञान के लिए भली-भाँति किया जाता रहा है। इसका सबसे बड़ी विशेषता यह है कि विशेषज्ञों के विशिष्ट अध्ययन का तो यह मार्ग प्रशस्त करता ही है, जिज्ञासु पाठकों के लिए भी यह बड़ी उपयोगी है। सामान्यतः भाषाविज्ञान को दुरूह, नीरस और क्लिष्ट विषय माना जाता है, किन्तु प्रस्तुत पुस्तक इस धारणा को गलत सिद्ध करने में पूर्णतः समर्थ है। मैं

---

1. भाषाविज्ञान की भूमिका, पृ० 8

इसे अपना परम सौभाग्य मानता हूँ कि पूज्य गुरुदेव आचार्य देवेन्द्रनाथ शर्मा के श्रीचरणों में बैठकर भाषाविज्ञान के अध्ययन का मुझे सुअवसर मिला है। उनके वर्ग में भाषाविज्ञान विषय कभी जटिल नहीं माना गया। सरसता तो इतनी कि वर्ग में कहकहों के फव्वारे छूटते रहते थे। पुस्तक की प्रस्तावना में लेखक की स्वानुभूति मुखरित है : "भाषाविज्ञान सामान्यत: दुरूह और नीरस विषय माना जाता है। मेरे छात्रों की धारणा इसके विपरीत है। उनकी दृष्टि में भाषाविज्ञान सरल ही नहीं सरस भी है।"[1] वस्तुत: कठिनाई विषय में नहीं होती, उसके उपस्थापन में होती है। प्रस्तुत पुस्तक के कलेवर में न तो अनपेक्षित विस्तार है और न कहीं दुरूहता। जटिलता से बचाकर भाषाविज्ञान के आधारभूत सिद्धान्तों को बोधगम्य रूप में उपस्थित करने में लेखक पूर्णत: सफल रहे हैं।

'भाषाविज्ञान की भूमिका' मुख्यत: तीन खण्डों में विभाजित हैं : 'भाषा', 'भाषाविज्ञान' तथा 'लिपि'। 'भाषा' खण्ड के अन्तर्गत निम्नलिखित अध्याय हैं :

1. भाषा
2. भाषा की उत्पत्ति
3. भाषा के विकास-सोपान
4. भाषा का उपयोग
5. भाषा की विशेषताएँ और प्रवृत्तियाँ
6. भाषा के विभिन्न रूप
7. भाषा और विभाषा (बोली)
8. भाषा की परिवर्तनशीलता और परिवर्तन के कारण
9. भाषाओं का वर्गीकरण
10. पारिवारिक वर्गीकरण
11. संसार के भाषा-परिवार

'भाषा' अंश के अन्तर्गत 'भाषा' शब्द का अनेक अर्थों में प्रयोग, इसके पक्ष और परिभाषा पर विचार किया गया है। आचार्य प्रवर ने यह स्वीकार किया है कि भाषा की परिभाषा देना कठिन कार्य है। साथ ही उन्होंने इस बात का दिशा-निर्देश किया है कि परिभाषा देते समय 'अव्याप्ति', 'अतिव्याप्ति' और 'असम्भव' जैसे तीन दोषों से बचने का प्रयास होना चाहिए। आचार्य शर्मा की लेखनी कहीं भी संयम की सीमा का अतिक्रमण नहीं करती, उनमें शाश्वत गम्भीरता वर्तमान है। उन्होंने पूर्व में किसी भाषाविद् द्वारा दी गई परिभाषा की टीका-टिप्पणी नहीं की है। उन्होंने भाषा की परिभाषा को जटिलता की सीमा से निकाल कर सरलता की भावभूमि पर प्रतिष्ठित करने का सफल प्रयास किया

---

1. भाषाविज्ञान की भूमिका, पृ० 8

है। उनके अनुसार—"उच्चरित ध्वनि-संकेतों की सहायता से भाव या विचार की पूर्ण अभिव्यक्ति भाषा है।"···अथवा "जिसकी सहायता से मनुष्य परस्पर विचार विनिमय का सहयोग करते हैं, उस यादृच्छिक रूढ़ ध्वनि-संकेत की प्रणाली को भाषा कहते हैं।" लेखक ने 'ध्वनि संकेत', 'यादृच्छिक' तथा 'रूढ़' की जो व्याख्या की है, उससे भाषा की परिभाषा में कहीं कोई दुरूहता नहीं रह जाती और अभिप्रेत पूर्णतः स्पष्ट हो जाता है। उन्होंने माना है कि भाषा के तीन पक्ष होते हैं—व्यक्तिगत, सामाजिक तथा सर्वव्यापक। आचार्य शर्मा के व्यक्तिगत चिन्तन में सामाजिक चेतना और सामाजिक उत्कर्ष का सन्निवेश रहता था। इसका प्रत्यक्ष प्रमाण 'भाषाविज्ञान की भूमिका' के 'भाषा' अध्याय में मिलता है। विश्लेषणक्रम में व्यक्तिगत और सर्वव्यापक की अपेक्षा उन्होंने भाषा के सामाजिक उपयोग को प्रधानता दी है। उनकी स्पष्ट मान्यता है कि "व्यक्ति की सीमा पारकर भाषा को समाज के विस्तृत परिवेश में आना पड़ता है। वस्तुतः भाषा का सामाजिक रूप ही सबसे महत्व का होता है।"[1] विश्लेषण से यह साफ हो जाता है कि व्यक्ति से उत्पन्न होकर समाज से आगे बढ़ती हुई भाषा किस प्रकार सार्वभौम बन जाती है।

उच्चरित ध्वनि तथा अर्थ में परस्पर संसर्ग स्थापन की क्षमता भाषा में कब और किन परिस्थितियों में उत्पन्न हुई, इसका उल्लेख तो पूर्व में लिखी गयी पुस्तकों में मिल जाता है। भाषाविज्ञान की भूमिका की बड़ी विशेषता यह है कि इस पुस्तक में पहली बार ही सिद्धान्तों की असंगतियों का मनोवैज्ञानिक विश्लेषण हुआ है। एक उदाहरण पर्याप्त होगा। 'संकेत सिद्धान्त' की त्रुटियों की ओर इंगित करते हुए आचार्य देवेन्द्रनाथ शर्मा ने स्पष्ट किया है :

(1) "यह सिद्धान्त मान लेता है कि एक समय ऐसा था जब मनुष्य को भाषा नहीं मिली थी, पर यदि भाषा थी ही नहीं, तो उसकी आवश्यकता का अनुभव मनुष्य को कैसे हुआ? आज भी बन्दरों या बैलों को उसकी आवश्यकता का अनुभव कहाँ हो रहा है? यदि होता तो वे भी कोई महासभा करके अपने लिए एक भाषा बना लेते और अपने विचारों को अधिक पूर्णता से व्यक्त कर पाते।"

(2) "भाषा के अभाव में उस मानव-महासभा में विचार-विमर्श किस माध्यम से हुआ, यह दूसरी असंगति है। जब हजारों या लाखों की संख्या में वाणी-विहीन मनुष्य इकट्ठे हुए होंगे तो ऐसे महत्वपूर्ण प्रश्न पर तर्क-वितर्क करने का कोई माध्यम तो होना ही चाहिए। वह क्या था?"

1. भाषाविज्ञान की भूमिका, पृ० 21

(3) "उस महासभा में विभिन्न अर्थों के वाचक विभिन्न शब्द (संकेत) किसने गढ़े और किस आधार पर गढ़े ? सम्भव है, विभिन्न व्यक्तियों ने एक ही वस्तु के लिए अलग-अलग शब्द सुझाये हों। फिर उन अनेक शब्दों में से एक को किस आधार पर स्वीकार कर लिया गया ? आज भी दस आदमियों की बैठक में कोई बात आसानी से और एक मत से स्वीकृत नहीं हो पाती। सभ्यता की इस आदिम अवस्था में यह आश्चर्यजनक एकता कैसे सम्भव हो गयी ?"

(4) "यदि बिना भाषा के इतना महत्वपूर्ण विचार-विमर्श और निर्णय हो सकता था तो भाषा की आवश्यकता क्या थी ? उस समय भाषा का स्थानापन्न जो भी माध्यम रहा हो, वह पर्याप्त समर्थ था और उससे आगे भी काम लिया जा सकता था।"[1]

विवेचन से यह बात स्पष्ट हो जाती है कि भाषा की उत्पत्ति के सम्बन्ध में भाषाविज्ञान में प्रचलित संकेत सिद्धान्त को वैज्ञानिक नहीं माना जा सकता। भाषा की उत्पत्ति के अन्य सिद्धान्तों के सम्बन्ध में भी आचार्य शर्मा ने ऐसी ही असंगतियों का निर्देश किया है। लेखक का मौन प्रश्न स्वाभाविक है कि विज्ञान के निष्कर्ष पर भाषोत्पत्ति के सिद्धान्त यदि खरे नहीं उतरते तो फिर भाषाविज्ञान को कला की अपेक्षा विज्ञान मानना कहाँ तक उचित है।

आंगिक, वाचिक, लिखित तथा यांत्रिक विधि भाषाविकास के विविध सोपान हैं। यह उचित ही है, क्योंकि "आज वाचिक और लिखित के साथ भाषा का आंतरिक रूप भी अध्ययन का विषय बन गया है, क्योंकि उससे सम्प्रेषण-सम्बन्धी प्रारम्भिक आविष्कारों को विकसित करने में अत्यधिक सहायता मिलती है ?"[2] अन्य अध्यायों में जो विश्लेषण मिलते हैं, वे भी तर्क-सम्मत और यथार्थ तो हैं ही उनसे प्रतिपाद्य विषय पूर्णत: स्पष्ट हो जाते हैं। 'भाषाविज्ञान की भूमिका' को लेखक ने 'पाठ्य' पुस्तक के रूप में प्रस्तुत करना चाहा है और अपने लक्ष्य के प्रति वे आद्यन्त अनन्य बने रहे हैं।

भाषाओं के वर्गीकरण में लेखक ने आकृतिमूलक और पारिवारिक वर्गीकरण का विश्लेषण किया है। इसी क्रम में उन्होंने संसार के भाषा परिवार का विवेचन इतने विलक्षण ढंग से किया है कि विश्व का भाषिक अन्तर्सम्बन्ध स्पष्ट हो जाता है। उन्होंने भेदक तत्वों की ओर भी संकेत किया है, किन्तु इस एक अध्याय में ही उन्होंने गागर में सागर भर दिया है। विश्व की भाषाओं के अन्तर्सम्बन्ध के द्वारा उन्होंने इस बात का निर्देश किया है कि 'वसुधैव कुटुम्बकम्'

1. भाषाविज्ञान की भूमिका, पृ० 28
2. भाषाविज्ञान की भूमिका, पृ० 41

की उक्ति मात्र काल्पनिक उड़ान नहीं, वास्तविकता की भावभूमि पर अवस्थित है।

दूसरे खण्ड में 'भाषाविज्ञान' है। इसके अंश इस प्रकार हैं :

(1) भाषाविज्ञान

(2) भाषाविज्ञान का ज्ञान की अन्य शाखाओं से सम्बन्ध

(3) ध्वनिविज्ञान

(4) पदविज्ञान

(5) वाक्यविज्ञान

(6) अर्थविज्ञान तथा

(7) भाषाविज्ञान का इतिहास

अध्यायों का विभाजन क्रमबद्ध है। 'भाषाविज्ञान' खण्ड के अन्तर्गत उन्होंने इसकी वैज्ञानिकता, इसके प्रयोजन, अंग तथा शाखाओं का विश्लेषण किया है। फिर ज्ञान की अन्य शाखाओं के साथ भाषाविज्ञान का सम्बन्ध दिखलाने में उन्होंने जो तथ्य उपस्थापित किए हैं, उन्हें निश्चय ही विचार और वास्तविकता की भावभूमि पर अवस्थित तर्कसम्मत कहा जा सकता है। इसके बाद के अध्यायों का विभाजन अपने आप में संधान है। अभिव्यक्ति की न्यूनतम इकाई 'ध्वनि' है। ध्वनि में जब सार्थकता का समावेश होता है तब 'शब्द' की रचना होती है, किन्तु शब्द में प्रयोगक्षमता नहीं होती। प्रत्यय-परसर्ग के सहारे जब उन्हें 'पद' बनाया जाता है तब उनमें प्रयोग-क्षमता आती है। यह पद अंग्रेजी मार्फ (Morph) का पर्याय है। प्रयोगक्षमता होने से शब्द 'वाक्य' में प्रयुक्त होता है, तब उसके 'अर्थ' की खोज होती है। ध्वनिविज्ञान, पदविज्ञान, वाक्यविज्ञान और अर्थविज्ञान परम्परित विभाजन के चेतन आधार हैं। सिद्धान्त का निर्देश करनेवाली पुस्तकों में क्रमबद्धता का यह स्वरूप सबसे पहले 'भाषाविज्ञान की भूमिका' में देखने को मिला। इस खण्ड के अन्त में भाषाविज्ञान के क्षेत्र में उपलब्धियों का विश्लेषण है। यह विश्लेषण अनुमान पर आधारित नहीं, इतिहास द्वारा प्रमाणित है। जहाँ इतिहास में विवाद है, वहाँ आचार्य शर्मा ने मतभेदों का उल्लेख कर ऐतिहासिक संभाव्यता को आधार माना है।

आचार्य देवेन्द्रनाथ शर्मा स्वयं बहुभाषाविद् थे। इसलिए उन्होंने व्याकरणिक कोटियों के विश्लेषण-क्रम में संस्कृत, हिन्दी, बंगला, उड़िया, पंजाबी, गुजराती, मराठी आदि के साथ रूसी, ग्रीक, जर्मन और अंग्रेजी भाषाओं के प्रचलित शब्दों का ऐसा विश्लेषण किया है, जिससे उनमें समता का निर्देश सहज रूप से सम्भव है। ऐसा करने के लिए निश्चय ही उन्होंने व्याकरणिक कोटियों का पुनरीक्षण किया है तथा भाषायी तथ्यों के विषय में उन्होंने विश्वव्यापी दृष्टिकोण अपनाये हैं। इसी क्रम में उन्होंने 'पदविभाग' की भी चर्चा की है। अंग्रेजी भाषा में आज

यह विवाद गहरा रहा है कि पदों की संख्या आठ क्यों हो ? क्या केवल इसलिए कि ग्रीक विद्वान् डायोनिसियस थ्रैक्स ने आठ पदों की मान्यता दी है ? हर भाषा के पदविभाग उस भाषा की आकृति-प्रकृति के अनुसार निर्धारित होते हैं। भारत के लिए यह दुर्भाग्य का विषय है कि पदों के विभाजनक्रम में हमने अंग्रेजी भाषा का अंधानुकरण किया है। आचार्य देवेन्द्रनाथ शर्मा ने इस बात का संकेत किया है कि जिस देश में यास्क और पाणिनि जैसे विलक्षण वैयाकरण उत्पन्न हुए हों, वहाँ के निवासियों के लिए अंधानुकरण की कृत्रिम प्रवृत्ति वांछनीय नहीं। इसलिए उनकी स्पष्ट मान्यता है कि "यास्क द्वारा प्रस्तुत विभाग हिन्दी के लिए भी अव्यावहारिक नहीं है। अंग्रेजी का विभाग जब अंग्रेजी के लिए ही संगत नहीं तो हिन्दी के लिए वह कहाँ तक स्वीकार्य हो सकता है।"[1]

'लिपि' खण्ड में मुख्यतः तीन अंश हैं : 1. लिपि का इतिहास, 2. भारतीय लिपियाँ तथा 3. भाषा-भूगोल। लिपि का आज जो विकसित रूप प्रचलित है, उसे देखकर लिपि के प्रारम्भिक रूप की कल्पना सहज नहीं, कठिन है। फिर भी, यह बात इतिहास द्वारा प्रमाणित है कि चित्रलिपि, भावलिपि और ध्वनिलिपि लिपि-विकास के तीन सोपान हैं। संकेतों की अनन्तता, संकेतों का पार्थक्य आदि ऐसी कठिनाइयाँ थीं जिससे चित्रलिपि का प्रचलन बाधित रहा। वैसे, चित्रलिपि समय-साध्य तो थी ही। इस लिपि के द्वारा स्थूल वस्तुओं का ही चित्रण सम्भव था, सूक्ष्म और अमूर्त्त वस्तुओं की इसमें सहज अभिव्यक्ति सम्भव नहीं थी। परिणामस्वरूप चित्रलिपि का स्थान भावलिपि ने लिया, परन्तु मनुष्य की जिज्ञासु वृत्ति भावलिपि में ही परितुष्टि नहीं पा सकती थी। मनुष्य ऐसी लिपि के संधान में लगा रहा, जिसमें मूर्त्त के साथ अमूर्त्त भावों को भी अभिव्यक्त करने की क्षमता हो। अन्ततोगत्वा इस संधान की परिणति ध्वनिलिपि में मिली।

भाषाविज्ञान एक प्रयोगात्मक विज्ञान है। इसकी विषयवस्तु नियंत्रित परिस्थितियों में सम्पन्न परीक्षणों के प्रतिफलन हैं। ये प्रयोग सैद्धान्तिक पक्ष से नियंत्रित हैं। इनके लिए मशीनों का उपयोग भी हो सकता है, किन्तु सच तो यह है कि भाषाविज्ञान उसके लिए एक विशिष्ट तकनीक का दिशा-निर्देश करता है। आचार्य देवेन्द्रनाथ शर्मा रचित पुस्तक—'भाषाविज्ञान की भूमिका' ऐसे विशिष्ट तकनीक का दिशा-निर्देश करने में पूर्णतः सफल है। वस्तुतः इस पुस्तक के प्रकाशन से भाषाविज्ञान के सैद्धान्तिक पक्षीय ज्ञान के क्षितिज का विस्तार हुआ है। सिद्धान्त का विवेचन करने वाली बहुत सारी पुस्तकें प्रकाशित होती रही हैं, किन्तु 'भाषाविज्ञान की भूमिका' एक ऐसी दीप्तिपूर्ण लकीर के समान है, जिसके उज्ज्वल प्रकाश के आगे भाषाविज्ञान के सिद्धान्त की अन्य पुस्तकें निस्तेज प्रतीत होती हैं।

---

1. भाषाविज्ञान की भूमिका, पृ० 239

आचार्य देवेन्द्रनाथ शर्मा की निबन्ध-तरंगें

देवीशंकर द्विवेदी

किसी भी लेखक का व्यक्तित्व उसके लेखन में प्रतिबिम्बित होता है। आचार्य देवेन्द्रनाथ शर्मा के लेखन पर भी यह बात लागू होती है तो इसमें कुछ भी अनोखा नहीं है। यदि पाठक लेखक के व्यक्तित्व से भली-भाँति परिचित है तो वह लेखन पर ज्यों-ज्यों दृष्टिपात करता जाता है, लेखक के व्यक्तित्व की विशिष्ट-ताओं को पहचानता और निर्दिष्ट करता चलता है। यदि वह लेखक के व्यक्तित्व से भली-भाँति परिचित नहीं है तो लेखन की अपेक्षाकृत अधिक मात्रा का अव-लोकन और विश्लेषण करने के बाद लेखक के व्यक्तित्व की रूपाकृति का निर्माण कर पाता है। लेखक से व्यक्तिगत परिचय या अपरिचय का केवल इतना अन्तर पाठक की पाठ-प्रक्रिया में लक्षित होता है। कुछ कृतियों के अध्ययन के बाद अपरिचित पाठक के मन पर लेखक के व्यक्तित्व की जो छाप छूट जाती है, वह आगे के पाठ के लिए व्यक्तिगत परिचय का-सा काम देती है। हो सकता है कि किसी कृति में लेखक के व्यक्तित्व का ऐसा पक्ष पाठक के समक्ष आए जो पिछली कृतियों में न आया हो और अब पाठक को कुछ नएपन की अनुभूति हो। लेकिन ऐसी ही अनुभूति व्यक्तिगत परिचयवाले पाठक को भी होगी, अधिक-से-अधिक वह यही कह सकेगा कि इस पक्ष की प्रतीक्षा उसे बहुत दिनों से थी।

'खट्टा-मीठा' निबन्ध-संग्रह में लेखक आचार्य देवेन्द्रनाथ शर्मा के विषय में एक परिचयात्मक टिप्पणी दी गई है : "प्रो० देवेन्द्रनाथ शर्मा की प्रतिभा जैसी चमत्कारिणी है, वैसी ही बहुमुखी।" उनकी इस प्रतिभा का परिचय पहले मुझे उनसे व्यक्तिगत परिचय के माध्यम से प्राप्त हुआ था, इसलिए उक्त पुस्तक में पुस्तक के विषय में की हुई यह टिप्पणी मुझे सहज, स्वाभाविक और अपेक्षित लगी : "इस पुस्तक में है—चुहलभरी ज़िन्दादिली, चुभता व्यंग्य, पूर्ण विनोद, शिष्ट हास्य, मनोरंजक चुटकुले, मौलिक दृष्टिकोण, नवीन विचार। सरस-प्रांजल भाषा और आकर्षक शैली में प्रस्तुत ये चीजें हिन्दी-साहित्य में अपने ढंग की

अनूठी हैं। एक बार आस्वादन करने पर आप इस पुस्तक के नाम की सार्थकता के कायल हुए बिना न रहेंगे।"

'खट्टा-मीठा' के प्रारम्भ में 'दो शब्द' लिखते हुए शर्माजी ने पुस्तक को 'समय-समय पर' अपने 'हृदय में उठने वाली भाव-तरंगों का मूर्त रूप' कहा है। 'भाव-तरंगों' का नाम पानेवाले ऐसे निबन्धों के तीन संकलन शर्माजी ने हिन्दी-जगत् को दिए हैं : 1. खट्टा-मीठा, 2. आईना बोल उठा और 3. प्रणाम की प्रदर्शनी में। इन तीनों पर दृष्टिपात करना ही यहाँ हमारा अभीष्ट है। 'खट्टा-मीठा' की प्रस्तावना लिखते हुए प्रो० श्रीकृष्णप्रसाद ने उसके निबन्धों को 'मनोरंजक लोकप्रिय निबन्ध' (पंक्ति-2) तथा केवल 'मनोरंजक निबन्ध' (पंक्ति 6-7) या 'लोकप्रिय निबन्ध' (पंक्ति-18) कहा है। प्रस्तावना के अन्त में उन्होंने उनके लिए 'वैयक्तिक निबन्ध' संज्ञा का प्रयोग किया है। 'आईना बोल उठा' नामक संकलन में पुस्तक के नाम के नीचे ही 'कलात्मक निबन्ध' संज्ञा का प्रयोग हुआ है जबकि 'दो शब्द' लिखते हुए शर्माजी ने उन्हें 'वैयक्तिक निबन्ध' कहा है। इन्हीं को तीसरे संग्रह (प्रणाम की प्रदर्शनी में) के प्रारम्भ में परिचयात्मक टिप्पणी में 'ललित निबन्ध' कहा गया है। यही नाम पुस्तक के नाम के नीचे तथा लेखक की भूमिका में प्रयुक्त हुआ है। नाम के अंगरेजी रूपान्तर में 'वैयक्तिक निबंध' (पर्सनल एसेज़) संज्ञा का प्रयोग हुआ है। जिस प्रकार के निबन्ध इन तीनों पुस्तकों में संकलित हैं, उनके लिए उपर्युक्त विविध नाम न्यूनाधिक अंशों में हिन्दी लेखकों ने प्रयुक्त किए हैं। ये नाम वस्तुतः परस्पर पूरक हैं क्योंकि ये निबन्धों के किसी-न-किसी लक्षण का उल्लेख करते हैं। शर्माजी के निबन्धों में ये सब लक्षण प्रचुरता से पाये जाते हैं। इसी बात को विवरणों के साथ कहना हो तो 'खट्टा-मीठा' की 'प्रस्तावना' से प्रो० श्रीकृष्णप्रसाद को उद्धृत कर देना पर्याप्त होगा : "मुझे यह कहने में जरा भी हिचक नहीं कि ये निबन्ध हिन्दी-संसार के लिए एकदम नये हैं और सबसे महत्वपूर्ण बात तो यह है कि ये केवल नये ही नहीं हैं, बल्कि साहित्यिक दृष्टि से प्रौढ़ और पुष्ट भी हैं। शर्माजी की शैली इतनी जीवित और पैनी है कि किसी भी निबन्ध को आप एक ही साँस में शुरू से अन्त तक पढ़े बिना नहीं रह सकते।···सचमुच कुशल निबन्ध-लेखक की यही खास खूबी है—उसकी बात, उसका विषय नया नहीं होता, उसका दृष्टिकोण और उसके कहने का ढंग सदा नया रहता है। और, यह खूबी प्रो० शर्मा के निबन्धों में पर्याप्त मात्रा में है।···इसके लिए शर्माजी की सूझ तथा शैली दोनों पूर्ण समन्वित भाव से मिलकर अपना चमत्कार दिखलाती हैं।···एक खास बात जो शर्माजी की निबन्ध-शैली में पायी जाती है, वह है छोटे-छोटे गल्पों को उपयुक्त स्थान पर ले जाकर पाठक का नाटकीय मनोरंजन करना। इसका मतलब है कि उनके सामने कोई भी विषय ऐब्स्ट्रैक्ट रूप में न आकर बिलकुल जीती-जागती तस्वीर बनकर

उतरता है। इस दृष्टि से उनकी तुलना अंगरेजी अल्फ़ा ऑफ़ दि प्लाउ, लिंड, लूकस—जैसे कुशल कलाकारों से अच्छी तरह हो सकती है। इस कला में शर्माजी उन लोगों से किसी प्रकार कम नहीं हैं।···मगर अपनी निराली शैली को केवल नूतनता और मनोरंजन के लिए ही शर्माजी प्रयोग में नहीं लाते। उससे महत्वपूर्ण सत्य को भी अत्यन्त निपुणता से ढूँढ़ निकालते हैं, वैसे सत्य को जिससे हम आँख रखकर भी नहीं देख पाते और कान रखकर भी नहीं सुन पाते।···उन्होंने हमारी स्वाभाविक आत्म-संतुष्टि पर सूक्ष्म व्यंग्य और रोचकता से वार किया है।··· उनके हर निबन्ध में किसी-न-किसी सत्य को, अपनी बारीक सूझ, समझ और चुभती कल्पना-शक्ति द्वारा, विषयों की तह में से एक चुनौती के रूप में, पाठकों के सामने निकालकर रखने का सदा प्रयास रहता है और जब पाठक पूरे निबन्ध को पढ़ लेता है तो वह यह अनुभव किये बिना नहीं रहता कि लेखक का यह प्रयास पूर्णतः सफल रहा।···जो लेखक अपनी इस आलोचना की छड़ी का इस सावधानी, नियन्त्रण और कोमलता से प्रयोग करता है कि जिस पर पड़े वह भी हँस पड़े और उस आघात का रसास्वादन करे तो हम उसे बेशक एक कुशल कलाकार मानेंगे। व्यंग्यभरी आलोचना की यही तो विशेषता है। और, यह विशेषता आप शर्माजी के हर निबन्ध में पाएँगे। उसकी सच्ची मनोरंजकता इसी में है कि यह एक बड़ी अच्छी और सभ्य व्यंग्यात्मक शैली में सत्य को हमारे सामने प्रस्तुत करता है और यही कारण है कि ये निबन्ध हमें अच्छे ढंग से शिक्षा दे सकते हैं। बिना पंडितों का-सा रोब दिखाए, बिना गम्भीर मुद्रा धारण किए, बिना गला फाड़-फाड़कर चिल्लाये, बिना आरज़ू-मिन्नत, कोशिश-पैरवी किये, ये निबन्ध अपने व्यंग्यात्मक मनोरंजन द्वारा हमें स्वस्थ और प्रौढ़ शिक्षा देते हैं। इसलिए हमारे बीच जो शिक्षाप्रद, लाभदायक निबन्ध ही पढ़ना और पढ़वाना अधिक पसन्द करते हैं. उनकी रुचि को भी ये प्रिय लगेंगे और ग्राह्य होंगे।···शर्माजी के निबन्धों में जादू-जैसा प्रभाव है, सभ्य और नियन्त्रित व्यंग्य है, स्वस्थ और निष्पक्ष आलोचना है, विनोद है, सत्य की झलक है और विशेषकर वह गुण है जो निबन्ध-कला का प्राण है।···यह आनन्द और यह जादू इन निबन्धों में पूरा है। भाषा···शर्माजी के भावों की चेरी है···सीधी-सादी, चुस्त, चुभती। सरलता और स्पष्टता तो उनकी भाषा के सहज-स्वाभाविक गुण हैं।"

ऊपर शर्माजी की चमत्कारिणी प्रतिभा का उल्लेख आरम्भ में ही किया गया है। प्रतिभाशाली व्यक्ति में प्रतिभा को पहचानने की भी प्रतिभा होती है, चाहे वह प्रतिभा अपनी ही क्यों न हो। यह अवश्य है कि अपनी प्रतिभा को पहचानने में कुछ समय लगता है क्योंकि अपनी प्रतिभा तो सहज और सामान्य सम्पत्ति दिखती है जबकि विशिष्टता प्रायः तुलना करने पर दिखने वाली वस्तु है। दूसरे अनेक लोगों की प्रतिभा पहचानते-पहचानते जब प्रतिभा की व्यक्ति-निरपेक्ष

गुणात्मक पहचान हो जाती है, तब वह अपने आप में भी सरलता से पहचानी जाती है। जब दूसरों में बार-बार अपनी प्रतिभा से उतरता हुआ या विपरीत तत्त्व दिखता है, तब अपनी प्रतिभा अपने आप पहचान में आती है और बार-बार आती है। संसार का अनुभव यह भी सिखाता है कि किन्हीं कारणों (दिखने वाले या न दिखने वाले) से लोग प्रतिभा की अनदेखी भी करते हैं। प्रतिभाशाली व्यक्ति स्पष्टभाषी है तो इस तथ्य को भी वह अनकहा नहीं जाने देगा; सुसंस्कृत है तो कुछ शब्दों के कुशल प्रयोग से इंगित-मात्र कर देगा। विनयशीलता शिष्टजनों की आचार-संहिता का एक अनिवार्य लक्षण है लेकिन उसमें भी अनुपात का ध्यान रखना आवश्यक है अन्यथा विनयशीलता उपहास दिखाई देगी या हास्य-व्यंग्य के प्रसंग का संकेत करेगी। यदि दारासिंह मुकरी से विनयशीलता में कहें : "मैं भारी-भरकम पहलवानों को उठाकर हथेलियों पर नचाता और पटक देता हूँ लेकिन आप तो उन्हें और मुझे सभी को इकट्ठा एक अंगुली पर उठाकर नचाकर फेंक सकते हैं। आप हाथी हैं और मैं तो आपके सामने चूहा हूँ।" तो इस वक्तव्य में क्या किसी को सचमुच विनयशीलता दिखाई देगी। ताड़ बनाने के लिए भी वक्तव्य में सत्य का तिल तो आवश्यक है। शर्माजी को अपनी प्रतिभा की पहचान है, प्रतिभा को अनदेखी करनेवाले तिकड़मों का ज्ञान है और उन्हें सूक्ष्म रूप से निर्दिष्ट करने की क्षमता है, सुसंस्कृत विनयशीलता है। इन सबका द्वन्द्व और समन्वय उनमें अनेक स्थलों पर अत्यन्त चित्ताकर्षक हो उठता है। 'खट्टा-मीठा' के 'दो शब्द' अवलोकनीय हैं :

"खट्टा-मीठा समय-समय पर मेरे हृदय में उठनेवाली भाव-तरंगों का मूर्त रूप है। ये तरंगें पत्र-पत्रिकाओं द्वारा पहले प्रकाश में आ चुकी हैं, और दबी जबान से कहूँ तो कह सकता हूँ कि पाठकों ने इन्हें बहुत पसन्द भी किया है। अब ये आपको कैसी लगती हैं, यह तो आप ही बता सकते हैं; पर आपकी रुचि दुनिया की रुचि से एकदम निराली होगी, ऐसा मान लेने का कोई कारण तो नहीं दीखता। ऐसे, नियम के साथ अपवाद भी लगे ही रहते हैं।"

जिस प्रकार प्रतिभा की अनदेखी की जाती है, उसका विपरीत पक्ष है कि आत्मीयता में (कभी-कभी अन्य कारणों से) प्रतिभा न होने पर भी उसके दर्शन की घोषणा की जाती है या कम प्रतिभा को अधिक बताया जाता है या कभी-कभी दिखनेवाली प्रतिभा सदैव छाई रहने वाली प्रतिभा जताई जाती है। यदि किसी में प्रतिभा है, अधिक प्रतिभा है और सदैव छाई रहनेवाली प्रतिभा है तो ऐसी प्रतिभा का धनी विनयशीलता में इन तथ्यों की वस्तुनिष्ठ उद्घोषणा करनेवाले आत्मीयजन की आत्मीयता का हवाला देते हुए अतिरंजना का इंगित कर देगा। शर्माजी ने 'खट्टा-मीठा' में 'दो शब्द' में ही आगे चलकर कहा है :

"मेरी कृतियों के सबसे पहले बड़े प्रशंसक भाई श्रीकृष्ण प्रसाद हैं। मेरी

आलोचनाएँ हों तो, एकांकी हों तो, या हल्की-फुल्की, विनोदपूर्ण रचनाएँ हों तो, तात्पर्य कि मैं खाक-पत्थर कुछ भी लिखूँ, उसमें उन्हें कला ही दीखती है : ऐसी दृष्टि को क्या कहा जाए ? जब भी भेंट होगी और कम-से-कम रोज एक बार तो भेंट हो ही जाती है तो कुशल-प्रश्न पूछें या न पूछें, पर यह जरूर पूछेंगे कि कुछ लिखा है या नहीं, मानो मैं कोई लिखने की मशीन होऊँ। उनका वश चले तो मुझसे चौबीस घण्टे लिखवाते ही रहें : इस प्रशंसा का दण्ड उन्हें इस बार प्रस्तावना लिखकर भोगना पड़ा है।" शर्माजी ने जिस लाड़ के भाव से ये शब्द लिखे हैं, उनसे उनके प्रो० प्रसाद के गहरे स्नेह-सम्बन्ध का पता चलता है; लेकिन स्नेही होने के साथ-साथ प्रो० प्रसाद वस्तुनिष्ठ दृष्टिकोण से अपना अभिमत व्यक्त कर रहे हैं—इसका आभास तो शर्माजी को भी रहा होगा। प्रशंसा से संकुचित होकर यहाँ उन्हें प्रो० प्रसाद का व्यक्तिगत स्नेह पक्षपात बताने का माध्यम बन गया। यह उनकी विनयशीलता की मुद्रा है। यदि उनसे कहा जाता कि आप अपना वह लेखन प्रस्तुत कीजिए जिसे आप पूरी ईमानदारी के साथ 'खाक-पत्थर' कह सकें तो उन्हें असफलता ही हाथ लगती। कोई-कोई लेखनी ऐसी होती है जिसमें 'खाक-पत्थर' लिख पाने की योग्यता होती ही नहीं।

निबन्धों में ऐसे प्रसंग मुझे बड़े चुटीले और अर्थगर्भित जान पड़ते हैं जो व्यंग्य-विनोद से प्रेरित जान पड़ते हैं, लेकिन यदि गहराई से देखें तो वे बड़े गम्भीर और विचारोत्तेजक सिद्ध होते हैं। 'साइकिल' नामक निबन्ध में यह अंश देखें : "इसका यह मतलब नहीं कि साइकिल के सम्बन्ध में मैं भी कोई ऐसी बात कहने जा रहा हूँ जो मानवता के इतिहास में क्रान्ति मचा देगी और न्यूटन की तरह मैं भी अपने अभिनव सिद्धान्त के बल पर अमर हो जाऊँगा। मैं अमर होऊँ या न होऊँ—और यह बहुत कुछ आपकी कद्रदानी और बुद्धिमानी पर निर्भर है—पर आपको एक नयी बात अवश्य दे रहा हूँ, इसमें कोई सन्देह नहीं। न्यूटन के जैसा तो नहीं, पर यदि उससे थोड़े ही कम महत्व का मैं अपने को अधिकारी मान लूँ तो आपको इसमें कोई आपत्ति नहीं होनी चाहिए।" हास्य और विनोद का आभास इसमें स्वाभाविक तौर पर होता है क्योंकि प्रतिक्रिया यह होती है कि कहाँ 'गुरुत्वाकर्षण का सिद्धान्त' और कहाँ साइकिल जैसी साधारण वस्तु पर की गई कुछ प्रातिभ किन्तु हल्की-फुल्की टिप्पणियाँ! लेकिन गुरुत्वाकर्षण के सिद्धान्त की जो पर्यावेक्षणगत व्याख्या शर्माजी ने की है, तात्त्विक दृष्टि से शर्माजी की साइकिल-विषयक टिप्पणियों से उनकी तुलना करके देखिए। पर्यवेक्षण और विश्लेषण में शर्माजी कहीं बढ़कर दिखते हैं। 'थोड़े ही कम महत्व' की बात इस प्रकार तात्त्विक दृष्टि से मिथ्या है, सत्य यह इसलिए और इस अर्थ में मानी जा सकती है कि शर्माजी के साइकिल-विषयक मन्तव्य विज्ञान को गतिशील नहीं करते, एक निबन्ध की विषय-वस्तु-मात्र बन पाते हैं।

उनका कोई-कोई वाक्य विनोद और रंजकता के लिए अत्यन्त उत्कृष्ट दिखता है। उदाहरणार्थ, आधुनिक आविष्कारों के बीच साइकिल के लिए यह कहना कि "विज्ञान के इतिहास में साइकिल का आविष्कार एक आश्चर्यजनक घटना है।" (खट्टा-मीठा, पृ० 4) सभी वर्गों के लिए सुलभ पाकर उसकी तुलना 'सुरसरि' से करना : "साइकिल से तो सुरसरि-सम सब कर हित होई।" (खट्टा-मीठा; पृ० 5) व्यंग्य विनोद के साथ-साथ कहीं-कहीं वेदना के भी दर्शन होते हैं। जैसे; "भारतीय प्रगति के समान अत्यन्त मन्द गति से चलने वाली बैलगाड़ी की बिसात ही क्या ?" (खट्टा-मीठा, पृ० 5)

उनका विशेषणों का प्रयोग और उपमा-विधान भी बड़ा व्यंजक है। 'खट्टा-मीठा' में ही पृ० 6-7 पर वे कहते हैं : "साइकिल से गिरकर किसी की मृत्यु होते आपने नहीं सुना होगा, यह निश्चित है। यदि सुना हो तो समझ रखिए, वह व्यक्ति साइकिल से नहीं, किसी दूसरी दानवी सवारी की चपेट से आकर मरा होगा। साइकिल-जैसी निरीह, भद्र सवारी से ऐसे दुष्कर्म की आशा ही नहीं की जा सकती।" पृ० 7 पर ही वे आगे कहते हैं : "यदि साइकिल खराब हुई तो धीरे से उतर जाइए, हैंडिल पकड़ लीजिए। वह सती-साध्वी स्त्री की तरह वंशवद भाव से आपका अनुसरण करती चलेगी।"

दृश्यांकन में शर्माजी का कोई सानी नहीं है। उक्त निबन्ध में 7-8 पृष्ठों पर यह अंश आता है : "साइकिल की एक जबर्दस्त खूबी का परिचय मिलता है रेलवे क्रासिंग पर, जब गाड़ी के आने की प्रतीक्षा में फाटक बन्द कर दिये जाते हैं। हाथी, घोड़े, मोटर, फिटन, ताँगा, बैलगाड़ी सबका ताँता लगा रहता है। सभी एकटक, प्रतीक्षा की आकुलता के साथ फाटक पर नजर गड़ाये रहते हैं, फाटक कब खुले, कब खुले जैसे किसी देवता के प्रकट होने की राह देख रहे हों। उनका एक-एक क्षण विरह की घड़ी-सा दुर्वह बना खड़ा रहता है। और, साइकिल लिये कोई आता है। मोटर-फिटन में बैठे हुए, निराशा और बेबसी से फाटक पर नजर गड़ाये बाबुओं को एक विजय की मुस्कान से देखता हुआ, उनकी विवशता का आनन्द लेता हुआ, वह दोनों हाथों से अपनी सवारी उठाकर फाटक के पार रखता और सर्र-से चल पड़ता है। ये बाबू उसकी ओर ईर्ष्या-भरी दृष्टि से देखकर रह जाते हैं। खाई-खन्दक, बाँध-नाला, ऊँचा-नीचा कैसा भी बीहड़ पथ हो, पर साइकिल वाले के लिए समतल ही है।"

'जागल रहिह हो···ओ···ओ···' खट्टा-मीठा, पृ० 10 का यह अंश देखें : "रात काफी बीत चुकी है। लगभग आधी रात का समय है। आप किसी गाँव में सोये हैं। जाग्रत और स्वप्न की दशाएँ पारकर आप सुषुप्ति की सीमा में पहुँच चुके हैं। एक ही कदम और आगे बढ़ने पर तुरीयावस्था की अचेतनता मिल सकती है, जो मुक्ति का प्रतिरूप है और जिसके लिए योगी क्या-क्या कष्ट नहीं

उठाते : ऐसी है आपकी सुषुप्तावस्था; ऐसी है आपकी घोर निद्रा। आप सुख-दुःख, छल-प्रपंच, माया-मोह सबसे नाता तोड़कर आत्म-केन्द्रित हैं; बाह्य जगत् से विमुख, अपने में लीन हैं। यह निश्चिन्तता, यह निस्तब्धता, यह जीवन-मुक्ति। और, एकाएक किसी की कठोर-कर्कश आवाज कानों के पर्दे फाड़ती हुई आपके मस्तिष्क को झकझोर देती है। आप रात्रि की उस नीरवता में सुनते हैं एक कर्णभेदी स्वर—"खबरदार। जागल रहिह हो···ओ···ओ।" एक बार, दो बार, तीन बार। आपको लगता है, जैसे किसी ने सातवें आसमान से जबर्दस्ती घसीटकर आपको पृथ्वी पर पटक दिया हो और आपके रंगीन, मोहक, मधुर स्वप्नों की दुनिया उजाड़ दी हो।"

जीवन-मूल्यों की अभिव्यक्ति शर्माजी ने अलग-अलग तरह से की है। विद्या सम्माननीय है, यह उनकी दृढ़ आस्था है, लेकिन आज के समाज की विषमता पर दृष्टिपात करके उन्हें जो कड़वाहट अनुभव होती है, वह व्यंग्य-विनोद की पतली परतों में छिप नहीं पाती। ऐसी विषयवस्तु पर लिखा गया उनका एक पूरा निबन्ध है 'मोटर बनाम साइकिल'। उसका कुछ अंश यों है : "एक बड़े आदमी ने मुझे बुलाया। वह मुझसे न कोई विद्या में बड़े हैं, न बुद्धि में, न रूप में; फिर भी वह बड़े हैं; क्योंकि रहने के लिए उन्हें एक बहुत बड़ा बँगला है, मोटर है, चपरासी हैं। मैं छोटा हूँ इसलिए कि मेरा मकान छोटा है; सवारी में साइकिल है और मेरे यहाँ आने पर किसी को मेरे दर्शन के लिए घण्टों तपस्या नहीं करनी पड़ती। वे बड़े हैं चूँकि उन्हें दुनिया बड़ा मानती है; मैं छोटा हूँ चूँकि मुझे वह बड़ा नहीं मानती। है भी, मानिए तो देवता नहीं तो पत्थर। हालाँकि यह भी ठीक है कि जो वह हैं, वह मैं कभी हो सकता हूँ पर जो मैं हूँ, वह कम-से-कम इस जन्म में वह नहीं हो सकते। मैंने कुछ ऐसी चीज अर्जित की है जिसके सम्बन्ध में बचपन में पढ़ा था कि उसमें से न भाई हिस्सा ले सकता है, न चोर चुरा सकता है··· वह बड़े बँगले में रहने से या मोटर पर चलने से हासिल नहीं हो सकती।···सेठ धन्नूमल के आ जाने से सारे बँगले में जैसे चहल-पहल मच गयी। सिवा इसके कि वह मोटर पर आये थे और मैं साइकिल पर, मेरा पलड़ा किसी भी दूसरे प्रकार से हल्का नहीं पड़ता था। सेठ मुश्किल से अपना नाम लिखना जानते हैं, मेरी गणना विद्वानों में होती है। सेठ मुझसे पढ़ने के लायक भी योग्यता नहीं रखते। सेठ के कपड़ों से मेरे कपड़े भी बुरे नहीं थे। मेरा शरीर भी ऐसा नहीं कि नाक के बदले मुँह से साँस लेने की जरूरत पड़ती हो, या मुझे देखकर किसी को भूमण्डल के नक्शे की याद आ जाती हो। सेठ शहर के नामी चोर-व्यापारियों में हैं जिनका नाम चोरबाजारी के सिलसिले में छह दफ़ा तो अखबारों को सुशोभित कर चुका है। हाँ, लक्ष्मी का कृपा-पात्र होने के कारण जेल जाने से प्रत्येक बार बच गये हैं, यह दूसरी बात है। चोरी तो चोरी, मेरा नाम कभी बेईमानी में भी नहीं सुना गया। सेठ बोलते हैं तो 'फद-

फद' की कुछ ऐसी ध्वनि होती है कि उसकी आधी से अधिक बातें समझ में नहीं आतीं; मैं बोलता हूँ तो प्रभाव जम जाता है। देश के नेताओं के कथनानुसार मेरा काम राष्ट्र का निर्माण करना है; सेठ हर तरह से राष्ट्र को रसातल भेज रहे हैं। गोया कि उस मोटर को छोड़कर सेठ के पास ऐसी कोई चीज़ नहीं जो मेरे व्यक्तित्व से सेठ के व्यक्तित्व को स्पृहणीय बना सके। लेकिन एक मोटर की इतनी शक्ति के सेठ के सारे दोष गुण हैं, सभी पाप पुण्य हैं और मेरी साइकिल जो खुद तो छोटी है ही, हल्की है ही, अपने साथ मुझे भी छोटा, हल्का बना रही है। चोर-व्यापारियों और राष्ट्रवादियों के बीच सेठ की बराबर पूछ है। सरकारी या गैर-सरकारी जलसों में सेठ को आगे जगह मिलती है; 'राष्ट्र के निर्माताओं' के लिए पिछली कतार रिज़र्व रहती है। आदर सेठ का, प्रतिष्ठा सेठ की, सम्मान सेठ का, पूछ सेठ की। फिर कोई ईमानदार क्यों होना चाहे ? ईमानदार होकर कोई क्या पाता है, जिसे सेठ नहीं पाते और बेईमान होकर सेठ जो पाते हैं, वह ईमानदारों को मयस्सर नहीं; ईमानदार उसके सपने भी नहीं देख सकते। सबसे मुफ़्त की बे-पैसे की चीज़ प्रतिष्ठा है, उसका भी द्वार ईमानदारों के लिए बन्द है। बेईमान बनने और बनाने के लिए यह कुछ कम आकर्षक है !" (खट्टा-मीठा; पृ० 45-48)

लक्ष्मी देवी हैं, और शर्माजी के मन में उनके लिए निरादर सम्भव नहीं है; लेकिन लक्ष्मी जब केवल सम्पत्ति में परिलक्षित की जाती हैं जिसका हमारे समाज में दुरुपयोग हो रहा है, तब शर्माजी आदर-भाव नहीं व्यक्त कर सकते और उनका अनादर-भाव प्रतिध्वनि-शब्द के प्रयोग-मात्र से व्यंजित हो सकता है। 'सेठ नागरमल' नामक निबन्ध में (खट्टा-मीठा; पृ० 63) वे कहते हैं : "लक्ष्मी इस लोक के न्याय की दृष्टि में आपको भले ही निर्दोष प्रमाणित कर दें पर ईश्वरीय न्याय की दृष्टि में लक्ष्मी-ओक्ष्मी कोई काम नहीं आएगी।"

भाषा के सम्यक् और प्रभावशाली प्रयोग के उदाहरणों की तो शर्माजी के निबन्धों में भरमार है। कहीं वे किसी शब्द के मूल अर्थ और प्रयोग की छटा प्रदर्शित करते हैं, कहीं कुछ शब्दों के प्रयोग से वर्णन को भी वार्तालाप की सजीवता तथा प्रत्यक्षता प्रदान करते हैं। उदाहरणार्थ :

(1) प्रणाम करना है तब तो कहीं से नहीं कर सकते। हाँ, यदि प्रणाम कहना है तो कहीं से भी कह ले सकते हो। कहने और करने का अन्तर समझा करो। (खट्टा-मीठा, पृ० 50)

(2) वस्तुत: दंडवत् प्रणाम का अर्थ है कि जिस प्रकार डंडा जमीन पर सुला दिया जाता है उसी प्रकार आप भी जमीन पर पेट के बल लम्बे लेट जाइए, ऐसा लेटिए कि नाक जमीन पर रगड़ खाय और तब, जी हाँ तब, आदर और श्रद्धा के साथ कहिए 'दंडवत् बाबा।' दंडवत् प्रणाम अब हुआ। केवल मुह से तो आपने दंडवत् प्रहार ही किया था। (खट्टा-

मीठा, पृ० 51)

(3) राह चलते किसी तीसरे व्यक्ति ने 'आप अमुक हैं' और 'आप अमुक हैं' की संक्षिप्त भूमिका से जो परिचय करा दिया हो उसमें बिना डायरी के नाम याद रखना बृहस्पति महाराज के लिए भी असम्भव है । डायरी में भी ऊपर ब्लाक, नीचे नाम रहे तब तो ठीक, नहीं तो असंख्य नामों की सूची में, किसी के नाम के साथ किसी के चेहरे का साहचर्य एक अजीब बखेड़ा उत्पन्न कर देगा । रोज ही दो-चार कामेडी आफ़ एरर्स का मज़ा आया करेगा । (खट्टा-मीठा, पृ० 52)

(4) आशुलिपिक के कारण यह सुविधा हो गयी कि कम समय में भी अधिक काम हो जाता है । 'कलियुग' के उस गणेश को जितना साधुवाद दूँ, थोड़ा है । (आईना बोल उठा, दो शब्द)

(5) मैं अब तक यह नहीं तय कर पाया कि खिलौना किसे कहते हैं ।आपको यह सुनकर आश्चर्य हो रहा होगा कि जिसका अर्थ बच्चे भी जानते हैं, उसका अर्थ मुझे ज्ञात नहीं है । किन्तु बात सच्ची कह रहा हूँ । आज इस सन्देह को मिटाने के लिए कोश उलटकर देखा तो उसमें लिखा था, 'खिलौना—-खेलने की चीज़' । यदि खेलने की चीज़ को खिलौना कहते हैं तो टेनिस के रैकेट या क्रिकेट के बैट को भी खिलौना कहना चाहिए । इसी तरह और भी बहुत सारी चीजें हैं, जो खेलने के काम में आती हैं, पर उन्हें कोई खिलौना नहीं कहता । स्वभावतः यह मानने में कठिनाई है कि खिलौना खेलने की चीज़ को कहते हैं। फिर भी यह परिभाषा बिलकुल ग़लत है, ऐसा नहीं कहा जा सकता । खिलौना कहते हैं, खेलने की चीज़ को ही । (आईना बोल उठा, पृ० 1)

(6) सच पूछिए तो ताला सज्जनों और साधुजनों के लिए लगाया जाता है, चोरों और डाकुओं के लिए नहीं । ताला देखकर सज्जन समझ जाते हैं कि गृहस्वामी नहीं है और वे उल्टे पाँव लौट जाते हैं किन्तु चोरों के लिए तो वह स्निग्ध निमन्त्रण है । घर में ताला लगा देखकर उन्हें पूरा इत्मीनान हो जाता है कि यहाँ विरोध-प्रतिरोध करने वाला कोई नहीं है और अपना काम स्वेच्छापूर्वक किया जा सकता है। ताला एक प्रकार से इत्मीनान की गारण्टी है । (आईना बोल उठा, पृ० 5-6)।

(7) ताला परिग्रह और पूँजीवाद का प्रतीक है ।···मैं कभी-कभी सोचता हूँ कि चोर साम्यवाद के व्यावहारिक प्रचारक हैं । 'तुम्हारे घर बहुत है, मेरे घर अभाव है। भाव-अभाव कुछ बँट जाएँ तो अधिक अच्छा ।' और इस भाव-अभाव को एक करने की सदिच्छा से प्रेरित होकर वे

वह कार्य करते हैं, जिसे समाज गलती से चोरी कहता है। (आईना बोल उठा, पृ० 6-7)

(8) मैंने जिस पर कलम उठाई है, उसकी आयु कोई सौ-पचास साल की नहीं, वह अनादि है, अनन्त है, न जाने कब से भूल कर रहा है। उसकी भूल पर जैसे काल का नियन्त्रण नहीं, वैसे ही देश का भी नियन्त्रण नहीं। सर्वव्यापकता के कारण उसकी भूलें पर्वत से परमाणु तक, चर से अचर तक, आकाश से पाताल तक बिखरी पड़ी हैं। सबसे बड़ी बात यह कि वह सर्व-शक्तिमान है अर्थात् जब, जैसे, जो चाहे कर सकता है। ऐसे निरंकुश का तो भूलें करना ही नियम होना चाहिए और न करना अपवाद। उदाहरण के लिए कल्पना करो कि उसने गदहे बनाने के लिए सामग्री इकट्ठी करवाई। जब सब कुछ कूट-पीसकर, मिलाकर ठीक हो गया तो एकाएक उसका मूड बदल गया। मन में आया कि अभी गदहे नहीं, आदमी ही बना लूँ। (आईना बोल उठा, पृ० 12-13)

(9) एक ही वस्तु के देश, काल, पात्र और परिस्थिति के भेद से अनेक नाम हो जाया करते हैं। छोटे का जन्म होता है, किन्तु बड़े का आविर्भाव या अवतार, छोटा मरता है, किन्तु बड़े का स्वर्गवास होता है, छोटा आता है, बड़े पधारते हैं, छोटा खाता है, बड़े भोजन करते हैं और जैसा आप जानते हैं, भगवान 'भोग लगाते हैं।' इस तरह पात्र-भेद से प्रायः शब्द-भेद हो जाया करता है। (आईना बोल उठा, पृ० 22)

(10) मैंने कभी डाली लगायी तो नहीं किन्तु डालियों की चर्चा सुनी है और कभी-कभी इन आँखों से डालियाँ देखी भी हैं। उन्हें देखकर विस्मित रह गया हूँ। जो जितने बड़े हैं, उनके यहाँ पेश होनेवाली डालियाँ भी उतनी ही अच्छी और भरी-पूरी होती हैं। जैसे देव, वैसी पूजा। डालियों का उपयोग लगानेवाले भी जानते हैं और स्वीकार करनेवाले भी। मगर वह सामाजिक शिष्टाचार में शामिल है, उसे कोई गर्हित नहीं मानता। और घूस ? दण्डनीय प्रथा। देखा आपने शब्द का खेल ? छोटा लुटेरा डाकू और बड़ा लुटेरा विजेता, राजा, सम्राट। इसलिए कोई आपत्तिजनक काम करना हो तो छोटे पैमाने पर न कीजिए, उसमें निन्दा मिलेगी, दण्ड भी मिल सकता है। बड़े पैमाने पर करने पर कोई उँगली भी नहीं उठा सकता। (आईना बोल उठा, पृ० 23)

(11) निन्दा में आनन्द है, इसमें कोई सन्देह नहीं और उस आनन्द का मूल है निष्क्रिय प्रतिशोध। किसी के उत्कर्ष को देखकर हमारे मन में ईर्ष्या उत्पन्न होती है और वह ईर्ष्या निन्दा में परिणत होती है। वह प्रत्यक्ष

रूप में हमारे समाने नहीं आता तो परोक्ष में ही निन्दा के द्वारा उसे नीचा गिराने का प्रयास कर हम सन्तोष प्राप्त करते हैं। निन्दा कर लेने पर हमें ऐसा लगता है कि उसके सारे उत्कर्ष हमने धूलिसात् कर दिये। उसके सामने विरोध करने पर वह भी विरोध करता, सम्भव था, नहले पर दहला रख देता मगर हमारे इस परोक्ष विरोध का उसके पास कोई समाधान नहीं है। वह जानता भी नहीं और हमने उसे मटियामेट कर दिया। कितना सुन्दर युद्ध कौशल है यह? प्रतिपक्षी की जड़ उखड़ गयी और हमारा बाल भी बाँका नहीं हुआ। ऐसी विजय में यदि अलौकिक आनन्द मिलता है तो क्या आश्चर्य? और अलौकिक आनन्द का ही तो नाम रस है। (आईना बोल उठा, पृ० 11)

(12) दो-चार ही दिन बीते होंगे कि एक-दूसरे सज्जन पधारे। ये भी कैक्टस के शौकीन थे। कैक्टस के अभाव की ओर इन्होंने भी मेरा ध्यान खींचा और बड़ी उदारता से बोले कि यदि आप चाहें तो मैं कुछ पौधे भेज दूँगा। मैंने सोचा, चलो काँटे ही सही, मुफ़्त में तो मिल रहे हैं। आजकल तो मुफ्त में कोई गाली भी नहीं देता। जब तक किसी का कोई उपकार न कीजिए, जब तक किसी को कुछ लाभ न पहुँचाइए तब तक वह आपको गाली के लायक भी नहीं मानता। (प्रणाम की प्रदर्शनी में, पृ० 7)

शर्माजी के व्यंग्य का एक प्रमुख और उत्कृष्ट लक्षण यह है कि पाठक यह निश्चय नहीं कर पाता कि वे व्यंग्य कर रहे हैं या कोई गम्भीर तथ्य गम्भीरता के साथ प्रस्तुत कर रहे हैं। प्रथम दृष्टि में तो व्यंग्य का ही आभास होता है (और ऐसा इसलिए भी होता है कि व्यंग्य-लेख में व्यंग्य की प्रासंगिकता और प्रत्याशा होती है) लेकिन थोड़ा सोचने पर लगता है कि वक्तव्य तो नितान्त सत्य है। वस्तुतः शर्माजी वस्तु-स्थितियों की ही व्यंग्यात्मकता पकड़ते हैं और उसका प्रभावशाली वर्णन करते हैं, जिसके फलस्वरूप पाठक के समक्ष ऐसी ऊहापोह की स्थिति आ खड़ी होती है। कुछ द्रष्टव्य उदाहरण इस प्रकार हैं :

(1) ऊँट कई दिनों तक बिना पानी पिये रह सकता है क्योंकि उसका निर्माण मरुभूमि के लिए ही हुआ है किन्तु घोड़े को ऊँट की तरह पानी न मिले तो वह मर जाएगा। इसलिए कैक्टस की जिजीविषा पर मुझे आश्चर्य नहीं होता। मुझे आश्चर्य होता है मनुष्य की जिजीविषा पर। जितने दुःख, कष्ट, अभाव, रोग, उपेक्षा, अपमान सहकर मनुष्य जीता है और जीना चाहता है, उसके मुकाबले किसी की भी जिजीविषा तुच्छ है। जो लोग जिजीविषा की प्रेरणा या दृष्टांत के

लिए कैक्टस का उदाहरण देते हैं, उनसे मैं सहमत नहीं हो पाता। हाँ, यदि कोई कहे कि कैक्टस आधुनिक सभ्यता का प्रतीक है तो मैं 'ना' नहीं कहूँगा। (प्रणाम की प्रदर्शनी में, पृ० 8)

(2) लोग चोरी को अपराध और चोरों को बुरा समझते हैं। मैं भी यही करता हूँ किन्तु कभी-कभी चोरों के लिए मेरे मन में आदर भी उत्पन्न होता है। उनमें कई गुण ऐसे होते हैं जो मुझमें नहीं हैं। उनके जैसा साहस कहाँ है मुझमें ? मैं अपनी रोटी निश्चिन्तता से, इत्मीनान से कमाता हूँ और वे अपनी रोटी के लिए सिर को हथेली पर लिये चलते हैं। (प्रणाम की प्रदर्शनी में, पृ० 19)

(3) डाके की तुलना में चोरी में मुझे अधिक कलात्मकता प्रतीत होती है। वस्तुत: डाके में कलात्मकता है ही नहीं। दल बाँधकर बल के आधार पर मार-पीट, हिंसा-हत्या करते हुए किसी की सम्पत्ति ले लेने में क्या कला है ? किन्तु चोरी तो एक प्रकार की बौद्धिक चुनौती है। हिंसा का अवसर उसमें आपद्धर्म के रूप में ही आता है, मुख्यतः आत्मरक्षा के लिए; अन्यथा चोर न मरना चाहता है और न मारना। उसका सिद्धान्त है—'जीओ और जीने दो।' इसके प्रतिकूल डाकू 'मरो और मारो' के आदर्श का अनुगामी होता है। (प्रणाम की प्रदर्शनी में, पृ० 21)

(4) शंकराचार्य ने जड़-चेतन में ही अभेद माना था; हमने उनसे एक कदम आगे बढ़कर झूठ-सच, न्याय-अन्याय, ईमानदारी-बेईमानी, सबों में अभेद मान लिया है। हम साधु को उत्कृष्ट दृष्टि से देखते हों और चोर को निकृष्ट दृष्टि से, ऐसा नहीं। हमारी दृष्टि में दोनों एक हैं और पतितपावन भगवान् का अनुसरण करते हुए हम भी प्रायः साधु की अपेक्षा चोर को ही अधिक महत्व का पात्र समझते हैं। शिक्षित की तुलना में अशिक्षित हमारे सम्मान का अधिक भाजन बन जाता है; शिक्षित के सामने माथा झुकाने में हमें संकोच हो सकता है किन्तु अनुग्रह अवग्रह में समर्थ अशिक्षित के सम्मुख साष्टांग प्रणत होने में भी हमें रंचमात्र हिचक नहीं होती। (प्रणाम की प्रदर्शनी में, पृ० 22)

(5) मैं जान-बूझकर पालिटीशियन के लिए 'राजनीतिक' शब्द का प्रयोग कर रहा हूँ हालाँकि अधिकतर लोग राजनीतिज्ञ शब्द का प्रयोग करते हैं। चूँकि मैं भाषा का विद्यार्थी हूँ इसलिए शब्द के अर्थ पर बिना विचार किए प्रयोग मेरे लिए कठिन होता है। राजनीतिज्ञ का अर्थ है राजनीति जानने वाला। भारत में राजनीति जाननेवालों की संख्या

बहुत कम है। राजनीति तो अब पेशा है और उसमें वैसे लोगों की भीड़ लगी है जो राजनीति का क, ख, ग भी नहीं जानते, रोज़ी-रोटी कमाने के लिए केवल हेरा-फेरी करते हैं, इसलिए इन लोगों के लिए 'राजनीतिज्ञ' शब्द का प्रयोग बिलकुल ग़लत होगा। (प्रणाम की प्रदर्शनी में, पृ० 28-29)

(6) शब्द और अर्थ का रात-दिन विचार करते-करते मुझे प्रत्येक शब्द के अर्थ में सन्देह हो जाता है। जो लोग धड़ल्ले से शब्दों का प्रयोग करते हैं वे सचमुच कितने भाग्यशाली हैं ?···गन्दा का जो अर्थ मेरी दृष्टि में है वही बहुतों की दृष्टि में नहीं है। मैं मिट्टी के स्पर्श से बचना चाहता हूँ क्योंकि उसमें मुझे गन्दगी दीखती है।···किन्तु ऐसे करोड़ों लोग हैं जिन्हें मिट्टी से इतना प्यार है कि वे उससे अलग रहने की कल्पना भी नहीं कर सकते। वे तो वस्तुतः मिट्टी में सने रहते हैं और उन्हें मिट्टी का स्पर्श उतना ही सुखद और प्रिय है जितना मुझे चन्दन का। (प्रणाम की प्रदर्शनी में, पृ० 33)

(7) सचमुच बाहर जाने पर ही अपनी मिट्टी की विशेषताएँ समझ में आती हैं। पटने का महत्व बर्लिन में मालूम हो रहा है। इन भलेमानसों ने इतना बड़ा चिड़ियाखाना बना रखा है; एक से एक अजीबोगरीब जीव-जन्तु पाल रखे हैं पर दो-चार मच्छड़ पालते नहीं बना। एक हम हैं जो सारी दुनिया के चिड़ियाखानों को मच्छड़ों से भर देने की ताकत रखते हैं। (प्रणाम की प्रदर्शनी में· पृ० 38)

(8) सूर्यास्त होते ही आँख बन्द कर बिजली गुल होने की प्रतीक्षा करने लगता हूँ—बिजली अब गयी, तब गयी पर बिजली नहीं गयी। पिछले एक सप्ताह से देख रहा हूँ; एक मिनट के लिए भी बिजली गुल नहीं हुई। यह कैसा नगर है जिसमें नागरिकों को अन्धकार का आनन्द कभी मिलता ही नहीं ? अन्धकार का अभ्यासी मैं यहाँ के निरन्तर प्रकाश में घुटन का अनुभव कर रहा हूँ। (प्रणाम की प्रदर्शनी में, पृ० 38)

(9) पटने की सभी सड़कें गायों की विचरण-भूमि हैं। ये स्पीड-ब्रेकर और यातायात-नियंत्रण का काम बड़ी खूबी से करती हैं। जहाँ गायें होंगी, वहाँ भैंसे कैसे नहीं होंगी ? इधर कुछ दिनों से सड़कों पर गदहे भी नजर आने लगे हैं। समाजवाद में समान अधिकार की व्यवस्था है। दूसरे समाजवादी देशों में केवल मनुष्यों के बीच समानता की बात है। (प्रणाम की प्रदर्शनी में, पृ० 38)

(10) मनस्विता मिथ्या-सन्तोष का दूसरा नाम है; अहंकार और अभिमान का वह भी एक भेद है। आप अभिमान के त्याग को बुरा कहते हैं, मैं

अभिमान को बुरा कहता हूँ। दोनों में कौन सही है, इसका निर्णय कौन कर सकता है ? आप अपनी मनस्विता और विद्वत्ता लेकर घर में बैठे हैं और ढोल बजाने वालों के पौ बारह हैं। नक्कारखाने में तूती की आवाज कौन सुनता है ? आप भी गले में ढोल बाँधिए और जोर-जोर से उस ताल में पीटिए जो ताल अनुग्रहीता को पसन्द हो। मनस्विता स्वाभिमान-जैसे घिसे-पिटे, अर्थहीन, अनुपादेय शब्दों के जाल से निकलिए। जीवन योग नहीं, भोग है; त्याग नहीं, राग है; संन्यास नहीं, विलास है। यह साधारण तथ्य भी आपकी समझ में अब तक नहीं आया और आपको अपने ज्ञान का गर्व है। (प्रणाम की प्रदर्शनी में, पृ० 58)।

(11) अधिकतर परीक्षार्थियों के उत्तर विषय की दृष्टि से मौलिक ही होते हैं क्योंकि वे कबीर की वह पंक्ति हृदयंगम किए होते हैं कि 'पोथी पढ़ि-पढ़ि जग मुआ, पंडित हुआ न कोय'। जब पोथी पढ़ने पर कोई पंडित हुआ ही नहीं तो पोथी पढ़ने का कष्ट परीक्षार्थी क्यों उठाए ? कबीर की वाणी तो पढ़ी बहुतों ने किन्तु उसका वास्तविक मर्म समझा परीक्षार्थियों ने ही और उन्होंने कबीर की यह शिकायत भी दूर कर दी कि 'कहता तो बहुता मिला, गहता मिला न कोय'। परीक्षार्थियों ने कबीर का उपदेश ग्रहण भी किया। (प्रणाम की प्रदर्शनी में, पृ० 70)

यदि शर्माजी की तीनों पुस्तकों के निबन्धों पर एक साथ दृष्टिपात करें तो उन्हें तीन वर्गों में रखा जा सकता है। एक वर्ग उन निबन्धों का है जिसमें आद्योपान्त हास्य-व्यंग्य अनुस्यूत है। 'मेरी पार्टी' एक ऐसा ही निबन्ध है जो राजनीतिक अवस्था पर करारा व्यंग्य करता है। दूसरा वर्ग उन निबन्धों का है जो आद्योपान्त गम्भीर हैं, भूले-भटके कहीं व्यंग्य का हलका-सा छिड़काव मिल जाए तो अलग बात है। 'प्रेम न हाट बिकाय' इसी वर्ग का निबन्ध है। तीसरा वर्ग उन निबन्धों का है जो हैं तो हास्य-व्यंग्य के, लेकिन बीच-बीच में लेखक गम्भीर मुद्रा में आ जाता है। अधिकांश लेख ऐसे ही हैं। इसे कोई लेखक की कमी भी बता सकता है लेकिन वास्तविकता यह है कि शर्माजी मूलतः अत्यन्त गम्भीर स्वभाव के व्यक्ति थे, कुछ जीवन-मूल्यों के प्रति बहुत सजग थे और उनसे होनेवाला विचलन देखकर उद्वेलित हो उठते थे। ऐसी मनःस्थिति में हास्य-व्यंग्य उन्हें विस्मृत हो जाता था। यह बात उनके निबन्धों में आ गई है। हास्य-व्यंग्य उनकी प्रतिभा से उत्पन्न था जो उनकी शैली बन गया था लेकिन यह था उनका बहिरंग ही। एक प्रसंग देखें : "दुनिया को इन बातों में कितना रस मिलता है, यह बताने की जरूरत नहीं। साहित्य के नौ रस तो केवल रस हैं, यह तो परम रस है।```आदमी भी कैसा जीव

होता है ? प्यार का दामन बढ़ाकर इज्जत लूटता है; आत्मीयता के पर्दे में प्रतिष्ठा पर आघात करता है; अपना बनकर दुश्मन से भी बुरा काम करता है ।''

शर्माजी ने 'आईना बोल उठा' नामक अपने द्वितीय संग्रह में 'दो शब्द' में लिखा है : ''जिन्होंने मेरा 'खट्टा-मीठा' देखा है, वे सहज ही प्रस्तुत संग्रह का कलात्मक उत्कर्ष आँक सकेंगे ।''

उनके निबन्धों में जो कलात्मक उत्कर्ष है, वह मुझे तीनों संग्रहों में समान मात्रा में मिलता है । मेरे इस निष्कर्ष की पुष्टि प्रकारान्तर से शर्माजी स्वयं कर गये हैं क्योंकि अपने तृतीय संग्रह में चुने हुए उत्कृष्ट निबन्ध देने की इच्छा से प्रेरित होकर उन्होंने कुछ पिछले निबन्ध भी सम्मिलित किये हैं । ये हैं : प्रणाम की प्रदर्शनी में, साइकिल, ताला, जागल रहिह हो···ओ···ओ, मुण्डे- मुण्डे मति-भिन्ना तथा जग अन्धा में केहि समझावों । इनमें से अधिकांश निबन्ध प्रथम संग्रह के हैं, द्वितीय संग्रह से तो केवल एक निबन्ध लिया गया है । इसका अर्थ यह नहीं है कि द्वितीय संग्रह से और भी निबन्ध नहीं लिये जा सकते थे; यह अर्थ अवश्य है कि लेखक ने स्वयं ही प्रथम संग्रह के अनेक निबन्धों को चुनने के योग्य समझा है ।

आरम्भ में मैंने कहा है कि शर्माजी के निबन्धों के लिए प्रयुक्त विभिन्न नाम वस्तुत: एक-दूसरे के पूरक हैं । मेरी धारणा है कि उनके इन सभी निबन्धों पर समान रूप से उपयुक्त सिद्ध होने वाला एक अन्य नाम कहीं अधिक समीचीन है । 'तरंगित निबन्ध' जिसका संकेत 'खट्टा-मीठा' के लिए दो शब्द लिखते हुए उन्होंने आरम्भ में ही किया है : 'खट्टा-मीठा समय-समय पर मेरे हृदय में उठने वाली भाव-तरंगों का मूर्त्त रूप है । ये तरंगें पत्र-पत्रिकाओं द्वारा पहले प्रकाश में आ चुकी हैं ।''

आचार्य देवेन्द्रनाथ शर्मा का व्यंग्यकर्म

बालेन्दु शेखर तिवारी

हिन्दी में व्यंग्य-लेखन ने अब धीरे-धीरे एक सुनिश्चित आकार ग्रहण कर लिया है। साम्प्रत परिवेश की विद्रूपताएँ धीरे-धीरे युगधर्म बन गई हैं, तो रचनाकारों का एक समूह विसंगतियों के इस महासमुद्र में परिवर्तन का तूफान लाने के लिए लगातार कर्मशील है। मौजूदा व्यंग्य लेखन का वृहत्तर सन्दर्भ बढ़ती तकनीकी एवं यांत्रिक गति के पैरों तले रौंदी जा रही मानवीय अर्थवत्ता के प्रतिबद्ध सम्प्रेषण में निहित है। जीवन की तमाम विसंगत स्थितियों, सामाजिक कारगुजारियों, राजनीतिक दलों, काले कारनामों आदि को छिपाने के लिए बोले गए सफेद झूठों और अधपकी आकांक्षाओं की कड़वी वास्तविकता को व्यंग्यकार व्यक्त करता है। स्वभावतः परिवेश के सभी भले-बुरे कोनों से उसे गुजरना पड़ता है और उसकी सर्जना से गुजरना परिवेश की वैविध्यपूर्ण चित्रवीथि की यात्रा करना है। जिस परिवेश में शब्द झूठे पड़ते जा रहे हैं और अर्थ निष्प्राण होते जा रहे हैं, उसे तोड़े बिना निजात नहीं है। यह परिवर्तनकामिता ही व्यंग्यकर्म का संकल्प है। सर्जनाकेन्द्रित परिवर्तन का यह आग्रह आचार्य देवेन्द्रनाथ शर्मा जैसे प्रखर विवेकी-पुरुष की कलम में आकर अधिकाधिक समर्थ और वैविध्यपूर्ण बना है। यह स्वीकार करने में संकोच नहीं होना चाहिए कि वे हिन्दी के पूर्णकालिक व्यंग्यकार नहीं थे। व्यंग्य उनके स्वभाव, उनकी वक्तृता उनकी भंगिमा, उनकी शैली का एक अपरिहार्य अंग अवश्य था।

अपने भीतर सारी पर्यवेक्षण क्षमता, बेधक दृष्टि और भाषिक व्यंग्यकारिता के बावजूद आचार्य शर्मा ने व्यंग्य लेखन को अपने सृजन का केन्द्र नहीं बनाया। वरना, आज उनकी गणना परसाई और शरद जोशी के साथ होती। शैलीय धरातल पर उनकी भाषा ने लगातार खण्ड यथार्थ और समग्र चेतना को ठीक उसी तरह जोड़ने तथा तोड़ने का कार्य किया है, जिस तरह हिन्दी के किसी भी स्थापित व्यंग्यकार ने अपनी सूक्ष्म पकड़ और विराट रचनात्मक संकल्प की

सम्पूर्ति की है। लेकिन, आचार्य शर्मा के लिए तो व्यंग्य लेखन लगभग पार्ट-टाइम शगल था। यही कारण है कि उनके व्यंग्यकर्म की जासूसी करने के लिए उन रचना संकलनों की दीवार पर चढ़ना पड़ता है, जिन्हें हिन्दी का आलोचक-समूह 'ललित निबन्ध' घोषित कर चुका है। खट्टा-मीठा—1948, आईना बोल उठा—1965, प्रणाम की प्रदर्शनी में—1980—इन तीन संग्रहों में आचार्य देवेन्द्रनाथ शर्मा के तथाकथित वैयक्तिक या ललित निबन्ध संकलित हैं, जिनके परिपार्श्व से एक आचार्य व्यंग्यकार झाँकता नजर आता है।

'खट्टा मीठा' में एकत्र अपनी प्रारम्भिक रचनाओं में ही आचार्य शर्मा ने चुहल-भरी ज़िन्दादिली, चुभते व्यंग्य प्रहार, मौलिक दृष्टि और शिष्ट हास्य की भरमार की थी। इन रचनाओं में अनुभव और अध्ययन का अनूठा रागात्मक समन्वय मिलता है और शायद यही व्यंग्यकार होने की पहली शर्त भी है। व्यंग्यकार से उम्मीद की जाती है कि राह चलते समय अपनी आँखें खुली रखे और पढ़ते समय अपने योग्य सामग्री को नज़रअन्दाज़ न करे। तभी व्यंग्य सजीव, विश्वसनीय और प्रभावशाली होता है। यह बात आचार्य शर्मा के दूसरे संकलन 'आईना बोल उठा' में अधिक धार और अधिक शक्ति के साथ संपुष्ट हुई है। दुर्भाग्यवश इसे 'कलात्मक निबन्धों का संकलन' कहा गया है, जबकि दो-तीन रचनाओं को हटा दिया जाए तो यह खालिस व्यंग्य-संग्रह है। आचार्य शर्मा की सूक्ष्मभेदिनी दृष्टि न केवल परिवेश की किसी न किसी अवनति को देख लेती है, वरन् पूरी क्षमता के साथ उस पर प्रहार भी करती है। इसमें आलम्बन की गौणता कहीं बाधक नहीं है। ताला, खिलौना दाढ़ी, गदहा, चाय की प्याली जैसे साधारण दिखने वाले विषयों को केन्द्र में रखकर उन्होंने असाधारण व्यंग्य-निर्माण किया है। लघु को विराट और महान को सूक्ष्म बनाने का कौशल व्यंग्यकार अपनी प्रहारक भाषा के सहारे साकार करते हैं। बहुभाषाविद् आचार्य देवेन्द्रनाथ शर्मा के लिए हिन्दी लगातार एक प्रयोगशाला थी। इसी कारण 'खट्टा मीठा,' 'आईना बोल उठा' और 'प्रणाम की प्रदर्शनी में' की रचनाओं में व्यंग्यभाषा अपने समस्त वैभव के साथ विद्यमान है। 'प्रणाम की प्रदर्शनी में' उन 20 रचनाओं का संकलन है जिन्हें पूर्व संकलनों से उनकी व्यंग्यधर्मिता के आधार पर ही चुना गया है। वास्तविकता तो यह है कि परिवेश की सजग और ईमानदार प्रस्तुति के लिए भाषा रूपी संसाधन का बेहद सतर्क उपयोग आचार्य शर्मा ने किया। इसी कारण उनकी व्यंग्यकारी उन सारी परिवेशगत असंगतियों की निर्मम शल्य-चिकित्सा करती है, जिनसे हर हिन्दुस्तानी जूझ रहा है। मिलावट और झूठ, निन्दा और आत्मप्रशंसा, अन्धविश्वास और विघटन के बहुत सारे अवयवों पर आचार्य शर्मा ने सीधी चोट की है। बर्लिन पहुँच कर अपने देश की याद व्यंग्य-लेखक को सताने लगती है:

"तड़के उठ कर बर्लिन में दूर-दूर तक नजर दौड़ाता हूँ—कहीं न सूअर, न गाय, न भैंस, न गदहा। बर्लिन की साफ-सुथरी सड़कें। प्रशस्त सड़कों पर निर्बाध यातायात को देखकर मन उदास हो जाता है, क्योंकि पशुदर्शन की प्यासी अँखियाँ प्यासी ही रह जाती हैं।···विश्वविद्यालय में आने पर जो निराशा हुई, वह तो वर्णनातीत है न कहीं नारे सुनाई दे रहे हैं, न परीक्षा की तिथि टालने के लिए कुलपति का घेराव हो रहा है, न अजीबोगरीब माँग लेकर छात्र धरना पर बैठे हैं, न छात्र-संघ के चुनावों के पोस्टरों से दीवारें रंगबिरंगी बनी हैं"।[1]

आचार्य शर्मा कहते हैं कि जर्मनी के विद्यार्थी किताबी कीड़े हैं, जबकि भारतीय छात्र अध्ययन से अधिक राष्ट्र की चिन्ता से ग्रस्त हैं। उन्होंने लक्षित किया है कि लोगों के ज्ञान, आचरण और भाषण में कोई तालमेल नहीं है। इस माहौल में चोरी एक कला बन गई है, राजनीतिक मिथ्या मिथ्या नहीं रह गई है और व्यवस्था धनी को और धनी, गरीब को और गरीब बनाने की पूरी छूट दे रही है। आचार्य शर्मा ने अपने परिवेश के शरीर पर उग आए अवांछित फोड़ों का सतर्क आपरेशन करने में कोई परहेज नहीं किया है। इसके प्रमाण उनकी इन व्यंग्योक्तियों में बिखरे हुए हैं :

"चोर साम्यवाद के व्यावहारिक प्रचारक हैं।"[2]

"मुशाहरे की सीमा हुआ करती है, पर ऊपरवार ब्रह्म की तरह अनन्त है।"[3]

"मित्र कहलाने वाले जीव सभी बन्धनों से परे होते हैं।"[4]

"जो आनन्द निन्दा में आता है, वह किसी दूसरी चीज़ में नहीं।"[5]

"चोर वह नहीं जो चोरी करता है, चोर वह है जिसकी चोरी पकड़ ली जाती है।"[6]

"झूठ की सार्थकता इसमें है कि उसमें सत्य की प्रतीति हो।"[7]

व्यंग्याभिव्यक्ति को आचार्य देवेन्द्रनाथ शर्मा ने अपनी इन जीवंत, परिवेश-चेतन रचनाओं का केन्द्रीय धर्म बनाया है। शब्द और अर्थ की शक्ति से सुपरिचित आचार्य ने अपनी व्यंग्यभाषा को एक नपा-तुला आयाम प्रदान किया है। शब्द

---

1. प्रणाम की प्रदर्शनी में, पृ० 39
2. आईना बोल उठा, पृ० 8
3. वही, पृ० 29
4. वही, पृ० 43
5. वही, पृ० 51
6. प्रणाम की प्रदर्शनी में, पृ० 18
7. वही, पृ० 28

का अपव्यय उनके लिए कठिन था। उन्होंने व्यंग्य किया है : "जो लोग धड़ल्ले से शब्दों का उपयोग करते हैं, वे सचमुच कितने भाग्यशाली हैं।"[1]

कोई मामूली शब्द भी व्यंकार के हाथों में आकर कितना अर्थप्राण और कितना लक्ष्यकेन्द्रित हो जाता है, यह आचार्य शर्मा की व्यंग्यकारी से इंगित होता है। जैसे—

सांकल की सहायता से बुलाने वाले कभी-कभी अपने **बाहुबल** का परिचय दूर से ही देना चाहते हैं।[2]

अब तो **आर्ष प्रयोग** इतने बढ़ गए हैं कि व्याकरण अनावश्यक हो गया है।[3]

उस पगडंडी पर आगे-पीछे **सपरिवार** एक गदहा खड़ा था।[4]

विचलन और विधान्तरण की दुर्गम पहाड़ियों पर चढ़े बिना भी व्यंग्यकार कितनी सहजता और सरलता से अपने संकल्प की सिद्धि कर लेता है, इसका प्रखर प्रमाण आचार्य शर्मा का व्यंग्य कर्म है। उन्होंने मौजूदा व्यवस्था और राजनीति के छलों, बुद्धिजीवियों की खोखली आदतों, शिक्षा की अधोगति, संस्कृति के पतन, समाज की मूल्यहीनता और कथनी-करनी के अंतराल को बार-बार निशाना बनाया है। उन्हें देखकर संताप होता है कि आचार्य शुक्ल द्वारा लगाए करील को वैसी गरिमा नहीं मिली, जैसी मिल्टन के लगाए शहतूत को ब्रिटेन में प्राप्त है। उन्हें यह देख कर अफसोस होता है कि लोग बुद्ध और अशोक को बुद्धा और अशोका कह कर भी नहीं शर्माते। उन्हें लगता है कि राजनीतिक दल मानवदुर्लभ सुविधाओं को देवदुर्लभ बनाते जा रहे हैं। आचार्य शर्मा की कुछ निजी विशेषताएँ अनायास ही उनके व्यंग्यों में आ गई हैं। उनका पुस्तक-प्रेम, उनकी पर्यटन-वृत्ति, उनका प्रकाण्ड पांडित्य, उनकी अध्ययनगत जागरूकता लगातार उपलब्ध है। इन रचनाओं को पढ़ते समय लगता है जैसे वे सामने के सोफे पर बैठे बातें कर रहे हों—एकदम वार्तालाप का सहज आत्मीय अंदाज़। उनकी पाठकीय सजगता और पांडित्य के परिणामस्वरूप कई रचनाओं में बिहारी, कबीर, रहीम, तुलसी, विद्यापति, आदि की उद्धरणी मौजूद है। यथावसर कालिदास और श्रीहर्ष के संस्कृत उद्धरण भी हैं और नई व्याख्या के साथ गीता के श्लोक भी। इन सबने मिल कर आचार्य शर्मा की सम्प्रेषण-भंगिमा को एक अभिजात पहचान से सम्पृक्त किया है। कहना होगा कि बेहतर व्यंग्यकार होने के पहले वे बेहतर

1. प्रणाम की प्रदर्शनी में, पृ० 33
2. वही, पृ० 24
3. वही, पृ० 33
4. आईना बोल उठा, पृ० 34

आचार्य थे। इसी आचार्यत्व ने उनके व्यंग्य सृजन को एक अभिजात ऊँचाई और मनचाही गहराई दी है। उनका बहुपठित ज्ञान ही उन्हें विधाता की भूलों पर दृष्टिपात के लिए विवश करता है और लोक से लेकर शास्त्र तक की जानकारियों के समायाजन की विरल क्षमता भी प्रदान करता है। अपने गद्य को कवितासुलभ लालित्य और औदात्य देते हुए आचार्य शर्मा ने अपनी व्यंग्य रचनाओं को अपेक्षित स्वारस्य से जोड़ा है। उनके सादृश्य विधान का एक उदाहरण है :

"सम्पन्नों के बीच जिस तरह दीन दुबके रहते हैं, उसी प्रकार आसपास के बेतरतीब बढ़े विशाल वृक्षों के बीच करील अपने अंगों को समेटे खड़ा था। उस पर धूल की परतें जमी थीं और मकड़ों के असंख्य जाल अलंकारों के समान लटक रहे थे। करील की काया बिहारी की विरहिणी की तरह बड़ी मुश्किल से दिखाई दे रही थी।"[1]

आचार्य शर्मा की व्यंग्यधर्मिता को सिर्फ यह कह कर नकारा नहीं जा सकता कि 'खट्टा मीठा', 'आईना बोल उठा' और 'प्रणाम की प्रदर्शनी में' की रचनाओं को ललित निबन्ध की स्वीकृति मिल चुकी है। निश्चय ही इन संकलनों में एकत्र कई रचनाएँ निबन्धगत लालित्य के स्तर पर आचार्य हजारीप्रसाद द्विवेदी और पं० विद्यानिवास मिश्र के करीब हैं, लेकिन अधिकांश रचनाएँ रवीन्द्रनाथ त्यागी और श्रीलाल शुक्ल के नजदीक हैं। ये दो आँखें, दाढ़ी, मैंने उस दिन जाना, अतिथिदेवो भव, निन्दारस, एक मुझे छोड़कर, बुद्धा गार्डेन, प्रणाम की प्रदर्शनी में, चोर कौन, सफेद झूठ, कहाँ आ गया, मिलावट—दर्शन, विज्ञान और कला, सदाबहार परीक्षा, मेरी पार्टी जैसी व्यंग्य रचनाएँ उनके व्यंग्यकर्म की पताकाएँ हैं।

'पाश्चात्य काव्यशास्त्र' की भूमिका में आचार्य देवेन्द्रनाथ शर्मा ने वैसे लेखन को 'तामस' कह कर पुकारा है जो क्लिष्ट और अस्पष्ट होता है। सौभाग्यवश आचार्य शर्मा की व्यंग्य रचनाएँ सम्प्रेषण की सहजता के निकष पर सर्वथा बोधगम्य और सरस हैं। पर दुर्भाग्यवश ऐसी व्यंग्य रचनाओं की संख्या अत्यल्प है और इन्हें रचने वाली कलम हमेशा के लिए गुम हो गई है।

---

1. आईना बोल उठा, पृ० 11

आचार्य देवेन्द्रनाथ शर्मा : निबन्धकार और एकांकीकार के रूप में

जगदीश नारायण चौबे

(1)

आचार्य देवेन्द्रनाथ शर्मा के समग्र लेखन को आद्यंत देखने के बाद दो बातें स्पष्ट दिखाई देती हैं। एक तो यह कि वे मूलत: साहित्यकार हैं और दूसरी बात यह कि वे चुनौतियाँ स्वीकार करने के आदी हैं। उनकी रचनाओं में एक साहित्यकार का स्पंदन सर्वत्र व्याप्त मिलता है, और चुनौतियों को ललकारते हुए स्वीकार करने के कारण बंजर से बंजर जमीन को उपजाऊ बनाने की कोशिश दिखाई पड़ती है। उपेक्षित से उपेक्षित विषय को भी नई दीप्ति प्रदान करने का पुष्ट प्रमाण मिलता है। आचार्य शर्मा ने कविताएँ नहीं लिखीं। बहुत-से लोग लिखते हैं। कहानी और उपन्यास भी नहीं लिखा। कई लोग लिखते हैं। उन्होंने निबन्ध लिखे, जिसे बहुत कम लोग लिखते हैं। उन्होंने एकांकी लिखे, जिसे लिखने वाले गिने-चुने हैं।

निबन्ध और एकांकी साहित्य की महत्वपूर्ण विधाएँ हैं, लेकिन हिन्दी में आज भी इनका भण्डार क्षीण ही है। ये विधाएँ अपेक्षाकृत कठिन हैं, किन्तु आचार्य शर्मा ने इन्हें अत्यन्त सरल और सहज बनाकर स्तुत्य कार्य किया है। इनके निबन्ध और एकांकी एक अमिट छाप छोड़ जाते हैं। इन्हें बार-बार पढ़ने को जी करता है।

हिन्दी में निबन्ध-लेखन भारतेन्दु के समय शुरू हुआ। भारतेन्दु ने इसका महत्व समझा था, और स्वयं बहुत अच्छे निबन्ध लिखे थे। उस युग के अन्य साहित्यकारों ने भी निबन्ध लिखे। बाद के महत्वपूर्ण निबन्धकारों में आचार्य महावीद प्रसाद द्विवेदी, आचार्य रामचन्द्र शुक्ल और आचार्य हजारीप्रसाद द्विवेदी अविस्मरणीय हैं। इनके निबन्ध हिन्दी साहित्य के शिलालेख हैं। किन्तु आचार्य देवेन्द्रनाथ शर्मा के निबन्ध इनके निबन्धों से कई अर्थों में भिन्न हैं। इन्होंने अलग राह बनाई है। निबन्ध-लेखन में नये प्राण फूंके हैं।

विचारों की सुनियोजित अभिव्यक्ति का एक सशक्त माध्यम होने के बावजूद विडम्बना यह रही कि निबन्ध लोकप्रिय नहीं हुआ। जनता के बीच यह लोकप्रिय नहीं रहा, जबकि सीधा संवाद स्थापित करने की इसमें अपूर्व क्षमता है। निबन्ध की नियति बहुत कुछ शास्त्रीय संगीत जैसी है। जिस तरह लोग शास्त्रीय संगीत की जटिलता से घबराते हैं उसी तरह लोग निबन्ध की शास्त्रीयता से कतराते हैं। कालान्तर में सुगम संगीत के आयोजन ने जिस प्रकार शास्त्रीय संगीत को रुचिकर बना दिया, लगभग उसी प्रकार ललित निबन्ध के आविष्कार ने निबन्ध को प्रीतिकर बना दिया। निबन्ध लिखने के लिए एक खास संस्कार की आवश्यकता होती है और उसे पढ़ने के लिए भी विशेष संस्कार चाहिए। आचार्य शर्मा के निबन्धों में यह संस्कार है और पाठकों के संस्कार को जगाता है। आचार्य शर्मा के निबन्धों में पांडित्य है, किन्तु उसका प्रदर्शन नहीं है। गांभीर्य है, किन्तु उसका आतंक नहीं है। चिन्तन और मनन भी है, किन्तु उसका तनाव नहीं है। इतनी सरलता, सहजता, निश्छलता और स्वाभाविकता इन निबन्धों में है कि ये सचमुच लीक से हटकर बढ़ते हुए लगते हैं।

आचार्य शर्मा के तीन लोकप्रिय निबन्ध-संग्रह प्रकाशित हुए हैं : 'खट्टा-मीठा', 'आईना बोल उठा' और 'प्रणाम की प्रदर्शनी में'। इन संग्रहों के नाम जितने सटीक हैं, उतने ही सटीक हैं इनमें संकलित निबन्धों के शीर्षक। लेखक की विशेषता नामकरण में भी झलकती है। ये नाम पाठकों को निमंत्रण देते लगते हैं। इन संग्रहों के नाम पर अगर ध्यान दें तो लगेगा कि 'खट्टा-मीठा' में जीवन के कटु-मधु अनुभवों को निबन्ध का विषय बनाया गया है। 'आईना बोल-उठा' में चिन्तन-मनन और विश्लेषण के क्षणों को निबन्ध का रूप दिया गया है और 'प्रणाम की प्रदर्शनी में' जीवन तथा समाज के आडम्बरों की नुमाइश का चित्रण है। हालाँकि बात ऐसी नहीं है। इन संग्रहों में तरह-तरह के निबन्ध हैं और हर निबन्ध का अपना जादू है। सन् 1950 ई० में 'खट्टा-मीठा' का प्रकाशन हुआ था और इसके प्रकाशन के साथ ही शर्माजी ने हिन्दी के निबन्धकारों में अपना विशेष स्थान बना लिया था। विशेष स्थान इसलिए कि ये निबन्ध कुछ विशेष गुण लिये हुए थे। ये निबन्ध कोरे निबन्ध न होकर कहानी और नाटक के स्पर्श से ओतप्रोत थे। ये खूबियाँ शर्माजी के निबन्धों की खास पहचान बन गई हैं।

निबन्धकार की नजर बड़ी तेज होती है। वह नगण्य से नगण्य वस्तु को भी अग्रगण्य बना देता है। उसमें विश्लेषण की अपूर्व बुद्धि होती है और वह उस नगण्य वस्तु को महिमा से मंडित कर देता है। निबन्धकार में किसी बात को कहने का हैरतअंगेज हुनर होता है, जिसके कारण हम दंग रह जाते हैं। शर्माजी का निबन्ध-कौशल हमें दंग कर देता है। अद्भुत कल्पना एवं जीवन्त व्यक्तिगत अनुभवों के सम्मोहक संगुंफन को निबन्ध-कला कहते हैं। शर्माजी के निबन्ध इस कला के

आकर्षक उदाहरण ही नहीं हैं, बल्कि इस गुण के कारण हिन्दी के निबन्ध-साहित्य की उत्कृष्ट उपलब्धियाँ हैं।

'साइकिल', 'ताला' और 'दाढ़ी' जैसे अनेक निबन्ध आधुनिक निबन्ध-साहित्य में कीर्तिस्तम्भ की तरह हैं। 'साइकिल' एक ऐसी रम्य रचना है, जिसे पढ़ने के बाद हम साइकिल को प्यारभरी निगाह से देखने लगते हैं। जहाँ कहीं साइकिल दिखती हैं, हम रुककर उसके पुर्जे-पुर्जे में इन खूबियों को निहारने लगते हैं। यह निबन्ध साइकिल से एक अजीब रिश्ता जोड़ देता है। आरम्भ में तो लेखक सावधान करता हुआ कहता है कि 'चौंकिए मत' लेकिन वर्णन का तेवर इतना अनूठा है कि हम अन्त तक बार-बार चौंक कर जागते हैं और साइकिल जैसी मामूली सवारी की एक-से-एक नई खूबी का परिचय पाते हैं। साइकिल हम भले ही कहीं भूल जाएँ, 'साइकिल' निबन्ध को कभी नहीं भूल सकते। 'ताला' भी एक अनुपम रचना है। लेखक एक गोताखोर की तरह तल तक जाता है और एक आविष्कारक की भाँति उसके सम्बन्ध में नई-नई जानकारियाँ प्रस्तुत करता है। यह तथ्य तो सबों को मालूम है कि ताला लगाकर हम चोर-डाकुओं से निश्चिन्त हो जाते हैं। लेकिन 'ताला' का लेखक सर्वथा नई बात कहता है : "सच पूछिए तो ताला सज्जनों और साधुजनों के लिए लगाया जाता है, चोरों और डाकुओं के लिए नहीं। ताला देखकर सज्जन समझ जाते हैं कि गृहस्वामी नहीं हैं और वे उल्टे पाँव लौट जाते हैं। किन्तु चोरों के लिए तो वह स्निग्ध निमंत्रण है।" एक दूसरी नई बात इस प्रकार है : "ताला परिग्रह और पूँजीवाद का प्रतीक है।" सचमुच, संग्रह करते जाने का लोभ ही पूँजीवाद का जनक है। इकट्ठा कर-करके पूँजीपति बन जाइए और ताले लटकाकर इसकी घोषणा कीजिए। इस निबन्ध में एक और नई बात है : "मैं कभी-कभी सोचता हूँ कि चोर साम्यवाद के व्यावहारिक प्रचारक हैं। 'तुम्हारे घर बहुत है, मेरे घर अभाव है। भाव-अभाव कुछ बँट जायें तो अधिक अच्छा।' इस भाव-अभाव को एक करने की सदिच्छा से प्रेरित होकर वे वह कार्य करते हैं, जिसे समाज गलती से चोरी कहता है।" इस तरह की नई और अनूठी बातें शर्माजी के निबन्धों की खासियत है।

शर्माजी ने एक जगह लिखा है कि "ये निबन्ध मेरे हृदय में उठने वाली भाव-तरंगों के मूर्त्त रूप हैं।" लेकिन, सच बात यह है कि ये निबन्ध केवल हृदय में उठने वाली भाव-तरंगों के ही मूर्त्त रूप नहीं हैं, बल्कि मस्तिष्क में मचने वाली हलचलों के भी सजीव रूप हैं। यही कारण है कि साहित्यिक महत्व के साथ-साथ इन निबन्धों का सामाजिक मूल्य भी है। समाज की हरेक गतिविधि का विवरण अंतरंगता के साथ मिलता है। उसकी अच्छाइयों, बुराइयों, विसंगतियों, कुरीतियों और विडम्बनाओं का जिक्र कई निबन्धों में सायास किया गया है। 'ना जाने केहि भेष में' 'मोटर बनाम साइकिल', 'सेठ नागरमल', 'प्रणाम की प्रदर्शनी में' और

'गणना नहीं बनी' आदि अनेक ऐसे निबन्ध हैं, जिनमें आज के समाज का लोमहर्षक चित्रण है। मध्य वर्ग का संकोचभरा सामाजिक जीवन तो हर निबन्ध के मूल में है। ऐसे निबन्ध शर्माजी की जागरूकता प्रकट करते हैं। इन निबन्धों से सिद्ध होता है कि लेखक को समाज के बढ़ते हुए खोखलेपन का पूरा ज्ञान है। 'कृपया गन्दा मत कीजिए', 'यह करील और वह शहतूत' और 'बुद्धागार्डेन' तथा 'हिन्दी की दुर्गति' आदि निबन्धों को पढ़िए तो लगेगा कि लेखक कुढ़ता है, क्रुद्ध भी होता है, लेकिन भुनभुना कर रह जाता है। ऐसी दीनता उपजती है कि मन करुणा से भीग जाता है। वास्तविकता इतनी कठोर है कि हम तिलमिलाकर भी कुछ नहीं कर सकते।

शर्माजी के निबन्धों का उद्देश्य मनोरंजन करना नहीं है। अगर इन निबन्धों को पढ़ते हुए हमें हँसी आ जाती है तो महज इसलिए कि कुरूपताएँ देखकर हँसने का हमारा पुराना अभ्यास है। इन निबन्धों का लक्ष्य है, उन विद्रूपताओं को सामने ला देना, जिन्हें देखकर भी हम आँखें चुराते रहे हैं। 'मैंने उस दिन जाना' या 'निंदारस' या 'अतिथि देवो भव' या 'मैं कितना बेहया हूँ' या 'मैं सच बोलना चाहता हूँ' निबन्ध जब आप पढ़ने लगेंगे तो ऐसा लगेगा कि आप किसी आईने के सामने खड़े हैं। शर्माजी के निबन्धों में उपदेश लेशमात्र को नहीं है। 'अचूक नुस्खा' में वे कहते हैं कि "अगर किसी से दुश्मनी मोल लेनी हो तो उसे उपदेश दीजिए। इस आपाधापी में हर कोई आगे बढ़ने में व्यस्त है। उपदेश सुनने की न जरूरत है, न फुर्सत"। 'सदाबहार' निबन्ध में युग-सत्य मुखरित हुआ है : "आप अपनी मनस्विता और विद्वत्ता लेकर घर में बैठे हैं और ढोल बजाने वालों के पौ-बारह हैं।" यह व्यंग्य छेद कर सकता है, अगर पढ़नेवाले के पास हृदय हो। प्रायः हर निबन्ध व्यंग्य के तेज से धारदार बन गया है। 'मेरी पार्टी' में आज की राजनीतिक आर्थिक, सामाजिक और धार्मिक दुरवस्थाओं पर तीखा प्रहार है। निबन्धकार ने किसी को बखशा नहीं है। इतना बड़ा जाल है कि सभी फँस गये हैं। कुछ निबन्ध दार्शनिकता से मंडित तो लगते हैं, लेकिन क्रमशः वह दर्शन पिघलता हुआ सहज और सरस हो जाता है। संक्षिप्तता शर्माजी के निबन्धों की जान है। लगता है कि एक बूँद में ही सारा समुद्र पिरोया हुआ है।

(2)

साहित्यकार देवेन्द्रनाथ शर्मा का दूसरा रूप एकांकीकार का है। यह रूप भी अत्यन्त भव्य है। एकांकीकार के नाते भी इन्होंने पर्याप्त ख्याति और प्रतिष्ठा अर्जित की है। इनके तीन प्रकाशित एकांकी-संग्रह हैं : 'पारिजात मंजरी', 'बिखरी स्मृतियाँ' और 'शाहजहाँ के आँसू'। ये तीनों संग्रह निरन्तर विकास-क्रम के सूचक हैं। 'पारिजात-मंजरी' से 'शाहजहाँ के आँसू' तक उत्तरोत्तर प्रौढ़ता

और परिपक्वता आती गई है। निःसन्देह शर्माजी हिन्दी के श्रेष्ठ एकांकीकारों में एक हैं।

निबन्ध-लेखन की तरह ही एकांकी-लेखन भी सरल नहीं है। नाट्य-रचना कठिन भी है और जटिल भी, इसलिए चुनौतियों से भरी है। भरत मुनि का 'नाट्यशास्त्र' इसी जटिलता की मीमांसा प्रस्तुत करता है। शर्माजी ने भी काव्य-शास्त्र के गहन ज्ञान का पूरा लाभ उठाया है। प्रत्येक एकांकी को सरस बनाने की चेष्टा की गई है और यह सरसता ही उसकी सफलता का महत्वपूर्ण आधार है। नाट्यरचना की विडम्बना यह है कि नाटक की असफलता केवल लेखक के जिम्मे और सफलता के भागीदार कई लोग हो जाते हैं। नाटक को पञ्चतयी अभिव्यक्ति कहा जाता है लेखक की अभिव्यक्ति, निर्देशक की अभिव्यक्ति, अभिनेता की अभिव्यक्ति, मंच-सज्जा की अभिव्यक्ति और अन्तिम अभिव्यक्ति दर्शकों की। दर्शकों ने स्वीकार किया तो सफल, अन्यथा असफल। सौभाग्य की बात है कि शर्माजी के एकांकियों को रंगकर्मियों के साथ-साथ प्रेक्षकों ने भी मुक्तकण्ठ से सराहा और स्वीकारा है। हिन्दी में उपलब्ध मंच-व्यवस्था के अनुरूप ही प्रस्तुति विधान को सहज रखा गया है, जिससे इन एकांकियों को कहीं भी मंच पर प्रस्तुत करने में कठिनाई नहीं होती। अधिकांश एकांकी रेडियो पर प्रसारित हो चुके हैं। रेडियो पर 'दृश्य', 'श्रव्य' बनकर आता है, इसलिए वहाँ संवादों का महत्व बढ़ जाता है। उपयुक्त संगीत की सहायता से वातावरण की सृष्टि की जाती है तथा भावानुरूप संवादों का प्रभावी वाचन होता है। ये एकांकी रेडियो नाट्यलेखन के क्षेत्र में मार्गदर्शक रहे हैं।

निबन्ध में एक ही बात को कई तरह से कहा जाता है, जबकि नाटक में कई बातें कई तरह से कही जाती हैं। ये दोनों कर्म कठिन हैं, किन्तु शर्माजी ने सिद्धि प्राप्त कर ली है। जिस तरह निबन्ध के विषय चुनने में वे सावधान रहे हैं, उसी तरह इन एकांकियों की कथावस्तु के चयन में वे सतर्क रहे हैं।

नाट्यरचना के मूलतः पाँच अवयव हैं—कथा, पात्र, संवाद, दृश्ययोजना तथा प्रभावान्विति। एकांकी में एक ही अंक होता है, और उसी एक अंक में अधिक-से-अधिक चार-पाँच दृश्यों का आयोजन करके सब कुछ करना और कहना होता है, इसलिए प्रभावान्विति का प्रश्न महत्वपूर्ण हो जाता है। सबसे महत्वपूर्ण अंग है कथा। कथा जितनी मार्मिक होगी, संबद्ध प्रसंगों की दृश्य-योजना उतनी ही सफल होगी। शर्माजी के प्रत्येक एकांकी की कथा मर्मस्पर्शी है। मन को छूती और बाँधती है। आपाततः सारे प्रसंग इतिहास के किसी-न-किसी कालखण्ड से जुड़े हैं, लेकिन सच्चाई यह है कि एकांकीकार इतिहास के बहाने अपने समय को उभारता है। जीवन के स्थायी मूल्यों को प्रस्तुत करता है। यद्यपि ऐतिहासिक कथावस्तु बनी-बनायी होती है, कमोबेश सभी लोग उससे अवगत होते हैं अतः

उसमें हेर-फेर की गुंजाइश नहीं रहती। फिर भी एक कुशल एकांकीकार आवश्यकतानुसार कल्पना का उपयोग करता है। कल्पना के बारीक धागों से कथा के सूत्र जोड़कर एक अनुपम सृष्टि रचता है। यही कारण है कि ऐसी रचनाएँ इतिहास का वृत्तान्त न होकर साहित्य की उपलब्धि बन जाती हैं। आज भी 'बाबर की ममता', 'शेरशाह' और 'शाहजहाँ के आँसू' आदि एकांकियों की कथा का सम्मोहन अक्षुण्ण है। इनका शीर्षक ही मार्मिकता की व्यंजना करता है। 'पारिजात मंजरी' में प्रेम, 'बाबर की ममता' में पिता का ममत्व और 'शाहजहाँ के आँसू' में विवशता की पीड़ा का जिस प्रकार निर्माण होता गया है वह वस्तुतः विलक्षण है। शाहजहाँ का दर्द तो छा जाता है। बाबर का पुत्र-प्रेम माँ की ममता को झुठलाने लगता है।

इन एकांकियों के प्रायः सभी प्रमुख पात्र हमारे पूर्वपरिचित हैं। इनके जीवन-वृत्त को न्यूनाधिक हम पहले से जानते हैं। द्रोण, तुलसीदास, घनानन्द, बाबर, शेरशाह, अकबर, शाहजहाँ आदि के बारे में हम पहले भी सुन चुके हैं। ये सभी पात्र महान हैं। एकांकीकार ने इनके चारित्रिक गुणों को उभारकर और महान बना दिया है। महाश्वेता, रत्नावली, जहानारा और सुजान के नारी-व्यक्तित्व को गौरव प्रदान किया है। अतीत की घटनाओं में भी सामयिकता का बोध स्पष्ट परिलक्षित होता है।

संवाद-योजना नाटक का अपरिहार्य अंग है। संवाद से ही कथा को गति मिलती है। संवाद से ही पात्रों का चरित्र खुलता है। संवाद से ही प्रभावोत्पादकता निर्मित होती है। नाटक का संवाद लिखना परकाय-प्रवेश जैसा है। बिना सिद्धि प्राप्त किए लेखक ऐसा नहीं कर सकता। दस तरह के पात्रों की भिन्न-भिन्न मनःस्थितियों को व्यक्त करने वाले संवादों की योजना असाधारण कार्य है। चूँकि संप्रेषणीयता संवाद का अनिवार्य गुण है, इसलिए यह कार्य और भी दुष्कर लगता है। प्रेक्षक संवादों का मंतव्य समझकर रससिक्त हो जाएँ, यह जरूरी है। नाटककार को इसीलिए मनोविज्ञान का ज्ञाता होना चाहिए। मन के भावों को पढ़कर तदनुरूप भाषा का विधान करना पड़ता है। शारीरिक चेष्टा और विभिन्न मुद्राओं का प्रदर्शन तो संवादों के जरिए होने वाले भावों के प्रकाशन को सहयोग भर देते हैं। भावों की प्रखरता तो संवादों में प्रकट होती है और संवाद शर्माजी के एकांकियों के प्राण हैं। एक कुशल मनोविश्लेषक की भाँति वे परिस्थितियों और पात्रों की मनोदशाओं को पढ़ते हैं और तदनुरूप संवादों की भाषा गढ़ते हैं। संवाद की लम्बाई-चौड़ाई से जो लोग नाटक की सफलता नापते हैं, वे ठीक नहीं करते। आवश्यकतानुसार संवाद छोटा भी हो सकता है, बड़ा भी। देखना यह है कि वह संवाद प्रभावकारी है या नहीं। उद्‌बोधन, प्रलाप और प्रबोधन आदि के अवसरों पर संवाद स्वयमेव लम्बे हो जाते

हैं और स्वाभाविक लगते हैं। 'शेरशाह' में एक लम्बा संवाद है शेरशाह का। युद्धभूमि में वह हताश सिपाहियों को सम्बोधित करता हुआ ललकारता है। यह बड़ा प्रभावशाली संवाद है। स्मरण हो आता है 'जूलियस सीज़र' में मार्क एण्टोनी का वह लम्बा संवाद "दोस्तो, रोमनिवासियो, देशवासियो !...।" शेरशाह के लम्बे संवाद का एक-एक शब्द अगर ओज से भरा हुआ है तो शाहजहाँ के लम्बे संवादों का एक-एक अक्षर दर्द में डूबा हुआ है। ये संवाद साहित्यिक गुणों से मंडित हैं। मनन करने योग्य हैं। एक स्थान पर शर्माजी ने बहुत सही कहा है : "यदि नाटक 'दृश्य' से 'श्रव्य' हो सकता है तो 'पाठ्य' क्यों नहीं हो सकता ?" शर्माजी की नाट्य रचनाओं को पढ़ने से भी मन को तृप्ति और आनन्द मिलता है।

दृश्य योजना नाट्यरचना की एक और महत्वपूर्ण कड़ी है। दृश्य योजना से कथा के उतार-चढ़ाव का पता चलता है। घात-प्रतिघात से जूझते पात्रों के विभिन्न पक्षों का ज्ञान होता है। और, दृश्य-योजना से ही देश, काल तथा परिस्थिति का समन्वय होता है। दृश्यों के बदलते रहने से एकरसता तो टूटती रहती है, किन्तु तन्मयता भंग नहीं होती। 'रामरतन धन पायो' एकांकी का समापन एक ही दृश्य में होता है, जबकि कई एकांकियों में तीन से अधिक दृश्य भी हैं। दृश्य कितने भी हों, ये सार्थक हैं। शर्माजी इस बात के लिए सतत् प्रयत्नशील दिखाई पड़ते हैं कि दृश्य न तो अनावश्यक हों और न दृश्यों का निर्देश आवश्यकता से अधिक हो। ये सभी एकांकी व्यावहारिक रूप से खरे उतरते हैं। निबन्धों की भाँति ये एकांकी भी आचार्य शर्मा की मौलिक उद्भावनाओं के साक्षी हैं।

(3)

आचार्य शर्मा का भाषा-प्रयोग विशिष्ट ही नहीं, अविस्मरणीय है। भाषा-सौष्ठव ही उनके रचना-कौशल के मूल में है। यह सभी जानते हैं कि वे प्रसिद्ध भाषाविद् हैं। कई भाषाएँ जानते हैं। किन्तु भाषाओं की जानकारी अलग चीज है और उनका इस्तेमाल बिल्कुल अलग चीज है। शर्माजी विशिष्ट इसलिए हैं कि वे साहित्यरचना में यथावसर भाषा का सफलतापूर्वक प्रयोग करते हैं। निःसन्देह भाषा पर शर्माजी का अधिकार है और इसी वजह से उनकी खास भाषा-शैली है। निबन्धों में जो चुटीलापन है, जो ज़िन्दादिली है, हास्य और विनोद के जो फव्वारे छूटते हैं, वे इसी शैली की उपज हैं। शर्माजी पहले शब्दों को तराशते हैं, फिर वाक्यों में जड़ते हैं। शब्द को तलाशना नहीं पड़ता, उनके पास विपुल शब्द-भांडार है। अंग्रेजी, फारसी, हिन्दी, उर्दू, संस्कृत, भोजपुरी के शब्द मानो पंक्तिबद्ध खड़े हों ! 'खिलौना' का यह उद्धरण प्रस्तुत है : "दण्ड-बैठक या आसन करनेवाले को देखने

के लिए कोई नहीं आता पर क्रिकेट, फुटबाल आदि के मैचों को देखने के लिए हजारों की भीड़ उमड़ पड़ती है ।" 'कहाँ आ गया ?' का यह वर्णन पढ़िये : "बर्लिन के दफ्तरों को देखने पर पटने के दफ्तरों का वातावरण याद न आए, यह असम्भव है। कोई ऊँघ रहा है, कोई टेबुल पर पैर फेंक कर आराम से लेटा है; कोई गप्प लड़ा रहा है, कोई चाय की चुस्की ले रहा है, कोई आ रहा है, कोई जा रहा है। कितना इत्मीनान है, कितनी मस्ती है ? काम करो तो अच्छा, न करो तो अच्छा। कोई देखने वाला नहीं, कोई पूछने वाला नहीं। जो पूछे, उसकी शामत ।" 'यह करील और वह शहतूत' में भाषा का यह रूप देखिए : "साहित्यकार का सम्मान किसी व्यक्ति का सम्मान नहीं, सम्पूर्ण साहित्य का सम्मान है, अपने सांस्कृतिक दाय का सम्मान है जो प्रकारान्तर से स्वयं अपना सम्मान है। किसी देश के वास्तविक इतिहास का निर्माण राजनीतिक छल-छन्दों से नहीं, साहित्य से होता है।"

शर्माजी के एकांकियों की सफलता का श्रेय भी भाषा को है । भाषा की सहजता ही समस्त नाटकीय तत्वों की स्वाभाविकता का आधार है । 'पारिजात मंजरी' की संस्कृतिनिष्ठ भाषा उस युग को सजीव-साकार कर देती है। ये संवाद उद्धृत हैं : "महाश्वेता (संकोच से)—नहीं आर्य। मैंने यों ही, केवल उत्सुकता की निवृत्ति के लिए, इसके सम्बन्ध में जानना चाहा। इसकी मुझे आवश्यकता नहीं ।" "पुंडरीक—सुन्दरि ! मैं तुम्हारी वाक्चातुरी से प्रभावित हूँ। ईश्वर ने तुम्हें रूप के अनुरूप वाणी भी दी है। तुम्हारी कमनीयता मानव-लोक में अलभ्य है।" नारी-पात्र के अनुरूप रत्नावली का यह संवाद 'राम रतनधन पायो' में है : "मैं निर्माण-उर्माण नहीं समझती । मायके एक मैं ही आयी हूँ या और स्त्रियाँ भी जाती हैं ?…" निम्नलिखित संवादों के पात्रों के बारे में अगर न भी बताया जाए तो केवल भाषा पर ध्यान देने से मालूम हो जाएगा कि एक पात्र हिन्दू है और दूसरा मुसलमान—"अन्नदाता ! अपनी बात अन्नदाता की सेवा में पहुँचाने के पहले सेवक अपने प्राणों की भीख माँगता है…?"

"फरियादी, क्या तुम नहीं जानते कि मा-बदौलत की हुकूमत में किसी आदमी या ओहदे का कोई मोल नहीं है ? हमारा इंसाफ अंधा है, जो आदमी की शक्ल नहीं देखता, सिर्फ फरियादी की आवाज सुनता है।" ये संवाद 'शेरशाह' में चन्द्रमाराय और शेरशाह के हैं। 'अकबर' एकांकी का यह संवाद अकबर की महान सम्भावनाओं का उद्घोष करता है—"अकबर—तुम बार-बार खानखाना का नाम क्यों ले रहे हो ? खादशाह खानखानां नहीं हैं, बादशाह हैं जलालुद्दीन अकबर !…हुकूमत चलाने के लिए अठारह साल की उम्र बहुत काफी है । अब हमें किसी के साये की जरूरत नहीं।" शर्माजी ऐसी सतर्कता से भाषा-सामग्रियों का प्रयोग करते हैं कि न तो भाव क्लिष्ट हो पाते हैं और न अभिव्यक्ति दुरूह । और

यही उनकी एकांकियों की कमनीयता एवं सफलता का कारण है।

आधार-ग्रन्थ

'खट्टा-मीठा' : ग्रन्थमाला कार्यालय, पटना-4, चतुर्थ संस्करण, सं० 2019
'आईना बोल उठा' : भारती भवन, पटना-4, संस्करण 1978
'प्रणाम की प्रदर्शनी में' : पारिजात प्रकाशन, पटना-1, संस्करण 1980
'मेरे श्रेष्ठ रंग एकांकी' : नेशनल पब्लिशिंग हाउस, दिल्ली, संस्करण 1991

आचार्य देवेन्द्रनाथ शर्मा का हिन्दी नाटकों के सर्जन में योगदान है

दशरथ ओझा

भारत के स्वतंत्र होते-होते संसार के विशिष्ट देशों की दृष्टि इसकी ओर आकृष्ट हुई। न केवल राजनीतिक क्षेत्र में, अपितु आर्थिक, सामाजिक, धार्मिक, नैतिक आदि क्षेत्रों में भी तत्कालीन प्रमुख राज्य अपनी-अपनी सत्ता स्थापित करने के उद्देश्य से करोड़ों का बजट बनाने लगे। अमेरिका, रूस, फ्रांस, चीन, जापान, आदि के दूतावासों में सांस्कृतिक विभाग नाम से संस्थाएँ बनाई गईं। इन संस्थाओं में विदेशी विद्वानों के साथ काम करनेवाले खोजे जाने लगे। प्रत्येक देश ने अपनी विचारधारा के अनुसार मान्यता रखनेवाले भारतीयों को अपने यहाँ नियुक्त किया। इस प्रकार ब्रिटिश राज्य के उपरान्त प्रथम बार इस देश में इंग्लैंड के अतिरिक्त अन्य समृद्ध देशों में प्रभुत्व की होड़ दिखाई पड़ने लगी। यही वह दौर है जिससे छिपे-छिपे पाश्चात्य संस्कृति का अभद्र रूप भी इस देश के मस्तिष्क में भरा जाने लगा। एक तरह से यह देश की संस्कृति-रक्षा के लिए बड़ा संकटकाल था। नवयुवक धन और यश के लोभ में विदेशी संस्कृतियों का प्रचार करते हुए दिखाई पड़े। उन्हें विदेशों से सब प्रकार की सुविधा मिली। उन्हें उन देशों में भ्रमण करते हुए पाँच-सितारा होटल में ठहराया गया। उनकी बड़ी आवभगत हुई। उनके परिवार, उनके बच्चों को विदेशों में छात्रवृत्तियाँ दी गईं। इस प्रकार हमारे देश में बुद्धिवादियों का एक ऐसा वर्ग तैयार होने लगा जिन्हें अपनी संस्कृति में हमेशा दोष ही दिखाई पड़ता था और जिन्होंने रूस, अमेरिका, फ्रांस, जापान, चीन आदि के विकृत साहित्य को मानदण्ड मानकर अपने देश में प्रचार करना आरम्भ कर दिया। ऐसे समय में आचार्य देवेन्द्रनाथ शर्मा ने भारतीय संस्कृति की विशेषताओं का, अपने नाटकों के माध्यम से, वास्तविक रूप रखने का सफल प्रयास किया। वे स्वयं विदेशों में भ्रमण कर चुके थे। सन् 1948-49 में उनके नाटक सफलतापूर्वक विश्वविद्यालयों में खेले जा चुके थे। रेडियो से उनके प्रथम नाटक पारिजातमंजरी

का न जाने कितनी बार प्रसारण हो चुका था। एक बार मैंने आचार्य देवेन्द्र से पूछा : "भइया आपको प्रथम बार नाटक लिखने के लिए पारिजातमंजरी शीर्षक क्यों सूझा?" बोले : "मैंने अध्ययनयकाल में बाणभट्ट के साहित्य का कई बार पारायण किया था मेरे मन पर उनकी रचनाओं का गहरा प्रभाव था। पारिजात नामक देववृक्ष के अतिलौकिक एवं सांस्कृतिक परिवेश का संपर्क, कथावस्तु के अनुरूप रूमानियत, काव्यत्व का ईशत् स्पर्श, कौतूहल जगाने की क्षमता, इनके कारण पारिजातमंजरी नाम मुझे बहुत अच्छा जान पड़ा।" महापण्डित राहुल सांकृत्यायन को भी यह शीर्षक बहुत पसन्द था। उन्होंने इसी शीर्षक से प्रकाशित एकांकी-संग्रह के प्राक्कथन में लिखा : "प्रो० देवेन्द्रनाथ शर्मा को बहुत दिनों—दो पीढ़ियों—से जानता हूँ। किंतु मेरे लिए भी यह एक नया आविष्कार सा मालूम हुआ जब मैंने उनके इन एकांकियों को देखा। वैसे उन्होंने लेखनी को देर से नहीं चलाया कम-से-कम मेरा ऐसा खयाल है। जो लोग जल्दी लेखनी चलाने लगते हैं और जल्दी अपनी कृतियों को प्रकाशित देखना चाहते हैं वे आगे चलकर प्रायः स्वयं घाटे में रहते हैं और समाज को भी घाटे में रखते है। हाँ मैं यह चाहूँगा कि देवेन्द्रजी की लेखनी जो अब चली है तो बराबर चलती रहे। इन चार एकांकियों में उनकी जिस प्रतिभा का दर्शन हो रहा है उसके चमत्कार को हम प्रचुर परिमाण में देखना चाहते हैं।"

एक बार ऐसे ही उनके साथ नाटकों पर चर्चा चली। मैं अपने पी-एच०डी० के लिए नाटकों पर शोध-कार्य कर रहा था। मैंने आचार्य शर्मा से जिज्ञासावश पूछा कि "नाटक का संबंध संगीत और नृत्य कला आदि से विशेष रूप से रहा है आपके नाटक इस कसौटी पर कैसे उतरे?" उन्होंने बताया कि "वैसे तो मेरे नाटकों के विविध विषय रहे हैं जैसे सामाजिक समस्याएँ, ऐतिहासिक घटनाएँ आदि पर अपने नाटक 'सुजान' में मैंने संगीत और नृत्य को भी नाटक का अंग बनाया है। यह नाटक सफलतापूर्वक मंच पर खेला भी जा चुका है। संगीत और नृत्य नाटक के अनिवार्य अंग नहीं होते पर यदि विषय तदनुकूल हो तो नाटक की चारुता को बढ़ाने में सहायक अवश्य होते हैं।" उनके नाटक 'सुजान' का कथानक मुहम्मदशाह के दरबार की नर्तकी सुजान और उसके ही दरबारी आनन्दराय की प्रेमकथा पर आधारित है। स्वभावतः इसमें संगीत एवं नृत्य का अंगीभूत होना उस नाटक के रसास्वाद में और सहायक सिद्ध होता है। पर अन्य नाटकों में जहाँ विषय तदनुकूल नहीं है उन्होंने बलपूर्वक संगीत और नृत्य को डालने का यत्न नहीं किया। जैसे 'चिकित्सा का चक्कर' (1950) आज की चिकित्सा-पद्धति पर करारा व्यंग्य है। इसमें हास्यरस के माध्यम से आधुनिक चिकित्सा पद्धति के दोषों को उजागर किया गया है। इसी प्रकार 'युगधर्म' (1951) शीर्षक एकांकी में उन सिद्धांतवादियों पर व्यंग्य किया गया है जो स्वजनों के लिए सिद्धांत को ताख पर

रखकर परीक्षा में पैरवी किया करते हैं। इस प्रकार के व्यंग्यप्रधान नाटकों में में आचार्य शर्मा का लक्ष्य था सामाजिक बुराइयों की ओर सामाजिकों का ध्यान आकृष्ट करना। और इन एकांकियों को देखते समय जो दर्शक हँसी से लोट-पोट हो जाते वे ही प्रेक्षागृह से बाहर आने पर इन समस्याओं पर गम्भीरतापूर्वक विचार करने के लिए भी बाध्य होते।

नाट्यकार के रूप में सर्जनात्मक लेखन का प्रारम्भ तो सन् 1949 में 'पारिजात-मंजरी' से हो चुका था पर वह आगे कैसे बढ़ा इस विषय में एक घटना सुनाते हुए आचार्य शर्मा ने मुझे बताया था : "मैं पटना कॉलेज में प्राध्यापक था। सन् 1949 में अंग्रेजी के प्राध्यापक, केम्ब्रिज विश्वविद्यालय के स्नातक, के०पी० सिन्हा साहब भी मुजफ्फरपुर से स्थानान्तरित होकर प्राचार्य के रूप में वहाँ आ गए थे। उन्होंने संगीत-नृत्य-नाट्य की एक परिषद् खड़ी की जिसका दायित्व मुझे सौंपा। हम दोनों का आदर्श एक ही था—"योग : कर्मसु कौशलम्" अर्थात् किसी कार्य को पूर्ण कौशल के साथ करते रहना ही योग का लक्षण है, यही भगवानकृष्ण का आदेश है, उपदेश है। मैं जीवन भर इसी आदर्श को प्रतिदिन के कार्यों में उतारने का प्रयास करता रहा हूँ। हम दोनों ने अच्छे-अच्छे सांस्कृतिक कार्यक्रम चलाने की योजना बनाई। इसमें नाटकों का मंचन भी शामिल था। सिन्हा साहब स्वयं साहित्य के मर्मज्ञ थे। उन्होंने तब तक के हिन्दी के सभी लब्धप्रतिष्ठ नाट्यकारों की कृतियों को देखा-सुना, पर उन्हें संतोष नहीं हुआ। उन्होंने मुझसे कहा कि "आप ही कोई एकांकी लिख डालिए।" और तब मैंने 'चिकित्सा का चक्कर' लिखा था। उसके बाद तो वह क्रम कई वर्षों तक लगातार चलता रहा। मेरे उस समय के एकांकी प्रायः सामाजिक समस्यामूलक हैं।"

आचार्य शर्मा का दृढ़ मत था कि परमात्मा जिससे कुछ कार्य कराना चाहता है उसके अन्तःकरण में बैठकर वही प्रेरणा देता रहता है और तदनुकूल परिस्थितियाँ भी बनाता रहता है। संयोग की बात कि श्री जगदीशचन्द्र माथुर आई०सी०एस० उस समय बिहार के शिक्षा सचिव होकर पटना पहुँच गए थे। माथुर साहब से मेरा घनिष्ठ परिचय था। वे स्वयं नाटककार और कलानुरागी थे। पश्चिम के विसंगत नाटकों का जो कुप्रभाव दिल्ली पर पड़ रहा था उसकी धारा को रोकने के लिए भारतीय संस्कृति से जुड़े हुए नाटकों के मंचन की योजना बनी। इसी संदर्भ में आचार्य शर्मा ने 'आचार्य द्रोण' नामक एकांकी की रचना की। इसका कथानक महाभारत से लिया गया था अतः भारतीय संस्कृति से पूरी तरह जुड़ा हुआ था। पर साथ ही इसमें ऐसे संदर्भों की योजना भी शर्माजी ने की जो मानवता के शाश्वत मूल्य हैं। निम्नलिखित उद्धरण दृष्टव्य हैं :

द्रुपद : तुम बड़े भोले हो ब्राह्मण! क्या यह भी नहीं जानते कि गुरुकुल की मित्रता गुरुकुल की सीमा तक ही रहती है?

आचार्य द्रोण : क्या मनुष्यता भी गुरुकुल की सीमा तक ही रहती है ?

× × ×   × × ×

आचार्य द्रोण : ···और—सच पूछो तो कोई भी आचार्य, जो आचार्यत्व की गरिमा और मर्यादा को समझता है, लौकिक सम्पत्ति का लोभी नहीं होता। उसकी सबसे बड़ी सम्पत्ति है—कीर्ति, उसकी सबसे बड़े विभूति है—समाज में सद्‌गुणों की प्रतिष्ठा।

× × ×   × × ×

आचार्य द्रोण : ···द्रुपद ! भारत के मनीषी आचार्यों ने धन का लोभ इसलिए नहीं किया कि उसके बिना भी उनके सम्मान में, उनकी प्रतिष्ठा में कोई आँच नहीं आई, परन्तु जब सम्मान और प्रतिष्ठा का आश्रय धन बन जाएगा तो आचार्यों को भी धन की चिन्ता होगी और जानते नहीं कि धन अकेला नहीं रहता ? उसके आगे-पीछे अनर्थों की परम्परा चलती है। उन अनर्थों के बीच ज्ञान की साधना क्या सम्भव है ?

'आचार्य द्रोण' का मंचन 1955 में हुआ। महाभारत-कालीन वेशभूषा की आधिकारिकता की रक्षा के लिए आचार्य शर्मा ने स्वयं तो शोध किया ही प्राचीन भारतीय इतिहास तथा संस्कृति विभाग के विद्वान अध्यक्ष डॉ० अनंत सदाशिव अल्तेकर से परामर्श भी लिया। शर्माजी की रचनाओं—सर्जनात्मक अथवा शास्त्रीय—का एक महत्वपूर्ण पक्ष रहा है प्रामाणिकता। नाटकों में यह प्रामाणिकता मंचन के प्रत्येक पक्ष पर उनकी सूक्ष्मेक्षिका में परिलक्षित होती है।

1951 के बाद के एकांकियों में आचार्य शर्मा ने कथावस्तु का चयन भारतीय इतिहास के मध्ययुग से—जिसे आमतौर पर मुग़ल काल कहा जाता है—किया। यह उनकी सर्जनात्मक सरणि में एक नया मोड़ है। सामाजिक एकांकियों में जहाँ समाज की बुराइयों या समस्याओं का प्राधान्य था वहाँ ऐतिहासिक एकांकियों में विभिन्न वृत्तों की मार्मिकता, उनके चयन का आधार प्रतीत होती है। इतिहास में विशेष रुचि होने के कारण उन्होंने बाबर, शेरशाह, अकबर, जहाँगीर, शाहजहाँ, मुहम्मदशाह आदि के जीवन के मार्मिक प्रसंगों को अपने एकांकियों का विषय बनाया। जब मैं इन नाटकों को पढ़ता हूँ और उनकी भाषा में उर्दू, अरबी, फारसी शब्दों का प्रयोग, छोटे-छोटे वाक्यों में गम्भीर भावों को भरने की कला का चमत्कार देखता हूँ, तो आश्चर्यचकित रह जाता हूँ। यह भाषा संस्कृत एवं हिन्दी के निष्णात विद्वान की कलम से ही निकली है, यदि मैं आचार्यजी को स्वयं न जानता होता तो, मानने में शायद दिक्कत होती। इन एकांकियों में भी जीवन के स्थाई मूल्यों की तथा आधुनिक समस्याओं की व्यंजना स्पष्ट रूप से दिखाई पड़ती

है। वस्तुतः शर्माजी के सर्जनात्मक साहित्य का मूलाधार ये दो सूत्र रहे हैं। इसलिए उन्होंने उपस्थापन का कोई भी विषय क्यों न चुना हो इन दो सूत्रों की अन्तःस्रोतस्विनी सर्वत्र प्रवहमान दीखती है। वे इतिहास की घटनाओं का इस ढंग से निरूपण करते हैं कि वर्तमान युग की समस्याएँ अपने आप प्रस्फुटित होने लगती हैं। यहाँ एक उदाहरण देकर मैं अपनी बात स्पष्ट करना चाहूँगा। प्रसंग है 'शाहजहाँ के आँसू' शीर्षक एकांकी का !

शाहजहाँ को एक दिन फाजिल खाँ यह खबर सुनाने गया कि बादशाह औरंगज़ेब ने शाहज़ादा मुराद जैसे सर्वप्रिय नवयुवक का क़त्ल करा दिया है। शाहजहाँ के हृदय का उद्गार देखिए :

"शाहजहाँ (चौंककर) क़त्ल करा दिया ? यह आखिरी चिराग़ भी गुल हो गया। हर दिल अजीज़ मुराद।···बेचारे का इतना ही तो कुसूर था कि वह मेरा बेटा होकर पैदा हुआ था।···दारा ! शुजा ! मुराद ! तीनों चले गये। ये मुमताज की निशानियाँ थे उनकी धरोहर थे। मैं इन्हें अच्छी तरह रख नहीं सका इसीलिए उसने अपने इन लाड़लों को, जिगर के टुकड़ों को, अपने पास बुला लिया।···आज अगर इन बाजुओं में ताकत होती तो मैं फिर एक बार तलवार उठाता। तख्त के लिए नहीं, ताज के लिए नहीं, वल्कि अपने बेटों के खूनी से उनके खून का बदला लेने के लिए। मगर···क्या करूँ? बुढ़ापे ने वह ताकत छीन ली। फाजिल खाँ ! आज तो काफी सुना चुके। अब तुम जाओ।"

दूसरे दिन की घटना—औरंगज़ेब के द्वारा शाहजहाँ की पहरेदारी में नियुक्त असद खाँ आधी रात को जाग रहा है कि कहीं शाहजहाँ भाग न जाय। शाहजहाँ को उस पर तरस आ रहा है।

शाहजहाँ (सोचते हुए)—कैदी भी जगा है। कैद करने वाला भी जगा है। (सूखी हँसी हँसते हुए)···जाओ असद खाँ। थोड़ी देर झपकी ले लो। मैं हवा बनकर नहीं उड़ जाऊँगा। जब अब तक नहीं भागा तो अब क्या भागूँगा। जिस हाथ में तलवार रहती थी उसमें अब रंगों की कूँची है, जिन पाँवों के चलने पर धरती सहम जाती थी वे अब चलने में लड़खड़ाते हैं। इन काँपते हाथों और लड़खड़ाते पाँवों से भी औरंगज़ेब इतना घबराता है ? उसके हाथ में हुकूमत की बागडोर है, एक इशारे पर खून की नदी बहानेवाले सिपाहियों की फौज है और दुनिया को मसल डालनेवाली जवानी की ताकत है, वह चाहे तो पलक मारते इस किले को धूल में मिला सकता है, फिर भी मुझसे डरता है। जागने के लिए एक मुझे ही छोड़ दो, असद खाँ। मुझसे तुम्हें और कुछ नहीं मिल सकता तो दो घड़ी चैन और नींद तो मिल जाये। जाओ, सो जाओ, मैं किले को छोड़कर और कहीं नहीं जाऊँगा। यहाँ के ज़र्रे-ज़र्रे में मेरी ज़िन्दगानी के अफसाने हैं। इसे छोड़ने की

हिम्मत मुझमें नहीं है (जहाँनारा से) बेटी ! तेरी आँखों में भी नींद नहीं है? इस जगह जितने हैं सभी जग रहे हैं। कोई बीते दिनों की याद में, कोई हमदर्दी में, कोई रोटी की तलाश में। तू अब तक जगी क्या कर रही थी ?

आचार्य शर्मा सन् '52 में दो वर्षों के लिए इंग्लैण्ड गए। उन्होंने विदेशों में शेक्सपियर, बर्नार्ड शा, चेखव आदि के नाटकों के साथ-साथ समसामयिक नाटकों का मंचन भी देखा। इस प्रवास में मंचीय व्यवस्था के विभिन्न आयामों को निकट से जानने का अवसर उन्हें मिला। कई नाटकों में प्रतीक मात्र से रंगमंच को सजाया जाता था। बर्लिन में गैलीलियो के जीवन पर आधारित एक नाटक देखने की चर्चा उन्होंने की है जिसमें मंच पर कोई साज-सज्जा नहीं थी। इसके विपरीत कोरिया की राजधानी प्योंग-योंग में मंच पर जहाज चलने का और 'हेग' इंटरनेशनल कोर्ट की शानदार इमारत का दृश्य भी उन्होंने देखा था। उन्होंने अपने नाटकों में रंग-निर्देश में अति का परिहार करते हुए मध्यम मार्ग को अपनाया है। उनके रंग-निर्देश न तो संस्कृत नाटकों की तरह सूक्ष्म हैं और न पश्चिम के नाटकों की तरह अत्यन्त विस्तृत। स्थूल विवरण देकर, जिससे वातावरण और देशकाल का ज्ञान हो जाय, शेष उन्होंने निर्देशक की सुविधा या पाठक की कल्पना पर छोड़ दिया है। इस प्रकार उनके नाटकों के मंचन में निर्देशक किसी बंधन में बँधा अनुभव नहीं करता और न ही पाठक लम्बी-लम्बी दृश्य योजनाओं को पढ़ने में ऊब का अनुभव करता है। उनकी इस सफलता का आधार था नाट्य के प्रत्येक क्षेत्र में उनका स्वय का व्यावहारिक अनुभव। वे केवल नाट्य-लेखक ही नहीं थे, उन्होंने नाटकों का निर्देशन भी किया था और उनमें अभिनय भी। स्वभावत: वे मंचन की समस्याओं से परिचित थे और अपने इस ज्ञान का सफल उपयोग उन्होंने अपनी रचनाओं में किया।

आचार्य शर्मा के नाटकों की एक अनन्य विशेषता है दृश्यता के साथ पाठ्यता। बल्कि रेडियो से प्रसारित उनके नाटकों को सुनने के बाद इस क्रम में श्रव्यता को भी जोड़ना पड़ता है। नाटक सामान्यत: दृश्य-काव्य माना जाता रहा है पर वे उसे केवल दृश्य नहीं मानते थे। सामान्य जन को भी पुस्तक उपलब्ध होने के इस युग में वे नाटक को पाठ्य-विधा के अन्तर्गत भी मानने के पक्षधर थे। वस्तुत: यदि कोई रचना पढ़ते समय रूखी और नीरस जान पड़े तो वह रंगमंच पर भले ही अभिनय कला के द्वारा अच्छी लगने लगे, पर उच्चकोटि के नाटकों में परिगणित नहीं हो सकती। श्रेष्ठ नाटक की पहचान यह है कि उसकी कथायोजना, उसका संवाद, आदि से अन्त तक पाठक या दर्शक को बाँधे रखे। यह केवल प्रज्ञावान नाटककार के लिए ही सम्भव हो सकता है। आचार्य शर्मा प्रज्ञावान नाटककार थे इसलिये उनके नाटक मंच पर दर्शकों के बीच जितने सफल रहे रेडियो पर श्रोताओं के बीच भी उतने ही लोकप्रिय हुए, साथ ही पाठकों को इन नाटकों को पढ़ते समय

उसी प्रकार रसानुभूति होती है जैसे दर्शकों या श्रोताओं को। एक साथ तीन माध्यमों में पूर्ण सफलता प्राप्त करने वाले नाटककार हिन्दी में कम हुए हैं।

आचार्य देवेन्द्रनाथ शर्मा न केवल भारतीय काव्यशास्त्र और नाट्यशास्त्र के प्रसिद्ध विद्वान थे अपितु पाश्चात्य काव्यशास्त्र और नाट्यशास्त्र का भी उन्होंने गहन अध्ययन किया था। अध्ययन के साथ-साथ उन्हें भाग्यवशात पश्चिम के विद्वानों, नाट्यकारों से भी मिलने का सुअवसर मिला था। नाटक और रंगमंच के प्रति बाल्यकाल से ही उनकी जो अभिरुचि बन गयी थी उससे प्रेरित होकर उन्होंने विभिन्न देशों में नाटकों का अभिनय स्वयं देखा भी था। ऐसा सौभाग्य हिन्दी के विरले ही नाट्यकारों को मिल सका।

स्वतंत्रता के उपरान्त विदेशों से जो नाट्य संस्थायें यहाँ अपने नाटक दिखाने आईं उनमें कुछ तो अपने देश के सर्वश्रेष्ठ नाटकों का प्रदर्शन करती रहीं जिनका भारतवासियों पर अच्छा प्रभाव पड़ा। पर कतिपय ऐसी नाट्यसंस्थाएँ भी आयीं जिन्होंने घटिया नाटकों को जगह-जगह दिखाया जिनका नवयुवकों पर दुष्प्रभाव पड़ना स्वाभाविक था। एक बार अमेरिका से नाट्यदल दिल्ली में लगभग एक सौ पात्रों के साथ नाटक दिखाने आया जिसने जगह-जगह रंगमंच पर दिन दहाड़े सम्भोग का प्रदर्शन किया। वहाँ मैं भी स्वयं उपस्थित था। आश्चर्य की बात है कि नाटक कला अकादमी के अधिकारियों ने इसे नवीन प्रयोग कहकर उस समय इसकी प्रशंसा की जबकि उनके दर्शकों का—विशेषकर स्त्रियों का सिर—लज्जा से झुका हुआ था। जब मैंने इसकी चर्चा आचार्य शर्मा से की तो वे बोले—दुर्भाग्य की बात है कि कई विदेशी शक्तियाँ हैं जो हमारे देश को आचारभ्रष्ट बनाने के लिए लाखों करोड़ों रुपया खर्च कर रही हैं लेकिन उनको हम अपना हितैषी माने बैठे हैं। ऐसी कृतियाँ पश्चिम में वर्जित मानी जाती हैं। कहने का तात्पर्य यह है कि आचार्य शर्मा उन्हीं नये प्रयोगों को अपने देश के लिए उपयोगी मानते थे जो हमारी परंपरा की मूल धारा से मेल खाती थीं।

नाटक के सम्बन्ध में उनकी कुछ ऐसी मान्यताएँ हैं जो आज ही नहीं भविष्य की पीढ़ी के लिए भी मंत्र का काम दे सकती हैं। उनका कथन है कि "प्रतिभाशाली नाटककार की अन्तःप्रज्ञा उसे नये-नये प्रयोगों के लिए मार्ग दिखा सकती है। जिसमें इस स्वाभाविक शक्ति का सर्वथा अभाव होगा वह उच्च कोटि का नाट्य लिख ही नहीं सकता। अन्तःप्रज्ञा के साथ-साथ नाट्य का विस्तृत अध्ययन भी आवश्यक है।" आचार्य शर्मा भरत के नाट्यशास्त्र के सिद्धान्तों से मूलतः प्रभावित थे पर उन्होंने अरस्तू और क्रोचे का भी विधिवत् अध्ययन किया था। शेक्सपियर और बर्नार्ड शा की सारी कृतियाँ उन्हें हस्तामलक थीं। हिन्दी के विरले ही नाट्य-कारों ने इतना गम्भीर अध्ययन किया था। श्री जगदीशचन्द्र माथुर, बादल सरकार, डॉ० रामकुमार वर्मा जैसे कतिपय नाट्यकार ही इतनी गम्भीरता से नाट्यशास्त्र

और नाट्यकृतियों का अध्ययन कर पाये थे। इसलिए यह कहा जा सकता है कि जिन विद्वानों ने भारतीय नाट्यकला को आधुनिकता से जोड़ने का प्रयास किया उनमें गम्भीरता और विद्वत्ता की दृष्टि से देवेन्द्रनाथ शर्मा का प्रमुख स्थान है।

उनके तीन एकांकी नाटक संग्रह प्रकाशित हुए। प्रशासनिक पदों के दायित्व को सम्भालने में वे नाट्य-रचना के लिए समय निकाल ही नहीं पाए। इस कारण नाट्य-रचना और उसके प्रदर्शन में जितना योगदान दे सकते थे उतना वे कर नहीं पाये। फिर भी नौ वर्ष की अवस्था से लेकर लगभग पचास-पचपन की अवस्था तक साहित्य की विविध विधाओं के अतिरिक्त नाट्यविधा में जो कुछ उनका योगदान रहा है वह उन्हें साहित्य के इतिहास में अमर बनानेवाला है।

इतिहास-चेतना के विशिष्ट एकांकीकार : आचार्य देवेन्द्रनाथ शर्मा

समर बहादुर सिंह

आचार्य देवेन्द्रनाथजी शर्मा ने मुझे अपनी सद्यः प्रकाशित पुस्तक 'शाहजहाँ के आँसू' सन् 1966 में स्नेह-भेंट में दी थी। घर ला मैंने उसे पढ़ा—एक नहीं, कई बार। और आज भी जब मुगल-इतिहास का कोई मार्मिक प्रसंग चित्रित करना होता है, तो प्रेरणा प्राप्त करने के लिए मैं उसके पन्ने फिर पलट लेता हूँ—उसी प्रकार जैसे मेरे दादा-गुरु सर यदुनाथ सरकार औरंगज़ेब का इतिहास लिखते समय अपने एक चहेते अंग्रेजी इतिहास-लेखक की रचना को बार-बार पढ़ा करते थे, उसकी शैली को आत्मसात् करने हेतु। आखिर क्या बात है उस लघुकाय एकांकी-संग्रह में जो उन दिनों अपनी धूम मचाए हुए था—दर्शक, श्रोता, पाठक —सबके मानस पर छाया हुआ था। उत्तर के लिए हमें इसे निकट से निरखना-परखना पड़ेगा।

'शाहजहाँ के आँसू' में कुल छः एकांकी हैं—सभी भारतीय इतिहास के मुग़ल-काल से सम्बन्धित और उसी काल-क्रमानुसार। पट-कथा के लिए शर्माजी ने उन्हीं प्रसंगों को चुना, जो बहुधा जाने-सुने हैं, और जिनमें भावनाओं की, उद्वेगों की प्रचुरता है। स्वभावतः ये प्रसंग जन-मानस को उद्वेलित करते हैं, उन्हें विस्मित और विह्वल करते हैं और मुग़ल इतिहास अपनी सारी चमक-दमक, सारे वैभव-विलास और सारी कुंठाओं और विसंगतियों के साथ उभरकर उसके सामने आ जाता है। कथा-चयन में शर्माजीने जिस जन-रुचि का परिचय दिया है, वही इस एकांकी-संकलन को अपनी एक अलग पहचान, एक अलग विशिष्टता प्रदान करता है।

पहला एकांकी 'बाबर की ममता' भारत में मुगल-साम्राज्य के प्रतिष्ठापक बाबर के व्यक्तित्व के उन पहलुओं को उजागर करता है जो उसे क्रूर आक्रान्ता ही नहीं, अपितु एक सहृदय पिता के रूप में भी चित्रित करते हैं। अपने ज्येष्ठ पुत्र

हुमायूँ की प्राण-रक्षा में वह किस प्रकार अपना जीवन उत्सर्ग कर देता है, इसका अत्यन्त मर्मवेधी निरूपण हुआ है —इस एकांकी में।

दूसरा एकांकी अफगान-शासक शेरशाह की असाधारण उपलब्धियों—उसकी विजय, उसकी कुशल शासन-व्यवस्था, उसकी न्याय-प्रियता और फिर कालिंजर में उसकी आकस्मिक मृत्यु को रूपायित करता है। सूखे इतिहास को नाटकीयता का जामा पहनाकर, इस एकांकी को लेखक ने सचमुच बड़ा दिलचस्प बना दिया है।

शेरशाह और उसके वंशजों के अल्पकालीन शासन के पश्चात् एक बार फिर प्रतिष्ठित होता है—मुगल-साम्राज्य। और उसके प्रतिष्ठापक अकबर के बहु-आयामी व्यक्तित्व से शर्माजी इतने प्रभावित हैं कि उस पर एक नहीं, दो-दो एकांकी रच डाले हैं—एक 'अकबर' जिसमें मालवा की अप्रतिम सुंदरी 'रूपमती' और अकबर के अभिभावक 'बैरमखाँ' के रोचक प्रसंग हैं और दूसरे 'अनुताप' में शाहजादा सलीम की साज़िश से मुगल-सामन्त अबुलफजल की निर्मम हत्या का हृदयविदारक वर्णन है। ग़लतफ़हमी का शिकार सलीम उस रत्न को खोकर किस प्रकार अनुताप की अग्नि में निरंतर जलता रहता है, इसका बड़ा मार्मिक चित्र उकेरा गया है इस एकांकी में।

अंतिम दो एकांकी जहाँगीर और उसके बेटे शाहजहाँ के कतिपय भावुक पहलुओं को उजागर करते हैं। सलीम-मेहरुन्निसा-प्रणय एक जानी-सुनी गाथा है। किन्तु शर्माजी की लेखनी ने उसमें जो चमत्कार भर दिया है, वह सर्वथा सराहनीय है। इसी प्रकार बंदीगृह में वृद्ध शाहजहाँ कितनी घुटन, कितनी उपेक्षा की ज़िन्दगी जीता है, इसका बड़ा सजीव निरूपण हुआ है— इस अंतिम एकांकी 'शाहजहाँ के आँसू' में।

शर्माजी के अन्य एकांकियों को मैं नहीं पढ़ पाया हूँ; किन्तु इन छः एकांकियों में उन्होंने इतिहासचेतना को जिस प्रकार रूपायित किया, उसे सजाया-सँवारा और उसे मनोहारी परिवेश दिया, वह इस बात का सबल प्रमाण है कि शर्माजी इस विधा के अपने ढंग के अनूठे एकांकीकार थे।

पटकथाओं की ऐतिहासिक प्रामाणिकता के बारे में शर्माजी ने अपना दृष्टिकोण प्रारम्भ में ही स्पष्ट कर दिया हैं। उन्हीं के शब्दों में, "ये सभी नाटक ऐतिहासिक हैं, परन्तु इसका अर्थ यह नहीं कि ये इतिहास हैं। काव्यगत सत्य ऐतिहासिक सत्य से भिन्न होता है। और रस की दृष्टि से इतिहास में परिवर्तन का अधिकार लेखक को प्राप्त है। मैंने उस अधिकार का आवश्यकतानुसार उपयोग किया है।"

शर्माजी रस को नाटक का अपरिहार्य तत्त्व मानते हैं। "रस का सीधा-सादा अर्थ है आनन्द। साहित्य का कोई प्रकार क्यों न हो, यदि उसमें आनन्द नहीं उपलब्ध होता तो उसकी ग्राह्यता संदिग्ध रहेगी।" इन एकांकियों में शर्माजी की

यह मान्यता पग-पग पर परिलक्षित होती चलती है। इनमें इतिहास और आख्यान, तथ्य और कल्पना का बड़ा सुन्दर समन्वय हुआ है। रूखे-सूखे इतिहास में रस भरने की कला में शर्मा जी निष्णात थे—सर्वथा अन्यतम।

इन एकांकियों की पट-कथाएँ तो रागात्मक हैं, उनके संवाद भी कम दिलचस्प नहीं। पात्रों की हाज़िर-जवाबी का कहना ही क्या। 'गागर में सागर' भर देना इन संवादों की विशिष्टता है। ये जितने चुस्त हैं, उतने चुटीले भी। इन्हें पढ़-सुन बिहारी विषयक यह दोहा अनायास याद आ जाता है :

"सतसैया के दोहरे, ज्यों नावक के तीर,
देखन में छोटे लगें, घाव करें गम्भीर।"

प्रस्तुत हैं इन संवादों के कुछ उद्धरण :

हुमायूँ का इलाज करने वाला हकीम बाबर को ढाढस बँधाते हुए कहता है : "आलमपनाह की खिदमत में ही ताबेदार की दाढ़ी सुफ़ेद हो गई। मुर्तजा आलमपनाह के दिल के दोनों पहलुओं से अच्छी तरह वाक़िफ़ है, जो सख्ती और मुलामियत दोनों में नायाब है। एक ओर जिस हाथ में तलवार आने पर लड़ाई के मैदान में दुश्मनों पर बिजलियाँ गिरती हैं, वही जब कलम पकड़ता है तो उससे शायरी की वे फुलझड़ियाँ झड़ती हैं, जिससे दिल का कोना-कोना जगमगा जाता है। मुझे यकीन है कि आलमपनाह की तलवार और कलम दोनों की बेमिसाल खूबी, जबतक यह दुनिया क़ायम है, तब तक क़ायम रहेगी।"

बाबर के समूचे व्यक्तित्व का, उसके 'साहब-ए-सैफबाकलम' होने का कितना सटीक चित्रण हुआ है—इस संक्षिप्त संवाद में।

सलीम (जहाँगीर) और नूरजहाँ (मेहरुन्निसा) के बीच हुए संवाद तो इतने रोमांचक; इतने गुदगुदानेवाले हैं कि उन्हें पढ़-सुनकर तबियत फड़क उठती है, दिल बाग-बाग हो जाता है। अन्तःपुर के उद्यान में दोनों अल्हड़ अचानक मिल जाते हैं और फिर उनकी गुफ्तगू :

सलीम : क्या खूब, शाबाश।

मेहर : (सकपकाकर) आप हैं कौन ?

सलीम : देखने-सुनने में तो इंसान ही जैसा लगता हूँ।

मेहर : तो यहाँ आने के लिए आपको किसने इजाज़त दी ?

सलीम : किसने ? मेरे दिल ने। मैं जहाँ भी जाता हूँ, दिल की इजाज़त लेकर ही जाता हूँ।

मेहर : आप सीधे बताते क्यों नहीं कि आप कौन हैं ?

सलीम : तुमने मुझे बताने का मौका ही कहाँ दिया ? आने के साथ ही ता त्योरी चढ़ा ली···

नटखट मेहर और शरारती सलीम के प्रेमालाप इसी तरह चलते रहते हैं: नाटक का रस-परिपाक होता रहता है।

एकांकियों के इन संवादों में यत्र-तत्र शाश्वत सत्य भी पिरोए मिलते हैं, लगभग उसी प्रकार जैसे रामचरितमानस के कथा-सूत्र में भारतीय दर्शन पिरोया है। और वह इतनी कुशलता से गूँथे गए हैं कि बिना उपदेश का बोझ वहन किए श्रोता-पाठक का नवचेतन मन उन्हें सहर्ष ही ग्रहण कर लेता है। यथा—अबुल-फ़जल का अनुचर स्वामी से आराम करने का आग्रह करता है।

"काम करने से तबीयत ज़्यादा खराब हो जाएगी।"

अबुलफ़जल : अजमल, काम करने से कहीं तबीयत खराब होती है। काम ही तो ज़िंदगी है, भला, उससे तबीयत खराब होगी। और अबुलफ़जल के लिए सबसे बड़ा आराम है काम। बिना काम का आराम मुर्दा करता है, ज़िन्दा नहीं।

सारे एकांकी इस प्रकार के संजीदे कथोपकथनों से भरे पड़े हैं।

इतिहास-चेतना को रूपायित करने वाले इन एकांकियों की एक और विशिष्टता है—और वह है पात्रों की सीमित संख्या। एकांकी वहीं प्रभावी होता है जिसमें पात्रों की बहुलता, उनकी भरमार न हो। रेडियो के लिए लिखे गए एकांकियों में तो यह बात और महत्वपूर्ण हो जाती है। रेडियो नाटक मूलतः सुने जाते हैं—पढ़े अथवा देखे नहीं जाते। अमृतलाल नागर के शब्दों में रेडियो-नाटकों के लिए 'कान ही आंखें' होती हैं। यदि पात्रों की संख्या सीमित रहती है, तो उनकी पहचान सहज होती है, श्रोता से पात्रों का तादात्म्य बना रहता है। रंग-मंच पर भी पात्रों की भीड़-भाड़ कथानक के रस-परिपाक में बहुत सहायक नहीं होती।

शर्माजी के सभी एकांकियों में पात्रों की संख्या सीमित है। 'बाबर की ममता' में मात्र पाँच पात्र हैं और 'फूल या काँटा', में भी कुल पाँच पात्र हैं, 'शाहजहाँ के आँसू' में तो केवल चार ही पात्र हैं। ज़ाहिर है कि ये तीनों एकांकी मूलतः प्रसारण के लिए ही लिखे गए थे। अन्य नाटकों में भी पात्रों की अधिकतम संख्या आठ ही है। हाँ, 'शेरशाह' एकांकी में पात्रों की बहुलता जरूर है। अनुमानतः यह नाटक शर्माजी ने पहले ही लिखा होगा और वह भी तत्कालीन रंग-मंच की अपेक्षाओं के अनुकूल। वैसे शेरशाह के व्यक्तित्व के विभिन्न पहलुओं पर प्रकाश डालने हेतु पात्रों की बहुलता अपरिहार्य है।

पात्रों के चरित्र-चित्रण में भी शर्माजी के एकांकी किसी तरह कमज़ोर नहीं पड़ते। जो चरित्र इतिहास में जैसा है, इन एकांकियों में वह वैसे का वैसा ही दर्शाया गया है। शेरशाह महत्वाकांक्षी है, उसमें अद्‌भुत आत्म-विश्वास है और वह रण-बाँकुरा अपने पुरुषार्थ के बल पर हुमायूँ को हराता-खदेड़ता भारत का सम्राट्

बन बैठता है। 'शेरशाह' एकांकी में हुबहू उसका यही चरित्र उभरता है, किन्तु लेखक के कल्पनात्मक सर्जन ने उसे कहीं अधिक आकर्षक और रोचक रूप दे दिया है। अकबर का राष्ट्रीय दृष्टिकोण उसका शौर्य, औदार्य और कला-प्रियता, उस पर लिखे दोनों एकांकियों में बड़े चित्ताकर्षक ढंग से प्रस्तुत किया गया है। जहाँगीर, नूरजहाँ, शाहजहाँ, जहाँनारा के चरित्र-चित्रण में भी इन एकांकियों में जो निरूपित हुआ है, वह सर्वथा इतिहास-सम्मत है—वास्तविकता से भरपूर।

नूरजहाँ के चरित्र-चित्रण में लेखक ने सचसुच कमाल दिखाया है। कुमारी मेहर का शाहज़ादा सलीम के प्रति प्यार और फिर विवाहिता मेहर का पति शेर अफ़गान के प्रति समर्पण—इन द्वन्द्वों में फँसी मेहरुन्निसा का कितना मर्मस्पर्शी चित्रण हुआ है उसके इस 'स्वगत' में : "मेरे लिए इस ज़मीन पर जन्नत बसा था। लेकिन सब सपना हो गया। एक झटके से सब टूट गया। वे चाँदी के दिन, सोने की रातें, पागलपन-सी सरूर-सी ज़िदगी में आईं और चली गईं। सलीम मेरे दिल के बाग़ में बहार बनकर आए, दिल का कोना-कोना जगमगा उठा, और एकाएक यह खिजाँ। बाग़ उजड़ गया वीरान हो गया। आज एक-एक याद बिच्छू का डंक बनकर लग रही है। मुहब्बत ! पहली मुहब्बत भी क्या भूलने की चीज़ है ? मैं अपना फर्ज़ अदा नहीं कर पाती। मैं क्या करूँ ? मैं क्या अपनी जवाबदेही नहीं समझती ? समझती हूँ, अच्छी तरह समझती हूँ। लेकिन आह—! न आगरा भूलता है, न सलीम भूलते हैं। यह दिल का बवंडर, यह तूफान किसे दिखाऊँ ? भीतर सोचती कुछ हूँ; ऊपर दिखाती कुछ हूँ। या खुदा ! मुझे ताकत दे मेरी कमज़ोरी दूर कर। मेरे शौहर कितने अच्छे हैं, बर्दवान कितना सुहावना है। नहीं, अब नहीं, अब सलीम की याद नहीं, अब आगरे की याद नहीं। मेरे लिए बहिश्त, जन्नत यह बर्दवान है, मेरे देवता मेरे शौहर हैं, मेरे शौहर।"

मेहरुन्निसा के मन की यह ऊहापोह, यह मानसिक द्वन्द्व उसके चरित्र-चित्रण को सचमुच मानवीय बना देता है।

अब रही भाषा की बात। एकांकी वही ग्राह्य होता है जिसमें सहज सम्प्रेषणीयता हो। भाषा जितनी सरल, सुबोध और मधु-पगी होगी, जन-मानस को वह उतना ही प्रभावित करेगी। साथ ही वह भाषा पात्रों के अनुकूल भी होनी चाहिए। मसलन, यदि कोई परिपक्व, प्रकांड पंडित बोल रहा हो, तो ज़ाहिर है कि उसकी भाषा संस्कृतनिष्ठ तो होगी ही, उसमें एक संतुलन, एक गांभीर्य और एक विशिष्ट स्तर भी होगा। यदि कोई मुग़ल-दरबारी अथवा शाही खानदान का शख़्स होगा तो उसकी ज़ुबान उर्दू तो होगी ही, उसमें अरबी-फ़ारसी लफ़्ज़ों की बहुतायत होगी। अल्हड़ युवक-युवतियों का अपना चुलबुलापना होगा। शर्माजी के सभी एकांकियों में अत्यन्त उपयुक्त भाषा का प्रयोग हुआ है—प्रांजल,

प्रवहमान और बहुधा विमुग्धकारी कहीं-कहीं तो वह बड़ी ही काव्यात्मक हो जाती है। हिन्दी-संस्कृत का यह महान् मनीषी अपने मुग़ल कालीन पात्रों से ऐसी सलीस उर्दू बोलवा सकता है, यह देखकर सचमुच सुखद अश्चर्य होता है। शर्माजी की इस भाषा में एक सम्मोहन है जो पात्रों के देश-काल, वय अथवा परिस्थिति के बिलकुल अनुकूल लगती है।

एक बात और ! इतिहास-चेतना के इन छः एकांकियों में मंचन अथवा प्रसारण के लिए यथा-स्थान समुचित निर्देश भी दिए गए हैं। लेखक का कल्पनाशील मानस हर दृश्य को पहले अपने पटल पर उतार लेता है और तदनुकूल दृश्य रचना का निर्देश दिया करता है। दरबार का दृश्य कैसा हो, शयन-कक्ष की सजावट कैसी हो, बैठक में कौन चीज़ कहाँ हो, यहाँ तक कि पात्र का डील-डौल, चेहरा-मोहरा, रंग-रूप आदि कैसा हो, इन सबका निर्देश यथा-स्थान इंगित रहता है। वस्तुतः शर्माजी मात्र नाट्य-लेखक ही नहीं थे, अपितु सफल निर्देशक भी थे।

आचार्य शर्मा के एकांकी वे साहित्यिक कृतियाँ नहीं, जो मात्र पढ़ने के लिए लिखी जाती हैं। इनमें से अधिकांश जन-समुदाय के सम्मुख अभिनीत होकर अपनी रंगमंचीय उपयुक्तता प्रमाणित कर चुके हैं। साथ ही वे आकाशवाणी से प्रसारित हो श्रोताओं की वाहवाही भी लूट चुके हैं। वैसे, इन एकांकियों के पढ़ने में भी कम रस नहीं मिलता। जहाँ तक मैं जानता हूँ, हिन्दी में ऐसे गिने-चुने ही एकांकी होंगे, जो इन तीनों कसौटियों पर खरे उतरते हों—देखने में इतने विमुग्धकारी, सुनने में इतने हृदयहारी और पढ़ने में इतने मनोहारी। शर्माजी सही अर्थों में इतिहास-चेतना के एक विशिष्ट तथा यशस्वी एकांकीकार थे।

आचार्य देवेन्द्रनाथ शर्मा : एक अद्भुत नाटककार

नरेन्द्रनाथ पांडेय

मुझे उस दिन बड़ी उपलब्धि हुई जिस दिन मैंने यह जाना कि आचार्य देवेन्द्रनाथ शर्मा हिन्दी के लब्धप्रतिष्ठ शिक्षक ही नहीं अपितु एक सफल नाट्य-लेखक, निर्देशक और अभिनेता भी हैं। अभिनय में मेरी स्वयं रुचि थी (ईश्वर की दया से मेरा यह शौक बरकरार है।) और नेतरहाट विद्यालय के बाद कालेज के मंच पर मैं सक्रिय हो चुका था, पर सन् 1970 में पटना विश्वविद्यालय में भौतिकी का शिक्षक बनने और पटना रंगमंच पर अपनी नाट्य-गतिविधियाँ तीव्र कर देने के काफी बाद जब मैंने आचार्य शर्मा लिखित 'शाहजहाँ के आँसू' नामक नाट्य-संकलन में से इसी नाम के नाटक को पढ़ा तो लगा कि नाटक के इस आयाम से तो मैं अभी तक अपरिचित ही था। लगा, जैसे नींद से झकझोरकर किसी ने मुझे जगा दिया हो। उसके बाद न जाने मैंने इस नाटक को कितनी बार पढ़ा और कितनी बार रोया। प्रथम साक्षात्कार की तरह आज भी पढ़ने पर यह नाटक मुझे उतना ही विचलित और द्रवित कर देता है। आज भी मैं उतना ही रोमांचित और भावविह्वल हो जाता हूँ जितना पहली बार इस नाटक को पढ़ते समय हुआ था। अब तो स्थिति यह है कि इस नाटक की पंक्तियाँ मेरे स्मृति-पटल पर अंकित हो गई हैं और जब भी इस नाटक के बारे में सोचता हूँ तो ऐसा लगता है जैसे कालचक्र पीछे घूम रहा हो, जैसे मैं मुग़लकालीन भारत पहुँच गया होऊँ और आगरे के किले में पुत्र के द्वारा बन्दी उस पिता की आवाज़ सुन रहा होऊँ जिसे दुनिया शाहजहाँ के नाम से जानती है। 'शाहजहाँ के आँसू' नाटक में शर्माजी ने संवाद नहीं लिखे हैं बल्कि कविता रच दी है :

शाहजहाँ : (बे-फ़िक्री से स्थिर स्वर में)···न जाने यह चाँद कितनी बार ढला है, कितनी बार डूबा है और मैं ऐसे ही बैठा उसका ढलना और डूबना देखता रहा हूँ···और···चाँदनी रात सोने के लिए नहीं है बेटी ! जब आसमान में चाँद हँस रहा हो, तमाम आलम पर

चाँदनी बरस रही हो, हर चीज़ उसकी सफ़ेदी में धुलकर निखर उठी हो, तब आँखें बंद कर सो जाना। ना···ना···खुदा ने आँखें सोने के लिए नहीं दीं; आँखें दीं ख़िलकत की खूबियाँ देखने के लिए, उसकी खूबसूरती पर निछावर होने के लिए। बैठ, तू भी देख, कितनी सुहानी रात है।

(शाहजहाँ के आँसू, पृ० 151)

नाटक पाठ्य, श्रव्य और दृश्य माध्यम है पर वह दृश्य से अधिक श्रव्य है क्योंकि रंगमंच पर प्रेक्षागृह की चार-पाँच पंक्तियों के दर्शकों के बाद संवाद ही महत्त्वपूर्ण हो जाते हैं। वैसे भी संवाद ही नाटक की संप्रेषणीयता के प्रमुखतम साधन हैं। शर्माजी के नाटकों में स्थितियों से अधिक महत्त्वपूर्ण संवाद हैं। संवाद लिखते समय उन्होंने पात्र, परिस्थिति एवं परिवेश की सूक्ष्मताओं का ध्यान रखा है। जहाँ आवश्यक है वहाँ संवाद छोटे, सारगर्भित और चुटीले हैं लेकिन बड़ी बात यह है कि अपने लम्बे संवादों में भी उन्होंने एकरसता नहीं आने दी है। सच कहूँ तो एक अभिनेता की दृष्टि से इनके नाटकों के लम्बे संवाद मुझे बहुत भाते हैं। उनमें मुझे सौन्दर्य नज़र आता है और नज़र आती है जीवन की कविता !

शाहजहाँ : (लम्बी साँस लेकर) मैं ?···मैं हर रोज़ की तरह आसमान के तारे गिनूँगा, सुख के सपनों की टूटी कड़ियाँ जोड़ूँगा, आँखों के पानी से दिल की आग बुझाऊँगा और···और खयालों में, ताज-महल के भीतर सोई तेरी माँ की तस्वीर उतारूँगा।

जहाँआरा : पुरानी याद को दुहराने से फ़ायदा क्या है अब्बाजान ?

शाहजहाँ : जो ज़िन्दगी का सहारा है, उसे ही भूल जाऊँ बेटा। अब तो तमाम तमन्नाएँ, सारे अरमान इस ताज से लिपट गए हैं। दुनिया इसे ताजमहल कहती है लेकिन वह क्या जाने कि ताजमहल क्या है ? (उँगली से बताते हुए) वही जगह है, वहाँ···सामने जहाँ मौत ने मुझ से तेरी माँ को छीन लिया था और मैं हाथ फैलाए सूनी आँखों से उसे देखता रह गया था। और मेरी ज़िन्दगी के चमन को वीरान बनाकर, मुझे अकेला छोड़कर वह चली गई।

जहाँआरा : (रो पड़ती है) अब्बा ! अब बस कीजिए।

शाहजहाँ : बेटी ! तू सिर्फ़ सुनकर सिसकियाँ भरने लगी ! मगर मेरे दिल में घुसकर देख, इन आँखों से पूछ जिनके सामने मेरा वह सब से प्यारा रतन लुटा था। यह ताजमहल महज़ रोज़ा नहीं है, फ़क़त यादगार नहीं है, यह पत्थर पर लिखी मेरी मुहब्बत की कहानी है। इसमें संगमरमर के टुकड़े नहीं, मेरे कलेजे के टुकड़े हैं।

जहाँआरा : आप और कुछ सोचिए अब्बा ! मेरा कहा मानिए।

शाहजहाँ : नूरेचश्म ! और क्या सोचूँ ? सोचने लगूँ तो तीस साल की हुकूमत और तीन साल की क़ैद की हज़ारों-लाखों बातें सोचेते-सोचते पागल नहीं हो जाऊँगा, मर नहीं जाऊँगा ? मगर मैं न तो पागल होना चाहता हूँ, न मरना चाहता हूँ। पागल हो जाने पर तेरी माँ की याद से महरूम हो जाऊँगा और मर जाने पर ताजमहल को देखने से। मैं ज़िन्दा हूँ ताजमहल को देखकर और ज़िन्दा रहना चाहता हूँ उसे देखने के लिए। मेरे लिए ताज मुमताज है, तेरी माँ !

(शाहजहाँ के आँसू, पृ० 158-159)

आचार्य शर्मा भाव और भाषा—दोनों के मर्मज्ञ हैं। अपने संवादों में पात्र के अनुरूप इन्होंने अरबी और फ़ारसी शब्दों का सटीक प्रयोग किया है। संस्कृत और हिन्दी साहित्य के उद्भट विद्वान की कलम से अरबी-फ़ारसी-गर्भित भाषा को पढ़कर, और वह भी बिना अपनी स्वाभाविकता खोए, चकित रह जाना पड़ता है। तभी तो राहुल सांकृत्यायन सरीखे महापंडित ने 'पारिजात मंजरी' नामक नाट्य संकलन के प्राक्कथन में लिखा : " 'पारिजात मंजरी' की भाषा देखते हुए, उसी लेखनी से 'बाबर की ममता' की भाषा लिखी जाने पर आश्चर्य होगा—आश्चर्य अनौचित्य के कारण नहीं, बल्कि संस्कृत साहित्य के एक गंभीर विद्वान के ऐसी अच्छी अरबी-फ़ारसी-गर्भित भाषा लिखने पर, किंतु साथ ही उसमें स्वाभाविकता की पूरी रक्षा की गई है। अपने एकांकियों को लिखते समय देवेन्द्रजी ने चिंतन और कल्पना का ही काफ़ी सहारा नहीं लिया है, बल्कि पर्याप्त अध्ययन भी किया है।" आज, जब मैं शर्माजी के एकांकी नाटकों की याद ताज़ा कर रहा हूँ, 'पारिजात मंजरी' और 'बाबर की ममता' के संस्कृतनिष्ठ तथा अरबी-फ़ारसी मिश्रित संवाद मेरी आँखों के सामने आ जाते हैं, और कभी मेरे कानों में गूँजने लगते हैं :

कपिंजल : बाले ! इस उपचार की क्या आवश्यकता ? यदि जिज्ञासा है तो लो सुनो। (पुंडरीक की ओर इंगित कर) इनका नाम पुंडरीक है। दिव्यलोक निवासी महर्षि श्वेतकेतु इनके पिता हैं और आर्या लक्ष्मी माता। माता-पिता का अनुपम सौंदर्य ही उनके पुत्र में प्रतिबिम्बित देख रही हो और जिस मंजरी के विषय में तुम्हारी ऐसी उत्सुकता है, वह क्षीरसागर के मंथन से उत्पन्न पारिजात नाम के वृक्ष की मंजरी है, जिसे स्वर्ग के देवता ने पुंडरीक को उपहार दिया है।

(पारिजात मंजरी, पृ० 11)

कपिंजल : (कठोर स्वर में) किंतु-परंतु क्या ? क्षणभर किसी रमणी का मुख

देखा नहीं कि किंतु-परंतु करने लगे। क्षुद्र व्यक्तियों के पथ पर चलना तुम्हें शोभा नहीं देता। ऐसी चंचलता तो तुममें पहले कभी नहीं दीखी ! कहाँ है तुम्हारा धैर्य ? कहाँ है ज्ञान ? कहाँ गया वह कुल-क्रमागत ब्रह्ममचर्य ? कहाँ है गुरूपदेश ? कहाँ हैं वे सारे शास्त्र जिनके मनन में तुम्हारा पल-पल व्यतीत हुआ ? क्या यही तपस्या का रूप है ? क्या यही इंद्रियदमन की शिक्षा का परिणाम है ? क्या यही भोग-पराङ्मुखता है ? क्या यही धर्म-शास्त्रों के अभ्यास का फल है ? आज तुम्हारी बुद्धि निष्फल हो गई संस्कार और विवेक निरर्थक हो गए। जब प्रमदाओं के संपर्क में आने मात्र से तुम्हारे-जैसे व्यक्ति की यह अवस्था हो गई तो औरों को क्या कहा जाए ? इसका परिणाम विचारो पुंडरीक !

(पारिजात मंजरी, पृ० 14)

और, इन संस्कृतनिष्ठ संवादों के विपरीत 'बाबर की ममता' की यह अरबी-फ़ारसी-मिश्रित भाषा कुछ और ही कहानी कहती है :

बाबर : (टहलते हुए, गंभीर स्वर में) हकीम साहब ! हमने होश सभाला नहीं कि लड़ाई के जूए में हार और जीत के पासे फेंकना शुरू किया। हमारी ज़िन्दगी की पूरी कहानी हार और जीत—इन्हीं दो लफ्ज़ों में कही जा सकती है, लेकिन न तो हमें कभी हार से मायूसी हुई और न जीत से ग़रूर। हमने समरकंद जीता, काबुल जीता, कंधार जीता और आख़िर में हिन्दुस्तान को जीतकर एक बड़ी-सी सल्तनत भी कायम की। लेकिन सच कहते हैं, दौलत के लालच से नहीं, बल्कि नाम के लिए, अपने बाजुओं का ज़ोर आज़माने के लिए। हम इसलिए लड़ते हैं कि लड़ने में ज़िन्दगी का लुत्फ़ आता है। मौत से खेलने में क्या मज़ा है, इसे हम जानते हैं।

(बाबर की ममता, पृ० 80-81)

बाबर : आप ख़ामोश रहिए। हम जो कर रहे हैं, उसमें ख़लल न डालिए। (तीन बार पलंग की परिक्रमा कर हुमायूँ के सिरहाने ज़मीन पर घुटने टेककर बैठ जाता है। हाथ जोड़कर आँखें बंद कर लेता है और मुँह ऊपर उठाए हुए शांत गंभीर स्वर में कहता है) या ख़ुदा ! या परवरदिगार ! तेरी मेहरबानी से मैंने एक-से-एक मुश्किलों पर फ़तह हासिल की। मैं हर गाढ़े वक्त पर तुझे पुकारता रहा हूँ और तू मेरी मदद करता रहा है। आज एक बार फिर तेरी मेहरबानी की भीख माँगता हूँ। आज बेटे की जान के

बदले में अपनी जान हाज़िर करता हूँ। तू मुझे बुला ले, लेकिन उसे अच्छा कर दे…।

(बाबर की ममता, पृ० 86)

जीवन बहुआयामी होता है। कागज़ के पन्नों पर जीवन को उतारना सहज नहीं। साहित्य की रचना इसीलिए कठिन हो जाती है। नाटक की रचना तो और भी मुश्किल है क्योंकि यह जीवन को सबसे निकट से देखने की माँग करता है। आचार्य शर्मा के नाटकों को पढ़ने पर जो बात आश्चर्य में डाल देती है वह यह कि एक लेखक के रूप में लगभग परस्पर विरोधी नाट्य स्थितियों एवं संवादों की संरचना वे इतनी सहजता और सरलता से कैसे कर लेते हैं। स्वयं शर्माजी के शब्दों में "नाट्य-रचना मुझे बहुत कठिन विधा प्रतीत होती थी—है भी, किंतु मुझे कठिन प्रतीत होने के कारण कुछ मनोरंजक थे। मैं नहीं समझ पाता था कि नाट्यकार भिन्न-भिन्न पात्रों के द्वारा, एक ही संदर्भ में, भिन्न-भिन्न बातें कैसे कहता है। ये बातें बहुधा परस्पर विरोधी भी होती हैं—एक बात कहकर उसे खुद काटना और यह सिलसिला चलाते रहना, मेरी किशोर बुद्धि को अजीब-सा लगता था। फिर ऐसी बातों का ऐसा तूमार बाँधना कि वह घंटों में पढ़ने योग्य पुस्तक बन जाए, और भी अटपटा।" किंतु आचार्य शर्मा के नाटकों को पढ़ते समय कहीं भी ऐसा नहीं लगता कि पात्रों के संवाद कृत्रिम हैं। हर चरित्र वही बोलता है जो उसे बोलना चाहिए। यह कहूँ तो अतिशयोक्ति नहीं होगी कि एक लेखक के रूप में शर्माजी हर चरित्र में स्वयं प्रवेश कर उसके मनोभावों को कागज़ के पन्नों पर उतार देते हैं। परकाया-प्रवेश की यह सामर्थ्य आचार्य शर्मा की विशेषता है। यही नहीं, ये संवाद स्वाभाविकता, सरलता, सरसता, सुंदरता, बोधगम्यता, भावोद्रेकता, प्रभविष्णुता और कौतूहल जगाने की क्षमता से भरपूर हैं, कतिपय विद्वानों की लेखनी से निकली यांत्रिकता अथवा दुष्पाठ्यता से बहुत दूर! आचार्य शर्मा शब्दों के कुशल चितेरे हैं और इसीलिए इनके नाटकों में संवाद का चारुत्व नाटक के अभिनेय होने में ही नहीं, उनके पाठ्य होने में भी सहायक है।

सुजान : खूब बातें बनाना सीख गई हो!
शकीला : बीबी के पास रहकर बहुत कुछ सीखा है।
सुजान : मतलब कि बातें बनाना भी मुझी से सीखा है।
शकीला : बातें बनाना नहीं, बातें करना बीबी!
सुजान : तुमने ज़बान में इतनी मिठास कहाँ से भर रखी है?
शकीला : यह महज़ बीबी के नमक का असर है।…

(सुजान, पृ० 168-169)

आनंदराम : अरे मियाँ! बैठो भी।
अमीर ख़ाँ : यह नाच-गान तुम्हीं को मुबारक हो।

आनंदराम : तुम भी तो नाच-गान के कुछ कम शौकीन नहीं हो।

अमीर ख़ाँ : मगर मैं मौक़े-बेमौक़े का ख़याल रखता हूँ। मैं उन लोगों में नहीं हूँ जो हुकूमत के गाढ़े वक़्त पर रंगरलियों में डूबे रहते हैं।

आनंदराम : अमीर ख़ाँ ! तुम न डूबे रहो यह दूसरी बात है लेकिन रंगरलियों के पूरे सामान मुग़ल बादशाहों के साथ लड़ाई के मैदान तक जाते हैं, जहाँ कनातों के बाहर मारू बजते हैं और भीतर घुँघरू, बाहर लोहे के तीर चलते हैं और भीतर नज़रों के, बाहर तलवारें खनकती हैं और भीतर चूड़ियाँ, यहाँ वीरता और शृंगार में चोली-दामन का रिश्ता है। फिर रंगरलियों से क्यों घबराते हो ?

(सुजान, पृ० 179-180)

तुलाराम : प्रिये ! तुम व्यर्थ घबरा रही हो। सच्चे प्रेम में भगवान का निवास रहता है और जहाँ भगवान है वहाँ भय क्या ?

रत्नावली : यदि कल आते तो कुछ बिगड़ जाता ?

तुलाराम : तुम्हारे बिना कल पड़ती तो कल भी आ सकता था, पर मैं तो सोच रहा था कि मुझे पर लग जाते और मैं उड़कर तुम्हारे पास पहुँच जाता। मुझे पल भर की देर भी असह्य थी।

(राम रतन धन पायो, पृ० 32)

आचार्य द्रोण : मैं परिचय देने नहीं आया।

द्रुपद : फिर, यहाँ तक क्यों कष्ट किया ?

आचार्य द्रोण : यदि जानता कि परिचय देना होगा, तो नहीं आता।

द्रुपद : आप विचित्र मनुष्य हैं।

आचार्य द्रोण : विचित्र मनुष्य मैं हूँ ? वर्षों के सहवास को इस प्रकार भुला डालने-वाला, मित्रता के दृढ़-बंधन को एक झटके में तोड़ फेंकनेवाला अपने को विचित्र न कहकर मुझे विचित्र कह रहा है। यह कितना विचित्र है।

(आचार्य द्रोण, पृ० 57)

देवेन्द्रनाथ शर्माजी ने आत्मकथा नहीं लिखी पर उनका पूरा जीवन-दर्शन इन नाटकों में वर्तमान है और उन्होंने अत्यन्त बारीकी से अपना चिंतन और स्वानुभूत सत्य इन नाटकों में उतारा है। यह अवश्य है कि शर्माजी ने अपने अधिकांश नाटकों में इतिहास का सहारा लिया है किंतु ऐतिहासिकता के आवरण

में लिपटे रहने के बावजूद ये नाटक समसामयिक समस्याओं से जूझते दिखते हैं। सबसे बड़ी बात यह है कि ऊपर से ऐतिहासिक दिखनेवाले इन नाटकों के माध्यम से शर्माजी जो बात कह जाते हैं वे न केवल आज भी प्रासंगिक हैं बल्कि सार्वभौम सत्य की भाँति कालातीत हैं क्योंकि इनके द्वारा जीवन के स्थाई मूल्य अभिव्यंजित होते हैं।

अर्जुन : (झुककर) गुरुदेव की आज्ञा सुनने मात्र की देर है।

युधिष्ठिर : इससे बढ़कर हमारा दूसरा सौभाग्य क्या हो सकता है?

भीम : आर्य के आदेश की प्रतीक्षा है।

दुर्योधन : हाथी, घोड़े, भूमि, द्रव्य—जो आज्ञा हो, मैं चरणों में उपस्थित करूँ।

आचार्य द्रोण : वत्स ! मैंने हाथी, घोड़े, भूमि या द्रव्य की इच्छा से तुम्हारी शिक्षा में श्रम नहीं किया है। और—सच पूछो तो कोई भी आचार्य, जो आचार्यत्व की गरिमा और मर्यादा को समझता है, लौकिक संपत्ति का लोभी नहीं होता। उसकी सबसे बड़ी संपत्ति है—कीर्त्ति, उसकी सबसे बड़ी विभूति है—समाज में सद्‌गुणों की प्रतिष्ठा। मैं हाथी, घोड़े, भूमि या द्रव्य लेकर क्या करूँगा? यदि मुझे इनकी आवश्यकता होती तो अपने बाहुबल से इन्हें कब का न अर्जित कर चुका होता।

(आचार्य द्रोण, पृ० 68)

द्रुपद : मैं अपना अपराध स्वीकार करता हूँ आचार्य।

आचार्य द्रोण : अर्जुन ! मेरे मित्र को बन्धनमुक्त करो। (अर्जुन तलवार से बंधन काटता है। द्रुपद से) द्रुपद ! भारत के मनीषी आचार्यों ने धन का लोभ इसलिए नहीं किया कि उसके बिना भी उनके सम्मान में, उनकी प्रतिष्ठा में कोई आँच नहीं आई, परंतु जब सम्मान और प्रतिष्ठा का आश्रय धन बन जाएगा तो आचार्यों को भी धन की चिंता होगी और जानते नहीं कि धन अकेला नहीं रहता? उसके आगे-पीछे अनर्थों की परम्परा चलती है। उन अनर्थों के बीच ज्ञान की साधना क्या संभव है?

(आचार्य द्रोण, पृ० 71)

हैबत खाँ : जहाँपनाह ! यहाँ शाहज़ादे का सवाल है।

शेरशाह : शाहज़ादा होने से किसी को कुसूर करने का अख़्तियार तो नहीं मिल जाता? बड़े की देखादेखी छोटे कोई ग़लती न करें, इसलिए बड़े को तो और भी सोच-समझकर काम करना चाहिए, बोलो,

अगर हम यह कुसूर माफ़ कर दें तो कहनेवाले क्या कहेंगे? तुम उनकी ज़बान पर ताला लगा दोगे? इंसाफ़ की गद्दी पर बैठने पर रिश्ता भूल जाना होता है, और जो नहीं भूल सकता, उसे गद्दी ख़ाली कर देनी चाहिए, दोनों साथ नहीं चला करते।

(शेरशाह, पृ० 112)

जमीला : यही तो आपकी सबसे बड़ी कमज़ोरी है।

फ़रीद : कमज़ोरी नहीं, जमीला, सबसे बड़ी ताकत है। गर्मी के साथ कुछ ठंडक भी रहनी चाहिए। सिर्फ़ गर्मी अपने आप को भी जलाती रहती है।

जमीला : इस ठंडक ने ही एक बार दस साल तक अपनी मौरूसी जगह और जायदाद से अलग रखा। देखती हूँ कि इस बार कितने दिन अलग रखती है।

फ़रीद : जमीला! दुनिया में दौलत और अख़्तियार से भी बढ़कर एक चीज़ है और वह है इंसानियत। मैं दौलत को ठुकरा सकता हूँ, अख़्तियार से तौबा कर सकता हूँ, पर इंसानियत को नहीं भुला सकता और जिन दस सालों की बात तुम कहती हो, वे बेकार नहीं गए हैं। उन दस सालों में इल्म हासिल कर मैं आदमी बना हूँ।…

(शेरशाह, पृ० 99)

तुलाराम : (आँखें फाड़कर शून्य-सा देखने लगता है। जैसे कुछ सोच रहा हो, फिर धीरे-धीरे बोलता है) प्रेम? भगवान पर!…भगवान पर प्रेम!…बेड़ा पार लग जाता!…इतना प्रेम!…भगवान पर…! ठीक है। प्रेम करना चाहिए था किससे और मैं कर रहा था किससे! तभी तो जिसके लिए वर्षा-तूफान को कुछ नहीं समझा, जिसके लिए तैरकर बरसात की उमड़ती नदी पार की, जिसके लिए विषधर का आलिंगन किया, उसने मेरे प्रेम का यह पुरस्कार दिया कि 'मैं ऐसा प्रेम नहीं चाहती'!…

…तुलाराम के भाग्य में आत्मीयों से उपेक्षा ही लिखी है। जिसे बचपन में माता-पिता ने ही छोड़ दिया, भला उस हतभाग्य को और कौन अपनाता? (रूखे स्वर में) यही तुलाराम दर-दर की ठोकरें खाता फिरा, दाने-दाने को तरसता रहा, जूठे पत्तल चाटता रहा। खाने को अन्न नहीं, पहनने को वस्त्र नहीं, रहने को स्थान नहीं…किसके सामने हाथ नहीं पसारा। पर किसी ने सीधे मुँह बात तक न की। कौन पूछता? (आवेश में) मुझ जैसे भाग्य-

हीन को कौन पूछता ? क्यों पूछता ? दुनिया पूछती है उसे, जिससे उसका कुछ स्वार्थ सधता हो, कुछ बनता-बिगड़ता हो। मुझ जैसे निरीह, असहाय, दरिद्र···

रत्नावली : (हतबुद्धि हो जाती है। खिन्न स्वर में) ऐसा न कहिए प्राण। मेरे कहने का यह···

तुलाराम : (रूखे स्वर में) रोको मत रत्ना ! जो कहता हूँ, सुनती जाओ। वर्षों तक लोगों की झिड़कियाँ सहता रहा, अपमान-अवहेलना के घूँट पीता रहा, केवल इसी आशा पर कि एक दिन भाग्य पलटेगा। भाग्य पलटा, तुम जैसी पत्नी मिली। तुम जैसी···जीवन के सारे तिरस्कार, सारे दुःख भूल गए।···

(राम रतन धन पायो, पृ० 35)

ऐसा लगता है जैसे नाटक लिखते समय आचार्य शर्मा के पैर तो ज़मीन पर हों मगर आँखें क्षितिज के पार देख रही हों—निर्निमेष ! वे आँखें जीवन को देखती हैं और जीवन की परिधि के पार भी। वे मन की आँखें हैं जिन्होंने सचमुच जीवन को उसकी समग्रता, विराटता और व्यापकता में देखा है। शर्माजी की कल्पना का संसार अत्यंत विस्तृत है। लगता है, जीवन की सारी पीड़ाओं को इन्होंने स्वयं सहा है, सुख के क्षण भोगे हैं, उन्माद के पल झेले हैं। इन्हीं क्षणों में कभी, कहीं, कोई कवि जन्म ले लेता है, शर्माजी उन्हीं पलों के प्रतिफल हैं। तभी तो उनकी रचनाएँ काव्यत्व, चारुत्व, लालित्य और भावनाओं की तीव्रता की अनुपम निधि हैं। एक साथ अनेक प्रकार के चरित्र रचकर उन्हीं चरित्रों के अनुरूप भाषा एवं भाव को इतनी स्वाभाविकता, सहजता और बोधगम्यता से प्रकट कर देना शर्माजी के संवेदनशील मन का परिचायक है। लेकिन, जैसा कि मैंने कहा, शर्माजी की आँखें क्षितिज के पार भी देखती हैं, और इसीलिए जीवन के अत्यधिक निकट होते हुए भी आचार्य शर्मा, या यों कहूँ कि कवि देवेन्द्र, अपने नाटकों में रूमानी होने का लोभ संवरण नहीं कर पाते।

सुजान : आप कवि हैं न ! जो कह डालिए।

आनंदराम : कवि कभी कुछ ग़लत नहीं कहता। कवि शब्द का अर्थ ही है सच्चाई को देखने और कहने वाला।

सुजान : और जो क़दम-क़दम पर हवाई मज़मून बाँधे जाते हैं। कभी आसमान से चाँद और सूरज उतारे जाते हैं, तो कभी सितारे तोड़े जाते हैं, कभी किसी की चितवन से कमल के बंदनवार टाँगे जाते हैं तो किसी के पाँव की चोट से फूल खिलाए जाते हैं···

आनंदराम : यह सब कुछ सही है, सच है···

सुजान : तो फिर दुनिया में झूठ क्या है ?

आनंद : गंदगी···बदसूरती, जिसे देखना आँखों को खटकता हो, दिल को धक्का पहुँचाता हो। सुंदरता, चाहे वास्तविक हो, चाहे काल्पनिक, हमेशा सच्ची है।

(सुजान, पृ० 174)

मूलरूप से रेडियो के लिए लिखे गए इन नाटकों का एकाधिक बार हिन्दी रंगमंच पर सफलतापूर्वक प्रदर्शन हो चुका है। ये नाटक इतने लोकप्रिय हुए हैं कि कई बार ऐसी स्थिति आई कि दर्शकों की माँग पर इन्हें लगातार कई दिनों तक प्रस्तुत करना पड़ा। दर्शकों को इन नाटकों में रस मिला और यही इन नाटकों की सफलता है। रसहीन रचना न कोई पढ़ेगा, न सुनेगा और न देखेगा।

रसोद्बोधन के लिए ही शर्माजी ने अपने एकांकी नाटकों को कई दृश्यों में बाँटा है। संभवतः इसके पीछे उनकी, नाटक की एकरसता भंग करने की भी योजना हो, किंतु यह सत्य है कि दृश्य-परिवर्तन की इस योजना के कारण पाठ्य रूप में या मंचित होते समय विषय-वस्तु के विस्तार, बहाव या रसास्वादन में कहीं बाधा नहीं आती।

शर्माजी का शब्दों पर और उससे भी अधिक सुललित वाक्यों पर पूर्ण अधिकार है और इसीलिए ये नाटक अभीप्सित प्रभाव उत्पन्न करने में सर्वथा सफल हैं। ये नाटक घनीभूत भावों से परिपूर्ण और विभिन्न रसों से आप्लावित हैं। सत्य तो यह है कि भरतमुनि की परंपरा में ये नाटक शास्त्रीयता को भी अनदेखा नहीं करते। वृत्ति, संधि, कार्यावस्था, अर्थप्रकृति, रस, भाव, अभिनय, सिद्धि आदि नाटक के तत्वों को शर्माजी के नाटक में ढूँढ़ना नाटक के विद्यार्थी के लिए श्रमसाध्य नहीं होगा। चेतन-अवचेतन स्तर पर नाटक के समस्त व्याकरण का पालन करते हुए ये नाटक रस की फुहार छोड़ते जाते हैं जिससे देखने-सुनने वालों के मन-प्राण भीग जाएँ और वे अपनी सुध-बुध खो बैठें। अधिकांश नाटकों में करुण रस की प्रधानता है किंतु अन्य रस गौण नहीं। शर्माजी जीवन की सुंदरता के पुजारी हैं, ऐसे रचनाकार को भला श्रृंगारिकता क्यों कर अप्रिय हो?

शकीला : मैं न तो बीबी की नक़ल करना चाहती हूँ, और न बराबरी। मैंने तो सिर्फ़ अपने मन की बात कही है। अब आपकी जैसी मर्ज़ी!

सुजान : तो मेरी मर्ज़ी है कि तुम्हारा यही नाम रहेगा। यह मुझे बहुत प्यारा है, शकीला। लैलारा, बचश्मे-मजनूँ बाएदीद···ज़रा देखो तो मेरी ओर···और ज़रा मुस्कुरा दो···अरे वाह! यह तो ऐसे शरमा रही है जैसे किसी मरद के सामने खड़ी हो।

शकीला : (नाज़ से) बीबी को यह आज क्या सूझी है?

सुजान : यह वसन्त का सुरूर है, शकीला। देखती नहीं हवा भी इठलाकर

चलने लगी है, ठूँठ भी हरे हो गए हैं, फूलों के बोझ से लताओं का नाजुक बदन लहराने लगा है, कण-कण से रस बरस रहा है, सारे आलम में मस्ती छा गई है। इसमें जो न सूझ जाए।

(सुजान, पृ० 167)

आनंदराम : तुमने प्याली नहीं उठाई।
सुजान : मुझे पीने से पिलाने में अधिक आनंद आता है।
आनंदराम : और अगर मैं भी यही कहूँ तो?
सुजान : तो बढ़ा दीजिए प्याली।
आनंदराम : (प्याली बढ़ाते हुए) लो, इस शीराज़ी की प्यास बुझाओ।
सुजान : शीराज़ी की प्यास?
आनंदराम : हाँ, सुजान, शीराज़ी की प्यास!
सुजान : मैं हुज़ूर का मतलब समझी नहीं।
आनंदराम : बिना होठों से प्याली छुआए मतलब समझ में नहीं आएगा। होठों से छुआओ तो बताऊँ। (पीना) देखा? उसका उफ़ान कम हो गया मतलब कि बेकली मिट गई, प्यास बुझने लगी, (पीना)।
सुजान : (अदा से) मैं अब भी नहीं समझी, हुज़ूर।
आनंदराम : कुछ बातें ऐसी होती हैं जिन्हें इन्सान कभी नहीं समझता। सच तो यह है कि उन्हें समझने से नहीं समझना कहीं अधिक प्यारा लगता है। (पीना) बोलो तो इस शीराज़ी में उफ़ान क्यों पैदा हुआ था?
सुजान : ढालने से।
आनंदराम : नहीं।
सुजान : तब?
आनंदराम : तुम्हारे होठों तक पहुँचने की बेकली को ज़ब्त नहीं कर पाने से।

(सुजान, पृ० 174)

काव्येषु नाटकं रम्यम्—काव्य-रूप में नाटक विशेष रूप से रम्य होता है। काव्य-शास्त्र के मर्मज्ञ आचार्य शर्मा के नाटक सचमुच रम्य हैं, शिल्प और कथ्य दोनों में अनूठे। किसी भी संवेदनशील अभिनेता और निर्देशक के लिए इन नाटकों का मंचन एक सुखद अनुभूति है और दर्शकों को तो ये एकांकी नाटक अपनी समाप्ति तक सचमुच अपने अंक में लिए रहते हैं।

सार्थक साहित्य वह जो सत्य को अनावृत करे, प्राणिमात्र के लिए कल्याणमय हो और मन में सौंदर्य की सृष्टि करे। आचार्य देवेन्द्रनाथ शर्मा के नाटक—साहित्य की, सत्यम् शिवम् सुन्दरम् की कसौटी पर खरे उतरते हैं, इसमें संदेह नहीं।

भरतमुनि की परम्परा में आचार्य शर्मा एक सुदृढ़ कड़ी हैं :

> दु:खार्त्तानां श्रमार्त्तानां शोकार्त्तानां तपस्विनाम् ।
> विश्रान्तिजननं काले नाट्यमेतद्‌भविष्यति ।।
> धर्म्यं यशस्यमायुष्यं हितं बुद्धिविवर्द्धनम् ।
> लोकोपदेशजननं नाट्यमेतद्‌भविष्यति ।।
> (नाट्यशास्त्र, प्रथम अध्याय, श्लोक-111;112)

"जो दु:खी हैं, थकित हैं, शोकार्त्त हैं या कठिन तप में लीन हैं उनके लिए यह भव्य आराम है। यह उन्हें पुण्य, ख्याति, दीर्घायु, सौभाग्य और बुद्धि प्रदान करेगा तथा समस्त संसार को शिक्षा देगा।"

आलोचक के रूप में आचार्य देवेन्द्रनाथ शर्मा

धर्मदेव तिवारी

आचार्य शर्मा अप्रतिम आलोचक, अद्वितीय समीक्षक तथा निर्भ्रान्त विवेचक हैं, जिसकी परख उनकी विविध रचनाओं से होती है। विषय-बोध की स्पष्टता, प्रतिपादन की सुगमता, विवेचन की तार्किकता, भाषा-प्रयोग की अद्‌भुत क्षमता, समीक्षक की सहृदयता आदि गुणों के कारण आचार्य शर्मा समीक्षक के रूप में चिर समादृत होते रहेंगे। वस्तुतः 'वे एकः शब्दः सुप्रयुक्तः सम्यक् ज्ञातः' के प्रबल समर्थक तथा पक्षधर रहे। रचना-आधिक्य किसी व्यक्ति को न तो प्रख्यात बना सकता है और न उसे विशिष्ट स्थान दिला सकता है, बल्कि व्यक्ति की विवेचन-पद्धति तथा विश्लेषण के मानदण्ड ही उसे शीर्षस्थ स्थान दिलाने में समर्थ होते हैं। आचार्य शर्मा एक ऐसे विद्वान् विवेचक हैं, जिनका मूल्यांकन उनकी रचनाओं में समाहित विदग्धता के आधार पर ही किया जाना चाहिए। आचार्य शर्मा पठन-चिंतन-मनन-निदिध्यासन लेखन जैसी सरणि के प्रति पूर्णतः निष्ठावान् रहे। बहुतेरे ऐसे पल्लवग्राही समीक्षक हैं, जो केवल पठन-लेखन पर विश्वास करते हैं और बहुतेरे केवल लेखन पर। ऐसे समीक्षकों से मथित नवनीत की आशा कम रहती है। वस्तुतः लेखन के पूर्व चतुः सरणि से गुजरनेवाला समीक्षक, आलोचक ही पाठकों को मानसिक खाद्य सामग्री देने में समर्थ हो पाता है। आचार्य शर्मा एक ऐसे ही आलोचक-समीक्षक रहे हैं, जो पाठकों को मस्तिष्कीय भोज्य पदार्थ प्रचुर मात्रा में उपलब्ध कराते हैं। इस दृष्टि से हम उनकी समीक्षात्मक कृतियों पर विचार करेंगे।

आचार्य शर्मा की समस्त आलोचनात्मक कृतियों को अध्ययन की सुगमता की दृष्टि से निम्नांकित भागों में हम रख सकते हैं :

1. भाषावैज्ञानिक आलोचना
2. काव्यशास्त्रीय आलोचना—2.1. भारतीय, 2.2. पाश्चात्य
3. कवियों की आलोचना
4. फुटकर आलोचनात्मक निबन्ध

आचार्यजी मूलत: भाषावैज्ञानिक थे। उनसे एक बार भी वार्तालाप कर लेनेवाला व्यक्ति उनके ध्वनि उच्चारण के प्रति मुग्ध हो जाता था। ध्वनि-उच्चारण पर जितना अधिकार शर्माजी का था, उतना उनके समकालीन विद्वानों का नहीं। यही कारण है कि उनका शत्रु भी उनके समक्ष मंत्रमुग्ध होकर केवल उनका बोलना सुनता रहता था। वस्तुतः इस तरह की अद्भुत वाक्शक्ति से सम्पन्न व्यक्ति का प्रादुर्भाव विरले होता है।

भाषाविज्ञान से सम्बद्ध शर्माजी की तीन पुस्तकें प्रसिद्ध हैं, वे हैं : (1) राष्ट्र-भाषा हिन्दी : समस्याएँ और समाधन, (2) भाषाविज्ञान की भूमिका और (3) हिन्दी भाषा का विकास। इन ग्रन्थों में सिद्धांत-निरूपण तथा खण्डनात्मक-मण्डनात्मक पद्धतियाँ देखने को मिलती हैं। हिन्दी की समस्याओं पर विचार करते हुए उन्होंने स्पष्ट रूप से स्वीकार किया है : "हिन्दी की समस्याओं को दो वर्गों में बाँट सकते हैं : (1) कल्पित और (2) वास्तविक। हिन्दी की समस्याओं को उलझाने में या उसे बढ़ा-चढ़ाकर दिखाने में वास्तविकता से अधिक कल्पना का ही हाथ है।"[1] इसके समर्थन में उन्होंने स्वीकार किया है कि "हम भाषिक स्वतंत्रता नहीं प्राप्त कर पाये हैं, क्योंकि हम अपनी भाषाओं के प्रति मनोवैज्ञानिक परतंत्रता के कारण यह लगाव-बोध नहीं करते। यह लक्ष्मण रेखा आज भी ज्यों की त्यों है। आज भी शुद्ध भारतीय भाषा का व्यवहार करने वाले व्यक्ति को सामाजिक तथा प्रशासनिक हीनता का शिकार होना पड़ता है। यह कल्पित मनो-वैज्ञानिक हीन ग्रन्थि जब तक भारतीय नागरिकों में विद्यमान रहेगी, तब तक इस राष्ट्र की भाषा-समस्या नहीं सुलझ पाएगी। वस्तुतः हिन्दी की वास्तविक और एक मात्र समस्या पारिभाषिक शब्दावली की है। पारिभाषिक शब्दावली ही वह कच्चा माल है जिससे कुछ भी बनाया जा सकता है। शिक्षा में, शासन में, विधि में, चाहे कहीं भी हिन्दी का प्रयोग करना है, तो उपयुक्त शब्दावली होनी चाहिए।"[2] इसी प्रकार उन्होंने विभक्ति तथा लिंग की समस्या को भी बड़े सरल सहज ढंग से प्रस्तुत किया। 'ने' विभक्ति की समस्या गणितीय प्रणाली से केवल छह प्रतिशत रह जाती है।[3] 'ने' विभक्ति गौण कर्ता की तृतीया विभक्ति का चिह्न है, जिसे हम सर्वांशतः कर्ता का चिह्न मान लेते हैं। कर्ता का मूल चिह्न 'शून्य' है, जिसको संस्कृत के 'लता', 'नदी' इत्यादि शब्दों में देखा जा सकता है।[4] 'ने' की व्युत्पत्ति संस्कृत की तृतीया विभक्ति रूप 'बालकेन' के 'एन/इन' से ही मानना उचित होगा। इस संदर्भ में

1. आचार्य शर्मा : राष्ट्रभाषा हिन्दी : समस्याएँ और समाधान, : पृ० 50
2. वही, पृ० 51
3. वही
4. हिन्दी भाषा का विकास, पृ० 121

आचार्य का प्रतिपादन है "आकारान्त पुल्लिग तृतीया एकवचन 'एन' ही हिन्दी में 'ने' बन गया, एन>नए>ने। ऐसा वर्ण विपर्यय से हुआ है।...यह कहना ठीक नहीं कि 'एन' का रूप घिसकर 'एँ' हो जाना चाहिए था, जब वर्ण विपर्यय से 'एन' 'ने' बन गया, तब ने के घिसने की गुंजाइश ही कहाँ थी।"[1]

लिंग की समस्या केवल हमारी दुर्बल मानसिकता के कारण है। हम लौकिक और व्याकरणिक लिंग में अन्तर नहीं कर पाते हैं। वस्तुतः व्याकरणिक लिंग लौकिक लिंग का सदा अनुसरण करे, यह आवश्यक नहीं। इसके प्रमाण में आचार्यजी ने अनेक भाषाओं का उदाहरण दिया है और यह प्रमाणित किया है कि लिंग की समस्या भी कल्पनाश्रित अधिक है।

हिन्दी के विरोध में दिए गए तर्कों का आचार्यजी ने बड़े ही मनोयोग और निर्भ्रान्त तर्कों से खण्डन किया है और अपने सबल मत की स्थापना की है। इस खण्डनात्मक-मण्डनात्मक पद्धति के कारण आचार्यजी ने हिन्दी पर किए गये समस्त आक्षेपों को निस्सार तो कर ही दिया है, साथ ही यह स्थापित किया है : "मुझे खेद है कि मैं उन हेतुओं को हेतु मानने में असमर्थ हूँ। वे शुद्ध हेत्वाभास हैं। वस्तुतः वह पूरा टिप्पण हेत्वाभासों और विरोधाभासों का पिटारा है।"[2] उनकी मान्यता है कि "...इस संक्षिप्त आलोचना से भी यह स्पष्ट हो गया है कि वे तर्क कितने सारहीन हैं। विरोध के लिए विरोध करने का कोई अर्थ नहीं होता।"[3] इस प्रकार अंगरेजी तथा अन्य भाषा की तुलना में हिन्दी की सरलता, सहजता, सुगमता, सुबोधता सहज ही अनुगम्य है।

वैज्ञानिकता की दृष्टि से वर्तनी की एकरूपता को कोई व्यक्ति अस्वीकार नहीं कर सकता, पर कुछ ऐसे अपरिहार्य कारण हैं, जिनके कारण वर्तनी की अनेकरूपता का पूर्णतः निराकरण नहीं हो सकता है। जो लोग हिन्दी की वर्तनी की समस्या का प्रश्न उठाते हैं, उन्हें दूसरी भाषाओं का भी कुछ ज्ञान होना चाहिए। वस्तुतः इसकी चर्चा दो दृष्टियों से की जाती है—एक तो हिन्दी की अवैज्ञानिकता दिखाने के लिए और दूसरे सद्भावपूर्ण सुधार के लिए।[4] हिन्दी विरोध में ही जीवित है। अतः हिन्दी को हीन तथा अवैज्ञानिक भाषा बताने के प्रयास हर दृष्टि से किए जाते हैं। अंग्रेजी आज अन्ताराष्ट्रीय भाषा है; किन्तु उसकी अवैज्ञानिकता

1. आचार्य देवेन्द्रनाथ शर्मा, राष्ट्रभाषा हिन्दी : समस्याएँ और समाधान, पृ० 123
2. वही, पृ० 164
3. वही, पृ० 187
4. वही, पृ० 100

के ऊपर न तो हम चर्चा करते हैं और न कभी सोचते हैं, पर सोते-जागते हिन्दी के विरोधी उसके विरोध में ही सोचते हैं। यह हमारी विडम्बना नहीं तो और क्या है? संस्कृत जैसी वैज्ञानिक भाषा तथा पाणिनि जैसा दुर्धर्ष वैयाकरण भी संस्कृत की वर्तनी को एकरूप नहीं बना सके। पाणिनि ने ही शर्मा/शर्म्मा दोनों को शुद्ध माना है। 'संस्कर्ता' को आठ प्रकार से लिखा जा सकता है और सब पाणिनि के अनुसार शुद्ध है, यथा-संस्कर्त्ता, सँस्कर्त्ता, संस्स्कर्त्ता, सँस्स्कर्त्ता, संस्कर्ता, सँस्कर्ता, संस्स्कर्ता सँस्स्कर्ता।[1]

आचार्यजी प्राचीन भारतीय आर्य भाषा संस्कृत के विश्रुत विद्वान थे और यही कारण है कि आधुनिक भारतीय आर्य भाषाओं का उत्स वे संस्कृत से तो मानते ही थे, साथ ही उनमें अध्ययन की विविध शाखाओं का ऐतिहासिक विकासक्रम भी मानते थे। उनका भाषा-वैज्ञानिक प्रतिपादन जितना तर्कशील है, उतना ही सरल सुबोध भी। इस कथन के समर्थन में "हिन्दी भाषा का विकास" नामक ग्रंथ को रखना चाहूँगा, जिसे डॉ० रामदेव त्रिपाठी के साथ मिलकर उन्होंने तैयार किया है। यहाँ उन्होंने खण्डनात्मक-मण्डनात्मक पद्धति के आधार पर नया प्रतिपादन किया है। उस दृष्टि से 'पद विचार' के अंतर्गत विवेचित सर्वनाम, कारक, विशेषण, क्रिया आदि देखे जाएँगे। कारक-विवेचन के क्रम में उन्होंने प्रधान कारक और गौण कारक जैसा उपविभाग किया है, जो सर्वथा समीचीन है। उनका कथन है—"छः कारकों में कर्ता, कर्म, करण तथा अधिकरण इन चार शब्दों की निष्पत्ति 'कृ' धातु से है और स्वयं कारक भी कृ धातु से ही बना है। इससे यह व्यक्त होता है कि इन चारों में ही सच्चा और पूरा कारकत्व है। संप्रदान तथा अपादान में कारकत्व अपूर्ण है, क्योंकि दान क्रिया में जिसे दान दिया जाता है उसकी तथा अलगाव में जिससे कोई वस्तु अलग होती है, उसकी कोई चेष्टा नहीं देखी जाती। इसीलिए इन दोनों शब्दों को कृ धातु से नहीं दा धातु से सिद्ध किया गया है।"[2] इसी प्रकार कारकीय विभक्तियों के ऐतिहासिक या व्युत्पत्तिमूलक विकास में आचार्यजी ने नवीन कल्पना की है, जो अधिक तर्कसंगत एवं विश्वसनीय है। यहाँ उन्होंने विभिन्न विद्वानों द्वारा संभावित व्युत्पत्ति को रखा है, साथ ही निजी संभावना को भी। उन समस्त संभावनाओं पर विचार करने से आचार्यजी की संभावना अधिक सटीक प्रतीत होती है। उदाहरणार्थ—पंचमी विभक्ति के 'से' पर विचार करते समय यह प्रतिपादित किया गया है: "वास्तव में यह 'से' संस्कृत के 'तः' (तसि) प्रत्यय का अपभ्रंश है। पाणिनि ने पंचमी और तृतीया दोनों में इसका विधान

1. आचार्य देवेन्द्रनाथ शर्मा, 'राष्ट्रभाषा हिन्दी : समस्याएँ और समाधान, पृ० 103
2. आचार्य देवेन्द्रनाथ शर्मा : 'हिन्दी-भाषा का विकास', पृ० 120

किया है।[1] सः ग्रामतः आगतः (वह गाँव से आया है), चोरतो भीतः (चोर से डरा है) आदि में पंचमी की जगह तथा चरित्रतः पतितः (वह चरित्र से गिरा है) आदि में तृतीया की जगह तः प्रत्यय का प्रयोग स्पष्ट है।···जिस प्रकार तद् शब्द के पुंल्लिग प्रथमा एकवचन में तः की जगह सः होता है।[2] इन विवेचनों में आचार्यजी ने हिन्दी की प्रकृति को हिन्दी के अनुरूप ही देखा है। और हिन्दी की सरलीकरण की प्रक्रिया के महत्व को सर्वत्र प्रतिपादित किया है। उदाहरणार्थ हम सर्वनाम को देखें "···रूप-रचना की दृष्टि से (संस्कृत में) कई और शब्द भी सर्वनामों की पंक्ति में बैठ गए हैं, जैसे पूर्व, पर, दक्षिण, उत्तर आदि। ये यद्यपि सर्वनाम नहीं, दिशाओं के नाम हैं पर इनके रूप सर्वनामों की ही भाँति चलते हैं, इनमें सर्वनामता आरोपित है। हिन्दी में इन सबों को सर्वनामों में स्थान नहीं दिया गया है। साथ ही पर्यायों को भी हटा दिया है। तद् का जो अर्थ है, प्रायः वही अदस् का है, इसी भाँति एतद् और इदम् प्रायः समानार्थक हैं। अतः हिन्दी ने अपने सर्वनामों में इन चारों की जगह केवल वह और यह इन दो को ही स्थान दिया। सरलता के लिए यह आवश्यक था। हिन्दी सर्वनामों में लिंग-भेद के कारण रूप-भेद भी नहीं होता।"[3]

सर्वनामों की व्युत्पत्ति की संभावनाओं में न केवल नवीनता है, बल्कि उसमें वैज्ञानिकता भी है। यहाँ भी परम्परित संभावनाओं का खण्डन कर नई संभावनाओं को रखा गया है।[4] इन विवेचनों से यह स्पष्ट होता है कि भाषा वैज्ञानिक आलोचना में आचार्यजी का दृष्टिकोण सदा सुगमता-सरलता की ओर रहा है तथा विश्वसनीय संभावनाओं को ही उन्होंने अपनाया है। अनावश्यक तथ्यों को वे छूते नहीं और आवश्यक तथ्यों को छोड़ते भी नहीं।

भाषाविज्ञान की भूमिका की प्रस्तावना में यह स्वीकार किया गया है कि "इस पुस्तक के लिखने का दूसरा उद्देश्य है भारत की उपलब्धियों की ओर ध्यान आकृष्ट करना। हमारे देश में ऐसे लोगों की कमी नहीं जिनकी दृष्टि आधुनिकता से आविल और हीन भावना से ग्रस्त है। ये लोग बिना विदेशी चश्मे के चीजों का भी रूप-रंग नहीं देख पाते। ऐसे लोगों के लिए मैंने यत्र-तत्र विदेशी चश्मे भी रख दिए हैं जिनकी सहायता से अपनी चीजें ठीक से दिखाई पड़ सकें।[5] स्पष्ट है कि

---

1. आचार्य देवेन्द्रनाथ शर्मा-"हिन्दी भाषा का विकास", पृ० 125
2. वही, पृ० 125-126
3. वही, पृ० 152
4. वही, पृ० 151-168
5. भाषा विज्ञान की भूमिका, प्रस्तावना, पृ० 8

आचार्यजी का विवेचन का मूलाधार भारतीय सामग्री रही अवश्य है, पर उन्होंने पाश्चात्य सामग्री का अवहेलना नहीं की है। प्रस्तुत ग्रंथ में जिन सिद्धान्तों का निरूपण हुआ है, उनमें विद्वानों के समझने और विचारने की पर्याप्त सामग्री है।

आचार्य शर्मा भाषा, भाषाविज्ञान के जितने अधिकारी विद्वान थे, उतने ही अधिकारी काव्यशास्त्र के भी। उनकी मान्यता है कि भाषाविज्ञान और काव्यशास्त्र दोनों एक दूसरे के पूरक हैं। उन्हीं के शब्दों में "···भाषाविज्ञान और काव्यशास्त्र एक दूसरे के पूरक हैं। भाषाविज्ञान का निरूप्य है भाषा का निर्माणपक्ष और काव्यशास्त्र का निरूप्य है भाषा का अलंकरण-पक्ष। बिना एक के ज्ञान के दूसरे का ज्ञान अधूरा रह जाता है।"[1] अपने कथन के समर्थन में उन्होंने ग्रे के कथन को उद्धृत किया है।[2] इन दोनों विधाओं को उन्होंने अपने में इस तरह समाहित किया था कि यह निर्णय करना कठिन हो जाता है कि वे मूलत: भाषावैज्ञानिक हैं या काव्यशास्त्री। आचार्यजी ने भारतीय एवं पाश्चात्य दोनों काव्यशास्त्रों पर अपने विचार प्रकट किए हैं और पाश्चात्य काव्यशास्त्र के ग्राह्य अंशों को ग्रहण करने की जोरदार वकालत की है, किन्तु उसके साथ ही भारतीय काव्यशास्त्रीय चिन्तन पद्धति की मान्यताओं को सप्रमाण पुन: स्थापित भी किया है। इस विवेचन में हम उन्हें मम्मट की तरह समाहारवादी या समन्वयवादी समीक्षक कह सकते हैं। समाहारवादी आलोचक वह होता है जो मधुमक्षिका की तरह विभिन्न फूलों का रस संचय करके उसके आधार पर मधु का निर्माण करता है।[3]

बहुधा यह कहा जाता है कि काव्यशास्त्र का चिन्तक, विवेचक, समीक्षक, मौलिक नहीं हो सकता। यह बात आचार्य शर्माजी की कृति को देखने से अपने-आप निरस्त हो जाती है। सच्चा काव्य-मर्मज्ञ, भावक, सहृदय अपनी भावयित्री प्रतिभा के आधार पर परम्परागत काव्यशास्त्रीय विवेचन से ग्राह्य ग्रहण कर उसे मौलिक बना देता हैं। इस दृष्टि से हम आचार्य शर्मा की 'अलंकार मुक्तावली' को देख सकते हैं। प्रस्तुत ग्रंथ व्याख्यात्मक शैली पर लिखा गया है। संस्कृत के विभिन्न अलंकार-ग्रंथों से सुगम लक्षणों को उद्धृत कर सरलतम ढंग से अलंकारों की परिभाषा तैयार करना—किसी मौलिक ग्रंथ से कम नहीं है। उनकी व्याख्या तथा उदाहरण एवं संघटना के कारण उक्त ग्रंथ न केवल विद्यार्थियों में प्रसिद्ध हुआ, बल्कि उच्च कोटि के विद्वानों के बीच भी वह समादृत हुआ है। ग्राह्य-अग्राह्य

1. आचार्य देवेद्रनाथ शर्मा : 'भाषा विज्ञान की भूमिका', प्रस्तावना, पृ० 9
2. एल० एच० ग्रे, फाउण्डेशन ऑफ लैंग्वेज, पृ० 143
3. डॉ० सुमन मेहरोत्रा : 'आचार्य देवेन्द्रनाथ शर्मा : व्यक्तित्व और कृतित्व का अध्ययन', टंकित प्रति, पृ० 217

प्रवृत्ति के अनुसार अलंकार के अनावश्यक भेदों को उन्होंने छोड़ दिया है, जो हिन्दी की प्रकृति के अनुकूल है।

भारतीय काव्यशात्र : स्थिति और सीमा[1] विवेचनात्मक पद्धति पर लिखा गया निबंध है, जिसमें संस्कृत काव्यशास्त्र की विशेषताओं के साथ उसकी स्थिति और सीमा का विवेचन तर्क संगत ढंग से किया गया है। उनकी मान्यता रही है कि संस्कृत काव्यशास्त्र में एकरूपता तो रही है और यह एकरूपता इतनी लम्बी अवधि तक विद्यमान रहने की परम्परा दूसरे साहित्य में उपलब्ध नहीं होती, फिर भी नवीन प्रयोगों का वहाँ सर्वथा अभाव नहीं है। हिन्दी साहित्य का काल विभाजन सामन्तवादी व्यवस्था का फल है, अवश्य, पर वहाँ एकरूपता का सर्वथा अभाव है। दूसरी बात यह है कि संस्कृत में लौकिक साहित्य का कोई ऐतिहासिक आधार नहीं मिलता। फलतः हिन्दी की भाँति उसके साहित्यिक इतिहास का काल विभाजन उपलब्ध नहीं होता।[2] संस्कृत आलोचना आदर्शवादी और सैद्धान्तिक है, व्यावहारिक नहीं। संस्कृत काव्य रचना तथा समालोचना दोनों निरपेक्ष भाव से साथ-साथ चलती रही हैं। संस्कृत के अलंकारशास्त्र पर व्याकरण एवं दर्शन दोनों का समान रूप से प्रभाव पड़ा है, जिसके कारण विवेचन में सूक्ष्मता आयी है अवश्य, पर चमत्कारप्रियता के साथ पिष्ट-पेषण तथा अनावश्यक ग्रंथिलता और उसके स्वतंत्र विकास में बाधाएँ आयी हैं।[3] आचार्यजी ने भारतीय काव्यशास्त्र में प्रचलित विभिन्न संप्रदायों को काव्यशास्त्र का सोपान माना है और इन संप्रदायों को सापेक्ष सिद्ध किया है। हिन्दी के काव्यशास्त्र के विचारकों की तरह आचार्य जी ने इन संप्रदायों को न तो आत्मवादी माना है और न देहवादी। उन्होंने इन्हें वस्तुवादी माना है।[4] इस विवेचन में आचार्य शर्मा सर्वत्र खण्डनात्मक-मण्डनात्मक पद्धति के आधार पर सिद्धांत-निरूपक ही बने हुए हैं। उनके अनुसार रस की स्थिति दृश्य-काव्य में श्रव्य-काव्य की अपेक्षा अधिक है और मुक्तक काव्य में तो रस की स्थिति प्रायः नहीं ही होती है।[5] उन्होंने यह स्थापित किया है कि काव्य शास्त्र में स्वीकृत नौ रसों की आस्वाद्य स्थिति भावक के लिए समान स्तर की नहीं होती।[6] आचार्यजी ने ध्वनि सिद्धांत की महत्ता स्वीकार की है। इस दृष्टि से उन्हें

---

1. 'नया आलोचक' में प्रकाशित निबन्ध, सं० डॉ०महेन्द्र मधुकर, अंक 5
2. आचार्य देवेन्द्रनाथ शर्मा : भारतीय काव्यशास्त्र : स्थिति और सीमा; नया आलोचक, अंक 5
3. वही
4. वही
5. वही
6. वही

कोई ध्वनिवादी कहना चाहे तो कह सकता है।

'काव्यलंकार भाष्य' के प्रतिपादन में आचार्यजी सर्वत्र भाष्यकार के रूप में विद्यमान हैं। भाष्यकार सामान्य आलोचक से भिन्न प्रकार का व्याख्याकार होता है। यह टीका, व्यावहारिक आलोचना तथा शोधात्मक व्याख्या का सम्मिलित रूप होता है। पतंजलि इसी श्रेणी के आलोचक थे। वस्तुतः इस तरह की आलोचना प्रायः समाप्त सी हो गयी है। आचार्यजी ने भामह कृत 'काव्यालंकार' पर भाष्य लिखकर इसकी पुनः प्रतिष्ठा की है। उन्होंने स्वयं स्वीकार किया है, "मैंने काव्यालंकार का केवल अनुवाद ही नहीं किया है, अपितु विशद व्याख्या या कहूँ कि भाष्य किया है।···संस्कृत ग्रन्थों के अनुवाद मात्र से हिन्दी के पाठक को कुछ विशेष लाभ नहीं होता। इसके दो कारण हैं—एक तो संस्कृत की अभिव्यंजना पद्धति की अत्यन्त सूत्रात्मकता और दूसरा, अधिकारी का ध्यान। संस्कृत का लेखक यह मानकर कुछ लिखता है कि उसे समझने के लिए जो उपलब्धि अपेक्षित है, उससे पाठक सम्पन्न है, क्योंकि वहाँ 'बालानां' की व्याख्या एक टीकाकार ने की है "अत्राधीतव्याकरणकाव्यकोशोऽनधीतन्यायशास्त्रो बालः।' यहाँ दुर्धर्ष विद्वान् भी बालक समझा गया है।···यदि संस्कृत के आकर ग्रंथों को हिन्दी के पाठकों के लिए बोधगम्य बनाना है, तो व्याख्या और विस्तार का मार्ग अपनाना होगा। ···इसी बात को ध्यान में रखकर मैंने पहले मूल का अनुवाद दिया है और बाद में विषय के स्पष्टीकरण के लिए विस्तृत व्याख्या की है"। पुनः उन्होंने अनुवाद को प्रामाणिक और हिन्दी की प्रवृत्ति के अनुकूल रखने का प्रयास किया है। "···अभी हिन्दी में अनुवाद की प्रामाणिकता का विशेष महत्व नहीं है और न उसकी कोई परंपरा बनी है। अतः बहुत लोग अनुवाद को बौद्धिक विलास-मात्र मानते हैं, किन्तु जो भुक्तभोगी हैं, उनका कुछ दूसरा ही अनुभव है। उपयुक्त शब्द या अभिव्यंजना को ढूँढने में जिस अनुवादक की कलम की स्याही सूख जाती हो, वह उसे विलास मानने को सहसा कैसे तैयार होगा।"[1] उन्होंने जो कुछ कहा है, उसे सतर्क प्रमाण से पुष्ट किया है और उसे वैज्ञानिकता दी है। यहाँ भी उनकी विवेचन की पद्धति प्रायः खण्डनात्मक-मण्डनात्मक रही है। उन्होंने स्वीकार किया है: "काव्य सम्बन्धी मान्यताओं की मीमांसा करते समय मैंने 'नानपेक्षितमुच्यते' को सदा ध्यान में रखा है।"[2]

भारतीय काव्यशास्त्र के पाठक 'शब्दार्थौ सहितौ काव्यम्' उक्ति का सम्बन्ध भामह से, उनके द्वारा प्रतिपादित काव्य लक्षण के रूप में जोड़ते हैं, पर आचार्यजी ने सप्रमाण यह स्पष्ट किया है कि आचार्य भामह जैसा व्यक्ति इस प्रकार का

1. आचार्य देवेन्द्रनाथ शर्मा : 'काव्यालंकार भाष्य,' भूमिका, पृ० ङ
2. वही, पृ० ङ-च

अपूर्ण लक्षण दे ही नहीं सकता ।[1]

कारिका शैली में आचार्य भामह कृत 'काव्यालंकार' अलंकार विषयक प्राचीनतम ग्रंथ है, जिसमें अलंकार विवेचन के अतिरिक्त काव्य-लक्षण, काव्य-प्रयोजन, काव्य-हेतु, काव्य-भेद आदि का विवेचन है। आचार्य शर्माजी ने उसका विस्तृत विवेचन अपनी मौलिक उद्भावना के साथ किया है और यही प्रतिपादन उनकी मौलिकता है ।

आचार्य शर्माजी ने जहाँ भारतीय काव्यशास्त्र का सूक्ष्मातिसूक्ष्म विवेचन किया है, वहीं उन्होंने पाश्चात्य काव्यशास्त्र पर भी लिखा। "उन्होंने भारतीय और पाश्चात्य काव्यशास्त्र के क्षेत्र में अपने मौलिक अवदान से हिन्दी साहित्य को परिपुष्ट किया है। भारतीय चिन्तन को नयी अर्थवत्ता देते हुए उसके संदर्भों की नयी पहचान तो उन्होंने कराई ही है, साथ-साथ पाश्चात्य काव्यशास्त्र की भी रूपवादी आलोचना का संश्लेषण उपस्थित करते हुए, उन्होंने हिन्दी में पाश्चात्यचिन्तन को सरल एवं बोधगम्य करने का प्रयास भी किया है।"[2] आचार्य शर्मा ने अनेक भारतीय तथा भारतीयेतर भाषाओं का गंभीरता से अध्ययन किया था। इसलिए वे भाषाविज्ञान तथा काव्यशास्त्र दोनों के समान रूप से अधिकारी माने जाते थे ।

आचार्यजी सर्वत्र भारतीय दृष्टिकोण से किसी भी वस्तु की समीक्षा करते थे। यह दृष्टि 'पाश्चात्य काव्यशास्त्र' में भी देखने को मिल जायेगी। 'रिचर्ड्स' की मान्यताओं को लोगों ने ऋषिवाक्य तथा वेदवाक्य जैसा अखण्ड्य मान लिया है। आचार्यजी ने आई० ए० रिचर्ड्स की मान्यताओं का विश्लेषण भारतीय दृष्टिकोण से किया और यह सिद्ध कर दिया कि रिचर्ड्स की समस्त मान्यताएँ यथावत् ग्राह्य नहीं हैं । इस प्रकार रिचर्ड्स की मान्यताओं का भारतीय विद्वानों, समीक्षकों तथा चिन्तकों के ऊपर जो एक गहरा आतंक छाया हुआ था, उसे उन्होंने सतर्क एवं सप्रमाण कम करने का सफल प्रयास किया है। इसी तरह अन्य पाश्चात्य काव्यशास्त्रियों की मान्यताओं का विश्लेषण उन्होंने यथासंभव भारतीय मान्यताओं के सन्दर्भ में करने का प्रयास किया है। आचार्यजी अपनी समास शैली के कारण कम शब्दों में ही बहुत कुछ कह जाते हैं। पाश्चात्य काव्यशास्त्र का विश्लेषण भी इसी रूप से उन्होंने किया है। विश्लेषण करने वाला समीक्षक उदाहरण, प्रमाण का आधार तो लेता ही है, साथ ही, यदा-कदा वह तुलनात्मक समीक्षक की भूमिका का भी निर्वाह करता है। आचार्यजी ने विश्लेषणात्मक

1. आचार्य देवेन्द्रनाथ शर्मा : 'काव्यालंकार भाष्य,' भूमिका, पृ० च
2. सुमन मेहरोत्रा, : 'आचार्य देवेन्द्रनाथ शर्मा : व्यक्तित्व और कृतित्व का अध्ययन,' टंकित प्रति, पृ० 247

पद्धति के साथ तुलनात्मक पद्धति को भी अपनाया है। आचार्य देवेन्द्रनाथ शर्मा का काव्यशास्त्रीय चिन्तन भारतीय और पाश्चात्य काव्यशास्त्र के सम्यक् अध्ययन को संपुष्ट करने में सहायक हुआ है। आचार्य शर्मा ने आदान और प्रदान की भी दृष्टि से भारतीय और पाश्चात्य काव्यशास्त्रीय सिद्धान्तों का लेखा-जोखा उपस्थित किया है। अपनी सामासिक शैली के कारण आचार्य शर्मा काव्यशास्त्र की गूढ़ता और सूक्ष्मता को उद्घाटित करने में सफल रहे हैं। यही उनके प्रतिपाद्य की सबसे बड़ी मौलिकता है।[1]

आचार्य शर्मा की समीक्षात्मक मौलिकता 'ब्रजभाषा की विभूतियाँ', 'हिन्दी कवियों का मूल्यांकन' तथा अन्य समीक्षात्मक निबन्धों में परिलक्षित होती है। मौलिक समीक्षक में तीन बातें पायी जाती हैं। वे हैं : (क) विवेच्य कृति या विषय का पूर्णतः मंथन, (ख) निजी कथन की सोपपत्तिक पुष्टि और (ग) एतत्सम्बद्ध पूर्व-प्रतिपादित मान्यताओं से सर्वथा भिन्न प्रतिपादन। इन तीनों उपादानों का आचार्यजी ने पूर्णतः पालन किया है। संस्कृत के गंभीर विद्वान होने के कारण वे अध्ययन के सोपान से सुपरिचित थे। दूसरी बात यह है कि आचार्यजी का भाषा-प्रयोग पर असाधारण अधिकार था। अध्ययन की परिपक्वता, विवेचन की सूक्ष्मता और भाषा-प्रयोग की अभूतपूर्व क्षमता की त्रिवेणी ने उनके कथ्य को दुरूह, अबोध होने से सदा बचाया है।

समीक्ष्य कृतियों में क्रमशः नौ और चौदह कवियों की विवेचना की गयी है। इन कवियों के विवेचन क्रम में समीक्षक ने एकरूपता का ध्यान रखा है। साथ ही आवश्यकतानुसार कवियों के काव्य दोषों पर भी विचार किया है। यहाँ समीक्षक की निरपेक्षता का पूरा निर्वाह भी हुआ है। निरपेक्षता के साथ-साथ सहृदयता सर्वत्र विद्यमान है। निरपेक्षता-सहृदयता के संगम ने आचार्यजी को एक विशिष्ट समीक्षक-पंक्ति में खड़ा कर दिया।

उपर्युक्त समीक्ष्य ग्रंथों के अतिरिक्त उनके समीक्षात्मक निबंध यत्र-तत्र संकलित हैं, जिनमें 'छायावाद पर बाह्य प्रभाव'[2] और 'रहस्यवाद की रहस्यवादिता'[3] सर्वाधिक महत्त्व के हैं। विश्लेषण क्रम में वस्तु को ठीक से समझाने के लिए कभी-कभी सादृश्य का भी सहारा लिया जाता है। छायावाद को स्पष्ट करने के लिए आचार्यजी ने भी सादृश्य का सहारा लिया है। उन्होंने कहा है : "आपने अमरबेलि देखी होगी। मेरी दृष्टि में छायावाद हिन्दी-साहित्योद्यान की

1. डॉ० दीनानाथ तिवारी : 'A critical study of works of Acharya Devendranath Sharma', Typed copy, p. 91
2. आचार्य देवेन्द्रनाथ शर्मा : छायावाद और प्रगतिवाद में संकलित, पृ० 62-87
3. वही, साहित्यिक निबंधवाली में संकलित

अमरबेलि है।"[1] यही कारण है कि "छायावाद ने भी हमारे जीवन को गतिशील नहीं बनाया, यह ठीक है, उसमें सौन्दर्य की कमी नहीं रही।"[2] आचार्य जी ने छायावाद को 'अमरबेलि' कहा है अवश्य, किन्तु इस कथन में उनका दृष्टिकोण सर्वथा जीवन की गतिशीलता से रहा है। वस्तुतः छायावाद जीवन से 'पलायनवाद' का काव्य रहा है। जहाँ तक सौन्दर्यानुभूति की बात है, उसे आचार्यजी ने मुक्तकंठ से स्वीकार किया है। छायावाद के आदर्शों पर पड़े प्रभाव के सम्बन्ध में उनकी मान्यता है कि "छायावाद के निर्धारण में अंग्रेजी और बंगला का प्रभाव है।"[3]

'रहस्य और रहस्यवादिता' नामक समीक्षात्मक निबंध में उन्होंने कहा है : "अमूर्त के आधार पर खड़ी कविता उत्तमता की श्रेणी में आ सकती है, यह सर्वथा संशयास्पद है ।···सामान्यतः आत्मा और परमात्मा, जीव और ब्रह्म की पारस्परिक प्रणयानुभूति को रहस्यवाद की संज्ञा दी जाती है।"[4] कोरा अमूर्त हमारी पकड़ के बाहर होने के कारण उसमें अस्पष्टता का आ जाना असंभव नहीं है और जो साहित्य अस्पष्ट रहता है, उसे उत्तम साहित्य या काव्य कैसे माना जाएगा। 'रहस्यवाद की कविताओं' के ऊपर विशेषतः आज सबसे बड़ा अभियोग है अस्पष्टता का।[5] वस्तुतः किसी रचना में अस्पष्टता क्यों आती है ? जब हम किसी प्रतिपाद्य विषय को सरल सुबोध ढंग से प्रतिपादित नहीं कर पाते हैं या अपने विवेचन को स्पष्ट रूप से नहीं रख पाते हैं, तब विषय प्रतिपादन अस्पष्ट हो जाता है। फलतः रहस्यवादियों की अभिव्यक्ति की अक्षमता ही अस्पष्टता का कारण है। संसार में अतीन्द्रियता की सृष्टि भिन्नधर्मी दो भावों या वस्तुओं के मेल से होती है। मनुष्य के साथ मनुष्य वस्तु के साथ वस्तु के सम्पर्क में अस्पष्टता कहीं नहीं आती।[6] आचार्य शर्मा का मन्तव्य है : "प्रत्येक कलाकार कुछ कहना चाहता है। अपनी कला के माध्यम द्वारा वह आपने मनोगत भाव व्यक्त करना चाहता है, चाहे वह चित्रकला हो या संगीत कला, काव्यकला या और कोई कला। कला तो केवल व्यक्तिगत भावना की अभिव्यक्ति का साधन मात्र है। ··· एक ही सौन्दर्य की प्रतिक्रिया दो कवियों के हृदय में दो प्रकार से उत्पन्न होती है। यदि यह भेद न रहता तो···तुलसी, सूर, बिहारी,

1. आचार्य देवेन्द्रनाथ शर्मा : छायावाद और प्रगतिवाद, पृ० 62
2. वही, पृ० 110
3. वही
4. सं० आचार्य देवेन्द्रनाथ शर्मा : साहित्यिक निबंधावली, पृ० 110
5. वही
6. वही, पृ० 117

मतिराम, पंत, प्रसाद में कोई अंतर ही नहीं होता।"[1] इससे कथन की स्पष्टता का जितना अधिक बोध होता है उतना ही कलाकार की कथन-भंगिमा का भी, क्योंकि कविता में चित्रधर्म, संगीतधर्म और भावधर्म की उपलब्धि होती है। ...सत्काव्य में इन तीनों धर्मों का समन्वय आवश्यक है। हाँ, प्रधानता किसी की भी हो सकती है।

इस प्रकार आचार्य शर्मा ने समीक्षा की विभिन्न शैलियों के माध्यम से अपने प्रतिपादन को अत्यंत सुरुचि-सम्पन्न बनाया है। उन्होंने आलोचना की कभी व्यावहारिक शैली अपनायी है, तो कभी समीक्षात्मक शैली, कभी तुलनात्मक शैली ग्रहण की है, तो कभी खण्डनात्मक-मण्डनात्मक शैली, कभी आचार्यत्व की शैली को महत्त्व दिया है, तो कभी अध्यापकीय शैली को। वस्तुतः आचार्यजी अपने व्यवहार में या लेखन में हर जगह मूलतः अध्यापक ही रहे और जीवन में विभिन्न पदों पर आसीन होने के बावजूद उनका अध्यापकत्व कभी लुप्त नहीं हुआ।

---

1. सं० आचार्य देवेन्द्रनाथ शर्मा : साहित्यिक, निबंधावली पृ० 107

सम्पादक प्रवर : आचार्य देवेन्द्रनाथ शर्मा

गोपाल राय

स्व० आचार्य देवेन्द्रनाथ शर्मा का व्यक्तित्व और कृतित्व दोनों बहुमुखी था। उनके व्यक्तित्व के विविध आयामों की चर्चा अन्यत्र की गयी है। तद्वत् उनका कृतित्व भी बहुआयामी था। वे नाटककार थे, ललित निबन्धकार थे, संस्मरण-लेखक थे, आलोचक थे, भाषाविज्ञानी थे, काव्यशास्त्री थे—और इन सभी विधाओं में उनका गहरा अभिनिवेश था—पर बहुत कम लोग जानते हैं कि वे एक समर्पित और कुशल सम्पादक भी थे। उनका सम्पादक रूप भी द्विमुखी था। उन्होंने पुस्तकों का भी सम्पादन किया और पत्रिकाओं का भी। पत्रिका-सम्पादन के क्षेत्र में उनका उल्लेखनीय अंशदान 'समीक्षा' के रूप में है। 'समीक्षा' का प्रकाशन जुलाई, 1967 में आचार्य शर्मा की ही प्रेरणा और प्रोत्साहन से आरंभ हुआ। जुलाई, 1967 से फरवरी, 1975 तक वे 'समीक्षा' के प्रधान सम्पादक रहे। इस अवधि में उन्होंने उनतीस सम्पादकीय टिप्पणियाँ लिखीं जो विविध विषयों से सम्बद्ध हैं। इन सम्पादकीयों से आचार्य शर्मा के समृद्ध सम्पादक रूप का पता चलता है।

आचार्य शर्मा के प्रथम चार सम्पादकीय 'समीक्षा' पत्रिका के प्रकाशन के औचित्य, हिन्दी में समीक्षा के स्वरूप एवं स्थिति तथा हिन्दी में साहित्यिक पत्रिकाओं की स्थिति आदि से सम्बन्धित हैं। 'समीक्षा' के प्रवेशांक में उन्होंने 'समीक्षा' का पाठकों से प्रथम परिचय कराते हुए लिखा था :

"**समीक्षा** एक निश्चित लक्ष्य लेकर उपस्थित हुई है। इसका लक्ष्य हिन्दी की अब तक निकली सभी पत्र-पत्रिकाओं से भिन्न है। यह दावा बहुत बड़ा है पर गलत नहीं है। वार्षिक से लेकर दैनिक तक जो भी पत्र-पत्रिकाएँ प्रकाशित होती हैं उनमें पुस्तक-समीक्षा का भी एक स्तम्भ सामान्यतः रहता ही है। पर केवल पुस्तक-समीक्षा को अपना ध्येय बनाकर निकलने वाली यह हिन्दी की पहली पत्रिका है। भविष्य की बात तो हम नहीं कह सकते पर इसका आरंभ ही

ऐतिहासिक महत्त्व का अधिकारी हो गया, इससे किसी को असहमति न होगी।"[1]

आज से लगभग पच्चीस वर्ष पूर्व लिखी ये पंक्तियाँ समय की कसौटी पर कितनी सच उतरी हैं, यह बताने की आवश्यकता नहीं। 'समीक्षा' के अनुकरण पर न केवल बाद में समीक्षा-प्रधान पत्रिकाएँ निकली हैं वरन् 'आलोचना', 'पूर्वग्रह', 'दस्तावेज' जैसी पत्रिकाओं में भी समीक्षा का महत्व बढ़ गया दीखता है। यदि इसे हिन्दी पत्रिकाओं पर 'समीक्षा' का प्रभाव माना जाए तो कोई अत्युक्ति न होगी।

आचार्य शर्मा ने अपने उक्त सम्पादकीय में 'समीक्षा' पद को परिभाषित करते हुए लिखा : "हिन्दी में पुस्तक-समीक्षाएँ तो होती ही हैं, प्रतिदिन हो रही हैं, किन्तु कला या विज्ञान के रूप में समीक्षा का विकास अब तक नहीं हो पाया है। पुस्तक-समीक्षा के लिए कोई शब्द हिन्दी में अभी रूढ़ भी नहीं हो पाया है। अँगरेजी में 'रिव्यू' शब्द पुस्तक-समीक्षा का रूढ़ वाचक हो गया है। हिन्दी में अभी समीक्षा, आलोचना, परिचय आदि अनेक शब्द चल रहे हैं।···अब समय आ गया है, जब शब्द के अर्थ की तरलता दूर कर संकेत निश्चित किए जाएँ। यह वैज्ञानिकता और निर्भ्रान्तिता की पहली माँग है।···'रिव्यू' के लिए 'समीक्षा' शब्द आता है।"[2]

यदि 'समीक्षा' आज यह दावा करे कि हिन्दी में 'समीक्षा' शब्द को 'रिव्यू' के अर्थ में रूढ़ करने का श्रेय उसे ही है तो यह कोई गलत दावा नहीं होगा।

'समीक्षा' जैसी पत्रिका की आवश्यकता पर बल देते हुए आचार्य शर्मा ने लिखा था : "···अब हिन्दी-प्रकाशन गुण और परिणाम दोनों में इतना समृद्ध हो गया है कि समीक्षा की एक पत्रिका आवश्यक हो गयी है। समीक्षा को आनुषंगिक बनाकर रखना हिन्दी के प्रकाशनों के प्रति न्याय नहीं होगा। चालू ढंग की समीक्षा से न तो पुस्तकों के सम्बन्ध में कोई स्पष्ट धारणा बन पाती है और न उनकी त्याज्यता-ग्राह्यता का निर्धारण हो पाता है। अँगरेजी में ऐसी समीक्षा-पत्रिकाएँ हैं जो किसी रचना के गुण-दोष का ही विवेचन नहीं करतीं, उसके प्रतिपाद्य का साराश भी दे देती हैं। समीक्षा के इस रूप को विकसित करना भी 'समीक्षा' का लक्ष्य है।"[3]

कहना नहीं होगा कि 'समीक्षा' अपने जन्म से लेकर आज तक इस लक्ष्य के प्रति प्रतिबद्ध रही है और इस दिशा में निरन्तर आगे बढ़ती रही है।

---

1. सम्पादकीय, समीक्षा, वर्ष-1, अंक-1, जुलाई 1967
2. उपरिवत्
3. उपरिवत्

'समीक्षा' के एक वर्ष पूरा होने पर आचार्य शर्मा ने अपने सम्पादकीय में साहित्यिक पत्रिका के प्रकाशन की व्यावहारिक कठिनाइयों का उल्लेख किया। इसके साथ ही उन्होंने सन्तुलित और निष्पक्ष समीक्षा पर बल देते हुए लिखा : "....प्रश्न है कि 'समीक्षा' में समीक्षा निकले या प्रशंसा ? 'समीक्षा' यदि विज्ञापन-पत्रिका बन जाए तो उसका उद्देश्य ही खंडित हो जाएगा और हमारा विश्वास है कि आप इसे निश्चित ही नहीं पसन्द करेंगे। वस्तुतः सन्तुलित और निष्पक्ष समीक्षा तो लेखक और प्रकाशक दोनों के लिए लाभकर है। लेखक जान पाता है कि उसकी रचना किस कोटि की उतरी, उसके सम्बन्ध में पाठकों की क्या धारणा हुई। प्रकाशक को यह पता लगता है कि उसके प्रकाशन कैसे हो रहे हैं।"[1]

'समीक्षा' के वर्ष-2, अंक 1-2 में 'समीक्षा : स्थिति और दायित्व' शीर्षक टिप्पणी आचार्य शर्मा और गोपाल राय के संयुक्त नाम से छपी। इस सम्पादकीय टिप्पणी में भी समीक्षा के स्वरूप-निर्धारण का प्रयास किया गया दीखता है। इसमें सर्वप्रथम इस बात पर बल दिया गया कि 'समीक्षा' में समीक्ष्य पुस्तक का प्रामाणिक परिचय, जिसमें लेखक का नाम, प्रकाशक का पूरा पता, प्रकाशन वर्ष, पुस्तक का आकार तथा बाह्य प्रस्तुति, मूल्य और उसमें विवेचित वस्तु का संक्षिप्त विवरण, आवश्यक है। पर साथ ही यह भी स्वीकार किया गया कि समीक्षा का दायित्व यहीं समाप्त नहीं हो जाता। इस टिप्पणी के अनुसार समीक्षा समसामयिक प्रबुद्ध रुचि का सच्चा दर्पण है। समीक्षा से हम यह जान सकते हैं कि किसी कृति के सम्बन्ध में समसामयिक प्रबुद्ध पाठक की प्रतिक्रिया क्या है? पर यह भी स्वीकार किया गया कि "प्रत्येक पाठक की प्रतिक्रिया समीक्षा का आधार नहीं हो सकती और न प्रत्येक पाठक समीक्षक हो सकता है।" समीक्षक के लिए अपने विषय की अच्छी जानकारी तथा मताग्रह और परम्परागत-विचार-धारा से हटकर मुक्त चिन्तन की क्षमता आवश्यक बतायी गयी। सहृदयता और व्यक्तिगत सम्बन्धों से उत्पन्न रागद्वेष से मुक्त रहने का गुण भी समीक्षक के लिए आवश्यक माना गया। इस बात पर बल दिया गया कि "आधुनिक युग में तो हमारे सम्बन्ध इतने जटिल और व्यापक हो गए हैं कि उन्हें भूलकर, उनसे तटस्थ होकर, समीक्षा लिखना सचमुच 'तलवार के धार पे धावनो' हो गया है। आये दिन यह शिकायत सुनने को मिलती है कि निष्पक्ष समीक्षाएँ नहीं लिखी जा रही हैं। प्रत्येक शहर में समीक्षकों के दल बन गये हैं। रचनाकारों ने विभिन्न दलों और पत्रिकाओं से अपना सम्बन्ध स्थापित कर लिया है। 'अहो रूपम् अहो ध्वनिः' की शैली पर लोग एक दूसरे की समीक्षाएँ कर रहे हैं। यह दलबन्दी

1. समीक्षा, वर्ष-1अक-4

समीक्षा के विकास में सबसे बड़ा बाधक तत्त्व है।"[1]

इन आरम्भिक सम्पादकीयों में 'समीक्षा' के भावी स्वरूप और दिशा का निर्देश किया गया है। हमें यह कहने में संकोच नहीं कि आचार्य शर्मा के निर्देशों पर चलते हुए विगत 25 वर्षों में 'समीक्षा' ने हिन्दी साहित्य में अपनी पहचान बनायी है।

आचार्य शर्मा के वे सम्पादकीय सबसे अधिक महत्वपूर्ण हैं जिनमें हिन्दी भाषा सम्बन्धी समस्याओं पर विचार किया गया है। "हिन्दी का सबसे बड़ा दुर्भाग्य है अपने ही घर में, अपने ही लोगों द्वारा उपेक्षा। शायद ही संसार का कोई अन्य देश अपनी भाषा के प्रति इतना उपेक्षा-भाव रखता हो। हिन्दीतर भाषा-भाषी तो हिन्दी की उपेक्षा करते ही हैं—कुछ तो उसके कट्टर विरोधी भी हैं—तथाकथित हिन्दी क्षेत्र के निवासी भी हिन्दी के प्रति घोर उदासीन हैं। अभी भी अँगरेजी के प्रति उच्चवर्गीय भारतवासियों का मोह बना हुआ है।" हिन्दी के प्रति भारतीयों के उपेक्षा-भाव से आचार्य शर्मा अत्यन्त दुःखी रहते थे। उनकी यह चिन्ता उनके कई सम्पादकीयों के माध्यम से व्यक्त हुई है। 'समीक्षा' के वर्ष-4, अंक-2 में उन्होंने एक टिप्पणी लिखी थी : "आप अपनी भाषा में क्यों नहीं लिखते ?" इस टिप्पणी में आचार्य शर्मा का अपने देश और अपनी भाषा के प्रति स्वाभिमान अत्यन्त प्रखर रूप में मुखरित हुआ है।

अपनी टिप्पणी के अन्त में उन्होंने कुछ बड़े ही तीखे प्रश्न किए हैं : "क्यों भारतीय लेखक ही अँगरेजी में लिखने को लालायित रहता है ? चीनी, जापानी या रूसी लेखक में अँगरेजी का यह व्यामोह क्यों नहीं है ? तथाकथित अन्तर्राष्ट्रीय यश अथवा अधिक धन के लिए अपनी भाषा को वह क्यों नहीं ठुकराता ? कहने की आवश्यकता नहीं कि भारतीय लेखक की यह हीनताग्रंथि सदियों की पराधीनता की विरासत और सांस्कृतिक निर्बलता का प्रमाण है। अँगरेजी में लिखकर यश और धन की लिप्सा रखनेवाले तथा अँगरेजी के प्रत्येक हिमायती के गले में तमगे की तरह फोर्स्टर का वाक्य लिखकर लटका देना चाहिए कि "आप अपनी भाषा में क्यों नहीं लिखते ?" संभव है, इस वाक्य को बार-बार देखकर उसके मन में आत्मसम्मान और राष्ट्रीय सम्मान का भाव किसी दिन जग सके और वह अपनी भाषा का महत्त्व समझ सके।"

इसी विषय से सम्बद्ध आचार्य शर्मा की एक दूसरी सम्पादकीय टिप्पणी है : 'मैं दिल्ली जाकर हिन्दी भूल गया।' एक रूसी विद्वान् की इस टिप्पणी पर कि 'मैं हिन्दी तो जानता था पर दिल्ली जाकर हिन्दी भूल गया' आचार्य शर्मा बहुत पीड़ा के साथ लिखते हैं कि "···बात सही है कि दिल्ली में हिन्दी नहीं बोली

1. समीक्षा, वर्ष-2, अंक 1-2

जाती; हिन्दी बोलने में लोग हिचकते हैं, झिझकते हैं, शर्माते हैं। यह स्थिति भाव-शबलता का बड़ा रोचक उदाहरण है। उसमें किसी विचारशील और संवेदनशील प्राणी के हर्ष, विषाद, लज्जा, खेद, विस्मय, निर्वेद आदि भावों की एक साथ अनुभूति होती है। 'मैं दिल्ली जाकर हिन्दी भूल गया !' एक विदेशी के मुँह से निकला यह वाक्य कितना मर्म-भेदी है।"[1]

इस टिप्पणी में आचार्य शर्मा ने कालिदास के प्रति रूसियों के प्रेम और भारतीयों के उपेक्षा-भाव पर भी ग्लानि व्यक्त की है। वे लिखते हैं : "कालिदास भारत के सर्वश्रेष्ठ और प्रतिनिधि कवि हैं, सच्चे अर्थ में भारत के राष्ट्रीय कवि हैं,···फिर भी कालिदास के ग्रन्थों के सानुवाद, आकर्षक संस्करण प्रकाशित करने का कोई प्रयास नहीं हुआ है।···मेरी दृष्टि में कालिदास की रचनाओं को सुपाठ्य रूप में सुलभ बनाना कहीं अधिक सांस्कृतिक तथा साहित्यिक महत्त्व का स्थायी कार्य है।"[2]

आचार्य शर्मा ने एक बहुत ही महत्वपूर्ण सम्पादकीय लिखा था : 'राष्ट्रीय एकता और भाषा।' इस टिप्पणी में उनका राष्ट्रप्रेम पूरी ओजस्विता के साथ व्यक्त हुआ है।[3] वे नहीं मानते कि भारत कुछ राज्यों का संघ है। वे भारतीय संविधान की इस धारा को 'अनीतिपूर्ण' मानते हुए इसे राष्ट्र के विघटन का प्रमुख कारण मानते हैं। उनका कहना है : "विघटन की इस भावना के पीछे भाषा का भी हाथ है···आज प्रत्येक 'राज्य' अपनी प्रान्तीय भाषा को ही महत्त्व देने लगा है और समग्र राष्ट्र को एक सूत्र में बाँधने की भी कोई भाषा होनी चाहिए, इसकी ओर ध्यान देने का अवकाश कम ही लोगों को है।"[4] वे आगे लिखते हैं : "राष्ट्रीय अखण्डता सबसे पहले और सबके ऊपर है; शेष सारी चीजें उसके बाद आती हैं और उसका साधन ही हो सकती हैं। आज भाषावाद का जोर है। क्षेत्रीय भाषाओं को आगे लाने के प्रयास और आन्दोलन चल रहे हैं। यदि ये प्रयास या आन्दोलन भाषा को समृद्ध बनाने तक सीमित रहें तो प्रसन्नता की बात है, किन्तु क्रमश: ये राजनीतिक हथकंडे बन जाते हैं और इनके आधार पर पृथक् राज्यों की माँग होने लगती है। यह चीज राष्ट्रीय दृष्टि से अवांछनीय है।"[5]

इसी दृष्टिकोण के तहत हिन्दी बनाम उर्दू या भोजपुरी आदि के प्रश्नों पर आचार्य शर्मा निरन्तर विचार करते रहते थे। वे उर्दू भाषा और साहित्य के अनन्य

1. समीक्षा, वर्ष-6, अंक 1
2. उपरिवत्
3. समीक्षा, वर्ष-6, अंक-6
4. उपरिवत्
5. उपरिवत्

प्रेमी थे और भोजपुरी तो उनकी मातृभाषा ही थी पर राष्ट्रीय हित में वे इन्हें हिन्दी की प्रतियोगी भाषा के रूप में देखना पसन्द नहीं करते थे। 'समीक्षा' के वर्ष-4, अंक-4 में उन्होंने 'उर्दू : क्षेत्रीय भाषा की माँग' शीर्षक टिप्पणी लिखी जिसमें उन्होंने इस विषय पर अमृत राय द्वारा लिखी पुस्तिका का स्वागत करते हुए उसे इस समस्या में दिलचस्पी रखने वाले प्रत्येक व्यक्ति के लिए पठनीय बताया और लिखा : "भाषा की समस्या ऊपर से बड़ी निर्दोष दीखती है पर यह उतनी निर्दोष है नहीं। साहित्यिक भाषा के रूप में उर्दू से किसी का विरोध नहीं है बल्कि उसे प्रत्येक साहित्यानुरागी का स्नेह और सद्भाव प्राप्त है परन्तु जब वह साहित्य की सीमा लाँघ कर राजभाषा की सीमा में प्रवेश करना चाहती है तो उसकी गति की निश्छलता में सन्देह होना अस्वाभाविक नहीं है। इस स्थिति में मैं अमृत राय की पुस्तिका को चेतावनी का बिगुल मानता हूँ और राष्ट्रहितैषियों का ध्यान आकृष्ट करना चाहता हूँ। अमृतराय ने बहुत सही कहा है कि **उर्दू को हिन्दी प्रदेश की दूसरी सरकारी भाषा का स्थान देना सिद्धान्तहीन और गलत बात होगी···मैं पूरे विश्वास के साथ समझता हूँ** कि यह **फूट और अलगाव की माँग है, प्रतिगामी माँग है जो समाज को आगे** बढ़ाने **के बदले पीछे ले जाती है।** पर भारत के अदूरदर्शी और सिद्धान्तहीन राजनीतिज्ञों ने न अमृतराय का तर्क सुना और न आचार्य देवेन्द्रनाथ शर्मा का और आज उर्दू राज्यों की दूसरी राजभाषा के रूप में स्वीकृत हो गयी है। अभी तो यह पौधा लगा ही है, इसके कड़वे फल तो कुछ दिन बाद ही चखने को मिलेंगे; तब तक राजनीतिज्ञों की वर्तमान पीढ़ी काल देवता की भेंट चढ़ चुकी होगी।

सम्प्रति हिन्दी क्षेत्र में मैथिली, भोजपुरी, मगही, छत्तीसगढ़ी, राजस्थानी, बुन्देलखण्डी आदि भाषाओं के महत्त्व-प्राप्ति के आन्दोलन चल रहे हैं। इन आन्दोलनों के धनात्मक और ऋणात्मक दोनों पक्ष हैं। आवश्यकता है, इन आंदोलनों के धनात्मक पक्ष को सही दिशा देने की और ऋणात्मक पक्ष का विरोध करने की। आचार्य शर्मा इस आवश्यकता को अच्छी तरह समझते थे। उन्होंने 'समीक्षा' के वर्ष-6, अंक-5 में 'भोजपुरी का शिक्षा माध्यम' शीर्षक सम्पादकीय लिखा। इस टिप्पणी में उन्होंने भोजपुरी को शिक्षा का माध्यम बनाने के आन्दोलन का पुष्ट तर्कों के आधार पर विरोध किया। उन्होंने लिखा : "भोजपुरी साहित्य का अध्ययन-अध्यापन एक चीज है और भोजपुरी को शिक्षा का माध्यम बनाना बिल्कुल दूसरी चीज। इन दोनों को अलग करके देखने की जरूरत है। संस्कृत, बँगला, उर्दू, फारसी की तरह यदि भोजपुरी साहित्य को उच्चतर कक्षाओं में अध्ययन का विषय रखा जाए तो इसमें आपत्ति नहीं होनी चाहिए; आज भी अवधी, मैथिली, ब्रजभाषा आदि भाषाओं का साहित्य हिन्दी के पाठ्यक्रम का अनिवार्य अंग है। फिर कोई कारण नहीं कि भोजपुरी का साहित्य उस अधिकार से वंचित हो।

भोजपुरी की प्रत्येक विधा का साहित्य पर्याप्त समृद्ध है; वस्तुतः वह कितना समृद्ध है, इसकी भी जानकारी बहुतों को नहीं है। हिन्दी की बोलियों में ब्रजभाषा और अवधी के बाद सबसे अधिक शोध भी भोजपुरी पर ही हुआ है। तात्पर्य कि अध्ययन का विषय बनने की क्षमता भोजपुरी साहित्य में है। साहित्य के प्रश्न को माध्यम-भाषा के प्रश्न से सर्वथा अलग रखने की अपेक्षा है।" इस कथन से स्पष्ट है कि आचार्य शर्मा की भाषा और साहित्य विषयक दृष्टि अत्यधिक सूक्ष्म तर्कसंगत, विवेकसम्मत और दूरगामी थी। भोजपुरी आन्दोलन के पुरस्कर्ता आज भी इस दृष्टिकोण से लाभ उठा सकते हैं।

आचार्य शर्मा हिन्दी के अभावग्रस्त क्षेत्रों पर अपनी पैनी दृष्टि जमाये रहते थे और उनका उल्लेख अपनी सम्पादकीय टिप्पणियों में किया करते थे। हिन्दी पुस्तकों के अधिक मूल्य को वे हिन्दी के प्रचार-प्रसार की बाधा समझते थे। अपने एतत्सम्बन्धी विचारों को उन्होंने अपने 'हिन्दी पुस्तकों का मूल्य' शीर्षक संपादकीय में व्यक्त किया। उन्होंने अपनी टिप्पणी के अन्त में निष्कर्ष प्रस्तुत किया : "पुस्तकों की कीमत और खपत दुश्चक्र से ग्रस्त हैं। चूँकि पुस्तकों की कीमत कम नहीं है, इसलिए खपत अधिक नहीं है और जब तक खपत अधिक नहीं होगी तब तक कीमत कम नहीं होगी। इस दुश्चक्र को कौन तोड़े? सरकार तोड़ सकती थी या तोड़ने में सहायता दे सकती थी तो वह निष्क्रिय है···समाजवादी व्यवस्था में ज्ञान को प्राथमिकता मिलनी चाहिए, खासकर भारत जैसे देश में, जहाँ अज्ञान का साम्राज्य है। पुस्तक-व्यवसाय पर—उसके उत्पादन और वितरण पर—व्यावहारिक दृष्टि से विचार करने की और उससे भी अधिक कार्य करने की आवश्यकता है।"[1] अपने एक अन्य सम्पादकीय में उन्होंने हिन्दी में मासिक पत्रिकाओं के अभाव पर चिंता व्यक्त की।[2] एक दूसरे सम्पादकीय में उन्होंने औद्योगिक प्रतिष्ठानों में हिन्दी की उपेक्षा पर खेद प्रकट करते हुए एक हिन्दीप्रेमी प्रतिष्ठान की मुक्त भाव से प्रशंसा की।[3]

आचार्य शर्मा भाषिक अराजकता को बिलकुल ही पसन्द नहीं करते थे। 'समीक्षा' के वर्ष-6, अंक-8 में उन्होंने ठीक इसी शीर्षक से एक टिप्पणी लिखी थी जिसमें उन्होंने हिन्दी में लेखन सम्बन्धी अराजकता पर क्षोभ व्यक्त करते हुए लिखा था : "जिस भाषा में शुद्धि और संस्कार महत्वहीन हों, जिस भाषा में प्रत्येक व्यक्ति अपने को भाषा का नियामक माने, जिस भाषा में वर्णमाला के वर्णों की ठीक-ठीक संख्या बताने में असमंजस का अनुभव करने वाले अपने को लिक्खाड़-

1. समीक्षा, वर्ष-4, अंक-1
2. वही, अंक-1
3. वही, अंक-2

समझ बैठें, जिस भाषा में भाषिक परम्परा, इतिहास, विकास एवं स्वरूप से अनवगत प्रकाशन-संस्थाएँ अपनी-अपनी मरजी और सुविधा के अनुसार वर्तनी निर्धारित कर लें, उस भाषा में व्याप्त अराजकता सहज अनुमेय है।" उन्होंने यह भी लिखा था कि "अभी तो स्थिति यह है कि भाषाविषयक संशोधन के सुझाव, चाहे कितने भी उपयोगी और सद्भावना से प्रेरित क्यों न हों, व्यक्तिगत स्वतंत्रता में अवांछनीय हस्तक्षेप कहकर ठुकरा दिए जाते हैं।"[1] इसके बावजूद आचार्य शर्मा ने अपने कई सम्पादकीयों में भाषा विषयक प्रयोगों की साधुता पर अपने विचार व्यक्त किए। 'नयावाला पुरानावाला' शीर्षक सम्पादकीय में एक प्रबुद्ध प्राध्यापक द्वारा किए जाने वाले इन प्रयोगों के प्रति क्षोभ व्यक्त करते हुए उन्होंने 'वाला' प्रत्यय के शुद्ध प्रयोग का स्वरूप स्पष्ट किया।[2] 'वाला' विशेषण-निष्पादक प्रत्यय है। पर जो विशेषण है ही, जैसे 'नया', 'पुराना', 'अच्छा', 'लाल', आदि, उसमें विशेषण-निष्पादक प्रत्यय जोड़ने का कोई औचित्य नहीं है। इसी प्रकार अपनी 'मायने' शीर्षक सम्पादकीय टिप्पणी में उन्होंने 'मायने' शब्द-प्रयोग की असाधुता प्रमाणित करते हुए 'मानी' प्रयोग को साधु बताया है।[3]

आचार्य शर्मा ने 'भूयांसोऽपशब्दा अल्पीयांसः शब्दाः' शीर्षक से दो सम्पादकीय टिप्पणियाँ लिखी थीं।[4] इन टिप्पणियों में उन्होंने 'सापेक्षिक', 'सापेक्ष्य', 'सशक्त', 'सृजित', 'सृजेता', 'षष्ठि-पूर्ति', 'धूम्रपान' आदि प्रयोगों को 'अपशब्द' बताते हुए इनके प्रयोग पर चिन्ता व्यक्त की थी। आज हिन्दी में इस प्रकार के असाधु प्रयोग इतनी अधिक मात्रा में हो रहे हैं कि उनकी सूची बनाना भी कठिन हो गया है। इसका कारण यह है कि आज अपशब्दों को ही जानने वाले अधिक हो गए हैं और वे शब्दों को जानने की चिन्ता नहीं करते। आचार्य शर्मा उन व्यक्तियों में थे जो 'शब्दों' को तो जानते ही थे, 'अपशब्दों' को भी जानते थे। आज हिन्दी में 'अपशब्दों' की ओर इंगित करनेवाला, उन पर तर्जनी उठानेवाला कोई आचार्य नहीं है, इस कारण उनके प्रयोगों की मात्रा बढ़ती ही जा रही है।

अपने एक सम्पादकीय में आचार्य शर्मा ने 'अनुवाद' में भाषा की प्रकृति के प्रति सजगता पर बल देते हुए 'भारत का संविधान' से दो अंश उद्धृत करके उन्हें 'शिथिल अनुवाद' का उदाहरण बताया था।[5] उन्होंने लिखा था :.....'जो लोग यह मानते हैं कि हिन्दी पर्याय रख देने से अंग्रेजी का अनुवाद हो जाता है, उनका भ्रम

1. समीक्षा, वर्ष-6, अंक 8
2. वही, अंक 3-4
3. वही, वर्ष-6, अंक 7
4. समीक्षा, वर्ष-7, अंक-4-5
5. समीक्षा, वर्ष-6, अंक-12

इन सन्दर्भों से दूर हो जाना चाहिए। इनमें शब्द की कठिनाई प्राय: नहीं है, जो है वह अनभ्यास के कारण या 'कब्जाकृत' जैसे संकर शब्दों के समास के कारण, फिर भी ये सन्दर्भ अत्यन्त क्लिष्ट हैं, एक प्रकार से अबोध्य। हिन्दी अनुवादों में भाषा की प्रकृति का ध्यान रखना आवश्यक है अन्यथा हिन्दी अपनी काल्पनिक कठिनाई के लिए बदनाम होती है, साथ ही इसकी व्यापकता और उपयोगिता खंडित होती है।"[1]

आचार्य शर्मा रंगमंच से भी घनिष्ठ रूप से जुड़े हुए थे। अपने कुछ सम्पादकीयों में उन्होंने रंगमंच की समस्याओं की ओर अंगुलिनिर्देश किया है। अपनी 'काव्य की दृश्यता, श्रव्यता और पाठ्यता' शीर्षक टिप्पणी में उन्होंने इस विषय पर शास्त्रीय दृष्टि से विचार करते हुए मोहन राकेश के 'आधे-अधूरे' के पाठ्य प्रभाव और दृश्य प्रभाव का उल्लेख किया है: "'आधे-अधूरे' की पाठ्यता और दृश्यता में आकाश-पाताल का अन्तर है, यह पटने के 'कला संगम' के मंचन ने स्पष्ट कर दिया। सावित्री की भूमिका में विनीता पंकज ने और महेन्द्र की भूमिका में सतीश आनन्द ने जो अभिनय-पटुता दिखायी वह व्यक्तिगत रूप से उनकी चमत्कारी उपलब्धि तो है ही, मोहन राकेश की उत्कृष्ट रंगमंचीय कल्पना का प्रभावी प्रमाण भी है और दृश्य शब्द की सार्थकता का साधक भी।"[2] इससे आचार्य शर्मा की रंगमंच में रुचि और अभिनिवेश का पता चलता है।

एक अन्य सम्पादकीय टिप्पणी 'हिन्दी रंगमंच का निर्माण'[3] में हिन्दी रंगमंच के निर्माण की कठिनाइयों का उल्लेख करते हुए निष्कर्ष रूप में आचार्य शर्मा लिखते हैं : "मुझे ऐसा लगता है कि कुल ले देकर दायित्व दर्शकों की मनोवृत्ति का है। जब तक दर्शक रंगोन्मुख नहीं होते तब तक रंगमंच का विकास संभव नहीं है। इसलिए किसी भी अन्य दिशा में सुधार के बदले, और पहले, मनोवृत्ति में परिवर्तन अपेक्षित है।...यदि दर्शक रंगोन्मुख हो जाएँ तो शेष सारी समस्याएँ समाहित हो जाएँगी।"[4] 'समीक्षा' वर्ष-6, अंक-2 में 'कालिदास रंगालय' शीर्षक टिप्पणी भी आचार्य शर्मा की रंगमंचीय प्रतिबद्धता का परिचायक है।

आचार्य शर्मा हिन्दी साहित्य के उन्नयन और प्रचार प्रसार की अन्य समस्याओं से भी टकराते रहते थे। अपने एक सम्पादकीय में उन्होंने प्रसिद्ध आलोचक जॉन रस्किन का लम्बा उद्धरण प्रस्तुत करते हुए द्वितीय श्रेणी एवं हीन

---

1. समीक्षा, वर्ष 6-अंक 12
2. वही, अंक-11
3. समीक्षा, वर्ष 7, अंक-3
4. उपरिवत

स्तर की रचनाओं के प्रकाशन के औचित्य पर प्रश्नचिह्न लगाया है।[1] एक अन्य सम्पादकीय में आचार्य शर्मा ने पाठ्य पुस्तकों के राष्ट्रीयकरण का विरोध करते हुए सुझाव दिया है कि "किसी विषय पर एक पुस्तक निर्धारित करने की अपेक्षा यह अधिक वांछनीय है कि स्तर के अनुरूप अनेक पुस्तकें निर्धारित कर दी जाएँ और शिक्षकों को यह छूट हो कि वे उनमें से जिसे चाहें, पढ़ाएँ।"[2]

कुल मिलाकर एक सम्पादक के रूप में आचार्य शर्मा का भास्वर व्यक्तित्व बहुत प्रभावित करने वाला है। उनकी सम्पादकीय टिप्पणियों का स्वर बहुत ही ओजस्वी, विवेकसम्मत और सन्तुलित है। हिन्दी को राष्ट्रभाषा के रूप में देखने का उनका आग्रह राष्ट्रीय अखण्डता के प्रति उनकी भावनात्मक प्रतिबद्धता का परिणाम है। वे हिन्दी को सब तरह से सम्पन्न बनाना और राष्ट्र की वाणी के रूप में विकसित करना चाहते थे। उनका निधन हिन्दी के लिए कितना अहितकर हुआ, इसकी केवल कल्पना ही की जा सकती है।

1. समीक्षा, वर्ष-6, अंक 9-10
2. समीक्षा, वर्ष-2, अंक-4

आचार्य देवेन्द्रनाथ शर्मा की संस्कृत-सेवा

उमाशंकर शर्मा 'ऋषि'

आचार्य देवेन्द्रनाथ शर्मा का जन्म विख्यात संस्कृत विद्वानों के परिवार में हुआ था; पिता इतने बड़े पण्डित थे कि शर्माजी को व्याकरण, साहित्य एवं दर्शन के लिए किसी दूसरे के सामने हाथ नहीं पसारना पड़ा; संस्कृत माध्यम की शिक्षा में साहित्याचार्य तथा आधुनिक शिक्षा-पद्धति में एम० ए० की उपाधि प्रथमतः संस्कृत विषय में ही उन्होंने पाई; शोध-कार्य का आरम्भ संस्कृत विषय पर ही किया; प्राध्यापक भी पहले संस्कृत के ही बने, कर्मक्षेत्र उन्होंने भले ही योगक्षेम के लिए हिन्दी-विभाग को बनाया किन्तु अन्ततः बिहार संस्कृत अकादमी के अध्यक्ष के रूप में संस्कृत-सेवा करते हुए मृत्यु का उन्होंने वरण किया। वे वस्तुतः सस्कृतात्मा थे।

अपने वार्तालाप के क्रम में किसी भी भाषा के शब्द का व प्रयोग करते थे तो उस भाषा के मौलिक उच्चारण के समीप तक जाकर श्रोताओं का मार्ग-दर्शन करते थे। ऐसी सावधानी वही लोग रख पाते हैं जिनकी प्रारम्भिक शिक्षा कठोर अनुशासन में हुई हो। अपने पितृचरण के कुछ संस्मरण उन्होंने मुझे अपने उन क्षणों में सुनाए थे जब वे संस्कृत-विषयक अपनी नीतियों और योजनाओं की बातें करते थे। संस्कृत-शिक्षा का सर्वोत्कृष्ट परिणाम जो सही उच्चारण और अभ्यासजनित स्मृति के रूप में होना चाहिए, उसकी वे आदर्श मूर्ति थे। साहित्यशास्त्र के अनेक ग्रन्थ, गीता, मेघदूत, उत्तररामचरित, दशकुमारचरित जैसे अनेक गद्य-पद्य-नाटक उन्हें आद्यन्त कण्ठाग्र थे। यद्यपि हिन्दी के अध्यापन में इन पुस्तकों का उनके दैनिक क्रिया-कलाप में कोई उपयोग नहीं था तथापि संस्कृतज्ञों के समक्ष वे इनके शताधिक उद्धरण अपने वार्तालाप में आवश्यकतानुसार दिया करते थे। साहित्यशास्त्र के दुरूह सिद्धान्तों को वे इतनी सरल-सहज भाषा में प्रस्तुत करने की क्षमता रखते थे कि उनके प्रतिपादन को सुनकर या पढ़कर साधारण छात्र ही नहीं, अपितु उस विषय के मूर्धन्य विद्वान् भी अभिभूत हो जाते थे।

बहुधा संस्कृत के विद्वानों की भाषा जटिल, अस्पष्ट तथा स्वसंवेद्य होती है। इसका मुख्य कारण है चिन्तन का अभाव तथा श्रोता (या पाठक) के रूप में अधिकारी पर ध्यान नहीं देना। आचार्य देवेन्द्रनाथ शर्मा इसके अपवाद थे। ग्रन्थ-लेखन हो या अध्यापन, सभा का भाषण हो या बैठक की बातचीत हो—शर्माजी सदा अपने समक्ष विद्यमान न्यूनतम योग्यता वाले अधिकारी श्रोता या पाठक पर भी ध्यान रखते थे कि उसे तो कोई बात अस्पष्ट नहीं हो रही है। गूढ़ विषयों को रोचक भाषा में, तर्क की सहायता और सुबोध उदाहरणों के द्वारा, समझाते हुए मैंने शर्माजी के अतिरिक्त किसी संस्कृतज्ञ को नहीं देखा।

लेखन और भाषण में व्यक्तित्व की एकरूपता का जो स्वरूप आचार्य शर्मा में प्राप्त होता है वह महात्मा गांधी तथा विनोबा भावे—जैसे महापुरुषों में ही मिल सकता है, अन्यत्र नहीं। जिन लोगों को शर्माजी को बोलते सुनने का सौभाग्य नहीं मिल सका है, वे उनके ग्रन्थों की शैली से ही उनके व्यक्तित्व का आकलन कर सकते हैं। उनके ग्रन्थों में पद-पद पर उनके सरल, अनुशासनबद्ध व्यक्तित्व का संस्कार है। संस्कृतात्मा का आदर्श उन्होंने प्रस्तुत किया है जो अनेक विद्वानों को संयम का मार्ग दिखाता रहेगा।

उनके ग्रन्थों में भामहरचित 'काव्यालंकार' का भाष्य तथा 'भाषाविज्ञान की भूमिका' स्पष्ट रूप से उनके संस्कृतनिष्ठ, संयत तथा सरस वैदुष्य के परिचायक हैं। भामह का काव्यालंकार एक प्रकार से संस्कृत काव्यशास्त्र का प्रथम ग्रन्थ है किन्तु इसकी दुरूहता प्रो० पाण्डुरंग वामन काणे जैसे विद्वान को भी खटकती रही थी। आचार्य शर्माजी ने इसके अनुवाद और भाष्य के साथ इसका उत्कृष्ट सम्पादन किया। इसका प्रकाशन (1962 ई०) बिहार राष्ट्रभाषा परिषद् के लिए गौरव का विषय है। रायल आकार के पचास पृष्ठों में जो इसकी भूमिका आचार्यजी ने दी है वह वस्तुतः वस्तु-विन्यास, शैली, पाण्डित्य और गहन विषय-प्रवेश का निकष है। सरलता और गंभीरता का ऐसा अद्भुत समन्वय किसी भी शास्त्रग्रन्थ की भूमिका में दुर्लभ है।

संस्कृत काव्यशास्त्र के प्रत्येक ग्रन्थ में कुछ-न-कुछ 'ग्रन्थग्रन्थियाँ' रहती हैं जो साधारण व्यक्ति के मानस के लिए दुःखदाई होती हैं। कुछ टीकाकार भी ऐसे स्थलों में अपने अनपेक्षित पाण्डित्य का प्रदर्शन करके विषय को सुलझाने की अपेक्षा और अधिक उलझा देते हैं। परिणाम, इन स्थलों को देखते ही छात्र एक विचित्र मानसिक ग्रन्थि बनाते हैं और संक्रामक रोग के समान यह ग्रन्थि प्रसार पाती है। भामह के काव्यालंकार के अंतिम दो परिच्छेद (पंचम तथा षष्ठ) ऐसे ही शास्त्रीय विषयों के प्रतिपादन के कारण अन्य परिच्छेदों की अपेक्षा दुरूह हैं। आचार्य शर्मा ने इन परिच्छेदों के भाष्य में अपनी सरल-सुगम शैली का त्याग न करके साधारण पाठकों के लिए भी संस्कृत के दुर्गम न्याय-शास्त्र, व्याकरण और बौद्ध न्याय के द्वार खोल

दिए हैं। वे चाहते तो सम्बद्ध शास्त्रों के मूल उद्धरण सैकड़ों की संख्या में देकर बौद्धिक घटाटोप उत्पन्न कर सकते थे तथा अपने पाण्डित्य की स्थापना पाठकों पर सहज ही कर लेते। ऐसे स्थलों में कोई भी संस्कृत विद्वान् अपने आपको रोक नहीं पाता। किन्तु स्वार्थवाद से अधिक परमार्थवाद के 'बहुजनहिताय' की भावना से अनुप्राणित होकर शर्माजी ने अपनी 'नामूलं लिख्यते किञ्चिन्नानपेक्षितमुच्यते' की शैली का सर्वत्र अनुपालन किया है।

उदाहरण के रूप में बौद्ध-दर्शन में 'सामान्य' के स्थान पर स्वीकृत 'अपोहवाद' को लें। भामह ने इसका खण्डन किया है जिसके लिए कई युक्तियाँ दी हैं। शर्माजी ने 'अपोह' को समझाने के लिए लम्बी-चौड़ी भूमिका न देकर, कुल दस पंक्तियों का प्रयोग किया है किन्तु यही विषय को स्पष्ट करने के लिए पर्याप्त है। अपोहवाद के खण्डन को समझाने के लिए इतनी पूर्वपीठिका ही उनकी दृष्टि में अपेक्षित है। आचार्य शर्मा की प्रतिपादन-शैली की विशिष्टता है—विषय का स्पष्टीकरण और रोचकता का आद्यन्त निर्वाह। वे निश्चित रूप से आरोपित पाण्डित्य का नाटक नहीं करते थे जैसा कि आधुनिक पीढ़ी के अनेक विद्वान् (?) करते दिखाई पड़ते हैं।

'भाषाविज्ञान की भूमिका' हिन्दी में भाषाविज्ञान पर लिखी गई एकमात्र मौलिक पुस्तक है जिसमें विषयवस्तु और शैली दोनों पर स्वतन्त्र चिन्तन तथा अध्यापन का गम्भीर संस्कार है। इसमें आचार्यजी की संस्कृतात्मता का स्थान-स्थान पर प्रभाव है। विशेष रूप से अर्थविज्ञान के विवेचन में इसी पुस्तक में पहली बार भारतीय अर्थविज्ञान के योगदान और विवरण को मान्यता मिली है। अर्थबोध के साधन (पृ० 269), संकेतग्रह के बाधक कारण (पृ० 273), अनेकार्थक शब्दों का अर्थ-निर्णय (पृ० 281) इत्यादि प्रकरणों में साहित्यशास्त्र, सांख्य, व्याकरण आदि प्राचीन शास्त्रों के सिद्धान्तों की व्याख्या करके आचार्य शर्माजी ने प्राचीन भारतीय मनीषा को सामान्य पाठकों के समक्ष रखा है।

संस्कृत को शर्माजी भारतीय रूढ़िवाद के प्रतीक के रूप में न देखकर आधुनिकता की पृष्ठभूमि या सहचरी के रूप में देखना चाहते थे। इसके लिए वे ऐसे संस्कृत-छात्रों को विशेष प्रोत्साहन देते थे जिनमें विषय को गंभीरता से समझने के साथ स्पष्ट रूप से अभिव्यक्त करने की क्षमता तो हो किन्तु आधुनिकता से द्वेष न हो। इसलिए वे प्राचीन शास्त्रकारों की मनीषा और आधुनिकता के बोध के सन्धिस्थल थे।

भारतीय साहित्यशास्त्र के ग्रन्थों को आधुनिक पाठकों के लिए सुगम बनाने की दिशा में वे निरन्तर चिन्तन करते थे। भोज के सरस्वतीकण्ठाभरण के भाष्य का कार्य उन्होंने बिहार राष्ट्रभाषा परिषद् के अनुरोध पर आरम्भ किया था। पुनः मुझसे यह भी कहा था कि वे आनन्दवर्धन के ध्वन्यालोक पर भी काम कर

रहे हैं। संस्कृत-जगत् का यह दुर्भाग्य है कि ये भाष्य प्रकाशित नहीं हुए।

बिहार-संस्कृत-संजीवन-समाज के वार्षिक अधिवेशनों के अवसर पर अपने भाषणों में वे संस्कृत के अभ्युत्थान के लिए निरन्तर मार्ग-दर्शन करते थे। कभी-कभी प्राचीन ग्रन्थों के उद्धरण देकर आधुनिक पीढ़ी के लिए संस्कृत के अध्ययन की उपयोगिता पर प्रकाश डालते। उन्हें यह चिन्ता रहती थी कि आज के संस्कृत छात्र अध्यवसाय नहीं करते; संस्कृत पढ़ने वालों की संख्या बढ़ रही है किन्तु गुणवत्ता शनैः-शनैः समाप्त होती जा रही है। यदि समय पर इसकी चिकित्सा नहीं हुई तो संस्कृत-विद्या की मृत्यु हो जाएगी। अपनी चिन्ता को वे उचित स्थानों पर प्रस्तुत भी करते थे किंतु राजनीति के भँवर में फँसे लोगों में यह चेतना बहुत कम होती थी कि संस्कृत के विनाश से राष्ट्र की अस्मिता समाप्त हो जाएगी।

संस्कृत भाषा में निहित वाङ्मय के अमूल्य रत्नों को सामान्य पाठकों तक पहुँचाने की दिशा में आचार्य शर्मा का अमर योगदान 'अमर-भारती' के रूप में उपलब्ध है। ऋग्वेद से लेकर आधुनिक युग के गद्यकाव्य शिवराजविजय तक के प्रायः चार सहस्र वर्षों की दीर्घकालावधि में जो संस्कृत साहित्य का विकास हुआ है, उसमें प्रत्येक युग के और प्रत्येक साहित्य-विधा से सम्बद्ध ग्रन्थों के लोकप्रिय एवं सरल अंशों को हिन्दी अनुवाद के साथ सुगम परिचयात्मक भूमिका देकर अपनी सम्पादन-कला से समन्वित करके उन्होंने प्रकाशित कराया। संस्कृत साहित्य के शताधिक संग्रहों के बीच 'अमर-भारती' अपनी व्यापकता, संयतता तथा सुगमता के कारण इतनी लोकप्रिय हुई कि अनेक विश्वविद्यालयों ने संस्कृत तथा हिन्दी के पाठ्यक्रम में इसे प्रतिष्ठित पद प्रदान किया।

'अमर-भारती' के सम्पादन में आचार्यजी ने संस्कृत वाङ्मय को लोकोपयोगी बनाने की दृष्टि रखी जिससे संस्कृत के न जानने वाले लोग भी इसकी महत्ता समझें, साहित्य का मूल्यांकन करें तथा संस्कृत के मौलिक ग्रन्थों के अध्ययन की ओर प्रवृत्त हों। इस प्रकार संस्कृत सेवा की एक नवीन दिशा में आगे बढ़कर उन्होंने अपने आचार्यत्व का परिचय दिया है।

अपने अन्तिम काल में वे कुछ वर्षों तक बिहार संस्कृत अकादमी के अध्यक्ष थे। समुचित अर्थराशि के अभाव में वे इस संस्था को अपने व्यक्तित्व के अनुरूप स्वरूप नहीं दे सके। राजनीतिक उदासीनता की चर्चा वे यदा-कदा करते थे कि किस प्रकार संस्था के अभिभावक होते हुए भी वे विवश हैं। फिर भी उन्होंने मुझ से कई मानक ग्रन्थों के प्रकाशन की योजना बनवाई थी। इन ग्रन्थों में (1) धर्मकीर्ति-रचित प्रमाणवार्तिक, (2) नागेशकृत वैयाकरणसिद्धान्तमंजूषा, (3) भर्तृहरि-रचित वाक्यपदीय, (4) कुमारिलकृत श्लोकवार्तिक, (5) पतंजलिकृत महाभाष्य जैसे दुर्लभ और कठिन ग्रन्थ हैं। इनमें प्रत्येक को मूल पाठ, सरल हिन्दी अनुवाद, भाष्य तथा विस्तृत भूमिका के साथ प्रकाशित करने की योजना थी। साथ ही बिहार के

विश्वविद्यालयों में, स्कूलों में और सामान्य जनजीवन में संस्कृत-शिक्षा की गति-विधि के आधार पर एक मासिक पत्र प्रकाशित करने की भी योजना थी।

संस्कृत साहित्य के इतिहास में बिहार के योगदान के विषय में शर्माजी एक व्यापक गोष्ठी कराने की इच्छा रखते थे। गोष्ठी में निबन्धों का पाठ होता जो कालान्तर में ग्रन्थरूप में प्रकाशित होकर बिहार में संस्कृत साहित्य के विकास का कीर्तिस्तम्भ बनता।

संस्कृत पाठ्यपुस्तकों के प्रामाणिक संस्करण भी बिहार संस्कृत अकादमी से निकालने की उनकी योजना थी जिससे अकादमी केवल दुर्लभ ग्रन्थों के प्रकाशन तक ही सीमित न रहे, अपितु लोकप्रिय ग्रन्थों को भी प्रकाशित करे। इसी दिशा में उन्होंने 'संस्कृत-शिक्षिका' नामक पुस्तिका का प्रकाशन किया। शर्माजी का असामयिक निधन शिक्षा-जगत् के लिए सामान्य रूप से और संस्कृत-संसार के लिए विशेष रूप से अपूरणीय क्षति है। संस्कृतज्ञों की आशा-वल्लरी पर तुषारपात हो गया है, संस्कृत की महत्ता को समुचित मंच पर रखने वाला कुशल वक्ता चला गया है। अब यही कहा जा सकता है :

सारसवत्ता विहता नवका विलसन्ति चरति नो कङ्कः।
सरसीव कीर्तिशेषे गतवति भुवि विक्रमादित्ये ॥

धर्मपत्नी श्रीमती कुसुम शर्मा के साथ

आचार्य शर्मा का सुखी परिवार दाहिने से धर्मपत्नी श्रीमती कुसुम शर्मा, पुत्र डॉ. विनयशील गौतम, पुत्री डॉ. दीप्ति शर्मा त्रिपाठी एवं पुत्र डॉ. विजयशील गौतम

पूजा करते हुए

प्रशासनिक कार्यों में व्यस्त

सभा को सम्बोधित करते हुए

पटना-स्थित आचार्य शर्मा का निवास-स्थान 'देवकुसुम'

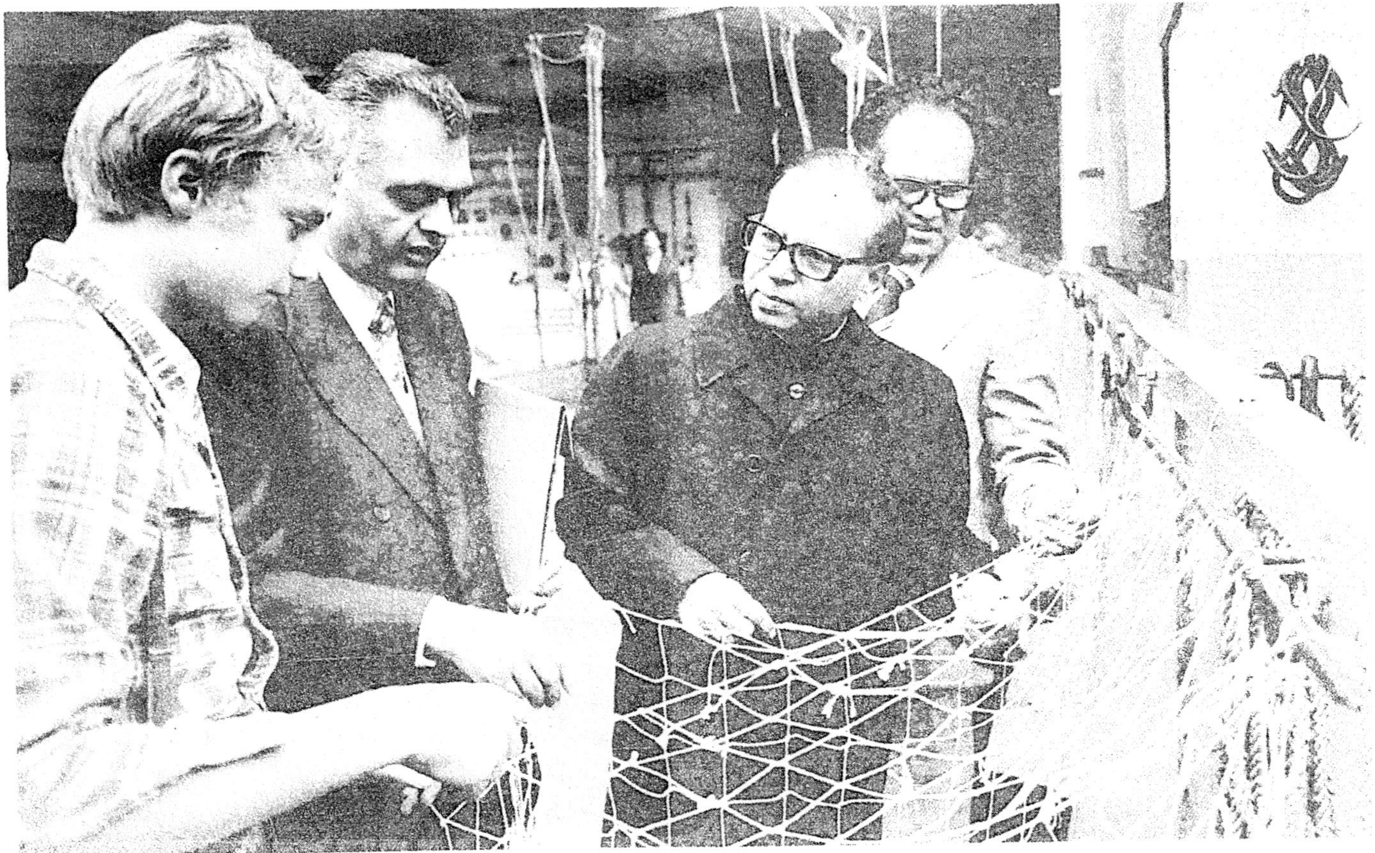

विदेश-यात्रा के प्रसंग की एक स्मृति

बिहार के तत्कालीन राज्यपाल श्री ए. आर. किदवई, श्री जवाहर चौधरी एवं श्री शंकरदयाल सिंह के साथ आचार्यजी

सुब्रह्मण्यम भारती पुरस्कार से सम्मानित आचार्य शर्मा का मरणोपरांत पुरस्कार तत्कालीन उपराष्ट्रपति डॉ. शंकरदयाल शर्मा से ग्रहण करते हुए उनके पुत्र डॉ. चिन्तनशील गौतम

खण्ड : तीन

स्वतंत्र शोध-निबन्ध

लोकधर्म का स्वरूप और भक्ति-आन्दोलन

सावित्री चन्द्र शोभा

प्राचीनकाल से ही भारतीय मनीषा में मानव-जीवन के दो प्रमुख धर्म या कर्तव्य माने गये हैं। पहला धर्म वैयक्तिक या व्यष्टिपरक जिसमें मानव के मोक्ष, आत्मसाक्षात्कार और ब्रह्मज्ञान की प्राप्ति निहित है, और दूसरा कर्तव्य समष्टिगत है, जिसमें उसकी समाजगत उन्नति कल्याण और शान्ति का पक्ष आता है।

महर्षि कणाद ने मानव जीवन के इन्हीं दो पक्षों को लेकर धर्म की व्याख्या की है: यतोभ्युदयनिःश्रेयससिद्धिः स धर्मः। अभ्युदय के अन्तर्गत समाज के सर्वतोमुखी विकास की भावना आती है। निःश्रेयस में मानव की आध्यात्मिक उन्नति और समृद्धि शामिल हैं। अतः सामाजिक कल्याण और व्यक्तिगत कल्याण दोनों के मध्य सामंजस्य स्थापित करने को ही शास्त्रकारों ने धर्म की संज्ञा दी है।

जब एक व्यक्ति या वर्ग विशेष अपने आचरण या धर्म के द्वारा जन-जीवन को त्रस्त कर संकट में डाल देता है तो वह लोकधर्म के विरोध में खड़ा अधर्मी माना जाता है। प्रायः देखा गया है कि जब-जब किसी समाज में अमंगलकारी, विकृत और रूढ़िगत प्रवृत्तियाँ फैलती हैं और लोकधर्म संकटग्रस्त होता है उसी समय उसकी पुनःप्रतिष्ठा के लिए लोकसंग्रही पुरुषों का आविर्भाव होता है। वे अपने काल के संकट, अभाव, अन्याय, भेदभाव या कहिये अन्तर्विरोधों को गहराई से देखकर तथा झेलकर समाज में नवीन युगचेतना के अनुरूप लोकधर्म या मानवतावादी मूल्यों की स्थापना करते हैं।

प्रश्न आज के वर्गीय समाज में रहते हुए मध्यकालीन या भक्तिकालीन सामन्तीय समाज में स्थित लोकधर्म के स्वरूप को रेखांकित करने का है। यह स्पष्ट है कि 'लोक' शब्द ,को हम अंग्रेजी भाषा में प्रयुक्त 'फोकलोर' अथवा

अर्द्धशिक्षित, ग्रामीण जनता के जीवन-मूल्यों तक ही सीमित नहीं मानते। वरन् उसमें नगर और पुर में रहने वाली सामान्य जनता के जीवन-मूल्य भी सम्मिलित होते हैं।

कुछ विचारकों ने प्रश्न उठाया है कि किसी देश की लोकसंकृति और धर्म में उच्चवर्ग के जीवन मूल्यों की क्या भूमिका होती है? यदि उच्चवर्ग और निम्नवर्ग के लोगों का धर्म और संस्कृति एक दूसरे से सर्वथा भिन्न है तो हम किस वर्ग के एकांगी जीवन-मूल्यों को लोक-धर्म की संज्ञा दे सकते हैं?

रूसी विचारक और आलोचक मिखाइल बख्तीन ने, जिसके विचारों ने पाश्चात्य जगत के बुद्धिजीवियों को प्रभावित किया है, समाज में 'पापुलर कल्चर' या लोकसंस्कृति और 'इलीट' यानि संभ्रान्त-संस्कृति को अलग-अलग खानों में बाँटकर देखने का विरोध किया है। उन्होंने संस्कृति या लोक-संस्कृति के तथाकथित पारस्परिक वर्गीय सीमाओं के अतिक्रमण या 'ट्रासग्रेशन' करने की प्रक्रिया पर बल दिया है। मिखाइल बख्तीन के अनुसार समाज में विरोध करने का अधिकार समाज के किसी एक वर्ग के लोगों की ही बपौती नहीं है, अन्याय के खिलाफ समाज के सभी प्राणी व्यक्तिगत रूप से असहमति और विरोध के स्वर को मुखरित कर सकते हैं।

इसी संदर्भ में इटली के महान विचारक ग्राम्शकी के 'कल्चरल हेजिमनी' यानी सांस्कृतिक सार्वभौमिकता के विचारों की पड़ताल करनी आवश्यक है। उनके अनुसार वर्गीय समाज में प्रायः लोक-संस्कृति की स्वतंत्र सत्ता नहीं है, क्योंकि वह हमेशा उच्चवर्गीय जीवन-मूल्यों से आक्रान्त रहती है। अंग्रेजी विचारक एडवर्ड टॉमसन और अन्य विचारक ग्राम्शकी के उक्त विचारों से सहमति नहीं रखते हैं। उन्होंने साफ तौर से यह दिखाया कि ग्राम्शकी ने 'सांस्कृतिक सार्वभौमता' के सिद्धान्त को इटली के विशेष प्रान्तों में स्थित कैथोलिक गिरजाघरों और उनके द्वारा प्रचारित उच्चवर्गीय मूल्यों एवं संस्कृति के संदर्भ में प्रयुक्त किया है। अतः टॉम्सन और बुर्क दोनों ने ही ग्राम्शकी द्वारा प्रचारित "कल्चरल हेजिमनी" के सिद्धान्त को सभी देशों और सामाजिक व्यवस्थाओं में समान रूप से लागू करने की आलोचना की है। उन्होंने पूछा है कि क्या लोकधर्म में सांस्कृतिक-'हेजिमनी' की यह प्रक्रिया एक स्थायी तत्त्व है? अथवा यह विशेष काल और विशेष स्थान पर ही क्रियान्वित होती है? क्या सामन्त वर्ग द्वारा निम्नवर्ग की लोक-संस्कृति पर पड़े हुए प्रभाव के पीछे सत्ताधारी वर्ग एवं उनके सहयोगियों की सुनिश्चित नीति रहती है? अथवा यह लोक-संस्कृति उन दोनों वर्गों के आपसी अन्तर्सम्बन्धों और हितों, धर्मों का स्वाभाविक विकास है? क्या किसी समाज में लोक-संस्कृति के इस सांस्कृतिक-'हेजिमनी' के सिद्धान्त के पीछे (दोनों वर्गों के हित-धर्मों का मेल और साथ ही

दोनों वर्गों में स्थित) कम से कम कुछ निम्न-वर्गीय श्रेणी के कुछ प्रभावशाली वर्गों जैसे शिल्पियों एवं कारीगरों द्वारा किये गये गठजोड़ का परिणाम है? उपर्युक्त सभी सवाल उत्तर भारत में 14वीं शताब्दी से 17वीं शताब्दी तक फैले भक्ति-आन्दोलन के संदर्भ में उठाये जा सकते हैं।

इसलिए प्रश्न उठता है कि पूर्व मध्यकाल में उत्तरी भारत में व्याप्त भक्ति-आंदोलन एक ही महान् जन-आंदोलन है अथवा उसके अनेक रूप और प्रकार हैं? यह सर्वविदित है कि भक्ति आंदोलन को जन-आन्दोलन का रूप देने वाले निर्गुण और सगुण भक्तों ने चाहे वे किसी धर्म या सम्प्रदाय के हों, अथवा धर्म-सम्प्रदायों की संकुचित परिधि से बाहर के, सभी ने भक्तिकाव्य के माध्यम से भारत की जनता की आशाओं, आकांक्षाओं, दुराशाओं तथा रामराज्य के सपनों के साथ-साथ समाज के दुःख-दर्द और उन पर हुए अत्याचारों और अभावग्रस्त जीवन की गाथा कही है।

अत: उपर्युक्त ग्राम्शकी और मिखाइल के लोक-संस्कृति सम्बन्धी विचारों के संदर्भ में यह पड़ताल करने की आवश्यकता है कि किस हद तक भक्ति-आन्दोलन निम्न तथा नॉन-फॉर्मिस्ट एवं जनपदीय जीवन-मूल्यों का संवाहक है, और भक्ति-आन्दोलन के किस भाग या पक्ष को सामन्तवर्गीय जीवन मूल्यों ने आक्रान्त किया जिससे उसका यथार्थवादी प्रगतिवादी स्वरूप नष्ट हो जाता है।

भारत के भक्ति-आन्दोलन में भक्ति के द्वारा जहाँ एक ओर सदियों से दमित और अभावग्रस्त असंख्य जनता को अपने दुःखों और शोषण की गाथा कहने का अवसर मिला, वहाँ साथ ही भक्ति-आन्दोलन के माध्यम से उच्च वर्ग और संभ्रान्तवर्गीय लोग समाज में अपना प्रभुत्व फिर से कायम करने में सफल हुए।

असहमति और विरोध के क्रान्तिदूत कबीर और संतुलन, समन्वय एवं मर्यादा के शान्तिदूत तुलसी उत्तरी भारत में भक्ति-आन्दोलन के दो किनारों पर खड़े हैं। दोनों ही जहाँ अपने युगीन यथार्थ और ऐतिहासिक तथा सामाजिक पृष्ठभूमि की उपज हैं, वहाँ साथ हैं उनके लोक। धर्म के संदेश-उनके जीवन-मूल्यों की अभिव्यक्ति के पीछे उनके जन्म, जाति, संस्कारों का पूरा-पूरा हाथ है। यदि कबीर को जैसा कि कुछ आलोचकों ने प्रगतिवादी खेमे और तुलसी को मात्र प्रतिक्रियावादी विचारधारा का कवि करार दिया, तो आज उक्त आलोचकों क विचार में समाज को पीछे ढकेलने वाले तुलसी के विचार और जीवन-मूल्य भारतीय जनता के गले के हार क्यों बने हैं? माता-पिता, भाई-बहन, भाई-भाई, पति-पत्नी, राजा-प्रजा, मंत्री-राजा सभी के सम्बन्धों में मानस द्वारा उद्धृत जीवन-सम्बन्धों को लोक-धर्म के रूप में आज क्यों घर-घर में अपनाया गया है?

हम मानकर चलते हैं कि भक्ति आन्दोलन में भक्ति-भावना मात्र ईश्वर, परमात्मा या अल्लाह के प्रति प्रेम-भावना ही नहीं थी, वरन् उसमें यदि एक ओर

अनेक जातियों और धर्मों की एक दूसरे के प्रति सामाजिक, आर्थिक, राजनैतिक और धार्मिक दृष्टि से भेदभाव, शोषण, अन्याय और अन्धविश्वासों के प्रति असहमति और विरोध है तो दूसरी ओर मर्यादा, संतुलन और समन्वय की भावना के द्वारा समाज कल्याण और सुधार लाने का प्रयास। पूर्व मध्यकाल में निर्गुण ज्ञानमार्गीय भक्ति के उद्घोषक कबीर, कृष्ण की माधुर्य प्रेममयी भक्ति के संवाहक सूरदास और मर्यादा पुरुषोत्तम राम के अनन्य उपासक तुलसी के काव्य में उनके युगीन यथार्थ और मानवतावादी जीवन-मूल्यों की अभिव्यक्ति व्यापक रूप में हुई थी। उत्तरी भारत में भक्ति आन्दोलन के स्वरूप की सही पहचान के लिए हम कबीर और तुलसी की वाणियों और काव्यकृतियों को अपने विश्लेषण का आधार बनायेंगे। ऊपर से एक ही दिखने वाले मानवतावादी दृष्टिकोण के पीछे दोनों कवियों के सामाजिक वर्ग एवं वर्णगत पक्षधरता की पड़ताल आवश्यक है। कबीर को लोग प्रायः हिन्दुओं और मुसलमानों में एकता स्थापित करने वाला मसीहा मानते हैं। कबीर के एकता, एकत्व, एकात्मता और समानता के भाव के पीछे उनकी अपनी विशिष्ट दृष्टि है, जो अनेक मायने रखती है। यही कबीर द्वारा दिए गए लोक-धर्म का मूलमंत्र है।

कबीर ने शान-शौकत से रहने वाले मुसलमानों में शुद्ध रक्त वाले तुर्क अमीरों और हिन्दुओं में राजाओं और ठाकुरों को समाज का शोषण करने वाली एक इकाई के रूप में देखा था। इसीलिए कबीर ने 'रैयत' के उजड़ने के पीछे राजाओं का प्रपंच बताया है :

"राजा देश बड़ो परपंची
रैयत रही उजारी"

अतः कबीर ने गरीबी और अभाव में जीवन काटने वाली भारत की शतशत हिन्दू और मुसलमान जनता को एक शोषित इकाई के रूप में खड़े हुए पाया। कबीर ने हिन्दू और मुसलमानों को उन धार्मिक कर्म-काण्ड और साधनाओं के जुए को उतार फेंकने के लिए प्रेरित किया जो अनेक जातियों और भाइयों के बीच भेदभाव और छुआछूत की रेखा खींचती है।

अतः कबीर ने जहाँ भारत की सामान्य जनता में ईश्वर या अल्लाह के एक ही होने का मूलमंत्र फूँका और उनमें एकता, समानता तथा आत्मविश्वास की भावना जगाने का प्रयत्न किया, वहाँ साथ ही दोनों धर्मों के ठेकेदारों ब्राह्मणों और शेख और मुशायक को इस एकता की भावना के शत्रुओं के रूप में माना। अतः कबीर के पदों एवं साखियों में मुख्यतः दो विशिष्ट परम्पराओं एवं जीवन-मूल्यों के दर्शन होते हैं—पहली भारत के असंख्य सामान्य जनों की लोक-परम्पराएँ और दूसरी अवैदिक, ब्राह्मण-विरोधी या आर्येतर परम्पराएँ। कबीर

भारत के विभिन्न धर्मों एवं मतवादों के बीच ऐसे मिलन बिन्दु पर खड़े थे, जहाँ से वे हिन्दुओं के षड्-दर्शन और छयान्नबे पाखंडों में स्थित बाह्याचार और अन्तर्विरोधों को देख सकते थे; तो दूसरी ओर पीरों के नमाज़, रोज़ा, क़ुरान, अजान, तस्बीह आदि के पाखण्डों को। कबीर ने धर्म के नाम पर अधर्म फैलाने वाले सभी धार्मिक कर्मकाण्डों का घोर विरोध किया। उन्होंने एक ऐसे मध्यमार्ग के अनुसरण करने की मन्त्रणा दी जो प्रेम, भ्रातृभावना और एकता के लोक-धर्म पर आधारित था।

"कबीर मधि अंग जे को रहै, तौ तिरन न लागै बार।
दुह-दुह अंग सू लागि करि, डूबत है संसार॥"

सोलहवीं शताब्दी के उत्तरार्द्ध में तुलसी के समकालीन सन्त दादूदयाल ने कबीर के इसी मध्य मार्ग को निःपख मार्ग के नाम से सम्बोधित किया है। अनेक धर्मों और मतवादों के सामन्ती समाज में निःपख या निर्पक्ष होना अति कठिन और दुर्लभ है और यदि कोई विरला सन्त इस मार्ग पर पाँव बढ़ा ही दे तो सारा संसार उससे रुष्ट हो जाता है :

"दादू जब ते हम निर्पख भये,
सबै रिसाने लोग।"

कबीर का धर्म, दर्शन और भक्ति तीनों ही मानव-धर्म, आत्मसाक्षात्कार और प्रेम द्वारा राम के साथ-साथ सभी प्राणियों में समानता की भावना की स्थापना करते हुए लोक-धर्म के सैद्धान्तिक और व्यावहारिक रूपों को एक बिन्दु पर खड़ा कर देती है। अतः कहा जा सकता है कि कबीर ने अपनी संवेदना के लिए भारतीय समाज के व्यापक क्षेत्र को चुना तथा अपने युग की संक्रमणशील परिस्थितियों, सामाजिक और धार्मिक दृष्टि से टूटते ढोंगी समाज, को देखते हुए दो मार्गों को अपनाया। पहला मार्ग समाजगत सभी प्रकार के शोषण और अत्याचारों के प्रति विरोध का मार्ग था और दूसरा प्रेम और भक्ति का। कबीर ने अपने काव्य में स्थित जातिवाद ब्राह्मणों और शूद्रों, तुर्कों और धर्म-परिवर्तन द्वारा बने हुए मुसलमानों का विरोध, उनकी आपसी टकराहट के लिए न करके उनमें सद्भावना प्रेम और भक्ति के बीज बोने का प्रयत्न किया। कबीर के शब्दों में :

"हिन्दू तुर्क का कर्ता एकै, ता गति लखि न जाई।
कहै कबीर मैं हरि गुन गाऊँ, हिन्दू मुस्लिम दोउ समझाऊँ॥"

इसी प्रकार कबीर ब्राह्मणों का विरोध मात्र विरोध के लिए न करते हुए,

ब्राह्मणों के द्वारा वेदों और धर्म के मर्म को न समझने के कारण करते हैं। हिन्दू और मुसलमानों की पवित्र पुस्तकों, वेदों और क़ुरान की लेखी पर न जाकर अनुभव-ज्ञान की सच्चाई स्वीकारने वाले कबीर कभी अपने को 'राम की बहुरिया' कहते हुए अपने पति 'रामभरतार' की प्रतीक्षा में सोलह श्रृंगार करके खड़े होते हैं और कभी 'मोक्ष' या आत्मसाक्षात्कार के लिए 'अब कहुँ राम नाम अविनासी' कह कर भक्ति मार्ग में राम नाम की महत्ता पर बल देते हैं।

इसीलिए कबीर जीवन में कथनी और करनी की एकता पर बल देते हुए, कर्मठता और पुरुषार्थ के सहारे लोक-जीवन में प्रेम और सद्भाव का संदेश देते हैं। अपने वैयक्तिक धर्म में 'राम की बहुरिया' बन कर निर्गुण राम के वियोग में तड़पते हैं और उसके दर्शन को आत्मसाक्षात्कार के रूप में देखते हैं। यह सभी प्राणियों में एक ही 'ब्रह्म' या 'निरंजन' के वास होने का हवाला देते हुए 'भौतिक जगत' में समानता की भावना की स्थापना का प्रयास है। अतः कबीर 'मानववाद' को सच्चे अर्थ में चरितार्थ करते हुए समाजगत वर्ग एवं जाति-भेद को हटाते हुए असली अर्थ में समानता और एकता का नारा देते हैं। अनेकता में एकता, विद्वेष में प्रेम, आलस्य में कर्मठता आदि मानववादी गुणों की स्थापना ही कबीर का लोक-धर्म है।

भक्ति-आन्दोलन में विद्रोह और क्रान्ति के स्वर को उद्घोषित करने वाले कबीर की भूमिका और उससे उच्छ्वासित लोक-धर्म पर चर्चा करने के बाद समाज में सन्तुलन और मर्यादा की स्थापना का बीड़ा उठाने वाले तुलसीदास के लोक-धर्म की चर्चा आवश्यक हो जाती है।

तुलसी के आराध्य मर्यादा-पुरुषोत्तम राम हैं। जिनमें परब्रह्म और राजा के गुणों की आवृत्ति एक साथ हुई है। दैवी गुणों से विभूषित राम लोकवादी और लोकदर्शी हैं। तुलसी के लोक-धर्म और लोक-कल्याण की भावना को समझने के लिए राम के सम्यक् जीवन का चरित्र और जीवनसम्बन्धी मूल्यों को समझना आवश्यक है।

तुलसी के लोकदर्शन और लोक-धर्म का मूलभाव समाज में संतुलन स्थापित करना है। साथ ही समाज में संतुलन, शांति, सुव्यवस्था हेतु तुलसी वर्णव्यवस्था का समर्थन करते हैं। हाँ, क्योंकि तुलसी वर्णव्यवस्था के पालन को वेदों और पुराणों को साक्षी मान कर, अपने-अपने कार्यधर्मों अथवा कर्तव्यों में लगे रहना और दूसरे के कार्यों में हस्तक्षेप न करना, आवश्यक मानते हैं, जिसके फलस्वरूप समाज में सुखों का प्रसार और दुःख, रोग, शोक का निवारण होने का एलान करते हैं।[1] तुलसी ने कहीं भी वर्णव्यवस्था को जन्मना नहीं माना, वे सदा उसको

1. मानस : बरनास्यम निज-निज धरम, निरत वेद पथ लोग

कर्मणा मानते रहे। अतः हम मानकर चलते हैं कि तुलसी ने परिष्कृत वर्णव्यवस्था का अनुमोदन किया था। तुलसी एक संवेदनशील और यथार्थदर्शी कवि थे। उन्होंने समाज में श्रेष्ठ और सज्जन पुरुषों की तुलना में नीच और अधम पुरुषों की संख्या हजार गुनी मानी है।[1] यही नहीं तुलसी की रचनाकृतियों में दुष्टों और खल जनों के दुर्गुणों एवं उनकी विध्वंसकारी प्रवृत्तियों के तस्करों से पृष्ठ के पृष्ठ भरे हैं अतः तुलसी ने समाज में नियंत्रण और सुव्यवस्था स्थापित करने के लिए समाज की दो प्रमुख इकाइयों को चुना। पहला राजा और दूसरा सन्त। राजा का मुख्य कर्तव्य राज्य की बाह्य आक्रमणकारियों से रक्षा करने के साथ-साथ उसकी आन्तरिक सुव्यवस्था और प्रबन्ध करना है जिसमें उसके द्वारा वर्ण-व्यवस्था के पालन करवाने का दायित्व भी आ जाता है। सन्त का कार्य समाज की जमीन से जुड़ कर वहाँ के लोगों के दुःख-सुख, आशा और निराशाओं में हिस्सा बँटाते हुए भी समाज से ऊपर उठकर रहना है। प्रश्न उठता है कि तुलसी द्वारा सन्त और परिष्कृत वर्णव्यवस्था की परिकल्पना के पीछे उनकी अपनी असली मंशा क्या थी? क्या तुलसी वास्तव में भारतीय वर्णव्यवस्था के सिद्धान्त को और उसकी खामियों को देखकर बदलना चाहते थे? अथवा वर्ण-व्यवस्था के कठोर ढाँचे को बदलने में असमर्थ हुए समाज के बहुसंख्यक लोगों को गुणों के आधार पर विभाजित कर पुरानी चली आती हुई वर्ण-व्यवस्था को नया चेहरा प्रदान करने की कोशिश में थे। यह प्रश्न और अधिक सार्थक हो जाता है जब हम देखते हैं कि वास्तव में तुलसी समाज में वर्गीय (ऊँच-नीच की भावना) या वर्णगत भेद से त्राण पाने के किसी उपाय को बताए बिना भक्ति के द्वारा केवल भक्त को ही जात-पाँत के बंधन से मुक्त होने का विधान करते हैं।

तुलसी ने समाज के लोगों को उनके गुणों के आधार पर प्रायः तीन और कभी-कभी चार श्रेणियों में बाँट कर देखा है। उत्तम, मध्यम, अधम, खल— तुलसी द्वारा किए गए इन चार श्रेणियों के लोगों के चारित्रिक विश्लेषण में न जाकर इतना ही कहना पर्याप्त है कि तुलसी उच्चकोटि के लोगों में पुरुषार्थ और सेवा-भाव को अत्यधिक महत्व देते हैं। समाज के गुणाश्रयी विभाजन में पुरुषार्थ और सेवाभाव को अत्यधिक महत्व देते हुए एक स्थान पर तुलसी ने पुरुषार्थी लोगों की पनस् यानी कटहल, कथनी और कर्म में एकता स्थापित करने वाले लोगों की आम और केवल बातूनी लोगों की गुलाब से तुलना की है।[2]

1. दोहा : 348, उत्तम मध्यम अधम सब दस गुन बढ़त बिभाग
2. मानस 6/90 संसार महँ पुरुष त्रिविध पाटल रसाल पनस समा
   एक सुमन प्रद, एक सुमन फल, एक फलहि केवल लागहीं
   एक कहहिं, रहहिं करहिं ऊपर एक करहिं कहत न बागहीं

इस प्रकार तुलसी ने उच्चकोटि के श्रेष्ठ व्यक्तियों में सत्य, अहिंसा, वैराग्य, विवेक, निरभिमान, समता और अनासक्ति आदि वैयक्तिक गुणों के साथ-साथ सामाजिक गुणों में पुरुषार्थ और सेवाभाव पर बल दिया है। तुलसीजी के मत में वैयक्तिक जीवन में रीतिपथ—जिसे मर्यादा कह सकते हैं अनुल्लंघनीय है। उसका विधान संत, सज्जन और राजा के लिए समान रूप से किया गया है। उपर्युक्त विवेचन के अतिरिक्त इतना ही कहना पर्याप्त है कि श्रेष्ठ व्यक्ति या राजा के लिए अच्छे गुणों को अंगीकार करने की ही नहीं, वरन् पहले अवगुणों के त्याग की मंत्रणा दी गई है। व्यक्ति को सामाजिक गुणों में निरभिमानता, समानता और परोपकार के भाव को सेवा और पुरुषार्थ के लिए आवश्यक माना है। कहने का तात्पर्य यह है कि वैयक्तिक और सामाजिक गुणों के बीच में रेखा खींचना अति कठिन है। क्योंकि प्राय: देखा गया है कि वैयक्तिक जीवन में जो नीति-पथ है, सार्वजनिक सामुदायिक और सामूहिक जीवन में वही लोक-धर्म हो जाता है।

इससे स्पष्ट है कि तुलसी के समाजगत मूल्यों में अन्तर्विरोध है। एक ओर वह समाज में वर्णव्यवस्था के अनुमोदन से संतुलन हेतु राजा या ऊपरी तत्वों के द्वारा सामान्य जनता पर नियंत्रण रखने की नीति पर बल देते हैं और दूसरी ओर जन-साधारण में राम की भक्ति के माध्यम से उसको तथाकथित वर्णाश्रम के बन्धनों से मुक्त होने का रास्ता दिखाते हैं। इससे स्पष्ट है कि तुलसी के समाज और समाजसम्बन्धी मूल्यों में गहरा अन्तर्विरोध है। यहाँ पर प्रश्न तुलसी काव्य में स्थित लोक-धर्म के स्वरूप और उसकी पक्षधरता का है। क्या तुलसी के मानववादी मूल्य जिन्हें लोक-धर्म की संज्ञा दी जा सकती है कबीर के मानवतावादी मूल्यों और लोकधर्म से मेल खाते हैं? और कहाँ उनमें भिन्नता है? कबीर का मानवतावादी स्वर जिसमें आत्मा की एकता के नाम पर सामाजिक एकता का मूल मंत्र फूँका गया है वास्तव में जनता की अपनी मिट्टी से उत्पन्न हुआ तथा उसमें जनता के दु:ख-दर्द और उनके प्रति किए गए अन्याय के खिलाफ़ उठी हुई आवाज और असंतोष का स्वर विद्यमान है जिसको कबीर ने निर्गुण राम की भक्ति तथा राम नाम के अनवरत जाप के द्वारा संपूर्ण मानवता के प्रति एकता का संदेश देकर अभिव्यक्त किया है। तुलसी भी समाज और समाज के बहुसंख्यक लोगों के दु:ख-दर्द से संतप्त होते हैं और उनके निवारण का रास्ता राम की स्वामी-सेव्यभाव भक्ति के रूप में दिखाते हैं। तुलसी के राम सगुण और निर्गुण, दोनों होते हुए भी, दीन जनता के दु:ख-दर्द और पापों का शमन करने के लिए ऐश्वर्यपूर्ण, सर्वशक्तिमान आनन्द के धन राजा राम का रूप धारण करते हैं। तुलसी की भक्ति के इन सामन्ती मूल्यों का ज्वलंत उदाहरण स्वयं उनकी विनय-पत्रिका है, जहाँ तुलसी राजा राम के दरबार में अपनी अर्ज़ी पेश करने के लिए

अनेक देवताओं की अनुनय-विनय करते हैं। तुलसी का भक्त दैन्य, अनन्यता और समर्पण की भावना के द्वारा सांसारिक त्रास से मुक्ति पा सकता है। जबकि कबीर की भक्ति-भावना आत्मा रूपी पत्नी के द्वारा पति रूप राम के प्रेम और तड़पन के रूप में अभिव्यक्त हुई है। एक में स्वामी द्वारा सेवक को हाथ पकड़कर उठाने और अपने रूप में मिलाने का भाव है और दूसरे में पति-पत्नी के बीच एक प्रकार की बराबरी का भाव है जिसमें मिलन की उत्कंठा है तो वियोग की तड़पन भी है। फिर भी हम कबीर और तुलसी की भक्ति-भावना और उसमें स्थित लोक-धर्म के संदेश को समाज के किसी एक वर्ग से उठा हुआ नहीं मान सकते, क्योंकि किसी देश में विशेष काल में विकसित साहित्यिक या धार्मिक आन्दोलन के पीछे वहाँ के समाज की सामाजिक और सांस्कृतिक चेतना की संक्रमणशील प्रवृत्तियाँ ही लोक-धर्म के मानवतावादी मूल्यों के रूप में अभिव्यक्त होती हैं। अत: पूर्व मध्यकाल में विकसित भक्ति-आंदोलन ही सच्चे अर्थों में सांस्कृतिक एवं सामाजिक परम्पराओं के रूप में लोक-धर्म का प्रचार करता है।

Variants from Kumarasamabhava and the Kavyaprakasa of Mammata

Tapasvi Nandi

An attempt has been made by us on earlier occasions to suggest how works on alaṃkāra could be taken as useful research-tools in fixing up some variants from different works of Kālidāsa. With due respect to Dr. Rewaprasad Dwivedi, in our humble opinion the critical text of perhaps all the works of Kālidāsa has yet to be finalized. For this purpose, all available mss. of all the works of Kālidāsa, with or without commentaries either published or unpublished, have to be taken into account along with other important research tools. Works on alaṃkāra, beginning with the Kāvyālaṃkāra-sūtra-vṛtti of Vāmana quote profusely from Kālidāsa. The variants presented in these quotations represent older traditions backed by older mss. now not available to us. These have to be consulted seriously before fixing up this or that reading. It is quite possible that these research-tools may tilt the balance in favour of this or that reading. The obvious purpose of this paper is to point out a new direction in the field of Kālidāsa-text-criticism.

In this paper twelve verses from the Kumārasambhava (Kumāra.) as found quoted in the Kāvyaprakās'a (K. P.) of Mammaṭa have been taken up as illustrations. Five out of these twelve verses do not suggest any variant in any published edition of either the Kumara. or the K. P., so only seven verses will be taken up for discussion. Some important editions of the K. P. with different commentaries have also been looked into. It may be noted again that by this we do not claim to have fixed as final any reading, but our task is to suggest a methodology and assist any careful editor in getting closer to the original text of Kālidāsa's works. Our examination of seven illustrations from the Kumāra. as quoted in the K. P. proceeds as below :

तद्‌गच्छ सिद्‌ध्यै कुरु देवकार्य-मर्थोऽयमर्थान्तर भाव्य एव ।
अपेक्षते **प्रत्ययमुत्तमं** त्वां बीजाङ्कुरः प्रागुदयादिवाम्भः ।।

1. **तद् गच्छ सिद्‌ध्यै** (3.18)

Kumāra. Nirnaya Sagar Edn. (N. S.) Bombay, 1923, with Mallināthas (Malli.c) commentary, p. 46.

प्रत्ययमुत्तमं त्वां; with **प्रत्ययमङ्गलब्धौ** in the ft. note.

,, —also कालिदास ग्रन्थावली : 76 वाराणसी, edn. Rewaprasad (R.) R.'s K. P. (Edn. B. H.U., '81) has a different reading not taken note of in the का. ग्रं., and vice versa.

प्रत्ययमङ्गलब्ध्यै. K. P. Jhalkikar (Jha.) p. 319, edn. '33 B. O. R. I. Poona vs. 198, ullāsa VII

also (K. P. with प्रदीप & उद्योत (प्र. & उ.) edn. Poona, आनंदाश्रम series, 1911, vs. 199, p. 285.

The ft.-note has 'प्रत्ययमुत्तमं त्वां', प्र. & उ. have ०लब्ध्यै.

also—(K. P. R. edn. काशी हिन्दू विश्वविद्यालय, वाराणसी, 1981, ०लब्ध्यै.) (also K.P.R. रा. सु. वाराणसी, edn. 1981 p. 354)

also—K. P. edn. Trivendrum Sanskrit Series (T.S.S.) 1930; with संप्रदायप्रकाशिनी (सं. प्र.) & साहित्य चूड़ामणि (सा. चू.) p. 53, ०लब्ध्यै.

also—K. P. edn. शिवप्रसाद भट्टाचार्य, सरस्वतीभवन ग्रन्थमाला, V. S. 2021, p. 281; with काव्यप्रकाशदीपिका (दीपिका) of चण्डीदास.

also—K. P. edn. '27, Chaukhamba Sanskrit Series, Narayan Shastri Khiste, with सुधासागर (सुधा.) of भीमसेन दीक्षित, p. 364, vs. 198

also—K. P. edn. '61, शिवप्रसाद भट्टाचार्य Calcutta Sanskrit College, research series, No. XV, with श्रीधर's काव्यप्रकाशविवेक (विवेक) p. 208.

श्रीधर also observes : 'अपेक्षते **प्रत्ययमुत्तमं** त्वां' इति च पाठान्तरम् (p. 208, 9);

also K.P. edn. Nandi, Gujarat University, Ahmedabad Vol. II, p. 42, 1984, with सारदीपिका (सा. दी.) of गुणरत्नगणि.

also K. P. edn. गंगानाथ झा केन्द्रीय संस्कृत विद्यापीठ, प्रयाग, 1976, with बालचित्तानुरञ्जनी (बाल.), सारबोधिनी (सा. बो.), and का. प्र. दर्पण (का. प्र. द.) लब्ध्यै., p. 235.

All the editions of the K.P. favour **प्रत्ययमङ्गलब्ध्यै**, with only श्रीधर giving a variant. मुत्तमं त्वां, and the प्र. उ. edn. editors taking note of it in the ft. note 'प्रत्ययसङ्गलब्धौ' noted in the ft. note in the Kumāra. N. S. Edn. p. 86, is nowhere mentioned.

2. ते हिमालयमामन्त्र्य पुनः **प्राप्य** च शूलिनम् ।
सिद्धं **चास्मै** निर्वेद्यार्थं तद्विसृष्टाः खमुद्ययुः ॥ (6.14)

N. S. Edn.—p. 118; **'प्राप्य'** and **'चास्मै'**, with **'प्रेक्ष्य'** and **'तस्मै'** in the ft. note.

also, का. ग्रं. R. p. 83, **'प्राप्य'**, **'चास्मै'** with no variant noted in the ft. note.

K. P. Jha., p. 369 **'प्रेक्ष्य'** (v. 246);

Jha. observes : 'प्रेक्ष्य इत्यत्र 'प्राप्य' इत्यपि पाठः।' (p. 369)

also K. P. प्र. उ. p. 319, vs. 247,—**'प्रेक्ष्य'**, **'अस्मै'**;

also K. P.—R. p. 78; 'प्रेक्ष्य', 'अस्मै', also K.P.R. सा. सु. वाराणसी, p. 389, edn. '81

also K. P. सं. प्र. & सा. चू. p. 84;—प्रेक्ष्य, अस्मै;

also K. P. दीपिका, p. 299,—प्रेक्ष्य, अस्मै;

also K. P. सुधा. p. 404,—प्रेक्ष्य, अस्मै;

also K. P. विवेक p. 224,—प्रेक्ष्य, अस्मै;
also K. P. सा. दी., p. 77, प्रेक्ष्य, अस्मै;
also K. P. प्रयाग—p. 262, प्रेक्ष्य, अस्मै;

All the editions of the K. P. with their commentators favour प्रेक्ष्य and अस्मै. The N S. कुमार, and R. editions favour 'प्राप्य' and 'अस्मै', with N. S. taking note of प्रेक्ष्य, तस्मै in the ft. note, not noted by R. 'तस्मै' seems to be somebody's improvement. R. could have taken note of different readings in his का. ग्र. & का. प्र.

3. दिवाकराद्रक्षति यो गुहासु लीनं दिवाभीतमिवान्धकारम् ।
क्षुद्रेऽपि नूनं शरणं **प्रपन्ने** ममत्वमुच्चैः **शिरसां सतीव** ।। (1.12)

N. S. P. 10, with 'अतीव' for 'सतीव' shown in the ft. note
Also R. (p. 1), with no ft. note.
K. P. Jha. (p. 785)—'**शिरसामतीव**' (vs. 600)
Jha. observes : 'सतीव' इति पाठे क्षुद्रेऽपि सति सज्जने इवेत्यर्थः । (p. 785);
also K. P. **प्र. उ.** (p. 598, vs. 599), ०'शिरसामतीव' with editor's ft. note as '०रसां सतीव'.
K. P. R. (p. 163), शिरसामतीव; R.'s का. ग्र. shows 'सतीव' with no ft. note. (also K. P. R. सा. सु. वाराणसी, p. 718, edn. '81).

It is perhaps surprising that such a learned and careful editor as R. has overlooked the different variants available in different works, both edited by himself. This happens quite often.

K. P. **सं. प्र.** & **सा. चू.**—(p. 444)—०'शिरसा **मतीव**'
The editor has taken note of. '०सां सती'...in the ft. note and also has given 'प्रविष्टे' for 'प्रपन्ने' which nobody else observes.
K. P. **दीपिका**—(p. 512). ०'शिरसामतीव'
K. P. **सुधा**. (p. 706,7)—०'शिरसामतीव'
K. P. **विवेक** (p. 437)—०'**शिरसां सतीव**'
This edn. supports 'सतीव'.
K. P. **सा. दी.** (p. 492)—०'शिरसामतीव'
K. P **प्रयाग**—(p. 473)—०'शिरसां **सतीव**'

'शिरसां सतीव' of the **N. S.** edn. is supported only by K. P. विवेक, and K. P. प्रयाग, and K. P. प्र. उ. mentions it in the ft. note, while K. P. सा. चू. & सं. प्र. edn. also offers 'प्रविष्टे' for 'प्रपन्ने', not seen anywhere else.

4. द्वयं गतं संप्रति शोचनीयतां समागमप्रार्थनया **पिनाकिनः** ।
कला च सा कान्तिमती कलावतस्त्वमस्य लोकस्य च नेत्रकौमुदी ॥
(5.71)

N. S. p. 92, 'कपालिनः' is shown in the ft. note.
also R.—'पिनाकिनः', with no variant noted. (p. 74).
K. P. Jha. 'कपालिनः', p. 239, 308, 376 (vs. 252) (vs. 186)
K. P. **प्र. उ.**—p. 226 कपालिनः, p. 277 कपालिनः, p. 323 कपालिनः,
K. P.—R. p. 53 पिनाकिनः, p. 67 कपालिनः, p. 79 कपालिनः—
K. P. R. सा. सु. वाराणसी, p. 277, edn. '81 कपालिनः, also p. 344.

Dr. Rewaprasad does not notice the inconsistency between the reading on p. 53, and on p. 67 & 79. He also accepts पिनाकिनः in the का. ग्र. as shown above. No variant is noted nor any explanation attempted. His वाराणसी edn. with सा. चू. and सुधा. also has कपालिनः.

K. P. सं. प्र. & सा. चू. part I, p. 257 कपालिनः
part II, p. 40, कपालिनः
K. P. दीपिका p. 241, 277, 301 कपालिनः
K. P. सुधा. p. 287, 356, 409—कपालिनः,
K. P. विवेक p. 165, 203, 226 'कपालिनः'
K. P. सा. दी. p. 31, 83 (vol. II), कपालिनः,
K. P. प्रयाग, p. 227, 265, कपालिनः

Excepting at one place (p. 53, K. P.—R) in the K. P. where Dr. Rewaprasad gives 'पिनाकिनः', nowhere in the K. P. this reading is noticed but the edn. of the **Kumāra.** favours पिनाकिनः It is possible that great critics like Mammata himself placed 'कपालिनः' in place of the original पिनाकिनः to do greater credit to Kālidāsa.

5. महीभृतः पुत्रवतोऽपि दृष्टिस्तस्मिन्नपत्ये न जगाम तृप्तिम् ।
अनन्तपुष्पस्य मधोर्हि चूते द्विरेणुमाला **सविशेषसङ्गा** ॥ (1.27)

N. S. p. 14, **सविशेषसङ्गा**, with ०संधा & संज्ञा shown in the ft. note.

R. (p. 49)—सविशेषसङ्गा, no variant noted.

K. P. Jha. (p. 369)—सविशेषसङ्गा

K. P. **प्र. उ.** (p. 319)—०सङ्गा

K. P.—R. (p. 79)—०सङ्गा; also K. P. R. सा. सु. p. 390, वाराणसी, ०सङ्गा

K. P. **सं. प्र. & सा. चू.**—p. 84 (part II) The whole verse is not quoted.

K. P. **दीपिका**—p. 299 (part III)—०सङ्गा

K. P. सुधा०—p. 404 ०'सङ्गा

K. P. ०विवेक—p. 225 (part 2)—The second half of the verse is not quoted.

K. P. सा. दी. (vol. II) p. 78 ०सङ्गा

K. P. प्रयाग p. 262, ०सङ्गा

Nowhere, except in the ft. note in the N. S. edn. ०संधा and ०संज्ञा are noted.

6. स्रस्तां नितम्बादव**लम्बमाना** पुनः पुनः केसर**दामकाञ्चीम्** ।
न्यासीकृतां स्थानविदा स्मरेण मौर्वीं **द्वितीयामिव** कार्मुकस्य ॥ (3.55)

N.S. p. 56, अवलम्बमाना, केसरदामकाञ्चीम्, with केसरपुष्पकाञ्चीम् shown in the ft. note. and द्वितीयमौर्वीं

R. p. 62, अवलम्बमाना. केसरदामकाञ्चीम्, द्वितीयमौर्वीमिव

K. P. Jha. p. 287—अवरोपयन्ती, केसरदाम०, द्वितीयमौर्वीमिव with ft. note—अवरोधयन्तीति क्वचित्पाठः अवलम्बमानेत्यपि क्वचित् पाठः। केसरपुष्पकाञ्चीमिति क्वचित् पाठः।

K. P. **प्र. उ.** (p. 263) अवरोपयन्ती, केसरदाम०, द्वितीयमौर्वीमिव; with अवलम्बमानां, केसरपुष्प०, & मौर्वीं द्वितीयां shown in the ft. note

K. P.—R p. 62—अवरोपयन्ती, केसरदाम०, द्वितीयमौर्वीमिव and also K. P. R. सा. सु. वाराणसी, '81, p. 327, with no ft. note.

Once again R.'s editions of कुमार. and का. प्र. offer different readings without being noticed by the editor.

K. P. **सं. प्र. & सा. चू.** p. 23, अवलम्बमाना, केसरदाम०, द्वितीयमौर्वीमिव

K. P. **दीपिका** p. 269; अवलम्बमाना, केसरदाम०, द्वितीयमौर्वीमिव,

K. P. **सुधा** p. 339; अवरोपयन्ती, केशरपुष्पकाञ्चीं, द्वितीयमौर्वीमिव

K. P. **विवेक** p. 195 अवलम्बमाना, केशरदामकाञ्चीं द्वितीयमौर्वीमिव
K. P. **सा. दी.** p. 16 (vol. II) अवरोपयन्ती, केसरदाम०, द्वितीय०;
गुणरत्न in his सारदीपिका reads—केसरपुष्पकाञ्चीमवलम्बमाना
K. P. **प्रयाग**—p. 215, अवरोपयन्ती, केसरदाम०, द्वितीय०—
It seems to be quite obvious that 'मौर्वीं द्वितीयां' is a later reading given in the N. S. edn., which seems to have been accepted in favour of द्वितीयमौर्वीं, as great critics like Mammata had suggested—मौर्वीं द्वितीयामिति युक्तः पाठः। As for अवलम्बमाना and अवरोपयन्ती, केस(श)रदाम०. and केसरपुष्प, authorities seem to be equally divided.

7. हरस्तु किंचित्**परिलुप्तधैर्य**श्चन्द्रोदयारम्भ इवाम्बुराशिः।
उमामुखे बिंबफलाधरोष्ठे व्यापारयामास विलोचनानि॥ (3.67)

N. S. p. 59, किंचित्परिलुप्त०, with ०परिवृत्त० in the ft. note.
R. p. 63, ०परिलुप्तधैर्यः
K. P. Jha. p. 209, ०परिवृत्तधैर्यः;
K. P. **प्र. उ.** p. 202 ०परिवृत्तधैर्यः
K. P. R. p. 48 ०परिवृत्तधैर्यः;
also K. P. R. सा. सु. वाराणसी, p. 247
K. P. **सं. प्र. & सा. चू.** (part I)—p. 226, ०परिवृत्तधैर्यः
K. P. **दीपिका**—p. 210, ०परिवृत्तधैर्यः
K. P. **सुधा**—p. 252, ०परिवृत्तधैर्यः
K. P. **विवेक**—p. 146 (vol. II) ०परिलुप्तधैर्यः
K. P. **प्रयाग** p. 160, ०परिवृत्तधैर्यः
Only K. P. विवेक favours परिलुप्तधैर्यः, accepted by N. S. and R. edns of the कुमारसंभव.

With this our task is over. We just wanted to point out how this or that variant is favoured by Mammata and/or his commentator. Similarly, other alankāra works also could be utilized, it not in solving any problem of a given variant from kalidāsa, then at least in raising one !

क्या सम्बन्ध कारक माना जाय

ब्रह्मचारी सुरेन्द्र कुमार

००० संस्कृत एवं हिन्दी भाषाओं में सम्बन्ध को अभिव्यक्त करनेवाली विभक्ति को कारकविभक्ति के रूप में स्वीकार किया जाय—वहाँ कारक सम्बन्ध की कल्पना तर्कसम्मत होगी अथवा नहीं, यही इस निबन्ध का विचारणीय बिन्दु है ।

0.1.0 यह स्पष्ट कर देना उचित होगा कि कारक-सम्बन्ध वाक्य की आन्तरसंरचनात्मक है जबकि विभक्ति बाह्यसंरचनात्मक ।

व्याकरण-परम्परा सम्बन्ध को व्यक्त करनेवाली विभक्ति को कारकविभक्ति के रूप में स्वीकार नहीं करती (पाणिनि, भट्टोजिदीक्षित, किशोरीदास वाजपेयी) ।

वाक्यपदीय के व्याख्याकार अय्यर ने सम्बन्ध विभक्ति के द्वारा व्यक्त सम्बन्ध को कारक सम्बन्ध माना है ।

निम्नलिखित वाक्यों पर विचार करें :

(1) **राजा का सेवक** जाता है ।

(2) **राज्ञः सेवकः** याति ।

अय्यर (1969 : 324-325) के अनुसार रेखांकित अंशों में कारकसम्बन्ध है । इनके अनुसार स्वस्वामिभाव अथवा अवयवावयविभाव कारक सम्बन्ध है । यहाँ कारक सम्बन्ध के औचित्य के लिए पूर्वजन्म में राजा ने सेवक को कुछ दिया अतः कारक सम्बन्ध की स्थापना में कोई संदेह नहीं होना चाहिए ।

भर्तृहरि (वाक्यपदीय) ने उपर्युक्त वाक्यों सदृश स्थलों में 'शेष' कारक मानने का प्रस्ताव किया है ।

वस्तुतः सम्बन्ध को व्यक्त करने वाली विभक्ति को कारक विभक्ति माना जाय अथवा नहीं इसको लेकर निर्णयात्मक प्रस्तावना नहीं की गयी है (वामन-जयादित्य, पृ० 209-11) ।

आधुनिक भाषावैज्ञानिकों में कारक-व्याकरण के पक्षधरों ने इसे विचारणीय

बिन्दु माना है। पर अन्य रूपान्तरण प्रजनक व्याकरण के पक्षधरों ने इसका विश्लेषण छोड़ दिया है। किपास्की तथा स्ताल (Kiparsky : Staal) ने कारक का विचार करते समय 'सम्बन्ध' का उल्लेख मात्र किया है पर विवेचन नहीं किया है। (1969-70, 83-117)

0.2.0 सम्बन्धविभक्ति से युक्त वाक्य निम्नलिखित प्रकार के हो सकते हैं। प्रथमत: 3,4 पर विचार करें।

3 उसे **प्रिया की** याद आती है।

3¹ वह प्रिया को याद करता है।

4 स **प्रियाया:** स्मरति।

4¹ स प्रियाम् स्मरति।

3,4 में रेखांकित वाक्यांशों की विभक्ति बाह्य संरचनात्मक है और दोनों स्थलों में कर्मकारक को स्वीकार करने में कोई कठिनाई नहीं दीखती।

वाक्य 5-6 पर विचार करें। यहां भी कारक सम्बन्ध आन्तरसंरचनात्मक है।

5 पुत्र का जाना राम को अच्छा नहीं लगा।

5¹ पुत्र गया—राम को अच्छा नहीं लगा।

6 मूर्त्ति की रचना किसने की?

6¹ मूर्ति को किसने रचा?

5,6 वाक्यों में निश्चय ही नामकीकरण के कारण सम्बन्ध विभक्ति प्रयुक्त हुई है। अत: आन्तरसंरचनात्मक स्तर पर कारकसम्बन्ध स्वीकार करने में कोई कठिनाई नहीं है।

सम्बन्ध को कारक सम्बन्ध के रूप में स्वीकार करने में कठिनाई निम्नलिखित वाक्यों के कारण होती है।

7 सीता का मुख सुन्दर है।

8 सीता का घर सुन्दर है।

फिलमोर ने वाक्य 7 में अवियोज्य सम्बन्ध माना है जबकि 8 में वियोज्य सम्बन्ध (फिलमोर 1968, पृ० 61-81; चॉम्स्की 1970 अ, 300 पर)।

फिलमोर ने वाक्य 7 में संज्ञापदबन्ध का प्रसार संज्ञापदबन्ध→संज्ञा (वा०) के रूप में माना है। इन दोनों 7,8 वाक्यों की व्याख्या आगे की जायेगी।

जैसा कि ऊपर कहा जा चुका है 5 सदृश वाक्य नामकीकरण-प्रक्रिया के अन्तर्गत रूपान्तरित होते हैं, अत: ऐसे स्थलों पर कारकसम्बन्ध मानने में कोई कठिनाई नहीं होगी। इस प्रकार नामकीकरण के अन्तर्गत सम्बन्ध विभक्ति कारक सम्बन्ध को आच्छन्न नहीं कर सकती।

वाक्य 5 की निष्पत्ति रूपान्तरण व्याकरण के अन्तर्गत निम्नलिखित प्रकार से की जा सकती है।

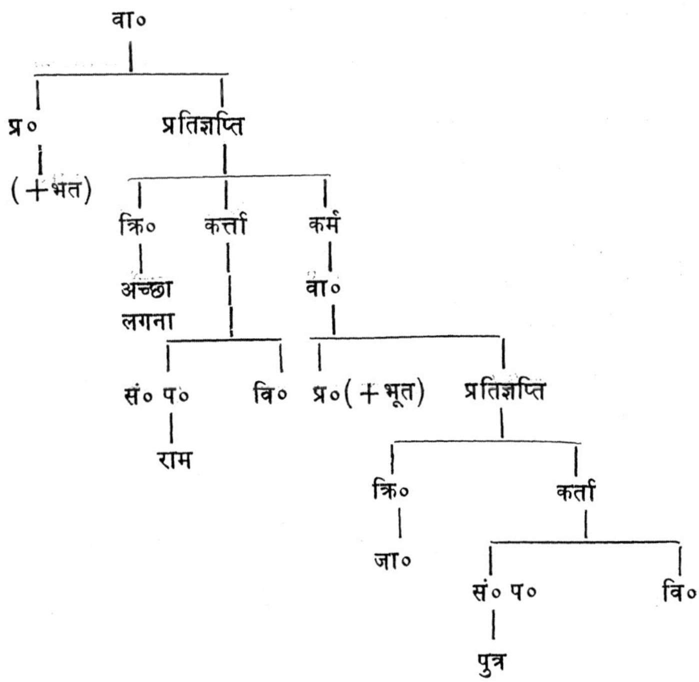

वाक्य 6, 7 तथा निम्नलिखित 8 पर विचार करें।

8 सोहन की माता जाती है।

वाक्य 6, 8 में सम्बन्ध अवियोज्य है तथा 7 में वियोज्य। अवियोज्य-वियोज्य सम्बन्ध पर आगे विचार किया जायेगा।

अनेक भाषावैज्ञानिकों ने (लायंस 1969 : 391, 344-45) आधारात्मक तथा सम्बन्धात्मक वाक्यांशों में समानता बतायी है। वाक्य 9,10 देखें।

9 पुस्तक **टेबुल पर** है।

10 पुस्तक **मित्र की** है।

इन दोनों वाक्यों की समानता इस पर है कि रेखांकित अंश अनिवार्य घटक नहीं हैं।

परन्तु वाक्य 6, 7, 8 भिन्न हैं। इनमें 'मुख' अवयवावयविभाव से युक्त है तथा 'पिता' रक्तसम्बन्धवाचक है। इस प्रकार 'सीता का', 'सोहन की' अनिवार्य घटक हैं।

यह व्याख्या 6, 8स दृश वाक्यों के लिए भी लागू होती है जिनका अर्थ संदर्भ-विशेष में ही करना पड़ेगा।

6 मुख सुन्दर है। 8 माता जाती है।

उपरिलिखित 9, 10 वाक्यों में रेखांकित वाक्यांशों के सन्दर्भ में लायंस का प्रस्ताव है कि अंग्रेजी में 'have' क्रिया को बाह्यसंरचनात्मक माना जाय तथा 10 सदृश वाक्य की निष्पत्ति निम्नलिखित प्रकार की मानी जाय :

10^1 मित्र की पुस्तक है → (My) friend has a book इसका आधार संस्कृत, स्लाव, केल्टिक सदृश भाषाएँ हैं जिनमें 'have' के समान कोई क्रिया नहीं है।

अंग्रेजी में 'have' सदृश क्रिया के कारण 7, 8, 10 सदृश वाक्यों का अन्तर स्पष्ट हो जाता है। वाक्य 7, 8, 10 तथा 11 पर विचार करें।

11 घर का दरवाजा बन्द है।

वाक्य 8, 11 में अन्तर्निविष्ट वाक्य माना जा सकता है, पर 7, 10 में नहीं। नीचे का आरेख देखें।

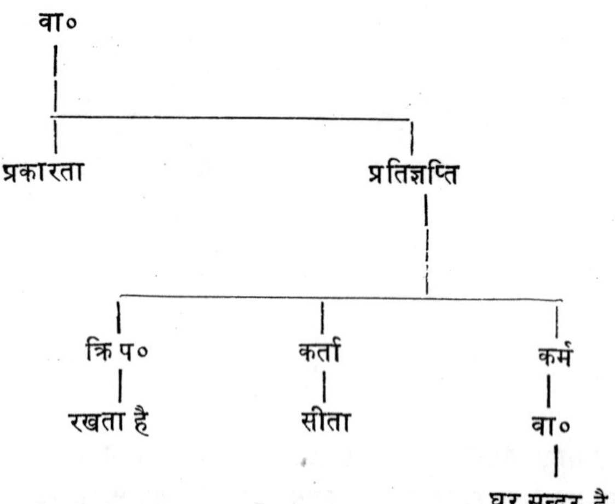

इस अन्तर का कारण यह है कि 7 तथा 11 में सम्बन्ध अवियोज्य है पर 8 तथा 10 में वियोज्य है (फिलमोर 1968 अ, 5066, चॉम्स्की 1970 अ, 200-07) इसकी जाँच 'पास' सदृश शब्दप्रयोग की सम्भाव्यता के आधार पर की जा सकती है।

7^1 सीता के पास मुख है (×)

8^1 सीता के पास घर है (√)

10^1 मित्र के पास किताब हैं (√)

11^1 घर के पास दरवाजा है (×)

यह स्पष्ट हैं कि $8,^1$ 10^1 ग्राह्य वाक्य हैं तथा 7^1 11^1 अग्राह्य। इस प्रकार

'पास' की सम्भाव्यता के आधार पर सम्बन्ध को वियोज्य अथवा अवियोज्य माना जा सकता है।

वाक्य 12, 13, 14, 15 पर विचार करें।

12 उसके पास सुन्दर भवन है।

13 गुरु के पास पुस्तक है।

14 उसके पास सुन्दर मुख है (×)।

15 मित्र के पास पिता है (×)।

यह ध्यान रहे कि ऊपर के वाक्यों 12-15 में पास का अर्थ आधारात्मक नहीं है। आधारात्मक अर्थ में 15 सदृश वाक्य ग्राह्य है।

वाक्य 16 पर विचार करें जिसकी निष्पत्ति वाक्य 12, 13 के सदृश होगी (चॉम्स्की 1970 अ, 200-07, काचरु 1969, पृ० 44; 1966 : पृ० 107, 108,

16 बालिका का चित्र है।

वाक्य 16 को वाक्य 17 का रूपान्तर माना जा सकता है।

17 बालिका के पास चित्र है।

वैकल्पिक रूप में 16 वाक्य की निष्पत्ति 18, 19 वाक्यों के आधार-वाक्यों से की जाएगी।

18 चित्र—[बालिका ने चित्र रचा]—है।

19 चित्र—[△—बालिका का—चित्र—रचा]—है।

फिल्मोर का प्रस्ताव है कि अवियोज्य सम्बन्धयुक्त वाक्य की निष्पत्ति के लिए एक उपनियम बनाया जाय संज्ञापदबन्ध→संज्ञा (सम्प्र०) (1963, पृ० 66)

8. सोहन की माता जाती है।

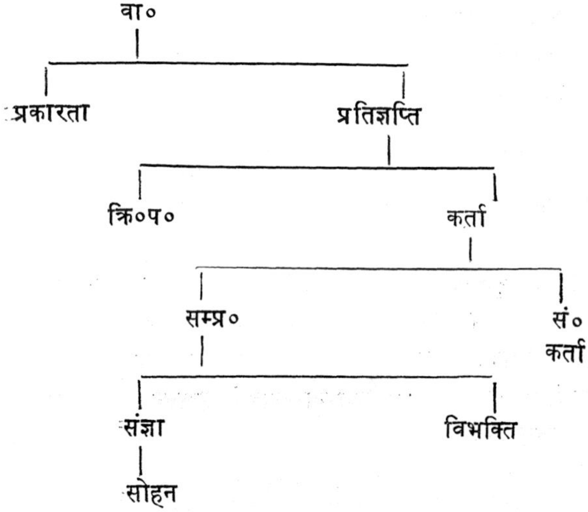

इस प्रकार अवियोज्य सम्बन्ध की व्याख्या निम्नलिखित नियम के द्वारा की जा सकती है।

संज्ञापद———→संज्ञा (कर्म) /———→संज्ञा (सम्प्र०)

अब वाक्य 20 पर विचार करें।

20 सीता राम के बायें है।

वाक्य 20 को 20¹ के रूप में भी लिखा जा सकता है।

20¹ सीता बायें हैं।

ऐसी स्थिति में बायें के साथ लक्षक को गम्यमान मानना पड़ेगा अन्यथा बायें का कोई अर्थ ही नहीं होगा। वस्तुत: दिक् का बोध करानेवाले शब्दों पूर्व, पश्चिम, उत्तर, दक्षिण, आगे, पीछे सभी में इस प्रकार—गम्यमान लक्षक—बिन्दु को स्वीकार करने की अपेक्षा होगी अन्यथा वाक्य निरर्थक हो जायेंगे।

इसी प्रकार की स्थिति पिता, माता, भाई, बहन सदृश शब्दों से युक्त वाक्यों के सन्दर्भ में माननी पड़ेगी।

21 (राम की) माता/बहन जाती है।

22 (राम का) भाई/पिता जाता है।

21, 22 सदृश वाक्यों में (राम का) प्रयोग न होने पर भी उसका अध्याहार अपेक्षित होगा अन्यथा ये शब्द—माता, पिता, भाई, बहन निरर्थक हो जायेंगे।

उपर्युक्त विवेचन से स्पष्ट है कि 23 सदृश वाक्यों को छोड़, अन्यत्र सम्बन्ध विभक्ति से युक्त वाक्यों में कारक सम्बन्ध मानने में कठिनाई नहीं है। 23 सदृश वाक्यों में भी अगर अँगरेजी 'have' के समान एक काल्पनिक क्रिया पाणिनि की शब्दावली में 'शून्य' क्रिया (फिल्मोर—Proverb) मान लें तो कारक सम्बन्ध की व्याख्या सम्भव हो जाएगी।

23 राम की गाय चरती है←[गाय राम—शून्य क्रिया = have—गाय] चरती है।

विकल्प में भर्तृहरि द्वारा प्रस्तावित 'शेष' कारक को स्वीकार कर लें जिसके द्वारा 'राम की गाय' वाक्यांश के कारक-सम्बन्ध की व्याख्या सम्भव हो सके।

टिप्पणी

तथाहि राज्ञः पुरुषः, वृक्षस्य शाखा, पशोः पादः, पितुः पुत्रः इत्यादौ आश्रूयमाण-क्रियाविषये स्वस्वामिभाव-अवयवावयविभाव-जन्यजनकभावादौ सम्भवे ददाति-स्थिति-जन्मादिक्रियाया पूर्वभाविकारकत्वम् उत्तरावस्थायामपि अनुगतमिति भवत्येव शेषः कारकम् '···क्रिया-कारकपूर्वकः इत्यनेन कारकत्वम् व्याचष्टे कारकस्य'—वाक्यपदीय।

परिशिष्ट

लेखक-परिचय

(अकारादि क्रम से)

लेखक	पता
1. श्री अजयेन्द्रनाथ त्रिवेदी	परियोजना हिन्दी अधिकारी, यूको बैंक, कलकत्ता
2. डॉ० अनन्त चौधरी	प्रोफेसर, हिन्दी विभाग, पटना विश्व-विद्यालय
3. डॉ० अनिल कुमार पाण्डेय	उप आरक्षी महानिरीक्षक, बिहार सरकार
4. डॉ० अमरनाथ सिन्हा	प्रोफेसर, हिन्दी विभाग, पटना विश्व-विद्यालय
5. डॉ० अशोक कुमार पाण्डेय	सदस्य, विद्युत बोर्ड, बिहार सरकार
6. श्री उदयराज सिंह	सूर्यपुरा-कोठी, बोरिंग रोड, पटना
7. स्व० श्री उमानाथ	पूर्व निदेशक, पर्यटन विभाग, बिहार सरकार
8. डॉ० उमाशंकर शर्मा 'ऋषि'	प्रोफेसर, संस्कृत विभाग, पटना विश्व-विद्यालय
9. श्रीमती उषा वर्मा	हिन्दी विभाग, जगदम कॉलेज, छपरा
10. प्रो० कल्याणमल लोढा	पूर्व आचार्य एवं अध्यक्ष, हिन्दी विभाग, कलकत्ता वि० वि०; 2 ए, देशप्रिय पार्क ईस्ट, कलकत्ता
11. डॉ० कृष्णकान्त चतुर्वेदी	आचार्य एवं अध्यक्ष, संस्कृत विभाग, रानी दुर्गावती विश्वविद्यालय, जबलपुर
12. श्री कृष्णकुमार श्रीवास्तव	पूर्व मुख्य सचिव, बिहार सरकार

13. कृष्णदेव प्रसाद शर्मा 'भिक्खु'	पूर्व महानिदेशक, आकाशवाणी, दिल्ली 116, पॉकेट ए 4, कालकाजी एक्सटेंशन, दिल्ली 19
14. पद्मश्री कृष्णमुरारी तिवारी	पूर्व निदेशक, भारतीय वन शोध संस्थान, देहरादून; सी 38, जे 2 पार्क, महानगर एक्सटेंशन, लखनऊ 6
15. डॉ० गोपाल राय	प्रोफेसर, हिन्दी विभाग, पटना विश्वविद्यालय
16. डॉ० जगदीश नारायण चौबे	प्रोफेसर, हिन्दी विभाग, पटना विश्वविद्यालय
17. डॉ० जितेन्द्र सहाय	पूर्व सिविल सर्जन, रोड नं० 2 राजेन्द्र नगर, पटना
18. डॉ० तपस्वी नान्दी	प्रोफेसर तथा अध्यक्ष, संस्कृत विभाग, गुजरात विश्वविद्यालय अहमदाबाद
19. डॉ० दशरथ ओझा	पूर्व प्रोफेसर, हिन्दी विभाग, दिल्ली विश्वविद्यालय; 101, वैशाली, पीतमपुरा, दिल्ली
20. श्री देवानन्द मिश्र	निजी सहायक, अध्यक्ष बिहार अन्तर विश्वविद्यालय बोर्ड, पटना
21. डॉ० देवीशंकर द्विवेदी	आचार्य एवं अध्यक्ष, भाषिकी विभाग, कुरुक्षेत्र विश्वविद्यालय, कुरुक्षेत्र
22. डॉ० धर्मदेव तिवारी	प्रोफेसर एवं अध्यक्ष, हिन्दी विभाग, गुवाहाटी विश्वविद्यालय, गुवाहाटी, असम
23. डॉ० नगेन्द्र	पूर्व आचार्य एवं अध्यक्ष, हिन्दी विभाग दिल्ली विश्वविद्यालय, 78 वैशाली, पीतमपुरा, दिल्ली-34
24. डॉ० नन्दकिशोर नवल	प्रोफेसर; हिन्दी विभाग, पटना विश्वविद्यालय
25. डॉ० नरेन्द्रनाथ पाण्डेय	प्रोफेसर, भौतिकी विभाग, पटना विश्वविद्यालय
26. डॉ० निर्मला जैन	प्रोफेसर, हिन्दी विभाग, दिल्ली विश्वविद्यालय

27. श्रीमती पुष्पा अर्याणी	पूर्व कार्यक्रम-प्रस्तोता, आकाशवाणी, पटना; पथ सं० 5, राजेन्द्रनगर, पटना 16
28. श्री प्रफुल्लचन्द्र ओझा 'मुक्त'	पूर्व कार्यक्रम-प्रस्तोता, आकाशवाणी, पटना; बी 116, लोहियानगर, पटना
29. श्री प्रबोधचन्द्र त्रिपाठी	वरिष्ठ उप-महाप्रबंधक एवं अध्यक्ष (विद्युत) बी एच ई एल, नई दिल्ली
30. डॉ० प्रभा मिश्र	व्याख्याता, हिन्दी विभाग, जैन कॉलेज, आरा
31. डॉ० प्रेमशंकर	आचार्य एवं अध्यक्ष, हिन्दी विभाग, सागर वि० वि०; बी 16, सागर विश्वविद्यालय, सागर
32. डॉ० बालेन्दुशेखर तिवारी	हिन्दी विभाग, राँची विश्वविद्यालय, राँची
33. डॉ० ब्रह्मचारी सुरेन्द्र कुमार	आचार्य तथा अध्यक्ष, संस्कृत विभाग, बिहार वि० वि०; मुज़फ्फरपुर
34. डॉ० मिथिलेशकुमारी मिश्र	राष्ट्रभाषा परिषद्, पटना
35. श्रीमती मीरा गौतम	89, लाँगफ्लीट रोड, पूल, यू० के०
36. डॉ० रत्ना शर्मा	प्रोफेसर एवं अध्यक्ष, हिन्दी स्नातकोत्तर विभाग, मगध महिला कॉलेज, पटना
37. श्रीमती रमावती सहाय	जिला विद्यालय निरीक्षिका, मुजफ्फरपुर
38. डॉ० रमेन्द्रनाथ त्रिवेदी	प्रोफेसर एवं अध्यक्ष, स्नातकोत्तर पर्यावरण विज्ञान विभाग, मगध विश्वविद्यालय
39. स्व० डॉ० रवीन्द्रनाथ श्रीवास्तव	पूर्व प्रोफेसर, भाषाविज्ञान विभाग, दिल्ली विश्वविद्यालय
40. डॉ० रवीन्द्र राजहंस	प्रोफेसर, अँगरेजी विभाग, पटना साइंस कॉलेज
41. श्रीमती रश्मि गौतम	27 न्यू कैम्पस, आइ० आइ० टी०, हौज-खास, नई दिल्ली
42. डॉ० राजेन्द्र प्रसाद शर्मा	पूर्व आचार्य एवं अध्यक्ष, हिन्दी विभाग, राजस्थान विश्वविद्यालय; 177 बी० मंगलमार्ग बापूनगर, जयपुर
43. डॉ० राधाकृष्ण शर्मा	पूर्व प्राध्यापक एवं अध्यक्ष, इतिहास विभाग राजेन्द्र कॉलेज, छपरा

44. श्री रामदयाल पाण्डेय	'देवगीत' आशियानानगर, पटना
45. डॉ० रामजी पाण्डेय	पूर्व प्राध्यापक, नाक कान गला विभाग, पटना मेडिकल कॉलेज, पटना
46. डॉ० राममूर्ति त्रिपाठी	पूर्व आचार्य एवं अध्यक्ष, हिन्दी विभाग, विक्रम विश्वविद्यालय; देवास रोड, उज्जैन
47. श्री रामलखन सिंह 'मयंक'	लोक स्वास्थ्य अभियंत्रणा विभाग, बिहार सरकार
48. डॉ० लक्ष्मण प्रसाद सिन्हा	प्रोफेसर, स्नातकोत्तर हिन्दी विभाग, मगध विश्वविद्यालय, बोधगया
49. डॉ० ललन पाण्डेय	कृतपुरा बँगरा, पहाड़पुर, वैकुण्ठपुर, गोपालगंज, बिहार
50. श्री विक्रमादित्य मिश्र	निदेशक, भोजपुरी अकादमी, पटना
51. डॉ० विजयपाल सिंह	पूर्व आचार्य एवं अध्यक्ष, हिन्दी विभाग, काशी हिन्दू विश्वविद्यालय; 54 गुरुधाम कालोनी, वाराणसी
52. डॉ० विजयेन्द्र स्नातक	पूर्व आचार्य, हिन्दी विभाग, दिल्ली ए 5/3 राणाप्रताप बाग, वि० वि० दिल्ली
53. डॉ० विद्यानिवास मिश्र	प्रधान सम्पादक, नवभारत टाइम्स, नई दिल्ली; पूर्व कुलपति, सम्पूर्णानन्द संस्कृत विश्वविद्यालय वाराणसी
54. श्री विश्वनाथ सिंह	पूर्व प्राचार्य, अनुग्रह मेमोरियल कॉलेज, गया
55. श्री विष्णुकांत शास्त्री	आचार्य, हिन्दी विभाग, कलकत्ता विश्वविद्यालय
56. श्री शंकरदयाल सिंह	संसद सदस्य, 15 गुरुद्वारा रकाबगंज रोड, दिल्ली
57. डॉ० शंकर प्रकाश	सह प्राध्यापक, पटना मेडिकल कॉलेज अस्पताल, पटना
58. डॉ० शम्भुशरण सिन्हा	प्रोफेसर, हिन्दी विभाग, कॉलेज ऑफ कामर्स, पटना
59. श्रीमती शांति ओझा	विद्यालय निरीक्षिका सह पुस्तकालयाधीक्षिका, बिहार सरकार, पटना

60. डॉ० शिववंश पाण्डेय	पूर्व निदेशक, बिहार राष्ट्रभाषा परिषद्; 3/307 न्यू पाटलिपुत्र कॉलोनी, पटना
61. श्री शिवाजी राव आयदे	प्रवक्ता, छपरा
62. डॉ० शिवेन्द्र किशोर वर्मा	निदेशक, सेन्ट्रल इंस्टिच्यूट ऑफ इंग्लिश एण्ड फॉरेन लैंग्वेजेज़, हैदराबाद
63. डॉ० शोभाकांत मिश्र	प्रोफेसर, हिन्दी विभाग, पटना विश्वविद्यालय
64. श्री शैलेन्द्रनाथ त्रिवेदी	दहियावाँ का टोला, छपरा
65. डॉ० शैलेन्द्रनाथ श्रीवास्तव	प्रोफेसर, हिन्दी विभाग, बी० एन० कॉलेज, पटना
66. डॉ० श्रीनिवास	हृदय-रोग विशेषज्ञ, बन्दरबगीचा, पटना
67. डॉ० श्रीरंजन सूरिदेव	राष्ट्रभाषा परिषद्, पटना
68. डॉ० समरबहादुर सिंह	पूर्व निदेशक, आकाशवाणी पटना/बम्बई, 'मानस' बी-128, रामसागर मिश्र नगर, लखनऊ
69. डॉ० सावित्री चंद्र 'शोभा'	प्रोफेसर, हिन्दी विभाग, जवाहर लाल नेहरू विश्वविद्यालय, नई दिल्ली
70. श्रीमती सावित्री दूबे	ए 704, पूर्वाशा मयूर विहार, दिल्ली
71. डॉ० सी० एल० प्रभात	पूर्व आचार्य एवं अध्यक्ष, हिन्दी विभाग, बम्बई विश्वविद्यालय; ए 2 शीतलादेवी मंदिर मार्ग, माहीम, बम्बई
72. डॉ० सुरेन्द्रनाथ दीक्षित	प्रोफेसर, हिन्दी विभाग, बिहार विश्वविद्यालय, मुजफ्फरपुर
73. डॉ० स्वर्णकिरण	हिन्दी विभाग, सोहसराय कॉलेज, सोहसराय